子どもの権利
ガイドブック
【第3版】

日本弁護士連合会子どもの権利委員会
編著

明石書店

はじめに〜第3版の刊行にあたって〜

『子どもの権利ガイドブック【第2版】』をお届けしたのが2017年5月ですので、それから8年になろうとしています。

2017年以降も、児童虐待に関する児童相談所の相談対応件数は増加し続けています（2022年の速報値は219,170件）。

2023年度の小・中・高等学校及び特別支援学校におけるいじめの認知件数は732,568件（前年度681,948件）であり、前年度に比べ50,620件（7.4％）増加し過去最多となりました（認知件数が増えること自体は必ずしも悪いことではありませんが）。また、同年度の小・中学校における不登校児童生徒数は346,482人（前年度299,048人）であり、前年度から47,434人（15.9％）増加し、こちらも過去最多となりました。在籍児童生徒に占める不登校児童生徒の割合は3.7％（前年度3.2％）とのことです。

これに対し、2017年以降も右肩下がりに減少していた少年事件の件数は、2022年に検挙された少年刑法犯が前年比2.5％増の2万912人と19年ぶりに増加に転じたことが報じられました。SNSでの闇バイト募集などを通じて子どもたちが犯罪の実行役として「消費」されていることが影響しているようにも感じられます。

家庭や学校といった身近な場所で、つらさを感じ、あるいは居場所が見つからず、社会との接点においても危険な罠が待ち受けている…、多くの子どもたちがこうした状況に置かれています。

2019年には、国連子どもの権利委員会による第4・5回統合審査の総括所見が示されましたが、そこでは、日本の子どもたちの置かれた状況へのさまざまな懸念が示され、多くの勧告がなされています。[1]

この間の法改正も多岐にわたっています。ごく概要を挙げると次のとおりです。

---

1 これについて日弁連は会長声明を発出しました。
https://www.nichibenren.or.jp/document/statement/year/2019/190225.html

・民法の改正（成年年齢の引下げ（2018年改正・2022年施行）、懲戒権規定削除・体罰禁止（2022年改正・同年施行）、親が子に対して負う責務の明確化（2024年改正・施行日未定））

・児童福祉法・児童虐待防止法の改正（2か月を超える一時保護への司法審査等（2017年改正・2018年施行）、体罰禁止等（2019年改正・2020年施行）、児童の意見聴取の仕組みの整備・社会的養育経験者等への自立支援の強化等（2022年改正・2024年施行）、一時保護開始時の司法審査（同・2025年施行））

・少年法の「改正」（18・19歳を「特定少年」とし原則逆送事件の範囲を拡大するなど。2021年改正・2022年施行）

そして、こども家庭庁の設置（2023年）、こども基本法の制定（2022年・2023年施行）という注目すべき出来事もありました。

また、子どもだけを対象とするものではありませんが、障害者差別解消法の改正（2021年改正・2024年施行）や国連障害者権利委員会の第1回審査の総括所見（2022年）も、子どもたちの生活に大きな影響を与えるものです。

さらには、既存の法律の運用の面でも、児童相談所への弁護士配置の拡充やスクールロイヤーの普及など、大きな変化が生じてきています。

こうした子どもたちを取り巻く状況の変化や、さまざまな法改正などをふまえて本書をアップデートしてほしいという声を多数いただきました。そこで、今日の私たちの実践の一応の到達点をお示ししたい、と考え、今回の改訂作業に取り組みました。

子どもの権利に関わる問題は、到底弁護士だけで解決することはできず、多くの専門家や市民の方々と連携して取り組むことが不可欠です。本書が、子どもの権利の実現をめざすさまざまな活動へのヒントや、子どもを中心とした関係者間の連携を築く一助になることができれば幸いです。

2024年10月

日本弁護士連合会
子どもの権利委員会

委員長　相川　裕

目　次

子どもの権利ガイドブック
【第3版】

はじめに〜第3版の刊行にあたって〜.. 3

略語表.. 10

総　論

子どもの権利に関する基本的な考え方.................................. 11

Ⅰ　はじめに 12／Ⅱ　権利主体として子どもをとらえる 12／Ⅲ　憲法と
子どもの権利 14／Ⅳ　おとなの行動の制約原理としての子どもの権利 15
／Ⅴ　子ども自身の選択・決定を大切にする 16／Ⅵ　国際的に承認された
子どもの権利 17／Ⅶ　国連子どもの権利委員会の審査と最終見解 20／
Ⅷ　救済活動の基本要領 22／Ⅸ　具体的な権利救済の手段 25

各　論

1　いじめ.. 29

Ⅰ　はじめに 30／Ⅱ　いじめの定義 30／Ⅲ　いじめの構造 32／Ⅳ　統
計から見るいじめ 38／Ⅴ　弁護士などが相談を担当するときの具体的注
意 40／Ⅵ　親がいじめに関し弁護士に依頼できる内容 50／Ⅶ　いじめ防
止対策推進法 53／Ⅷ　参考判例 58

2　不登校.. 67

Ⅰ　「不登校」現象の問題化と「不登校」の定義 68／Ⅱ　「不登校」の現
状 69／Ⅲ　「不登校」問題をどう理解するか 70／Ⅳ　具体的な不登校事案
への対応について 76／Ⅴ　学校教育システムの問題点と必要とされる改革
方向 83

3　学校における懲戒処分.. 87

Ⅰ　校　則 88／Ⅱ　学校における懲戒処分 118

4　体罰・暴力.. 147

Ⅰ　子どもに対する暴力防止の国内外の動向等 148／Ⅱ　取り組みの指
針 150／Ⅲ　各分野について 156／Ⅳ　子どもに対する体罰が起きた場合
の対応について 172

5　学校事故（学校災害）・スポーツ事故 179

Ⅰ　子どもの権利と学校事故 180 ／Ⅱ　学校安全 186 ／Ⅲ　第三者調査委員会ないし常設の第三者機関の調査等 192 ／Ⅳ　災害共済給付制度及びその他の保険・共済制度 194 ／Ⅴ　事故発生後の損害賠償 203

6　教育情報の公開・開示 213

Ⅰ　教育情報とは 214 ／Ⅱ　学校が保有する教育情報 214 ／Ⅲ　教育情報と子どもの権利 215 ／Ⅳ　教育情報に対する権利の保障のしくみ 222 ／Ⅴ　教育情報の開示・公開にかかる具体的場面 224

7　障害のある子どもの権利──学校生活をめぐって 241

Ⅰ　はじめに 242 ／Ⅱ　障害児の教育を受ける権利 243 ／Ⅲ　現行制度について──障害のある子の多様な学びの場 254 ／Ⅳ　就学をめぐるトラブル 257 ／Ⅴ　障害者権利条約の日本審査に対する総括所見 262 ／Ⅵ　教育における差別──障害者差別解消法と教育 265 ／Ⅶ　教育現場（学校）における虐待──虐待防止法 279 ／Ⅷ　子どもの意見表明権及び個別教育計画等について 284 ／Ⅸ　学校事故 286 ／Ⅹ　結　語 291

8　家庭と子どもの権利 293

Ⅰ　はじめに 294 ／Ⅱ　親の別居・離婚時の子どもの利益 294 ／Ⅲ　子どもの手続代理人 298 ／Ⅳ　無戸籍 301

9　児童虐待 307

Ⅰ　はじめに 308 ／Ⅱ　児童虐待とは 308 ／Ⅲ　児童虐待等に対する援助の基本的な流れ 313 ／Ⅳ　援助に関わる機関 325 ／Ⅴ　社会的養護における子どもの権利擁護 330 ／Ⅵ　子どもの意見表明支援 337 ／Ⅶ　弁護士の果たす役割 340 ／Ⅷ　具体的な相談における留意点 343

10　少年事件 345

Ⅰ　少年事件と子どもの権利 346 ／Ⅱ　少年事件の対象 352 ／Ⅲ　捜査段階の手続と活動 353 ／Ⅳ　家庭裁判所送致段階の手続と活動 361 ／Ⅴ　審判段階の手続と活動 364 ／Ⅵ　非行事実を争う事件の活動 374 ／Ⅶ　抗告・再抗告の手続と活動 379 ／Ⅷ　検察官送致が見込まれる事件および少年の

刑事裁判の活動 383／Ⅸ 触法事件および虞犯事件の活動 388／Ⅹ 少年
の社会復帰支援のための活動 394

11 犯罪被害を受けた子ども 399

Ⅰ はじめに 400／Ⅱ 犯罪の発生とその発覚 401／Ⅲ 刑事手続におけ
る被害を受けた子どもをめぐる問題 403／Ⅳ 民事手続における被害を受
けた子ども 414／Ⅴ 犯罪後の精神的被害の回復 416／Ⅵ 被害を受けた
子どもと関わるときの弁護士のあり方 419／Ⅶ 性と子どもの権利 421／
Ⅷ 子どもからの被害聴取としての司法面接 433

12 少年院・少年刑務所と子どもの人権 439

Ⅰ はじめに 440／Ⅱ 少年院 441／Ⅲ 少年刑務所 448

13 外国人の子どもの権利 451

Ⅰ 日本における外国人の数 452／Ⅱ 外国人の子どもの教育 453／
Ⅲ 国籍を取得する権利 464／Ⅳ 出入国管理および難民認定法上の問題
点 475／Ⅴ 外国人の子どもの医療・福祉 483／Ⅵ 外国人少年事件につ
いて 483

14 子どもの貧困 487

Ⅰ 子どもの貧困を問題とすること 488／Ⅱ 現行の法制度 493／Ⅲ 利
用できる制度 497

資 料 503

・子どもの権利条約（1989） 504

・子どもの権利条約・条約機関の一般的意見一覧 520

・国連子どもの権利委員会・第3回政府報告書審査に基づく最終見解
（2010） 521

・日本の第4回・第5回統合定期報告書に関する総括所見 537

・サラマンカ宣言 555

・少年司法運営に関する国連最低基準規則（北京ルールズ） 559

・自由を奪われた少年の保護のための国連規則（自由規則） 577

・少年非行の予防のための国連ガイドライン（リヤド・ガイドライン） 592

・弁護士会の子どもの人権相談窓口一覧 602

・子どもの相談・救済機関（公的第三者機関）一覧　610
・子どもシェルターへの相談窓口一覧　618
・第2版「はじめに」　620

索 引 ……………………………………………………………… 622

略語表

本書に引用した文献の表示については、以下の略語を用いている。

略語	正式表示
民集	（大審院）最高裁判所民事判例集
刑集	（大審院）最高裁判所刑事判例集
高裁民集	高等裁判所民事裁判例集
高裁刑集	高等裁判所刑事裁判例集
下民集	下級裁判所民事裁判例集
下刑集	下級裁判所刑事裁判例集
行集	行政事件裁判例集
判時	判例時報
判タ	判例タイムズ
ジュリ	ジュリスト

総論

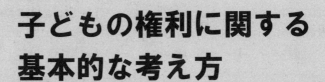

子どもの権利に関する基本的な考え方

I　はじめに

　2023年4月にこども基本法が施行され、こども家庭庁が発足した。日本でこども法制が実現されようとしているが、最近の子どもをめぐる状況をみて、心を痛めないおとなはいないだろう。「子どもを大事に」とおとなは口をそろえていうが、子どもを取り巻く厳しい状況は、いっこうに改善されないばかりか、ますます悪くなってきている。「子どもの受難」は深まるばかりである。

　このような事態を前にして、さまざまな立場から意見や提言が出され、さらに救済の手がさしのべられているが、それらは事態を改善させるものではなかった。もとより、問題の根は現代社会のしくみや現代文化のあり方に存することはいうまでもないが、子どもの権利に関する私たちの考え方や姿勢にも基本的な問題があったこともたしかである。

　本書は、子どもをめぐって日々生起する具体的な問題に法律家の立場からどのように対応し、助言すべきかを述べたものであるが、その根底には子どもを権利の主体と認め、ひとりの人間として尊重し、扱っていこうという考え方・姿勢が強く貫かれている。いわば、「子どもの権利」を基軸にして、問題解決の筋道を考えようとするものである。

II　権利主体として子どもをとらえる

　子どもを権利の主体と認め、ひとりの人間として尊重し、扱っていこうという考え方は、子どもの独自性・固有性を大事にし、子どもを子どもとして完成することをめざすものである。

　ルソーは、その著『エミール』において「人は子どもというものを知らない。子どもについて間違った観念を持っている……まずなによりもあなたがたの生徒をもっとよく研究することだ」（今野一雄訳、岩波文庫、1962年、上巻18頁）と述べて、子ども・生徒のありように着眼することの必要

性を説いたあと、「人生のそれぞれの時期、それぞれの状態にはそれ相応の完成というものがあり、それに固有の成熟というものがある。わたしたちはしばしばできあがった子どもというものを考えてみよう」（同書・上巻271頁）ではないか、たとえば、「10歳ないし12歳の子ども、健康でたくましい、その年齢においては十分に完成している子どもの姿を心に描いてみる」（同書・上巻273頁）ことが大事であることを指摘している。

このように、子どもは、それ自体独立したものとして、それ自身の完成を自らのうちに内包するものとしてとらえるべきであり、したがって、かけがえのないそれ自体としての価値をもつ「現実態」、つまり人間そのものとしてとらえるべきである。これは、おとなを基準として子どもをとらえ、「未完成のおとなにすぎない」とする見方を否定するものである。子どもの独自性・固有性を大事にし、子どもを子どもとして完成した人間として扱っていこうとする思想こそ、近代人権思想における子どもを人権の主体とみる立場の出発点をなすものである。

基本的人権は、人間であることに基づいて成立する権利であるがゆえに、子どもであっても人間としての権利を享有するのは当然であろう。子どもは、子どもであるがゆえに、基本的人権の享有を妨げられるべき理由は何らなく、逆に子どもであるがゆえに、それにふさわしい方法で基本的人権を享受しうるよう配慮されなければならない。

このように、子どもを慈恵的な保護の対象・客体としてでなく、基本的人権を享有する主体として承認したうえで、すべての子どもに基本的人権を保障する具体的手立てを考えることが必要である。

「法廷での弁論においても、行政訴訟においても、子どもは主体であって客体ではないと宣言することは、子どもの個人としての資格にもとづく諸権利を確認することであり、子どもを尊重し、保護しようということであり、同時に、子どもの生活のもつ重みをそこなうまい、子どもを空虚な観念に還元してしまうまいということなのである」（ジャン・シャザル著／清水慶子、霧生和夫訳『子供の権利』文庫クセジュ、1981年、20頁）。

III　憲法と子どもの権利

　基本的人権とは、人が人間らしく扱われることの憲法的保障であるから、その保障は人間生活のすべての部面にわたらなければならない。とりわけ子どもについては、現在及び将来の社会の一員としてその成長の過程におけるあらゆる場面において、人権が豊かに保障されることを求められている。

　さて、子どもの権利の内実を、日本国憲法の人権規定をベースに考えると、どのように理解することができるであろうか。

　子どもは、自ら選びながら自分をつくり成長していくために、探求し学習することが必要であるが、そのためには教育を受ける権利が十分に保障されることが必須の前提となる。憲法 26 条が保障する「権利としての教育」は、子どもの教育内容への公権力の介入・干渉を排除しながら、他方で子どもの生存権的基本権ともいうべき学習の権利を充足することを積極的に求めるものとして、子どもの権利の中核をなすものである。最高裁判所も旭川学力テスト事件判決（昭和 51 年 5 月 21 日大法廷判決、刑集 30 巻 5 号 615 頁／判時 814 号 33 頁／判タ 336 号 138 頁）において、「子どもは、その学習要求を充足するための教育を自己に施すことを大人一般に対して要求する権利を有する」ことを認めている。

　子どもの「人間らしく扱われることの憲法的保障」は、さらに、子どもが個人として尊重され、ひとりひとりが「生命・自由・幸福追求の権利」を有することにはじまり、思想・良心の自由、信教の自由、表現の自由、人身の自由、奴隷的苦役からの自由、プライバシーの権利などの「市民的自由」にまで及び、子どもの人間としての生存・生活の全面にわたる。

　また、子どもはその生存・生活を維持・確立するために国家の積極的行為を要求することができることも疑いない。子どもにとって「学び・育ちを支える手立て・基盤」を具備することを、国家・社会に対して求めてゆくことは必須の前提となっているのである。

　こうして、子どもの権利は、日本国憲法の人権規定上、「教育を受ける権

利」と人間としての「市民的自由」ならびに「社会権」によって成り立っているものと理解することができ、豊かな内実が与えられることになる。

Ⅳ　おとなの行動の制約原理としての子どもの権利

　子どもはどの子もみな等しく基本的人権を享有している。その子どもが、年齢が低いからとか、障害があるからとか、保護を要するからという理由で、基本的人権の享有を妨げられてよいはずはない。

　こんにち子どもの権利を保障するために、親をはじめとして学校・地域社会・国などのさまざまな機関・団体がこれに関与しているが、これらは子どもの権利保障という視点からの制約を受け、子どもの権利を中心として位置づけられなければならない。

　親は、子どもに対する自然的関係により、子どもの将来に対して最も深い関心をもち、かつ配慮をすべき立場にあるものとして子どもを養育し、教育する第一次的責任を負っているが、親は子どもの権利を保護し、これを実効あるものとするために、この責務を十全に果たすことが強く期待されている。親は、子どもに対しては子どもの権利を尊重し、子どもの意見や判断を大事にすべきであるが、子どもの権利を制約し、侵害しようとするものに対しては子どもと一体となって侵害を除去し、権利を保障することにつとめる責務がある。

　子どもの基本的人権・自由は、子どもの学習する権利に対応し、その充足をはかるために設けられた学校とそこでの教育過程においても、十分に尊重されなければならない。最高裁判所も旭川学力テスト事件判決において、「個人の基本的自由を認め、その人格の独立を国政上尊重すべきものとしている憲法の下においては、子どもが自由かつ独立の人格として成長することを妨げるような……内容の教育を施すことを強制するようなことは、憲法 26 条、13 条の規定上からも許されない」としている。アメリカの連邦最高裁判所も 1969 年いわゆるティンカー判決において、「われわれの憲法の下では、生徒は学校外におけると同様学校内においても『人』

（person）である」。生徒は憲法上の権利を「校門のところでうち捨ててくるのではない」ことを明らかにしている（Tinker v. Des Moines Independent Community School District 393.U.S.503.1969）。

そもそも教師は親の信託を受けて教育する「権限」を有する法的機関であり、この教師の教育権限は子ども・親との関係では一定の制限を受け、あくまでも子どもの教育を受ける権利を充足し、子どもの基本的自由を保障すべき制約に服しているのである。このように、子どもの人間としての人格の尊重・基本的自由の保障は、学校における教育 - 学習過程の必須の前提となっている。学校こそ子どもの基本的人権・自由が大事にされ、尊重される場でなければならない。

1948年、第3回国連総会において採択された世界人権宣言は、26条1項において、「何人も教育を受ける権利を有する」としたあと2項で、「教育は、人格の完全な発展並びに人権及び基本的自由の尊重の強化を目的としなければならない」として、権利としての教育が子どもの人格の尊重・基本的自由をめざし、これを踏まえなければならないことを明らかにしている。この理は、1966年に第21回国連総会において採択された国際人権規約（わが国は1979年に批准）のA規約（「経済的、社会的及び文化的権利に関する国際規約」）13条においても、すべての者の権利として認められた教育が、「人格の完成及び人格の尊厳についての意識の十分な発達を指向し並びに人権及び基本的自由の尊重を強化すべき」であると定められて、確認されている。

V 子ども自身の選択・決定を大切にする

子どもの独自性・固有性を大事にするとは、子どもが成長していく過程、その節々を大切にし、それぞれの過程・段階での子どもの生活や活動の充実をはかることであるが、それは何よりも自ら選びながら成長していく子ども自身の選択・決定を尊重し、大事にすることを意味する。このように、子どもの意見表明権を認め、これをあたうかぎり尊重し、保障して

いこうとする姿勢が大切であり、これなくして子どもの人権を子ども自身のものとして保障することは難しい。

　むろん、子どもの選択・決定には、子どもの年齢、経験、学習、環境などさまざまの要因によって幅があり、これを支える親や教師などの適切な助けが必要なことも少なくないであろう。また、子どもの選択・決定のなかには、時として誤りやまわり道、行き止まりとみえるものもあるだろう。子どもの意見表明権を保障することは、子どもの選択・決定がはらむこうした特質を十分踏まえたうえで、なおこれを尊重し、大事にしようとする姿勢である。

　そのうえで子ども自身が決定してゆく事柄の範囲・程度などについては、問題の具体的脈絡と子ども自身の事情に応じたきめ細かい検討がなされなければならない。本書は不十分ながらそうした試みの一端を示すものである。

VI　国際的に承認された子どもの権利

　子どもの権利に関する我々の基本的な考え方は、1989 年 11 月 20 日の第 44 回国連総会で採択された Convention on the Rights of the Child（「児童の権利に関する条約」。以下、「子どもの権利条約」という）[1]の基調をなす考え方にも沿うものであり、むしろ、国際的にも広く承認された考え方である。

　1900 年に「20 世紀は、子どもの世紀である」と喝破したのは、スウェーデンの女性運動家エレン・ケイであるが、彼女の予言は、90 年後に——2 つの世界大戦において多数の子どもたちが犠牲となったという痛苦の反省を経て——すべての子どもたちのための国際条約のかたちでようやく実現された。条約は、人間すべてが必ず通過する「子ども期」における人間としての権利の総合的な保障をめざして、法的拘束力を有する国際

1　巻末資料参照：子どもの権利条約（1989）

文書としてまとめられたものであり、子どもたちの国際的な権利章典と
よぶにふさわしい内容となっている。子どもの権利条約は、子どもの「人
格の完全なかつ調和のとれた発達」（前文）に向けて、「子どもが……国際
連合憲章において宣明された理想の精神並びに特に平和、尊厳、寛容、自
由、平等及び連帯の精神に従って育てられるべきである……」（前文）こ
とを宣言し、子どもの権利が「子どもの最善の利益」(the best interest of the
child)（3条1項）を指導原理として、子どもを取り巻くあらゆる場におい
て考慮され（9条、18条、20条、37条、40条など）実現されることを求め
ている。

　そのために、子どもの権利条約は、第一に、子どもが保護の対象・客体
であるだけでなく、何よりもまず権利の主体であり、しかもその権利を子
ども自らが行使することができるとの立場に立っている。条約を貫くこの
基本的思想は、条約の随所にあらわれているが、とりわけ、同条約12条
が「自己の意見を形成する能力のある児童は、自己に影響を及ぼすすべて
の事項について自由に自己の意見を表現する権利」があることを認めて、
子どもに意見〔意向〕表明の権利 (right to express those views freely) を保障
している点に端的にあらわれている。子どもに関わるさまざまな事柄・場
において、子ども自身を参加させ、その意見〔意向〕を表明する機会を与
えて、これを十分に聴取して決定することが求められている。また、子
どもがこれを表明することができない場合には、親や代理人を立ちあわせ
て、その意見〔意向〕を聴取する機会が与えられなければならないのであ
る（12条2項）。子どもの意見〔意向〕表明権は、子ども自身の意見〔意
向〕表明の場・機会の保障あるいは親や代理人による意見〔意向〕聴取の
機会の保障という手続的権利の性格をももつものとして重視されなければ
ならないが、条約はこれに引き続いて、子どもの表現の自由（13条）、思
想・良心・信教の自由（14条）、集会・結社の自由（15条）、プライバシー
の権利（16条）などの市民的自由をその手立ても含めて正面から保障して
いる。本書においては、子どもをめぐるさまざまな問題領域において、子
どもの意見〔意向〕表明権や市民的自由をどのようにして保障するかを、
対象となる事項に即して具体的に検討している。

条約は第二に、すべての子どもが生命に対する固有の権利を有することを認め、その生存及び発達の権利を認める（6条）。この権利の保障のために、子どもの「人格の完全なかつ調和のとれた発達」のために家庭環境が果たす固有の役割を認め（前文）、家庭の中心である親に、「子どもの養育及び発達についての第一義的な責任」（the primary responsibility for the upbringing and development）があることを認めたうえで、国に対して親がこの責任を遂行するにあたって親に適当な援助を与えることを求めている（18条）。そして、国は、子どもの権利の行使に対して、親が適当な指示と指導（direction and guidance）を与える責任と権限を尊重するとしている（5条）。

　これは、子どもに一番身近な存在である親に、広い権限を与えるとともに重い責任を負わせることによって、親を子どもの権利保障の中心的な担い手にしようとするものである。親はその権限を行使し責任を果たすにあたっては、「子どもの最善の利益」を最大限に考慮しなければならないことはいうまでもない。

　そのうえで、条約は第三に、名前・国籍を得る権利、親を知り養育される権利（7条）、親からの分離の禁止（9条）と家族再会のための出入国の保障（10条）、親による虐待・放任・搾取からの保護（19条）などを定め、さらに障害のある子どもの権利（23条）、健康・医療への権利（24条）、社会保障への権利（26条）や子どもが麻薬・向精神薬や性的搾取・虐待などから保護されなければならないこと（33条、34条など）を明らかにするとともに、特に31条において、子どもは休息・余暇、遊び、レクリエーションなどの権利を有していることをあげるなど、きめ細かく子どもの権利の総合的な保障をはかっている。また、少年に対する刑罰や少年司法についても、条約37条と40条において具体的な権利保障がなされているが、これらは前文にも掲記された「少年司法運営に関する国連最低基準規則」（北京ルールズ）[2]と相まって、少年司法の具体的な指針を示すものである。本書においても、このような子どもの権利の広がりと深まりを踏まえて、多面的な検討を行っている。

2　巻末資料参照：少年司法運営に関する国連最低基準規則（北京ルールズ）

Ⅶ　国連子どもの権利委員会の審査と最終見解

　このような子どもの権利条約が日本において批准されて発効したのは、1994年5月22日であるが、これにより、日本政府は条約に規定された子どもの権利を国内において実施する義務を負うことになった（4条）。その実施状況は、政府が批准後2年以内に、その後は5年ごとに国連に提出する報告書に記載され、条約の実施監視機関である「子どもの権利委員会」（以下、「CRC」《Committee on the Right of the Child》という）において審査されることになっている（44条）。また、条約は、子どもに関する司法的な救済の場において、裁判規範としての性格をもち、直接適用されるものとなったのである（第2回総括所見10項参照）。何よりも大切なことは、子どもたちに権利条約の内容と意味を広く知らせることであり（42条）、これにより、はじめて子どもは権利主体として自らその権利を現実に行使することができるようになるのである。

　CRCにおいては、単に法制度やその運用だけでなく、子どもたちがおかれている現実が具体的にどれだけ変わったのかが厳しくテストされ、審査されてゆく。条約発効後、すでに4度にわたる審査が実施され、1998年に第1回目の、2004年には第2回目の、2010年には第3回目の総括所見[3]（concluding observation）、2019年には第4回・第5回統合定期報告書に関する総括所見[4]が示された。

　第2回審査の総括所見（2004年2月26日）においては、第1回目にCRCが改善を求めた事項について、日本政府が十分な取り組みをしていないことが厳しく指摘されたほか、我が国の法律・政策が、「権利基盤型アプローチ」（rights-based approach）に合致するように改善を求められた。

3　日弁連ホームページ　国際人権・国際交流のための活動　国際人権ライブラリー
　　参照

4　巻末資料参照：国連子どもの権利委員会・第3回政府報告書審査に基づく最終見解
　　（2010）
　　巻末資料参照：日本の第4回・第5回統合定期報告書に関する総括所見（2019）

「権利基盤型アプローチ」とは、耳慣れない言葉であるが、「恩恵的アプローチ」と対比することができる。子どもに関する立法や施策の策定が「恩恵的アプローチ」に基づくものであるとすれば、それは、国が子どもに対して「恩恵的に」与えるものにすぎないので、子どもの利益を確保する国の義務はなく、予算的制約やほかの課題との関連で、容易に限定されてしまう可能性がある。これに対して、「権利基盤型アプローチ」による子どもに関する立法や施策の策定は、子どもの権利を実現するためのものとして位置づけられるので、国にはそれを保障する義務があり、安易に子どもの権利を制約する制度にすることは許されないということになる。第3回総括所見では、国内法では、条約の原則および規定と合致しない側面が依然として存在していることを指摘し、子どもの権利に関する包括的な法律の制定を検討するよう勧告している。

　もともと、子どもの権利条約は、子どもを権利の主体と認め、子どもの最善の利益を確保し（同条約3条）、条約で認められる権利の実現のため、適切な立法措置、行政措置等をとることを求めており（同条約4条）、「権利基盤型アプローチ」に立脚している。条約批准後28年経過して、やっと日本にも子どもの権利条約にのっとったこども基本法が成立した。これからは、こども基本法がよってたつ子どもの権利条約の精神が具体的に実現されなければならない。

　「子どもの権利条約は、それぞれ自分の国での人権状況をはかるモノサシであると同時に、他国の子どもを知るインデックスでもある」という指摘は、CRCの初代の委員を務めた、リズベート・パルベ（スウェーデン）が述べた象徴的なメッセージとして広く共有されている。

　また、「条約のさらなる実施を促進し、かつ締約国による報告義務の履行を援助するために」（子どもの権利委員会暫定手続規則73条）作成される文書がCRCの一般的意見である。他の人権条約機関も一般的意見または一般的勧告と呼ばれる同様の文書を採択してきており、それらは主に以下の2つの機能を果たすとされる（Alston, P., et. al., *International Human Rights in Context*, Clarendon Press, Oxford, 1996, pp.522-535）。

（1）特定の条項について締約国報告書に記載されるべき情報を具体的に挙げること

（2）特定の条項の意義や機能、その実施のために必要とされる措置等について条約機構としての正式な解釈を示すこと

一般的意見は、締約国の選挙によって選ばれた委員で構成される条約機関が、多数の締約国報告書を審査してきた経験にもとづいて採択した正式な文書であり、国際人権法の発展の重要な要素を構成するものである。そこに示された見解は、厳密な意味での法的拘束力こそ有しないものの、条約の規定に関するひとつの権威ある解釈として、締約国の政府や裁判所等によって正当に尊重されなければならない。日本の裁判所においても、少数ではあるものの、自由権規約による一般的意見が「〔自由権規約の〕解釈の補足的手段」として用いられた例がある（外国人登録法にもとづく指紋押捺の拒否を理由とした逮捕に対する国家賠償請求事件に関する 1994 年 10 月 28 日の大阪高裁判決〔判タ 868 号 59 頁・判時 1513 号 71 頁〕）。（以上、「ARC 平野裕二の子どもの権利・国際情報サイト一般的意見」本書で引用する CRC の一般的意見はすべて平野裕二の訳によるものである）

本書は、子どもの権利条約や CRC の最終見解などを踏まえつつ、具体的な問題領域における法制度のあり方やその解釈を示すとともに、多方面の実践的な手立てをも明らかにすることにより、子どもたちを取り巻く現実の課題に応えようとこころみたものである。

Ⅷ　救済活動の基本要領

本書では、子どもの権利に関する諸問題を 14 の分野（章）に分けたうえで、それぞれの章のなかで、その分野の特殊性を踏まえながら、子どもの権利救済の考え方、対処方法などを提示することに努めているが、ここでは、子どもの権利問題を扱ううえで、一般的に留意すべきことを掲げておく。

イ　子どもの権利擁護の立場に徹して、すみやかに子どもが窮状から脱出する
のを支援することを最優先の課題とする。

［解説］

　日々成長する子どもにとって、「遅れた救済」は救済にならない。

　子どもや保護者らからの救済申出があった場合に、直ちに侵害に対する
防御の措置が採られないと、かえって救済を求めたことを理由にして、子
どもがいっそう有形無形の迫害を受けることが多い。被害者は抵抗力・忍
耐力の弱い子どもであり、しかも多くの場合、すでに忍耐の限度にきてい
るから、迅速な対応がなされない場合には、救済を受けること自体を断念
して、いわゆる「泣き寝入り」するなどの結果となる危険が大である。あ
わせて救済活動に対する信頼を失うことになる。

　そこで、救済申出者に対しては、少なくともすみやかに心の安らぎを与
える措置を採ることが求められ、そのためには、慎重な事実関係の確定や
法的責任の明確化に先立って、まず紛争当事者相互の連絡や調整活動が、
求められる事案が多いことに留意しなければならない。

ロ　子どもは、自己の窮状を訴える能力と表現力が十分でなく、弱い立場の存
在であることを常に念頭におき、子どもが安心して悩みを打ち明けられるよう
に最大の努力をなし、かつ救済申出者らの言動とともに広く周辺の事情を調査
して事案の真相を把握するよう努める。

［解説］

　子どもにとっては、ものごとを筋道立てて説明することはおとなが想像
する以上に難しいことである。まして極端な窮迫状態におかれると、混乱
した精神状態になり、説明が支離滅裂になったり、寡黙となり説明に窮し
てしまう場合もある。そこで、性急に説明を求めたり、あるいは説明のみ
から安易な結論を導くことはせずに、いかにすれば子どもが心を開いて悩
みを話せるかを常に配慮し、また実状を訴えること自体に心のやすらぎを
見出し、苦境を乗り切るための勇気が蘇生するように、努力しなければな
らない。

八　救済の手段、方法を選ぶに際しては、子どもを急迫な侵害から保護することとともに、子どもが正常な生活に復帰した後に円満な生活が維持されることを判断の基準としなければならない。

　　［解説］

　権利救済には、人身保護的な現状の救済と、責任者の処罰を求め、あるいは損害賠償の請求をするなど事後的な救済がある。子どもの権利侵害に対する救済活動は、原則的に前者であるべきであり、これを実現するために、あるいはその侵害状態の継続を排除するためにやむ得ない限度において後者の措置を採ることもある。身体的虐待、性的虐待等の緊急時にはもちろん子どもの心身、生命の安全を確保することが何よりも優先される。

　具体的な救済の手段・方法を選択するにあたっては、子どもが1日も早く正常な環境を取り戻し明るく円満な生活を回復するという救済活動の目標にかなうものかという視点と、その目標実現のための手当てを忘れてはならない。

　また、具体的な救済活動にあたっては、結果はともあれ手続的正義を実現すること自体、子どもの成長発達に対し限りない果実を与えるものであることを念頭におかなければならない。

二　学校・教育委員会・児童相談所等の機関などとの関係については、子どもの権利を保障するという視点から協力・連携するという立場に立ち、子どもが正常な生活に復帰するための措置になるよう努める。

　　［解説］

　苦境にある子どもたちは、一刻も早くその苦境から免れたいと切望している。この子どもの願いを一刻も早く実現するために、協力を求めうるすべての人びと、各地方自治体の権利擁護機関、学校・教育委員会、児童相談所などの教育・福祉関連機関、法務省人権擁護局、医療機関などと協力・連携して、円滑かつ円満な解決をはかることが望ましい。解決をはかるにあたっては、保護者など子どもを取り巻く環境調整にも意を用いる必要がある。この連携・協力は、子どもが自主性をもって成長し発達していく権利を支援していくという視点でなされなければならない。

ホ 子どもの現在の危難を排除する活動を通じて、憲法・国際人権規約などに基づく子どもの権利思想とヒューマニズムに基づく法精神の啓蒙・普及に努め、上の理念に立った社会の教育力の強化を目指すものとする。

［解説］

子どもたちの権利が無視され残酷な状態にたち至った最大の原因として、子どもたちを取り巻く環境において、憲法をはじめとして関係各法規が保障している人権規定が永年にわたって遵守されていないことが指摘されなければならない。

また、人間社会で共同生活をするためには、弱者を助け、ともに生活し、ともに進歩することを期するのは最も基本的な原理であり、少なくとも「弱いものをいじめるな」ということは、ヒューマニズムに基づく最低限の法精神であるが、こんにち、その希薄化もすさまじいばかりである。

「子どもはおとなの鏡」といわれる。子どもの現実は、とりも直さずおとな社会の意識の現状を裏づけているのである。

我々は、子どもの権利救済活動を通じて、子どもの権利思想の啓蒙・普及に努めるとともに、おとなには子どもの権利を保障する責務があることを訴え、家庭・学校・地域の教育力が、子どもの権利を保障する方向で共同して強まっていくことをめざさなければならない。

IX 具体的な権利救済の手段

子どもの権利侵害の救済方法として、学校や教育委員会に相談するほか、以下の機関に相談したり、申立てを行い、調査、調整等を行ってもらう方法がある。

(1) 弁護士会

弁護士会には、子どもの人権相談窓口があり、子どもの権利侵害につ

---

5 巻末資料参照：弁護士会の子どもの人権相談窓口一覧

いて相談できる。また、人権救済申立の制度がある。人権救済申立が行われ、調査が開始された結果、人権侵害又はそのおそれがあると認められる事件であるとされれば、司法的措置（告発、準起訴）、警告（意見を通告し、反省を求める）、勧告（適切な措置を求める）、要望（趣旨の実現を期待）、助言・協力、意見の表明等の措置がとられる場合がある。

(2) 地方自治体の権利救済機関

地方自治体によっては、条例に基づく相談救済機関を設置している。[6]

たとえば、「東京都子どもの権利擁護専門員」、「川西市子どもの人権オンブズパーソン」、「川崎市人権オンブズパーソン」、「埼玉県子どもの権利擁護委員会」、「札幌市子どもの権利救済機関（子どもアシストセンター）」、「多治見市子どもの権利擁護委員」、「北広島市子どもの権利救済委員会」、「青森市子どもの権利相談センター」、「世田谷区子どもの人権擁護機関」等がある。

これらの機関は、条例や要綱に基づいて設置されており、その活動は、規定内容にもよるが、一般には、相談及び権利救済申立等を受け付け、事実関係の調査や調整活動を行い、調査の結果必要があると認めるときには勧告、意見表明等を行うこともできる。迅速な解決が可能であるという意味で子どもの権利侵害救済に有効な手段となっている。条例に基づく場合は、調査権限とこれに対応する公的機関の調査に従うべき義務が明記されていることがある。

なお、公正中立の第三者機関と位置づけをされているので、「いじめ防止対策推進法」（2013年）により設置されることとなった、「いじめ問題調査委員会」や「第三者委員会」等によるいじめの事実調査・原因究明を担う場合がある。

その救済の具体的なあり方は今後の課題とされており、それらの絶えざる検証と見直しも必須とされている。

なお、法律に基づく行為など国によらなければ解決できない事案も多

6　巻末資料参照：子どもの相談・救済機関（公的第三者機関）一覧

く、国にも国内人権機関として子どもコミッショナー[7]の創設が求められる。

---

7 日本弁護士連合会子どもの権利委員会編『子どもコミッショナーはなぜ必要か——子どもの SOS に応える人権機関』（明石書店、2023）

1

いじめ

I　はじめに

　学校におけるいじめ問題は、1985 年ごろ、中学生が悲惨ないじめを受けて自殺した、いわゆる「葬式ごっこ事件」などのいじめ自殺事件が多発し、「第一次いじめ注目期」として社会問題化した。その後、衝撃的ないじめ事件を契機として何度かいじめ注目期が訪れたが、教育現場では大きな改善が見られないまま、社会の関心が薄れるということが繰り返されてきた。

　2011 年に滋賀県大津市で発生したいじめ自殺事件は、被害者の男子生徒に対し、執拗ないじめが繰り返されたことが明らかになるにつれ、大きな社会問題となった。この事件が契機となり、2013 年 6 月 28 日に「いじめ防止対策推進法」が制定され、同年 9 月に施行された。同法は、教育現場のいじめ対策に大きな影響を与えたといえるが、法 2 条 1 項に定められた「いじめ」の定義があまりにも広範であり、「いじめ」の定義について、この文言どおりに対応すると不都合が生じる場面があることが広く認識されてきている。法が定める「いじめ」を杓子定規にあてはめるのではなく、法の立法趣旨を踏まえて、子どもの最善の利益の観点から、より実効的に法を適用・運用する姿勢が求められているといえる。

II　いじめの定義

1　文部科学省の定義の変遷[1]

　いじめの定義は、1985 年の第一次いじめ注目期に、当時の文部省によって「①自分よりも弱いものに対して一方的に、②身体的・心理的な攻撃

1　日本弁護士連合会子どもの権利委員会編著『子どものいじめ問題ハンドブック』（明石書店、2015）15 頁

を継続的に加え、③相手方が深刻な苦痛を感じているもの。④学校として
その事実を把握しているもの」という内容で示されていたが、1995年に
は上記④の条件を削除し、個々の行為がいじめにあたるか否かの判断を表
面的・形式的に行うことなく、いじめられている児童生徒の立場に立って
行うということを付け加えた。2007年には、「自分より弱いものに対して
一方的に」を、「一定の人間関係のある者から」とし、「継続的」「深刻な
（苦痛）」という条件も外した。

2　いじめ防止対策推進法の定義

　いじめ防止対策推進法は、2条1項で、いじめを、「児童等に対して、
当該児童等が在籍する学校に在籍している等当該児童等と一定の人間関係
にある他の児童等が行う心理的又は物理的な影響を与える行為（インター
ネットを通じて行われるものを含む）であって、当該行為の対象となった児
童等が心身の苦痛を感じているもの」と定義した。従来の定義に比べて、
より広い定義となっており、「条件に当てはまらないからいじめではない」
という主張をしにくいものとなっている。一方で、定義が広すぎることに
よる問題も指摘されている。たとえば、恋愛感情を告白された相手方が、
告白した本人に対して、拒否の意思表示をし、それによって告白した本人
が心理的な苦痛を感じた場合、同法の定義によれば、これもいじめに該当
することとなる。これが社会通念上のいじめとはずれがあることは否めな
い。[2]

　また、いじめ防止対策推進法2条1項の「いじめ」の定義と、同法の他
の条項の「いじめ」の意味内容が明らかに整合性を欠くという指摘もあ
る。たとえば、4条は、「児童等は、いじめを行ってはならない」と定め
ているところ、この条文の「いじめ」を2条1項の「いじめ」の定義と同
じものであると考えると、4条は、行為者の意図や行為態様等がどのよう
なものであろうと、結果的に、相手方に心身の苦痛を与える行為をしては

2　同上、19頁

ならないということを意味することになる。しかし、そうすると、児童生徒が心身の苦痛を感じるおそれのある接触・交流自体を回避しなければならないという誤ったメッセージを与えてしまうことになり、明らかに不合理である。このように、2条1項の「いじめ」の定義は、これを文字通りに捉えるのではなく、法全体の整合性を考慮しつつ解釈する必要性があるのである。

III　いじめの構造

1　いじめ現象の四層構造論

　いじめの特徴として、いじめている生徒・児童（以下、「加害者」「加害生徒」などという）、いじめられている生徒・児童（以下、「被害者」「被害生徒」などという）、観衆、傍観者の四層構造からなるとする、いわゆるいじめの四層構造論を唱える学説がある（なお、海外では「観衆」と「傍観者」を特に分けず、Bystandards と呼ばれることもある）。

　このような分類の仕方がすべてのいじめに該当するわけではないが、日本のように悪口を言う、仲間はずれにするといった、いわゆる「コミュニケーション型いじめ」が多い国の場合は、四層構造論が当てはまる場合が多いと思われる。

　四層構造論が当てはまるいじめの場合、単に、加害者に注意し、被害者をケアするだけではいじめ対策としては不十分であり、「観衆」や「傍観者」に対する働きかけも重要となってくる。

　特に「傍観者」は、彼らがいじめに対して冷ややかな態度を示し、無視、冷笑、軽蔑などの態度をとるとすれば、彼らは否定的な反作用力となり、いじめを抑止する存在となりうる。「傍観者」がいじめを止めに入るなどの行為をする（いわゆる「仲裁者」）場合もあるが、自分がターゲットになることを恐れて、特に学齢が進むほど仲裁者としての役割を果たすものが減っているのが現状である。

いじめを止めに入るのは難しい場合でも、「傍観者」には、被害者を励ます、相談相手になる、といった役割が求められ、これ自体はさほど困難なことではない。LINE のような SNS（インターネット上でユーザー同士がコミュニケーションを取ることができる場所を提供するサービス）の発達した今日では、誰にも知られずに被害者にメッセージを送ることは従前よりもやりやすくなっており、被害者を孤独にさせない役割が期待される。

2　現代のいじめの特徴

（1）いじめの被害・加害の流動性

いじめは、特定グループが特定人を対象とすることで完結しない場合がある。加害グループのなかで加害者・被害者に分かれることもある。現在被害にあっている生徒・集団が、加害者・加害集団に転化して新たな被害者をつくり出すこともある。このように、多くの場合、いじめは、構造的に被害・加害の関係が固定せず、流動的である。

（2）いじめの標的には誰でもなり得る[3]

いじめられる子の特徴・性格などが指摘されることがある。確かに、一部のいじめでは、いじめられる子に、動作や反応の鈍さ、心身の障害、特徴的体格や性格などがみられる場合もある。

しかし、そのような特徴が特にない子どもにもいじめが広がっていること、加害生徒と被害生徒とは流動的で状況に応じて立場が入れ替わることなどが判明している。個人の特徴・性格などは、いじめの「きっかけ」、「口実」、「言いがかり」にすぎない。いじめられているのは、特定の性格・属性をもった生徒たちだけでなく、多くの生徒がいじめの被害にあっており、現代のいじめにおいては誰でもが、その標的になり得る。

3　文部科学省国立教育政策研究所「いじめ追跡調査 2010-2012」6 頁

(3) いじめは見えにくい（不可視性）

いじめ防止対策推進法2条1項の定義にもあるように、いじめかどうかは、被害生徒の立場に立ったうえで、被害生徒がどのように受け止めるか、ということを重視して判断する。内心では苦痛を感じていても、それを表に出さない生徒の場合、いじめを第三者が発見するのは困難を伴う。

さらに、被害生徒は、教師や親に相談することをためらい、自分自身で抱え込もうとする傾向がある。これは、いじめられていることが恥ずかしい、仕返しが恐い、大ごとになってしまうのが嫌だ、大人が解決してくれるとは思えないという不信感、などが原因となっていることが多い。

一方で加害生徒は、関係生徒の口封じのために脅すなどいじめ発覚の阻止行動をとることがあり、これもいじめが発覚しにくい一因となっている。

また、いじめは、「遊び」・「ふざけ」・「けんか」などとの境界が曖昧な場合があり、さらには、いじめは、休み時間や放課後の教室など、大人がいない場所で行われることが多い。さらに、生徒一人ひとりが自分自身のスマートフォンを所持するのが一般的になり、いじめがSNS上で行われるようになると、ますます大人の目の届かないところでいじめが行われる。

このような事情から、いじめは見えにくい、と言われている。

しかし、いじめ自体は見えにくくとも、いじめられている子は、学校への行きしぶり、身体的不調の訴え、急激な成績の低下、金遣いが荒くなる、情緒の不安定など、さまざまな信号を発している場合が多い。これらの信号を見落とさないことも大切である。

(4) いじめの継続性とエスカレート

いじめは長期間続くことが少なくない。小学校時代のいじめが、中学生になっても継続している事例もある。いじめが放置されていると、ふざけ型いじめが次第にエスカレートし、脅し、ゆすり、暴力といった事態を発生させることもあり、結果として執拗・陰湿ないじめが継続することもある。前記（3）の不可視性を考えると、ある被害事実が表面化した場合、

その背後に「継続したいじめがなかったか」、「その後もいじめが継続して
いないか」という視点で、いじめの全容を把握する姿勢が大切である。い
じめのうち、その一部しか表面化しにくいという特性を明確に認識する必
要がある。

(5) 被害生徒の心理

　被害生徒の心理は、抵抗しない、逃げない、訴えないというのが一般的
である。抵抗したり、逃げたりしたら、さらにひどくやられると考え、じ
っと耐えていることも少なくない（なお、後掲、神奈川県津久井町立中いじ
め自殺事件では、被害生徒がやり返したり、時には自ら先に手を出したりして
いるが、控訴審判決（東京高裁）は、これによっていじめ行為の違法性が否定
されるものではないと指摘している）。

　いじめられていることを教師に話すこともひとつの重要な解決策である
が、一方で、教師に話したら、安易な注意がなされて、「チクッた」とし
て、いじめの激化を招くことがある。安易な対応をされて、さらに傷つく
場合も少なくない。また、いじめられる側にも原因がある、という考え方
は、子どもたちの内面に強く根付いており、被害生徒自身もそう思ってい
ることがある。また、親に話すことも、親を信頼していなければ、いじめ
られているということを話した後の親の動きが不安となる。親を信頼して
いても、いじめられているというマイナス・イメージを知られることを
恥ずかしく思う子どもたちは多く、余計な心配をさせたくないといった優
しさから黙ることもある。また、いじめの内容として、煙草を吸わされた
り、万引きさせられたりすると、それ自体が悪いこととされているので、
親への言いにくさが増すことになる。

　特別な援助はなくても自分の心境を理解してくれる友人がひとりでもい
ることで、最悪の事態を切り抜けることができた子どもたちも存在する。
いじめられている子どもにとって、不安なく話のできる友人が存在するこ
とは、きわめて大切であり、親・教師とも、このことをよく理解すべきで
ある。

3　いじめ問題の背景

(1)　同調圧力が強い日本社会の特殊性

　かつては、いじめは日本文化が生んだ独特の病理現象であるとされていた時代もあった[4]。その後の研究で、いじめは世界に広く見られる現象であることが明らかになっている。

　日本のいじめの特色を挙げれば、仲間はずれ、無視、陰口という形態のいじめが多いことである。日本では、画一的であること、均質であることが重視され、異質なものを排除する傾向がある。このため、小さい頃から多数と横並びであることを求められ、他者と異なることを非難されるという傾向がある。このような「同調圧力」が強い日本社会の特殊性は、子どもたちが身を置く「教室」においても同様で、人間は、容姿や考えなどがひとりひとり違うが、違うことをお互いにリスペクトし合うよりも、異質であることを攻撃するという行動となって表れている。

(2)　子どもを取り巻く環境の悪化

　先進国共通の背景事情であるが、①車社会による子どもの遊び場の喪失や減少、②テレビなどマスコミの強い影響、③家庭の保護能力の低下など、子どもを取り巻く環境の悪化をいじめの背景として指摘することができる。子どもたちは、環境の悪化によって、自らの全面的成長・発達に必要な遊ぶ権利・休息の権利、文化的・芸術的な活動に参加する権利（子どもの権利条約31条）などを十分に享受できずにいる。子どもたちが全面的成長・発達に必要な条件を奪われている実情は、子どもたちのストレスの要因ともなりいじめの背景事情として見逃せない。また、いじめの手口が、テレビ、雑誌などの影響を受けていることは、しばしば指摘されているところである。

4　土居健郎、渡部昇一『「いじめ」の構造』（PHP研究所、2008）

4　大人の体罰はいじめを生む

　意外に見過ごされがちだが、きわめて重要な点は、いじめの発生にはその家庭や学校における、あるいはそれぞれの子どもの成長過程における、親や教師といった大人による体罰の存在が大きな影響を与えているということである。教師による体罰は、学校教育法で従前から禁止されており、その後、民法、児童福祉法、児童虐待防止法の改正により、親権者、児童福祉施設長等の体罰禁止も明記されている。

(1) 体罰を受けた心の傷がいじめを生む

　親や教師に注意されたり、体罰を受けてそれに不信感をもつと、子どものなかに不満は大きくふくらんでいく。しかしその不満をそのまま大人に向ける子どもは多くはない。そうなると、その不満、怒りの感情は、必然的にほかの子どもに向けられることになる。そうした対象として、同級生などが選ばれる。いじめの対象となる子は、評判の良い子であることもある。あるいは、日ごろから何かと嫉妬心を抱いている相手であったり、自分とは違うグループの弱い子であったりする。

(2) 体罰や大人の不適切な言動はいじめのモデルとなる

　人間は、自己の体験のみならず、他人の行為をモデルとすることにより、新しい行動パターンを身に付けることが多い。特に子どもはそうである。そして、大人が体罰（暴力）をもって物事を解決しようとする態度を繰り返せば、子どもも自然にそれを模倣する恐れがある。実際にいじめを分析すると、親や教師の叱り口調や言動と似たものが見受けられる。たとえば、「掃除をさぼったから」「約束を破ったから」という理由でいじめるのである。

(3) 体罰はいじめ行為をエスカレートさせる

　親や教師による体罰は、暴力容認の雰囲気をつくり出し、子どもたちの間におけるいじめ行為に対する自己抑制力や集団間の抑制力を弱めてしま

い、より容易にいじめ行為に走り、それをエスカレートさせることにつながる。

　たとえば、大阪府内の中学校におけるいじめによる致死事件の場合、いじめた側のひとりが、学校内外での問題行動を理由として、生徒指導の教師や少年補導協助員から激しい体罰を受けていたことが、いじめに走った一要因として指摘されている。また、いじめ訴訟で、いじめについての教師の責任を認める背景として、体罰の存在を指摘している判決もある（長野地裁昭和60年2月25日判決《判タ554号262頁》「長野県市立小事件」）。なお、文部省（当時）も、1985年6月29日付の「児童生徒のいじめ問題に関する指導の充実について（通知）」において「児童生徒の指導に当たっては、教師は、児童生徒の生活実態のきめ細かい把握に基づき、児童生徒との間の信頼関係の上に立って指導を行うことが必要であり、いやしくも、学校教育法第11条により禁止されている体罰が行われることのないよう留意すること」と通知している。

IV　統計から見るいじめ

1　いじめの認知件数[5]

　現代の子どもたち自身が、自分の身の回りで起こっているいじめについて、どのような経験や見方をもっているかを知っておくことも、いじめ相談やいじめ事件に対処するうえで重要である。

　2006年度から2022年度までのいじめの認知学校数・認知件数（国公私立）によれば、小学校でいじめを認知した学校の割合は、2006年度が48.0%、2022年度が90.1%、中学校では2006年度が71.1%、2022年度が85.1%、高等学校では2006年度が59.1%、2022年度が57.2%、特別支援学

5　文部科学省初等中等教育局児童生徒課「令和4年度児童生徒の問題行動等生徒指導上の諸問題に関する調査結果について」（2023年10月4日）26頁以下

校で 2006 年度が 15.0%、2022 年度が 42.1% であった。特に小学校におい
て、いじめを認知した学校の割合が著しく増大していることがわかるが、
これは、2013 年にいじめ防止対策推進法が施行され、法 2 条 1 項の「い
じめ」の定義が広がったことで、子どもの心身の苦痛の有無を基準にして
いじめが広く認知されるようになったことが影響していると考えられる。
小学生は、中学生と比べれば、自身が受けた心身の苦痛を表明したり、保
護者が訴えたりするケースが多いのかもしれない。

　これまで、一般的に、いじめのピークが中学生時代にあるといわれてき
た。中学生の場合、その成長に伴い、自尊心や羞恥心などが芽生え、被害
を受けてもそれを表出させない傾向があり、いじめが表面化せずに隠れて
いる可能性があることに留意しつつ、統計データを見る必要があると思わ
れる。

2　いじめの発見のきっかけ

　文部科学省の調査によれば、いじめ発見のきっかけは、2022 年度（特に
断りのない限り、以下同じ）で、学校の教職員等が発見したものが 63.8%、
本人や保護者など学校の教職員以外が発見したものは 36.2% であった。[6]
学校の教職員等が発見したもののうち、アンケート調査など学校の取組に
より発見したものが 51.4%、学級担任による発見が 9.6% であった。アン
ケート調査は約 97% の学校で実施されており、これが有効に活用されて
いる実態がうかがわれる。

　一方で、学校の教職員以外が発見したものは、本人からの訴えが
19.2%、保護者からの訴えが 11.8% であり、本人以外の児童生徒からの訴
えは 3.6% にとどまった。本人、保護者が言い出せない場合に周囲の友人
が学校に知らせるという行動がなかなか取られていない状況にあり、いわ
ゆる「傍観者」の果たすべき役割のひとつである、学校に伝えるという役
割が充分に機能していない実態が浮き彫りとなっている。

6　前掲 5、29 頁

3 いじめられた児童生徒の相談の状況[7]

いじめられた児童生徒が誰に相談するかについては、「担任に相談」が82.2%と圧倒的に高く、担任が適切にいじめに対処できるかが重要になってくる。「友人に相談」は小学生では5.0%、中学生では8.9%、高校生では14.3%となっており、学齢が上がるにつれ、友人の果たす役割が大きくなることが分かる。

4 いじめの態様[8]

いじめの態様は、冷やかしやからかい、悪口や脅し文句、嫌なことを言われる、が57.4%と最も多く、これに、仲間はずれ、集団による無視を加えると69.1%（複数回答可）となり、我が国のいじめの態様は、コミュニケーション系のいじめが多いことが分かる。軽く、またはひどく、ぶつかられたり、叩かれたり、蹴られたりという暴力系のいじめも、合計で23.4%と多いが、これは特に小学校や特別支援学校における割合が高いのが特徴である（小学校で25.7%、特別支援学校で23.5%であるのに対し、中学校で14.3%、高等学校で8.4%）。

Ⅴ　弁護士などが相談を担当するときの具体的注意

1　被害生徒自身からの相談

(1) まず子どもの話に共感し、トータルにじっくり聞く

その子どもの悩み、苦しみを、最後まで共感して傾聴することが大切である。弁護士としては、事実経過や加害生徒の言動、教師の言動、親の

7　前掲5、30頁

8　前掲5、31頁

対応などをいち早く聞き出して、状況を認識して、アドバイスするのが通常の手順といえるが、子どもの相談、特にいじめの相談では、それでは子どものいじめの実態を本当に理解することが不可能になる。子どもの言葉と、子どもの事実認識に添って話を最後まで聞くことが大切である。話を聞き急ぐと、子どもは自分の話の筋道を壊されて混乱してしまい、十分に話をしないままひきさがってしまうことになりかねない。

(2) いじめの態様などを詳しく聞く

　いじめの継続期間・具体的態様などについて、痛み、悲しみ、つらさをじっくり受け止めるかたちで共感しつつ聞くことが大切である。子どもの使う言葉と筋道をメモに記録しておくことが、後に問題解決に役立つ場合も多い。おとなや社会がもっているいじめの仮説や先入観にとらわれず、白紙の状態で話を聞き、こちらから聞きたいことは子どもの話が展開した後で最後に補足的に聞くほうがよい。

(3) その子どもを受け入れ、決して責めない

　被害生徒は、自分にいじめられる原因があると思っていたり、思い込まされていたりすることが少なくない。その場合には、その子どもに原因や責任がないことを伝えることが大切である。また、その子どもやその子どもの家庭に問題があると感じられることもある。その場合でも、決していじめられる側にも問題があると言ってはいけない。

(4) 助言は、子ども自身が何をしてほしいか聞いてから

　子どもの話をトータルに聞いて、すぐに「……したらどうだろうか」などと助言を急がず、まず何をしてほしいかを子ども自身から聞くことが大切である（意見表明権。子どもの権利条約12条）。その子どもの気持ちに即して話を聞き、理解し、子ども自身の認識を整理し、加害生徒とどのように接するか（何らかの拒否の意思表示をすることができるか否かなど）一緒に考えることが大切である。ほとんどの子どもはいじめられても学校に行かなければならないと思い込んで苦しんでいるが、生命・身体の危険を冒し

てまで無理して学校へ行くことはないことを助言することも必要である。学校を休んだ場合に生ずる不利益について、子どもの権利を守り、不利益を最小限に抑えるために弁護士として援助する用意があることもあわせて伝える。

(5) 親の助力をどのように求めるか

問題の解決には親の助力と理解が欠かせない。したがって、相談のなかで子どもと親との関係性を確かめながら、親にいじめの事実を告げ、助力を得ることができるかどうか話し合うことが大切である。子どもが直接親に話すことが難しい場合には、子どもに代わって親に話すこともできると伝えるのがよいだろう。とにかく、学校や加害生徒側との交渉を含めて何らかの法的対応をとるには、基本的に親の意思や立場を抜きにしては困難なので、何とか親につなげて共に援助する方向を探ることになる。

(6) 継続相談が原則

いじめは継続的で深刻なことが多いので、一度の相談で解決できない場合が少なくない。その後も引き続き担当者の事務所や子どもの自宅において、電話等での相談、さらには面談相談に応じるということを伝える必要がある。

2　加害生徒からの相談

被害生徒の相談と基本的に同じ心構えで臨む必要があるが、さらに、加害生徒もその健全な成長を妨げられてきたことに留意することが必要である。大けがをさせたり恐喝をしたりしていれば、刑事問題や損害賠償の対象となるので、その場合の対応を十分に説明するとともに、加害生徒が考え直す機会をもつことにも尽力する視点が必要と思われる。

特に加害生徒は、当該いじめの正当化を試みることが多い。「やむを得ずいじめの状況に巻き込まれた」、「これは遊びやふざけだ」、「元はと言えば相手が悪いから」などの主張をする。もちろん、その言い分を十分に聞

くことは大切であるが、安易に共感してその主張を支持することは危険である。継続的に相談を受けることになった場合は、加害者・被害者間のトラブルの全容・背景事情を把握することに努め、そのなかでの加害生徒の言動の位置づけがどうなのか、慎重に見極めてゆく必要がある。

3　被害生徒の親からの相談

(1)　被害生徒の話を冷静に、共感して聞くように親に話す

　親は、子どもからいじめの訴えを聞くと驚き、それをそのまま加害生徒とその親への一方的な非難や攻撃的な行動に向けて、学校に対しても加害生徒への対応と制裁を早急に求める傾向が見受けられる。また一方で、単なる子ども同士のけんかとして、「だらしないわね」「もっと強くなりなさい」「やっつけてやればいい」「そんなことは気にしないことよ」と子どもを責めたり、いじめを軽くみてしまったりする場合もある。

　前者はいじめの救済・解決につながらず、いじめをエスカレートさせ、学校と親、加害生徒の親、子どもたちの関係を混乱させ、いじめの事実調査に基づいた教育的解決を困難にさせかねない。

　後者は被害生徒をますます孤立化させ、学校・教師の発見を遅らせ、重大な被害を生み出し、不登校など心の傷を深め広げていくことになりかねない。

　第一に心がけるべきは、被害生徒の苦しみや悩みを共感しながら、ありのまま受け入れ、認め、冷静にそのいじめの訴えを聞くことである。具体的な注意事項は「1 被害生徒自身からの相談」の項のとおりであり、そのことを親に話す。

(2)　いじめのため学校へ行くことが困難なら行かなくてもいいことを伝える

　親は子どもを学校に行かせなければならないと強く思い込んでいる場合も多い。しかし、子どもは学校で教育を受ける権利があるのであって、行く義務が課せられているわけではない。学校にいじめがあって、その権利が侵害されているときは、法律上、学校へ行かない自由があることを教え

る。また、いじめの被害によって在籍する学校に通学することができない
場合には、子どもが苦しんでいる状況からの避難とともに学習権を保障す
るという観点から、転校の選択をし、学校や教育委員会に対して配慮を求
めることも大切である。もし学校へ行かないことによって、学習の遅れや
原級留置などの不利益を受けるおそれがある場合、転校等の対応がスムー
ズにいかない場合等は、再び弁護士に相談するように伝える。

　この点、2019年10月25日付文部科学省初等中等教育局長通知「不登
校児童生徒への支援の在り方について」では、学校における「不登校児童
生徒に対する効果的な支援の充実」の一環として「児童生徒の立場に立
った柔軟な学級替えや転校等の対応」が定められ、「いじめられている児
童生徒の緊急避難としての欠席が弾力的に認められてもよく、そのような
場合には、その後の学習に支障がないよう配慮が求められること。そのほ
か、いじめられた児童生徒又はその保護者が希望する場合には、柔軟に学
級替えや転校の措置を活用することが考えられる」としている。また、教
育委員会についても、学校の取組を支援すべく「いじめ……が不登校の原
因となっている場合には、市区町村教育委員会においては、児童生徒又は
保護者等が希望する場合、学校と連携した適切な教育的配慮の下に、就学
すべき学校の指定変更や区域外就学を認めるなどといった対応も重要であ
る」としている。また、同通知には、別記1「義務教育段階の不登校児童
生徒が学校外の公的機関や民間施設において相談・指導を受けている場合
の指導要録上の出欠の取扱いについて」において、出席扱い等の要件を定
めており、このような通知を柔軟に活用すれば、子どもに不利益が及ぶこ
とを極力回避できることを伝えることも大切である。

(3) 親などが学校や加害者と交渉するときは、子どもの納得を得ること

　親や弁護士などが外部へ行動を起こすときは、子どもと相談し、本人の
納得を得てから行う必要がある。このことは、子どもが、親は自分の意見
を聞いて動いてくれるとの信頼をもつことになり、いじめ被害をそれ以上
に深刻化させないためにも重要なことである。残念ながら、子どもの意見
を聞かずに保護者が「子どものために」との思い込みで学校や加害者と交

渉し、子どもの意思と乖離した、子ども不在の交渉が行われ、解決が困難になる事例も少なくない。あくまでも、子ども自身が当事者であることを常に念頭に置いた行動が求められる。

(4) 学校にいじめの事実を告げる場合の注意

いじめがあると聞いた教師が、不用意に加害生徒に注意して、それでこと足りるというような対応をすると、「チクッた」としてより強くいじめられる危険性がある。親は、その危険性を教師に告げて、単純な注意・指導で終わるのではなく、親と教師が相互協力しつつ、じっくりと対応することを求めていくことの大切さを伝える。

(5) すべての子どもの人権を守る視点で、学校と家庭が協力すること

親には、次の点を十分に認識してもらうように努力する。

第1に、いじめは決して加害者と被害者といった単純な構造ではなく、いじめの構造を十分に理解し、いじめを取り巻く学校や学級の人間関係全体への働きかけがなければ、解決困難なことが多いこと。

第2に、事実確認は慎重でなければならないこと。

第3に、制裁を優先するのではなく、学校におけるいじめの防止という視点に立って、学校全体で組織的に取り組むことが、いじめを本質的に解決することになること。

(6) 司法的手段について

いじめの程度が犯罪行為として対処するのが妥当な場合、あるいは生命・身体に重大な危険が迫っているような場合には、教育指導の範囲を超えているとして法的手段があることを伝える。

ひとつは、加害生徒やその親・学校に対し損害賠償を求めることができることを伝える。ただ、実際に被害生徒が通学している学校の設置者や、加害生徒・保護者等を相手方として訴訟等の法的手段に訴えることは、修復的な関係改善を困難にするだけでなく、被害生徒にも大きな心理的負担

を強いることになることもあることから、慎重な判断が求められる。

　また、被害額が大きい恐喝や、重大な暴行・傷害事件など、いじめが犯罪行為として対処するのが妥当な場合には、刑事告訴することができることも伝える。具体的な事件が起こってから日にちが経てば警察の対応も鈍くなるので、告訴をするタイミングについては時機を逸しないよう注意が必要である。

　ただ、刑事告訴は、加害生徒に対する制裁にはなるかもしれないが、やはり生徒相互の関係の調整による解決をかえって困難にする場合が多い。また、仮に少年事件となり、観護措置がとられたり、保護処分（少年院送致、保護観察等）となっても、加害生徒は比較的短期で学校に戻ってくる場合も多い。そのときの報復をおそれる心理もあろう。このようなこともあわせ考え、被害生徒自身が、どのような解決を希望するのかをよく考え、慎重に検討すべきであろう。

4　加害生徒の親からの相談

(1)　まず、子どもを責めたりしないで、その話をありのままに冷静に聞くこと

　加害生徒は、親の叱責を恐れ、本当のことを話さない。叱責したり追及したりすると、否定したり沈黙したりする。いじめは先に述べたように、学校、家庭における欲求不満や、そこでの人権侵害に起因することもあるので、単なる処罰では解決しない。そのことからも、子どもの話をよく聞くことが大切であることを伝える。

(2)　「我が子かわいさ」から感情的にならず、子どもの人権の視点に立って、学校とともに教育的に解決すること

　教師や被害生徒の親からいじめていることを伝えられた場合、親は、子どもを感情的に、場当たり的に叱責・追及することが多い。すると子どもは、それ以上口を閉ざすだけでなく、いじめを否定し、真実を語ろうとしない。そして、親はそれ以上聞くことをやめて、そのままにしてしまうこ

とがある。

　また、教師や被害生徒の親に批判されると、防御的になったり、態度を硬化させたり、他者に責任を転嫁しようとすることもある。

　これらの親の態度は、いじめ行為が事実である場合、被害生徒の人権はもとより、いじめている我が子の成長にとっても重大な問題であることを伝える。いじめを認め、反省し謝罪するというプロセスは、子どもの成長を促す大切な経過であることを肯定的に捉えられるように、話し合うことが求められる。

　そのためにも、よく子どもから話を聞き、被害生徒の苦しみにも思いをはせ、子どもとともにいじめがいかに人の心や尊厳を傷つけるものであるか等について語り合っていく。このことは、いじめ行為を繰り返さなくなるひとつの力となることも伝える。

(3) 加害生徒にも人権がある

　学校、家庭での種々の欲求不満などがいじめの原因、背景としてあることもあるので、それに共感を示しながら、いじめが許されないことに自ら気づくように、教育的に援助していくことが大切である。我が子の話をよく聞いて、その気持ちをくんだうえで、学校とともにいじめの解決の方向に協力することが大切である。

　子どもの話を聞いていくなかで、もし、いじめ行為をやっていない、教師や被害生徒の言っているようなものでないと訴えたときは、子どものその主張も受容的に十分に聞く。そのうえで、その事実を、親が代弁して学校に知らせる方法や、あるいは親が子どもとともに学校と話し合う方法があることを、子どもに伝えることが大切であると助言する。なお、前述のとおり、いじめがしばしば加害生徒によって正当化されるということは、親に伝えておいてよい。もちろん、我が子を疑えということではなく、子どもから話を聞くうえでの注意点として伝えるのである。

(4) いじめの結果について

　加害生徒・その親が法律上の責任を問われる場合を説明する。

子どもが責任能力を備えていない場合には、親は、原則として、親権者としての監督義務を怠ったとして損害賠償責任を負う。子どもに責任能力がある場合でも、親の監督義務違反が認められるときには、親も損害賠償責任を負う場合がある。いじめによって金品を恐喝したり、いじめの結果として、いじめを受けた子どもが負傷したり死亡したりした場合には、犯罪を構成したとして、家庭裁判所の少年審判手続に付される場合もある。家庭裁判所の審判手続に付されれば付添人をつけることができることを伝える。

5　親から子どもについて法律相談を受けたときに共通する留意点

親などが自分自身で、どこまで、どの程度のことができるのか、当事者に対して弁護士を含めた専門家がどのような援助ができるのか、すべきかという視点が大事である。

(1) 親から事実の経過を詳細に聞く（子どもがどのように説明しているのかも含めて）。

(2) 親に事実経過の一覧表（メモ）を作成してもらう。

(3) 子どもの気持ちをどうやってつかむか、またそのための親子関係をどう見直すかについて助言する。

(4) 担任との連絡帳に、いじめに関連する出来事を記入することや、担任への手紙を書くことなどを助言する。

(5) すでに担任・校長らと話し合いをしているときは、その経過をも聞く。その経過についても経過表を作成してもらう。

(6) まだ担任らと話し合いをしていないときは、教師との接し方・話

し方を助言する。場合によっては、両親そろって話しに行くことを勧める。事実の経過表や、伝えたいこと、訴えたいことなどを書いた書面を用意すること、それらのコピーを手元に残しておくことを助言する。担任、校長、当該学校の設置者である教育委員会などへ、作成した書面に基づいて事実や意見を伝え、改善を求めて話し合うこと、その際、子どもが仕返しをされないように十分配慮するように申し添えること、学校・教育委員会に対する要望書の内容などを助言する。

(7) ある程度の話し合いがなされているときは、改めて申し入れの内容を検討する。親による交渉では進展が困難であり、弁護士代理人による援助が必要と考えられる段階では、親から委任を受けたうえで、単独で、または、親に同行して学校を訪問し、問題状況の一日も早い解消のために学校側と協議すること、相手方の親や子どもとの話し合いの可能性の有無や場のもちかたなども検討する。

(8) 親・子ども・家庭に問題があると思われるときは、その点を親が自ら認識するように率直に助言・援助すべきである。

(9) すでに負傷、死亡、精神疾患などの結果が生じているときは、事実の経過と発生した結果をまとめ、診断書などの証拠を用意し、学校などと交渉の余地があるのか否かを検討し、いじめ防止対策推進法28条1項の重大事態として第三者委員会の調査を求めたり、法的な手段（損害賠償請求・告訴など）がやむを得ない場合には、証拠資料、相手方（市区町村、加害者の親など）、損害額をチェックし、交渉・訴訟などの受任を検討する。

(10) オンブズパーソンへの申し立て

地域によっては子どもの人権問題を扱うオンブズパーソンを設置している自治体も増加傾向にある。今後、オンブズパーソン制度が全国に広がれば、各地でオンブズパーソンへの救済申立が可能になるものと思われる。

VI　親がいじめに関し弁護士に依頼できる内容

　一般的に、弁護士がいじめに関わる場合には、いじめそのものが深刻化しているばかりではなく、保護者と教師などの関係もこじれている場合が多い。二重の意味で深刻化しているいじめの問題に、弁護士としてどのような関わり方ができるのか、そして親が弁護士に依頼できることは何なのか。

1　法律相談

　弁護士会の相談事例のなかで、いじめの相談はかなりの比率を占めているが、実際に学校との交渉が必要で、保護者がその役目を充分に果たせないような状況であれば、積極的に継続相談とし、受任していく必要がある。特に、2013 年のいじめ防止対策推進法施行以降は、法律に従っていじめに対処するよう学校に求める必要があり、弁護士の積極的な関与がより強く求められるようになっている。いじめ防止対策推進法の概要及び同法に基づく対応については、後記 VII 参照。
　弁護士がいじめに関して積極的に環境調整的役割を果たしていることなどが知られれば、もっと容易に相談されるようになるだろう。

2　交　渉

　一般に、弁護士が介入する事例のほとんどは、訴訟提起などの前に、学校との交渉を行っている。
　交渉は、環境調整をするための方法という積極的側面もある。いじめ被害に対する救済活動という観点からすれば、交渉は事案の真相解明のための手段として限界があることは否めない。しかし、学校側が弁護士など外部に対して閉鎖的にならずに、これと協力する姿勢をもつならば、双方が弾力的に動く余地が十分あるため、裁判まで至った場合に比べ、より深いいじめそのものへの対処が可能である。交渉においては、弁護士が、いわ

ばコーディネーター役として積極的に学校側に働きかけ、学校側のいじめに対する認識を改めさせ、正面からいじめへ取り組ませることに成功している事例もある。

　学校は、教師という専門家を抱え、大きな教育力をもつ集団であって、独自にいじめを克服するだけの力をある程度もっている。しかし、何らかの理由で、被害者・加害者・学校の関係がこじれ、学校だけでは、その膠着状態を解消できなくなる場合がある。このような場合、学校は、弁護士が膠着した当事者間の関係を調整すること（環境調整）を認めて協力していくならば、非常に望ましい結果が期待できる。

　これに対し、学校が責任追及を恐れるためか、弁護士に対して硬直的かつ閉鎖的な対応に終始し、解決が困難になる場合も少なくない。学校が外部に対して閉鎖的な姿勢をなくすことが、いじめ克服の第一歩といえる。

　このように、弁護士がいじめ解決に向けて関係調整の役割を果たすことは、弁護士の業務が、ほとんどの場合、争いが起こって膠着化した人間関係の場で展開され、これを解決・解消するための調整役を果たしていることからしても適任と言える。したがって、学校やいじめの当事者も弁護士を積極的に利用すべきである。

　なお、後記Ⅶのいじめ防止対策推進法により、いじめについて学校側が事実確認を行い、対処する義務等が定められ（後記Ⅶ4～7参照）、また、いじめによる生命・身体・財産被害や相当期間の不登校が疑われる「重大事態」に至った場合には、調査組織を設置しての調査義務が定められたので（後記Ⅶ8、9参照）、代理人たる弁護士は、法律上の根拠をもって学校側と交渉することが可能になった。弁護士が介入する事案は、学校側といじめ被害を訴える生徒・保護者との間の信頼関係が損なわれているものが多いが、そういう事案では、重大事態調査の調査組織の設置段階から、中立・公平性を確保するだけでなく、調査が開始された後も、生徒・保護者側の意見を調査組織側に伝えたり、調査委員の理解に資する資料を提出するなど、調査の実効性を確保するための代理人の活動が重要になるので、法律はもちろん、文科省の基本方針やガイドライン等について正確に理解したうえで、交渉に臨む必要がある。

3 民事調停

簡易裁判所に対し、民事調停の申し立てを行うこともできる。民事調停は、調停委員が、申立人（被害者）と相手方（加害者あるいは学校）の双方の意見を聞き、妥当と思われる解決策を示すものである。したがって、学校が外部の意見や示唆に耳を傾けるようになれば、いじめの克服に関しても一定の役割が期待できる。

4 民事裁判

いじめに関する訴訟は、通常、損害賠償請求というかたちで提起される。

多くは加害者だけではなく、学校の設置者である法人（公立校の場合は地方公共団体）をも被告としている。これは、いじめの被害者やその保護者などが弁護士のところへ相談に来るのは、いじめに対する学校側の対処が不適切で、教師との関係がこじれてからのことが多いことも一因であろうと思われる。

いじめ防止対策推進法の施行前は、学校や学校の設置者が設置した調査組織による事実調査（重大事態調査）が義務化されていなかったこともあり、事実を明らかにするために民事裁判という手段に訴えざるを得ないという場合があったが、法の施行により、重大事態調査を求めるということが多くなった。民事裁判は、重大事態調査における事実に納得できなかったり、加害生徒や学校側の法的責任を明確にしたい場合に選択されることが多いものと思われる。

民事裁判では、立証責任は、原告である被害者側にあって、立証活動に多大なる負担がかかること、相手方から徹底的な反論がなされることが通常であり、時間的に長引くことが多いことなどの問題があるが、重大事態調査と異なり、関係者に対して直接、証人尋問、本人尋問等を行い得るという利点もあるので、このような制度の違いを理解して慎重に手段を選択することが必要である。

VII　いじめ防止対策推進法

1　2011 年 10 月、滋賀県大津市において発生したいじめ自殺事件は、報道されたいじめの態様の凄惨さなどから大きな社会問題となり、いじめに関する立法の契機となった。2013 年 6 月にいじめ防止対策推進法が議員立法で公布され、同年 9 月に施行された。以下では、主に学校交渉にかかわる部分について、同法の内容を概観する。なお、同法は、解釈指針として、衆参両院における附帯決議の他、「いじめの防止等のための基本的な方針」（本項で以下、「基本方針」という）が文部科学省により定められており、法文とあわせて検討する必要がある。

2　学校いじめ防止基本方針

いじめ防止対策推進法では、各学校に対し、学校の実情に応じ、当該学校におけるいじめ防止等のための対策に関する基本的な方針を定めることを義務づけており（13 条）、それをホームページなどで公開することとされている。学校がどのような方針でいじめ問題に取り組むことを目指しているのかを事前に確認することは、交渉を有利に進めるための材料集めという意味でも重要である。

3　通報等の義務

担任がひとりでいじめ問題を抱え込み、学校として組織的な対応ができず、対応が後手にまわることが少なくない。このような観点から、学校の教職員等は、児童等からいじめにかかる相談を受けた場合において、いじめの事実があると思われるときは、学校への通報その他の適切な措置をとることが義務づけられている（23 条 1 項）。なお、通報者には保護者も含

9　いじめの防止等のための基本的な方針（平成 25 年 10 月 11 日 25 文科初第 814 号）

まれる。

この規定により、学校交渉を行う場合、いじめを担任が把握してから管理職に報告が行くまでどれくらい時間がかかったのか、それはなぜなのか、などを問題点として指摘しておくことができる。

4　事実確認、設置者への報告

いじめの通報があった場合、学校は、速やかに、いじめの事実の有無の確認を行うための措置を講ずるとともに、その結果を当該学校の設置者に報告する義務が規定されている（23条2項）。したがって、保護者からの依頼があれば、学校はいじめの調査をしなければならない。弁護士としては、学校側にこのような義務があることを踏まえ、学校に調査を申し入れることになる。また、学校は、調査の結果を保護者と共有するための措置その他必要な措置を講じなければならないと規定されているので（23条5項）、学校に対し、結果の報告を求めることができる。結果報告は、できるだけ、調査報告書など、書面でもらうように要求すると、「言った、言わない」という争いを避けることができ、また、後日の検証が可能になる。また、設置者（公立の場合は教育委員会）に提出した報告書があれば、それを個人情報保護条例等に基づき開示を求めることもできる。

5　いじめをやめさせ、再発を防止するために必要な措置をとる義務

学校は、事実の確認によりいじめがあったことが確認された場合には、いじめをやめさせ、その再発を防止するため、学校の複数の教職員によって、心理、福祉等に関する専門的な知識を有するものの協力を得つつ、いじめを受けた児童等又はその保護者に対する支援及びいじめを行った児童等に対する指導又はその保護者に対する助言を継続的に行うものとされている（23条3項）。弁護士は、学校に対し、この条項に基づき、どのような対処をするのかの確認を行うとともに、それが継続的に実行されているかのチェックをすることとなる。

6 また、学校はいじめを受けた児童等が安心して授業を受けられるようにするために必要な措置を講ずる義務を負っており（23条4項）、この条項に基づいて、クラス替え等を求めていくことも可能である。

7 このように、いじめ防止対策推進法では、いじめ発見から対処まで、さまざまな義務が学校に課されており、弁護士は、これらの条項に従って具体的にどのようなことを行うかを学校に対して申し入れ、それをチェックするというのが学校交渉の基本となる。

この法律ができる前は、学校に調査を申し入れてもまったく動かないことも多く、そもそも、いじめではないとの反論も許される余地があったが、いじめ防止対策推進法の成立により、学校交渉を円滑に進めやすくなった。同時に、弁護士は学校交渉に当たり、同法の条項をきちんと理解しておく必要がある。

8 重大事態

（1） いじめ防止対策推進法28条1項の「重大事態」が発生したと考えられる場合、学校の設置者または学校は、速やかに、その下に組織を設け、事実関係を明確にするための調査を行うことが義務づけられている（28条1項）。

上記のとおり、法は2つの調査主体を想定しているが、文科省の基本方針では、さらに、「従前の経緯や事案の特性から必要な場合や、いじめられた児童生徒又は保護者が望む場合には、法第28条第1項の調査に並行して、地方公共団体の長等による調査を実施することも想定しうる。」として、法上は再調査の組織として規定されている首長の下での組織（30条2項）を「並行」調査の組織として活用することにも言及しているので、結局のところ、調査主体は、学校、教育委員会、首長の3つが想定されていると理解することが可能である。

調査の方法は、「質問票の使用その他の適切な方法」と定められているが（28条1項）、アンケート調査や、当事者や周囲の生徒、教員などに対

する聞き取り調査が中心となる。

（2）いじめ防止対策推進法上、「重大事態」とは以下のように定義されている（28条1項）。

　1号「いじめにより当該学校に在籍する児童等の生命、心身又は財産に重大な被害が生じた疑いがあると認めるとき」
　2号「いじめにより当該学校に在籍する児童等が相当の期間学校を欠席することを余儀なくされている疑いがあると認めるとき」

　重大な被害や相当の期間の欠席がいじめによって生じているかが明らかでなくても、その疑いがあれば重大事態に該当しうる。文科省の基本方針には、「児童生徒や保護者から、いじめにより重大な被害が生じたという申立てがあったときは、その時点で学校が「いじめの結果ではない」あるいは「重大事態とはいえない」と考えたとしても、重大事態が発生したものとして報告・調査等に当たる」とされている。

1号について

　・「生命、心身又は財産に重大な被害が生じた」とは、①児童生徒が自殺を企図した場合、②身体に重大な障害を負った場合、③金品等に重大な被害を被った場合、④精神性の疾患を発症した場合等がこれにあたるとしている。なお、④については、児童生徒の精神的負担についてはさまざまなケースがあることから、精神疾患に限定すべきではないと解される。

2号について

　「相当の期間」については、年間30日を目安としつつも、児童生徒が一定期間、連続して欠席しているような場合には、学校の設置者又は学校の

10　基本方針第2の4（1）

判断により、迅速に着手することが必要とされている。[11]

9　調査組織

　調査組織の構成については、文科省の基本方針では、「弁護士や精神科医、学識経験者、心理や福祉の専門家であるスクールカウンセラー・スクールソーシャルワーカー等の専門的知識及び経験を有する者であって、当該いじめ事案の関係者と直接の人間関係又は特別の利害関係を有しない者（第三者）について、職能団体や大学、学会からの推薦等により参加を図ることにより、当該調査の公平性・中立性を確保するよう努めることが求められる」とされている（同34頁）。留意しなければならないのは、ここで求められているのは、第三者たる専門家の参加を図ることであって、調査組織が第三者の専門家のみから構成されることではないということである。

　文科省の基本方針では、学校が調査の主体となる場合、法22条に定める常設のいじめ対策組織を母体として、当該重大事態の性質に応じて適切な専門家を加えるなどの方法が考えられるとしている（同34頁）。いうまでもなく、学校の教員はいじめの当事者ではないが、いじめの早期発見・防止・対処を求められる職責を学校組織の一員として担う者であるため、いわば準当事者ともいえる。しかし、特に公立学校が調査主体となる場合、予算上の都合もあって第三者の専門家のみによる調査委員会を組織することは事実上不可能であることから、そのような準当事者が相当数メンバー構成に入っている調査組織によって調査が実施されることになる（実際には当該学校の教職員のみで構成され、第三者が一人もいないという場合も多いと思われる）。

　教育委員会が主体となる場合は、第三者の専門家のみで構成される調査組織を設置する場合もあるが、そうでない教育委員会もある。また、弁護士が調査組織の構成員になっている地方公共団体でも、重大事態の案件が

11　基本方針第2の4の（1）1）

多くなれば、予算上全ての調査を第三者の専門家のみで構成される委員会が実施するのではなく、事案によっては教育委員会職員のみで調査を行うというように振り分ける場合もあるようである。特に、最近は、法曹有資格者が教育委員会の常勤職員（スクールロイヤーの一形態）として勤務している地方公共団体もそれなりに存在し、その場合、一般の教育委員会職員とは異なる客観性をもって調査に従事できるとして、これをもって公平性・中立性を確保していると位置づけているところもある。

このように、調査組織の構成メンバーは、公立学校で発生した重大事態の調査は、学校主体調査では、①学校の教職員のみ（スクールカウンセラー等を含む）で構成されるいじめ対策組織で実施する場合、②それに第三者の専門家が加わる場合、教育委員会主体調査では、ⅰ）第三者の専門家のみの組織（第三者委員会）で実施する場合、ⅱ）教育委員会職員に第三者の専門家が加わる場合、ⅲ）教育委員会職員のみ（常勤スクールロイヤーを含む）の場合、というように多様性が認められる。

事案の真相究明という観点のみから見れば調査委員会の第三者性を徹底する方向を目指すべきであると考えられるものの、他方、重大事態が進行中であり、「対処」可能な状況であれば、第三者性よりも迅速性を追求し、あるいは、心身の苦痛を受けている子どもに寄り添い支援ができる教職員との人間関係こそを重視して、教職員中心の組織での調査の方が当該子どもの最善の利益に適うという考え方もあり得る。したがって、当該重大事態の特質、状況を踏まえて適切に調査主体や調査組織のあり方を決定することが肝要である。

Ⅷ　参考判例

【いわき市小川中学校事件】
・裁判所・判決日
　　福島地方裁判所いわき支部

平成 2 年 12 月 26 日

・事案の概略

　中学 3 年の被害者は、中学 1 年の頃から継続的に同級生らから暴力を振るわれたり、暴力を背景にした金銭の支払いを強要されるなどのいじめを受けていた。中学 2 年の 4 月頃、加害生徒からお金を借り期間内に返せないときは返済額が 1 週間に 5 倍ずつ増えるとの約束をさせられたことを発端として、被害者が全員の返済ができず、加害生徒から継続的に暴力を振るわれ、暴力を背景にして金銭の支払いを強要され続けるといういじめを受け、被害者が途中何度か担任教諭らに被害を訴えたが、担任教諭が加害生徒を指導したりしたにもかかわらず、加害生徒は反省することなくいじめを継続し、中学 3 年の 9 月に被害者がいじめを苦に自殺するに至った。

・事件当事者

　同級生（複数名）

・訴訟当事者

　原告：被害者の父母及び家族

　被告：いわき市

・判決結果（認容額）

　約 1100 万円（逸失利益、慰謝料、弁護士費用を含む）

・判決要旨

　学校側の安全保持義務違反を判断するに際しては、悪質かつ重大ないじめはそれ自体が被害生徒の心身に重大な被害をもたらし続けるものであるから、本件いじめが被害生徒の心身に重大な危害を及ぼすような悪質重大ないじめであることの認識が可能であれば足り、必ずしも自殺することまでの予見可能性があったことを要しないとし、ある程度いじめの事実を把握しながら適切な対応を怠った学校に安全保持義務違反を認めた。そして、被害生徒の自殺は同級生のいじめによるものであり、学校側の過失と自殺との間には相当因果関係が認められるとした。

　また、損害として、両親固有の慰謝料のほか、実質的な親代わりと

して被害者の監護指導に当たっていた祖母にも固有の慰謝料請求権が認められた。

　他方、原告である両親らの被害者に対する指導監護にも問題があったことや、損害の公平な分担の理念から自殺した被害者も一定の責任を負担すべきとして、過失相殺等により損害額の 7 割を減じた。

・出典　判時 1372 号 27 頁

　　　　判タ 746 号 116 頁

. . . .

【中野富士見中学校事件】

・裁判所・判決日

　　東京高等裁判所

　　平成 6 年 5 月 20 日

・事案の概略

　　中学 2 年の被害者は、同級生である加害生徒らのグループ内において使い走りや鞄持ち等の役をさせられ、昭和 60 年 11 月には教師らも加わって被害者を死亡したことにして追悼の真似事として色紙に寄書きを集めた「葬式ごっこ」が行われた。その後、加害生徒らは被害者の顔にフェルトペンで髭を書き込む、殴ったり蹴る、下級生への喧嘩をけしかける、上半身を裸にさせる、歌を歌わせる、木に登らせるなどのいじめ行為を繰り返した。これらの執拗ないじめ行為が続いた結果、翌 61 年 2 月に被害者は自殺するに至った。

・事件当事者

　　同級生（複数名）

　　教師

・訴訟当事者

　　原告・控訴人：被害者の父母

　　被告・被控訴人：同級生、中野区、東京都

・判決結果（認容額）

　　約 1150 万円（慰謝料及び弁護士費用を含む）

・判決要旨

昭和 60 年 9 月以降の同級生である加害生徒らの被害者に対する対応は、時を追うに従って悪質化の度を加えていったもので、悪ふざけ、いたずら、偶発的な喧嘩などではなく典型的な「いじめ」に当たり、特に被害者がグループから離れようとした際の被害者に対する仕打ちは極めて悪質ないじめであり、「葬式ごっこ」については、教師らが軽率な行為により集団的いじめに加担したもので、被害者にとって教師らが頼りにならないことを思い知らされた出来事であったと認めた。

　そして、同級生らによるいじめが被害者の自殺の主たる原因であることは明らかであるとし、教師及び加害生徒の父母に、生徒間のいじめ防止のため適切な措置を講じなかった過失を認めたが、被害者の自殺についての予見可能性があったとは認められないとして、損害賠償責任をいじめによる肉体的、精神的苦痛等に限定して認めた。

・出典　判時 1495 号 42 頁

　　　　判タ 847 号 69 頁

【十三中学校事件】

・裁判所・判決日

　　大阪地方裁判所

　　平成 7 年 3 月 24 日

・事案の概略

　　加害生徒には、中学 1 年の頃から粗暴な行為や問題視される行動があった。すなわち、加害生徒は中学 1 年当時から生徒と喧嘩することが多く、中学 2 年になるとグループで授業妨害や怠学をしたり、喫煙などの問題行動をおこすようになった。中学 2 年の 3 学期には、教師から注意されたことに反発し、グループの一員として対教師暴力事件に加わり、中学 3 年の 1 学期には、同グループの別の生徒の二度にわたる対教師暴力事件がおきたが、加害生徒もそれとは別に教師の机を蹴ったり、修学旅行中に教師に反発して電車内のドアを蹴るなどした。中学 3 年の 2 学期に入ると、加害生徒は、教師からの注意に反発し、同グループの一員として対教師暴力事件に加わったり、さらに 10 月

には養護学級の生徒に、11 月には 2 年生の生徒に対し、それぞれ暴力行為に及んだ。

　加害生徒は、被害者に対してもひどい暴力に及び、その暴力は中学 1 年から 3 年 1 学期まで継続的になされ、中学 3 年 2 学期には外傷性脾臓破裂等の傷害を負わせる暴行を行った。被害者に対する継続的な暴力の多くは、他の生徒の前で行われていた。しかし、学校側では、加害生徒が中学 2 年以降におこした右暴力事件のうち、被害者に対する暴行以外の暴力や問題行動についてはほぼ把握していたが、被害者に対する暴行については把握できていなかった。被害者も、他の生徒も同グループの存在をおそれ、学校や保護者に対し、被害者への暴行の事実を知らせることがなかった。

・事件当事者

　　同級生

・訴訟当事者

　　原告：被害者

　　被告：同級生、大阪市

・判決結果（認容額）

　　約 2419 万円（逸失利益、慰謝料、入院費、弁護士費用を含む）

・判決要旨

　　学校側は、あらゆる機会をとらえて暴力行為（いじめ）等が行われているかどうかについて細心の注意を払い、暴力行為（いじめ）等の存在がうかがわれる場合には、関係生徒及び保護者らから事情聴取をするなどして、その実態を調査し、表面的な判定で一過性のものと決めつけずに、実態に応じた適切な防止措置（結果発生回避の措置）をとる義務が全ての教員にあることを認めた。

　　暴力行為の態様からして、加害生徒の粗暴性は顕著かつ暴力行為は継続的で、度重なる教師暴力は悪質で重大なものであり、対生徒に対する暴行の動機も不明であることからすると、学校側は、遅くとも本件暴行事件直前頃には、予見し得たにもかかわらず、結果の発生を回避するための適切な措置を講じていないと認められ、少なくとも、校

長、教頭、生徒指導主事及び担任教師に過失があったとした。

　なお、加害生徒らについては、故意に暴行に及んだことは明らかであるとして不法行為責任を認めた。

・出典　判夕 893 号 69 頁

・・

【津久井町立中学校事件】

・裁判所・判決日

　　東京高等裁判所

　　平成 14 年 1 月 31 日

・事案の概略

　　被害者は、中学 2 年の 4 月から転校してきたが、保護者は被害者が転校前の学校で多少いじめられていたことを転入時に学校に報告していた。被害者は、転入当初から加害生徒らとのトラブルが生じ、被害者の机や椅子を廊下に持ち出される、被害者の教科書を投げ捨てられる、画鋲を椅子に置かれる、教科書にマーガリンを塗られる、「ベランダ遊び」「足かけ」と称する暴力を度々振るわれるなどしていた。担任教師もこうした行為を把握し、その都度、加害生徒らに注意・指導したにもかかわらず、その後もいじめが継続し、被害者は 7 月に自宅の自室で死亡した。担任教諭は、クラスで起きるもめ事などは、比較的被害者が関与することが多いと認識しながら、いずれも個別的・偶発的な出来事と捉えていた。

・事件当事者

　　同級生（複数名）

・訴訟当事者

　　原告・被控訴人：被害者の父母

　　被告・控訴人：同級生、津久井町、神奈川県

・判決結果（認容額）

　　約 2155 万円（逸失利益、慰謝料、葬儀費用、弁護士費用を含む）

・判決要旨

　　教員には、学校における教育活動及びこれに密接に関連する生活関

係における生徒の安全の確保に配慮すべき義務があり、特に生徒の生命、身体、精神、財産等に大きな悪影響ないし危害が及ぶおそれがあるようなときは、それらを未然に防止するため、その事態に応じた適切な措置を講じる一般的な義務があることを認めた。

被害生徒にトラブルやいじめが継続的に多発していたことを把握していた担任教諭は、トラブルやいじめが継続した場合に本件自殺のような重大な結果を招くおそれがあることの予見可能性があったとし、トラブルが起こる度に関係者から事情を聞き、注意するという指導教育方法のみではその後のトラブルの発生を防止できないことを認識した場合は、被害者及び加害生徒らに対する継続的な行動観察、指導をし、被害者及び加害生徒らの家庭との連絡を密にし、さらには、学校全体に対しても組織的対応を求めることを含めた指導監督措置をとるなどの、より強力な指導監督を継続的・組織的に行うべき義務があるとして、安全配慮義務違反を認めた。なお、被害者の心因的要因や親が注意監督を怠った点などを考慮して、過失相殺により損害額の7割を減じた。

他方、加害生徒らについては、継続的ないじめ行為があったとして共同不法行為が認められたが、自殺の予見可能性はなかったとして、いじめにより被害者が被った精神的苦痛に対する慰謝料等の支払いを命じた。

・出典　判時 1773 号 3 頁
　　　　判タ 1084 号 103 頁

・・

【福岡県私立高校自死事件】

・裁判所・判決日
　　福岡地方裁判所・令和 3 年 1 月 22 日
　　福岡高等裁判所・令和 3 年 9 月 30 日

・事案の概略
　　被害生徒は、私立高校の 3 年生の 11 月に自殺した。遅くとも 2 年生の頃から自死に至るまで、同級生から、他の生徒の前で、殴られた

り、蹴られたりする暴力や、セロハンテープで何重にも巻かれて椅子に縛り付けられたり、ゲームと称して失神させられたりする暴力のほか、使い走りをさせられたり、「アゴ」という身体的特徴を揶揄する呼び方をされたりするなどの多様な嫌がらせを一方的に受けていた。自死直前の3年生の10月頃からは、複数人が、何らの理由なく一方的に殴ったり足蹴りしたりする暴力を日常的に行うようになり、その態様も深呼吸を繰り返させ酸欠状態に陥らせて胸を押して失神させたり、体育館で何度も足払いをして床に転倒させたり、調理実習で調理し熱せられた麻婆豆腐を無理やり被害者の口の中に流し込んで火傷をさせたり、堅いパンが砕けるほどの力で顎を殴ってその様子を動画で撮影したりするというようなものであった。

・事件当事者

　　同級生（複数名）

・訴訟当事者

　　原告・被控訴人：被害生徒の父母、祖母、兄姉

　　被告・控訴人：学校法人（同級生は原審で和解成立）

・判決結果（認容額）

　　約2739万円（逸失利益、慰謝料、葬儀費用、弁護士費用を含む。日本スポーツ振興センターから支給された死亡見舞金分は控除）

・判決要旨

　　教員は、生徒に対するいじめやその兆候が発見された場合、いじめを阻止し、いじめが生徒の自死という重大な結果を招来しないように、いじめが発見された場合の対応等を定める「危機管理マニュアル」等に従い、保護者や他の教員との連携を図りながら、情報を収集して、これを教員間で共有し、適正に事実関係を把握した上、いじめの被害者に対する心理的なケアを行ったり、加害者に対する指導等を行ったりするなど、生徒の自死を未然に防止する措置を執る義務を負うことを認めた。

　　学級担任が、被害生徒の首に痣があることを確認し、被害生徒が自死をしようとしたのではないかと疑ったこと、被害生徒は、自死直前

の時期に7日欠席し、うち4日については、欠席の届出がなかったこと、他の教諭が、調理実習の際、被害生徒の前に大量の豆板醤が入れられた白玉団子や麻婆豆腐が置かれていることに気付き、被害生徒と同じ班で調理実習を行っていた生徒らを注意したこと、また、養護担当の教諭等が、被害生徒の火傷の状態を確認したことからすると、教員としては、いじめが発見された、あるいは、自死未遂が生じた可能性があり、本生徒の自死の危険が高まっているとして、危機管理マニュアル等に従い、これを教員間で共有すべきであったとし、これら情報提供、情報共有により、本生徒がいじめにより自死を図ることを具体的に予見することが可能であり、そのうえで、安全配慮義務を尽くすことにより、自死を回避することができたことを前提として、被害生徒に対する安全配慮義務の不履行ないし違反があったと認めた。

・出典　判時2545号53頁・58頁

2

不登校

I 「不登校」現象の問題化と「不登校」の定義

1 「不登校」現象の問題化の経緯

　1970年代後半から、主に中学校を中心に、病気や家庭の経済事情などの直接的な理由がないにもかかわらず学校に登校しない子どもが相当数みられる現象について、「登校拒否」と呼ばれて社会的に注目されるようになった。

　その後1980年代になって以降、中学校での不登校数とともに小学校での不登校の増加も顕著となって、不登校現象が1つの社会問題としてとらえられるようになり、文部省（当時）は、1992年に、学校不適応対策調査研究協力者会議を設置して検討を求めるに至る。

2 「不登校」の定義と本稿の検討対象

　同会議で、不登校現象について、「不登校（登校拒否）」との用語を用いて、これについて、（義務教育段階の児童生徒を前提に）「何らかの心理的、情緒的、身体的、あるいは社会的要因・背景により、児童生徒が登校しないあるいはしたくともできない状況にある者（ただし、「病気」や「経済的理由」によるものを除く）」と定義し、文部科学省もこの定義を前提として学校基本調査を行ってきている。

　文部省は、当初の調査では年間欠席日数が50日以上の場合を「不登校」として調査していたが、1991年から、年間欠席日数30日以上を「不登校」とした（また、不登校現象の呼称について、文部省は、当初「登校拒否」との用語を用いていたが、1998年からは「不登校」との用語を用いるようになっている）。

　上記の文部科学省が前提とする「不登校」の定義は、小・中学校に在籍する児童・生徒で何らかの理由によって一定の日数（30日）以上登校しない者のうちから、病気を理由とする者、及び、家庭の経済的事情を理由と

する者という、登校しない理由が特定できている場合を除くといういわば
消去法による定義となっていることに示されているように、現象の本質を
示す定義とはなっていない。しかし他方、この定義も、現象についての注
意を喚起しその原因の探索と対応を促すという意味では一定の合理性を認
めることができるのであり、本稿でも、以下、この文部科学省の定義する
「不登校」を前提として検討する。

II 「不登校」の現状

　文部科学省によれば、2022 年度における、「不登校」の児童・生徒数は、
小学校で 10 万 5,112 人（前年度 8 万 1,948 人）、中学校で 19 万 3,936 人（前
年度 16 万 3,442 人）とされ、小・中学校合計で、29 万 9,048 人（前年度 24
万 4,940 人）となったと報告されている[1]。

　これより 10 年前である 2012 年度における、「不登校」の児童・生徒数
は、小学校で 2 万 1,243 人、中学校 9 万 1,446 人で、小・中学校合計では
11 万 2,689 人であったと報告されており[2]、この約 10 年間の調査結果の推
移を見ると、3 倍近くの子どもが不登校となっており、激増していると言
わざるをえない。1,000 人当たりの不登校児童生徒数でみると、約 2.9 倍
の増加であり、不登校は早急な対応が求められる問題となっている。

　不登校の定義は、上述のとおり欠席日数 30 日が基準となっている。し
かし、実際には授業に出ず、夕方に登校して担任に顔を見せるのみや、保
健室登校で出席と取り扱っている事例も多くあり、「不登校」の実態とし
てはさらに深刻であると考えるべきであろう。

1　文部科学省　令和 4 年度「児童生徒の問題行動等生徒指導上の諸問題に関する調査」
　（65 頁）
2　文部科学省　平成 24 年度「児童生徒の問題行動等生徒指導上の諸問題に関する調査」
　（49 頁）

III 「不登校」問題をどう理解するか

1 不登校の要因

(1) 2020年度文部科学省「児童生徒の問題行動等生徒指導上の諸問題に関する調査」及び「不登校児童生徒の実態調査」

文科省は、毎年、「児童生徒の問題行動等生徒指導上の諸問題に関する調査」において、小中学校、都道府県教育委員会及び市町村教育委員会（以下「学校等」とする）に対して「不登校になったきっかけと考えられる状況」の調査を行っている。それとは別に、教育機会確保法16条において、「国は、義務教育の段階における普通教育に相当する教育を十分に受けていない者の実態の把握に努める」とされたのを受け、前年度に不登校であった小学6年生及び中学2年生で、調査対象期間に登校又は教育支援センターに通所の実態がある者に対し、調査対象児童生徒及び保護者（以下「児童生徒ら」とする）から調査を行った（「令和2年度不登校児童生徒の実態調査」）。

学校等が回答した2020年度「児童生徒の問題行動等生徒指導に対する調査」[3]における小学校の不登校の主たる要因のうち、「学校に関わる状況」は、14.8%、「家庭に関わる状況」が20%、「本人に関わる状況」が60.3%とされ、本人の問題が不登校の主たる要因とされている。中学生では「学校に関わる状況」が26.7%、「家庭に関わる状況」が10.5%、「本人に関わる状況」が58.1%となっており、こちらも本人の問題が主たる要因とされている。回答が多かったものは、小学生では「無気力、不安（46.3%）」、「親子の関わり方（14.6%）」「生活リズムの乱れ、あそび、非行（14.0%）」であり、「教職員との関係をめぐる問題」は1.9%と少ない。中学生では、「無気力、不安（47.1%）」「いじめを除く友人関係をめぐる問題（12.5%）、

---

3 文部科学省 令和2年度「児童生徒の問題行動等生徒指導上の諸問題に関する調査結果について」（83頁）

https://www.mext.go.jp/content/20211007-mxt_jidou01-100002753_1.pdf

生活リズムの乱れ、あそび、非行（11.0%）」であり、「教職員との関係をめぐる問題」は、0.9%と少ない。

　これに対し、児童生徒らが回答した「不登校児童の実態調査」[4]における小学6年生の「最初に行きづらいと感じ始めたきっかけ」（複数回答可）では、学校に係わる状況が約47.1%、家庭に係わる状況が5.3%、本人に係わる状況が約34.5%となり、学校に係わる状況が一番多い原因となっている。[5]具体的には、多い順に、先生と合わなかった、先生が怖かった、体罰があったなどの「先生のこと（29.7%）」、学校に行こうとするとおなかが痛くなるなどの「身体の不調（26.5%）」、朝起きられなかったなどの「生活リズムの乱れ（25.7%）」、きっかけが何か自分でもよくわからない（25.5%）、いやがらせやいじめなどの「友達のこと（25.2%）」であった。

　中学2年生の「最初に行きづらいと感じ始めたきっかけ」[6]（複数回答可）では、学校に係わる状況が約50.9%、家庭に係わる状況が約6.2%、本人に係わる状況が約32.6%となり、こちらも学校に係わる状況が一番多い原因となっている。具体的には、多い順に、学校に行こうとするとおなかが痛くなったなど「身体の不調（32.6%）」、授業がおもしろくなかった、

4　不登校児童生徒の実態把握に関する調査分析会議「不登校児童生徒の実態把握に関する調査報告書」（2021年10月）
　　https://www.mext.go.jp/content/20211006-mxt_jidou02-000018318_03.pdf）

5　文部科学省　令和2年度「児童生徒の問題行動等生徒指導上の諸問題に関する調査結果について」における「学校に関わる状況」「家庭に関わる状況」「本人に関わる状況」の分類に従い、上記「不登校児童生徒の実態把握に関する調査報告書」の「最初に行きづらいと感じ始めたきっかけ」の回答のうち、「友達のこと（いやがらせやいじめがあった）」「友達のこと（1, 以外）」「先生のこと」「勉強が分からない」「部活動の問題」「入学、進級、転校して学校や学級に合わなかった」「1〜7以外の理由で学校生活と合わなかった」を「学校に係わる状況」、「親のこと」「親の学校に対する考え」「家族関係」「家族の世話や家事が忙しかった」を「家庭に係わる状況」、「身体の不調」「生活リズムの乱れ」「インターネット、ゲーム、動画視聴、SNSなどの影響」「兄弟姉妹や親しい友人の中に、学校を休んでいる人がいて影響を受けた」「なぜ学校に行かなくてはならないのかが理解できず、行かなくてもいいと思った」を「本人に係わる状況」とし、回答全体を100%として算出。

6　同上

成績がよくなかった、テストの点がよくなかったなど「勉強が分からない
（27.6%）」、先生と合わなかった、先生が怖かった、体罰があったなどの
「先生のこと（27.5%）」、いやがらせやいじめ以外の「友達のこと（25.6%）」、
嫌がらせやいじめなどの「友達のこと（25.5%）」、朝起きられなかったな
ど「生活リズムの乱れ（25.5%）」であった。

　このふたつの調査は、複数回答の可否や選択肢も異なっているため、正
確な対比はできないものの、回答者が学校等か児童生徒らかによって原因
の捉え方が大きく異なる可能性は指摘できるであろう。

【不登校要因の比較】

	要因	生徒指導諸問題調査 回答者：学校・教育委員会	不登校実態調査 回答者：子ども
小学生	学校	14.8%	47.1%
	家庭	20%	5.3%
	本人	60.3%	34.5%
中学生	学校	26.7%	50.9%
	家庭	10.5%	6.2%
	本人	58.1%	32.6%

　正確な対比はできないとしても、学校や教育委員会が考えているより、
学校側に不登校のきっかけがあると考える子どもたちが多いことは、不登
校の対策を考える上で無視はできない。

(2) 弁護士会の子ども相談窓口の相談における不登校相談の傾向

　弁護士会の実施する子どもの相談窓口に寄せられる相談ケースから見る
と、たとえば東京弁護士会で実施している「子どもの人権 110 番」の電話
相談窓口への相談（2018 年〜 2021 年の 4 年間）で見ると、不登校に分類さ
れる相談が上記 4 年間で合計 303 件あるうち、いじめによる不登校が 163
件（53.8%）、教師が原因による不登校が 97 件（32.0%）、であるのに対し、
その他の不登校は 43 件（14.2%）にとどまっている。弁護士会への相談で
は、子どもの保護者からの相談の割合が最も高く、家庭生活が原因となっ
ている不登校のケースについての相談は相対的に少なくなるとも考えられ

るが、それにしても、学校生活に原因があると思われる不登校の割合が相当程度を占めることは間違いないものと思われる。

2 不登校に関する調査研究協力者会議「不登校児童生徒への支援に関する最終報告」（2016年）が示す、不登校の要因・実態の理解と対応の基本方向

文部科学省が設置した不登校に関する調査研究協力者会議が2016年7月に「不登校児童生徒への支援に関する最終報告」（以下、「不登校児童等支援最終報告」という）[7]を出し、2016年9月14日、基本的にこの内容を踏まえて文部科学省が「不登校児童生徒への支援の在り方について（通知）」[8]を発出し、そこでは、不登校問題の見方、不登校の要因・背景、不登校への対応について、おおむね以下のような点が指摘されている。

(1) 不登校問題の見方

2016年に示された「不登校児童等支援最終報告」は、まず、不登校の基本的見方として、「不登校については、児童生徒本人に起因する特有の事情によって起こるものとして全てをとらえるのではなく、取り巻く環境によっては、どの児童生徒にも起こり得ることとして捉える必要がある」とし、不登校について、本人の社会的自立の観点から支援をすることの重要性を指摘する。

(2) 不登校の要因・背景

不登校の要因・背景について、同報告は「不登校の実態について考える際の背景として、ネグレクト等の児童虐待や子供の貧困等との関連を指摘する見方」もあることを指摘し、「不登校の要因や背景としては、本人・

7　文部科学省ホームページ「不登校児童生徒への支援に関する最終報告」参照
　　http://www.mext.go.jp/b_menu/shingi/chousa/shotou/108/houkoku/1374848.htm

8　文部科学省ホームページ
　　http://www.mext.go.jp/a_menu/shotou/seitoshidou/1375981.htm

家庭・学校に関わるさまざまな要因が複雑に絡み合っている場合が多く、さらにその背後には、社会における『学びの場』としての学校の相対的な位置付けの低下、学校に対する保護者・児童生徒自身の意識の変化等、社会全体の変化の影響がすくなからず存在している」と不登校要因についてさまざまな要因が絡み合っている場合が多いことを強調する（同7頁、4頁等）。

(3) 不登校への対応

同報告は、上記のような把握に基づき「不登校は、その要因・背景が多様であり、学校のみで取り組むことが困難な場合が多いという課題があることから、本協力者会議においては、学校の取組の強化のみならず、学校への支援体制や関係機関との連携協力等のネットワーク構築による支援、家庭の協力を得るための方策等についても検討を行った」として、不登校への対応として、学校を基本としつつ、学校以外の関係機関との連携協力による対応の必要性を指摘しており、この点が従来と比較した特徴といえる（同4頁等）。

3　小括　不登校の要因の理解及び対応と解決の視点

(1) 不登校の要因把握と個別の不登校事案における具体的要因把握の重要性

不登校の要因としては、大きく見れば学校生活要因によるのか、家庭生活要因によるのか、あるいはこれらの複合した要因なのかということがまず問題であるが、この点については、不登校において学校生活の問題が重要な要因であり、個々のケースを見る際に、この学校生活の要因の有無やその内容が十分に吟味される必要があることは、弁護士会の相談窓口への相談状況や、文科省での不登校のきっかけに関する実態調査（上記1（1）等）からも明らかであろう。他方で、不登校児童生徒の実態調査できっかけとの回答のある親との関係や、家族関係、ヤングケアラーといった家庭

の問題も無視できない[9]。

　したがって、調査を踏まえると、不登校の要因として、学校生活が最も基本的な要因として重視されるべきことに異論はないところと思われるが、近年の児童虐待や子どもの貧困、ヤングケアラー等の拡大状況からも、不登校といっても、学校生活要因のみでなく、家庭生活の要因による不登校も増加してきており、不登校の要因を学校生活にあると決めつけることなく、家庭生活その他の可能性も考慮していく必要がある。

　いずれにせよ、これまでに文部科学省等でなされてきた調査（学校基本調査等）は、各学校への調査や個々の不登校ケースの当事者へのアンケート調査を基本とするものであって、個々の不登校のきっかけ・要因の調査を通じて、不登校ケースのさまざまな要因を浮かびあがらせることはできるが、不登校児童生徒の数・比率が1990年代以降高い水準で推移してきている全体的な事態の基本的な要因を明らかにするものとはいいがたいのであり、こうした全体としての不登校の多くに共通する要因がないのかは別途検討される必要がある。

(2) 個々の不登校ケースへの対応のあり方

　不登校の要因として多様な要因がありうることからすれば、個々の不登校ケースに応じた具体的な対応をしていく上で、ケースごとの具体的な要因・内容を明らかにすることが重要であろう（見立て）。弁護士会の相談事例でも、学校生活要因の不登校の相談といっても、いじめによるもの、教師や学校の言動・対応によるもの、学校での友人関係（いじめとまでは

9　前掲注5の文部科学省「令和2年度・児童生徒の問題行動等生徒指導上の諸問題に関する調査について」において、「不登校のきっかけ」として「学校に係る状況」（20.3%）や「家庭に係る状況」（11.6%）を超えて、「本人に係る状況」が63.2%を占めるとされる（小・中合計。ただし複数回答）。しかしこの「本人に係る状況」の内訳「無気力・不安」、「生活リズムの乱れ、あそび、非行」等をみると、「本人に係る状況」の背景としても学校が子どもの成長発達権、学習権を保障できていない可能性や、家庭・家族の事情が子どもの成長発達権やウェル・ビーイングを損なっている可能性を否定できず、「本人に係る状況」についてはやはり学校生活要因や家庭生活要因との関連を考慮する必要があると思われる。

言えない）によるものなど、多様なものがみられ、また家庭生活要因の不登校でも、ネグレクト・保護者の学校についての意識・両親の不和等、さまざまな具体的要因がありうるのであり、これに応じて対応を検討する必要がある。こうした個々のケースへの対応について問題となる点については後記のIVで検討する。

(3) 不登校問題について必要とされる制度的な解決方向

　不登校児童等支援最終報告は「不登校の要因や背景としては、本人・家庭・学校に関わるさまざまな要因が複雑に絡み合っている場合が多」いとし、いわゆるケースバイケース的な把握の仕方にとどまることで、不登校問題が解決に向かわない制度的な要因の有無があいまいにされかねない点には注意が必要である。

　すなわち、わが国における不登校問題については、1990年代以降これまでの間、さまざまな検討と提言がされてきたにもかかわらず、不登校の数や割合が増加していることは明らかであり、その原因としてはわが国の学校教育システムの制度的な問題が存在すると考えるのが合理的である。

　こうした不登校の原因となっていると思われる学校教育システムの問題点についての検討とその基本的な改革が、不登校問題の解決にあたり求められているというべきであり、後記Vでこの点を検討する。

IV　具体的な不登校事案への対応について

1　不登校対応の視点

(1) 不登校の見方

　従来「不登校」を不登校となっている子どもの「問題行動」と捉える見方が根強く存在しており、こうした否定的な見方は現在でもなくなっていない。

　しかし、すでに述べてきたように、「不登校」はこれを子どもの問題行

動とみるべきではなく、「不登校」をさまざまな理由・要因によって子ど
もが学ぶ意欲を奪われ・学習権を侵害されている問題として捉えなおすべ
きである。

　この点、「不登校児童等支援最終報告」も「不登校とは、多様な要因・
背景により、結果として不登校状態になっているということであり、その
行為を『問題行動』と判断してはいけない。不登校の児童生徒が悪いとい
う根強い偏見を払拭し、（中略）学校・家庭・社会が不登校児童生徒に寄
り添い共感的理解と受容の姿勢を持つことが、児童生徒の自己肯定感を高
めるためにも重要である」と指摘している。

(2) 不登校を子どもの学習権が侵害された状態とみて、その支援策を探る

　その要因はともあれ、不登校の問題への対応を考える際に共通する基本
的な視点としては、子どもの学習権が損なわれているという点がまず指摘
されるべきである。

　すなわち、子どもには成長発達権と、この成長発達のための不可欠の
営みとして学習する権利（学習権）が保障されており、この学習権の一場
面として教育を受ける権利が保障されている（憲法 26 条 1 項、旭川学力テ
スト事件判決・最高裁昭和 51 年 5 月 21 日大法廷判決、子どもの権利条約 6 条、
同 28 条）。

　しかるに子ども、とりわけ義務教育段階の子どもが不登校の状態となっ
ている場合、この学習権が損なわれた状態となっている可能性が高い。

(3) 学習権・教育を受ける権利と、学校での教育を受ける権利の区別

　ここで注意をする必要があるのは、学習権・教育を受ける権利と、学校
での教育を受ける権利は同じものではないという点である。

　すなわち、憲法が保障するのは、子どもの学習権を前提とした「教育を
受ける権利」であって（26 条 1 項）、それはいわゆる「学校」（学校教育法
1 条等にいう）での教育を受ける権利に限られるものではなく、家庭教育
その他の「学校」以外の場における教育を受ける権利をも含んだものであ
る。

とくに、前述したとおり、現在のわが国における学校教育について、過度の競争主義や管理主義・画一主義等の弊害が指摘されている現状においては、現状の「学校教育」を前提にして、この「学校教育」を受けることを学習権実現の唯一の選択肢であるかのような立場で子どもの不登校を問題とすることは、きわめて危険であり、かえって不登校の子どもを追いつめ、不登校問題の弊害を増悪させかねない。

この意味で、「学校」教育を受けることは、学習権・教育を受ける権利を実現するための一つの選択肢であって、その他の場での教育を排除するものではないとの観点は極めて重要である。

この点、「不登校児童等支援最終報告」でも、「不登校児童生徒への支援は、学校に登校するという結果のみを目標にするのではなく、児童生徒が自らの進路を主体的に捉えて、社会的に自立することを目指すことが必要」（同9頁）として、登校の再開を唯一の解決としないことを明確に打ち出しており、評価できる。

2　不登校の原因が明確な場合の対応

具体的な不登校ケースを検討しその不登校の原因が明確な場合、まずは、その原因を除去することによって解決が図れないか試みる必要がある。たとえば、教師・学校の言動・対応によって不登校となっている場合には、実際にそのような事実があるのかを確認した上で、まずは教師・学校の言動・対応についての是正を図っていくことになる。しかし、原因除去が短期的には困難な場合等には、後記の「学校」以外の手段による対応が図られるべきである。

また、不登校原因が、既存の「学校」教育システムへの不適合によると判断される場合（たとえば一斉授業方式への不適応等）、幅広い選択肢を備える等さまざまな方法により既存の「学校」教育システムに修正が図られるべきである。2022年6月にこども基本法が成立し、こども施策の基本理念として、子どもの権利条約の一般原則が保障されることとされた。2022年12月に出された生徒指導提要改訂版においても、子どもの権利条

約の一般原則の理解が必要と指摘され[10]、2023 年 3 月 8 日付中教審「次期教育振興基本計画について（答申)」でも、基本施策として子どもの権利利益擁護が掲げられ、「子どもが安心して学べる環境の整備に取り組むなど、子供の権利利益の擁護を図り、その最善の利益を実現できるよう取り組む」[11]とされており、不登校解消のためにも、「学校」の教育システムを子どもの権利を保障する形に変えていく必要性は高い。

　しかし、それが短期的に困難な場合（たとえば学級規模の縮小等）には、後記 4 の「学校」以外の場での教育の選択肢の保障と提供がはかられるべきである。

3　当該学校以外の学校への転校による解決

　不登校のケースにおいて、当該子どもが、現に在籍する学校への登校は困難となっているが、他の学校への登校についてはこれを希望している場合には、学校教育に関する法令上の学区制とその指定変さらに関する規定を柔軟に運用し、在籍学校以外の学校への転校を支援すべきである。

　すなわち、学校教育法施行令は、学区制を前提としつつ「市町村の教育委員会は、相当と認めるときは、保護者の申し立てにより、その指定した小学校又は中学校を変更することができる」としている（学校教育法施行令 8)。文部科学省は、これに関して、学校における十分な指導にかかわらず、いじめにより児童・生徒の心身の安全が脅かされるような深刻な悩みをもっているなどの場合は、「相当と認める」べき場合として学校指定の変更ができるとしてきている[12]。また、いじめ以外でも、教員の言動が不登校の原因となっている場合は、転校の相談に応じることが望まれるとされており[13]、不登校の場合で、子ども本人が在籍学校以外の学校への転校を希望

10　文部科学省「生徒指導提要」（2022 年 12 月）32 頁～ 34 頁

11　中教審「次期教育振興基本計画について（答申)」（2023 年 3 月 8 日）41 頁

12　文部省初等中等教育局長「通学区域制度の弾力的運用について（通知)」文初小第 78 号（1997 年 1 月 27 日）

13　文科省初等中等教育局長「不登校児童生徒への支援の在り方について（通知)」元

する場合には、これによる転校の方法での支援を検討すべきである。

4 「学校」以外での教育・学習の場の用意・提供

すでに述べたとおり、学習権・教育を受ける権利の実現は、必ずしも学校教育を受けるという方法には限定されないのであり、個々の不登校ケースでの子どものニーズに応じて以下のようなさまざまな教育の場・手段が用意され、そこへの支援がなされるべきである。[14]

【小中学校】

a　学びの多様化学校（不登校特例校）

b　教育支援センター（適応指導教室）

c　民間団体・民間施設（フリースクール、オルタナティブスクール）

d　夜間中学校

e　校内教育支援センター（校内フリースクール、スペシャルサポートルーム等）

f　ICT 等を活用した学習活動への支援

g　家庭におけるホーム・ベイスト・エデュケーションなどの支援

【高校】

a　学びの多様化学校（不登校特例校）

b　教育支援センター（適応指導教室）

c　通信制高校・定時制高校（単位制高校）

d　民間団体・民間施設（フリースクール、オルタナティブスクール）

e　ICT 等を活用した学習活動への支援

f　家庭におけるホーム・ベイスド・エデュケーションなどの支援

g　高卒認定試験

文科初第 698 号（2019 年 10 月 25 日）

14　前掲注 13 の通知においても、「不登校児童生徒に対する効果的な支援の充実」として、「多様な教育機会の確保」を挙げている。

5　不登校による出席日数不足への対処による、進学の途の保障

　義務教育段階における不登校の場合、出席日数が少ない状態となることにより、進級や卒業認定に影響が出ることで、その後の進学に支障が出る場合があることから、一定の要件を満たす場合に、教育支援センター、フリースクール、オルタナティブスクールなど学校外の施設において相談・指導を受けた日数を出席扱いできることとされている[15]。また、一定の要件を満たす場合、自宅において教育委員会、学校、学校外の公的機関又は民間事業者が提供する ICT 等を活用した学習活動を行った場合も、校長は出席扱いとすること及びその成果を評価に反映することができるとされている[16]。また、高校入試の際、高校で学ぶ意欲や能力を有する不登校生徒について適切に評価することが求められており、欠席数を考慮しない、個別面談や申請を行う等特別な配慮を行っている自治体もある。

　高等学校の場合も、同様に、学校外の施設において相談・指導を受けている一定の要件を満たす場合に、これら施設において相談・指導を受けた日数を出席扱いとすることができる[17]。

6　不登校の子どもの保護者への学校教育法施行令による登校督促について

　従来、不登校の場合にも、学校教育法施行令 20 条による校長から教育委員会への通知を前提とした同令 21 条の措置として、教育委員会からの保護者に対する書面での登校督促という措置が行われる例があり、こうし

15　前掲注 13 通知「（別記 1）義務教育段階のウ登校児童生徒が学校外の公的機関や民間施設において相談・指導を受けている場合の指導要録上の出欠の取扱いについて」

16　前掲注 13 通知「（別記 2）不登校児童生徒が自宅において ICT 等を活用した学習活動を行った場合の指導要録上の欠席の取扱いについて」

17　文科省初等中等教育局長「高等学校における不登校生徒が学校外の公的機関や民間施設において相談・指導を受けている場合の対応について」20 文科初第 1346 号（2009 年 3 月 12 日）

た督促によって子どもと親が精神的に追いつめられるという弊害が生じる場合も少なくなかった。

これについては、同規定での校長の教委への通知が「登校させないことについて保護者に正当な事由がないと認められるとき」になされるものとされていることから、そもそも「正当な事由がないと認められる」場合なのかどうかが十分に検討されるべきであるし、仮に当該不登校の経緯等から「正当な事由がないと認められる」場合にあたらないにもかかわらず校長から教委への通知がなされ、教委からの督促がされた場合には、保護者の側から、前提を欠いた督促であることを指摘していく必要があることになる。

7 不登校問題に関連するこの間の立法・政策動向

(1) いじめ防止対策推進法における、不登校重大事態とその調査制度

2013年に制定された、いじめ防止対策推進法では、いじめ重大事態の1つとして、不登校重大事態が定められ（同法28条）、「いじめにより当該学校に在籍する児童等が相当の期間学校を欠席することを余儀なくされている疑いがあると認めるとき」には、「学校の設置者又はその設置する学校は、次に掲げる場合には、その事態（以下、「重大事態」という）に対処し、及び当該重大事態と同種の事態の発生の防止に資するため、速やかに、当該学校の設置者又はその設置する学校の下に組織を設け、質問票の使用その他の適切な方法により当該重大事態に係る事実関係を明確にするための調査を行う」ものとされている。

28条等では調査や重大事態発生の報告について定められているが、調査の目的は調査自体ではなく「その事態に対処」するためであり、不登校状況の解消が目指されるべきとされている（文部科学省「不登校重大事態に係る調査の指針」（2016年3月））。

(2) 教育機会確保法における不登校児童生徒への多様な支援策

2016年12月に、義務教育段階の不登校児童の支援を目的の一つとした「義務教育の段階における普通教育に相当する教育の機会の確保に関する

法律（教育機会確保法）」が成立した。

同法では、不登校の子どもの実態に配慮して特別に編成された教育課程に基づく教育を行う学校（不登校特例校）の整備・充実、不登校の子どもへの学習支援を行う公立教育施設の整備・充実、不登校の子どもの学校以外の場での学習活動の状況等の継続的把握とそこでの不登校児童生徒の支援など、不登校の子どもが行っている多様な学習活動の実情を踏まえ、個々の状況に応じた必要な支援が行われるべきことが定められている。

同法については、学校以外の場での教育を法的に位置づけたものという肯定的な評価もある一方で、不登校の子どもを学校以外の場での教育に追いやる効果を持つことにもなりかねずかえって不登校の子どもを追いつめることになる可能性もあるとの評価や、現在子どもにとっての学習権を保障する場として不十分な状態にある「学校」の現状が固定化されることにつながる危険があるとの評価もなされている。

(3) COCOLO プラン

2023年3月に、「誰一人取り残されない学びの保障に向けた不登校対策（COCOLO プラン）」が文科省から出された。不登校の児童生徒全ての学びの場を確保し、学びたいと思ったときに学べる環境を整えること、心の小さな SOS を見逃さず、「チーム学校」で支援すること、学校の風土の「見える化」を通して、学校を「みんなが安心して学べる」場所にすることが「目指す姿」とされ、「誰一人取り残されない学びの保障に向けた不登校対策推進本部」の設置、不登校特例校や校内教育支援センターの設置等が打ち出された。

V　学校教育システムの問題点と必要とされる改革方向

1　不登校の基本的要因としての、現在の学校教育システムの問題点

我が国で「不登校」の子どもの数及び比率が 1990 年代以降高い水準で

推移してきたことについては、前記の「不登校児童生徒への支援に関する最終報告」等では触れられていないものの、その制度的要因として、現在のわが国における学校教育システムが、多様な個性をもつ子ども達の学習権に応えうるものになっていないことによる可能性が否定できないものと考えられる。

　この点、国連子どもの権利委員会（CRC）が、日本での子どもの権利状況に関し2010年に示した第3回最終見解[18]の中で「日本の学校制度によって学業面で例外的なほど優秀な成果が達成されてきたことを認めるが、学校および大学への入学を求めて競争する子どもの人数が減少しているにもかかわらず過度の競争に関する苦情の声があがり続けていることに、懸念とともに留意する。委員会はまた、このような高度に競争的な学校環境が就学年齢層の子どものいじめ、精神障害、不登校、中途退学および自殺を助長している可能性があることも、懸念する」として（70項）、日本における「高度に競争的な学校環境が……不登校……を助長している可能性」について懸念を表明しているところにも表れている。

2　改革が必要とされる学校教育システムの問題点

　現在のわが国の学校教育において、不登校の要因となりこれを助長しているものとしては、上記のCRCが指摘する「高度に競争的な学校環境」すなわち全国一斉学力テスト等に表れている子どもの教育における過度の競争主義の他にも、多人数・一斉授業方式等に象徴される画一主義的教育方式、服装・髪型等の細部にまで及ぶ管理主義、教員の勤務条件の不十分さや教員への過度の管理による教員の多忙化等の問題点が存在している。

　こうしたさまざまな問題点が全体として、個々の子どもに過度の負担を強いるものとなり、子どもの個性を尊重し学習権を保障しうる教育が実現できなくなっているところに、20年以上にわたって問題視され、さまざ

18　巻末資料参照：国連子どもの権利委員会・第3回政府報告書審査に基づく最終見解（2010）（533頁）

まな提言がされてきたにもかかわらず、「不登校」問題に一向に解決の兆しが見えない原因の一端があることは否定できないのであり、こうした現状の中で、学校の授業の場での子ども達の学びを保障することを通じて子どもの不登校問題の解決が図られることを示唆する教育実践の取組み（佐藤学氏「学びの共同体」）などが注目される。不登校問題を論じる上では、現在の学校教育のあり方を、個々の子どもの学習権を保障するためのものに基本的に変えていく方向での制度的な改革も求められている。[19]

---

19 「不登校児童生徒への支援に関する最終報告」及びこれを受けた文部科学省通知における学校教育制度改革の提案
　同報告においても、第5章「学校等における取組」の項において、「児童等が不登校にならない、魅力ある学校づくりを目指すことが重要である」として、「魅力あるよりよい学校づくり」として児童生徒にとって学校が「自分が大事にされている」と感じられる、「精神的な充実感を得られる」ような場所にすることが求められるとし、また「いじめ、暴力行為等問題行動を許さない学校づくり」、（学校における）「児童生徒の学習状況に応じた指導・配慮の実施」が提起されており（同報告17頁）、これを受けた2016年9月14日付け文部科学省通知でも同趣旨の指摘がされている。
　しかし、そもそも不登校の基本的な背景・要因としての学校教育システムの問題が捉えられていないために、学校に関する制度改革提案も表面的なものにとどまっている感を否めない。

3

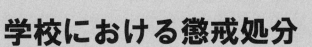

学校における懲戒処分

この章では、「学校における懲戒処分」とその懲戒処分等の制裁を予定した基準として言及されることの多い「校則」について、その法的性質・根拠、内容等について、概説する。

I　校　則

1　校則とは何か

　学校では一般に「校則」・「生徒心得」、あるいは「生活要録」（「昭和女子大事件」最高裁昭和 49 年 7 月 19 日第 3 小法廷判決《判時 749 号 3 頁／判タ 313 号 153 頁／民集 28 巻 5 号 790 頁》）などという名称で、規則が定められている。これに基づいて学校は児童・生徒・学生（以下、「生徒」という）の指導を行い、これに違反したことを理由に懲戒処分（事実上の制裁・懲戒を含む）をしばしば行っている。校則は法令用語ではなく、論者によってさまざまに定義されているが、一般には学則を含む校内規則の総称を意味する（広義）。つまり、「生徒心得」などの名称によって、生徒指導のあり方を規定しておく校内規則が、「（広義の）校則」である。

　これに対して、学校教育法施行規則に、「学則」に関する規定がある。この法令上の「学則」は、学校の設置認可の申請または届け出に際して提出が義務づけられており（同規則 3 条）、少なくとも修業年限、教育課程、学習評価、入学・卒業、授業料、賞罰に関する事項等の「必要記載事項」を定めなければならないとされている（同規則 4 条）。しかし「学則」は、学校の管理・運営に関する内部事項について定めるものであり、そこには学校の教育目標、生徒等の指導の目標や基準等は挙げられていないので、校則の根拠規定となるものではない。

　また、生徒指導に関しては、「中学校には、生徒指導主事を置くものとする。」（同規則 70 条 1 項）、「前項の規定にかかわらず、第四項に規定する生徒指導主事の担当する校務を整理する主幹教諭を置くときその他特別の事情のあるときは、生徒指導主事を置かないことができる。」（同条 2 項）

としたうえで、「生徒指導主事は、校長の監督を受け、生徒指導に関する事項をつかさどり、当該事項について連絡調整及び指導、助言に当たる」と規定している（同条4項）。つまり、生徒指導主事の権限は、生徒に対する指導・助言の権限までしか認めておらず、懲戒の権限まで定めたものではない。

結局、法令上は生徒の生活指導の目標・基準として、さらには懲戒処分等の制裁を予定した基準としての「校則」の根拠規定を見い出すことができない。

一口に校則といっても、中学校・高校・大学、公立・私立、共学・別学、学校規模の大小、所在地の環境、在校生の自立力の大小等の区別によってその名称、様式、内容、運用が千差万別である。しかしながら、その内容は部分的例外はあっても、おおよそ次の4点で共通しているといえる。

① 授業時間割、登・下校時間、休憩時間、放課後の諸施設利用などの校内生活における学習・教育に関する規則
② 望ましい学習態度（授業中の手の挙げ方、姿勢、声の出し方等）、基本的な生活習慣（廊下の歩き方、礼をしたときの前傾角度、給食を食べる順序、清掃の仕方など）、礼儀作法（朝会などでの正座指導等）の校内外を問わない訓示的・道徳的な規定
③ 所持品や髪型・服装などの学校生活と私生活の規制
④ バイク乗車規制、ゲームセンター立入禁止、外出時の規制、友人との交際の規制・漫画や特定雑誌の購読禁止などの学校外での私生活の規制

このうち①は学校の集団生活上必要な純教育的な、あるいはこれに準ずる事項である。②は個々の学校で訓示的・道徳的規定として運用され、親の教育権を侵害しない限りで問題がないであろう。しかし正座指導・集団行動指導が、「教育」の名のもとに不必要に事実上「強制」されるときは、親の教育権のみならず生徒個人の権利と衝突することとなる。③④は、学校生活上必要な規則といえるか否かきわめて疑問である。教師やほかの生

徒に影響を及ぼす度合いが希薄であり、むしろ親の教育権や生徒個人の自主的決定に委ねられるべき事項だからである。このような私的領域にまで学校が規制をしていること自体が問題となる。さらにそれに違反した場合に、懲戒処分や、校内に入れない、授業を受けさせないなどという事実上の制裁を科しているが、なぜ、このようなことが許されるのかという疑問も生じる（「校則裁判」は、この校則と生徒の権利が衝突する局面で裁判所の判断を求めたものである）。

そこで、本書では前記③と④の場合を中心にすえ、「校則」を、さしあたり、

- ・生徒を名宛人とし、
- ・学校の内外を問わず生徒の私的生活領域に「生活指導」の観点から規制を加え、
- ・その違反に対しては、正規の懲戒処分か事実上の懲戒かを問わず、制裁が科されることが予定されている規則（前記②の場合に「教育」の名のもとに不必要に「強制」されたり事実上の「制裁」が科せられる場合を含む）

と定義する。

ここでは個々の生徒の「心がけ」や、教師の指導の目安に留まっていて強制をしない事項は、単なる「心得」と理解して、校則に含まれないものとする。校則を制定するにあたっては、この「心得」と「校則」とを明確に区別して制定すべきであろう。

なお、たとえ「心得」であっても、生徒の成長発達に応じた判断能力からみて合理性・必要性がないものは、それ自体非教育的なものといえるので、すみやかに見直しをすべきであることはいうまでもない。

2　校則の法的性格

法令上の根拠がないことについては冒頭で述べたとおりである。学校は

法令上の根拠がなくても当然「校則」を一方的に定める権限を有しているのであろうか。あるいは、学校・教師と生徒・親との相互間で、何らかの契機（契約）をもって「校則」を許容したというのであろうか。このことは、生徒が学校に在学している事実を法的にどのようにとらえるかという一般問題として議論されている。主として 3 つの学説がある。

（1）特別権力関係論

生徒と国公立学校との法的関係を公法上の特別権力関係と説くもの。

すなわち、国公立学校は在学する生徒に対して、「目的達成に必要な合理的な範囲で、いちいち具体的な法律の根拠がなくとも命令や指示に服さしめるという包括的な支配関係」を有する立場にあり、「生徒心得の類は、……学校という営造物により営造物利用のための必要な命令を文章化したものである」（菱村幸彦『生徒指導の法律常識』第一法規、1977 年、33 頁・35頁）とする。この説によれば、学校・教師の大幅な裁量が認められることになる。

しかしながら、この説は、子どもの学習権の保障をめざすという目的では同一であるはずの私立学校と公立学校の在学関係を同一の理論で説明できないという弱点がある。そのうえ、最高裁学力テスト事件判決（最高裁昭和 51 年 5 月 21 日大法廷判決《判時 814 号 33 頁／判タ 336 号 138 頁／刑集30 巻 5 号 615 頁》）が憲法 26 条の「規定の背後には、国民各自が、一個の人間として、また、一市民として、成長、発達し、自己の人格を完成、実現するために必要な学習をする固有の権利を有すること、特に……子どもは、その学習要求を充足するための教育を自己に施すことを大人一般に対して要求する権利を有するとの観念が存在していると考えられる。換言すれば、子どもの教育は、子どもの教育を施す者の支配的権能ではなく、何よりもまず、子どもの学習する権利に対応し、その充足をはかりうる立場にある者の責務に属する」と述べているところから明らかなように、学校・教師は、憲法で保障されている子どもの学習権や一般人権を実現する責務を負っているものであるから、学校・教師には一方的・包括的支配権があるとする特別権力関係説には根本的な疑問があるといえる。

(2) 附合契約説

鉄道乗車契約や保険契約のように、契約の一方当事者である学校当局が決定したところに、生徒は事実上従わなくてはならない契約関係ととらえるもの。

この説によれば、「学校当局は生徒に対し、契約内容として教育の実施に必要な限度において包括的な指示命令を取得しうる。基本的人権との関連からいっても、一般的に憲法上の権利は、対国家との関係におけるものであり、私人間には当然には妥当しない」（菱村幸彦前掲書、36頁）とされ、たとえ校則等の内容を知らずに入学したとしても、生徒や親は承知して入学したものとみなされ、基本的人権を制限することも可能とする。

前述のように、生徒の人権・権利を一方的に制限する包括的な指示命令を許容する契約論は、前記最高裁学力テスト判決に照らすと、特別権力関係説と同様に、憲法原理に違背している疑いがある。

(3) 在学契約説

学校が国公立であると私立であるとを問わず、在学関係は、学校設置者と生徒ないしその保護者とのあいだで、生徒が学校において教育を受けることを契約することによって成立する契約関係ととらえるもの。教育法学会の多数説である。

判例のなかでも、最高裁判所はかなり早くから、国立大学の在学関係に対する解釈において、「特別権力関係」の表現を避けてきており（「富山大学単位不認定事件」最高裁昭和52年3月15日第3小法廷判決《判時843号22頁／判夕348号205頁》）、下級裁判所では、「国立大学の在学関係を私立大学におけるそれとは異質な特別権力関係と解すべき充分な根拠はない」と明言する判決も出ている（金沢地裁昭和46年3月10日判決《判時622号19頁》）。

在学契約説では、学校・教師と生徒の関係は、憲法で保障されている子どもの成長発達と学習権を保障すべき法律関係であって、生徒や親は学校・教師に従属するものではなく対等な権利義務関係に立つことになり、校則は、学校・教師と生徒・親との契約内容を示すものとなる（兼子仁

『教育法《新版》』《法律学全集 16 巻》有斐閣、1978 年、405 頁）。

　したがって、校則の内容について両契約当事者の合意が不可欠であるということになり、校則を制定・改変するにあたり、生徒・親の参加は当然のことである（永井憲一「学校規則と児童・生徒の人権」『法学志林』81 巻 1 号、1983 年、10 頁）。

　この考え方は、現行憲法原理および前記最高裁判決、子どもの権利条約[1] 28 条（教育への権利）、1990 年 11 月国連総会で採択されたリヤド・ガイドラインの Ⅳ の B 教育[2]（20 条以下 31 条——特に 21 条〈c〉では「単なる対象物としてではなく、積極的かつ有効な参加者として青少年を教育過程に参加させること」とうたっている）について定めた規定、経済的、社会的及び文化的権利に関する国際規約（社会権規約）13 条（教育についての権利）、児童権利宣言 7 条（教育についての権利）等の諸規定とも、趣旨において最もよく適合するものであり、適切な考え方である。

3　校則の制定手続と内容・その限界

（1）校則の制定手続への参加

ア　校則の法的性格と参加

　前述したとおり、校則は在学契約の内容のひとつであるという立場では、権利の主体である契約当事者の一方の意思が反映されない契約はそもそもあり得ない。とすれば、現行の校則の実態の大部分は、学校・教師から生徒・親に提示された希望内容を明文化したものにすぎないと評価される。

　校則の内容は、子どもの権利・親の教育権との関係で、憲法 13 条（個人の尊重、プライバシーの権利、自己決定権、幸福追求権）、同 18 条（奴隷的拘束及び苦役からの自由）、同 19 条（思想及び良心の自由）、同 20 条（信教の自由）、同 21 条（集会・結社・表現の自由）、子どもの権利条約上の諸権

1　巻末資料参照：子どもの権利条約（1989）（512 頁）

2　巻末資料参照：少年非行の予防のための国連ガイドライン（リヤド・ガイドライン）（596 ～ 597 頁）

利（28条2項・29条・12条〜16条など）や、前記リヤド・ガイドラインの
ⅣのB教育の項（20条以下31条）などの基本的人権・権利の制約に関連
するから、基本的人権、権利を制約される者（生徒・親）の承認・承諾が
必要である。したがって校則の制定にあたっては、生徒・親の意見を尊重
し、その納得を得ることが必要である。なお、子どもの権利条約28条2
項は、締約国に対し、「学校の規律が児童の人間の尊厳に適合する方法で
及びこの条約に従って運用されることを確保するためのすべての適当な
措置をとる」べきことを規定しており、「児童の人間の尊厳に適合」しな
い校則の制定は、生徒・親の同意があっても、許されない。また、いか
なる校則を定めるかを、教師と生徒が討議するプロセスこそが、生徒の自
主性・自律性を身に付けさせる貴重な教育の場であると考える視点も重要
である。2022年12月に改訂された生徒指導提要のまえがきには、「本年
6月に『こども基本法』が成立し、子供の権利擁護や意見を表明する機会
の確保等が法律上位置付けられました。子供たちの健全な成長や自立を促
すためには、子供たちが意見を述べたり、他者との対話や議論を通じて考
える機会を持つことは重要なことであり、たとえば、校則の見直しを検討
する際に、児童生徒の意見を聴取する機会を設けたり、児童会・生徒会等
の場において、校則について確認したり、議論したりする機会を設けるこ
とが考えられます。児童生徒が主体的に参画することは、学校のルールを
無批判に受け入れるのではなく、児童生徒自身がその根拠や影響を考え、
身近な課題を自ら解決するといった教育的意義を有するものと考えていま
す。」との記載がある。

　さらに、子どもの「しつけ」や生活習慣は、子どもの人格形成に多大な
影響を及ぼすものであり、これらを身に付けさせる第一次的責務は親（保
護者）にあるという視点からも、生徒指導に関する校則制定には、親の参
加が保障されなければならない。

イ　子どもの意見表明権

　子どもの権利条約12条1項は、「自己の意見を形成する能力のある児童
がその児童に影響を及ぼすすべての事項について自由に自己の意見を表明

する権利を確保する。この場合において、児童の意見は、その児童の年齢及び成熟度に従って相応に考慮されるものとする」と定める。12条の趣旨は、子ども自身に関わるあらゆる事項について、同条約3条の「子どもの最善の利益」を確保するために、子ども自身の権利として意見を表明する機会を保障することが不可欠であるという、これまでの国際的な諸準則において確立されてきた考え方を手続的原則として定めたところにある。

　子どもが自己に影響を及ぼすすべての事項の決定に意見を表明する権利およびその意見が正当に尊重される権利を保障することは、子どもがそれらの決定過程に何らかのかたちで参加する権利を保障することを意味する。

　子どもの意見表明権および参加権が認められるということは、その反映として、子どもの意見表明および参加の対象となる子どもに関わる関係者が、次のような義務を負うと解される。

　　第1に、子どもの意見表明や参加の機会を十分に保障しなければならない義務を負う（機会保障義務）。

　　第2に、子どもが意見表明をおこなった場合には、これに対し、誠実に応答する義務を負う。特に、その意見が、おとなの意見と異なる場合は、その意見およびその理由を十分に説明し、子どもが納得するように説明をする義務を負う（誠実応答および説明義務）。

　　第3に、表明された意見については、その年齢や成熟度を考慮し、相応に尊重する義務を負う（意見尊重義務）。

　校則の内容は、すでに述べたように、生徒の権利を制約し、生徒が学校生活を送るうえで、きわめて影響が大きい事項である。12条の趣旨からすれば、校則の制定について、生徒が意見を表明する機会を保障し、学校・教師が生徒に対し誠実に応答および説明をし、表明された意見を尊重するシステムをつくることが必要である。

　なお、子どもの権利条約が保障する意見表明権は、子ども個人の権利として規定されている。個々の生徒の身分や地位に関わる問題であれば、生

徒個人の意見表明権を保障すれば十分であるが、校則についての意見表明権を保障するためには、個々の生徒の学校に対する意見表明権を保障するだけでは実質的に不十分である。むしろ、個々の生徒が意見表明し参加することが保障されている生徒会のような組織を通じて、民主的に決定された生徒総体の意見が、校則の制定過程に表明され、それが正当に尊重されることが必要であり、それによって個々の生徒の意見表明や参加権も保障されることになる。したがって、生徒会が民主的な運営によって生徒の意見を正当に反映しているとみられる場合には、その生徒会による意見表明は生徒の意見表明の保障の対象となるし、生徒会を通じての参加が生徒の参加権の保障となる。

　2022年6月に成立した「こども基本法」は、「こども施策は、次に掲げる事項を基本理念として行われなければならない。」(同法3条)として、「全てのこどもについて、その年齢及び発達の程度に応じて、自己に直接関係する全ての事項に関して意見を表明する機会及び多様な社会的活動に参画する機会が確保されること。」(同条3号)、「全てのこどもについて、その年齢及び発達の程度に応じて、その意見が尊重され、その最善の利益が優先して考慮されること。」(同条4号)と定め、子どもの意見表明権について、明確に規定している。

ウ　学校現場の実状

　日本においては、校則制定に、生徒・生徒会・親・PTA等が参加する努力がなされているところも一部にはみられるようだが、諸外国のように法制度あるいは学内の参加システムが確立されているとはいえない。実態は、校長・教師の専権とされている。文部省(現、文部科学省)は、1988年4月25日に行われた課長会議の挨拶の場で、「厳しすぎる校則の見直し」を指示し、さらに1990年7月神戸高塚高校「校門圧死事件」直後に、再び校則の点検を指示した。1994年5月には、「『児童の権利に関する条約』について」と題する文部事務次官通知(1994年5月20日付・文初高第149号)において、「校則は、日々の教育指導に関わるものであり、児童生徒等の実態、保護者の考え方、地域の実情等を踏まえ、より適切なものと

なるよう引き続き配慮すること」と指示しながらも、同通知において、子どもの権利条約「第12条1の意見を表明する権利については、表明された児童の意見がその年齢や成熟の度合いによって相応に考慮されるべきという理念を一般的に定めたものであり、必ず反映されるということまでをも求めているものではない」として、12条の趣旨を矮小化し、さらに、「校則は、児童生徒等が健全な学校生活を営みよりよく成長発達していくための一定のきまりであり、これは学校の責任と判断において決定されるべきものである」とし、生徒の参加確保の要請を否定した。大阪府交野市では、市立の中学校が、生徒・保護者・教師の総意に基づき、1996年度から制服を廃止する決定をしたことに対し、交野市教育委員会が同校校長に対し、この決定の白紙撤回を強く求める行政指導を行い、同校長が制服廃止の白紙撤回を一方的に行った。大阪弁護士会は、1996年10月31日、上記白紙撤回行為は子どもの権利条約の趣旨に反するものとして是正の勧告をした。また、京都府立桂高校では、生徒総会において93.3%の生徒の賛成により制服導入反対を決議し、その後も臨時生徒総会の圧倒的多数で制服導入反対を決議するなどして、再三、校長に制服導入反対を申し入れたにもかかわらず、校長はこれを無視して制服校則を定めることを発表した。1997年2月18日、京都弁護士会は、生徒・保護者・教職員と十分な意見交換を行い、その意見を尊重して決定すべきであるとの申し入れを行った。しかし両校とも校長の決定が実行された。

　しかし、いくつかの学校においては、生徒・教職員・保護者が学校運営について主体的に話し合う場として三者協議会を設置し、校則の改善をすることも実践されている。たとえば長野県立辰野高校では、1997年から、生徒・父母・教職員が定期的に協議する場として「辰野高等学校のより良い学校づくりを目指す生徒・父母・教職員の三者協議」を発足させた。これまでに上履きの改善（サンダルに靴を加えること）や、2年半をかけ長期休み以外のアルバイト原則禁止から土日祝祭日のアルバイト許可制を実現した。長野県では、ほかに軽井沢高校、箕輪工業高校、岡谷東高校等がこれを設置しており、大阪、北海道、埼玉、和歌山など全国的な広がりをみせている。

エ　国連子どもの権利委員会の勧告

　1998 年 6 月、国連子どもの権利委員会（以下、「CRC」という）は第 1 回日本政府報告書審査に基づく最終見解において、「子ども一般が、社会のすべての部分、特に学校制度において、参加する権利（12 条）を行使する際に経験する困難について特に懸念する」とし、特に学校での子どもの参加保障が欠如していることを指摘した。そして、「委員会は、条約の一般原則、特に……児童の意見の尊重（12 条）の一般原則が、単に政策の議論及び意思決定の指針となるのみではなく、児童に影響を与えるいかなる法改正、司法的・行政的決定においても、また、全ての事業及びプログラムの発展及び実施においても適切に反映されることを確保するために一層の努力が払われなければならない」とした。

　2004 年 2 月、CRC は第 2 回日本政府報告書審査に基づく最終見解において、「社会における子どもに対する伝統的態度が、家庭、学校、その他の施設や社会全体において、子どもの意見の尊重を限定的なものとしていることを引き続き懸念する」とした（パラ 27）。そして、「子どもに影響する全ての事項、家庭、裁判所及び行政機関、施設、学校、並びに政策立案において、子どもの意見の尊重と子どもの参加を促進し、助長するとともに、子どもに、この権利を確実に認識させること」（パラ 28〈a〉）、「教育、娯楽、その他の子どものための活動を提供する学校、その他の施設の方針を決定する委員会、その他の組織に子どもが制度的に参加することを確保すること」（パラ 28〈c〉）などを勧告した。

　2010 年 6 月、CRC は第 3 回日本政府報告書審査に基づく最終見解において、「学校が児童の意見を尊重する分野を制限していること、政策立案過程において児童が有するあらゆる側面及び児童の意見が配慮されることがほとんどないことに対し、引き続き懸念を有する。委員会は、児童を、権利を有する人間として尊重しない伝統的な価値観により、児童の意見の尊重が著しく制限されていることを引き続き懸念する。」とした（パラ

3　巻末資料参照：国連子どもの権利委員会・第 3 回政府報告書審査に基づく最終見解
　（2010）（527 頁）

43）。そして、「委員会は、児童が、学校、その他の児童関連施設、家庭、地域社会、裁判所、行政組織、政策立案過程を含むあらゆる状況において自らに影響を与えるあらゆる事柄について意見を十分に表明する権利を促進するための取組を締約国が強化するよう勧告する」（パラ 44）としている。

2019 年 3 月、CRC は日本の第 4 回・第 5 回統合定期報告書に関する総括所見において、「委員会は、緊急の措置がとられなければならない以下の分野に関わる勧告に対し、締約国の注意を喚起したい。その分野とは、差別の禁止（パラ 18）、子どもの意見の尊重（パラ 22）、体罰（パラ 26）、家庭環境を奪われた子ども（パラ 29）、リプロダクティブヘルスおよび精神保健（パラ 35）ならびに少年司法（パラ 45）である。」と勧告している。

オ　現在の状況

昨今、児童・生徒の人権侵害にあたるような校則や必要かつ合理的な範囲を逸脱している校則、いわゆる「ブラック校則」が報道等で取り上げられたことを受け、文部科学省は、2021 年 6 月 8 日付け事務連絡（校則の見直し等に関する取組事例）において、「学校を取り巻く社会環境や児童生徒の状況は変化するため、校則の内容は、児童生徒の実情、保護者の考え方、地域の状況、社会の常識、時代の進展などを踏まえたものになっているか、絶えず積極的に見直さなければなりません。校則の内容の見直しは、最終的には教育に責任を負う校長の権限ですが、見直しについて、児童生徒が話し合う機会を設けたり、PTA にアンケートをしたりするなど、児童生徒や保護者が何らかの形で参加する例もあるほか、学校のホームページに校則を掲載することで見直しを促す例もあります。また、校則の見直しは、児童生徒の校則に対する理解を深め、校則を自分たちのものとして守っていこうとする態度を養うことにもつながり、児童生徒の主体性を培う機会にもなります。」として、校則の見直しを要請し、その中で、生徒・保護者の参加にも言及している。また、2022 年 12 月に改訂された生

4　巻末資料参照：日本の第 4 回・第 5 回統合定期報告書に関する総括所見（537 頁）

徒指導提要においても、「校則の見直しの過程に児童生徒自身が参画することは、校則の意義を理解し、自ら校則を守ろうとする意識の醸成につながります。また、校則を見直す際に児童生徒が主体的に参加し意見表明することは、学校のルールを無批判に受け入れるのではなく、自身がその根拠や影響を考え、身近な課題を自ら解決するといった教育的意義を有するものとなります。」（103頁）として、児童生徒の参画を積極的にとらえるに至っており、ようやく、校則の見直しについては、児童生徒の参加保障の取り組みが進み始めたものといえる。もっとも、かかる取り組みは十分なものとはいえないので、国（文部科学省）は、生徒の学校生活に大きな影響を与える校則について、生徒の参加を保障する制度を義務付けるべきである。

(2) 校則の内容と限界

ア　生徒（子ども）の権利を踏まえて

すでに述べたように、生徒・保護者が校則の制定に参加しその意見を反映することができる機会が保障されていなければならない。しかし生徒や親の参加のもとに民主的な手続きを経て制定するからといって、校則でどのような内容でも定めることができるわけではない。

子どもはその成長の各段階で、家庭（親・きょうだい等）、学校・教師、国といった多様な主体と多重的に向かい合うが、そのいずれに対しても、自らの権利の尊重と保障を求めることができる。子どもの権利条約は、子どもを保護の対象・客体であるだけではなく、何よりもまず権利の主体であることを力強く打ち出している。校則による私生活事項への干渉は、特に生徒に対する「教育」の名のもとに是認されやすく、同時に、生徒という権利主体としての未成熟性ゆえに保護の名目で権利の制限が正当化されやすい。教育の過程にあるときこそ、権利を十分に行使させ自律の習慣を付けることが重要である。

したがって、校則を制定するにあたっては、その内容が、以上のような子どもの権利を侵すことのないよう十分に配慮されなくてはならないの

ある。

また、校則というものの性質上から導かれる限界も指摘できる。すなわち、学校の設置目的と無関係な事柄については、学校が有している校則制定権の限界を超えているため、仮に多数の者の意見であったとしても校則で制約することは許されないのである。

子どもの権利条約28条2項は、締約国に対し、「学校の規律が児童の人間の尊厳に適合する方法で及びこの条約に従って運用されることを確保するためのすべての適当な措置をとる」べきことを規定している。

したがって、生徒や親も参加する民主的手続を経て多数者の意見として校則が制定された場合であっても、当該校則や校則違反に対する懲戒処分は「児童の人間の尊厳に適合」する範囲においてのみ許容されると考えなければならない。

イ　憲法の人権規定の私人間効力

生徒（子ども）の人権という憲法上の自由権規定に含まれている権利が、私立学校によって侵害された場合であっても憲法上の保護を受けることができるか否かについてここで検討しておきたい。

この点については、

・直接適用説（直接憲法の適用を認める）
・間接適用説（公序良俗に反する法律行為は無効であると定める民法90条等一般条項のなかに憲法の趣旨を盛り込んで解釈し、私人間の行為に間接的に憲法の適用を認める）

に大別される。

最高裁判所は間接適用説の立場に立っており（「三菱樹脂事件判決」最高裁昭和48年12月12日大法廷《判時724号18頁／判タ302号112頁／民集27巻11号1536頁》、「昭和女子大事件判決」《前掲》）、私立学校について憲法上の人権規定は直接適用された例はない。しかし、私立の団体のうち、とりわけ私立学校は、教育基本法、学校教育法、私立学校法などの法律のもと

で公教育の一翼を担う重要な役割を果たしてきており、私立学校振興助成法により国からの財政的補助を受けているのであるから、私人といっても単なる私人ではない公的性格を有している。したがって、憲法の人権規定の直接適用を認めるべきである。

ウ　校則と生徒の人権・権利に関する一般的問題点

（ア）　校則で定めるということは、個々の生徒の人格・個性・成長の度合等の相違を捨象して、全生徒に対し一律に同一の規制をすることになりがちである。ここに校則の非教育的ともいえる画一性・没個性化がある。それゆえに、生徒の自己決定に関わる領域の尊重と集団生活の必要最小限度内での制約に留めおくということが特に重要視されなければならないのである。

（イ）　次に、子どもの人権・権利の制約を認めるか否かを検討する場合の一般原則をいえば、制約される生徒の人権・権利の性質と、校則によって規制をする目的の必要性・合理性・規制手段の態様・程度と制裁措置との関連について、具体的に検討していかなければならない。たとえば校則による規制が学校教育の目的から離れれば離れるほど、生徒・保護者の決定に委ねるべき領域に立ち入ることになり、規制をする目的の必要性・合理性は薄くなるのが一般であるから、この点から十分に吟味がなされなければならない。このことをオートバイ規制について考えてみると、オートバイによる通学の禁止規則ができても、帰宅してからのオートバイ運転を禁止することは許されないというべきであろう。

日本社会には、パターナリズム（父親的温情主義）の思想が広くいきわたっている。パターナリズムは、元来、「一人前でない子どもに代わって、子どもの利益になるように、あれこれ世話をやく父親の心情を意味して」いるが、「この父親の役割を、国家ないしその機関や、あるいは支配的な性格をもつ社会集団・組織などが演じて、本来は個人が自由に決定できる分野にまで口をさしはさみ、干渉すること」（中川明『学校に市民社会の風を』筑摩書房、1991 年）をいう。そして、日本には、この支配や干渉、おせっかいを受け入れて従うことを是とし、ひとりひとりが自分の意志で違

った内容を決定することを、"わがまま"とか"楯突く"こととして歓迎しない思想が根強く存在する。パターナリズムは、「子どものため」という名目で、子どもの自立の芽を摘みとっていることを考えるべきである。したがってオートバイの規制はそもそも学校の守備範囲外の問題と考えるべきであろう。

　しかも、このようなきわめて問題のある校則に違反したことを理由に出席停止や退学処分とされることは、学校は生徒を教育するという学校の本来的な目的を放棄する結果を生んでいるのであって、到底是認することはできない。また、丸刈り校則など一定の髪型を指定する場合を考えてみると、髪型を決めることはきわめて私的な事柄である。髪型は制服のように着替えるということができない。一定の型を強制することは校内のみならず校外において強制することになり、私生活で髪型を決定する自由を全面的に奪うこととなる。校則でこれを定めることはできないであろう（反対の立場に立つ裁判例として熊本地裁昭和60年11月13日判決《判時1174号48頁／判タ570号33頁》がある。後述「5の（2）　頭髪」参照）。

　また、家出・不純異性交遊・校外での万引きなどについても学校生活に何ら影響を及ぼさない場合、それを根拠として懲戒処分をすることは一般論として不当であろう。

　この点、男女交際を禁止する校則に違反したことを理由に都内の私立高校に通う生徒が自主退学を勧告された事案において、当該自主退学勧告を「校長が有する教育上の裁量の範囲を超える違法なもの」とした裁判例が参考になる（東京地裁令和4年11月30日判決）。もっとも、同判決では男女交際を禁止する校則自体は有効とされている。

　（ウ）　生徒の権利を制約する校則を有効とする考えのひとつに、当該校則が慣行となっていることや、当該地域では一般的であるという「常識」論がある。しかしながら、このような慣行や地域的一般性といえども時代の変化や社会意識の変遷とともに移りゆくものであるから、決して確立したものといえない側面をもっている。そもそも基本的人権とは、人が人として有する人権である以上、このような慣行や地域的意識によって制限することができないものであることを認識する必要がある。

4 校則問題の対応のしかた

　校則の問題は、ともすれば学校・教師の教育方法のあり方に関わってくるので、不合理性が明白な校則の場合は別として、一般的には校則の内容と制限される生徒の権利の性質などを個別に検討し、慎重な対応が要求される。

　まず、当該校則の内容・制定の手続き・校則の強制や不利益な取り扱いの有無・生徒の年齢や意識・父母の意識・学校の歴史・地域性等の事実調査を十分行う。その場合、校則が何よりも憲法、子どもの権利条約、こども基本法および教育基本法から導かれる子どもの成長発達権を保障するという目的を有し、子どもの意見表明権を制度的に担保するものであるとしてとらえなおすということが必要であろう。

　もしも、校則に従わない子どもの言い分どおり、その内容と運用に問題がある場合は、まず教師と話し合い、子どもに対し当該校則の不遵守を理由とする不利益な取り扱いをしないよう申し入れる。次に、校則問題は、必然的にその生徒のみならずクラスの全員・全校の生徒に関連してくるものであるから、子どもたち自身の意見を踏まえて、PTA や父母会、教師集団全員で検討をしてもらうための働きかけをする必要がある。

　ところで、学校は子どもたちの意見を聞くにあたり、記名式のアンケートを実施して、「子どもの意見を聞いた結果、子ども自身も校則の変更を望んでいない」と主張する場合がある。しかし事柄によっては、多数決をもって決めることができない事項の場合があるし、多数決で決めることができる場合であっても、記名式では子どもの自由な意見が表明されていない場合もあるであろう。どのような場合に、どのような方法をもってすれば子どもの意見表明権を制度的に担保したといえるかはケースバイケースであろうが、私たちおとなは、子どもの真意を汲みとる努力をしなくてはならない。この手続きを経たうえで学校との討議をもつならば、子どもの権利を踏まえた学校のあり方を考える重要な機会とすることができる。そして、この討議を粘り強く十分にもつことが、問題を提起した生徒・父母が学校や地域で孤立してしまうことを防ぐ重要な担保となる。

校則のなかのいくつかの条項を手直しする場合はともかく、校則を全面的に見直すとなると、数年がかりの全校あげての取り組みとなるであろう。じっくりと腰を据えた対応が必要となる。

5　学校における子どもの権利の各論

「3の（2）校則の内容と限界」のところで、校則を制定するにあたっては子どもの権利を侵すことのないよう十分に配慮されなければならないことを述べた。校則を制定すると、すべての生徒を名宛人として規制がなされることから、子どもの権利に及ぼす影響は大きいといえる。

ただ、子どもの権利に対する侵害の態様は、校則の制定に留まらない。校則を制定せずとも教師の個々的な言動によって子どもの権利が侵害される例は多い。

以下においては、校則制定によるものに留まらず、広く学校において子どもの権利が問題となる例を挙げてみたい。

（1）服装

服装の自由については、憲法 21 条の表現の自由の問題とする見解もあるが、学説の多数は、憲法 13 条によって保障される自己決定権のひとつとしてとらえている。そして、「少なくとも髪型や服装などの身じまいを通じて自己の個性を実現させ人格を形成する自由は、精神的に形成期にある青少年にとって成人と同じくらい重要な自由である」と指摘されている（芦部信喜『憲法学Ⅱ　人権総論』有斐閣、1994 年、404 頁）。

このことは公立学校においても原則としてあてはまるものであり、しかもこの自由は、性質上、他者との権利衝突の調整の必要性を生じないものであるから、このような自由を制約することが許されるとしても、そこには実質的な合理性（合理的関連性）が認められなければならない。この点、公立学校において、校則等で統一的服装基準を定め、これを各生徒に遵守するよう義務づけることには、実質的合理性は到底認められない。

公立中学校において、服装規定で標準服を定め、この定めに基づき生

徒に服装指導を行っていることが問題になったことがあったが、私服登校を選択した生徒に対し、懲戒処分を行ったり、服装規定を遵守するまで登校させない、授業を受けさせないなどの事実上の不利益を課したりすることによって、服装規定の遵守を強制することは、服装の自由を侵害するもので許されない。また、登校させない、授業を受けさせないことは、生徒の学習権の侵害である。上記の不利益を課するものでなくとも、私服登校を選択した生徒に対し、学校からの個別の指導・説得により、服装規定を遵守するよう指導することも、事実上の強制につながる恐れがあり、認められるべきではない。さらに、標準服の購入費を各家庭に負担させることは、義務教育の無償制（憲法 26 条 2 項）との関係でも問題となる。

　また、学校外での外出にまで制服を義務づけている校則も多いが、論外というべきである。

　これを正面から争った事件があるが、千葉地裁判決（平成元年 3 月 13 日）は、「制服」の注文は任意であって強制ではないという形式的な理由で棄却している（控訴審である東京高裁平成元年 7 月 19 日判決《判時 1331 号 63 頁》も同様の判示）（「千葉県町立中学校制服着用事件」）。

　また、小学校に通う男子生徒と両親が、生徒の進学予定であった中学校の生徒心得に「頭髪・丸刈り」「外出のときは制服または体操服を着用する」などと規定していることに対して、その規定の無効確認、校則遵守義務の不存在確認、制服着用の強制・指導の禁止を求めた事件（「兵庫県市立中学校丸刈り制服校則事件」）につき、上告審（最高裁平成 8 年 2 月 22 日第 1 小法廷判決《判時 1560 号 72 頁／判タ 902 号 51 頁》）は、本件の「中学校生徒心得」は、前文および本文の文言、その他違反した場合の処分の定めが置かれていないことなどを踏まえ、「生徒の守るべき一般的な心得を示すにとどまり、それ以上に、個々の生徒に対する具体的な権利義務を形成するなどの法的効果を生ずるものではないとした原審の判断は」妥当であり、「『中学校生徒心得』に……定めを置く行為は、抗告訴訟の対象となる処分に当たらない」と却下した。

　公立中学校における私服登校の生徒に対する再登校指導や事実上の強制に対しては、これまでもたびたび人権救済の申し立てがなされており、京

都（1997年）、福岡（1998年）、大分（1999年）、大阪（1999年）の各弁護士会が人権侵害の恐れがあるとして要望を出している。

しかし、いくつかの公立中学校では、1年〜3年の試行期間の後、服装規定を「標準服または中学校生活に適した服装を各自の判断で着用する」などに改訂し、服装の自由化を実践している（大阪府羽曳野市立誉田中学、滋賀県大津市立皇子山中学校など）。

(2) 頭髪（髪型・色）

校則で、「パーマ禁止」「茶髪禁止」を定めている学校がある。

しかし、頭髪は身体の一部であり、しかも衣服と違って学校内外で変えることができない。また髪型は服装以上に文化の選択という側面が強いので、憲法13条によって保障される自己決定権のひとつとしてとらえられている。

したがって、校則による頭髪の規制については、規制目的が何か、その目的を達成するために頭髪を規制するという手段とのあいだに実質的な関連性があるか、などを慎重に検討しなければならないというべきである（「修徳高校パーマ退学訴訟」の最高裁平成8年7月18日第1小法廷判決《判時1599号53頁／判タ936号201頁》は、校則により「パーマをかけることを禁止しているのも、高校生にふさわしい髪型を維持し、非行を防止するためである」と判示したが、非行防止目的とパーマ禁止の手段とのあいだに実質的関連性があるのかは疑問の余地がある。ただし、裁判例上は、私立学校の場合、建学の精神に基づく伝統・校風・教育方針等に重きが置かれることが多いことに注意すべきである）。

男子生徒は丸刈りとする校則および校則に基づく指導に対しては、裁判や人権救済申立で争われてきた。

① 1958年に水戸地方法務局が長髪を禁止した茨城県立高校の校則に関して、茨城県教育委員会に対し是正を勧告した。

② 1974年には、日本弁護士連合会が丸刈りを強制した埼玉県市立中学校に対し是正勧告をした結果、同中学校は勧告を直ちに受け

入れ、校則を改正した。

③ 熊本県公立中学丸刈強制違憲訴訟事件（熊本地裁昭和 60 年 11 月
13 日判決《判時 1174 号 48 頁／判タ 570 号 33 頁》）

　　判決は、校則が教育を目的として定められたものである場合に
は、その内容が著しく不合理でない限り、校則は違法とならない
とし、丸刈り校則は、教育上の効果につき多分に疑問の余地があ
るというべきであるが、著しく不合理であることが明らかである
と断ずることはできないとした。

④ 兵庫県市立中学校丸刈り制服校則事件（神戸地裁平成 6 年 4 月 27
日判決《判タ 868 号 159 頁》）（大阪高裁平成 6 年 11 月 29 日判決《ジ
ュリ 1061 号 117 頁》）（最高裁平成 8 年 2 月 22 日第 1 小法廷判決《判
時 1560 号 72 頁／判タ 902 号 51 頁》）

　　「(1) 服装」の項を参照。

⑤ 1995 年には、長崎県弁護士会は、男子生徒の髪型について一律
に丸刈りとする強制力のある規制をおこない、また、丸刈り以外
の髪型（坊ちゃん刈り、スポーツ刈り等）で通学している数名の生
徒に対して、担任教諭を通じて、「校則で丸刈りと定められてい
るから丸刈りにするように」と厳しく注意していたことに対し、
男子生徒の基本的人権を侵害するものであり教育指導上の合理的
理由も見出すことができないとして、公立中学校校長に勧告、教
育委員会に要望を出した。

⑥ 2004 年には、熊本県弁護士会は、丸刈り校則等を存続させてい
る各中学校に対し、丸刈り校則等は、髪型の自由という生徒の基
本的人権を侵害するものであるから速やかに廃止するよう勧告し
た。

⑦ 2009 年には、鹿児島県弁護士会は、鹿児島県教育委員会等に対
し、頭髪の丸刈りに関する校則の制定、及びそれらの校則を前提
とする指導は、憲法、子どもの権利条約、及び教育基本法のいず
れにも抵触し、中学校に認められた教育指導の裁量権を逸脱する
ものであるので、すみやかに丸刈り強制を内容とする校則を廃止

するように、管内各中学校に指導するよう勧告した。

⑧ 奈良県生駒市立中学校頭髪染色事件（大阪地裁平成23年3月28日
判決《判タ1377号114頁》）

　公立中学校の教員らが女子生徒の頭髪を黒色に染色した行為
（「本件染髪行為」）について、本件染髪行為の趣旨・目的は、生徒
指導の観点から見てもとより正当なものであること、本人の自発
的な改善の見込みはなく、家庭内における指導・改善にこれ以上
期待することも困難であった状況の下で、本人（当時14歳）の任
意の承諾の下で実施されたものであることから、その方法・態様
や、継続時間を見ても、社会的に相当と認められる範囲内のもの
として、本件染髪行為は、教員の生徒に対する有形力の行使では
あっても、教員が生徒に対して行うことが許される教育的指導の
範囲を逸脱したものとはいえず、学校教育法11条ただし書きに
いう体罰にも当たらないと判示した。（控訴審である大阪高裁平成
23年10月18日判決《判例地方自治357号44頁》も同様の判示）。

⑨ 大阪府立高校頭髪指導事件（大阪地裁令和3年2月16日《判時
2494号51頁》、大阪高裁令和3年10月28日）

　大阪府立高校の生徒が、高校教員から頭髪指導として頭髪を黒
く染めるよう強要され、高校に登校しなくなった後は生徒名簿か
ら氏名を削除されるなどして精神的苦痛を被ったなどとして国家
賠償請求を行ったのに対し、染髪を禁じた校則及びこれに基づく
頭髪指導は高校の裁量の範囲内で適法とする一方、生徒名簿から
の氏名の削除等は教育環境を整える目的でされたものではなく、
手段の選択も著しく相当性を欠くとして、損害賠償請求を一部認
容した。

　アメリカでも公立学校の頭髪規制に関しては意見の対立があるが、かな
りの州で生徒の髪型を決める権利を認めている。髪型規制に関する連邦巡
回裁判所の判決は、「合理性の基準よりも厳しい基準」を適用するものと、
「合理性の基準」を適用するものとに分かれる。「合理性の基準」を適用し

た場合、「要するに、公立学校には、生徒の健康や福祉を増進するために効率的で秩序だった学校経営を行う利益が存することが認められ、長髪がほかの生徒の安全や健康を脅かしたり、教育課程を妨げるような場合（たとえば、授業に身が入らず散漫でいるとか、物理的な妨害を引き起こしたり、その恐れがあるような場合）には、頭髪規制が正当化されると言えるであろう」（大島佳代子「合衆国における身だしなみの自由——公立学校における髪型・服装等の規制とその制約原理」『法政理論』第 31 巻第 4 号、1999 年、193頁）と分析されている。

(3) オートバイの運転免許、乗車、通学等

　道路交通法 88 条は、16 歳以上の子どもにオートバイの運転免許の取得を認めている。道路交通法に基づき運転免許を取得することおよび運転免許を取得して校外でオートバイに乗ることは、生徒の自由である。しかし、「交通事故の防止と暴走族対策」を理由に PTA と一体になって、「バイクを買わない・乗らない・免許をとらない」の、いわゆる「三ない運動」によってオートバイの免許取得や運転を全面的に禁止し、すでに取得した免許証は学校で保管するという高校が多かった。そのため生徒が隠れ乗りや無免許運転をしたり、その結果事故を起こすなどの事態も各地で起きた。これに対する反省から、最近では「三ない運動」をやめて、「安全指導」を実施する学校もある。

　ただし、オートバイ通学に関しては、校外でオートバイに乗ることとは違い、学校内における駐車場の広さ、通学距離、通学路や校門付近の交通安全の確保などを考慮して、学校が施設管理権に基づき規制することは許される。

　なお、PTA 総会でオートバイの免許取得および運転禁止を決議したとしても、それに反対する親・生徒を拘束することはできない。

　「三ない校則」をめぐってはすでに「千葉県私立高校バイク事件」（千葉地裁昭和 62 年 10 月 30 日判決《判時 1266 号 81 頁》）（東京高裁平成元年 3 月 1 日判決）（最高裁平成 3 年 9 月 3 日第 3 小法廷判決《判時 1401 号 56 頁／判タ 770 号 157 頁》）、「高知県商業高校バイク事件」（高知地裁昭和 63 年 6 月 6 日

110

判決《判時 1295 号 50 頁／判タ 668 号 252 頁》）（高松高裁平成 2 年 2 月 19 日判決《判時 1362 号 44 頁》）、「東京都修徳学園高校バイク事件」（東京地裁平成 3 年 5 月 27 日判決《判時 1387 号 25 頁／判タ 764 号 206 頁》）（東京高裁平成 4 年 3 月 19 日判決《判時 1417 号 40 頁／判タ 783 号 151 頁》）などがある。

(4) 飲酒・喫煙

　法律（二十歳未満者飲酒禁止法および二十歳未満者喫煙禁止法）では、20 歳未満の未成年者は飲酒・喫煙が禁止されている。しかし 20 歳未満の者が飲酒・喫煙した場合でも科料の処分を受けるのは、事情を知りながら制止しなかった親権者や、酒やタバコを 20 歳未満の者に売った業者などであって、本人ではない。この点を誤解している教師が意外と多いようである。

　その意味で校則が飲酒・喫煙を禁止することは不合理ではなく、その違反に対して注意・指導することは許されるが、科料以上の不利益処分ともいえる停学・退学などの懲戒を加えることは、法の趣旨からも慎重でなければならない。

　学校は「タバコは非行の入り口」として重要な非行対策と考えているが、むしろ健康保護・嫌煙教育として十分に教えるべきである。

　東京弁護士会人権救済センターは 1990 年 6 月 13 日に静岡県の私立高校 3 年生 2 人から、A は 1 回煙草を吸ったこと、B は煙草と原付免許所持が発覚したため、ともに無期停学処分を受け、同時に日付なしの自主退学届を提出させられていたが、その後両名が再び煙草を吸ったことが発覚したため自主退学を強要され続け、結局退学処分となったとの申し立てを受けた。これに対して東京弁護士会は、「法が未成年者の喫煙を禁止している趣旨は、未成年者の健康保護にある。したがって直ちにこれを懲戒に結びつけてよいかは慎重な検討を要する。しかるに高校は、慎重な検討を経ることもなく、生徒の内面への働きかけも生徒指導委員会の開催もせずに自主退学勧告し、さらにその後 A・B が反省し生活状況も変わっているのでこれらの事情を聴取してほしいという申し入れも無視して退学処分にしたもので、懲戒権の濫用であり人権侵害である」と指摘し、また懲戒権の行

使にあたっては、生徒の内面的成長を把握し自律性を高めていくための教育的配慮をつくすよう勧告している。

喫煙を理由とする高校の退学処分が争われた事例としては、大阪地裁平成3年6月28日判決《判時1406号60頁／判タ771号74頁》、大阪高裁平成7年10月24日判決《判時1561号34頁》がある。

いずれも私立高校の事案であるが、前者は退学処分は有効、後者は無効であるという正反対の判断がなされている。

前者は、すでに2回の謹慎処分（いじめ行為および喫煙）歴を有する生徒に関する事例である。当該高校においては、2回謹慎処分を受けた者が3回目の謹慎処分行為を行ったときには例外なく退学処分とする方針のもと、謹慎処分の都度生徒と保護者に対して反省を求め、以後の更生を誓約させているということ、また当該高校においては、日常から喫煙教育に取り組んでいることなどが重視された。

後者は、過去に問題行動や処分がなされていない生徒に関する事例である。当該高校において喫煙する生徒が増加の一途をたどったことから、職員会議の決議により、喫煙を撲滅するために、1回の喫煙でも自主退学を勧告するという厳しい態度で臨むべきだとする方針が打ち出されたことにより、当該生徒が自主退学勧告を受け、これを拒否して退学処分になった。判決は、喫煙行為が直ちに学外に排除するほど悪質な行為といえないこと、当該生徒の日ごろの生活状況、学校側の教育的配慮のなさ（当初から退学を前提とした対応に終始している）等を踏まえ、校長の懲戒権行使にあたっての裁量の逸脱があるとした。

(5) 所持品検査と没収

マンガ・週刊誌・お菓子・ゲーム・トランプ・携帯オーディオプレーヤー・私服・整髪料・化粧品など「授業に関係ない物」の学校への持参を禁止している学校はきわめて多い。しかもそれは一斉所持品検査によって日常的にチェックされ、違反の場合にはすべて没収ということも珍しくない。このような所持品検査は子どものプライバシー権を侵害し、没収という取り扱いは、所持品などについて現行犯逮捕の場合を除いては令状によらな

い限り捜索・押収を受けない権利を保護している憲法35条に抵触する。

アメリカ連邦最高裁はT.L.O.事件判決（1985年）において、合衆国憲法修正4条（日本の憲法35条に相応する）の不合理な捜索および押収の禁止規定は公立学校の教職員によってなされた検査にも適用されることを認めた。

ただし多数意見は、修正4条は市民を捜査する際、事前に裁判官の令状か、または捜査される者の明示的な同意を政府職員が得るべきことを要件としているが、この要件を生徒の捜索にまで適用することは、学校内で必要とされる迅速で簡易な懲戒手続が妨げられることを理由に令状要件が不適当だと判示した。そして、生徒のプライバシーの利益と学校の秩序維持の必要性を調整する場合は、相当の理由によらずに、「すべての状況を考慮しての合理性の基準」により判断すべきものとした。具体的には、①検査の開始時点で、ある生徒が法律や校則に違反しているとの証拠が検査の結果発見されると考える合理的理由がある場合で、②採られた手段が検査の目的と合理的に関連する範囲内にあり、生徒の年齢、性別、そして違反行為の性質に鑑み過度に侵害的でなければ、当該検査は合理的なものとして許されると判示した（大島佳代子「合衆国の公立学校における所持品・身体検査の合憲性」『法政理論』第33巻第4号、2001年）。

なおT.L.O.事件判決は令状なしでも所持品検査を行うことができるとしたが、これはひとりの生徒だけについて教師が所持品検査をした事件であり、多くの判決は複数生徒を検査する場合には、生徒ひとりひとりについて「合理的な疑い」が認められなければならないと判示していることに留意すべきである。また、アメリカの公立学校における所持品検査の事件は、ほとんどが違法な薬物と関連している点に留意する必要がある。

このようなアメリカの判例を基準とした場合、日本の学校で行われている一斉所持品検査の大部分は合理的理由がなく、しかもプライバシー権の過度の侵害にあたるものとして許されないことは明らかである。まして「違反」の所持品を没収して返還しないことが違法であることは疑問の余地がない。

東京弁護士会は、2002年3月、都内の私立中学校が同中学校2年に在

籍していた申立人Ａに対し、「客観的にかつ合理的な根拠が不十分なまま
に安易に窃盗犯人の嫌疑をかけ、一般に生徒が心理的圧迫を感じざるをえ
ない校長室において、1時間にわたり、複数教師と申立人Ａひとりだけが
居る状況で、申立人Ａの説明を受容し理解しようとする姿勢を一切示さ
ずに、『所持品検査』を行い、よって申立人Ａに対し多大な精神的苦痛を
与えた」と認定して、申立人Ａに対する所持品検査は申立人Ａの人権を
不当に侵害したとして同校に対し勧告をしている。

　CRCは、第2回日本政府報告書審査に基づく最終見解において、「特に
子どもの所持品検査など、子どものプライバシー権が完全には尊重されて
いない」ことを懸念し（パラ33）、「私物の検査に関するものを含む子ども
のプライバシー権を全面実施することを確保すること」（パラ34〈a〉）を
勧告している。

(6) アルバイト

　アルバイトを禁止、あるいは許可制にしている高校は多い。憲法27条
の勤労の権利を受けて、労働基準法は高校生にあたる15歳以上17歳まで
について、福祉上有害な業務や危険な作業などを除けば働くことを認めて
いる。

　ただし未成年者である以上、親の許可が必要であるが（民法823条）、子
どもは独立して賃金を請求することができ、親が子どもに代わって賃金を
受けとることは禁止されている（労働基準法59条）。したがって、親の許
可を受けた高校生のアルバイトを校則で禁止することは不合理であって許
されない。

　実際にアルバイトをしている高校生は少なくなく、アルバイト禁止の校
則は建前にすぎなくなっているということができる。そうであるならば、
学校は届出制によってその実態を把握し、アルバイトが成長発達にマイナ
スにならないように指導・助言することが教育的であろう。

(7) 集会・結社・政治活動

　「集会・結社・表現の自由」を保障した憲法21条や子どもの権利条約

13条・15条の趣旨からこの権利が保障されることについて疑問の余地はない。しかし、1969年10月30日文部省（当時）の初等中等教育局長が出した「高等学校における政治的教養と政治活動について」という通知（1969年通知）で、「心身ともに発達の過程にある生徒が政治的活動を行うことは、十分な判断力や社会的経験を持たない時点で特定の政治的立場の影響をうけることになり、将来広い視野に立って判断することが困難になる」という理由などによって、集会や政治活動は全面禁止に近い閉塞状況にあった。

もっとも、2015年6月17日に公職選挙法等の一部を改正する法律が成立し、公職の選挙の選挙権を有する者の年齢が満18歳以上に引き下げられたことに伴い、文部科学省は同年10月29日付けで新通知を発出して1969年の通知を廃止し、また、同年9月に総務省と文部科学省は副教材及び指導資料を公表し、教育現場に配布した。新通知は、評価できる内容を含んでいるものの、新通知が、高等学校等の生徒の政治的活動について、授業その他の学校教育活動の場面では一律に禁止し、放課後や休日の構内及び構外においても必要最小限の制約を超えた制限・禁止を求めている点、新通知に関するQ&Aが、放課後や休日の学校構外での政治的活動を行う場合における学校への届出を義務づける届出制の校則を条件付きではあるが許容している点等、未だ不十分であり、閉塞状況の解消までには至っていないと思われる。

これまで生徒の「表現の自由」は、その政治活動の自由との関わりで問題にされてきた。従来の判決は中高生の政治的表現の自由については規制を認めるものが一般的であり、「内申書裁判」最高裁昭和63年7月15日第2小法廷判決《判時1287号65頁／判タ675号59頁》も生徒による文書配布を学校の事前許可制にすることは「必要かつ合理的な範囲の制約」であると判示しているが、見直しが求められる。

CRCは、第2回日本政府報告書審査に基づく最終見解において、「学生、生徒が、キャンパス内外で行う政治的活動に対する制約を懸念する」とし（パラ29）、「学生、生徒が、キャンパス内外で行う活動に対し規制する法律及び規則を……見直し、権利条約13、14及び15条が完全に実施される

よう確保することを勧告」した（パラ30）。

(8)「日の丸」「君が代」の強制

憲法19条、子どもの権利条約14条は、思想・良心の自由を保障している。

「日の丸」を国旗、「君が代」を国歌とすることについては、第2次世界大戦前の軍国主義との結び付きが強いとする反対意見が根強くあり、国民のあいだで大きく意見が分かれているにもかかわらず、政府は学校行事で「日の丸」を国旗として掲げ、学校行事で「君が代」を国家として斉唱することを「学習指導要領」により求め、1989年にはこれを「指導する」こととした。そのため生徒はその思想信条に関わりなく、「日の丸」を掲揚したり、「君が代」を斉唱したりする行事への参加が強要され、思想および良心の自由が侵害される事態が起こった。

1998年には埼玉県立所沢高校において、「日の丸」「君が代」に対する考え方から、学校側が主催する入学式への出席を拒否しようとしていた多くの生徒と保護者に対し、入学式に出席しなければ入学が許可されないかのごとき誤解を与える学校長と埼玉県教育長名の文書が校長により配布されるという事件が発生した。これに対しては2001年1月に日本弁護士連合会が生徒の思想および良心の自由の侵害にあたるとして改善の要望を出している。

1999年8月13日、政府は国旗・国歌法を成立させた。その立法過程において、政府は、法制化は各人の内心に立ち入って強制するものではないと明言しているが、法制化の結果「日の丸」「君が代」が国旗・国歌とされたことによって事実上の強制が全国に及び、さらに徹底されることになった。「日の丸」「君が代」の強制に反対する子どもたちや教師の抵抗が全国に起こっており、広島県、福岡県、埼玉県、北海道などにおいて人権救済の申し立てがなされ、各地の弁護士会が人権侵害の恐れがあるとして勧告や要望を出すという事態が続いた。

ドイツ、イタリアでは、敗戦後、戦争に対する反省から国旗・国歌を改めた。アメリカでは国旗敬礼に対し、国家の政策や活動に反対しているこ

とを象徴するために、静かに座っていることが認められたバーネット判決（1943 年）がある。連邦最高裁は国旗への敬礼を強制することは、あらゆる市民の表現の自由を破壊するものであると明言している。いずれにせよその是非は思想・良心の問題であって、何人といえども強制することは許されない。

(9) 密告や「自白」の強要

　京都府内の私立女子高校で、売店で万引き事件があった際に、万引きしたと思われる生徒の氏名について 3 年生全員に無記名でのアンケートを実施し、名前が挙がった約 50 人を放課後に集めて釈明文を書かせた（『朝日新聞』1988 年 11 月 12 日夕刊）とか、北海道内の公立中学校で、1 年生の女子生徒が教室で現金 8000 円がなくなったと訴えたため、1 年生全員に無記名で「自分が犯人だったら盗んだ理由を書きなさい」「犯人を知っていたら書きなさい」と回答させたが、全員が「わからない」「ぼくではない」と書いたため 1 年生全員を体育館に集め、学年主任が注意を与えているあいだに被害を訴えた女子生徒の担任がクラス全員の鞄や机のなかなどを調べた（『読売新聞』1989 年 3 月 11 日朝刊）といった事件も起こっている。

　このような方法は密告や自白の強要であって、子どもの権利条約 16 条が保障する、名誉および信用を不法に侵害されない権利を明らかに踏みにじるものである。

(10) 学校外での生活に対する学校側の干渉

　学校外の生活を校則で規制していない学校はほとんどないであろう。夜間外出、喫茶店、ゲームセンター、ボーリング場への出入りなどの禁止は当然のことのようになっている。しかし、子どもが権利を行使するにあたって、親が指示・指導を与える責任、権利、義務が尊重されなければならず（子どもの権利条約 5 条）、子どもに対する第一次的な養育責任を負っているのは親であるから（子どもの権利条約 18 条）、学校外の生活についてまで学校が一方的に決めることは妥当ではなく、学校外での生活については、校則による一律の規制になじまないと考えられる。

仮に、学校外の生活について何らかの取り決めをする必要があると考えられる場合には、少なくとも当該子どもや親の意見を十分に反映したものにすべきだろう。

II　学校における懲戒処分

1　児童・生徒の懲戒

(1)　懲戒権の法的性質・根拠

ア　法的性質

学校教育法 11 条は、「校長及び教員は、教育上必要があると認めるときは、文部科学大臣の定めるところにより、児童、生徒及び学生に懲戒を加えることができる。ただし、体罰を加えることはできない」と規定している。この規定は、教師による懲戒がもっぱら教育目的のためになされ、教育権限の一環にほかならないことを確認したものである。すなわち、教師は、教育権限の一環として、児童・生徒・学生の成長発達権と学習権を保障するように懲戒権を行使する義務を負う。学校教育法施行規則 26 条 1 項（旧 13 条 1 項）が、「校長及び教員が児童等に懲戒を加えるに当つては、児童等の心身の発達に応ずる等教育上必要な配慮をしなければならない」と規定しているのは、まさにこの趣旨である。

懲戒は、広い意味での生活指導方法にほかならない。とはいえ、制裁措置たる懲戒は、人権の制限にわたりやすく、人身の自由や名誉権の侵害にならないように注意されねばならない（兼子仁『教育法《新版》』《法律学全集 16 巻》有斐閣、1978 年、433 ～ 434 頁）。

イ　法的根拠

懲戒権の法的根拠は、国公私立学校を通じて、在学契約に示された親ないし生徒本人の当該学校教育を受けるという基本的合意にある。ただし、

教師の懲戒権は、親が在学契約によりその懲戒権を委任したものではなく、子どもの学習権を保障するために、在学契約関係から教育条理上認められる、教師固有の教育権限と理解されている。

(2) 懲戒の種類

　児童・生徒の懲戒には「事実上の懲戒」と「法律上の懲戒」の2種類がある。

　「事実上の懲戒」とは、叱ったり立たせたりするような懲戒である。「事実上の懲戒」については、これまで体罰を除いてあまり論じられてこなかったが、暴言を用いての叱責や屈辱的行為を強いるなど、子どもの尊厳を踏みにじるような懲戒が行われている現実があり、これに対する対処、救済が求められることも少なくない（今橋盛勝「『事実上の懲戒』の実態と法理」『ジュリスト』912号28頁）。

　「法律上の懲戒」とは、児童・生徒の在学関係の法律的地位に変動を生ずるもので、学校教育法施行規則26条2項（旧13条2項）に、退学・停学・訓告の3種類が規定されている。同条項にはこれらの処分は校長が行うと規定されているが、学校教師集団の総合的な教育的判断によって決定されるべきであり、職員会議での審議が要請されるところである。「職員会議」は、学校教育法施行規則第48条第1項において、「小学校には、設置者の定めるところにより、校長の職務の円滑な執行に資するため、職員会議を置くことができる。」、また、同条第2項においては、「職員会議は、校長が主宰する。」と校長の補助機関として規定されており、学校運営が円滑に行われるように、校長が、所属職員の意見を聞いたり、校長の運営方針を周知させたり、職員相互の事務連絡を図るものであり、意思決定は、校長自らの権限と責任において行うこととされている。

　懲戒処分ではないが、「原級留置の決定をなすにあたっては大多数の教員が出席した職員会議で審議を行うのが教育条理と考えられる」と判示した新潟地裁昭47年4月27日決定（兼子仁編『教育判例百選《第3版》』有斐閣、1992年、94頁）がある。

　なお、「退学」には、除籍・放校等、「停学」には謹慎・出校停止等、

「訓告」には譴責・戒告等、それぞれ実質的にこれに準ずる懲戒処分も含むものである（昭和32年12月21日・文初財615文部事務次官通達）。

なお、2010年2月1日文科省初等中等教育局児童生活課長「高等学校における生徒への懲戒の適切な徹底について（通知）」においては、懲戒処分の基準の明確化や生徒、保護者への周知及び適正な手続きの確保を求めている。

(3) 適正な手続きの保障

東京弁護士会「子どもの人権救済センター」の相談例などをみると、懲戒処分に際し、まったくといっていいほど「手続き的な保障」がなされていない例が多い。たとえば、担任教師が生徒に突然「明日からこなくていいよ」と告げ、停学処分にした例、教師が生徒の自宅を夜遅く訪れ、午前3時ごろまで生徒と2人だけで話し込み、そのなかで生徒の「自白」を採取して懲戒処分にした例、問題行動の事実関係について、生徒が異議を申し立てているのに十分な調査もせず、本人の弁解も聞かないまま自主退学させる例などである。憲法31条の趣旨等で保障されている「適正手続の保障」は、学校が行う懲戒処分にも及ぼされるべきである。2014年の学校教育法施行規則26条の改正により、「学長は、学生に対する第二項の退学、停学及び訓告の処分の手続を定めなければならない。」（同条5項）とされ、懲戒処分の手続の明確さが求められているのはこの趣旨に沿うものである。

また、子どもの権利条約12条2項は、「自己に影響を及ぼすあらゆる司法上及び行政上の手続において、聴取される機会を与えられる」としており、懲戒手続における子どもの弁明の機会を保障しているといえる。現実には、学校教育のなかでは懲戒処分のみならず、一般的に「適正手続保障」の思想がきわめて弱い。しかし、懲戒処分においては、児童・生徒の権利の制限を伴う程度が強いだけに、「適正手続の保障」を確立していく重要性は高い。処分を予定している児童・生徒に対し、処分理由案の告知と弁明機会の保障が、原則として適正手続の最低限の要件といえる（兼子前掲書、452〜453頁）。

したがって、児童・生徒に弁明の機会を与えないでなされた懲戒処分は、憲法31条の趣旨および子どもの権利条約12条2項に反しているというべきである（なお、教育的懲戒処分においては、その前提として、生徒および親に対する教育的指導をつくすことも要求されると考えられる）。

　判例としては、公立高校封鎖に加担したとされる生徒の退学処分事件で、「自宅待機命令以後無期謹慎処分を経て本件退学処分がなされるまでの間、学校側で控訴人について指導、説得に努めた際、本人または保護者から事情を聴取しており、控訴人が自己の正当性を主張する機会が与えられ」たので、「事前に告知聴聞の機会を与えたものとみるのを妨げない」と述べたもの（東京高裁昭和52年3月8日判決（兼子前掲書、106頁））などがある。

　東京弁護士会の人権救済申立事件としては以下のものがある。それは、私立高校3年生の生徒の2度目の喫煙が発覚すると直ちに自主退学を勧告し、これに応じなかった生徒に対して退学処分を行った事件で、「2度目の喫煙発覚に対する自主退学勧告処分の言い渡しにあたっては、生徒懲戒に関する審議機関である生徒指導委員会の開催すらしてい」ないこと、「今回の退学処分についても、反省の気持ちや自主退学勧告処分後の生活状況などの諸事情を聴取してほしいという申し入れを無視して決定してい」ることなどを指摘し、「教育的懲戒手続に不可欠な適正手続を無視するもので、……その違法性は重大」であるとして、本件退学処分は懲戒権限を濫用し、両名の人権を侵害したものと判断し、勧告を行っている（東京弁護士会子どもの人権救済センター編『子どもの人権救済活動事例集』東京弁護士会、1992年、26頁）。

　なお、アメリカのバージニア州法は、10日以上の停学処分、または退学処分を行うに先立って、処分の事実と理由、教育委員会で聴聞を受ける権利を有していることを、生徒と親に書面で告知せねばならないと規定している（《米沢広一「子ども・親・政府2」『神戸学院法学』15巻3号、29頁》が参考になる）。

2 退学処分

　退学処分は、児童・生徒の地位を消滅させ、生徒の教育を受ける権利を
剥奪する学校の措置であり、公立の義務教育諸学校では行うことはできな
い。退学処分は、児童・生徒から強制的に学習の場を奪うものであり、厳
格な要件のもとに行われることが要求されると解するべきである。
　学校教育法施行規則26条3項（旧13条3項）は、退学の要件を次のよ
うに規定している。

　　「退学は、公立の小学校・中学校等に在学する学齢児童又は学齢生徒
　を除き、次の各号に該当する児童に対して行うことができる。①性行不
　良で改善の見込みがないと認められる者。②学力劣等で成業の見込みが
　ないと認められる者。③正当な理由がなくて出席常でない者。④学校の
　秩序を乱し、その他学生又は生徒としての本分に反した者」

　この要件は、戦前から引き継がれた文言であって、それ自体全面的な再
検討が必要であるが、さらにその判断にあたって、懲戒権者の裁量権が広
く認められているという問題がある。
　「京都府立医大退学処分事件」判決（最高裁昭和29年7月30日第3小法
廷判決《民集8巻7号1463頁》）によれば、「学長が学生の行為をとらえて
懲戒処分を発動するに当り、右の行為が懲戒に値するものであるかどう
か、懲戒処分のうちいずれの処分を選ぶべきかを決するについては、当該
行為の軽重のほか、本人の性格および平素の行状、右行為の他の学生に与
える影響、懲戒処分の本人および他の学生におよぼす訓戒的効果等の諸般
の要素をしんしゃくする必要があり、これらの点の判断は、学内の事情に
通暁し直接教育の衝に当るものの裁量に任すのでなければ、到底適切な結
果を期待することはできない。それ故、学生の行為に対し、懲戒処分を発
動するかどうか、懲戒処分のうちいずれの処分を選ぶかを決定すること
は、この点の判断が社会観念上著しく妥当を欠くものと認められる場合を
除き、原則として、懲戒権者としての学長の裁量に任されているものと解

するのが妥当である。しかし、このことは、学長がなんらの事実上の根拠に基づかないで懲戒処分を発動する権能を有するものと解することの根拠となるものではなく、懲戒処分が全く真実の基礎を欠くものであるかどうかの点は、裁判所の審判権に服すべきことは当然である」とされ、懲戒権者の教育裁量権を強調しており、そのまま「昭和女子大退学処分事件」判決（最高裁昭和 49 年 7 月 19 日第 3 小法廷判決《判時 749 号 3 頁》）に引き継がれている。高校生についても同旨である（東京高裁昭和 52 年 3 月 8 日判決《判時 856 号 26 頁》）。

　しかし、教育的裁量といっても、その権利剥奪的性格からして、社会通念上「妥当性」「合理性」があるといえるかは、当該児童・生徒等の学習権尊重の見地に立って、処分が公正な基準により行われているか、その基準があらかじめ公表され処分が予測可能なものか、その児童・生徒等の行為によるほかの児童・生徒等への実害があるかなどの観点から厳しく判断されなければならないであろう。

　このような退学処分の裁量権の限界を示したものとして、「修徳高校バイク退学訴訟事件」判決（東京高裁平成 4 年 3 月 19 日判決《兼子仁編『教育判例百選〔第 3 版〕』有斐閣、1992 年、132 頁》）の次のような判示は参考となる。すなわち、「懲戒処分が教育的措置であることに鑑み、処分を行うに当たって教育上必要な配慮をしなければならないことは学校教育法施行規則 13 条 1 項の規定するところである」「退学処分は、生徒の身分を剥奪する重大な措置であるから、当該生徒に改善の見込みがなく、これを学外に排除することが教育上やむを得ないと認められる場合に限って選択すべきものである（著者注：学校教育法施行規則 13 条 3 項および本件高校の学則 19 条はこの趣旨の規定と解される）。特に、被処分者が年齢的に心身の発達のバランスを欠きがちで人格形成の途上にある高校生である場合には、退学処分の選択は十分な教育的配慮の下に慎重になされることが要求される」としたうえ、その「過程において、できるだけ退学という事態を避けて他の懲戒処分をする余地がないかどうか、そのために第 1 審原告や両親に対して実質的な指導あるいは懇談を試み、今後の改善の可能性を確かめる余地がないかどうか等について、慎重に配慮した形跡は認められ」

ない学校側の対応は、いささか杓子定規的で違反行為の責任追及に性急であり、退学処分が生徒に与える影響の重大性を考えれば、教育的配慮に欠けるところがあったといわざるを得ないと述べ、「当時の状況下において、第1審原告に対し適切な教育的配慮を施してもなお、もはや改善の見込みがなく、これを学外に排除することが教育上やむを得ないものであったとは認めることができない」ので、「本件懲戒処分は、処分権者に認められた合理的裁量の範囲を超えた違法な行為であると認めるべきである」と判示して、原審判決（東京地裁平成3年5月27日判決《判時1387号25頁》）の結論を維持している。

　また、大阪地裁平成7年1月27日判決／同控訴審平成7年10月24日判決《判時1561号34頁》も、上記東京高裁判決と同様の観点から、校長に懲戒権行使にあたっての裁量の逸脱が認められるときは、懲戒処分は違法・無効となるとの前提に立ったうえで、「学校教育法施行規則13条3項は、退学処分について……4個の具体的な処分事由を定め、被告高校学則29条にも同様の規定があるが、これは、退学処分が他の懲戒処分と異なり生徒の身分を剥奪する重大な措置であることに鑑み、当該生徒に改善の見込みがなく、これを学外に排除することが社会通念からいって教育上やむをえないものと認められる場合に限って退学処分を選択すべきであるとの趣旨においてその処分事由を限定的に列挙したものと解される」と明確に判示し、校長の裁量の逸脱の判断にあたり、「当該行為の態様、結果の軽重、本人の性格及び平素の行状、当該行為に対する学校側の教育的配慮の有無、家族の協力、懲戒処分の本人及び他の生徒に及ぼす懲戒的効果、右行為を不問に付した場合の一般的影響等諸般の要素に照らし、原告に改善の見込みがなく、これを学外に排除することが社会通念からいって教育上やむをえないと認められる場合であったかどうかが検討されなければならない」とさまざまな考慮要素の検討を求めている。

　さらに、「エホバの証人退学処分等取消訴訟」上告審判決（最高裁平成8年3月8日第2小法廷判決《判タ906号7頁》）も、「退学処分は学生の身分をはく奪する重大な措置であり、学校教育施行規則13条3項も4個の退学事由を限定的に定めていることからすると、当該学生を学外に排除す

ることが教育上やむをえないと認められる場合に限って退学処分を選択すべきであり、その要件の認定につき他の処分の選択に比較して特に慎重な配慮を要するものである（最高裁昭和42年《行ツ》第59号、同49年7月19日第3小法廷判決《民集28巻5号790頁》）」としたうえ、こうした退学処分の性質に鑑みれば、「本件（退学）処分に至るまでに何らかの代替措置を採ることの是非、その方法、態様等について十分に考慮するべきであったということができるが、本件においてそれがされていたとは到底いうことができない」と述べ、「学則にいう『学力劣等で成業の見込みがないと認められる者』に当たるとし、退学処分をしたという上告人の措置は、考慮すべき事項を考慮しておらず、また考慮された事実に対する評価が明白に合理性を欠き、その結果、社会観念上著しく妥当性を欠く処分をしたものと評するほかはなく、本件各処分は、裁量権の範囲を超える違法なものといわざるを得ない」と判示して、原審（大阪高裁平成6年12月22日判決《判タ873号68頁》）の結論を維持している。

　上記事案では、「学力劣等で成業の見込みがないと認められる者」に該当するとして退学処分を受けているが、そもそも「学力劣等」を解消する努力をするのが教育であるから、「学力劣等」は、それだけでは処分事由にはならないと解される。

　退学処分にあたっては、処分案の告知と本人の弁明機会の保障が実質的に与えられなければならない（最高裁昭和35年6月28日判決《兼子仁編『教育判例百選〔第3版〕』100頁》）が、その際に当該児童・生徒に対して、「教育専門的・人間教育的な指導を尽くそうとする過程」（兼子前掲書、452頁）が真に存在したかが問われよう。

　なお、令和以降の判例として、2019年6月13日さいたま地裁川越支部判決《判時2441号29頁》（全寮制の私立中学校に通う生徒が、数人と複数回にわたりライターを使って遊び寮室の床を焦がすなどした行為が、「学校の秩序を乱し、その他生徒としての本分に反した者」との退学事由に該当するとしてなされた退学処分を違法とし、損害賠償請求を認めた事案）、2020年2月12日山口地裁宇部支部決定《判時2453号54頁》（私立高校の男子生徒が同校の女子生徒に暴力を振るったことを理由になされた退学処分について、女子生

徒の負傷が軽傷にとどまったことなどを踏まえ、校長の裁量権を逸脱した違法
な退学処分であるとして生徒が授業を受けることを妨害してはならないとの仮
処分を認めた事案）、令和 4 年 2 月 8 日静岡地裁（判例秘書）（県立高校の生
徒複数名が女湯をのぞき盗撮した事案において、盗撮の様子を笑って見ていた
り盗撮で撮影された動画を見ようとしたりした生徒に対する退学処分を、裁量
権の逸脱として取り消した事案）がある。

3　自主退学勧告

　高校中退者は、2022 年には 4 万 3401 人（中退率 1.4%）にも達しており
（文部科学省「令和 4 年度　児童生徒の問題行動・不登校等生徒指導上の諸課題
に関する調査結果について」112 頁）、その数値自体、高校教育にとって看過
できないものであるが、その背景にいわゆる「落ちこぼれ」問題・低学
力問題という初等教育から中等教育に至るまでの本質的問題があること
は、つとに指摘されている。また、このような「落ちこぼれ」状況のなか
で、さまざまな意味で問題があるとされる生徒が、学校から安易に切り捨
てられる傾向があり（学校はひとりひとりの児童・生徒を本当に大切にするの
ではなく、いわゆる「腐ったみかん論」に立ち、「問題児童・生徒」を切り捨て
ることが多い）、それが自主退学の勧告・強要というかたちであらわれる
ことがしばしばある。通常、「自主退学」と称されているものは、児童・生
徒らに何らかの非行・校則違反などがあって、退学処分に相当するか、あ
るいはこれに準じて処置されるような場合に、退学処分歴を残すことによ
るその後の不利益を生じさせないことなどを目的として、学校側より保護
者に対して「自主退学」を勧告・強要することである。したがって、この
場合は、中退または転校（ただし、転校は選択肢が多くないのが現実である）
という結果になる。
　なお、ここでは主に高校の問題について論ずるが、私立小中学校の場合
もあり、その場合は、特に年齢が低く傷つきやすいだけに配慮が必要であ
る。

(1) 問題点

このような自主退学は一見温情的な処置のような観があるが、その実情において主として以下のような問題点がある。

① 形式上は「自主」的処置であるが、保護者が自主退学の手続きをしないと強制的に退学させる処分をすることを背景にしており、その意味において一種の間接強制となり、自由な意思でなされない場合が多い。

② 公立高校においては、退学処分にすると教育委員会に報告する義務が生ずるのに対し、自主退学ではそのような義務が生じないため、自主退学として処理することにより学校側の教育上の配慮、努力の不適切なことなどが隠ぺいされてしまう。このため、当該生徒に対する人権侵害が見落とされるうえ、事態の改善が進まないこととなる。

③ 自主退学を勧告される段階では、当該生徒は何らかの理由によりすでに学校生活になじめなくなり、学校そのものに対する嫌悪感を抱いている場合が多い。このため、安易な自主退学勧告は、その後の学校生活を受ける機会を失う原因となるのみならず、生徒の教育環境を悪化させる原因となる。

④ 非行にわたらない高校生の場合も、学校生活に失望し、あるいは環境になじめずに自主退学する場合が多い。しかしこうした場合も、本人に向学心がないのではなく、その学校教育に問題があるのではないかと思われる例が多い。高等学校卒業程度認定試験の受験者が多いのは、この傾向を示すものと考えられる。

(2) 留意点

ア 退学処分に代わる、あるいはこれに準ずる措置としての自主退学勧告については、本来学校での教育により指導すべきであるのに、これを怠ったままに勧告をしている場合が多いので、特にその検討が重要である。

当該生徒に対する教育、指導が未だ不十分であり、今後も継続することが必要であることを学校側に伝え、自主退学を回避することが望ましい。

イ 自主退学勧告は、転校を前提とする場合と、転校の可能性も目処もないままに退学を勧告される場合がある。

高校では非行・規則違反を原因として退学して転校することは少なく、限られた生徒が、定時制高校や通信制の高校へ転入することができるにすぎない。その結果、学校教育を受ける機会は狭められてしまうことになるので、このような場合は、なるべく自主退学の結果を生じさせないで、現に通っている学校での教育を継続させることが望ましい。また、思春期特有の反発により本人が退学意思を生ずるに至っても、退学後の本人の進路につき十分な相談の機会を確保しなければならない。

ウ 多くの場合、保護者は学校から期限つきで自主退学の手続きをとるか否か迫られるので、相談を受けた場合には速やかに学校側と連絡をとり、まず十分な考慮期間を確保するように努力する必要がある。この期間を確保できず、本人が釈然としないまま自主退学をすると、強制退学と異ならない精神的な傷跡を残し、本人のその後の生活行動に悪影響を与えることが多い。

エ 自主退学問題につき、最も留意すべきは、自主退学を受け容れるにせよ拒否するにせよ、当該生徒のその後の教育、生活上の悪影響を防止することである。たとえば、学校側の十分な指導が行われずに自主退学勧告がなされた場合、本来これを拒否すべきであるが、学校側の教育姿勢が改善されなければ、仮に自主退学勧告を撤回させたとしても、当該生徒の登校に伴う苦痛は大きい。したがって、このような場合には、学校に対しては不当な自主退学勧告について反省を求めつつも、ケースの処理としては、生徒本人が自主退学し、他校で1日も早く正常な明るい学校生活が取り戻せるよう処理せざるを得ないこともある。

オ　すでに自主退学届を出した後でも、学校側の自主退学勧告が違法な場合には、自主退学の意思表示自体が無効なものとなる。

「修徳高校パーマ退学訴訟事件」第1審判決（東京地裁平成3年6月21日判決《兼子仁編『教育判例百選〔第3版〕』有斐閣、134頁》）は、「退学処分を回避する手段として自主退学勧告が選択されることが多い現状では、自主退学勧告があった場合、これに従うか否かの意思決定の自由は、事実上制約されるという面があることも否定できないのであるから、自主退学勧告は直ちに退学処分もしくはこれに準ずる処分とはいえないとしても、学校長の裁量権を逸脱した自主退学勧告がされるなど、勧告自体に違法性が認められる等の特別な事情がある場合には、その勧告に従った自主退学の意思表示も無効になる場合があると解するのが相当である」と判示したうえで、「自主退学勧告は、生徒の身分喪失につながる重大な措置であるから、とりわけ慎重な配慮が要求されるが、その判断に当たっては、学内の事情に通暁し、直接教育の衝に当たる者の合理的な裁量に委ねられるものと解すべきであり、右判断が社会通念上、合理性を欠く場合に限り、右自主退学勧告は違法性を帯びると解される」と述べている。

また、同事件の第2審判決も（東京高裁平成4年10月30日判決《判時1443号30頁》）、「自主退学勧告は、主として退学処分を受けることによって生徒が被るさまざまな社会生活上の不利益を回避するために行われるものと考えられるが、これに従わない場合に実際上退学処分を受けることが予想されるようなときには、自主退学勧告に従うか否かの意思決定の自由が事実上制約される面があることは否定できないのみならず、自主退学勧告は、懲戒と同様、学校の内部規律を維持し、教育目的を達成するための自律作用として行われるものであり、生徒としての身分の喪失につながる重大な措置であるから、学校が生徒に対して自主退学勧告を行うに当たっては、懲戒を行う場合に準じ、問題となっている行為の内容のほか、本人の性格、平素の行状及び反省状況、右行為の他の生徒に与える影響、自主退学勧告の措置の本人及び他の生徒に及ぼす効果、右行為を不問に付した場合の一般的影響等諸般の要素をとくに慎重に考慮することが要求されるというべきである。そして、これらの点の判断は、学校内の事情に通暁

し、直接教育の衝に当たる校長及び教師の専門的、教育的な判断に委ねられるべきものと解されるが、自主退学勧告についての学校当局の判断が社会通念上不合理であり、裁量権の範囲を超えていると認められる場合にはその勧告は違法となり、その勧告に従った生徒の自主退学の意思表示も無効となると解するのが相当である」と判示している。

さらに、同事件の最高裁判決も（最高裁平成8年7月18日第1小法廷判決《判タ936号201頁》）、学校当局の裁量逸脱の有無等が司法審査の対象となることを前提に、本件自主退学勧告の違法性の有無を判断した。

4　停学・家庭謹慎

停学・家庭謹慎は、どちらも、一定期間学校への登校を禁止する措置である。停学は、処分としての懲戒であるのに対し、家庭謹慎は事実上の懲戒であるが、実際にはこの両者の区別は難しい。学校が退学処分について自主退学のかたちをとらせることが多いのと同様に、停学処分について家庭謹慎として処理する場合がきわめて多いと思われる。公立高校では、停学処分を行った場合には、教育委員会に対する報告が義務づけられているため、これを潜脱するために「家庭謹慎」と称している脱法的な取り扱いが多いと思われる。

なお、判例として、家庭謹慎措置をその実質に着目して、停学処分に準ずる懲戒と認めた事例がある（広島地裁昭和56年1月16日決定《判時1003号122頁》、千葉地裁昭和62年10月30日判決《判時1266号81頁》、高知地裁昭和63年6月6日判決《判時1295号50頁》）。このうち高知地裁昭和63年6月6日判決は、校則に違反して原動機付自転車の運転免許を取得したことを理由に高等学校生徒に対して、その反省を促す懲戒的性質を含んだ生活指導措置である無期家庭謹慎の措置を行い、2週間後にこれを解除したという事案である。判旨は、「校長が原告に対して行った家庭謹慎措置は、非公式的色彩があって生徒指導要領には記入せず教育的指導をも伴っている点において停学より軽いといえるが、登校を認めない点において停学と同じであるから、停学そのものであるとはいえないけれども、これに準ず

る懲戒であるといわざるを得ず、その結果、原告は、入学許可によって取得した、本件高校の教育施設を利用し授業その他の正規の教育課程を履修することができるという地位を、一時的にも、失わしめられたことになるというべきである」とした。

5　出席停止

　公立の小・中学校においては、懲戒としての退学または停学の措置はとれない（学校教育法施行規則26条3項）。したがって、従来は、問題児童・生徒を排除するために、警察や家庭裁判所に「少年院に収容してほしい」などという秘密報告書（上申書）を出したり（日本弁護士連合会編『学校生活と子どもの人権』日本弁護士連合会、1985年、225頁）、脱法的に長期間自宅謹慎を命ずるなどの措置をとっていた。

　このような状況のなかで、文部省（当時）は、1983年12月5日、初等中等局長名で「公立の小学校及び中学校における出席停止等の措置について」と題する通知を出した。ここでは、学校教育法26条（現行35条）（中学校については同法40条（現行49条）で準用）が「市町村の教育委員会は、性行不良であって他の児童の教育に妨げがあると認める児童があるときは、その保護者に対して児童の出席停止を命ずることができる」と規定しているのを受けて、教育委員会またはその権限の委任を受けた学校長が、学校の秩序を維持し、ほかの児童・生徒の義務教育を受ける権利を保障するという観点から、一定の場合に、保護者に対して児童・生徒の出席停止の措置をとり得ることを明確にした。

　その後、2002年1月、学校教育法26条（現行35条）（中学校については同法40条（現行49条）で準用）が改正され、「性行不良」にあたる場合が例示されるに至った。すなわち、①「他の児童に傷害、心身の苦痛または財産上の損失を与える行為」、②「職員に傷害又は心身の苦痛を与える行為」、③「施設又は設備を損壊する行為」、④「授業その他の教育活動の実施を妨げる行為」を挙げている。

　この出席停止の措置は、保護者に対する措置であり、児童・生徒本人に

対する懲戒処分ではない。とはいえ、本来懲戒処分としての退学または停学が認められていない公立の小学校および中学校において、児童・生徒の学校教育を受ける機会を剥奪する不利益を伴うものである。改正法は、出席停止の措置を適用するにあたり保護者の意見を聴取するべきこと（同条2項）や、出席停止期間中の児童・生徒に対して学習に対する支援その他教育上必要な措置を講ずるものとする（同条4項）など、それなりに手続きの公正を期そうとはしている。しかし、校内暴力等の非行を犯した児童・生徒や悪質ないじめ行為を行った児童・生徒を学校教育の場から排除する手段が確認されたことの問題性は大きい。その運用が適正に行われ、児童・生徒の教育を受ける権利が不当に奪われることがないよう監視しなければならない（日本弁護士連合会編『検証少年犯罪』日本評論社、2002年、371～385頁）。

なお、出席停止の期間は、指導要録にいう「出席しなければならない日数」には含めないので、いわゆる欠席扱いにはならない。

6 原級留置（いわゆる「落第」）

原級留置とは、進級時において児童・生徒が在籍する原学年に留め置かれることをいう。巷間、「落第」ともいわれている。

原級留置は、本来成績評価に関するものであり、「落ちこぼれ・落ちこぼし」とも深く関係している。また、登校拒否・不登校の場合、原級留置になることがあるし、逆に原級留置になると登校拒否・不登校になることもある。そして、自主退学に追い込まれることも多い。このように原級留置は、子どもの人権侵害の多くの局面で関係している。またこんにちでは、原級留置が、懲戒処分ではないものの、懲戒的に運用されることが少なくない。

（1）現状と法的根拠

文部科学省の発表によれば、2022年度の公私立高等学校の原級留置者は、合計9,482人で、在籍者数に占める割合は、0.3%である（「令和4年

度 児童生徒の問題行動・不登校等生徒指導上の諸課題に関する調査」121頁）。後述のように、文部科学省は、学習指導要領等で、原級留置に関して柔軟な対応を行うように求めているが、原級留置者の割合は、1980年代と比較してもそれほど減少していない。

　この原級留置については、法律上の直接の規定はなく、学校教育法施行規則57条「小学校において、各学年の課程の修了又は卒業を認めるに当たっては、児童の平素の成績を評価して、これを定めなければならない」（79条で中学校に、104条で高等学校に準用）により、認定の結果、不可になった場合の措置と解されている。ただし、各都道府県の教育委員会規則等には定めがあり、東京都でいえば、東京都立学校の管理運営に関する規則25条には、「学校において、生徒の平素の成績を評価した結果、各学年の課程の修了または卒業を認めることができないと判定したときは、校長は、その生徒を原学年に留め置くことができる」と定められている。

(2) 小・中学校（義務教育）の場合の問題点

　義務教育の場合、学力不足だけを理由に原級留置になることはない。「児童が心身の状況によって履修することが困難な各教科は、その児童の心身の状況に適合するように課さなければならない」（学校教育法施行規則54条）からである。ただし、出席日数は問題にされることが少なくなかった。

　たとえば、不登校により出席日数が少ない場合、「これ以上学校にこないと卒業できませんよ」とか「『除籍』しますよ」などといわれることがあるが、その場合、欠席日数が授業日数の2分の1または3分の1以上あるかが基準になっていることが多い。そのような基準を学校管理規則で決めている例もあり、たとえば、奈良県・奈良市立学校の管理運営に関する規則（昭和32年教則2）22条は「各学年の課程の修了を認める者の出席日数については、授業日数の3分の2以上なければならない。ただし、特別の事情ある場合はこれによらないことができる」と規定している（下村哲夫ほか『平成18年版教育法規便覧』学陽書房、114頁）。

　また、「一般的にいって、第3学年の総授業時数の半分以上も欠席した

児童については、特別の事情のない限り、卒業の確認は与えられないのが普通であろう」との文部省初等中等局長の回答もある（昭和28年3月12日）。

しかし、この種の基準も一応の目安という以上の拘束力はない（下村哲夫『生徒指導の法律学』学習研究社、1981年、25頁）。進級および卒業の可否を最終的に決定するのは校長であるが（学校教育法37条4項）、校長は、職員会議の審議に基づき、当該児童・生徒の学習権保障の見地から、その裁量権を行使する義務がある。すなわち、当該児童・生徒の不登校の原因のひとつに学校側の指導の問題性があり、かつ親が子どもを私塾などに通わせるなど児童・生徒の学習権を保障する努力をしているような場合は、長期欠席児童であっても、進級および卒業を認めるべきである。

現に、文部省（当時）の生徒指導資料第18集『生徒の健全育成をめぐる諸問題——登校拒否を中心に——中学校・高等学校編』（大蔵省印刷局、1984年）は、進級・卒業認定について、十分な配慮が必要であるとして、「出席日数のみで機械的に、形式的に判断するのではなく、その生徒の履修の状況や指導の経過、心身の発達の状況などを考慮して総合的に判断しなければならない」としている。そして、原級留置について、「留年して学業に励むことが、その生徒の可能性をより高めると判断したときは、生徒と親を十分に納得させ、その上で原級留置とすることも考慮すべきである」としているのである。

2003年4月に文部科学省が発表した「今後の不登校への対応の在り方について」においては、「今日、多くの場合、欠席日数が著しく長期にわたったとしても、不登校児童生徒の進級や卒業の認定については弾力的に取り扱われているが、保護者等から学習の遅れに対する不安により、進級時の補充指導や原級留置に関する要望がある場合には、その意向を踏まえて、補充指導の実施に関して柔軟に対応するとともに、校長の責任において原級留置の措置をとるなど、適切な対応をとることが考えられる。また、欠席日数が著しく長期にわたる不登校児童生徒の進級や卒業に当たっては、こうした点について予め保護者等の意向を聴いて参考とするなどの配慮をすることが望まれる」と述べられている。これは、長期欠席の場合

でも進級や卒業を弾力的に認定すべきであるが、保護者等から特に要望がある場合には、原級留置等も検討すべきであるという趣旨と理解すべきであり、保護者等の意向に反して原級留置措置を広く実施することは認められないと解すべきである。

なお、小学校5年生の授業をまったく受けていないにもかかわらず、6年生に進級させたのは違法であるとして、進級認定処分の執行停止を求めたのに対し、小学校の教育は「年齢別の教育が最も適する」ことなどから、申立人は回復困難な損害があるとはいえないとして、却下された事案がある（「小学校進級認定処分執行停止事件」神戸地裁平成5年5月11日決定《判例地方自治115号45頁》）。

原級留置になった場合でも、満15歳になれば就学義務は終了する。原級留置で1年遅れたからといって、就学義務も1年延長されるわけではない（昭和28年3月12日初中局長回答）。現実の問題としては、満15歳をすぎると、「受け入れる義務がない」として学校が就学を拒否するケースもある。この場合、子どもは中学校の卒業資格さえないことになり、きわめて大きな社会的ハンディキャップを負うことになる。子どもの、教育を受ける権利保障の見地からは、本人が希望すれば、法律上「除籍」はなし得ず、卒業するまで在学できると解すべきである。なお、中学校を卒業できなかった場合に、「中学卒業程度認定試験制度」（学校教育法施行規則第95条4号、就学義務猶予免除者等の中学校卒業程度認定規則）が存在する。これは、当初は病弱等の理由により就学義務が猶予または免除された場合に、中学卒業者と同等の資格があるものとして高校入学資格を認めるための試験であったが、就学猶予・免除以外の場合にも受験資格が認められるようになっている。

(3) 高等学校の場合の問題点

高等学校における原級留置については、以下のような問題点があり、慎重な検討が必要である。

第1の問題は、高校が採用している単位制と、原級留置の制度（1科目でも単位不認定科目があれば進級できず、未修得の単位・科目のみならず修得

ずみの単位・科目もすべて再履修させる）とは矛盾することである。

　小・中学校は学年制を採用しているが、高校はその終了・卒業認定の基準を 74 単位以上の修得としており（学校教育法施行規則 96 条 1 項）、その成績評価においても、小・中学校と異なり、各学年ごとの修了証がなく、修得単位のみが通知表に記載されている。もっとも、高校についても学校教育法施行規則 57 条が準用されており（同規則 104 条）、学年制をまったく排除しているわけではない。

　本来、単位制のもとでは、一度修得した単位を再履修する必要はなく、3 年間の修業年限内に、卒業に必要な最低単位以上を修得できればよいので、学年ごとの修了認定は不要のはずである。にもかかわらず、すでに単位をとっている科目をも再履修させることは、いわば生徒に「罰」を与えるものといえる。しかし、原級留置は懲戒ではないのであるから（学校教育法施行規則 26 条の懲戒のなかに原級留置はない）、すべての科目の再履修はいかなる法令の根拠もない対応なのである。しかも、「所定の単位が修得できず原級留置きとなった生徒は、年下の集団の中で、同じことを繰り返し学習することとなり、このことが、『学習効果の向上』よりも学習意欲の喪失につながりやすいことは明らかである。単位制との制度的矛盾を有し、教育的にも効果が疑問な原級留置きは、少なくともその弊害をできる限り軽減する運用を条理上求められており、この意味でわずか 1、2 科目の不認定で機械的に原級留置きとする規定は、学習権保障の観点から疑問である」（市川須美子「都立高校の原級留置事件」兼子仁編『教育判例百選《第 3 版》』有斐閣、1992 年、93 頁）といえる。

　文部省（当時）自身も、「1 科目の単位を落としただけで直ちに留年させるような硬直した対応を避け、生徒の意欲を引き出す指導を行なうよう求める」（『朝日新聞』1987 年 6 月 23 日）と述べていたが、1999 年 3 月告示の高等学校学習指導要領では、「学校においては、各学年の課程の修了の認定については、単位制が併用されていることを踏まえ、弾力的に行うよう配慮するものとする」（総則第 7 款の 3）という規定を設けている。これについては、「この規定は、高等学校においては単位制と学年制が併用されているにもかかわらず、学年制に偏った運用がなされているので、各学年

の課程の修了の認定、つまり、進級認定に関して単位制にウエイトをかけた運用がなされるよう配慮を求めたものである」とされている（学校教務研究会編著『詳解教務必携　第7次改訂版』ぎょうせい、2003年、421頁）。なお、2018年3月告示の高等学校学習指導要領においても、同規定は残されている（総則第4款の3）。

　第2の問題は、一般に、原級留置の基準が不明確であることである。多くの高校の場合、教務内規等で学業成績と出席状況を進級認定の基準としているようである。なかには、1科目の単位不認定でも原級留置となるとしたり、「素行きわめて不良なる場合」も基準にするなど、原級留置の基準にばらつきがある。

　しかし、「原級留置きは、懲戒処分と異なり制裁的性格は含まないとしても、その不利益性は重大である。懲戒処分である停学と比較しても、停学はよほど長期でない限り、卒業年次の遅れはもたらさないのに対し、原級留置きは、確実に同年齢集団から引き離し、卒業年次を遅らせる」（市川須美子「都立高校の原級留置事件」兼子仁編『教育判例百選《第3版》』有斐閣、1992年、93頁）など、原級留置による不利益性はきわめて大きい。したがって、その基準は明確でなければならない。と同時に、生徒の理解と納得を得られるものでなければならず、そのためには適正かつ合理的なものでなければならないのである。

　第3の問題は、原級留置を選択するまでの手続きが不透明であることである。原級留置の不利益性は重大であるにもかかわらず、ごく概括的な情報以外は生徒には公開されていない場合が多い。

　入学時に、学習評価の基準、単位認定の基準、原級留置の基準を子どもと親に開示し、原級留置の可能性が生じた場合にはその時点でその可能性を開示し、子どもと親に弁明の機会を与えること、原級留置と決まった場合には直ちにその理由を子どもと親に告知することが最低限必要である。学校が生徒本人の理解と納得を得るようにしなければならないのは当然であり、少なくとも弁解の機会を与えることは必要である。学習権は子どもにとって最も基本的な人権であり、この学習権を不当に侵害するようなことは許されるべきではないのである。「子どもの権利条約」12条2項に照

らしても、このような聴聞手続が必要なことは明らかである。

第4の問題は、その懲罰的運用である。つまり、原級留置は、懲戒処分ではない。しかし、その不利益性は重大であり、それゆえに「学校にとっての厄介者払い」として運用されることが少なくない。たとえば、「このままでは留年となる。転校か自主退学すれば、進級扱いにする」と申し渡され、結局泣く泣く自主退学したという事例は枚挙に暇がないほどである。公立私立を問わず、自主退学の強要の一手段となっている場合が決して少なくないのである。しかし、それは絶対に許されるべきことではない。

(4) 対応

ア 原級留置の問題で弁護士、弁護士会に相談にこられる場合、ほとんどが学校あるいは担任教師から原級留置の決定を受けたか、ほぼ原級留置となるという状況になってからである。それまでは自分の置かれている状況がわからないのである。したがって、機敏な対応が必要となる。原級留置が確定的にならないうちに活動を開始し、原級留置を確定させない、あるいは原級留置の決定を撤回させるようにしなければならない。

具体的な活動としては、

① 児童・生徒本人の意思・意見を十分に聴き、進級・進路についての選択を確かめること
② 児童・生徒の親の意思・意見も十分に聴くこと
③ 原級留置させない方向で活動すると確認したら、まず原級留置の理由が何なのかを十分に調査すること
④ その際、学校に対しては、原級留置の基準を明らかにさせるとともに、単位不認定の理由を明らかにさせること
⑤ 児童・生徒からは、学校における学習状況・生活状況などを克明に聴くこと
⑥ そのうえで、学校や教育委員会などと交渉をもつこと。もちろん

原級留置の問題点を十分に認識し、粘り強く話し合うべきである

などが考えられる。

特に、④の単位認定については、文部科学省は成績評価を客観的にするために成績評価規準や評価方法の開発を求めており（2000年12月、教育課程審議会答申「児童生徒の学習と教育課程の実施状況の評価の在り方について」）、各科目について成績評価規準（評価の観点）と評価基準（達成度の判断）を策定することが推奨されている。したがって、単位不認定の理由を明らかにさせる際には、まず、成績評価規準・基準の開示を求め、その規準・基準のどの点に照らして不認定とされたのかを明らかにさせることが効果的である。

また、前述のように学校は、原級留置の児童・生徒や親に対し、自主退学や転校を強要することが多い。したがって、そのような事実がないかどうかを調査するとともに、もしそのような事実があれば、直ちにやめるよう抗議すべきである。あくまでも児童・生徒本人の意思・意見を尊重すべきであって、児童・生徒自身による進路選択を妨害するような行動は決してとらせないようにする必要がある。

なお、原級留置の場合、当該児童・生徒には「学習意欲の欠如」「成績の不良」「問題行動」などがあることもある。それゆえに、児童・生徒本人も親も必要以上に落ち込んだり卑下したりすることがある。あるいは、逆に自らの問題点を省みずして異議を申し立てようとしたりすることもある。そこで弁護士としては、親とともに児童・生徒に対し、反省すべき点はないのかを考えさせながら、自らの将来は自らが切り開いていくのだという展望をもたせなければならない。特に、すでに原級留置の決定が出ている場合には、これを争う場合でも、当面はひとつ下のクラスに通学せざるを得ないので、そのクラスに通学するのか、その他の頑張り方をするのか、児童・生徒本人の決意がきわめて重要となってくる。その決意をさせ、支えていくのが弁護士の役割ともいえる。

イ　原級留置に対しては、司法上の救済を求めることが必要となる場合

もある。以下に紹介するように留年決定（進級拒否処分）の効力停止を求める仮処分、その無効を確認する本訴のほか、損害賠償請求を求めた事案がある。

◎新潟地裁昭和47年4月27日決定

（兼子仁・佐藤司編『教育裁判判例集Ⅱ』東京大学出版会、182頁）

○新潟県内の私立高校の生徒が原級留置決定を受けたため、生徒の留年決定の効力停止の仮処分を求めた事例（請求認容）

○「（私立高校の生徒は）在学契約の効果として、学校に対し進級の判定を求める権利を有する」「結果の重大性に鑑みると、原級留置きの決定をなすにあたっては、大多数の教員が出席した職員会議で審議を行なうのが教育条理と考えられる」「進級判定会議には半数の教師が出席したに過ぎない（ので、そこでなした）原級留置きの決定は無効である」

◎札幌地裁昭和56年11月16日判決

（判時1049号110頁）

○原告は公立商業高校の生徒であるが、成績不良を理由に1学年終了時に原級留置の措置を受けたことに対し、原告とその母親が担任教師、校長、北海道に対し、原告と北海道間の在学契約の債務不履行、担任教師らの故意または重大な過失により、原告に対して負う教育義務を怠ったとして損害賠償を求めた事例（請求棄却）

○「教師は担当の教育活動につき、生徒に対して教育を行う権能（教育権）を有し、この教育権に基づいて生徒の成績を評定する権能（成績評定権）を有する」「成績評定の具体的な基準の設定・判断などが教育的裁量に委ねられるのは、生徒の学習権を保障するためであるから、成績評定の具体的な基準の設定・判断などにあたっては、生徒の学習権を不当に侵害しないように、客観的に公正かつ平等になされるべく配慮しなければならないものであり、殊に成績評定が具体的事実に基づかないか、成績評定に影響を及ぼすべき前提事実に誤認がある場合、成績評定の基準を無視し、恣意的に成績評定をした場合又は著しく合理性を欠く基準により成績評

定をした場合には、その成績評定は、不公正又は不平等な評定というべきであり、これは教師の成績評定権の教育的裁量の範囲を逸脱するものとして、その義務の履行を怠るものであると同時に、右の成績評定を受けた生徒の学習権を違法に侵害するものというべきである」「（教師の教育指導の）内容・方法が著しく教育的配慮を欠く場合、殊に科目担当教師が成績不振の生徒に対し、これを全く無視して何ら教育指導をしなかったようなときには、教育的裁量の範囲を逸脱するものとしてその義務の履行を怠るものであると同時に、右生徒の学習権を違法に侵害するものというべきである」

◎東京高裁昭和 62 年 12 月 16 日判決

（「都立高校原級留置事件」判タ 676 号 74 頁／『月刊　考える高校生』（1988 年 1 月号）高校生文化研究会、20 ～ 25 頁）

○都立高校 1 年生の原告が 2 科目（数学・英語）の単位不認定を理由に原級留置となったことに対し、進級拒否処分の無効確認ないし取り消しを求めた事例（1 審請求棄却、控訴棄却）

○「（原級留置は）原学年に留置きとなり第 2 学年における教育を受ける機会を奪われ一般市民として有する公立学校の利用が一部拒否されたことになる（ので）司法審査の対象となる」「（原級留置についての）裁量権の逸脱はない」

◎最高裁平成 8 年 3 月 8 日第 2 小法廷判決

（「エホバの証人信徒原級留置事件」判時 1564 号 3 頁）

○「エホバの証人」である神戸市立工業専門学校の学生が、信仰上の理由から格技である剣道実技の履修を拒否したため、必修である体育科目の習得認定を受けられず、そのため 2 年連続して原級留置処分を受け、さらにこれを理由に退学事由である「学力劣等で成業の見込みがないと認められる者」に該当するとして退学処分を受けたため、これらの処分の取り消しを求めた事案である（1 審《神戸地裁》請求棄却、控訴審《大阪高裁》請求認容、最高裁で学校側の上告棄却）。

○「高等専門学校の校長が学生に対し原級留置処分又は退学処分を行う
かどうかの判断は、校長の合理的な教育的裁量にゆだねられるべきもので
あり、裁判所がその処分の適否を審査するに当たっては、……校長の裁量
権の行使としての処分が、全く事実の基礎を欠くか又は社会観念上著しく
妥当を欠き、裁量権の範囲を超え又は裁量権を濫用してされたと認められ
る場合に限り、違法であると判断すべきものである」

○「しかし、原級留置処分も、学生にその意に反して1年間にわたりす
でに履修した科目、種目を再履修することを余儀なくさせ、上級学年にお
ける授業を受ける時期を延期させ、卒業を遅らせる上、神戸高専において
は、原級留置処分が二回連続してされることにより退学処分にもつながる
ものであるから、その学生に与える不利益の大きさに照らして、原級留置
処分の決定に当たっても、同様に慎重な配慮が要求される」

○「信仰上の理由による剣道実技の履修拒否を、正当な理由のない履修
拒否と区別することなく、代替措置が不可能というわけでもないのに、代
替措置について何ら検討することもなく、体育科目を不認定とした担当教
員らの評価を受けて、原級留置処分をし、さらに、不認定の主たる理由及
び全体成績について勘案することなく、2年続けて原級留置となったため
進級等規程及び退学内規に従って学則にいう『学力劣等で成業の見込みが
ないと認められる者』に当たるとし、退学処分をしたという上告人の措置
は、考慮すべき事項を考慮しておらず、又は考慮された事実に対する評価
が明白に合理性を欠き、その結果、社会観念上著しく妥当を欠く処分をし
たものと評するほかはなく、本件各処分は、裁量権の範囲を超える違法な
ものといわざるを得ない」

7 不当な処分に対する救済

(1) 話し合いにおける留意点

まず、学校側との話し合いによる解決をめざすべきである。その場合、
まず親が学校と交渉して解決することが望ましいが、学校側の態度がかた
くなな場合や、基本的事実関係に誤りがありながら児童・生徒側の主張を

聞き入れない場合など、弁護士に交渉を依頼することが有効な場合が少なくない。直接の交渉は親が行うが、弁護士から適切なアドバイスを受けることが有効な場合もある（そのようなケースとして、東京弁護士会子どもの人権救済センター編『子どもの人権救済活動事例集』東京弁護士会、1992年、5頁・46頁）。その際に、基本的な視点として、「おとなは、学校も親も、それぞれの立場で子どもの成長発達を援助する義務があり、弁護士は、この親や教師の援助する力を増大させ促進させる立場に立つこと」が重要である。たとえば学校は、弁護士が関与すると過剰に防衛的になり、かたくなな反応を示す場合も多いが、弁護士としては、

① なぜ本件処分に至ったのかその理由
② 当該児童・生徒および親に対する処分に至るまでの指導の内容
③ 児童・生徒・親に対し反論・弁明の機会を与えたか、与えたとすればその内容
④ 教職員全体で決めたか、職員会議等ではどういう議論をしたのか

などについて学校側の説明を聴いたうえで、児童・生徒は、本件処分に至るまでの経緯のなかで、傷つき悩み苦しんでいること、児童・生徒は本件行為や自己の学習態度を反省し、現在反省を踏まえた向上、改善のための努力をしていること、本件処分の教育的効果は疑問であること、事案によっては、児童・生徒の行為と処分が均衡を失していることなどを訴えて学校側の理解を求め、処分の見直しを求めるべきである。また、児童・生徒側に時間的な猶予を与えることを求めることも必要である。

話し合いの目的は、責任の追及ではなく、子どもの人権を守りながら子どもの成長発達を援助することである。

(2) 法的手段をとる場合の留意点

なるべく当事者間の話し合いによる解決が望ましいが、弁護士会等の救済機関に解決を委ねたり、最後の手段として法的手段をとることを検討しなければならない場合も多い。この場合、子ども自身とも話し合い、子ど

もの意思も確認し、子どもの成長発達にとって障害にならないよう配慮しなければならない。

ア　弁護士会への人権救済申立

　弁護士会に人権救済申立を行うことにより、弁護士会が調査の過程のなかで学校との調整を行い、学校側の自主退学勧告や懲戒処分の撤回を求めることがある。

イ　仮処分申請

　私立学校の懲戒処分に対しては、地位保全の仮処分を申し立て、その手続きのなかで、学校側と話し合うことにより解決をはかることもできる（東京弁護士会子どもの人権救済センター編前掲書、40頁。同書添付の申立書例参照）。

ウ　執行停止申立

　公立学校の場合には、イの仮処分は不適法とされる（反対説はある）ため、執行停止申立（行政事件訴訟法 25 条 2 項）によることとなる。

エ　訴訟等

　前記ア〜ウの方法により解決できなかった場合、または、すでに退学処分から時間が経過した時点で処分の不当性を争う場合等には、本案訴訟を提起することが考えられるが、現時点では解決に時間を要するのが最大の問題点である（調停の申し立てを検討すべきケースもあろう）。

　本案訴訟における請求の内容としては、

　　①　損害賠償請求訴訟（前記修徳高校バイク退学訴訟事件等）
　　②　懲戒処分の取消請求訴訟等

が考えられる。

　また、前記修徳高校パーマ退学訴訟事件では、自主退学勧告が卒業直前

に行われたことから、

③　卒業認定請求

が行われているが、判決で棄却されている。

　前記判例以外に、公立高校に在学中、退学処分を受けたまま大学に入学し、もはや高校に復帰する意思を有しない者に、退学処分取消の訴えの利益を認めた東京高裁昭和 52 年 3 月 8 日判決（兼子仁編『教育判例百選《第 3 版》』有斐閣、106 頁）がある。

4

体罰・暴力

I　子どもに対する暴力防止の国内外の動向等

1　国際社会の動向[1]

　1989 年に国連総会で採択され翌年に発効した子どもの権利条約（以下単に「条約」と言う場合は「子どもの権利条約」を指す）の 19 条は広く子どもに対する暴力から守られる権利・暴力からの自由を規定し、34 条、36 条は性的搾取・虐待やあらゆる形態の搾取からの保護を規定し、37 条（a）は拷問または他の残虐な、非人道的なもしくは品位を傷つける取り扱い等を禁止している。

　2006 年には国連事務総長により、国連による「子どもに対する暴力に関する調査報告書」が国連総会に提出され、国連子どもの権利委員会（以下単に「委員会」と言う場合は「国連子どもの権利委員会」を指す）は同年に一般的意見 8 号「体罰その他の残虐なまたは品位を傷つける形態の罰から保護される子どもの権利」[2]を、2011 年に同 13 号「あらゆる形態の暴力から解放される子どもの権利」[3]を採択した。2015 年には国連サミットにおいて持続可能な開発目標（SDGs）が採択され、ターゲット 16.2 に「子どもに対する虐待、搾取、取引及びあらゆる形態の暴力及び拷問をなくす」と掲げられると[4]、2016 年には、ユニセフ及び子ども関連の国際 NGO が

1　「子どもに対する暴力撤廃行動計画」（2021）本文 1 頁参照（外務省サイトに掲載）
　　https://www.mofa.go.jp/mofaj/press/release/press3_000564.html
　　なお、同計画の政府の名称は「暴力撲滅」であるが、市民社会が「暴力撤廃」と呼称することは政府も了解している（「撲滅」には暴力のニュアンスが含まれるため）。

2　和訳を日弁連サイトに掲載
　　https://www.nichibenren.or.jp/activity/international/library/human_rights/child_general-comment.html

3　同上

4　外務省サイト　SDG グローバル指標（SDG Indicators）
　　https://www.mofa.go.jp/mofaj/gaiko/oda/sdgs/statistics/goal16.html

中心となり同ターゲットの実現を目的として「子どもに対する暴力撤廃グローバル・パートナーシップ（GPeVAC）」（以下「GPeVAC」とする）を設立し、WHO（世界保健機関）も、同年、子どもに対する暴力防止の取組みを強化する世界行動計画を承認し、INSPIRE という施策パッケージを発表し諸施策を推進している[6]。

2 日本の取組み

日本は、1994 年に子どもの権利条約を締結し、国連子どもの権利委員会による定期的報告審査における建設的対話に基づく総括所見のフォローアップを行いながら、暴力から守られる権利を含む子どもの権利の保護・促進に取り組んでおり、2004 年には「武力紛争における児童の関与に関する児童の権利条約選択議定書」、2005 年には「児童の売買、児童買春及び児童ポルノに関する児童の権利条約選択議定書」を批准した。また、人間の安全保障の理念の下、SDGs が目指す「誰一人取り残さない社会」の実現に向け、子どもに対する暴力撤廃を SDGs 実施計画である「SDGs アクションプラン」に盛り込むとともに、2018 年、GPeVAC のパスファインディング国となり、子どもに対する暴力撤廃行動計画を策定した（2021 年）[7]。

これまで民法、児童福祉法、児童虐待防止法、学校教育法、教育職員等による児童生徒性暴力等の防止等に関する法律等の法律・諸規定の制定・改正を含めさまざまな施策を実施しているが、子どもの権利を基盤とした包括的な施策としては不十分であり、条約締結国として、条約 19 条等が求める「あらゆる適当な立法上、行政上、社会上および教育上の措置」の強化が求められる。

5　ウェブサイト（英文）https://www.end-violence.org/
　　ただし、取り組みのいくつかは別組織に移行されている（ウェブサイトの 2023 年 10 月 5 日のニュース参照）。

6　WHO のサイト（英文）https://www.who.int/teams/social-determinants-of-health/violence-prevention/inspire-technical-package

7　注 1 と同じ

3　子どもに対する暴力の国内状況[8]

　児童相談所の年間の児童虐待相談対応件数は、1990 年度（1,101 件）に比べ、2022 年度は 219,170 件（速報値）となって、199 倍を超えている。児童虐待により命を落とす子どもの数は毎年 50 人前後で推移し、痛ましい事件の報道が続いている。また、小・中・高校生の自殺者数は、2022年度には過去最高の 514 人、2023 年度には 513 人となっており、いじめによって自殺に追い込まれる子どもの悲劇も絶えず報じられている。また、学校における体罰発生件数は、2012 年度に 6,721 件に上っており、2020 年度においても 485 件となっており、いまだに学校における体罰もなくならない。

II　取り組みの指針

1　条約実施のための国連子どもの権利委員会による指針

　条約 19 条は、第 1 項が子どもを暴力から保護するために国が行うべき包括的な措置を規定し、第 2 項がその保護措置・介入策を列挙している。国連子どもの権利委員会は、その実施の指針として、一般的意見 8 号及び同 13 号を採択しており、子どもの権利条約締約国であるわが国の国内施策においても上記一般的意見及び総括所見を尊重、反映するべきである。[9]

8　こども家庭庁「児童相談所における児童虐待相談対応件数とその推移」「こども虐待による死亡事例等の検証結果等について」、厚生労働省「令和 5 年中における自殺の状況」、文部科学省「体罰に係る実態把握の結果（第 2 次報告）」「体罰の実態把握について（2020 年度）」

9　喜多明人ほか『逐条解説　子どもの権利条約』（日本評論社、2009）11 頁は、一般的意見・総括所見について以下のように説明している。「一般的意見は、条約の実施を促進し、締約国による報告義務の履行等を援助するために、委員会が締約国の報告審査や当該テーマの一般的討議などに基づいて採択した正式の文書であり、当該規定についての条約実施機関の有権的な解釈指針として位置づけられるものである。

特に、同 13 号は、国が行うべき包括的措置を詳しく列挙するとともに、子どもの権利アプローチ（後述）を定義するなど、条約 4 条の指針である一般的意見 5 号、同 2 号、同 19 号、同 12 条の指針である同 12 号、同 3 条の指針である同 14 号などとともに、条約全体の包括的効果的実施のために重要な内容を含んでいる。

2　一般的意見

(1) 同 8 号について

同 8 号「体罰その他の残虐なまたは品位を傷つける形態の罰から保護される子どもの権利」は、子どもの権利保障を徹底する観点から、体罰を「どんなに軽いものであっても、有形力が用いられ、かつ何らかの苦痛または不快感を引き起こすことを意図した罰」（パラ 11）と定義し、「同様に残虐かつ品位を傷つけるものであり、したがって条約と両立しない、体罰以外の形態をとるその他の罰」（パラ 11）とともに、民事法または刑事法において明示的に禁止する必要があるとする（パラ 34）。

その法改正の第 1 の目的は予防、すなわち、態度と慣行を変え、平等な保護に対する子どもの権利を強調するとともに、子どもを保護し、かつ積極的な、非暴力的なおよび参加型の形態の子育てを促進するための、曖昧さの残る余地のない基盤を整えることによって、子どもに対する暴力を防止することであり、あらゆる体罰の禁止の実施のためには関係者全員を対象とする意識啓発、指導（guidance）、訓練（training）が必要であるとし（パラ 38）、保護に対する子どもの権利およびこの権利を反映する法律につ

したがって、一般的意見は、条約の実施にかかわる国会での立法、政府・自治体による行政、裁判所での判決などいずれにおいても検討され、尊重される必要がある。」「総括所見は、「当該国に対する委員会の権威ある声明」であるとともに、「締約国一般がとるべき行動の指針的文書」として位置づけられる。総括所見は、現在の報告制度の性質上、締約国に対して判決のような直接的な法的拘束力はないが、当該国において正当に尊重され誠実に履行されなければならない。なぜなら、総括所見は、条約が実施措置として採用している報告制度の一環であり、それを誠実に履行することは条約上の義務の一部といえる。」

いての、包括的な意識啓発が必要であり（パラ45、条約42条）、国が、親、養育者、教員および子ども・家族とともに働いている他のすべての者を対象として、積極的かつ非暴力的な関係および教育が絶えず促進されることを確保しなければならないと指摘する（パラ46）。

なお、体罰禁止の法制化を実現したスウェーデンやニュージーランドでも、啓発・支援が強化される一方で、訴追・処罰は増加していないと報告されていることなど、体罰等禁止に関するさまざまな情報は、日弁連パンフレットにまとめられている。[10]

（2）同13号について

同13号「あらゆる形態の暴力からの自由に対する子どもの権利」は、子どもに対する暴力はいかなるものも正当化できず、子どもに対するあらゆる暴力は防止可能であること、権利を有する個人としての子どもの人間としての尊厳、身体的・心理的不可侵性を尊重・促進する方向へのパラダイム転換が必要であること、法の支配の原則は、おとなと同様に子どもに対しても全面的に適用されるべきであること、意見を聴かれ、その意見を正当に重視される子どもの権利があらゆる意思決定プロセスにおいて体系的に尊重されなければならず、子どものエンパワーメントと参加が、子どもの養育および保護のための戦略およびプログラムの中心となるべきであること、公衆衛生、教育、社会サービスその他のアプローチを通じた、あらゆる形態の暴力の第一次予防が何よりも重要であることなどを指摘している（パラ3）。

子どもに対する暴力の悪影響については、WHO[11]などの指摘もあるが、

10　日弁連パンフレット「子どもがすこやかに育つ、虐待のない社会を実現するために──なぜ体罰禁止が必要なのか？」（2018）。なお、同パンフレットQ&A1では、体罰および品位を傷つけるような罰を「体罰等」と定義するが、本稿では、より広く体罰およびあらゆる形態の品位を傷つける取り扱いを「体罰等」とする（第3回総括所見パラ48（a））。

　　https://www.nichibenren.or.jp/library/ja/publication/booklet/data/gyakutai_pam.pdf

11　WHOのサイト「Impact of violence」

　　https://www.who.int/news-room/fact-sheets/detail/violence-against-children

152

同 13 号は、以下の破壊的影響を指摘する（パラ 15）。

　子どもに対する暴力および子どもの不当な取扱いがもたらす短期的・長期的な健康上の影響には、致死性の傷害、非致死性の（障害につながる可能性がある）傷害、身体的健康問題（発育不全、その後の肺・心臓・肝臓疾患ならびに性感染症を含む）、認知機能障害（学業・就労能力が損なわれることを含む）、心理的および情緒的影響（拒否されたおよび見捨てられたという感覚、愛着不全、トラウマ、恐怖、不安、不安定感および自尊感情の崩壊など）、精神的健康問題（不安障害、抑うつ障害、幻覚、記憶障害および自殺未遂など）ならびに健康上のリスクをともなう行動（有害物質濫用および早期の性行動など）などが含まれること、発達上および行動上の影響（不登校ならびに攻撃的、反社会的および自己危害ならびに他害行動など）は、とくに人間関係の悪化、退学ならびに触法・不法行為につながる可能性があり、暴力にさらされることにより、子どもがさらなる被害を受け、かつ暴力的経験（その後の親密なパートナー間の暴力を含む）を重ねていくおそれが高まることを示す証拠が存在することなどである[12]。

　そのうえで、19 条 1 項の「あらゆる形態の暴力」については、「例外は存在しない」「どんなに軽いものであっても、子どもに対するあらゆる形態の暴力は受け入れられない」ことなどが強調され（パラ 17）、暴力の諸形態を概観して列挙している（パラ 19 ～ 32）[13]。

　そして、国がとるべき立法上、行政上、社会上および教育上の措置の具体的内容を列挙している（パラ 39 ～ 44）。

　また、「子どもの権利アプローチ」について、「差別の禁止（第 2 条）、子どもの最善の利益の考慮（第 3 条第 1 項）、生命、生存および発達（第 6

12　近年では、マルトリートメントなどの小児期逆境体験の健康や寿命への深刻な悪影響も報告されている。注 10 記載のパンフレット 3 頁参照。

13　なお、WHO も、子どもに対する暴力の形態として、不適切な取扱い（暴力的罰含む）、いじめ、若者の暴力、親密なパートナーによる暴力（あるいはドメスティックバイオレンス）、性的暴力、情緒的・心理的暴力を列挙している。

　　WHO の サ イ ト「Types of violence against children」https://www.who.int/news-room/fact-sheets/detail/violence-against-children

条）ならびに子どもの意見の尊重（第 12 条）を常に指針としながら、義務
の保有者が権利を尊重、保護および履行する義務を果たす能力および権利
の保有者が自己の権利を請求する能力を発展させることにより、条約に掲
げられた子どもの権利の実現を前進させるアプローチである。子どもはま
た、自己の権利を行使するにあたり、子どもの発達しつつある能力にした
がって、養育者、親およびコミュニティの構成員による指示および指導を
受ける権利も有する（第 5 条）。この子どもの権利アプローチはホリスティ
ックであり、子ども自身の、そして子どもがその一員であるすべての社
会システム（家族、学校、コミュニティ、諸制度、宗教的システムおよび文化
的システム）の強さおよび資源を支えることを重視する。」と定義・説明
し、条約の 4 原則に加えて条約 5 条[14]及び条約 4 条も全体を通して総括的
な関連性を有する条項であると指摘していることは条約実施全体の指針と
して非常に重要である（パラ 59 〜 67）[15]。

(3) 包括的な取組のために

　断片的で対症療法的な取組みでは限界があり（同 13 号パラ 12）、子ども
の権利を基盤にして、子どもの権利アプローチを採用した、包括的な条約
の実施措置が必要であり、そのために上記一般的意見 8 号・同 13 号・総
括所見の内容を尊重・反映することが求められる。あらゆる暴力の法的禁
止と予防が特に重要であり（同 13 号パラ 3（g）、41（d）、46 など）、肯定
的・非暴力・参加型の子育て・教育（同 8 号パラ 38、第 4 回・第 5 回総括所
見 26（b）など）を明記し推進することが求められる。
　人権・権利の不可分性・相互依存性・相互関連性からは、権利の一部だ
けを保障しようとしたり、施策の一部だけを取り上げ強化しようとするの
ではなく、ホリスティックな包括的総合的な施策の実施が不可欠である（条約

14　委員会は、5 条が重要であることから、「子どもの権利条約第 5 条（親の指示・指導）
　　に関する声明」を発出し、平野裕二氏の note に和訳が掲載されている。
　　https://note.com/childrights/n/n227fdc603896

15　子どもの権利アプローチ及び総括的関連性を有する条項については、一般的意見
　　21 号パラ 10 乃至 12、25 乃至 35 においても説明されている。

4 条、一般的意見 14 号パラ 16（a）、第 4 回・第 5 回総括所見パラ 4、8、51）。

さらに、暴力その他の子どもの権利侵害は国のみではなく親や私人、私的団体によっても起こり得るのであるから、国は、子どもの権利条約を実施するために、国が権利侵害をしない尊重義務、私人間の権利侵害を積極的に防止、救済する保護義務、個人的努力によっては確保されえない個人のニーズを満たすために積極的措置をとる促進義務を負い、保護者、私人、私立学校等による人権・権利侵害に対しても、国は法的措置も含めて、予防・救済・教育・啓発等のために積極的措置を取る義務があることを明確化して義務の履行を強化することも極めて重要である。

3　GPeVAC・子どもに対する暴力撤廃行動計画[16]

同計画策定過程において、子どもの意見を聴く「子どもパブコメ」を実施し、子ども参加が強調されている。

同計画では、GPeVAC の「権利に焦点を当てること（Rights Focused）」、「子ども中心（Child Centered）」、「普遍性（Universal）」、「ジェンダーへの配慮がなされていること（Gender Sensitive）」、「包摂性（Inclusive）」、「透明性（Transparent）」、「エビデンスに基づくこと（Evidence Based）」、「成果を生み出すこと（Result Oriented）」との原則及び、2016 年に世界保健機関（WHO）などによる多数のエビデンスをもとに子どもに対する暴力をなくすための 7 つの戦略を明らかにした INSPIRE を重視することなどを明記している。

子ども版も作成され、「2015 年に、「誰 1 人取り残さず、みんなが元気に活躍できる社会をつくるための目標（SDGs）」を決めた時、2030 年までに子どもたちに対する暴力を完全になくすことを、世界のみんなで約束しました。日本もそのことに率先して取り組むことを決め、この行動計画をつくりました。「子どもの権利条約（児童の権利に関する条約）」には、子どもに関係のあることを決める時、子どもは意見を言うことができること、子どもたちにはどのような暴力も受けない権利があることなど、世界

16　注 1 に同じ

中の子どもたちのもつ権利が定められています。行動計画は、条約にもとづいて子どもの権利を守っていくことにも深く関係しています。」「暴力（ぼうりょく）って、どんなこと？みなさんの心や体がきずつけられるようなすべてのことです。」などと明記している。

III　各分野について

1　体罰等の暴力について

(1) 家庭等の体罰等の暴力について

ア　体罰禁止の法改正・体罰等の定義・基準

　日本では、1879 年制定の教育令や 1947 年制定の学校教育法で学校での体罰が禁止され、1994 年に子どもの権利条約を批准し、2000 年に児童虐待防止法が制定されたが、委員会から繰り返し家庭を含めた体罰等の法的禁止と啓発キャンペーン実施等の勧告があるも実現せず、2012 年の桜宮高校体罰自死事件が起き、文部科学省初の学校での体罰の本格調査では同年度の発生件数 6,721 件、被害を受けた児童・生徒 1 万 4,208 人、発生学校数 4,152 校という深刻な状況が明らかになった（本章注 32 参照）。

　その後、日弁連等により、意見書・パンフレット公表、シンポジウム等のさまざまな活動が行われ[17]、体罰等の弊害のエビデンスの蓄積も進む中で、2017 年、体罰・暴言をなくす啓発資料として愛の鞭ゼロ作戦のリーフレットが公表された[18]。

　2018 年 3 月に目黒区虐待死事件、2019 年 1 月に野田市虐待死事件が起

17　日弁連「子どもに対する体罰及びその他の残虐な又は品位を傷つける形態の罰の根絶を求める意見書」(2015)、日弁連パンフレット（2018）は注 10 に記載

18　当時の厚生労働省雇用均等・児童家庭局母子保健課長がポピュレーションアプローチ（集団全体に働きかけてリスクを軽減したり問題を予防したりすること）の必要性を指摘したことも重要である。

き、同年 2 月に委員会から日本に上記と同様の勧告が出され、体罰等禁止を求める署名キャンペーンの署名が国会議員連盟や関係省庁に提出される中で、ようやく同年 6 月に児童虐待防止法等で体罰を禁止する法案が可決された。

さらに、子どもの権利条約を参考にしたガイドライン等の早期作成を求める両院の付帯決議を受けて、同年 9 月から厚生労働省の「体罰等によらない子育ての推進に関する検討会」が開催され、2020 年 2 月発表の「体罰等によらない子育てのために～みんなで育児を支える社会に～」（以下「とりまとめ」と言う）[19] が明確に軽いものも含めた体罰を禁止したことにより世界で 59 か国目の体罰全面禁止国と評価された。[20]

とりまとめは、上記一般的意見 8 号の内容を尊重・反映して、「たとえしつけのためだと親が思っても、身体に、何らかの苦痛を引き起こし、又は不快感を意図的にもたらす行為（罰）である場合は、どんなに軽いものであっても体罰に該当し、法律で禁止されます。」と体罰を定義し、6 つの具体例を挙げ（5 頁）、全ての人について体罰は許されないこと、子どもや第三者を保護する行為は体罰に該当しないこと（6 頁）も明記した。

さらにとりまとめは、「体罰以外の暴言等の子どもの心を傷つける行為」として、「体罰は身体的な虐待につながり、さらにエスカレートする可能性がありますが、その他の著しく監護を怠ること（ネグレクト）や、子どもの前で配偶者に暴力を振るったり、著しい暴言や著しく拒絶的な対応をすること（心理的虐待）等についても虐待として禁止されています。」「加えて、怒鳴りつけたり、子どもの心を傷つける暴言等も子どもの健やかな成長・発達に悪影響を与える可能性があります。子どもをけなしたり、辱めたり、笑いものにするような言動は子どもの権利を侵害します。」と明記した（6 頁）。「著しい」ものに限らず問題があり権利を侵害することを

19　こども家庭庁のサイトに掲載されている。また、同検討会に提出された資料などは厚生労働省のサイトに掲載されており参考になる。

20　グローバル・イニシアティブ：日本は子どもへのあらゆる体罰を禁止している（2020年 2 月）

　　https://endcorporalpunishment.org/japan-prohibits-all-corporal-punishment/

明記した点は重要である。

　一般的意見は、体罰以外の、子どもをけなし、辱め、侮辱し、身代わりに仕立て上げ、脅迫し、こわがらせ、または笑いものにするような品位を傷つける罰（8号パラ11）、恐怖心を煽る、威嚇する、脅かすなどの精神的暴力（13号21項）等を含めて、どんなに軽くても子どもへのあらゆる形態の暴力は受け入れられず、すべての環境・場面におけるあらゆる形態の暴力の禁止を国が取るべき立法上の措置として明記している（13号パラ17、41（d））。

　一方で、2022年、親権者の懲戒権は削除されたものの、児童福祉法等が「心身に有害な影響を及ぼす行為」「心身に有害な影響を与える行為」を禁止するのに対して、「健全な発達」という曖昧な語を加えた「子の心身の健全な発達に有害な影響を及ぼす言動」を禁止する民法の改正が行われた点は問題である[21,22]。

　「体罰」の定義・判断基準においても、2022年の国会答弁では、厚労省はとりまとめの定義を答弁する一方で、法務省は、諸事情を考慮し個別に判断するという学校教育法の体罰の判断基準を答弁したが[23]、一般的意見8号を尊重したとりまとめの定義を用いるべきである。

21　改正民法821条「親権を行う者は、前条の規定による監護及び教育をするに当たっては、子の人格を尊重するとともに、その年齢及び発達の程度に配慮しなければならず、かつ、体罰その他の子の心身の健全な発達に有害な影響を及ぼす言動をしてはならない。」
　　児童福祉法33条の11「施設職員等は、被措置児童等虐待その他被措置児童等の心身に有害な影響を及ぼす行為をしてはならない。」
　　児童福祉施設の設備及び運営に関する基準9条の2「児童福祉施設の職員は、入所中の児童に対し、法第33条の10各号に掲げる行為その他当該児童の心身に有害な影響を与える行為をしてはならない。」

22　日弁連：民法（親子法制）等の改正に関する要綱に対する会長声明（2022年2月）
　　https://www.nichibenren.or.jp/document/statement/year/2022/220216.html
　　連合：「民法（親子法制）の改正に関する要綱案」に対する談話（2022年2月）
　　https://www.jtuc-rengo.or.jp/news/article_detail.php?id=1177

23　2022年12月8日参議院法務委員会
　　https://www.webtv.sangiin.go.jp/webtv/index.php

児童虐待防止法2条が虐待の主体を「保護者」に限定し心理的虐待を「著しい」暴言等に限定していることはあらゆる暴力の禁止として不十分ではないか、学校教育法が体罰だけを禁止し、その判断基準も軽いものを含むことが明確ではないこと、生徒に対する教師の懲戒権が暴力との区別を曖昧にしているのではないか等、条約との適合性についてさらに包括的継続的な見直しが求められる。[24]

　なお、日弁連は、子どもの権利基本法の制定を求める提言（2021）においては、虐待については児童虐待防止法2条の定義を維持しつつ、その他に暴力を包括的に禁止する法文案を提案している（8頁）。[25]

イ　予防・啓発・支援

　2020年2月発表のとりまとめは、体罰等によらない子育てを推進するため、体罰禁止の考え方や子育て中の保護者に対する支援を社会全体に啓発していくことを強調し、文末脚注において、条約の条項、一般的意見・総括所見の重要部分を引用している。[26]

24　一般的意見5号パラ18「委員会は、条約の全面的遵守を確保するためにあらゆる国内法および関連の行政指示を包括的に見直すことは義務であると考える。」「見直しは1回きりで終わるのではなく継続的でなければならず、現行法のみならず法案も検討しなければならない。」

25　日弁連子どもの権利基本法の制定を求める提言（2021）
　　https://www.nichibenren.or.jp/document/opinion/year/2021/210917.html
　　「虐待」の定義は、児童虐待防止法第2条の「児童虐待」の定義に従う。なお、同子どもの権利条約に基づくこども大綱が策定を求める意見書（2023）等でも包括的施策を提言している。

26　たとえば以下の引用箇所は特に重要である。
　　「viii 国連児童の権利委員会の一般的意見において、「子どもがもっとも幼い年齢から自由に意見を表明でき、かつそれを真剣に受けとめてもらえる家庭は重要なモデルであり、かつ、より幅広い社会において子どもが意見を聴かれる権利を行使するための準備の場である。子育てに対するこのようなアプローチは、個人の発達を促進し、家族関係を強化し、かつ子どもの社会化を支援するうえで役に立つとともに、家庭におけるあらゆる形態の暴力に対して予防的役割を果たす」（12号90項）とされている。」
　　「x 国連児童の権利委員会の一般的意見において、「家庭内の子どもの体罰を禁止す

肯定的・非暴力的・参加型の子育て・教育の推進は、一般的意見・総括所見において繰り返し強調されている（同8号パラ38、第4回・第5回総括所見26（b）など）。

体罰等の弊害については、多数のエビデンスが存在しており、また、暴言や人格無視は体罰よりもさらに子どもの脳や心を傷つけるとの調査結果もある。[27]

厚生労働省が、大人だけではなく、子どもに向けて、子どもの権利、体罰等の弊害、相談先などを記載したパンフレットを作成して啓発を開始したことには非常に大きな意義がある。[28]2019年の体罰禁止の法改正、2020年のとりまとめ発表後の2つの調査では、体罰の使用・容認ともに減少する結果が出ている。[29]しかし前述のように、2022年の改正の際に問題にされたように軽いものは容認されるような曖昧な基準を採用してしまうと、

るために法改正を行なう第一の目的は、予防にある。すなわち、態度と慣行を変え、平等な保護に対する子どもの権利を強調するとともに、子どもを保護し、かつ積極的な、非暴力的なおよび参加型の形態の子育てを促進するための、曖昧さの残る余地のない基盤を整えることによって、子どもに対する暴力を防止することである」（8号38項）とされており、第4回・第5回の総括所見において、「意識啓発キャンペーンの強化、並びに肯定的、非暴力的かつ参加型の形態の子育て及びしつけの推進によるものを含め、あらゆる環境において実質的な体罰を無くすための措置を強化すること」（26（b））が要請されている。」

27　注10記載のパンフレット3頁〜5頁、早稲田大学大学院体罰調査プロジェクトチーム代表喜多明人（2019）若者を対象とした子ども期の家庭における体罰等の実態・意識調査報告書26頁、子どもに対するあらゆる体罰を終わらせるグローバル・イニシアチブ『子どもに対する体罰　その影響と関連性についてのリサーチレビュー』（2015年）（http://www.kodomosukoyaka.net/pdf.cgi?2015-GI-review-J）

28　こども家庭庁のサイトに掲載：2021年度「たたかれていい子どもなんて、いないんだよ」パンフレット（A4版：16頁）等

29　セーブ・ザ・チルドレン「子どもに対するしつけのための体罰等の意識・実態調査結果報告書」（2021）
https://www.savechildren.or.jp/news/publications/download/php_report202103.pdf
キャンサースキャン「体罰等によらない子育ての推進に向けた実態把握に関する調査」（2021）
https://cancerscan.jp/news/153/

子どもの権利条約に適合する体罰の禁止ではなくなり、社会に対する啓発効果も失われてしまうため、どんなに軽いものでも許されないというとりまとめの定義を維持することを明確にしなければならない。

今後は、あらゆる暴力から守られる子どもの権利を含む包括的な子どもの権利教育を、学校教育も含めたさまざまな場面で実施することが必要である。

保護者支援については、養育環境調整・支援の分野、日常的な子育てのスキルを高めるもの、トラウマケアなど保護者自身の内的なテーマに焦点を当てたものなどさまざまなプログラムが存在するが、国として希望者が広く活用できる体制の整備が求められる[30]。また、子どもの権利を基盤にした「ポジティブ・ディシプリン」というプログラムの実践も広がっている[31]。

(2) 学校の体罰等の暴力について

ア　法律

学校教育法第 11 条は、「校長及び教員は、教育上必要があると認めるときは、文部科学大臣の定めるところにより、児童、生徒及び学生に懲戒を加えることができる。ただし、体罰を加えることはできない。」として体罰を明示的に禁止しているが、学校内での体罰はなくなっていない。

イ　弊害・状況

教師による体罰は、児童生徒の心身を傷つけ、不登校・自死に至ること

30　厚生労働省雇用均等・児童家庭局総務課「子ども虐待対応の手引き」（2013 改訂版）
　　200 頁～ 221 頁、「児童相談所における保護者支援のためのプログラム活用ハンドブック」（2014）

31　公益社団法人セーブ・ザ・チルドレン「ポジティブ・ディシプリン」
　　https://www.savechildren.or.jp/sc_activity/japan/pd.html
　　NPO 法人きづく「ポジティブディシプリン　日本事務局」
　　https://www.kidzuku.org/

もあり、体罰を加えた教師もさまざまな責任を問われるなどさまざまな弊害があり、防止のための効果的施策が必要である。

2012年12月に、大阪市立桜宮高校において、男子バスケットボール部の生徒が顧問教員から顔面を平手で殴打されるなどの暴行を受け、自死に追い込まれたという痛ましい事件（以下、「桜宮高校事件」という）を受けて実施された文部科学省の体罰の実態把握では、体罰の発生件数は、2012年度が6721件、2013年度が4175件、2014年度が1126件となっており、学校内で体罰が横行していることが明らかになった。ただし、例年の実態把握では教師の処分数が取り上げられ、子ども及び保護者へのアンケート等は徹底されていない[32]。

文部科学省による体罰の実態把握によれば、中学校及び高等学校での体罰の多くが部活動中に発生している[33]。その背景として、教員と比べて児童生徒の立場が弱く、告発をした場合の不利益を恐れて重大な事態が起きるまで体罰問題が表面化しにくいこと、体罰が行われても試合で良い結果が出れば、児童生徒が良い指導だったと思い込み、公にならないこと、そのため「体罰の負の連鎖、再生産」（体罰を受けて育った児童生徒が指導者になって体罰を行う）が行われるとの指摘がある[34]。

32　平井祐太（文教科学委員会調査室）（2013）「体罰実態調査の在り方を考える——桜宮高校体罰事案から学ぶもの」『立法と調査』https://www.sangiin.go.jp/japanese/annai/chousa/rippou_chousa/backnumber/2013pdf/20131202102.pdf

33　体罰の場面として、授業中、放課後、休み時間、部活動、学校行事、ホームルーム、その他に分類されている。中学校での部活動中の体罰は、2012年度が38.3%、2013年度が38.2%、2014年度が24.7%となっている。また、高等学校での部活動中の体罰は、2012年度が41.7%、2013年度が42.7%、2014年度が35.8%となっている。

34　近藤良享「なぜ部活動の体罰・暴力が表面化しないのか——スポーツと体罰に関する調査を手がかりに」冨永良喜・森田啓之編『「いじめ」と「体罰」その現状と対応　道徳教育・心の健康教育・スポーツ指導のあり方への提言』（金子書房、2014）142頁以下

ウ　行政解釈、判例（裁判例など）[35]

　1948 年 12 月 12 日付け「児童懲戒権の限界について」（法務調査意見長官回答）は、「身体に対する侵害を内容とする懲戒—なぐる・けるの類—がこれに該当することはいうまでもないが」、「被罰者に肉体的苦痛を与えるような懲戒もまたこれに該当する。」として、後者の例として長時間の正座・直立等、特定の姿勢を長時間にわたって保持させることも体罰に当たるとしており、比較的軽微なものも許されない運用が存在していた。

　しかし、1981 年、東京高裁は、中学校の教師が、生徒が身体測定の担当について「なんだ、○○と一緒か。」と教師の名前を呼び捨てにしてずっこけの動作（膝を折って体勢を崩し倒れるような仕草）をしたことに対して、生徒の頭部を平手及び手拳で数回殴打し、8 日後にその生徒が脳内出血で亡くなった事件（両親は火葬後に上記殴打を知り検死・死体解剖はされていない）について、強く殴打したと認定して暴行罪の成立を認めた第一審の判断を覆して、軽く叩いたと認定した。そして、「仮にそれが見ず知らずの他人に対しなされたとした場合には、その行為は、他に特段の事情が存在しない限り、有形力の不法な行使として暴行罪が成立する」が、「教師は必要に応じ生徒に対し一定の限度内で有形力を行使することも許されてよい場合があることを認めるのでなければ、教育内容はいたずらに硬直化し、血の通わない形式的なものに堕して、実効的な生きた教育活動が阻害され、ないしは不可能になる虞れがある」などと述べた。さらに、有形力の行使が懲戒権の行使として相当と認められる範囲内であるかの判断では、関係法令にうかがわれる基本的な教育原理と教育指針を念頭に置き、生徒の年齢、性別、性格、成育過程、身体的状況、非行等の内容、懲戒の趣旨、有形力行使の態様・程度、教育的効果、身体的侵害の大小・結果等を総合して、社会通念に則り、結局は各事例ごとに相当性の有無を具体的個別的に判定するほかはないなどとして、外形的には本件生徒の身体に対する有形力の行使ではあるが、教師に認められた正当な懲戒権の行使とし

35　詳しくは、市川須美子『学校教育裁判と教育法』（三省堂、初版、2007）84 頁以下

て違法性が阻却され無罪とした（水戸五中体罰事件）[36]。

　1985 年、浦和地裁は、教師が出席簿で生徒の頭を叩いた行為について、状況に応じて一定の限度内で懲戒のための有形力の行使が許容されるとして、教師の行為に違法性はないとした[37]。

　これらの判決後、体罰死が続発した。1985 年、修学旅行先にドライヤーを持参した等の理由で高校生が殴打等され死亡、1986 年、忘れ物が多いという理由で殴打等され小学生が死亡、1987 年、厳しく指導する必要があるとされ特別支援学級に通級していた小学生が殴打等されて死亡した[38]。

　それでも文部科学省は、2007 年 2 月 5 日付け「問題行動を起こす児童生徒に対する指導について」（初等中等教育局長通知）において、前記東京高裁判決及び浦和地裁判決を引用して、「教員が児童生徒に対して行った懲戒の行為が体罰に当たるかどうかは、当該児童生徒の年齢、健康、心身の発達状況、当該行為が行われた場所的時間的環境、懲戒の態様等の諸条件を総合的に考え、個々の事案ごとに判断する必要がある」「児童生徒に対する有形力（目に見える物理的な力）の行使により行われた懲戒は、その一切が体罰として許されないというものではな」いとの解釈を示した。

　最高裁は、2009 年、教師が小学校 2 年生の男子児童を後ろから追いかけて捕まえ、その胸元の洋服を右手でつかんで壁に押し当て、大声で「もう、すんなよ。」と叱った行為について、体罰に該当し違法と判断した第 1 審及び控訴審の判断を覆して、体罰に該当しないとした[39]。

　2012 年に上記桜宮高校事件が発生し、文部科学省は、2013 年 3 月 13 日付け「体罰の禁止及び児童生徒理解に基づく指導の徹底について」（初等中等教育局長、スポーツ・青少年局長通知）では 2000 年の通知の「児童生徒に対する有形力（目に見える物理的な力）の行使により行われた懲戒は、

36　東京高判昭和 56 年 4 月 1 日（判時 1007 号 133 頁）、教育判例百選（第三版）「中学教師体罰の刑事裁判」

37　浦和地判昭和 60 年 2 月 22 日（判時 1160 号 135 頁）

38　体罰をめぐる判例　〈資料・体罰判例一覧つき〉弁護士　石井小夜子「特集◎体罰と懲戒——教育のなかの暴力と向きあう」（教育と文化 74 号、2014）

39　最判平成 21 年 4 月 28 日（民集 63 巻 4 号 904 頁）

その一切が体罰として許されないというものではな」いとの記載を削除したが、体罰該当性を、諸条件を総合的に考え、個々の事案ごとに判断するとの見解は維持している。[40]

エ　体罰の定義・基準

　国連子どもの権利委員会は、第3回の日本に対する総括所見（2010年）において、すべての体罰を禁ずることを差し控えた1981年の東京高裁判決への懸念と留意を表明し、家庭および代替的養護現場を含むあらゆる場面での体罰およびあらゆる形態の品位を傷つける取り扱いを法律により明示的に禁止することを勧告し（パラ48）、第4回・第5回の総括所見（2019年）においても、体罰に関する一般的意見8号（2006年）を参照しながら、委員会の前回の総括的勧告（パラ48）を想起するとともに、家庭、代替的養護および保育の現場ならびに刑事施設を含むあらゆる場面におけるあらゆる体罰を、いかに軽いものであっても、法律（とくに児童虐待防止法および民法）において明示的かつ全面的に禁止することを勧告した（パラ26）。

　上記文部科学省の2013年の通知において、懲戒としての有形力の行使を撤回したことは当然であるが、諸条件を総合的に考え、個別の事案ごとに判断するという基準も懲戒における有形力の行使を許容し得る子どもの権利を保障しない曖昧な基準である。軽微な有形力の行使でも許容・容認することは、その程度や回数、頻度をエスカレートさせ、重篤な事態へのリスクを増大させるのであり、端的に、一般的意見8号に沿った明確な定義、基準を採用すべきである。

　なお、体罰以外の形態の罰に関する事例として、教師が部活動中生徒に対して、「お前は論外」、「使い物にならない」、「お前が休むから話の意味

40　文部科学省は、2013年3月13日に、「学校教育法第11条に規定する児童生徒の懲戒・体罰等に関する参考事例」を発表し、①体罰（通常、体罰と判断されると考えられる行為）として身体に対する侵害を内容とするもの、被罰者に肉体的苦痛を与えるようなもの、②認められる懲戒（通常、懲戒権の範囲内と判断されると考えられる行為）（ただし、肉体的苦痛を伴わないものに限る）、③正当な行為（通常、正当防衛、正当行為と判断されると考えられる行為）と類型化した上で、それぞれ具体例を示している。

が分からん」等と発言したことについて、単に生徒を侮辱し、人格を傷つけ、自尊心を害するものであり、教育目的をもった懲戒行為とは言い難いとして、違法であるとした裁判例がある[41]。上記のとおり、こうした行為も明確に法的に禁止する必要がある。

オ　生徒指導提要（改訂版）[42]

文科省は、2022年の生徒指導提要（改訂版）において、体罰のみならず、不適切な指導も許されないものとし、以下の「不適切な指導と考えられ得る例」を指摘している。

- 大声で怒鳴る、ものを叩く・投げる等の威圧的、感情的な言動で指導する。
- 児童生徒の言い分を聞かず、事実確認が不十分なまま思い込みで指導する。
- 組織的な対応を全く考慮せず、独断で指導する。
- 殊更に児童生徒の面前で叱責するなど、児童生徒の尊厳やプライバシーを損なうような指導を行う。
- 児童生徒が著しく不安感や圧迫感を感じる場所で指導する。
- 他の児童生徒に連帯責任を負わせることで、本人に必要以上の負担感や罪悪感を与える指導を行う。
- 指導後に教室に一人にする、一人で帰らせる、保護者に連絡しないなど、適切なフォローを行わない。

さらに、校則の見直しでの児童生徒の意見聴取や見直し過程への児童生徒の主体的参加・意見表明が明記されたことは評価されるが、そもそも服装や髪型などの子どもの表現の自由に対する校則等による不合理・理不尽な制限やそうした校則等の違反に対する不合理・理不尽な懲戒・不利益処

41　津地判平成28年2月4日（判時2303号90頁）

42　文部科学省「生徒指導提要（改訂版）」（2022）
　　https://www.mext.go.jp/a_menu/shotou/seitoshidou/1404008_00001.htm

分等については、子どもの権利条約 13 条 2 項及び関連する一般的意見が求める比例原則等に基づいて、速やかに権利侵害状況をなくしていかなければならない。[43]

カ　子どもの権利教育・体罰等によらない非暴力的な教育方法

　子どもに対する暴力防止のためには包括的な子どもの権利教育が必要であり（一般的意見 8 号パラ 45、同 13 号パラ 44）、人権教育および研修に関する国連宣言（2011）を受けて、ユニセフは子どもの権利教育ツールキットを公表し（2014）、日本ユニセフも包括的な子どもの権利教育に取組んでおり、こども家庭庁共催キャンペーン「こどものけんりプロジェクト」も開始している。[44]

43　比例原則等表現の自由等の許される制約の基準については、自由権規約委員会一般的意見 34 号パラ 22 乃至 35、同 27 号パラ 12 乃至 16 等に示されており、十分な明確性をもった法律の根拠に基づき、かつ必要性及び比例原則に適合することが求められる。たとえば、同 27 号は「14. 第 12 条 3 項は、制限が許容される目的達成に資するというだけでは不十分であり、それらの目的達成にとって必要なものでなければならないことを明記している。制限措置は比例原則に適合するものでなければならない。すなわち、制限は目的達成のために適切なものでなければならず、目的を達成する手段のうち最も非侵害的な手段でなければならず、さらに達成される利益と比例するものでなければならない。

15. 比例原則は、制限を規定する法律において尊重されるだけでなく、行政及び司法が法律を適用する際にも尊重されなければならない。国は、これらの権利の行使又は制限に関するいかなる手続も迅速に行われるべきこと及び制限措置を課す理由が開示されることを確保すべきである。」と指摘している。

「The UN Convention on the Rights of the Child: A Commentary（Oxford Commentaries on International Law）2019」の 13 条の注釈においても詳細に論じられている。

44　「人権教育および研修に関する国連宣言」（2011）

https://www.hurights.or.jp/archives/promotion-of-education/post-5.html

「子どもの権利教育ツールキット」（2014）

https://www.unicef.org/media/77146/file/UNICEF-CRE-Toolkit-with-appendices.pdf

日本ユニセフ協会「子どもの権利が守られた学校・園づくり」

https://www.unicef.or.jp/kodomo/cre/

ポジティブ行動支援[45]やティーチャーズトレーニング[46]などエビデンスを重視した取り組みも存在する。

子どもの権利の不可分性・相互依存性・相互関連性からは、子どもの教育に対する権利（条約28条）、教育の目的（条約29条）を関係法令に包括的、具体的に明記し、施策に反映させることが求められる（一般的意見1号、同12号パラ105～114、社会権規約委員会一般的意見13号）。

特に、教育の目的として「人権及び基本的自由の尊重の育成（発展）・強化」（29条1項（b）、社会権規約13条1項）を明記し、目的に適合する、あらゆる暴力が用いられることのない、すべての権利を保障する教育の内容・方法・過程の普及・浸透を強化することが求められる。

(3) 被措置児童等に対する、あるいは児童福祉施設、保育所等における虐待等の防止

被措置児童等については、「施設職員等は、被措置児童等虐待その他被措置児童等の心身に有害な影響を及ぼす行為をしてはならない。」（児童福祉法33の11）と明記され、児童福祉施設、保育所等については、「児童福祉施設の職員は、入所中の児童に対し、法第33条の10各号に掲げる行為その他当該児童の心身に有害な影響を与える行為をしてはならない。」（児童福祉施設の設備及び運営に関する基準9条の2）と明記されている。

厚生労働省は、2023年3月に、2009年3月作成の「被措置児童等虐待対応ガイドライン」の一部改正版を発した。[47]

---

45 日本行動分析学会：体罰に反対する声明（2014）
https://j-aba.jp/aboutus/guideline.html
平澤紀子「体罰をなくすために、ポジティブな行動支援から」『行動分析学研究』29巻2号（2015）
徳島では県主導で取り組みがなされている。徳島県教育センター：ポジティブ行動支援
https://manabinohiroba.tokushima-ec.ed.jp/3ccf8abe555bf918ea912652b4aaa547

46 長崎県：2014年度学童期の発達支援研修会（ティーチャー・トレーニング）におけるアンケート調査の結果について
http://www.rehab.go.jp/application/files/5715/8443/7522/H27-.pdf

47 こども家庭庁サイトに掲載「被措置児童等虐待ガイドライン」

さらに、2022年来の保育所等の不適切事案の多発に対して、2023年5月、こども家庭庁は「昨年来の保育所等における不適切事案を踏まえた今後の対策について」（通知）により「保育所等における虐待等の防止及び発生時の対応等に関するガイドライン」を公表し[48]、「保育所等における虐待とは、保育所等の職員が行う次のいずれかに該当する行為である。また、下記に示す行為のほか保育所等に通うこどもの心身に有害な影響を与える行為である「その他当該児童の心身に有害な影響を与える行為」を含め、虐待等と定義される」（4頁）とし、虐待の各行為類型の具体例を示している（5頁）。

　さらに、「不適切な保育の未然防止及び発生時の対応についての手引き」（2021年3月）では「不適切な保育」の意味を「保育所での保育士等による子どもへの関わりについて、保育所保育指針に示す子どもの人権・人格の尊重の観点に照らし、改善を要すると判断される行為」と解し、①子ども一人一人の人格を尊重しない関わり、②物事を強要するような関わり・脅迫的な言葉がけ、③罰を与える・乱暴な関わり、④子ども一人一人の育ちや家庭環境への配慮に欠ける関わり、⑤差別的な関わりを具体的な行為類型として例示しているが、これを「虐待等と疑われる事案」と捉えなおすとし、保育所等、市町村及び都道府県における対応のフローチャートを示し、具体的な対応の指針を示している。

（4）スポーツにおける暴力

　部活動、スポーツ少年団、スポーツクラブ等スポーツにおける暴力も深刻である。ヒューマン・ライツ・ウォッチは、2020年、スポーツ経験者56人へのインタビュー調査、オンラインアンケート調査（757件の回答）に基づく報告書「数えきれないほど叩かれて：日本のスポーツにおける子どもの虐待」[49]を発表し、スポーツにおける暴力の深刻な状況を明らかにし、

---

https://www.cfa.go.jp/policies/shakaiteki-yougo/gyakutai-todokede/

48　こども家庭庁のサイトの「保育」のページに掲載されている。
https://www.cfa.go.jp/policies/hoiku/

49　ウェブサイトで公開されている。https://www.hrw.org/ja/report/2020/07/20/375777

国会・スポーツ庁・文部科学省等に具体的な提言を行っている。

　ユニセフは、スポーツにおける子どもの権利保障のため、「子どもの権利とスポーツの原則」と題するサイトを立ち上げて、原則や解説、アセスメントツールなどの情報提供を行なっており、こども向けサイトも充実している。[50]

2　性暴力について

(1) 立　法

　深刻な教育職員等による児童生徒等に対する性暴力等を防止するために、教育職員等による児童生徒性暴力等の防止等に関する法律等の法整備が行われ、文部科学省としても教員へ厳正な対応を行うものとしている。[51]

　大手芸能プロダクション創設者による性加害の問題を受け、2023年の通常国会において、児童虐待防止法の対象を、保護者以外の一定の第三者による地位を利用して行われる児童虐待に広げる内容の児童虐待防止法改正案が衆議院に提出されたが可決には至らなかった。[52]

(2) 教育、啓発

　文部科学省と内閣府が連携して、性暴力予防のための「生命の安全教育教材・指導の手引き」を作成してサイトに掲載し各学校での活用を促している。[53]

　「プライベートゾーン」（水着で隠れる部分）を含む自分の身体の大切さ、

50　ユニセフ「子どもの権利とスポーツの原則」
　　https://childinsport.jp/

51　文部科学省「児童生徒等に対し性暴力等を行った教員への厳正な対応について」
　　https://www.mext.go.jp/a_menu/shotou/kyoin/mext_00001.html

52　「児童虐待の防止等に関する法律の一部を改正する法律案」
　　https://www.shugiin.go.jp/internet/itdb_gian.nsf/html/gian/honbun/houan/g21105015.htm

53　文部科学省「生命の安全教育」
　　https://www.mext.go.jp/a_menu/danjo/anzen/index2.html

安全な SNS の利用や性暴力を防ぐための関係性の築き方などについて、子どもの発達段階を踏まえた教材である点などは評価できるが、学習指導要領での性交等を取り扱わないとするいわゆる歯止め規定により科学的学習が保障されていないなどの問題もあり、国連教育科学文化機関（ユネスコ）による国際セクシュアリティ教育ガイダンスが示す包括的性教育が実施されるべきであるし[54,55]、性暴力だけではなくあらゆる暴力に対する子どもの権利の保障を内容とする包括的な子どもの権利教育を子どもおよび大人双方に実施するべきである（一般的意見 13 号パラ 44、同 5 号パラ 66 ～ 70、条約 42 条）。

3 「宗教二世」に対する児童虐待等について

エホバの証人については、子どものムチ打ち等の児童虐待等が指摘されている[56]。旧統一教会についても深刻な問題が明らかになり、厚労省は、「宗教二世」からの相談を含め、宗教に関する相談に対して、児童相談所等の虐待対応の現場において適切に対応することができるよう、児童虐待に当たる事例や児童相談所等が対応するにあたっての留意点等を整理した Q&A を作成・公表した[57]。日弁連は、「宗教等二世の被害の防止と支援の在り方に関する意見書」（2023 年 12 月）を発出している。

54　ユネスコ『国際セクシュアリティ教育ガイダンス（2020）』
　　https://unesdoc.unesco.org/ark:/48223/pf0000374167
55　日弁連『「包括的性教育」の実施とセクシュアル・リプロダクティブ・ヘルス＆ライツを保障する包括的な法律の制定及び制度の創設を求める意見書』（2023 年）
　　https://www.nichibenren.or.jp/document/opinion/year/2023/230120_2.html
56　「宗教団体『エホバの証人』における宗教の信仰等に関係する児童虐待等に関する実態調査報告書」（2023 年 11 月 20 日　エホバの証人問題支援弁護団 HP 掲載）
　　https://jw-issue-support.jp/news/20231120/
57　厚生労働省「『宗教の信仰等に関係する児童虐待等への対応に関する Q&A』について」
　　https://www.mhlw.go.jp/content/001032125.pdf

4 条約実施の評価・データ収集・指標開発について

　一般的意見・総括所見では、条約実施評価のためのデータ収集及び指標の開発を求めており[58]、子どもに対する暴力撤廃行動計画では取り組むと明記している（本文 16 頁）[59]。WHO の施策パッケージ・INSPIRE では暴力に関する指標ガイダンスが提示されており、障害者権利条約と SDGs についての人権指標には「子ども」「暴力」に関するものも含まれており[60]、国や自治体等での諸施策の実施・評価において参考になる。

Ⅳ　子どもに対する体罰が起きた場合の対応について

1　体罰が発生した場合の学校側の対応について

　文部科学省通知には、体罰に関する報告・相談があった場合は、関係した教員等からの聞き取りや、児童生徒や保護者からの聞き取り等により事実関係の正確な把握に努めることが必要であるとしており、まずは学校内での調査が行われることになる。また、体罰に関する報告・相談があった場合、教育委員会への報告が求められており、重大な事案では教育委員会による調査が行われることになる。

　しかしながら、学校関係者又は教育委員会だけで公正な調査が行えるのか、疑問がある。重大な事案については、第三者委員会を設置する等、第

58　一般的意見 5 号パラ 48、同 13 号パラ 58、第 1 回総括所見パラ 31、第 3 回総括所見パラ 22

59　注 1 参照。「上記評価・モニタリングは、SDGs ターゲット 16.2 の達成を念頭に、本行動計画に記載したデータの最新版を基に実施する。その際、WHO、UNICEF、GPeVAC 等の国際機関が使用している指標や統計項目も参照する。」

60　人権高等弁務官事務所　SDG-CRPD　リソース　パッケージ
　　https://www.ohchr.org/en/disabilities/sdg-crpd-resource-package
　　上記の和訳：日本障害者協議会のサイト「障害者権利条約指標（CRPD 指標）」
　　https://www.jdnet.gr.jp/report/17_02/170215.html

三者による調査が行われるのが望ましい。

　また、仮に児童生徒が円満な解決を望んでいる場合でも、事実関係の調査が曖昧なまま話し合いがなされることは相当でない。前提となる事実関係を曖昧にしたまま児童生徒及び保護者の理解を得ることは難しいであろうし、また、事実関係を曖昧にしたまま終わらせてしまえば、再発防止策を講じることが困難になるからである。まずは徹底的な調査と事実の確認が必要であることを忘れてはならない。

2　児童生徒の気持ちを尊重すること

　事案の解決に当たっては、被害者である児童生徒の気持ちが最大限に尊重されるべきである。

　体罰問題が生じた場合に、児童生徒自身ではなくその保護者が表に立って学校等との話し合いが行われることが多い。この様な場合、保護者自身の被害感情が強いために、学校等との話し合いが難航するケースもある。

　児童生徒自身は、体罰を行った教師からきちんとした謝罪を受け、二度と体罰をしないことを誓いさえすれば、教師を許して通常の学校生活に戻ることを希望している場合もある。しかし、保護者の感情が激化しているためにそのことを言い出せずに、児童生徒の気持ちと離れて紛争が長期化する場合がある。

　自分の家族が体罰被害にあったのであるから、保護者の感情が激化することは当然であるが、保護者としても自分の感情にまかせずに児童生徒の気持ちを尊重した解決を志向しなければならない。

　また、学校側としても、保護者の感情が激化することは当然であることを認識し理解し、粘り強く児童生徒の気落ちに沿った解決策を模索するべきである。

3　苦情申出先

（1）はじめに
　学校に直接苦情を申し立てたとしても、学校側が体罰を認めないために問題が解決しない場合もある。その場合には、以下の機関に苦情申し立てを行い、調査等を行ってもらう方法が考えられる。

（2）法務局
　各地の法務局及び支局では、人権相談を受け付けている。

（3）弁護士会
　各都道府県の弁護士会には、人権救済申立の制度がある。人権救済申立が行われた場合、弁護士会が調査を行い、必要な場合には関係機関に対する勧告等を行う。

（4）地方自治体の権利救済機関
　地方自治体によっては、独自の権利救済機関を設置している場合がある。
　たとえば「川西市子どもの人権オンブズパーソン」、「川崎市人権オンブズパーソン」、「埼玉県子どもの権利擁護委員会」、「札幌市子どもの権利救済機関（子どもアシストセンター）」、「多治見市子どもの権利擁護委員」、「北広島市子どもの権利救済委員会」、「青森市子どもの権利相談センター」等が存在する。
　これらの機関では、相談及び人権救済申立等を受け付けており、事実関係の調査活動や、調査の結果必要があると認めるときには勧告、意見表明等を行っている。

4 教師の体罰等による法的責任について

(1) 民事上の責任

ア 公立学校の場合

　公立学校に所属する教師（地方公務員）の不法行為について、教師個人は被害者との関係で直接の民事上の損害賠償責任を負わないとするのが判例であり通説的な見解である[61][62]。

　この場合、学校を運営する地方公共団体が国家賠償法第1条に基づく損害賠償責任を負う。ただし、教師個人に故意・重過失がある場合には、損害賠償責任を履行した地方公共団体から求償される可能性がある（国家賠償法第1条2項）。

　なお、国立大学法人が運営する学校については、公立学校と同様に国家賠償法が適用されるのか、私立学校と同様に民法が適用されるのかについては考え方が分かれている[63]。

イ 私立学校の場合

　教師個人は、不法行為責任（民法第709条）により損害賠償責任を負う。

　また、教師が所属する学校を運営する学校法人も、使用者責任（民法第715条）又は安全配慮義務違反等（民法第415条）により教師個人と連帯して損害賠償責任を負う。

61　最判昭和30年4月19日（民集9巻5号534頁）

62　塩野宏『行政法Ⅱ』（有斐閣、第6版、2019）352頁以下。ただし、公務員に故意・重過失がある場合等の一定の要件の下に、公務員個人の被害者に対する直接の損害賠償責任を肯定する有力な見解もある（芝池義一『行政救済法』（有斐閣、第3版、2022）337頁以下）。

63　塩野宏『行政法Ⅲ』（有斐閣、第5版、2021）109頁以下、宇賀克也『行政法概説Ⅲ』（有斐閣、第6版、2024）311頁

(2) 刑事上の責任

　教師が児童生徒に対して体罰を加えることは、児童生徒に対する暴行罪（刑法第208条）に該当するし、これにより児童生徒に傷害を負わせた場合には、傷害罪（刑法第204条）が成立する。[64]

　これらの場合、事案に応じて刑罰（罰金刑、懲役刑等）が科せられる可能性がある。

(3) 教師としての身分について

ア　公立学校の場合

　公立学校の教師（地方公務員）は、懲役刑（執行猶予付判決を含む）を科された場合、条例で特別の定めがある場合を除いて、当然に失職する（地方公務員法第28条第4項、第16条第2号）。また、教育職員としての免許状が失効になる（教育職員免許法第10条第1項第1号、第5条第1項第4号）。

　懲役刑を免れた場合（不起訴処分、罰金刑等）でも、地方公務員法に基づき何らかの懲戒処分を受ける可能性がある。

イ　私立学校の場合

　地方公務員のような当然失職の定めはないが、懲役刑を科された場合、教育職員としての免許状が失効になるので、通常は学校を退職せざるを得なくなる。

　また、懲役刑を免れた場合でも、就業規則に基づき、何らかの懲戒処分を受ける可能性がある。

ウ　文部科学省の調査

　文部科学省の調査によれば、体罰に係る懲戒処分（免職、停職、減給、戒告）を受けた公立学校の教育職員の人数は、2020年度が104名、2021

64　有形力が行使された場合が主であるが、暴言等の無形的な手段による場合でも、暴行罪又は傷害罪が成立することはあり得る。

年度が 90 名、2022 年度が 91 名となっている。

　他方で、訓告等まで含めた人数は、2020 年度が 393 人、2021 年度が 343 人、2022 年度が 397 人であり、大部分が訓告等という軽い処分に留まっている[65]。また、2020 年度から 2022 年度までの懲戒処分人数 285 名中、免職は 2 名（約 0.7%）、停職は 33 名（約 11.5%）しかいない。懲戒処分のうち免職及び停職という重い処分が選択されたのはわずかであり、ほとんどが減給及び戒告という軽い処分に留まっている。

　公立学校の教育職員が傷害、暴行及び刑法違反を起こした場合の処分について、2020 年度から 2022 年度までに懲戒処分を受けた人数が 136 名であるのに対して、免職は 39 名（約 29%）、停職は 64 名（約 47%）であり[66]、体罰の場合と顕著な差がある。

　詳しい事案が分からないため、数字だけでの比較は困難であるが、教育職員による体罰が不当に擁護されるようなことはあってはならない。

65　文部科学省「体罰に係る懲戒処分等の状況一覧（教育職員）（令和 4 年度）」
　　https://www.mext.go.jp/content/20231222-mxt_syoto01-000033180_43.pdf
66　文部科学省「その他の服務違反等に係る懲戒処分等の状況一覧（教育職員）」
　　https://www.mext.go.jp/content/20231222-mxt_syoto01-000033180_49.pdf
　　https://www.mext.go.jp/content/20230116-mxt-syoto01-000026693_02_05.pdf
　　https://www.mext.go.jp/content/20221222-mxt-syoto01-000019570_2-5.pdf

5

学校事故（学校災害）・
スポーツ事故

Ⅰ　子どもの権利と学校事故

1　学校における事故

　学校では、授業、部活動、給食、修学旅行などのさまざまな時間で、また校舎や設備の欠陥、不審者の侵入、自然災害などのさまざまな場面において、多くの事故が発生している。

　独立行政法人日本スポーツ振興センターは、学校の管理下で発生した負傷、疾病、障害及び死亡に対して災害共済給付を行っている。同センターによると、2021年に給付対象となった死亡件数は42件に及んだ[1]。同じ年の交通事故による5歳から19歳までの死亡者は87人であった[2]。単純な比較はできないものの、それでも本来子どもにとって安全な場であるはずの学校でいかに多くの命が失われているかを示すものといえる。後遺障害は321件、負傷・疾病は約170万件に達している。

　本章は故意性がないものを対象とし、いじめや体罰を起因とする事故・事件は別の章に譲る。また、本章の「学校」は基本的に学校教育法の学校の意味で用いており、「児童生徒等」もこれらの学校に在籍する子どもを意味している[3]。

2　子どもの権利を保障するために

　子どもの権利条約は、第6条において子どもの生命への権利と締結国に

1　独立行政法人日本スポーツ振興センター「令和3年度災害共済給付状況」の死亡見舞金の支給件数。
2　警察庁交通局「令和3年中の交通死亡事故の発生状況及び道路交通法違反取締り等状況について」（2022年3月）。
3　幼稚園、小学校、中学校、義務教育学校、高等学校、中等教育学校、特別支援学校、大学及び高等専門学校（学校教育法第1条）。なお、災害共済給付制度の対象となる学校はこれより広い。

よる生存・発達の確保を求め、第28条において子どもが教育を受ける権利を保障している。

　学校は、子どもが集い、互いが触れ合うことによって、心身を発達・成長させる場である。その学校で、子どもが怪我をしたり、病気にかかったりすることがないよう、保護者や学校関係者は安全の確保に万全の注意を払い、国や地方公共団体も自らの責務として取り組まなければならない。

3　子どもの目線、子どもの立場に立った対策と検証

(1)　子どもの特性の理解

　学校は子どもの活動を最優先する場であるから、おとなの管理の都合ではなく、常に子どもの目線、子どもの立場に立って考える必要がある。学校事故を考える上でも、子どもの特性への理解は不可欠である。

　低年齢の子どもは、常に好奇心が旺盛で、目先のことに気を奪われ、まわりが目に入らず、じっくりと考えてから行動することができない。このため、おとなが予想もしない行動をとることがある。屋外に出ると、教室と違った開放感や好奇心からいっそう突飛と思えるような行動に出ることがある。

　危険を察知し対応する能力も十分ではない。小学校低学年の児童については、危険を読み取る技能に未熟さが残り、見える危険（顕在的危険）は危険と判断できても、環境内に明確な危険が見えない場合（潜在的危険）は、安全と判断してしまう。死角が存在する場面や、因果関係または事象の展開により危険事態が発生するような場面に十分対応することができない。おとなに比べ、子どもの視野は狭く、動体視力も未発達である。

　事故の予防や原因究明にあたっては、以上のような子どもの特性に目を配る視点が欠かせない。

(2)　危険を学ぶ必要性

　一方、どんなに注意しても事故は必ず起こりうる。社会にはさまざまな

4　文部科学省「『生きる力』をはぐくむ学校での安全教育」（2019年3月）

危険があり、我々は常に危険と隣り合わせに生活している。

　子どもが遊びの中で冒険し挑戦することは自然な行為であり、ある程度の危険性を内在している遊びに惹かれることもごく自然なことである。むしろ、こうした遊びに挑戦することにより自己の心身の能力を高めていくものであるから、危険と遭遇することはむしろ学習の機会ととらえるべきである。

　また、子どもの成長・発達のためには、遊びの過程で子どもが自由に主体的に創意工夫する機会が欠かせない。

　したがって、安全や安心をたてに、危険なものは撤去する、危険なことは一切させない、規則で厳しく縛るなどということがないよう気をつけることも必要である。要は、できる限り安全に、とくに死亡や後遺障害に至る重大事故を最大限回避するよう配慮しながら、その上で、万一事故が起きた場合にどのように対応するのかを、子どもの目線に立って検討を進める態度が求められている。

4　子どものスポーツと事故

(1) 子どものスポーツと部活動の意義

　子どもはスポーツや身体を動かす遊びが大好きである。子どもの権利条約第31条は、年齢に適した遊びやレクリエーション活動を行う権利を保障している。

　子どものスポーツについては、「コミュニケーション能力やリーダーシップの育成、克己心やフェアプレイ、チームワークの精神の涵養等、自然体験活動を通じた豊かな人間性の育成により、青少年の心身の健全な発達に資する」、部活動については、「スポーツや文化及び科学等に親しませ、学習意欲の向上や責任感、連帯感の涵養等、学校教育が目指す資質・能力の

5　国土交通省「都市公園における遊具の安全確保に関する指針（改訂第2版）」（2014年6月）

6　文部科学省「スポーツ立国戦略」（2010年8月）

182

育成に資するもの」[7]、「体力や技能の向上を図る目的以外にも、異年齢との交流の中で、生徒同士や生徒と教師等との好ましい人間関係の構築を図り、学習意欲の向上や自己肯定感、責任感、連帯感の涵養に資するなど、学校という環境における生徒の自主的で多様な学びの場として、教育的意義を有してきた」[8]などさまざまな意義や教育的効果が期待されている。

　子どもにとっても、部活動は極めて大きな存在である。学習指導要領において教育課程として位置づけられていないが、見方を変えると、画一化された枠がないがゆえに自由に好きな活動ができ、成績として評価されないがゆえにいきいきと楽しく活動することができるという積極的な側面につながっている。

　もっとも、昨今、部活動は教員の働き方改革の側面から地域移行への取組みが進められており、一部エリートスポーツの世界では部活動から離れる動きも加速している。

　とはいえ、都会・地方、地域を問わず、運動能力を問わず、特別な費用もいらず、保護者の負担も少ない学校の部活動は今なお子どものスポーツの中心であることはまちがいない。2016 年度は、中学校の男子は 75.1%、女子は 56.4%（計 65.2%）、高等学校の男子は 54.9%、女子は 27.17%（計41.9%）が運動部に所属している[9]。

(2) 事故のリスクと向き合うために

　一方、身体を激しく動かすため、常に怪我のリスクが内在しているのがスポーツの特徴である。格闘技はもちろん、球技や陸上などスポーツの種類にかかわらない。

　2022 年度に災害共済給付金が支給された 259 件の障害のうち運動部の事故は 96 件を占める。高等学校・高等専門学校に至っては、165 件のう

7　文部科学省「中学校学習指導要領」（平成 29 年告示）、「高等学校学習指導要領」（平成 30 年告示）

8　スポーツ庁・文化庁「学校部活動及び新たな地域クラブ活動の在り方等に関する総合的なガイドライン」（2022 年 12 月）

9　スポーツ庁「運動部活動の現状について」（2017 年 5 月）

ち 79 件、すなわちおよそ 5 割を占めている。競技は、バスケットボール、サッカー・フットサル、野球、ラグビーの順に多い。

このため、子どもたちが安心してスポーツや部活動に打ち込み、保護者が安心して子どもの活動を見守ることができるよう、危険にどう向き合い、事故をどのように予防し、発生した事故にどのように対応するかが課題となっている。

(3) スポーツ障害

スポーツの事故の原因は急激かつ外来のものに限られない。長期間にわたって同じ部位に負担がかかることによって障害が発生することがある。たとえば、おとなより軟骨の成分が多く、骨が弱い成長期の子どもに起こりやすい障害として離断性骨軟骨炎がある。関節の表面から軟骨のかけらが剥がれ落ちる症状である。

全日本野球協会や日本整形外科学会などが全国の小学生を対象に実施したアンケートによると、肩、ひじの痛みを訴えた者は、投手と捕手の両方を経験した選手が 56.4% と一番多かった。[10]「野球肘」と言われる症状は、投球動作において肘関節が屈曲位で過度の力が加わることが繰り返されることにより発症し、その一部は離断性骨軟骨炎である。

また、兵庫医大整形外科が 2005 年から 2010 年にかけて離断性骨軟骨炎と診断された 28 人（7 歳〜16 歳）を調べたところ、半数の 14 人は、少年期からサッカーをしており、開始年齢は平均 5.7 歳であった。強いキックや急な方向転換を繰り返すことで膝に負担がかかり、関節の表面から軟骨のかけらが剥がれ落ちるもので、「サッカー膝」と呼ばれる。[11]

このような危険に対しては、野球の場合は投球数を制限する、サッカーの場合はシュート練習をほとんど行わない、グラウンドを走る際には回る向きを固定しないなどの指導例も見られる。また、種目を年少時から特化せず複数種目を行わせるなどの対策も行われている。

10　朝日新聞 2015 年 3 月 8 日「『野球ひじ』、痛む前に探す」

11　朝日新聞 2015 年 3 月 17 日「『サッカーひざ』成長期に傷」、同 3 月 19 日「英才教育より複数競技」

5　食物アレルギー

(1) 食物アレルギーの実態

　学校給食は、小学校、中学校の学習指導要領では学級活動として位置づけられている。学校給食実施基準（平成 21 年文科省告示第 61 号）は、当該学校に在学するすべての児童生徒に対して（第 1 条）、年間を通じて、原則として毎週 5 回以上、授業日の昼食時に実施することを定めている（第2 条）。

　給食において深刻な問題となっているのが食物アレルギーである。アレルゲンを含んだ食物を食べたり吸い込んだときに、アレルギー症状が誘発され、じんましん、吐き気、呼吸の乱れなどの症状が出る場合がある。アレルゲンを含む食物として、卵、牛乳、大豆、小麦、米、ソバなどがある。重篤な症状を引き起こし、死亡に至るケースもある。

　文部科学省が 2013 年度に実施した調査によると、児童生徒の食物アレルギーは 4.5% となっており、2004 年の調査の 1.7 倍に増えている。アナフィラキシーの既往 0.5% は 2004 年の 3.6 倍となっており、同様に大幅な増加が確認されている[12]。

(2) 対策

　2008 年 3 月に公益財団法人日本学校保健会は「学校のアレルギー疾患に対する取り組みガイドライン」を発表し、文部科学省が 2015 年 3 月に発した「学校給食における食物アレルギー対応指針」も、同ガイドラインや学校生活管理指導表（アレルギー疾患用）に基づく対応を求めている。

　そのためには、教職員などに対する研修の充実を図り、アレルギー対応を踏まえた献立作成の配慮や給食の各段階におけるチェック機能を強化し、緊急時対応の充実のため、学校の状況に応じて危機管理マニュアルを整備するなどの対策が必要である。

12　文部科学省「今後の学校給食における食物アレルギー対応について」（2014 年 3 月）

6 大規模災害、不審者の侵入、通学途中の事故など

2011 年 3 月 11 日に発生した東日本大震災においては、危険に対する学校の対応に差が見られた。普段から津波や防災に関して周到な教育を実施していた学校では、子どもが避難場所の危険性を自主的に判断して、より安全な場所に避難することで津波の危険を逃れた例も見られた。今後は自然災害への備えという意味でも、事故原因の究明と対策をいっそう進める必要がある。

また、2001 年 6 月に発生した大阪教育大学附属池田小学校の児童殺傷事件をはじめ、不審者が学校に侵入して子どもや教職員の安全を脅かす事件は後を絶たない。また、通学中の子どもに危害が加えられる事件も発生しており、これらに対しては、保護者、学校だけでなく、国、地方公共団体、地域住民などの一体となった取組みが進められている。

II　学校安全

1　学校安全

「学校安全」という言葉は、日本学校健康会法（1982 年 6 月 22 日公布）で初めて用いられ、現在は独立行政法人スポーツ振興センター法や学校保健安全法に引き継がれている。

学校安全は、生活安全、交通安全、災害安全の三つの領域に大きく分けられる。生活安全は、学校生活での安全を中心として、防犯も含まれる。交通安全は、歩行時の安全のほか、自転車、二輪車、自動車の安全や鉄道利用における安全が含まれる。災害安全は、火災、地震災害や風水害・雪害のような自然災害に加え、原子力災害も含まれる[13]。

これに対応する学校の活動は、安全教育、安全管理、組織活動の三つの

13　文部科学省「『生きる力』をはぐくむ学校での安全教育」（2019 年 3 月）

活動で構成される。安全教育は、児童生徒などが自らの行動や外部環境に存在するさまざまな危険を制御して、自ら安全に行動したり、他の人や社会の安全のために貢献できることを目指す活動、安全管理は、児童生徒などを取り巻く環境を安全に整えることを目指す活動、組織活動は、両者の活動を円滑に進めるための活動である[14]。

2 学校保健安全法

(1) 国、地方公共団体、学校の設置者の責務

2016年4月、学校保健法の改正に伴い、学校保健安全法が施行された。学校[15]における教育活動が安全な環境において実施され、児童生徒などの[16]安全の確保を図ることを目的として制定された（第1条）。

同法は、学校保健法であいまいだった国や地方公共団体の責務について明らかにしている。国は、安全に関する取組みが確実かつ効果的に実施されるよう、財政上の措置その他の必要な施策を講じ、学校安全の推進に関する計画の策定などを行う。地方公共団体も、国と連携しながら、国の安全政策に準じた措置を講じなければならない（同法第3条）。

国や地方公共団体だけではなく、学校の設置者も、危険防止と事故発生後に適切に対応できるよう、学校の施設や設備、管理運営体制の整備充実などの措置をとるよう努めることとされた（同法第26条）。

(2) 学校安全の推進に関する計画

学校保健安全法第3条に基づいて、2012年4月、文部科学省は「学校安全の推進に関する計画」を公表した。安全教育、安全管理、学校の施設及び設備の整備充実、地域社会、家庭との連携を柱とした学校安全の推進を掲げている。2022年3月25日には「第3次学校安全の推進に関する

14　文部科学省「『生きる力』をはぐくむ学校での安全教育」（2019年3月）

15　「学校」とは、学校教育法第1条に規定する学校をいう（学校保健安全法第2条）。

16　児童生徒等とは、学校に在学する幼児、児童、生徒又は学生をいう（学校保健安全法第2条2項）。

計画」が閣議決定された。安全教育の充実については、主体的に行動する態度や共助・公助の視点、教育手法の改善、時間の確保、避難訓練の在り方、児童生徒などの状況に応じた安全教育、情報社会への対応、原子力災害への対応を挙げている。

学校における安全に関する組織的取組としては、学校安全計画の策定と内容の充実、人的体制の整備、安全点検、学校安全に関する教職員の研修などの推進、危険など発生時対処要領の作成、事件・事故、災害が生じた場合の対応を挙げている。

学校の施設及び設備の整備充実として、学校施設の安全性の確保のための整備、学校における非常時の安全に関わる設備の整備充実を挙げている。

地域社会、家庭との連携を図った学校安全の推進として、地域社会との連携推進、家庭との連携強化を挙げている。

この計画の実施状況と効果を検証したうえ、次の計画にどのようにつなげていくかが問われている。

(3) 学校環境衛生基準

学校保健安全法第6条は、文部科学大臣は、学校における換気、採光、照明、保温、清潔保持その他環境衛生に係る事項について、児童生徒など及び職員の健康を保護する上で維持されることが望ましい基準を定め、学校の設置者は、学校環境衛生基準に照らしてその設置する学校の適切な環境の維持に努めなければならないとしている。

2009年4月施行の学校環境衛生基準は、教室などの環境（換気、保温、採光、照明、騒音など）にかかる基準、飲料水などの水質及び施設・設備に係る基準など、学校の清潔、ネズミ、衛生害虫など及び教室などの備品の管理に係る基準、水泳プールに係る基準などを定めている。

校長は、学校の施設や設備、学校環境衛生に問題があると考えたときは、遅滞なく、改善を図るために必要な措置を講じ、それができないときは学校の設置者にその旨を申し出る（第6条第3項、第28条）。

(4) 学校安全計画

学校保健安全法第 27 条は、学校が、子どもの安全確保のための具体的な実施計画（学校安全計画）を策定し実施するよう求めている。

学校の施設及び設備の安全点検、児童生徒などに対する通学を含めた学校生活その他の日常生活における安全に関する指導、職員の研修その他学校における安全に関する事項を内容としている。

学校安全計画は、安全教育の各種計画に盛り込まれる内容と安全管理の内容とを統合し、全体的な立場から、年間を見通した安全に関する諸活動の総合的な基本計画として、教職員の共通理解の下で立案することが望ましい[17]。

(5) 学校環境の安全確保

学校保健安全法第 28 条は、学校環境の安全の確保を校長の責務としている。具体的には、学校の施設や設備、学校環境衛生に問題があると考えたときは、遅滞なく、改善を図るために必要な措置を講じ、それができないときは学校の設置者にその旨を申し出るものとされている。

(6) 危機管理マニュアル

学校保健法第 29 条は、学校は、児童生徒などの安全の確保を図るため、当該学校の実情に応じて、危険など発生時において当該学校の職員がとるべき措置の具体的内容及び手順を定めた対処要領（「危険等発生時対処要領」、危険管理マニュアル）を作成するものと定め、校長は、このマニュアルの職員に対する周知、訓練の実施その他の危険など発生時において職員が適切に対処するために必要な措置を講ずるものとされた。

各学校は、学校の規模、教職員の数、建物や敷地の形状、児童生徒などの特性、通学方法、地域の状況などを踏まえながら、子どもの安全を最優先した最適なマニュアルを作る必要がある。

また、同条第 3 項は、危害が生じた児童生徒などあるいは当該事故など

17　文部科学省「『生きる力』をはぐくむ学校での安全教育」（2019 年 3 月）

により心理的外傷その他の心身の健康に対する影響を受けた児童生徒など
の心身の健康を回復させるため、必要な支援を行うものとされている。心
的外傷後ストレス障害などに対応する心のケアなどを確実に行うことがで
きる体制を整えることが求められる。

　不審者の侵入や地震や津波のような自然災害についても、学校の地域性
を踏まえた対応が求められている。

3　教育課程における安全教育の実施

　学習指導要領は、児童生徒などの発達の段階を考慮して、学校安全に関
する教育・指導を行うことを定めている。

　たとえば、小学校学習指導要領（平成29年告示）総則は次のように定め
ている。「学校における体育・健康に関する指導を、児童の発達の段階を
考慮して、学校の教育活動全体を通じて適切に行うことにより、健康で安
全な生活と豊かなスポーツライフの実現を目指した教育の充実に努めるこ
と。特に、学校における食育の推進並びに体力の向上に関する指導、安全
に関する指導及び心身の健康の保持増進に関する指導については、体育
科、家庭科及び特別活動の時間はもとより、各教科、道徳科、外国語活動
及び総合的な学習の時間などにおいてもそれぞれの特質に応じて適切に行
うよう努めること。」

4　安全管理における危険管理と危機管理

(1) 危険管理と危機管理

　緊急事態の管理については、危険管理（Risk management）と危機管理
（Crisis management）の二つに分けて語られることがある。危険管理は、非
常事態にならないように予防措置をとること、危機管理は、不測の緊急事
態が起こった時に適切な対処をし、被害を最小限に抑えることを意味して
いる。もとは国家間や企業経営で用いられていた概念であるが、現在は緊
急事態への対応のありかたとして一般に用いられている。

文部科学省が作成した 2019 年 3 月の「『生きる力』をはぐくむ学校での安全教育」及び 2016 年 3 月の「学校事故対応に関する指針」は、事前の危機管理、発生時の危機管理、事後の危機管理の三段階に分けている。

(2) 危険管理の例

予防のための情報収集、教育・研修、体制整備、保険加入、危険の早期発見などである。危機管理マニュアルを策定することは学校保健安全法第29 条、施設及び設備などの安全点検を行うことは同法第 27 条及び同施行規則第 28 条で義務づけられている。

学校における危険管理において、難しいながらも大切なことは、リスクは子どもごとに異なり、同じ子どもであっても日によって異なることを意識することである。

熱中症を例にとると、体調や体力は子どもそれぞれ違い、同じ子どもであっても日によって異なる。ある子どもにはだいじょうぶでも、他の子どもがだいじょうぶとは限らない。また、昨日は休憩は 3 回でよかったが、今日は暑いので 4 回ということもありうる。さらに、子ども一人一人の性格も把握しておく必要がある（無理をするタイプ、異常を申告できないタイプ等）。

(3) 危機管理の例

応急措置、救護担当者への連絡や救急車の手配、保護者への連絡と報告など発生した結果を最小限に抑え、予想される紛争の発生を防止することである。原因調査と記録化、子どものケアのほか、ケースによっては謝罪や補償もこれに含まれる。

(4) 課題

以下の課題が指摘されている。[18]

---

18 学校保健・安全実務研究会編『学校保健実務必携』（第一法規、第 3 次改訂版、2014）

事件・事故が発生した後の取組みが中心となっている。安全管理は、年に数回実施する安全点検に終始し、教職員の危機管理意識が低い。安全管理が、行動の規制など子どもの活動を制限する方向で進められ、一人一人に危険予測・危機回避などの能力を育てるような教育的配慮が不足している。事件・事故の発生を想定した事前（平時）及び事後の教職員の役割分担と果たすべき役割が必ずしも明確になっていないなど。

Ⅲ　第三者調査委員会ないし常設の第三者機関の調査等

1　事故原因の調査・報告と関係調整

　事故によっては、発生過程がわかりにくく、原因が複雑にからみあっているために、専門的な知見がなければ原因を解明できない場合がある。また、被害が重大であったり、事故後の対応に行き違いがあった等の場合は、被害者家族と学校の間の不信感が増幅されて、学校側が行った調査に家族が納得しないことがある。

　このような場合、学校とは別の立場の第三者が調査を行い、今後の再発防止策の提案を含め報告を行う場合がある。

　さらに、調査・報告だけでなく、学校側と家族との間の対立関係を調整する役目を担うことがある。

2　第三者調査委員会による調査・報告

　地方公共団体が、事故原因の検証や再発防止を目的として、第三者調査委員会を設置する場合がある。弁護士、医師、学識経験者などの専門家が委員に就任して、原因を調査し、再発防止策と合わせて報告を行うものである。

　いじめの場合、法が一定の条件のもと第三者調査委員会の設置を義務づけているが、学校事故の場合は第三者調査委員会の設置は法定されていない。このため地方公共団体などが必要に応じて任意で設置することになる。

これについて、前掲の「学校事故対応に関する指針」は、学校事故の場合も、必要に応じて第三者調査委員会を設置することを求めている。

　同指針は調査を基本調査と詳細調査の二つに分けた上で、基本調査は、当該学校が、事案発生後に速やかに着手する調査であり、学校がその時点で持っている情報及び基本調査の期間中に得られた情報を迅速に整理するもの、詳細調査は基本調査で得られた情報に基づいて、事故に至る過程や原因を分析するものとしている。詳細調査は、事実関係の確認のみならず、事故に至る過程を丁寧に探り、事故が発生した原因を解明するとともに、事故後に行われた対応についても確認し、それによって再発防止策を打ち立てることを目標としている。

　詳細調査の実施主体は、学校、学校の設置者または都道府県などの担当課を想定しており、国公立学校の場合は、特別の事情がない限り、学校ではなく、学校の設置者としている。死亡事故などの詳細調査は、外部の委員で構成する調査委員会を設置して行い、その構成は、学識経験者や医師、弁護士、学校事故対応の専門家などの専門的知識及び経験を有する者が候補になる。

　このため、実際に同指針に基づいて、地方公共団体が第三者調査委員会を設置して学校事故を調査するケースが増えていると思われる。

　同指針が公表される前のケースであるが、2013 年 11 月 15 日、京都市教育委員会は、京都市立の小学校プールでの溺死事故に関して第三者調査委員会を設置した。弁護士、大学研究者、医師などの専門家が委員となって、直接的な原因の究明並びに学校のプール管理運営及び事故後の対応のあり方について検証を行い、2014 年 7 月 20 日に報告書を提出した。調査の結果、溺死を高める要因となったリスクとして、水位、水位管理、監視体制、水泳指導などがあったと報告されている。

3　常設の第三者機関による調査・勧告・意見表明

　子どもの人権を取り扱う常設の第三者機関が事故について調査・勧告・意見表明を行う場合がある。

兵庫県川西市の「川西市子どもの人権オンブズパーソン」は、1998 年に子どもの人権救済を目的として、市長の附属機関として設置された公的第三者機関である（地方自治法第 138 条の 4 第 3 項）。相談にとどまらず、個別救済や制度改善を行っている。市の機関に説明を求めたり、書類や記録を閲覧することができ、調査の結果、必要があると認めるときは是正勧告を行い、制度改善を提言する。法曹関係者や大学研究者などで子どもの人権活動に携わる者がオンブズパーソンに就任している。

1997 年 7 月に市立中学校の 1 年生のラグビー部員が熱中症によって死亡する事故が発生した。遺族である保護者からの申立てを受けて調査を開始し、2000 年 7 月、教育委員会による事故原因究明の取り組みが遅滞していること、緊急な再発防止対策の具体的な取り組みが不十分で、類似の事故の発生が危惧される状況と考えて、教育委員会に対して、事故原因究明の遅滞に関して速やかな是正を求める勧告を行い、同時に、再発防止対策に関しては制度改善などを含む意見表明を行っている。あわせて、この勧告および意見表明に対応する教育委員会の措置に関する報告を求めている。この事故報告書は教育長名で当該中学校の全保護者に配布されている。

IV 災害共済給付制度及びその他の保険・共済制度

1 災害共済給付制度の概要

事故の原因が自分の不注意にあるならば損害は自己負担しなければならないのが原則である。学校や加害者の児童生徒などに法的責任を追及できる場合は損害の塡補を求めることも可能だが、実際には過失の判断が難しいケースも少なくなく、仮に法的責任が認められても加害者に資力がなければ現実の塡補も困難である。

このような場合に被害者救済に大きな意味を持つのが独立行政法人日本スポーツ振興センターが運営する災害共済給付制度である。学校の設置者

が入学時に保護者などと契約を締結し、掛金を互いに分担し、場合により国も一部を負担することで、学校生活に内在する多くの危険に備え、万一の場合の関係者の経済的救済を図ることを目的としている。

2022 年度は、全国で約 1596 万人の子どもが加入している。これは全体の 95.1% に当たる。

2　給付の対象となる災害の範囲及び給付の種類と額

給付の対象となる災害の種類は、学校の管理下で発生した児童生徒などの負傷、疾病、障害、死亡の 4 つである（独立行政法人日本スポーツ振興センター法第 15 条）。

負傷、疾病の場合は医療費が支給される。医療費は、医療保険適用を前提に、保護者などが立替えた費用を後日受け取る形になる。通院交通費、慰謝料などの支給はない。

独立行政法人日本スポーツ振興センター災害共済給付の基準に関する規程によると、対象となる負傷、疾病の概念はかなり広く、民間の傷害保険やスポーツ安全保険と異なり、急激、外来の事故であることを要件としていない。このため、靴擦れや凍傷も対象になり、陸上運動、ボール運動など急激な運動若しくは相当の運動量を伴う運動を持続的あるいは断続的に行うことにより身体に相当の負荷が加わって発症したものと認められる筋、腱、骨、関節などの疾患（いわゆる「野球肘」「サッカー膝」など）、下肢の負傷部位等をかばったことなどにより生じた負傷部位以外の部位の関節炎などで日本スポーツ振興センターが認めたものなども含まれる。このため、実際には対象から外れる負傷・疾病はほとんどないものと思われる。

障害は、程度により 1 級から 14 級まで区分され、障害見舞金として 1

19　災害共済給付制度の対象となる学校は、小学校、中学校、中等教育学校、高等学校、高等専門学校、特別支援学校、幼稚園、幼保連携型認定こども園、保育所等、特定保育事業である（独立行政法人日本スポーツ振興センター法第 3 条）。

20　児童、生徒、学生又は幼児（独立行政法人日本スポーツ振興センター法第 3 条）

級 4,000 万円から 14 級 88 万円の範囲で支給される（独立行政法人日本スポーツ振興センター法施行令第 3 条、独立行政法人日本スポーツ振興センターに関する省令第 23 条）。障害の区分や併合・加重のルールなどは、労災保険や自賠責保険とほぼ同じである。

死亡の場合は死亡見舞金 3,000 万円が支給される（独立行政法人日本スポーツ振興センター法施行令第 3 条）。死亡についても、急激性、外来性を要件としていないので、対象はかなり広い。

ただし、心臓系疾患（心臓発作など）や中枢神経系疾患（脳内出血など）により死亡した場合は「突然死」と扱われ、このうち、外部衝撃、急激な運動もしくは相当の運動量を伴う運動または心身に対する負担の累積に起因することが明らかでない場合は、本来の死亡見舞金の 2 分の 1（1,500 万円）に減額されて支給される（独立行政法人日本スポーツ振興センター災害共済給付の基準に関する規程）。また、そのほか自賠法の対象になる死亡事案には供花料（17 万円）が支給される。

3 学校の管理下の事故

負傷、疾病、障害、死亡いずれの場合も、その原因である事由が学校の管理下において生じたものであることが必要である（独立行政法人日本スポーツ振興センター法施行令第 5 条）。死亡の場合は、そのうち、学校給食に起因することが明らかであると認められる死亡、給付対象の疾病に直接起因する死亡、学校の管理下において発生した事件に起因する死亡である（独立行政法人日本スポーツ振興センターに関する省令第 24 条）。

「学校の管理下」の意味について、独立行政法人日本スポーツ振興センター法施行令第 5 条第 2 項は「法令の規定により学校が編成した教育課程に基づく授業を受けている場合」「学校の教育計画に基づいて行われる課外指導を受けている場合」「休憩時間中に学校にある場合その他校長の指示又は承認に基づいて学校にある場合」「通常の経路及び方法により通学する場合」を定め、独立行政法人日本スポーツ振興センターに関する省令第 26 条 2 号は、学校以外の場所で、教育課程に基づく授業もしくは学校

の教育計画に基づいて行われる課外指導を受けている場合も含まれるとしている。

部活動は、「学校の教育計画に基づいて行われる課外指導を受けている場合」もしくは省令第 26 条 2 号に該当する。校外で行われた試合や練習も含まれるし、学校側の判断により、教員の直接の引率・監督指導などがなされなかった場合であっても、出発から解散まで教育計画に基づいて適切な指示や指導がなされている場合は「学校の管理下」に該当する。支払請求にあたっては、災害報告書に教育計画書や教員の指導の状況などを補足資料として添付する運用がなされている。

このため、部員が教育計画と無関係に自主的にトレーニングしているときに生じた事故は「学校の管理下」には当たらない。東京高判平成 5 年 4 月 20 日（判時 1465 号 87 頁）は、中学生が冬休みに学校外でサッカー部の練習をしている途中に死亡した事故について、両親が日本体育・学校健康センター（当時）に対して死亡見舞金を請求した事案である。裁判所は、生徒らが自主的に計画し生徒らのみで実施する練習や、教諭が立ち会った場合も学校の教育計画に基づかない練習は学校の管理下において発生した事故とはいえないと判示している。

学校の管理下で発生したものである以上は、物理的な事実（事故）であるか、人の意思に基づく行為（不作為を含む）であるかを問わない。生徒同士の暴力やいじめ、教員の体罰、食中毒、不審者などの第三者の行為、動物による死傷など、発生事由を問わず対象となる。ただし、風水害、震災、事変その他の非常災害は対象とならない（独立行政法人日本スポーツ振興センター法施行令第 3 条第 5 項）。

4 高校生などの故意または重過失による給付制限

高等学校もしくは中等教育学校の後期課程の生徒、高等専門学校の生徒（以下まとめて「高校生等」という）が自己の故意の犯罪行為により、または故意に負傷したり、疾病にかかったり、死亡したときは、医療費、障害見舞金、死亡見舞金のいずれの給付も行わない（独立行政法人日本スポーツ

振興センター法施行令第3条第7項）。

　また、高校生等が、自己の重大な過失により、負傷したり、疾病にかかったり、死亡したときは、障害見舞金または死亡見舞金の一部（2割もしくは3割）の給付を行わないことができる（同施行令第3条第8項）。

　このため「重大な過失」の意味と程度が問題になる。「重大な過失等の場合に関する運用基準について」（2016年）によると、危険な行為であることを十分認識しながら、あえて行った行為による場合である。多少の危険はあるが、事故発生の蓋然性が低い状況で、単純ないたずらや悪ふざけを行った結果、災害が発生した場合、とっさの判断の甘さ、誤りにより災害が発生した場合、社会的に必要な行為を行おうとする過程で、危険を過小評価したことにより災害が発生した場合は「重大な過失」を問わないとしている。

　私法一般の「重大な過失」と同じではなく、現実にこれに該当するケースは極めて少ないと思われる。見舞金を減額した例は、2022年度は死亡・障害を合わせて2件である。

5　児童生徒等が自殺した場合

（1）自宅や通学経路外での自殺

　かつては、学校でのいじめが原因であったとしても、児童生徒等が自宅や通学経路外で自殺した場合は支給されなかった。死亡した場所が校外であれば「学校の管理下」の要件を満たさないためである。

　しかし、これに対しては、学校内でのいじめが原因ならば、自殺した場所によって給付するしないを分けるのは合理的ではないという批判があり、これをめぐる裁判も生じていた。これを受けて、2007年に日本スポーツ振興センター法施行令第5条第1項第四号等が改正され、「学校の管理下において発生した事件に起因する死亡」が対象となった。

　これにより、学校外で自殺した場合も一定の場合は支給が認められることになった。

(2) 高校生等の自殺

4項で説明したとおり、かつては、高校生等の自殺は、故意に死亡したものと扱われるため、学校の管理下において生じた事由が原因で精神疾患を患っていたような場合は別として、死亡見舞金は支給されない扱いとなっていた。すなわち、学校内のいじめや体罰が原因で自殺した場合であっても、高校生は小中学生と異なる扱いがなされていた。

これについては、小中学生と扱いを異にするのはおかしいという批判があり、2016年9月、独立行政法人日本スポーツ振興センター災害共済給付の基準に関する規程が改正され、いじめ、体罰その他の高校生などの責めに帰することができない事由により生じた強い心理的な負担により、故意に負傷し、疾病にかかり、または死亡したときであっても、死亡見舞金が支給されることとなった。

この要件に当たるかどうかは以下の基準に基づいて審査される。

「いじめ」はいじめ防止対策推進法、「体罰」は学校教育法に従う。いじめ、体罰以外の事由としては、教員による暴言など不適切な指導またはハラスメント行為等教育上必要な配慮を欠いた行為がある。強い心理的な負担がいじめなどによって生じたか否かについては、学校の報告のほか、学校の設置者などが行う調査に係る結果などが考慮される。

いじめの場合は、いじめ防止対策推進法第28条第1項に基づいて学校の設置者などが行うこととされている調査に係る結果を踏まえて判断する。また、いじめ以外の原因が疑われている場合であって、学校の設置者などが、文部科学省「子供の自殺が起きたときの背景調査の指針」（平成26年7月改訂）に基づき、第三者調査委員会を設置して調査を行っているときには、当該調査結果を踏まえて判断する。

上記の学校の設置者などが行った調査結果において、故意の死亡などの主な原因が、いじめや体罰などと認められている場合には、通常、これによって、当該高校生などに「強い心理的な負担」が生じていたものと推定して差し支えないものとされている。

第三者調査委員会による調査が行われておらず、学校の設置者から報告される事件の具体的内容において「強い心理的な負担」がいじめなどにより生じたことについて疑義が存すると認められる場合には、当該設置者に診療担当医師などの見解の提出を求めることととなる。

6 災害共済給付金の請求

災害共済給付金の請求は学校の設置者が行う（独立行政法人日本スポーツ振興センター法第16条2項、同施行令第4条第1項）。保護者なども学校の設置者を経由して請求することができる（同施行令第4条第2項）。

ただし、「経由して」請求するという表現が、書類が学校を経由すればかまわないという意味か、保護者などの申入を受けて学校が支払請求を行うという意味か、法文からは明らかではない。

実際には、保護者などが必要書類を提出し、学校の設置者が支払請求書を作成して、学校が日本スポーツ振興センターの各支所に送付する手続がとられている。

いずれにせよ、請求に当たっては災害報告書の添付が必要であるところ、災害の事実を証明するのは学校長であるから、保護者などが学校を介さずに請求することは事実上不可能と考えられる。

しかし、学校が事故の発生を否認している場合や事故の原因・内容が保護者の認識と異なる場合は、学校が災害報告書の作成や請求そのものに消極的な場合も考えられる。とくにいじめ事件は学校と保護者などの認識に食い違いがある場合も少なくなく、そのような場合どのように請求することができるのかは今後の課題と思われる。

7 不服審査請求

健康保険や労災保険には不服申立に関する規定があり、これに基づき不服審査のための専門機関が設置されている。これに対し、災害共済給付制度には、給付の決定に対して学校などの設置者や保護者などが不服審査を

求める法令がない。しかし、日本スポーツ振興センターでは従前から不服審査を行ってきた経緯があるため、2003年、独立行政法人日本スポーツ振興センターの災害共済給付の決定に関する不服審査請求規程を制定し、現在はこの規定に基づいて不服審査を行っている。

不服申立期間は原則として60日以内だが、事情があれば2年まで可能とされている（同規程第3条）。ただし、時効の関係で2年を経過した不服申立はできない。

請求権者は、学校の設置者、保護者など及びその代理人である（同規程第4条）。

8　給付を受ける権利の時効

給付を受ける権利は、給付事由が生じた日から2年の経過により消滅する（独立行政法人日本スポーツ振興センター法第32条）。

医療費については、毎月の医療費ごとに翌月の10日が起算日となる。時効は月単位で進行するので、請求権は2年後に月単位で消滅する。労災の療養（補償）給付も同様の時効があるが、民法の不法行為の時効と異なるので注意が必要である。障害見舞金は、負傷または疾病が治った日の属する月の翌月10日が起算日になる。

なお、学校の設置者に対する訴訟の提起によって、日本スポーツ振興センターとの関係では時効は中断されないのでこの点は注意を要する。

9　第三者の加害行為による災害と求償関係

被害を受けた児童生徒などが、給付事由と同一の事由について民法、国家賠償法、自動車損害賠償責任保障法、その他の法律によって損害賠償を受けたときは、その限度で日本スポーツ振興センターは給付を行わないことができる（独立行政法人日本スポーツ振興センター法施行令第3条第3項）。

また、日本スポーツ振興センターが、被災した児童生徒などに対して給付を行ったときは、加害者に対して有する損害賠償請求権を代位取得する

（法第31条第2項）。このため、日本スポーツ振興センターは、事故の原因を作った児童生徒などや学校に対して損害賠償を請求できることになる。

ただし、実際には次のような運用がなされている。

児童生徒などが加害者である場合は、単純な不注意が原因となるケースがほとんどで、民法709条の故意・過失を備えるケースは多くない。しかも、監督義務者や学校、指導者の過失が競合する場合は、法的責任を明らかにするのはいっそう困難となる。

このため、日本スポーツ振興センターとしては、特に悪質な加害行為（自宅から刃物を用意してきて通学中に待ち伏せして殺傷した場合など）を除き、児童生徒などに対する求償を差し控える取扱いとしている。

また、学校側に責任がある場合も、現在はすべての契約に免責特約が付されているので（独立行政法人日本スポーツ振興センター法第16条第3項）、学校に対しても求償権を行使していない。

10　その他の保険・共済制度

学校事故に対応するものとしては、被害児童生徒などを被保険者とする傷害保険及び共済、加害者側児童生徒などが負担する損害賠償金を填補する賠償責任保険及び共済、通学時の交通事故における自動車保険及び共済などがある。自転車通学の場合は事故に備えて自転車保険に加入するケースも急増している。なお、学校の管理下以外のスポーツ活動についてはスポーツ安全保険がある。

そのほか、地方公共団体や施設管理者向けの保険として、全国市長会市民総合賠償補償保険、同学校災害賠償補償保険、同予防接種事故賠償保険、全国町村会総合賠償補償保険、特別区自治体賠償責任保険、都道府県立学校管理者賠償責任保険、財団法人日本体育施設協会スポーツファシリティーズ保険がある。

V　事故発生後の損害賠償

1　法律構成

(1) はじめに

　不幸にも事故が起こり、これによって被害者に損害が発生し、損害発生について学校、加害者の子ども、第三者に原因がある場合は、法的な賠償責任が生じる。

　その場合は、原因や学校の設置者に応じて、次のような法律関係が生じる。以下では、学校や業者に責任がある場合について説明する。

(2) 不法行為責任

　教員（校長、教頭、事務職員を含む）の違法行為によって損害が発生した場合は、学校の種別によって適用される法律が異なる。

　公立学校の場合は、国家賠償法第1条1項により、国もしくは地方公共団体が責任を負う。教員個人は、同条2項の場合以外は、賠償責任を負わないとするのが判例である。国立学校については、国家賠償法が適用されるか否か判例・学説は分かれている。

　私立学校の場合は、学校の設置者は学校法人であるから（学校教育法第2条第1項）[21]、民法の不法行為法が適用される。教員の行為が不法行為（民法第709条）に当たるときは、学校法人及び校長も使用者責任を負う（民法第715条第1項、第2項）。

(3) 債務不履行責任

　私立学校の場合は、学校の設置者である学校法人と保護者などが在学契約を締結しているので、学校法人は児童生徒などに対して契約関係に基づ

21　構造改革特別区域によっては、株式会社もしくはNPO法人が学校を設置することができる。

く安全配慮義務を負っている。したがって、安全配慮義務に違反すれば学校の設置者が自ら債務不履行責任を負う（民法415条）。

安全配慮義務について、最高裁は「ある法律関係に基づいて特別な社会的接触の関係に入つた当事者間において、当該法律関係の付随義務として当事者の一方又は双方が相手方に対して信義則上負う義務として一般的に認められるべきもの」と判示している（最判昭和50年2月25日、裁時767号11頁）。

国公立学校については、契約上の義務ではなく、入学許可処分により発生する公法上の関係であると考えるのが判例である。ただし、私立学校と同様に考える有力説もある。

(4) 施設、設備、什器・備品、教材などの瑕疵・欠陥に基づく責任

ア　土地工作物責任及び営造物設置管理責任

学校には、校舎、廊下、天井、階段、体育館、プール、防火扉、グラウンド、遊具等さまざまな施設及び設備がある。

これらの施設・設備の瑕疵が原因となって事故が生じた場合は、国公立学校の場合は国や地方公共団体が営造物設置管理責任（国家賠償法第2条第1項）を負い、私立学校の場合は学校の設置者が土地工作物責任（民法第717条）を負う。

イ　製造物責任

学校の什器・備品、教材などの動産の欠陥が原因となって児童生徒などが被害を受けた場合は、製造業者などが賠償責任を負担する（製造物責任法第3条）。「欠陥」とは当該製造物が通常有すべき安全性を欠いていることを言う。

(5) 過失相殺

事故の発生につき被害者である児童生徒などにも落ち度があった場合は、過失相殺を理由に賠償額が減額されることがある（民法第418条、第

722条2項）。学校事故をめぐる裁判では、学校や加害者側から過失相殺が主張される例が多く、これを認めた判決も多い。

過失相殺の要件としては、責任能力までは必要なく、事理弁識能力で足りる。そのうえで、被害児童生徒などの不注意や指示違反、教員など学校側の違法性の程度などが考慮される。被害児童生徒などの親権者や近親者などの過失も被害者側の過失として考慮されることがある。

2　教員、学校等の責任──裁判例を中心に

（1）教員の注意義務

教員は、職務上子どもの生命や身体の安全に配慮する一般的な義務を負っている。この安全配慮義務あるいは安全保持義務は、学校の教育活動の過程で教員が学校の構成員として職務上負っている義務である。ただし、教員の安全配慮義務の内容と程度は、被害者である児童生徒などの危険判断能力・危険回避能力の程度、児童生徒などの行動上の性格、教育活動の危険性の度合いなど、事故の状況に即して具体的に判断される。

同じ学校といっても、幼稚園から高等学校・高等専門学校まで年齢の幅はかなり大きい。5歳と18歳では教員の注意義務や児童生徒などの過失相殺がまったく異なるのは当然である。

（2）教科授業における事故

教科の授業は学校の基本的な教育活動であり、教員にとっても中心的な職務である。児童生徒は学校の実施する授業計画に従って、いわば強制的に授業を受けているのであるから、これを実施する教員は、授業中に児童生徒の身に生じうる危険を予見し、これを回避するため適切な措置をとるべき注意義務を負っている。

最高裁は「学校の教師は、学校における教育活動により生ずるおそれのある危険から生徒を保護すべき義務を負っており、危険を伴う技術を指導する場合には、事故の発生を防止するために十分な措置を講じるべき注意義務があることはいうまでもない。」と述べる（最判昭和62年2月6日、判

時 1232 号 100 頁）。

中でも体育の授業は身体の運動を伴うため、必然的に事故発生の危険が高い。このため体育の授業に関する裁判は非常に多く、とくに水泳、柔道、サッカー、陸上が多い。そのほか、理科の実験などでも発生している。

(3) 特別活動における事故

特別活動は、小学校は、学級活動、児童会活動、クラブ活動、学校行事、中学校は、学級活動、生徒会活動、学校行事、高等学校は、ホームルーム活動、生徒会活動、学校行事である。学校行事は、入学式、卒業式、学習発表会、運動会、遠足、修学旅行などである。

いずれも学習指導要領において教育活動と位置づけられているので、教員の注意義務の範囲や程度は教科授業の場合と基本的には異ならない。非定型的、一時的な活動であり、校外の環境に左右されることもあるため、児童生徒などの危険への対応能力が反映されることもある。

遠足などは、野外特有の開放感や冒険心のため事故が発生しやすいことから、より高度の注意義務を示唆する裁判例もある（浦和地判平成 3 年 10 月 25 日、判時 1406 号 88 頁、津地判昭和 54 年 10 月 25 日、判時 957 号 94 頁など）。

運動会では、騎馬戦や組体操での重大な事故が訴訟に至るケースがある。高校における組体操のピラミッドについて「この危険性は更に、参加者数のみならず参加生徒の個々的及び全体的な体力、筋力、精神力、集中力、協調力等の資質不全、習熟度の不足ないし指導者未熟等の要因によって容易に増幅されるものであり、指導する教師らにこの危険性が予見できないことはありえない。」として損害賠償を命じたものがある（福岡高判平成 6 年 12 月 22 日、判タ 879 号 237 頁）。

修学旅行中の事故に関し、高校 3 年生の生徒 2 名が水難事故で死亡した事故について、「修学旅行の引率教員は、このような安全保持義務の一内容として、生徒の集合場所、見学場所、活動場所等について十分な事前調査を行い、危険箇所の有無等を確認するとともに、その調査、確認に基

づいて、生徒の学年、年齢や状況に応じた適切な安全指導を行う義務を負うものと解される。」と述べる裁判例がある（横浜地判平成 23 年 5 月 13 日、判時 2120 号 65 頁）。

学級活動として実施される給食に関し、集団食中毒によって児童がO157 感染症を患って敗血症により死亡した事故について、「学校給食について、児童が何らかの危険の発生を甘受すべきとする余地はなく、学校給食には、極めて高度な安全性が求められているというべきであって、万一、学校給食の安全性の瑕疵によって、食中毒を始めとする事故が起きれば、結果的に、給食提供者の過失が強く推定されるというべきである。」と述べる裁判例がある（大阪地裁堺支判平成 11 年 9 月 10 日、判タ 1025 号 85 頁）。

(4) 部活動における事故

部活動は正規の教育課程ではないが、学校の教育活動として位置づけられており、学習指導要領では教育課程との関連も求められている。このため、部活動の指導は教員の校務ととらえられており、求められる注意義務も教育課程における注意義務とほぼ同様と考えられる。

判例・学説によると、部活動指導者（顧問）の一般的な義務の内容は、部活動の計画や準備段階、具体的指導、立会監視、事故発生後の救護措置や保護者への連絡など、さまざまな局面で部活動に伴う危険を回避し事故を防止する安全配慮義務である。その際には生徒の年齢や判断能力の程度が考慮される。顧問は、常に練習に立ち会って監督する義務を負うわけではないが、危険の程度や生徒の技能などに応じて、練習に立ち会い監視指導する義務がある。

最高裁は、放課後、体育館で部活動中の部員が他の生徒を殴打した事件に関し、不在にしていた顧問教員の注意義務について「課外のクラブ活動であっても、それが学校教育の一環として行われるものである以上、その実施について、顧問の教諭を始め学校側に、生徒を指導監督し事故の発生を未然に防止すべき一般的な注意義務のあることを否定することはできない。」と述べている（最判昭和 58 年 2 月 18 日、判タ 492 号 175 頁）。

また、大阪府内のサッカー競技大会で発生した落雷事故について、最高裁は「教育活動の一環として行われる学校の課外のクラブ活動においては、生徒は担当教諭の指導監督に従って行動するのであるから、担当教諭は、できる限り生徒の安全にかかわる事故の危険性を具体的に予見し、その予見に基づいて当該事故の発生を未然に防止する措置を執り、クラブ活動中の生徒を保護すべき注意義務を負うものというべきである。」と述べている（最判平成18年3月13日、判タ1208号85頁）。この裁判の争点は、教員の予見義務は社会通念に照らした平均的スポーツ指導者としての認識で足りるのかという点にあった。これについて、最高裁は、文献の存在を前提とする科学的知見を根拠とする予見義務を求めている。

　顧問教員だけではなく、校長の注意義務違反を認めた裁判例として、熊本地判昭和45年7月20日、判時621号73頁、新潟地高田支判平成9年1月30日、判時1633号124頁などがある。

　なお、近年、部員数の減少や教員の負担などを背景に、合同部活動を進めたり、外部の指導を導入する動きが進められている。2017年には新たに部活動指導員制度が導入された（学校教育法施行規則第78条の2）。部活動指導員は、校長の監督を受けて技術的な指導に従事する。実技指導や学校外での活動（大会・練習試合など）の引率などを行い、部活動の顧問になることもできる。部活動指導員の指導が原因となって事故が発生した場合、誰がどのような責任を負うのか、今後問題となることが予想される。

(5) 授業開始前、休み時間、放課後における事故

　教員は職務上の義務として安全配慮義務を負っているものの、教育活動のすべての時間とすべての場所で義務を履行することを期待することはできない。このため、判例・通説は、学校における教育活動及びこれと密接不離な関係にある生活関係に限っており、授業開始前、休み時間、放課後に発生した事故については、事故の発生が予測される特別な事情がある場合を除き、教員の注意義務及び範囲を限定している。

　部活動が行われている時間に起きた事故について、前掲の最判昭和58年2月18日は「課外のクラブ活動が本来生徒の自主性を尊重すべきもの

であることに鑑みれば、何らかの事故の発生する危険性を具体的に予見することが可能であるような特段の事情のある場合は格別、そうでない限り、顧問の教諭としては、個々の活動に常時立会し、監視指導すべき義務までを負うものではないと解するのが相当である。」と述べている。

授業開始前に発生した事故について、「その義務の範囲も学校における教育活動及びこれと密接に関連する学校生活関係に限られるべきものであり、特に教育活動上は在外的危険というべき生徒間事故において校長及び担任教諭の具体的な安全配慮義務が生ずるのは、当該事故の発生した時間、場所、加害者と被害者の年齢、性格、能力、関係、学校側の指導体制、教師の置かれた教育活動状況などの諸般の事情を考慮して、何らかの事故が発生する危険性を具体的に予見することが可能であるような場合に限られるというべきである。」と述べる裁判例がある（仙台地判平成20年7月31日、判時2028号90頁）。

(6) 特別支援学校、特別支援学級における事故

特別支援学校は、視覚障害者、聴覚障害者、知的障害者、肢体不自由者または病弱者に対して、幼稚園、小学校、中学校または高等学校に準ずる教育を施すとともに、障害による学習上または生活上の困難を克服し自立を図るために必要な知識技能を授けることを目的として設置されている（学校教育法第72条）。また、知的障害者、肢体不自由者、身体虚弱者、弱視者、難聴者などが学校などに在籍する場合には校内に特別支援学級を置くことができる（同第81条）。

特別支援教育実施前に発生した事故ではあるが、休み時間中に発生した自閉症児の転落負傷事故について、「心身障害児学級の担任として、学校における教育活動及びこれと密接不離な生活関係に関する限り、障害を持つ児童一人一人の行動の特質に対し日頃から注目し、自ら危険行為に出るおそれのある児童については、かかる結果の発生を回避すべく十分な指導や配慮をすべき義務があると解される。」と述べる裁判例がある（東京地八王子支判平成20年5月29日、判時2026号53頁）。

(7) 施設・設備の瑕疵に基づく事故

体育館の天井、プールの飛込み台や取水口・排水口、競技の審判台や練習場などの施設・設備の瑕疵が原因で事故が発生することがあり、裁判になった例も多い。

瑕疵については、日常利用する生徒の判断能力や行動能力、使用方法や利用状況、危険回避のためにとられた措置、それぞれの施設・設備の位置関係などを総合的に考慮して判断される。

中学校の校舎内の廊下で、同級生に手を引っ張られて転倒して受傷した事故について、以前に同様の事故が起きていたこと、現場の湿潤な状況に適した床材が用いられていなかったこと、文部科学省の指針や研究報告を踏まえながら、「本件現場の廊下が中学校生徒の多様な行動を踏まえた転倒防止対策が施されたものとはいえず、本件現場の廊下は通常有すべき安全性を備えていなかったといわざるを得ない。」と述べる裁判例がある（福岡高判平成 25 年 12 月 5 日、判時 2217 号 45 頁）。

(8) 製造物の欠陥に基づく事故

小学校の児童が、給食の食器（商品名「コレール」）を床に落下させ、割れた破片により受傷した事故について、学校側の責任を否定した上で、製造会社に製造物責任を認めた裁判例がある。「コレールが割れた場合の危険性について、消費者が正確に認識し、その購入の是非を検討するに当たって必要な情報を提供していないのみならず、それを使用する消費者に対し、十分な注意喚起を行っているものとはいえない。以上より、コレールには、破壊した場合の態様などについて、取扱説明書等に十分な表示をしなかったことにより、その表示において通常有すべき安全性を欠き、製造物責任法第 3 条にいう欠陥があるというべきである。」（奈良地判平成 15 年 10 月 8 日、判時 1840 号 49 頁）。

【参考文献】文中で引用したもののほか

喜多明人・森田明美ほか『逐条解説子どもの権利条約』（日本評論社、第1版、
　　2009年）

畑村洋太郎『危険な学校』（潮出版社、初版、2011年）

堀井雅道「学校保健安全法における学校現場の役割と課題」（『季刊教育法』第
　　160号、2009年3月）

学校安全問題会編『災害共済給付の手引』（ぎょうせい、初版、2007年）

独立行政法人日本スポーツ振興センター『学校の管理下の災害（令和4年版）』
　　（2022年）

宮島繁成「スポーツ事故と災害共済給付制度」（『日本スポーツ法学会年報』第
　　17号、2010年）

伊藤進・織田博子『実務判例解説学校事故』（三省堂、初版、1992年）

浪本勝年ほか『教育判例ガイド』（有斐閣、初版、2001年）

6
教育情報の公開・開示

I　教育情報とは

　教育情報に明確な定義があるわけではないが、大きく分けて、教育機関である学校が保有する「学校教育情報」と、教育行政機関が保有する「教育行政情報」がある。それぞれの役割および権限に応じて、情報の収集・利用目的も異なり、情報の種類も異なるが、いずれにおいても個人情報の他、学校管理、運営に関する情報などが存在している。こうした情報へのアクセスは、子どもに関する情報であれば、日常的には、学校現場において、教育その他を通じてなされることが好ましいが、制度的にこれを求めることもできる。自己の個人情報であれば、個人情報保護法を使って開示請求をすることになるし、一般の教育情報であれば、公立学校の場合、情報公開条例を使って開示請求（または公開請求）をすることになる。その場合、行政機関または実施機関は、教育委員会とされることから、学校教育情報も、教育委員会を通じて開示または公開されることになる。

II　学校が保有する教育情報

　学校は、子どもが学校に入学、転入学、編入学することに伴って、その保護者や子どもに関する情報を保有することとなる。その学校に在籍しているという情報や異動の情報、子どもの氏名や住所はもちろんのこと、家族構成、通学路等の基本情報から、その他家庭環境や生育歴に関する情報、身長や体重を含む心身の成長・健康情報、面談・相談に関する情報、出欠に関する情報、成績を含む教科等の教育に関する情報、部活動や児童会・生徒会活動等の特別活動に関する情報、生活指導に関する情報、場合によっては思想や信条に関する情報に至るまで、広範囲に及ぶ多様な個人情報である。

　また、学校は、学校運営にかかる情報も多く保有している。その中には、学則や学校要覧など、一般に容易に見ることのできる情報もあれば、

財産及びその管理に関する情報、教職員の職務、勤務及び人事に関する情報、組織運営に関する情報、職員会議等の会議録、外部とやりとりをしたメールや文書及びその写し、そのやりとりの記録、電話や来談者の記録等、外部への開示が必ずしも予定されていない情報もある。もちろん、その中には、それ自体個人情報であったり、個人情報が記載されていたりすることもある。

　こうした情報を保有されるに至った経緯に着目をして分類すると、学校において教職員等が作成した情報（作成文書または情報）、そして、子どもや保護者、当該学校以外の機関から取得した情報（取得文書または情報）がある。また、教育情報の中には、法令で定められている情報もあり、作成が義務づけられているものがある（学校教育法施行令31条およびこれに基づく学校教育法施行規則24条1項に定められている「指導要録」、同規則25条に定められている「出席簿」）。また、学校教育法施行規則28条では、これらを含む学校で必ず備えていなければいけない表簿についての定めがあり、保存期限とともに規定されている。

　文書管理の仕方に着目してみると、これらの情報が「紙」として保管されていることもあれば、データとして保管されていることもある。また、学校としてキャビネットやフォルダに保管しているものもあれば、教職員がそれぞれに管理しているものもある。学校における情報化は、教育において情報機器の導入は図られており、文書作成や作成文書の管理、メールの送受信などはパソコンを通じてサーバーでなされることも多い。

III　教育情報と子どもの権利

1　私事をみだりに公開されない権利と教育情報

　以上のような教育情報に関して、子どもは、個人情報保護と関連して、次の権利を有している。まず、古典的意味でのプライバシーの権利である。人は、私生活の自由があり、のぞき見られず、暴露されず、一人にし

ておいてもらう権利がある。こうしたプライバシーの権利が、憲法13条に基づくものであること、そして、司法上の救済の対象とされることは、すでに東京地裁昭和39年9月28日判決（判時385号12頁／下民集15巻9号2317頁「宴のあと」事件）において明らかにされている。子どもも、かかるプライバシーの権利を有することは明らかであり、子どもの権利条約も、16条で、「いかなる子どもも、その私生活、家族、住居若しくは通信に対して恣意的に若しくは不法に干渉され又は名誉及び信用を不法に攻撃されない。」とし、その保障について規定している。

　学校は、教育情報として、子どもに関してたくさんの私事に属する個人情報を有しており、子どものプライバシーを守らなければいけない学校として、これをみだりに公開するようなことがあってはならない。学校から、子どもの私事にかかる個人情報が漏洩しないことについては、情報セキュリティ上、さらにこれを取り扱う教員の法律上または契約上課される守秘義務により守られているといってよいが、他方で、公立学校の場合、教育情報は、自治体情報公開条例に基づく開示請求の対象となっており、これに対しては、「情報公開請求であっても、個人情報は原則として開示しない」ことを内容とする個人情報不開示規定が、こうした意味でのプライバシーを保護するしくみとなっている。

2　自己情報コントロール権と教育情報

(1) 自己情報コントロール権という考え方

　学校における個人情報がみだりに公開されないということとともに、子どもは、学校が保有している自分自身の個人情報に対して、一定の権利を有している。「私事をみだりに公開されない権利」は、古典的意味でのプライバシーの権利と呼ぶのに対して、この権利を、「自己情報コントロール権」ともいい、現代的プライバシーの権利と理解されている。

　この権利は、現代社会では、自己の個人情報が、自らの支配領域を超えて、情報として収集、管理されるようになり、他者が保有している個人情報をコントロールできなければ、憲法13条で保障される人格権を保持で

きないという現実及び考え方から認められるようになったものである。他者が保有している個人情報へのアクセスが予定されるので、能動的積極的側面を有しているが、基本的には防御権（自由権）としての内実を持つものと理解できる（学説上異論あり）。

(2) 自己情報コントロール権の具体的保障

ア　法的根拠

　こうした自己情報コントロール権としてのプライバシーの権利の保障は、立法的に整備されてきている。1980年のOECDの「プライバシー保護と個人データの国際流通についてのガイドラインに関する理事会勧告」を契機として、自治体の個人情報公開条例の制定が進み、各自治体の条例と法律で規定されていたが、現在では、個人情報保護法の改正の結果、2023年4月以降は、個人情報保護法の主要部分が自治体にも適用されることになり、基本的に同法に基づくこととなった。なお、現代的プライバシーの権利について、司法上の救済の対象になることを認めた判例として、平成15年9月12日の最高裁判決がある。

イ　自己情報の開示等請求権

　法制度としては、自己情報コントロール権を保障するしくみとしては、個人情報法護法に基づいて判断することになる。まず、本人の権利としての自己情報の開示等請求権である。子ども（または法定代理人または本人の委任による代理人）は、教育委員会を行政機関として、自己の個人情報の開示、訂正（追加及び削除を含む）、利用停止を求めることができる。

　個人情報保護法は、請求に対する開示義務（78条）を定めており、開示請求（76条）にかかる個人情報は、例外として定められた不開示規定に当たらない限り、原則として本人に開示される。訂正請求（90条）は、開示決定を受けた個人情報を対象とすること、事実の誤りを対象とする場合であることには留意する必要がある。なお、削除は、概念的には訂正とは別であるが、追加とともに訂正請求に含まれている。また、利用停止請求

（98 条）は、不正な取得・利用、および後述の目的外利用・提供に違反がある場合に対応している。

　もっとも、個人情報の開示等は、常に、法律に従った正式な手続で（教育委員会を行政機関としたルートで）、行われなければならないわけではなく、日常的な学校における教育関係または教育活動の中で、子どもの個人情報を、当該子どもや当該子どもの保護者に対して、柔軟にこれを提供または開示していくことに支障はなく、むしろ好ましい。

ウ　自己情報コントロールを「保証」するしくみ

　ところで、学校等が保有する個人情報は、多数、多種類、多様な形に及ぶため、自己情報をコントロールできるといっても、これらすべてについて、逐一、開示を求め、訂正、利用停止を求めることは現実的ではない。また、何の規律もなければ、個人情報は無制限に利用され、いつの間にか思わぬところで知られているということとなり、その不安に人は萎縮することになる（人格権侵害）。そこで、現代社会において、人が自由にその人格を発展させるために、個人情報保護のしくみにおいて、個人情報について、自己情報コントロールを「保証」するしくみが用意されている。個人情報取扱いのルールである。

　理念的にいえば、まず、行政機関等が個人情報を収集する際には、原則として本人から収集する（本人収集原則）。そして、その際、収集目的を本人に明示することとし（収集目的の明示）、個人情報の利用は、原則として、この収集時の目的に従ってなされ、それ以外には利用しない（目的拘束）というしくみである。ただし、個人情報保護法は、収集については不正な手段を用いて取得してはならないとするにとどまり（64 条）、本人外収集については緩やかである。また、取得の際に、直接本人から書面でなされる場合に、本人に示される目的も変更可能な利用目的とされる（61 条、62 条）など、そこまでの厳格性は求めていない。

エ　子どもの最善の利益と個人情報の利用──情報共有と個人情報保護

　さまざまな問題について、多機関連携、多職種連携などの必要があっ

て、子どもの最善の利益を図るために、学校の中で組織的に情報を共有したり、学校と他の機関が情報を共有したりすることがあるが、その場合には、情報を得る側からすると本人外収集、情報を渡す側からすると目的外利用・提供（第三者提供）に当たり、いずれも、上記の原則に対する例外に当たることから、逆にこの法律の例外のしくみをうまく使うことが求められる。

　たとえば、個人情報を利用するには、本人の「同意」が必要であるとされるが、それもこのしくみにおける例外のひとつである。「同意」以外の例外の規定は、個人情報保護法では、利用及び提供については、69条2項に規定されており、①法令の定める所掌事務又は業務の遂行に必要な限度で保有個人情報を内部で利用する場合であって、当該保有個人情報を利用することについて相当の理由があるとき、②他の行政機関等に保有個人情報を提供する場合において、保有個人情報の提供を受ける者が、法令の定める事務又は業務の遂行に必要な限度で提供に係る個人情報を利用し、かつ、当該個人情報を利用することについて相当の理由があるとき、③本人以外の者に提供することが明らかに本人の利益になるとき、その他保有個人情報を提供することについて特別の理由があるとき等が挙げられている。

オ　子どもの個人情報の開示と保護者

　親等の保護者は、子どもの養育および教育に対して第一義的責任を負っており（日本国憲法26条2項、児童福祉法2条2項、教育基本法5条1項、10条1項、子どもの権利条約18条1項）、基本的には、法定代理関係にも立っている。

　旧行政機関個人情報保護法が、法定代理人を含む代理請求を規定して以降（12条2項）、自治体条例においても、代理請求を採用する傾向にあり、その後、個人情報保護法も同様の規定を設けたことから、保護者からの子どもの個人情報に対する請求は、法定代理人によるものとして当然に認める傾向にある。もっとも、法定代理関係であったとしても、利益相反関係に立つ場合があり、法は、かかる場合を想定して不開示規定でこれを手当

てしている（78条1項1号）。これに対して、法定代理関係は当然に個人情報の請求関係に適用されるものではないこと、また、過去の自治体の条例では、利益相反関係を、請求の窓口では容易に把握できないことを踏まえ、代理請求を原則として認めず、子ども本人の請求を原則とする例もあった。いずれにせよ、個人情報保護法制度において、法定代理人による請求が認められるのは、法律や条例で請求者として規定したことによる結果であることを踏まえ、かつ、子どもの権利条約12条も踏まえて、子どもの成長と発達に応じて、子どもの意見を尊重する運用が望まれるところである。

　他方で、子どもが学校事故やいじめなどで死亡した場合、法定代理関係がなくなることから、逆に、保護者であるからといって当然に請求することはできなくなる。また、個人情報保護法が、個人情報を、「生存する個人に関する情報」（2条1項）としていることからも、保護者が当然に請求できないということも想定できる。しかし、そうした場合、保護者が、子どもの養育および教育に対して第一義的責任を負う親権者または近親者であることを踏まえ、保護者自身の個人情報と考えられるべきである（「社会通念上、請求者の自身の個人情報と見なせるほど、請求者と密接な関係にある情報」については、請求者の個人情報とすべきで、亡くなった子どもにかかる「死者の個人情報」はこれに当たる）。

3　教育情報の公開と提供

（1）教育情報の知る権利と情報の提供

　子ども、親等の保護者は、教育を受ける権利（憲法26条）の保障のために、学校が保有する教育情報（学校教育情報）や、教育委員会が保有する教育情報（教育行政情報）について「知る権利」を有している。また、2000年4月より学校評議員制度、2004年より学校運営協議会制度が導入され、地域住民の学校運営への参画の仕組みを制度化したとされており、（以前から地域連携をしていた学校もあるが）これを背景として、地域住民もまた学校運営に関わるものとして、これら教育情報を知ることについて利

害を有している。こうした学校や教育行政に権利を有し、利害を有する子ども、保護者、地域住民等に対しては、それぞれの権利や利害を背景として、また、学校の説明責任を背景として、それぞれのテーマに即して、より詳しい教育情報の提供がなされるべきである。

(2) 教育情報の公開と情報公開

　他方で、教育情報を公開させるしくみとしては、公文書または行政文書一般に対応した情報公開のしくみを利用することとなる。文部科学省が保有する行政情報であれば、行政機関情報公開法、国立大学法人が保有する法人文書であれば独立行政法人情報公開法、そして、公立学校の保有する公文書であれば、教育委員会を実施機関とする形になるが、各自治体の情報公開条例に基づいて公開を求めることになる。

　情報公開のしくみは、知る権利の保障を背景として、個人情報保護と同様、自治体条例が先行する形で制度化が進められてきたもので、この場合、知る権利は、表現の自由との関係で説明されることが多い（表現の自由（報道の自由）は、国民の知る権利を保障するためのものであり（最高決昭和昭和44年11月26日）、その国民の知る権利を具体的に保障するためのしくみが情報公開のしくみである）。これに対して、1999年に制定された行政機関情報公開法は、知る権利を明示せず、情報公開請求権の根拠を、国民主権の理念から導き、説明責任と公正で民主的な行政の推進を目的に置いた。

　いずれにせよ、何人にも情報公開請求権があることを明示したこと、請求に対して開示義務を定め、原則公開制を規定したことに変わりはない。このしくみの特徴は、請求者が誰であるか、どういう目的で請求しているかを一切問わず、もっぱら、特定の人を想定せずに、情報の性質上、一般に不開示規定に当たらなければ、請求にかかる文書を開示することで、結果として、あらゆる人に開示することとなり、もって公開の実質を持つところにある（一般公開）。不開示規定は、法律や各条例で規定の仕方が異なるが、個人情報、法人情報、安全支障情報、審議検討情報、事務事業執行支障情報などがある。例外となる不開示規定の解釈は、公開が原則である以上、厳格限定的でなければならず、たとえば、「私事をみだりに公開

しない」という意義を持つ個人情報の不開示規定の解釈において、記載内容から個人の識別性が問題となることがあるが、その場合も、一般人を基準に識別可能かどうかが問題となり、原則として、特定の範囲で識別されるだけでは識別性があるとはいえないと解釈するのが通例である（この場合、「特定の個人を識別することはできないが、公にすることにより、なお個人の権利利益を害するおそれがあるもの」との条文で処理する解釈が定着してきている）。この点は、いじめ防止対策推進法に基づく重大事態の調査報告書を、一般に公表する際に、どこまで「黒塗り」するかという点とも関わっているということは気にとめておく必要がある。

Ⅳ　教育情報に対する権利の保障のしくみ

1　教育情報の開示・公開の前提としての文書の存否

　自己情報開示請求にせよ、情報公開請求にせよ、対象情報が開示・公開されるためには、情報が記載されている文書が存在していることが前提となる。存在しない場合、文書不存在を理由として請求が棄却され、開示・公開されないことになる。

　普通、文書不存在という場合、物理的に「ないもの」と漠然と考えるが、いろいろな形があることには留意する必要がある。まだ存在していない、かつて存在していたという時間軸も大切である。すなわち、「まだ存在していない」という場合、①時間的に、未取得、未作成という場合の他、②取得義務があるのに取得、作成していないという場合がある。また、「かつて存在していた」という場合、③文書を廃棄したということを意味する。①の場合は、取得や作成の見通しを示す必要があるであろうし、②の場合、要件がそろえば、損害賠償請求の対象となる。③も、文書保存年限を基準としつつ、恣意的に廃棄をしたということになれば、同様に損害賠償請求の対象となる。近年では、国が、2009 年に公文書管理法を制定し、自治体に対しても法律にのっとった施策を促しているが、公文

書管理条例を制定している自治体はまだまだ少ない。同法は、文書の作成義務を定め、整理、保存、廃棄等のルールを定めるものであり、自治体においてもその趣旨は当然に踏まえられるべきである。

ところで、文書不存在には、法解釈上の不存在というものもある。すなわち、法律または条例で定義する「公文書（または行政文書）」に当たらないという場合である。かつて、情報公開条例や個人情報保護条例において、対象となる文書について、一定の文書手続（決裁・供覧手続）を経たものを文書とする自治体もあったが、国の法律以降、文書は、「職員が職務上作成し、又は取得した文書、図画及び電磁的記録（電子的方式、磁気的方式その他人の知覚によっては認識することができない方式で作られた記録をいう。……）であって、当該行政機関の職員が組織的に用いるものとして、当該行政機関が保有しているもの」（組織供用文書）とするのが一般的である。これにより、ほとんどのものが、対象文書になったといっていいが、その場合でも、職員が手控えでつくっているメモ、職員が会議録を作成するためにもっぱら個人としてとっておいた録音などは、対象文書に当たるかどうかは争われるところである。

さらに、文書の存否にとって、文書の特定も重要である。開示・公開請求をする際、請求者は、当然のことながら、対象文書を見て請求することはできない。文書の管理の仕方は、一般の人にとって独特のものであり、求める情報が、何という文書で、どこに、そしてどのような形で保管されているかを知ることは容易ではない。請求者は、「○○に関する情報一切」と記載するのが精一杯である。こうした請求に基づいて、行政機関等では、対象を特定することになるが、この特定を誤ったとき、同様に、文書が不存在となる。文書特定の誤りによる文書不存在の争いは多く、実施機関は細心の注意を配る必要がある。特に、限られた場所だけを探索して文書を特定しなかったり、請求者の意図を理解せず、全く違う文書を特定していたり、廃棄されていると思った文書の写しが他に保管されていたりなど、問題になる場合はさまざまである。いずれにせよ、故意はもちろん、過失で特定に誤りがあり、不存在とした場合に、要件がそろえば、損害賠償請求の対象となり得ることには留意する必要がある。

2 情報公開・個人情報保護特有の救済のしくみ

　開示請求が拒否された場合、いうまでもなく、これを、直ちに、裁判手続で争うことができる。訴訟の形としては、不開示を内容とする申請拒否処分の取消訴訟、さらには、開示を求める義務づけ訴訟が典型である。上に述べた不存在を内容とする拒否処分の場合は、特定の誤りによる不存在や法解釈上の不存在を念頭に置きつつ、取消訴訟等を提起した上で、物理的に不存在が明らかになった場合、損害賠償訴訟（国家賠償訴訟）に訴えを変更することがあり得る。

　ところで、不開示決定がなされた場合、行政不服審査法に基づいて、行政不服申立てをすることができる。不服申立てがなされた場合、実施機関は、第三者機関である不服審査会（国は、情報公開・個人情報保護審査会という名称を用いており、この名称を採用するところも多いが、情報公開と個人情報を分ける場合もある。また行政不服審査法に基づいて設置されている行政不服審査会が審査に当たる場合もある）に、実施機関の決定の妥当性を諮問し、その答申を得て、不服申立てに対する決定を行うというものである。実施機関の決定を、第三者的に審査をすること、対象文書そのものを直接に見分して審査（インカメラ審理）できるところに特徴があり、開示されるまでは実施機関しか見られない対象文書の審査にとって重要な意味を持っている。また、最高裁が、裁判におけるインカメラ審理を消極に解したこともあり（平成21年1月15日最高決）、裁判官が対象文書を見ずに審査を行うこととなる裁判手続に対しても優位性を持っている。

V　教育情報の開示・公開にかかる具体的場面

1　教育情報の提供

　教育情報は、公立学校の場合、学校が保有している以外に、学校を直接に所管している教育委員会が保有している場合がある。これら教育情報

について、個人情報保護法や情報公開条例に基づいて請求をするとなると、教育委員会を行政機関または実施機関としているのが通例であることから、いずれの場合でも、これを教育委員会に請求し、教育委員会から開示等を受けることになる。しかし、子どもや保護者と学校は、日常的な教育関係にあることから、できるだけ広く、学校を通じて、情報提供されることが好ましい。また、少なくとも情報公開は、上で述べたように、一人の者に開示したら、あらゆる者に開示することを原則としているしくみであることを踏まえ、個人情報開示請求でも、すでに開示をした実績を踏まえ、一旦公開したものは、特別な手続を経ることなく、提供をしていくとりくみは進められるべきものである。

　たとえば、相当以前から東京都では内申書の各教科の学習の記録の数字を中学校長が、生徒の保護者に通知する制度を導入しているし、公立高校入試について、1990年に神奈川県、1991年に横浜市がそれぞれ制度的に受験生本人に得点を開示することにしたこと等はこうしたとりくみとして評価される。

　出欠席、成績評価、進級・卒業判定等に関する基準は、教務内規として定められている。子ども一人一人の成績とその評価は、個人情報に当たるが、評価に当たって適用される基準自体は、個人情報ではなく、情報公開請求の対象である。ただし、これらは、子どもの学習権保障に直接関係するもので、情報公開請求を待つまでもなく、原則的に公開されている必要があり、学校は求められれば提供すべきものである。退学・停学等の基準と処分手続を定める懲戒内規についても同様である。

2　指導要録・内申書の本人開示

(1) 指導要録

　「学習及び健康の状況を記録した書類」（学校教育法施行令31条）は、学校備え付け原簿である指導要録（学校教育法施行規則24条、28条1項4号。以下、学校教育法施行規則は「規則」という）にまとめられ、長期間保存される（規則28条2項）。指導要録は教科指導等の資料としての性格と外部

証明の原簿としての性格をもっているとされている。

　指導要録は、指導資料として学内のみならず進学先の学校に写しが送付されたり、外部証明資料として警察や家庭裁判所の求めに応じて写しの交付や内容の報告がされたりしている。こうした提供は、提供を求める根拠もさることながら、提供する側としては、個人情報保護の例外としての提供（第三者提供）に当たることから、個人情報保護法の規定にのっとった取扱いが必要である（なお、指導要録の進学、転学先への送付は、規則24条2項および3項を根拠とした法令に基づく提供となる）。また、指導要録の記載に誤りがあったり、恣意的で偏った記述があったりすると、進学・転学先の学校や警察・家庭裁判所の取り扱い上、不利益を受けるおそれがある。

　1990年ころから、豊中市、川崎市、長野県等で、指導要録の開示請求があいつぎ、大阪の箕面市個人情報保護審査会は1992年3月に全面開示すべきとの答申を出し、同年6月箕面市教育委員会は全国の自治体ではじめて指導要録の全面開示を決定した。また川崎市個人情報審査会も同年10月に指導要録の全面開示および内容訂正に道を開く画期的な答申を出し、同市教育委員会はその答申を受けて1993年2月に制度として指導要録を開示する方針を決定し、同年5月はじめまでで112件が新たに全面開示された（『朝日新聞』1993年5月9日朝刊）。この川崎市に続き、現在では全国各地で指導要録の全面開示が行われるようになり、開示の実績が積み重ねられている。

　その後、西宮市内申書・指導要録非開示処分取消事件において、大阪高裁は、指導要録のいわゆる所見欄について、後述の内申書とあわせて、すべて開示すべきとの画期的判断を示した。この判決は、全国各地で指導要録の全面開示の実績が積み重ねられていることを踏まえ、教育における個人情報保護の意義を重視した的確なものであった。ところが、最高裁（第3小法廷）は、2003年11月11日、大田区指導要録非開示処分取消事件において、原審が所見欄には「児童等に開示することを予定せずにその評価等がありのままに記載されているから、これを開示すると、当該児童等の誤解や不信感、無用の反発等を招き、担任教師等においても、そのよう

な事態が生じることを懸念して、否定的な評価についてありのままに記載することを差し控えたり、画一的な記載に終始したりするなどし、その結果、指導要録の記載内容が形骸化・空洞化」するとした判断を正当なものとして是認する判決を下した（判時 1846 号 3 頁／判タ 1143 号 214 頁）。

　この最高裁判決は、全国各地で指導要録の全面開示の実績が積み重ねられていることを理解しようとしない、個人情報保護の時流に反する不当な判断であるといわざるを得ない。そもそも、指導要録は、指導の蓄積の記録であり、進学・転学先に送付する指導に関する記録であり、子どもの成長・発達、進学を教育的に保障する学校が作成するものであり、所見欄に、これを損なうような恣意的・一方的な評価を記載することは教育のあり方として誤りである。当該児童・生徒の誤解や不信感、無用の反発等が生じるとすれば、それは所見欄の記載内容そのものに問題があるからにほかならない。また、教師は、教育の場において児童・生徒や保護者に教育的な働きかけを行うのであり、そのなかで、児童・生徒に対する教師の評価は伝えられなければならないし、これが適切に行われていれば、所見欄の開示を行ったとしても何らのトラブルは生じないはずである。指導要録の全面開示は、指導要録のあり方を運用するとともに、指導要録のかかる意義を踏まえ、この最高裁判決にかかわらず、むしろ進められるべきである。

(2) 内申書

　内申書は、指導要録に基づいて作成されることが通例であり、法規上の正式名称は「調査書」（規則 78 条）である。内申書は、入学者選抜にあたって、試験当日の学力検査だけの一発勝負的な結果による弊害をやわらげ、平常の評価をも判定の資料に加えることを目的として導入された。内申書は、1966 年、文部省（当時）が「選抜にあたっては、調査書を十分に尊重すること」という通達を出してから、内申書が公立高校選抜の資料として重い比重を占めるようになった。内申書の記載事項は都道府県によって異なるが、成績評価以外に出欠の記録、健康、性格行動の記録などの記載欄を有する書式が圧倒的である。内申書は、本来、指導要録以上に、子

どもの進学権保障の意義があると思われるが、教師の主観に基づく実際の欠席理由、病歴の記載、問題行動および部活動の態度不良などの記述から、その生徒の公立校入試への道が閉ざされる危険性があり、その実例も全国各地から報告されている。

　具体的な事案としては、いわゆる「麴町中内申書裁判」に関する文書提出命令申立事件で内申書の公正性と公開の是非が議論となったことが嚆矢_{こうし}であるが、1991 年 2 月 28 日に高槻市個人情報保護審査会が高槻市個人情報保護条例に基づき高校に提出される調査書を全面的に開示すべきとの画期的な答申を下した。その結果、全国的に条例による自己情報開示が注目されるに至った。その後も各自治体の同種審査会において、調査書開示答申がいくつも出されるに至っている。

　上記の高槻市内申書非開示処分取消事件において、大阪地裁は、1994 年 12 月 20 日、「調査書不存在通知の処分性は認めるが、調査書の原本が高校に送られて存在しないので、非開示処分取消請求は却下する。しかし総合所見を除く学習の記録などは、高校への願書提出までに開示することが可能であったのに、開示決定をしなかったことは違法であり 5 万円の国家賠償すべきである」との判決を下した（判時 1534 号 3 頁／判タ 883 号 148 頁）。

　その後、西宮市内申書・指導要録非開示処分取消事件において、大阪高裁は、1999 年 11 月 25 日、内申書・指導要録のいわゆる所見欄（教師が主観的な評価を記入する欄）についても、「教育上なされる評価は、……たとえ、それが教師の主観的評価・判断でなされるものであっても、恣意に陥ることなく、正確な事実・資料に基づき、本人及び保護者からの批判に耐え得る適正なものでなければならない」、「自己の評価等を知ることを本人が希望しているのに、右記載を開示すれば教師との信頼関係が破壊されるなどといって開示を拒む根拠となり得ない」などとして、これを開示すべきとの画期的な判決を下した（判タ 1050 号 111 頁）。この判決後、指導要録に関して最高裁判決が下され（最判平成 15 年 11 月 11 日、民集 211 号 451 頁）、この判決の先例的意義はいささか低下することとなったが、内申書開示の流れはもはや定着したものといえよう。

3 学校事故・いじめに関する報告書等

(1) 学校事故報告書

学校は学校事故・体罰・いじめ事件について、学校事故といえる事案については、「学校事故等報告書」を作成し、教育委員会に提出している。停退学の懲戒処分についても同様である。これらの報告書は、学校が作成し、報告先の教育委員会に原本が、報告元の学校にその写しが公的な記録として保管されることから、客観的事実を知る記録であるとともに、記載内容（記載されない事実を含む）によっては、その後の対応等に遺漏が生じるなど、被害者や当事者となっている子どもにとって事実上の不利益を与える可能性がある。個人情報として開示請求するケースも各地でみられる。

(2) 学校及び学校設置者といじめに関する記録

また、2013 年にいじめ防止対策推進法（以下「推進法」という）が制定され、その実施に際して、学校等で、作成、取得する記録は重要である。推進法が、学校または教育委員会などの学校設置者が、いじめ重大事態に当たる場合について、組織を設けて調査を行うことを義務づけており、その調査の結果には再調査が予定されていること踏まえると、学校および学校設置者には、その時点で適時適切な情報管理、文書管理にとどまらず、適切な文書作成が求められる。

記録が発生する（はずの）契機を順に追っていくと、①いじめに係る相談または通報を受けたときの記録（推進法 23 条 1 項）、②いじめと思われる事実を確認した際の記録（23 条 2 項）、③いじめを受けていると思われる場合の学校から教育委員会等へのいじめの事実の有無の確認の報告（23 条 2 項）、④教育委員会がいじめと思われる事案を自ら調査した記録（24 条）、⑤いじめが確認された場合の事案への対処の記録（23 条 3 項、4 項等）、⑥いじめが犯罪行為として取り扱われるべきものと判断したときの警察への通報の記録（同 6 項）、⑦いじめが学校間に及ぶ場合の学校相互の連絡の記録（27 条）等が、いじめの発生に関わって発生することとなる。

いじめに関わって資料となる記録は日常的に作成等される記録の中にも多く存在している。推進法制定以降、いじめに関するアンケートをとる工夫などがなされ、Q-U（Questionnaire-Utilities）や hyper-QU を実施しているところもあり、参考となる資料であり記録である。いじめは、これを受けた子どもの心身の苦痛が決め手となることから、保健記録（来室者記録、保健日誌、保健相談記録等）、スクールカウンセラー相談記録、「連絡帳」といった子どもと教師の間の記録等も参考になることがある。また、いじめ事案は、学校内の関連委員会（「学校いじめ防止等対策組織」、「生徒指導委員会」、「教育相談委員会」など）で討議がなされるはずであり、学級編成資料を含め、その際の資料や議事録も重要な記録である。また、担任等が作成する週案、教務手帳、その他メモ（聴き取り時のメモなども含む）などがある。なお、こうした中には、組織共用性がなく公文書（行政文書）に当たらないものもある。

(3) 第三者調査委員会等の記録

　さらに、推進法は、いじめを受けた子どもの生命、身体もしくは財産に重大な被害が生じた疑いのある場合（28条1項1号）、または相当の期間、欠席に至った疑いのある場合（28条1項2号）を重大事態として、学校または学校の設置者は、組織を設けて調査するものとするとし（同1項本文）、いわゆる重大事態調査について規定している。

　いわゆる第三者調査委員会が立ち上げられた場合は、上述の記録が、調査の用に供されることになり、それ自体またはその写しが第三者調査委員会の管理する記録となる。なお、上述の過程で、公文書に当たらないいわゆる「メモ」が発生することがあるが、調査に当たっては重要な資料であり、公文書に当たるかいなかにかかわらず、第三者調査委員会としてはその提出を求める必要がある。作成時には、公文書（行政文書）に当たらないこれらのメモも、第三者調査委員会が取得した時点で公文書（行政文書）として取り扱われる。

　第三者調査委員会には、こうした取得文書の他、第三者調査委員会独自の記録（取得文書、作成文書）が生じる。たとえば、調査は、質問票その

他の適切な方法により行うとしており（28条1項）、①子どもたちに対するアンケートなどの調査票の回答が収集されることとなり、②子どもその他関係者への聴取りが行われた場合には、聴取りの記録が作成されることになる。また、③調査結果は、「いじめ重大事態調査報告書」（以下、「調査報告書」という）としてまとめられるのが通例で、その結果は、当該自治体の長に教育委員会を通じて報告される。長は、これに対して、再調査をすることができるとしており（30条1項）、④再調査に伴う調査の記録や結果報告者は、調査の場合と同様に、当然に作成されることになる。

　なお、委員会の審議の過程を記録した議事録は、第三者調査委員会調査には再調査が予定されていること、また「経緯も含めた意思決定に至る過程並びに当該行政機関の事務及び事業の実績を合理的に跡付け、又は検証することができるよう……文書を作成しなければならない」とする公文書管理法4条の趣旨に照らしても、できる限り逐語に近い形で作成し、残すことが重要である。

(4) いじめに関する記録の取扱い

　以上のようないじめに関する記録について、たとえば、第三者調査委員会が、学校や学校設置者から取得するという場合、これらが個人情報に該当すれば、本来の利用目的と異なる利用（目的外利用）または提供に当たる。個人情報保護法上は、69条2項2号の法令に基づく利用と一応考えられるが、個々に検討を要する場合もある。たとえば、第三者調査委員会の報告書を、被害当事者に提供する場合、いじめに関わった者の氏名等が個人情報であることを理由に、「黒塗り」（一部不開示）の形で提供されることがある。しかし、被害当事者への報告書の提供は、個人情報保護法上、自己情報の開示ではなく、69条2項の「提供」に当たり、推進法に基づいて国が策定した「いじめ防止等のための基本的な方針」（以下「国・基本方針」という）において、「調査により明らかになった事実関係（いじめ行為がいつ、誰から行われ、どのような態様であったか、学校がどのように対応したか）について、いじめを受けた児童生徒やその保護者に対して説明する」とあることを踏まえると、個人情報保護法69条2項4号の「個

人情報を提供することについて特別の理由があるとき」として、黒塗りをすることなく提供されるべきであろう（基本方針で、「いたずらに個人情報保護を楯に説明を怠るようなことがあってはならない」とするのはこの意味である）。

　また、こうした記録は、公文書（行政文書）に当たり、学校等に、保管義務があることはいうまでもなく、必要かつ十分な保存期限を過ぎるまで、廃棄することは許されない。なお、すでに述べたとおり、公文書（行政文書）は、決裁、供覧等の文書手続を経た文書だけを指すのではなく、報告をまとめるために使用されたメモであるとか録音等も組織共用性があれば、原則として、公文書（行政文書）に当たると考えてよい。なお、上述のとおり、作成時には、組織共用性がなく公文書（行政文書）に当たらないメモも、第三者調査委員会が取得した時点で公文書（行政文書）として取り扱われるとしたが、こうした公文書管理上の取扱いは、メモの作成や提出に抵抗感を与えるものとなるが、公文書管理法4条の趣旨が踏まえられるとともに、（個人情報保護、情報公開における）開示請求の対象とはなるが、不開示規定の該当性（個人情報保護法であれば、78条1項7号本文）にかかる開示の可否の問題としても考慮する必要がある。文書作成が抑制されるようなことがあってはならない。

　ところで、こうして作成、取得され、保管されているいじめにかかる情報の開示等について、推進法は、特段の定めを設けている。いじめが発見された場合に、いじめの事案にかかる情報を双方の保護者と共有するための措置を講じなければならない（推進法23条5項）とし、重大事態についても、調査にかかる重大事態の事実関係等その他の必要な情報を、いじめを受けた児童、保護者に、適切に提供する（推進法28条2項）としている。もちろん、提供の方法の問題は残るが、自己情報開示請求等を待つことなく、いじめへの対応のあり方の問題として、情報提供が法定されていることを踏まえた適切な運用が望まれる。

　なお、関連して、第三者調査委員会において、子ども等から聴取を行う際に、「開示しないこと」を約束して聴き取りが行われることがある。不開示の約束が、開示請求に対して優先される規定は、個人情報保護法に

は、（法人情報を定める 78 条 1 項 3 号ロを除いて）存在しておらず、こうした約束は何ら根拠を持たないものであることは十分踏まえられるべきである（せいぜい、「誰が発言したかをわからないように報告書で工夫する」程度である）。もっとも、聴取録は、それ自体、開示請求の対象になりうるものであるが、個人情報保護法 78 条 1 項 7 号本文の、開示することによって、「その他当該事務又は事業の性質上、当該事務又は事業の適正な遂行に支障を及ぼすおそれがあるもの」に該当するとして不開示になる可能性が高い。

(5) いじめ重大事態調査報告書と公開

第三者調査委員会が作成する調査報告書は、再発防止も目的として作成される。したがって、報告書には、事案に対する学校の対応とその検証が記載され、その内容について、公開され、広く共有される必要がある。他方で、いじめにかかる事案は、その性質上、子どもに関する情報、子どもの人間関係に関する情報、子どもの間で起こった事実など、広く関係する子どもの個人情報でもある。そして、事実が明らかにならなければ、対応の検証も生かされないという意味で、それは学校の対応と不可分の部分もある。個人情報保護に重きを置き、不開示部分が多くなる傾向があるが、この場合、情報公開条例の不開示規定である「個人情報」の不開示規定の解釈の水準に従うべきである。たとえば、個人情報該当性の要件である個人識別性であるが、一般に識別できなくても、関係者にとって識別できるという場合がある。非公開と判断されがちであるが、情報公開条例の解釈水準では、識別性は、一般人基準であることを踏まえるべきである。

4　職員会議議事録

学校の意思決定の方法、過程、内容を示す公文書である。各地で当該学校の生徒・親を中心にして公開請求がなされ、個人のプライバシー保護などの理由で非公開とされるものもあるが、徐々に公開される部分が増えてきている。古いデータであるが、1993 年 5 月 9 日の『朝日新聞』によれ

ば、これまでに部分公開を含めて公開している自治体は24自治体にのぼる（参考：浪本膳年「大和市・職員会議録開示の意味」中野区『準公選だより』1993年6月2日第51号）。

ただ、学校教育法施行規則（48条）が、職員会議を、法的位置づけ、機能ともに、縮小して明記したこととも相まって、職員会議録がとられなくなったり、その記載が簡略化されたりする傾向にもある。職員会議に限らず、校内の委員会等の議事録は、情報の開示の前提でもあり、「学校における経緯も含めた意思決定に至る過程」として、公文書管理法の趣旨も踏まえて、適正に作成されるべきである。

5　教育行政情報の公開

教育委員会は、教育関係審議会の会議録をはじめ、教職員人事・学校施設・教育予算・各種統計等に関する書類や、所管学校から出される学校運営関係資料に至るまで、幅広い教育行政情報を保有している。

教育行政情報の公開問題については、箕面市教育委員会会議録閲覧等請求事件（大阪地裁昭和55年9月24日判決《判時992号32頁／判夕422号68頁》）で、会議公開に準ずる教育委員会審議録の閲覧・謄写権を認める画期的な判決が出されている。次に、統計情報について、福岡県の住民が、県立各高校別中途退学者数と原級留置者数を記載した公文書の公開を求めたことに対し、県教育委員会が非開示処分としたことが取消訴訟となり、福岡地裁は、本件非開示処分は条例に定めるいずれの非開示事由にも該当せず違法だとして取消判決を下した（平成2年3月14日《判例地方自治69号29頁》。控訴審は福岡高裁平成3年4月10日判決で結論同旨《行集42巻4号536頁》）。この判例は、情報公開条例における教育行政情報の公開の可否に関するはじめての判示といえる。

今後、行政機関情報公開法により、主に文部科学省が保有する国レベルの教育行政情報についても公開請求に伴う問題が生じてこよう。

6　情報連携と個人情報保護の問題

(1) 学校と警察の情報連携とその問題

　文部科学省は、2002 年 5 月 27 日付の警察庁生活安全局少年課長通知「学校と警察との連携の強化による非行防止対策の推進について」を受けて発した同日付の通知「学校と警察との連携の強化による非行防止対策の推進について」において、学校と警察との、よりいっそうの連携の強化をはかる必要性を強調した。すなわち、学校警察連絡協議会（いわゆる学警連）等の場が、かたちだけのものとして具体的な非行防止対策に役立っていないケースもみられることから、学警連等の場を一般的な情報交換の場に留めず、より実質的な連携の場として、具体的な事案対応等の活動を協力して推進してゆくことが重要である、としたのである。

　これを受けて、自治体における教育委員会と警察とのあいだで情報連携に関する協定を締結する動きが全国の地方自治体に広がった。こうした情報連携は、個人情報保護の観点からすると、法律または条例（当時）に基づく個人情報保護のしくみにおける例外的取扱いの問題であり、協定を結ぶことに妨げはないとしても、協定が法律または条例に優先することはあり得ない。また、警察は、「一律でなければいけない」という理由で、協定の変更を許さない傾向にあるが、当時、個人情報保護条例は自治体ごとに異なっていることを踏まえると、許されない対応であった。

　個人情報保護法制上は、教育委員会が警察に情報を提供する場合は、例外としての提供に当たり、教育委員会が警察から収集する場合は、やはり例外としての本人外収集に当たる。個人情報保護法 69 条 2 項 3 号は、「他の行政機関、独立行政法人等、地方公共団体の機関又は地方独立行政法人に保有個人情報を提供する場合において、保有個人情報の提供を受ける者が、法令の定める事務又は業務の遂行に必要な限度で提供に係る個人情報を利用し、かつ、当該個人情報を利用することについて相当の理由があるとき」を例外として認められる提供に挙げており、法 64 条が、個人情報の取得について、「偽りその他不正の手段により個人情報を取得してはならない」とするにとどまっていることから、こうした情報共有の許容度は

高まったといえる。

　いずれにせよ、例外的取扱いは、本人への通知がなされれば別であるが、本人の知り得ないところで行われ、開示等請求の機会を奪うことにもなる。本来異なる目的と論理を持った機関の情報連携においては、情報を共有する共通の目的となるところが必要であり、その目的の範囲で情報共有がなされるべきであろう。

(2) 児童虐待防止と情報連携

ア　児童虐待防止と子どもの情報の共有の枠組

　厚生労働省が毎年発表している「児童相談所での児童虐待相談対応件数」は、統計を取り始めて以降、増加の一途をたどっており、最新の統計においても、過去最高を更新している。児童虐待死に関する痛ましい事件報道もなお続いており、児童虐待を防止し、早期に発見し、迅速に対応することは、子どもの権利保障上、われわれ社会の取り組むべき喫緊の課題である。

　2000年に児童虐待防止法が制定され、従来の児童福祉法の対応に加えて、児童虐待防止等対策が整備された。また、児童虐待防止等対策には、多機関連携が必要であることから、2004年の児童福祉法改正により、教育委員会を含む関係諸機関で構成される要保護児童対策地域協議会（以下「要対協」という）が法定されるに至った（児童福祉法25条の2）。要対協の設置は自治体の努力義務であったが、以降、ほとんどの自治体で設置されるに至り、対象も、被虐待児童を含む要保護児童の他、要支援児童、特定妊婦に拡大し、市町村の要対協の調整機関を中心に「気になる子ども・家庭」、「妊婦」に関して、多機関での情報共有の枠組は整ったといえる。

イ　児童虐待の早期発見と「通告」

　児童虐待の早期発見にとって、病院の他、子どもが日常的に生活をする保育園、幼稚園、小中学校、高校その他学校の役割は大きい。児童虐待を受けたと思われる子どもを発見した者は、何人であっても通告しなければ

ならないが、実際上、子どもと多く接する機関からの通告は、児童虐待を早期に発見する上では重要な意義を持っている。しかし、学校等において虐待を疑われる事例を、学校が、市町村の調整機関や児童相談所に通告することを、保護者との信頼関係などを理由に躊躇する向きもあり、文部科学省も、「児童虐待防止に向けた学校における適切な対応について（通知）」（2004年1月30日。15初児生第18号）、「学校等における児童虐待防止に向けた取組の推進について」（2006年6月5日。18初児生第11号）をはじめとして、数次にわたって通知を出している。

　児童福祉法は、要保護児童を発見した者に対して、市町村や児童相談所等への通告義務を定め（児童福祉法25条）、さらに、児童虐待防止法は、児童虐待を受けたと思われる児童を発見した者に対して同様の通告義務を定め（児童虐待防止法6条1項）、児童福祉法25条1項の通告とみなすとしている。学校の教職員等について、「児童虐待を発見しやすい立場にあることを自覚し、児童虐待の早期発見に努めなければならない」（児童虐待防止法5条1項）とした上で、通告に関しても、（地方公務員法等）法律上課されている守秘義務が、通告をする義務の遵守を妨げるものと解釈してはならない（児童虐待防止法6条3項）として、教職員等の通告の重要性について念を押し、また、（関係機関からの通告にとどまらず、）通告を受けた児童相談所等に、「通告をした者を特定させるものを漏らしてはならない」（同7条）として、通告の環境を整えている。

　通告が文書でなされる場合には（個人情報保護法2条1項1号）、個人情報保護法制上は、通告は、個人情報の提供にあたり、通告を受ける行政機関としては、本人外収集に当たると考えられるが、たとえば、学校等から児童相談所等への提供については、法令上の根拠（児童福祉法6条1項、児童福祉法25条1項）があり、個人情報保護法69条2項3号に該当し、本人外収集は、不正な手段による取得に当たらないことから同法64条に該当し、個人情報保護法上もその適法性に疑義は生じることはない。

ウ　要保護児童対策協議会における学校情報の共有と個人情報保護

　また、学校が保有している子どもおよび保護者等の情報の共有につい

て、児童福祉法は、要対協の構成メンバーに守秘義務を課した上で（25条の5）、「協議会は、……要保護児童等……に関する情報その他要保護児童の適切な保護又は要支援児童若しくは特定妊婦への適切な支援を図るために必要な情報の交換を行うとともに、要保護児童等に対する支援の内容に関する協議を行うものとする」（25条の2第2項）としている（「要保護児童等」には、要保護児童の他、要支援児童、特定妊婦が含まれる）。

　さらに、「協議会は、……情報の交換及び協議を行うため必要があると認めるときは、関係機関等に対し、資料又は情報の提供、意見の開陳その他必要な協力を求めることができる」（児福法25条の3）とし、児童虐待防止法で、学校等およびその教職員等を含めた専門機関、専門職は、「市町村長、都道府県の設置する福祉事務所の長又は児童相談所長から児童虐待に係る児童又はその保護者の心身の状況、これらの者の置かれている環境その他児童虐待の防止等に係る当該児童、その保護者その他の関係者に関する資料又は情報の提供を求められたときは、当該資料又は情報について、当該市町村長、都道府県の設置する福祉事務所の長又は児童相談所長が児童虐待の防止等に関する事務又は業務の遂行に必要な限度で利用し、かつ、利用することに相当の理由があるときは、これを提供することができる。」（13条の4）と規定している。

　要保護児童等にかかる個人情報の共有は、要対協で情報交換される枠組とともに、要対協に対して、学校等およびその教職員等を含めた専門機関、専門職が直接に情報を提供し、要対協がこれを取得するしくみを整えており、個人情報保護法上も、通告の場合と同様、これを許容するしくみが整えられている。なお、要対協の枠組ではないが、市区町村の調整機関への個人情報の提供については、要支援児童等につき、学校や学校の教職員を含む専門機関、専門職からの提供を根拠づける規定も整えられている（児福法21条の10の5）。

　こうしたしくみは、個人情報保護制度の下では、学校等を含む者が、情報を要対協または調整機関等に出す場合には、利用目的に沿った利用及び提供の原則（目的拘束）の例外としての「提供」に当たり、要対協から学校等が情報を得る場合は、同様に例外の「本人外収集」となるが、いずれ

も、この場合は、通告の際に述べたように、個人情報保護法上も根拠があり、許容されることに疑義はない。いずれにせよ、個人情報保護のしくみは、個人情報を保護すると同時に、情報の取扱いのルールを定めるものであることを踏まえ、適切に情報の共有が図られるべき場面である。

エ　要保護児童等に関する自己情報の開示

　なお、要対協の調整機関や児童相談所が保有する子どもや保護者等の情報に対して、個人情報保護法を利用して、保護者等から開示請求がなされることがある。開示することにより、「当該事務又は事業の性質上、当該事務又は事業の適正な遂行に支障を及ぼすおそれがある」（個人情報保護法78条1項7号）ことなどを理由として、不開示とされることが多いが、ケースワーク等の必要から、その内容を、適時、適切な方法で知らせることに妨げはない。

　また、児童相談所により子どもが一時保護された場合、児童相談所での様子等が、要対協またはその構成機関である教育委員会に知らされなくなることがある。事案にもよるが、学校でのいじめとも関わっている場合、調査のための重要な情報である場合もあり、児童福祉法25条の2第2項に従って適切に情報交換がなされるべきである。

7

障害のある子どもの権利
―― 学校生活をめぐって

I　はじめに

　障害者権利条約（平成26年批准）は、障害のある子どもの権利（7条）を規定している。これは、子どもの権利条約が、障害による差別を禁じ（2条）、また障害のある子どもの権利を規定したこと（23条）を受け、これをより明確にしたものである。子どもであることに加え障害があることによって、学習権や遊ぶ権利も含め、同世代の子どもたちと共に成長する権利は侵害されやすく、人権の主体であることも軽んじられがちである。障害者権利条約は、障害のある子の意見表明権に、子どもの権利条約にはない、意見を表明するに当たり、障害や年齢に適した支援を提供される権利も規定している（7条3項）。障害のある子どもの権利は弱くもろく、支援の提供が不可欠だからである。

　さらに、障害者権利条約は、障害者の人権尊重の一般原則として、尊厳、非差別、多様性の尊重、機会均等等と同列にインクルージョン（和訳は「包容」とされているが、包括もしは共生の方がふさわしい）をかかげ、あらゆる権利・自由は、障害のある人もない人も共に、分け隔てなく生活する中で実現されなければならないと規定する（3条）。そして、障害のある人（子ども）の教育を受ける権利は障害のない人と等しく保障されなければならないとし、これを実現するためにはインクルーシブ教育が保障されなければならないとしている（24条）。

　インクルーシブ教育についての定義は、権利条約には規定されていないが、2016年発表された「インクルーシブ教育を受ける権利に関する一般的意見第4号」によると、以下のように定義される。

　「インクルーシブ教育は以下のように理解されるべき。
　1　すべての学習者の基本的人権である。
　2　全ての生徒が自分らしくあり、障害のある生徒の固有の尊厳と自律を尊重し、効果的に社会に参加し、貢献できる存在であることを原則とする。

3 教育以外の人権を実現するための手段であること。貧困から脱し、地域社会に完全に参加する手段を得ること、すなわち、インクルーシブな社会を実現するために主要な手段であること。

4 インクルーシブ教育を実現する過程で、全ての生徒に配慮し、インクルードすることによって、通常学校の文化、方針及び実践を変革することを伴うもの。」(一般的意見パラグラフ9)

　インクルージョンとは人権の一般的原則であり、よって教育におけるインクルージョンは、個々人の人権として保障されたものであり、教育の特性から、個々人が自分らしくあり、またすべての権利の手段ともなるものであり、さらに学校文化の変革を伴うものと規定されたものである。

　障害者のあらゆる権利の一般原則であるインクルージョンを教育の場面でどのように権利として保障していくかが問われている。特に日本の場合は、障害児教育は場所の分離を伴う特別支援教育として実現してきた歴史が長く、場所を統合した上で合理的配慮と支援を提供するインクルーシブ教育への転換は遅々として進まず、障害者権利条約批准後も特別支援教育が拡大している。これに対する条約批准国としての日本に対する国際監視も強まっている。

II　障害児の教育を受ける権利

1　国際社会における取組の歴史

(1) ノーマライゼーションからインクルージョンへ

　障害者の権利や利益は、長く障害ゆえに保障されず、保障されたとしても障害のない人とは別の場所や施設でようやく実現するという時代が続いた。これに対し、1950年代から北欧を中心にノーマライゼーションが提唱され、障害者を施設に隔離せずに、一般社会でできるだけ普通に(ノー

マルに）近い生活が提供されるべきであるとされてきた。また、1954 年、アメリカ合衆国においては黒人に対する分離教育が差別であることが連邦裁判所において確定され、障害者政策においても障害を理由に一般社会から強制的に排除することは差別であるとの認識が広まった。これらは、統合を意味するインテグレーション、包括・共生を意味するインクルージョンとして発展し、2006 年、障害者権利条約において障害者の人権の一般原則として認知された。

(2) 国際障害者年に発表された世界行動計画（1981 年）（医療モデルから社会モデルへ）

　国連は、1981 年を国際障害者年と定め、行動計画を公表した。この行動計画は、「障害者を排除した社会は弱くもろい社会だ」と宣言したように、排除を排し、そのために、障害の定義そのものを見直すものだった。従来、障害とは、個人の疾病もしくは欠損ととらえられていた（医学モデル）が、1980 年、世界保健機関（WHO）は「国際障害者分類試案（ICIDH）」を公表し、疾病・変調→機能障害→能力低下→社会的不利（ハンディキャップ）を惹起するという関係を示した。いわゆる障害の社会モデルである。これによって、障害は個人の責任ではなく、社会の完全参加のために努力するべきは障害者ではなく、社会の在り方によって障害者に不利益を与えている社会が変化しなければならないということに明確な論理的根拠を与えることとなった。その後 2001 年、WHO はこれを改訂し、「国際生活機能分類（ICF）」を公表した。これは先の機能障害等の要素に環境因子を加え、それぞれの要素が相互に作用する関係として位置づけた。

　これは障害者権利条約の障害の定義に引き継がれた。

(3) 児童の権利に関する条約（子どもの権利条約）（国連採択 1989 年、日本批准 1994 年）

　子どもの権利条約は、障害児に対し別項を設けて以下のごとくに規定している。

> 子どもの権利条約 23 条
>
> 1　締約国は、精神的又は身体的な障害を有する児童が、その尊厳を確保し、自立を促進し及び社会への積極的な参加を容易にする条件の下で十分かつ相応な生活を享受すべきであることを認める。
>
> 3　障害を有する児童の特別な必要を認めて、2 の規定に従って与えられる援助は、父母又は当該児童を養護している他の者の資力を考慮して可能な限り無償で与えられるものとし、かつ、障害を有する児童が可能な限り社会への統合及び個人の発達（文化的及び精神的な発達を含む）を達成することに資する方法で当該児童が教育、訓練、保健サービス、リハビリテーション・サービス、雇用のための準備及びレクリエーションの機会を実質的に利用し及び享受することができるように行われるものとする。

(4) 障害者の機会均等に関する基準規則

　1992 年障害者行動計画の期限切れに伴い発表された「障害者の機会均等化に関する基準規則」は、より明確に、「統合された環境での教育」への責任を明記した。

障害者の機会均等化に関する基準規則 6：教育

　「政府は障害を持つ児童・青年・成人の統合された環境での初等・中等・高等教育機会均等の原則を認識すべきである。……

　1、教育全般を担当する当局が統合された環境での障害を持つ人の教育に責任を負うべきである。……

　2、普通学校での教育は通訳者や他の適切な支援サービスを前提とする。多様な障害を持つ人のニーズを満たすためのアクセシビリティと支援サービスが提供されるべきである。

　……

　6、普通学校において障害を持つ人に教育的設備を提供するために、政

府は

 (a) 学校の内外で理解され受け入れられる明確な方針を持たなければならない。

 (b) カリキュラムの柔軟性・追加・変更を許容しなければならない。

 (c) 質の高い教材、継続的な教員研修、補助教員を提供しなければならない。

 7、統合教育と地域に根ざした計画は障害を持つ人に対費用効果の高い教育と訓練を提供するお互いに補完するものと見なされるべきである。全国的な地域に根ざした計画は、障害を持つ人に地元での教育を提供するために、地域社会がその資源を利用し、開発するのを奨励すべきである。」

(5) サラマンカ宣言

 1994年、ユネスコは、「特別な教育ニーズを有する子供は、そのニーズに見合った教育を行えるような子ども中心の普通学校にアクセスしなければならない。インクルーシブな方向性を持つ学校こそが差別的な態度と闘い、喜んで受け入れられる地域をつくり、インクルーシブな社会を建設し、万人のための教育を達成するためのもっとも効果的な手段である」との宣言を発表した（サラマンカ宣言）。

(6) 障害者権利条約（2006年国連採択、2014年日本批准）

ア　障害の定義の根底に人権を置いたこと（「社会モデル」から「人権モデル」の提唱）

 国際社会は、障害者の完全な社会参加を実現するために、まずは障害とは何かに取り組み、1980年以降、個人の疾患もしくは機能障害とする「医療モデル」を否定し、社会との関係で生じる不利益であるとする「社会モデル」に転換した。それは障害者権利条約において明確に引き継がれているが、その根底には、他者（健常者）と比較して社会的因子によって不利益を与えられている、ということを一歩越えて、そもそも障害とは、「あるがままの状態」を社会が容認しないことによる不利益であるとする、よ

り障害者の人権保障を基調とする「人権モデル」の視点が盛り込まれている。権利条約は「その心身があるがままの状態で尊重される権利を有する」（17条）との規定を設けているが、障害とは個性であり、その個性を「あるがままの状態」として尊重されることは権利であり、この権利が侵害されている状態が障害であるということになる。

　障害を「人権モデル」で理解することは、障害者の地域生活を支える介護・福祉を権利として捉えること、及び教育の分野において、より重要となる。障害者が地域生活や教育の主体としてあるがままの状態でこれを実現するには、社会との関係で生じる不利益については合理的配慮を提供しつつ、これだけではすべてをカバーすることはできない。障害を個性であると認め、この状態のままでいることが尊重され、これを矯正も排除もしないこと、そのためには障害を「人権モデル」として捉える必要があるのである。

イ　合理的配慮の不提供は差別であると規定したこと

　障害者権利条約は、障害に基づく差別を禁止し（5条）、障害に基づく差別を以下のように定義している。

> 「障害に基づく差別とは、障害に基づくあらゆる区別、排除又は制限であって、政治的、経済的、社会的、文化的、市民的その他のあらゆる分野において、他のものとの平等を基礎として、全ての人権及び基本的自由を認識し、享有し、又は行使することを害し、又は妨げる目的又は効果を有するものをいう。障害に基づく差別には、あらゆる形態の差別（合理的配慮の否定を含む）を含む。」（障害者権利条約2条）

　区別、排除、制限が差別であることは、人種差別撤廃条約、女性差別撤廃条約と同文である。障害の場合には、これに加えて、合理的配慮の不提供が差別であると規定されたことである。その根拠となるのが、障害の定義である。障害の定義は観念的なものではない。権利条約が規定する、障

害のある人の権利や自由・利益を実現することに社会的障壁があるときはこれを取り除く義務が社会にあり、だからこそ、これの不提供は差別であるとされたのである。たとえば、視覚に障害のある子が授業で不自由に感じるのは、目が見えないからではなく、墨字の教科書という社会的障壁による不自由である。合理的配慮として点字の教科書が提供されることによって社会的障壁は乗り越えられ、差別なく、ともに学ぶ権利が実現しうる。

ウ　インクルージョンを人権として規定し、教育をインクルーシブ教育として保障するべきとしたこと

　障害者権利条約は、一般原則にインクルージョンを掲げ（権利条約3条）、加えて教育において、以下のようにインクルーシブ教育について詳細に規定した。

障害者権利条約24条

1　締約国は、教育についての障害者の権利を認める。締約国は、この権利を差別なしに、かつ、機会の均等を基礎として実現するため、障害者を包容するあらゆる段階の教育制度及び生涯学習を確保する。……

2　締約国は、1の権利の実現に当たり、次のことを確保する。

（a）障害者が障害に基づいて一般的な教育制度から排除されないこと及び障害のある児童が障害に基づいて無償のかつ義務的な初等教育から又は中等教育から排除されないこと。

（b）障害者が、他の者との平等を基礎として、自己の生活する地域社会において、障害者を包容し、質が高く、かつ、無償の初等教育を享受することができること及び中等教育を享受することができること。

（c）個人に必要とされる合理的配慮が提供されること。

（d）障害者が、その効果的な教育を容易にするために必要な支援を一般的な教育制度の下で受けること。

（e）学問的及び社会的な発達を最大にする環境において、完全

> な包容という目標に合致する効果的で個別化された支援措
> 置がとられること。

　以上のように、子どもの権利条約および障害者権利条約は、障害のある子どもの教育はインクルーシブ教育でなければならないとし、障害のある子とない子が共に学ぶことを原則とするべきであるとしている。

(7) インクルーシブ教育に関する一般的意見の公表（2016年）

　国連障害者権利委員会は、2016年8月、教育権24条についての「一般意見」をとりまとめた。ここでは、先述のごとくインクルーシブ教育を定義し、かつ、障害のある人々がインクルーシブ教育へのアクセスを妨げられている障壁の第1の要因として、障害は個人的な損傷ではなく、コミュニティや社会の中の障壁こそが障害のある人々を排除するということが理解されず、かつ提供されていないことを挙げている。障害理解こそがインクルージョンの要である。

2　日本における取組の経緯──特殊教育から特別支援教育へ

(1) 学校教育法の制定

　すべての子どもは等しく教育を受ける権利（憲法26条）を有しているのであり、これは障害のある子にとっても例外ではない。ただし、1947年に施行された学校教育法は、障害がある子どもの教育を受ける権利について、障害の種類と程度によって特殊教育を施すものとし、都道府県に設置される盲聾養護学校に振り分けることとし、都道府県にただちに設置義務を課すことはできないので、この間は「就学猶予」「就学免除」により対応することとされてきた。

(2) 養護学校義務化──都道府県の養護学校設置が義務化

　1972年学校教育法制定当時、全国の都道府県に養護学校等の設置を義務付けるのは財政的に負担が大きいとの判断で、この条項については実

施が先送りされ、1979 年まで見送られてきた。これがいよいよ義務付けられることになり、今までは養護学校が地域にないからという理由で地域の学校に行けていた子どもたちが地域の学校に行けなくなる、ということも意味した。これは、従来は就学猶予等で就学の機会を剥奪されていた子の就学の機会を保障するという面においてはようやく法的にも義務教育の全員就学が制度的に整ったことになり一歩前進であったが、養護学校が出来たことによって普通学校に行けなくなることに対しては大きな問題を生むことになった。

これに対し、共に学ぶことを求めた多くの障害者たちが全国的に運動を展開したものの、分離別学として整備された学校教育の基本構造は維持された。

すでにこの頃は、1981 年国際障害者年を踏まえ、国際社会においては、分離は差別であり、障害者を排除することは弱くもろい社会である、との障害者行動計画が発表され、障害のある子もない子も共に学ぶべきであるとの方向性が示されていたのであり、この時期に逆に分離別学体制を完全化したという意味で日本の障害児教育に大きな課題を残すことになった。

(3) 就学時健診による振り分け

学校教育法施行令は、制定時から障害の種類と程度によって就学先を振り分けてきたのであるが、その振り分けは学校保健安全法が規定する就学時健康診断によってなされてきた。すなわち、6 歳の就学年齢に達した秋になされる就学前の健康診断である。

就学時健康診断においては、①栄養状態、②脊柱および胸郭の病気および異常の有無、③視力および聴力、④眼の病気および異常の有無、⑤耳鼻咽頭の病気および皮膚の病気の有無、⑥歯および口腔の病気および異常の有無、⑥その他、知能、循環器、呼吸器、消化器、神経系について（知能障害、結核、心臓の病気など）検査するとされている（学校保健安全法施行規則 3 条）。

なお、就学時健康診断については、自治体の実施は義務的であるが、これを保護者が子どもに受けさせること自体は義務として明記されていな

い。このため、養護学校への措置を強制されないよう保護者らとこれを支援する市民らは、就学時健診を拒否し、障害の状態を行政に把握されない運動を展開した。しかし、健診は年々若年化し、今や、ゼロ歳児健診から地域の子どもたちの障害の状態は健診によって把握されているのが実態である。

(4) 特殊教育から特別支援教育へ

学校教育法は、健常児の教育を普通教育、障害児の教育は特殊教育と二本立てで規定してあり、明らかな分離別学体制であった。しかし前記の国際社会の流れを受けて、日本の障害児教育も少しずつ手直しを重ね、2002年には、一部の障害児を例外的に通常学級で学べるようにする認定就学児制度を設け（学校教育法5条等）、また同年、就学先判断に専門家の意見を聞くことを制度化した（学校教育法18条の2）。その中で一番大きな改革は、2007年に施行された特殊教育から特別支援教育に転換であった。

特殊教育は、障害のある子の教育を盲聾養護学校という場で分けてきたが、これを特別支援学校という名称に統一し、またそれまでは通常の小中学校には障害のある子どもは就学していないということを前提としてきたが、小中学校にも特別支援を必要とする障害のある子どもが存在することを法的に認めた。これは従来、障害とは意識されてこなかった発達障害児を意識したものではあるが、この改正により、少なくとも、通常学級での個別支援が可能となった。

またこの時の改正で、初めて就学手続きに保護者の意見を聴取するということが義務付けられることになった（学校教育法施行令18条の2）。

(5) 障害者権利条約批准に伴う国内法整備

障害の種類と程度によって障害児と健常児を分離別学にすることは、明らかに障害者権利条約の規定するインクルーシブ教育に抵触する。よって権利条約を批准する際にはこの点について国内法を整備しなければならなかった。

ア 障害者基本法の改正

〈目的の変更〉

　障害者基本法の目的として、全ての施策は、「障害の有無によって分け隔てられることなく、相互に人格と個性を尊重し合いながら共生する社会を実現するため」（障害者基本法1条）に総合的かつ計画的に推進することが目的とされた。

〈障害の定義を社会モデルに転換〉

　障害の定義を個人の欠損および機能障害とする医学モデルから社会との関係によって生じる不利益であるとする社会モデルへと転換した。

　「身体的障害、知的障害、精神障害（発達障害を含む）その他の心身の機能に障害がある者であって、障害及び社会的障壁により継続的に日常生活又は社会生活に相当な制限を受ける状態にあるものをいう」（障害者基本法第2条）。

〈教育条項にインクルーシブ教育の視点を導入〉

　教育条項においても、「可能な限り障害者である児童及び生徒が障害者でない児童及び生徒と共に教育を受けられるよう配慮しつつ、教育の内容及び方法の改善及び充実を図る等必要な施策を講じなければならない」（同16条1項）とされた。

〈子ども本人と保護者の意向尊重〉

　さらに、上記の目的を実現するために「障害者である児童及び生徒並びにその保護者に対し十分な情報提供を行うとともに、可能な限りその意向を尊重しなければならない」（同条2項）と規定した。

イ 学校教育法施行令の改正――就学先手続きの改正

〈総合的判断〉

　学校教育法施行令は、障害の種類と程度によって、障害のある子の学校を振り分け、措置によって強制していたのであるが、これは障害者権利条約が保障するインクルーシブ教育に明確に反するものであり、批准に当たっては、これの国内法整備が必要とされた。2009年から始まった内閣府における障がい者制度改革推進会議においてこの点が論議され、同会議に

おいては、障害のある子とない子の学籍を地域の学齢簿において一元的に取り扱うべきであるとの意見がまとめられた。しかし、学籍一元化は見送られ、2013年、学校教育法施行令の改正によって、障害の状態、支援の内容、地域における教育の体制の整備の状況その他の事情を勘案して総合的に決定されることとするとの改正にとどまった。障害の種類と程度による原則分離別学の就学先決定システムは制度的差別であり、これを個別に、総合的に判断することと改正されたのである。

改正された施行令は以下のとおりである。

「市町村の教育委員会は、就学予定者のうち、認定特別支援学校就学者（視覚障害者、聴覚障害者、知的障害者、肢体不自由者又は病弱者（身体虚弱者を含む）で、その障害が、第22条の3の表に規定する程度のもの（以下、「視覚障害者等」という）のうち、当該市町村の教育委員会が、その者の障害の状態、その者の教育上必要な支援の内容、地域における教育の体制の整備の状況その他の事情を勘案して、その住所の存する都道府県の設置する特別支援学校に就学させることが適当であると認める者をいう。以下同じ）以外の者について、その保護者に対し、翌学年の初めから2月前までに、小学校、中学校又は義務教育学校の入学期日を通知しなければならない。」（学校教育法施行令第5条1項）

〈保護者の意向尊重〉

義務教育の学校指定処分が措置である以上、決定は市町村の教育委員会ではあるが、決定をするにあたり、文科省は、学校教育法施行令の一部改正についての通知（25文科初第655号）（2013年9月1日）を発表し、十分な時間的余裕をもって保護者の意見を聴取し、保護者の意見については可能な限り尊重しなければならないこととした。

ウ　差別解消法の制定

障害者基本法の抜本改正においてもこの趣旨は盛り込まれたが、ただし

一般条項であり、何が差別なのかについては明確な規定を有する法は日本には存在しなかった。よってこれを明確にする法が求められていたのであり、条約批准直前の2013年「障害を理由とする差別の解消に関する法律」（差別解消法）が制定され、2016年から施行された。この法によって、合理的配慮の提供義務は実定法によって強制されることとなった。

III　現行制度について──障害のある子の多様な学びの場

1　多様な学びの場

　以上のように、日本の障害児教育は、分離別学を基本としつつ、国際社会の流れを受け微調整を続けている。その結果、障害児教育の場は一律ではなく、多様なものとなっている。文科省は、障害者権利条約批准を目前にした2012年、「共生社会の形成に向けたインクルーシブ教育システム構築のための特別支援教育の推進（報告）」を発表した。これは、特別支援教育と普通学校での学びの場の垣根を低くし、特別支援教育と通常教育との交流・共同学習、普通学校での通級など多様な場によってインクルーシブ教育システムの構築を目指す、としたものである。

2　通常学級

　インクルーシブ教育は、障害のある子もない子も同じ空間で学ぶことである。義務教育であるならば地域の子たちが通う普通学校の通常学級で普通教育を学ぶことである。

　日本の障害児教育の特徴として、法制度的には分離別学の特別支援教育を基調としつつ、一方で一部の地域ではあるが、フルインクルーシブと言ってもいい教育実践が1960年代から存在していることである。これは関西を中心にあった根深い部落差別に対し、差別のない教室づくりを目指

す過程で、部落だけではなく障害児や外国籍の子どもたちに対する反差別教育として取り組まれてきたものである。これは、地域の全ての子どもたちに学籍を与え、地域・学級の仲間として授業を含む学校生活を提供してきた。このなかで、合理的配慮と命名される以前から、彼らがどのようにしたら授業や校外学習に参加できるかを現場で工夫してきた歴史である。たとえば、肢体不自由な子には移動しやすくなるようエレベーターを設置し、また体育の授業にも参加できるようにルールを変更し、また漢字が読めない子にはルビ付き教科書・テストを用意し、授業中立ち歩く子に対し、無理に着席を求めず見守る中で他の生徒も児童の特性を理解していくことができるようになったこと等々、現場の教師と学校の工夫と教育委員会の理解によって共生共育を実現してきている。これは就学手続きにも影響を与え、地域の小学校で就学前の秋に行われる就学時健診が障害児と健常児との振り分け機能を期待されているのだが、この時に就学時健診の案内と同時に就学通知を発送してしまうという自治体も存する。本人・保護者は希望すれば特別支援学校に行くこともできるのであるが、まずは地域の学校の学籍を保障するということが現行制度においても可能なのである。

　一方で、通常学級への就学・進学が実現したものの、実際には個別的配慮がされないまま放置されている事案も多い。サラマンカ宣言が「教育上の特別なニーズを有する子どもは、効果的な教育を確保するために必要とするいかなる特別な支援も受けられなければならない」とし、障害者権利条約第24条の一般意見（2016年）も「組織、カリキュラム、教授・学習方策といった構造の変革をしないままに主流の学級に障害のある生徒を措置することはインクルージョンではない。」等指摘するとおり、インクルーシブな学校においては、個別的な合理的配慮や支援が実現されてはじめて、障害のある子どもたちの教育を受ける権利ないし学習権（憲法23条、26条）が保障されたといい得るが、現状の30人学級のまま、何ら学校文化の変革を伴わない、ただ場の統合だけではインクルージョンではない。

3 特別支援学校

　特別支援学校は、視覚障害者、聴覚障害者、知的障害者、肢体不自由者又は病弱者（身体虚弱者を含む）に対して、幼稚園、小学校、中学校又は高等学校に準ずる教育を施すとともに、障害による学習上又は生活上の困難を克服し自立を図るために必要な知識技術を授けることを目的として設置されている（学校教育法72条）。特別支援学校には、幼稚部、小学部、中学部、高等部、高等部専攻科があり、入学資格はそれぞれ幼稚園、小学校、中学校、高等学校、高等学校の専攻科に準じている。

4 特別支援学級

　学校教育法第81条第2項は、「小学校、中学校、高等学校及び中等教育学校には、次の各号のいずれかに該当する児童及び生徒のために、特別支援学級を置くことができる。」と規定し、その対象として知的障害者、肢体不自由者、身体虚弱者、弱視者、難聴者、その他障害のある者で特別支援学級において教育を行うことが適当な者としている。

　また、特別支援学級の教育課程は、学校教育法施行規則第138条において、「小学校若しくは中学校又は中等教育学校の前期課程における特別支援学級に係る教育課程については、特に必要がある場合は、第50条第1項、第51条及び第52条の規定並びに第72条から第74条までの規定にかかわらず、特別の教育課程によることができる。」と規定されている。

5 共同・交流教育

　交流教育とは、特別支援学校もしくは特別支援学級在籍の学校（居住地交流）もしくは通常学級（原学級）に籍を置き、授業、行事、手紙などをとおして児童が、地元や日誌の交換などを通じて交流するものである。文科省はこれをインクルーシブ教育の一環と位置付け積極的に推進している。しかし何ら関わりのないことよりはいいかもしれないが、手紙などの

間接交流や年の数回の行事交流ではお客様としか扱われず、共に学ぶ関係を作ることは難しい。その中で、一部の地域では、可能な限り交流時間を増やし共に学ぶ関係を作れるように、たとえば、殆どの時間数を原学級で過ごすとか、或いは教科を決めて交流するとかの取り組みが行われてきた。これに対し、2022年文科省は、授業時間の半数以上の時限を支援学級で特別支援を受けるよう通達を出した（2022年4月27日「特別支援学級及び通級による指導の適切な運用について（通知)」)。

6 通級による指導

通級による指導とは、小・中学校の通常学級に在籍している障害のある子どもに対して、主として各教科等の指導を通常の学級で行いながら、障害に応じた特別の指導を特別の指導の場で行うものである（学校教育法施行規則第140条及び同施行規則第141条）。当初は、言語障害、情緒障害、弱視、難聴などのある児童生徒を対象として行われていたが、2006年度から学習障害児と注意欠陥・多動性障害児も対象となった。在籍校の通級指導教室に通う自校通級と他校のそれに通う他校通級などがある。

IV　就学をめぐるトラブル

2013年学校教育法施行令が改正され、障害の種類と程度によって就学先を一律的に振り分ける制度は廃止され、総合的判断となり、かつ本人・保護者の意向は最大限尊重されると改正されたにもかかわらず、その後も、就学をめぐるトラブルは毎年絶えない。

1 子どもと保護者の意向に反する就学通知に対する対応

就学手続きにおいて、本人・保護者の意向よりも、就学相談担当である教育委員会の指導主事の意向や支援会議による検討結果が優先され、それ

に沿った就学手続きが行われるようなケースが存在する。このような場合には、通園していた保育園・幼稚園の様子や療育や発達支援センターでの支援の情報・主治医の意見等を収集し、保護者の意向とともに教育委員会へ提出する。支援会議前にそのような資料が提出できればいいが、保護者が弁護士に相談してくる段階においては、既に支援会議の判断が出てしまった後の場合が多い。その場合には、支援会議の結論が保護者の意向に沿うものではないことを明確にし、保護者の意向に沿った就学と就学後の支援について協議を求めていくこととなる。

教育委員会の段階で話が止まってしまっている場合には、地域の学校と保護者をつなぐことで、地域の学校への就学の話が進むことがままある。文科省の出している就学の手引きにおいても、就学相談において学校見学や体験入学を行うことが推奨されている。

子どもと保護者の意向に反して、市教委が特別支援学校や特別支援学級への入学を決定し、就学通知がなされた場合には、法的手段によって争うことになる。就学通知は、就学すべき学校との関係において、具体的な就学義務を発生させる命令的行政処分であるから（大阪地裁 1974 年 4 月 6 日決定）、行政不服審査法に基づく審査請求を都道府県教育委員会（以下、「県教委」という）に対して行うことができる（県教委の決定がある場合には文部科学大臣に対して行う）。

また、行政事件訴訟法に基づき、市教委の決定処分・県教委の学校指定処分の各取消訴訟及び希望する学校の就学を行政に義務付ける義務付け訴訟や仮の義務付け申立（同法第 37 条の 5）を提起することができる。

特別支援学校等への就学強制は、子どもの教育を受ける権利および保護者の教育の自由（憲法第 26 条）及び自己決定権（同 13 条）を侵害し、法の下の平等（憲法第 14 条）に反し、障害者権利条約第 24 条に違背するものと考えられる。

その具体的内容としては、隔離・分離からの自由の侵害、地域から排除されず共に学ぶ権利の侵害、保護者の教育の自由の侵害、普通教育保障の侵害、学習権の平等保障の侵害などが考えられ、子どもの権利条約、障害者権利条約、サラマンカ宣言などが参考となる。

2　就学手続きにおける代理人活動

　実際に代理人として就学手続きにかかわる際には、教育委員会の就学相談の担当者（指導主事）とやりとりをしながら、何が本人・保護者の意向尊重の障壁となっているのかを明らかにするとともに、就学決定に向けてどのような手続きが予定されているのかを確認し、1月末の就学通知の発送は確実に期限内に行うよう（学校教育法施行令5条）求めていくこととなる。しかし、教育委員会が強硬に本人・保護者の意向に反した学校指定措置を決定してしまった場合には、就学決定を覆すことは法的措置によらざるを得ず、成長を止めることができない子どもには著しく不利益を与えることになる。このため、法的対抗措置によらず、地域の学校に通うために、本人・保護者の意向を尊重する自治体に引っ越すという事案も出てきている。

　本人・保護者の意向を尊重し、その学習権を保障するためには、教育行政が2013年の制度改正の趣旨を踏まえて自ら運用を転換していく必要がある。

　法的対抗措置には時間がかかり、現在の法体制下では困難な裁判闘争になることが予想される場合であっても、弁護士が代理人に就くことで保護者をエンパワーする必要性は高い。支援会議の結果を尊重しがちな自治体においては、障害のある子どもを持つ親は、就学手続きで「本当に子どものためを考えてください（そうしたら支援学校・支援学級になるはずです）」等といわれ、あなたの子どもはほかの子とは違うのだというメッセージを公権力から突きつけられる。それに反すると「モンスターペアレント」「クレーマー」のようなレッテルを貼られ、親の意向は聞き入れられないことがままある。しかし、地域の学校に通わせたい、友達と遊ぶ時間を持ってほしい、集団の中で成長してほしい、という親の想いは、否定されるべきものではない。子どもの最善の利益の決定は、まずはその子のことを一番よく知っている保護者に委ねられている（子どもの権利条約5条）。

　親の言っていることは非常識なことではなく、今の法制度においては本人・保護者の意向は最大限尊重されなければならず、行政こそがこれまで

の運用を改めるべきである、ということを理を尽くして述べることで、親を孤立させないことも、微力ながら、代理人の役割であろう。

3 障害のある子の幼稚園、保育園入園、普通中学校入学義務付け判決

障害のある子、保護者の希望する入園・入学を認めた、幼稚園、保育園の入園、普通中学校等への仮の入学義務付け決定例、義務付け判決には以下のものがある。

(1) 徳島地裁 2005 年 6 月 7 日仮の入園義務付決定[1]
行政事件訴訟法 37 条の 5 に基づき町立幼稚園への二分脊椎等の障害児の入園を仮に義務付けた決定。町は決定に従い、子どもの入園を正式に認めた。

(2) 東京地裁 2006 年 1 月 25 日仮の入園義務付決定[2]
喉の病気のため気管切開後、たんの吸引等の医療的ケアの必要な子どもが希望した公立普通保育園への入園を拒否した自治体に対し、東京地裁は、行政事件訴訟法 37 条の 5 及び当時の児童福祉法 24 条 1 項に基づき、障害のある子の普通保育園への仮の入園義務付けを決定した。

(3) 東京地裁 2006 年 10 月 25 日入園義務付判決[3]
(2) 事件の本案事件である。子に対し同地裁は、本案判決においても、行政事件訴訟法第 37 条の 3 に基づき入園を義務付ける判決を下し、自治体は控訴することなく判決は確定した。

なお、同事件の原告は仮の義務付決定確定時に入園後、2007 年 4 月からは地域の普通小学校に入学し、同校は子のために看護師を配置した。

1　判例地方自治 270 号 48 頁

2　判時 1931 号 10 頁

3　判時 1956 号 62 頁

（4）奈良地裁 2009 年 6 月 26 日車いすの中学生に普通中学への仮の入学義務付決定[4]

　脳性まひによる四肢機能障害で車いすを使用する子が普通中学校への入学を希望したのに対して、自治体は特別支援学校への進学が適当として普通中学への入学を拒否した。奈良地裁は、当該事案について「普通中学を指定することが教育上のニーズに応じた適切な教育を実施するために最もふさわしい」「何が出来ないか…から判断するのではなく、…何ができるのかという観点から将来の可能性を信じ、生徒及び保護者の意向を踏まえて判断するのが、教育一般の、また、特別支援教育の理念に沿うものである。」としている。

　当該自治体は一旦抗告したものの世論から批判を浴びて抗告を取り下げて子の入学を認め中学 1 年生の 2 学期から普通中学に入学した。その後無事同中学を卒業し、地元の県立高校に進学した。

（5）横浜地裁 2020 年 3 月 18 日及び東京高裁 2023 年 3 月 24 日就学通知処分の取消判決

　ところが、この流れに逆行する判決が出されている。人工呼吸器を使用する児童につき、地域の小学校就学が保護者の意向であったにもかかわらず、市教育委員会は特別支援学校適の判断をなし、県教育委員会が特別支援学校就学決定処分をしたため、その処分の取消しを求め本人・保護者が取消訴訟を提起した事案について、裁判所は、就学決定が市町村の教育委員会の一定の裁量権を有する「定型的行政判断過程」であるとして、重要な事実誤認や社会通念上著しく妥当性を欠くと認められる場合に限り、裁量権の逸脱濫用に当たるとする広い裁量審査を採用し、本件を棄却した。控訴審でもその裁量権は慎重に行使されるべきとの若干の限定は付したが、原審の結論を維持し、障害者権利条約やその総括所見の見解とは逆行した判決が下されている。

4　賃金と社会保障 1504 号 47 頁

Ⅴ　障害者権利条約の日本審査に対する総括所見

　障害者権利条約は、他の人権条約と同じように、数年に一度、締約国に国連の障害者権利委員会に条約の履行状況の報告を求め、権利委員会はこれを審査し総括所見を出す。2022年、権利条約批准後初めて、以下の内容の総括所見が出された。この内容は、特に教育及び地域生活に対し、日本政府に対し誠に厳しいものだった。

教育（第24条）

51　委員会は、以下を懸念する。

　(a) 医療に基づく評価を通じて、障害のある児童への分離された特別教育が永続していること。障害のある児童、特に知的障害、精神障害、又はより多くの支援を必要とする児童を、通常環境での教育を利用しにくくしていること。また、通常の学校に特別支援学級があること。

　(b) 障害のある児童を受け入れるには準備不足であるとの認識や実際に準備不足であることを理由に、障害のある児童が通常の学校への入学を拒否されること。また、特別学級の児童が授業時間の半分以上を通常の学級で過ごしてはならないとした、2022年に発出された政府の通知。

　(c) 障害のある生徒に対する合理的配慮の提供が不十分であること。

　(d) 通常教育の教員の障害者を包容する教育（インクルーシブ教育）に関する技術の欠如及び否定的な態度。

　(e) 聾児童に対する手話教育、盲聾児童に対する障害者を包容する教育（インクルーシブ教育）を含め、通常の学校における、代替的及び補助的な意思疎通の様式及び手段の欠如。

　(f) 大学入学試験及び学習過程を含めた、高等教育における障害のある学生の障壁を扱った、国の包括的政策の欠如。

52　障害者を包容する教育（インクルーシブ教育）に対する権利に

関する一般的意見第4号（2016年）及び持続可能な開発目標のターゲット4.5及び4（a）を想起して、委員会は以下を締約国に要請する。

(a) 国の教育政策、法律及び行政上の取り決めの中で、分離特別教育を終わらせることを目的として、障害のある児童が障害者を包容する教育（インクルーシブ教育）を受ける権利があることを認識すること。また、特定の目標、期間及び十分な予算を伴い、全ての障害のある生徒にあらゆる教育段階において必要とされる合理的配慮及び個別の支援が提供されることを確保するために、質の高い障害者を包容する教育（インクルーシブ教育）に関する国家の行動計画を採択すること。

(b) 全ての障害のある児童に対して通常の学校を利用する機会を確保すること。また、通常の学校が障害のある生徒に対しての通学拒否が認められないことを確保するための「拒否禁止」（非拒否）条項及び政策を策定すること、及び特別学級に関する政府の通知を撤回すること。

(c) 全ての障害のある児童に対して、個別の教育要件を満たし、障害者を包容する教育（インクルーシブ教育）を確保するために合理的配慮を保障すること。

(d) 通常教育の教員及び教員以外の教職員に、障害者を包容する教育（インクルーシブ教育）に関する研修を確保し、障害の人権モデルに関する意識を向上させること。

(e) 点字、「イージーリード」、聾児童のための手話教育等、通常の教育環境における補助的及び代替的な意思疎通様式及び手段の利用を保障し、障害者を包容する教育（インクルーシブ教育）環境における聾文化を推進し、盲聾児童が、かかる教育を利用する機会を確保すること。

(f) 大学入学試験及び学習過程を含め、高等教育における障害のある学生の障壁を扱った国の包括的政策を策定すること。

まず、日本の障害児教育の懸念の冒頭に「医療に基づく評価を通じて、分離された特別教育が存続していること」そして「分離された特別教育（特別支援教育）をやめる目的を持つこと」（52a）と勧告されたことは、長く分離別学になじんでいる教育現場には衝撃的であった。特別支援学校は、場所の分離を伴う教育であり、インクルーシブ教育ということはできない。よって権利条約は、日本の障害児教育が、医療を通じた評価によって分離された特別教育が永続していることにまずもって懸念を表明し、これをやめる目的を持つことを勧告している。権利条約批准後も特別支援学校在籍者数が増え続けている日本の現状に対し、権利委員会の強い懸念が表明されたのであるが、あくまでもその目的を持つことを勧告されたのであり、直ちに廃止せよと要求されたわけではない。インクルージョンは機会均等、尊厳の保障等と並ぶ基本的な理念である。追求し続け、一歩でもインクルーシブ教育を実現せよとの勧告である。

　さらに、「すべての障害児の通常学校への就学を保障し、通常学校が拒否することを許さない「拒否禁止」条項の方針を打ち出すこと」（52b）と勧告された。「拒否禁止」とは、たとえば「障害者の入店お断り」のような直接差別を禁止することを意味する。通常学校の入学不許可はこれに類するものであるとされたのである。

　懸念の（51b）で指摘されている「特別学級の児童が授業時間の半分以上を通常の学級で過ごしてはならないとした、2022 年に発出された政府の通知」とは、令和 4 年 4 月 27 日付 4 文科第 375 号を指す。同通知では「特別支援学級に在籍している児童生徒については、原則として週の授業時数の半分以上を目安として特別支援学級において児童生徒の一人一人の障害の状態や特性及び心身の発達の段階等に応じた授業を行うこと。」と現在、支援学級に籍を置きながら可能な限り交流教育として通常学級で過ごす取り組みをしていることにさえ、時間数の上限を設けたものである。これに対し、国連はこれはインクルーシブ教育に明確に反するものとして撤回を求めた（52b）。実際、先進的な取り組みをしている自治体では、支援学級に籍を置いて担任をつけながら、通常学校に籍を置きクラスの子として過ごしている取り組みが、同通知によって阻害されるのではないかと

の懸念が示されている。文科省はこの国連の勧告にさえ、早々に従わないと表明している。

さらに、インクルーシブ教育について研修を確実に行い、委員会から障害の人権モデルとしての意識を向上させるよう、勧告が出された（52d）。人権モデルとは、障害を社会的障壁による不自由としてとらえることに加え、その人がその人らしくあり続けるということ、障害をあるがままに受け入れ、多様性として尊重される、という観点からの理解である。これは、勧告が一般原則においても指摘しているところであるが、日本の障害者施策が「父権主義的」であると指摘し、特に教育においては、障害者を権利の主体として見ずに保護の客体として位置づけ、提供者が良しと思う教育をあてがうことに対する警告である。日本においては障害理解において未だ医学モデルによる理解が強く、障害者本人の主体的な自己決定が阻害される傾向が強いためであり、これが顕著に表れるのが教育の場面なのである。

以上の総括所見に指摘されたように、日本は、権利条約批准により、通常学級における合理的配慮が義務付けられ、全ての障害児が合理的配慮と個別支援を通常学級で受けられることが可能となった、にもかかわらず、全ての障害児が通常学級での学習を保障されているとはいいがたい。

勧告を受けてインクルーシブ教育の権利は人権であることを認識し、全ての障害児が合理的配慮と個別支援を受けながら通常学級で学べることが求められているのである。

VI 教育における差別──障害者差別解消法と教育

1 障害者差別解消法における差別

「障害を理由とする差別の解消の推進に関する法律」（通称「差別解消法」）は 2016 年 4 月 1 日より施行され、改正法（2021 年）が 2024 年 4 月 1 日よ

り施行される。この法律は、障害者基本法の基本的な理念にのっとり、障害を理由とした差別の解消を推進することによって、障害の有無によって分け隔てられることなく、相互に人格と個性を尊重し合いながら共生する社会の実現を目的としている（法1条）。

　障害のあるなしにかかわらず、互いが尊重し合いながら共に暮らしていく社会こそ、障害者権利条約も求めている「インクルーシブな社会」である。差別解消法が制定されたことでようやく障害者権利条約を批准する基盤が整備されたことからも分かるように、差別解消法は、障害者権利条約を日本が批准するための大きな前提であった。

　これまでの長い歴史の中、障害のある人は、その障害を理由に区別・排除され、また、大きな社会的障壁に阻まれ、障害のない人と同じように人権を享有する機会を奪われてきた。障害を理由に強制入院させられたり、入所施設での生活を余儀なくされたり、就労の機会を奪われていわゆる作業所のような施設での福祉的就労に従事せざるをえない状況が数多くあった。子どもの場合も、障害があるということが分かった時点で、保護者は教育委員会から特別支援学校への誘導を促され、その子どもにとってどのような教育環境が適切かという選択の機会も十分に恵まれずにあった。

　しかし、障害者権利条約は、「障害」の概念を捉え直した。従前は、その人の身体、知的、精神といった心身の機能の障害を「障害」と捉えてきた（医学モデル）ため、障害のある人は、その「障害」を治療・克服することを求められ続け、過度なリハビリや長期入院の温床となっていた。

　これに対して、障害者権利条約は、障害のある人が、日常生活や社会生活において受ける制約・制限は、社会に存在する障壁（バリア）に直面することによってもたらされていると考えた（社会モデル）。社会モデルによれば、障害のある人が日常生活や社会生活で直面するバリアは、社会の側がもたらしているので、社会の側が、そのバリアを取り除くためのあらゆる措置を講じなければならない。さらに、社会の基盤整備等は時代によっても異なる可能性があるが、2022年の総括所見は、普遍的な価値観として障害の人権モデルに立脚することが示された。障害の人権モデルによれば、障害者が人権を行使することが基軸となる。どんなに多くの支援を必

要とする人も含めて、各人が自分の意思で決定すること、意思決定に必要なあらゆる支援を尽くすことが必要となる。

差別解消法も、社会モデルに基づき、障害のある人（子ども）に対して、不当な差別的取扱いをしてはならないことを求めるとともに、障害のある人（子ども）のバリアを除去するための合理的配慮を提供するよう求めている。したがって、差別解消法によれば、障害のある人（子ども）を、障害のない人（子ども）と分けたり、排除したりすることは不当な差別的取扱いであり、認められない。また、障害のある人（子ども）が、障害のない人（子ども）と同じように権利を行使するために必要な「合理的配慮」を提供することが求められる。

日常生活や社会生活においてバリアを強いられている人（子ども）は、手帳や診断の有無だけで判断できないため、差別解消法が対象とする「障害のある人（子ども）」は、障害者手帳や医師の診断書の有無によらない。

そして、差別解消法が規定する責務の対象は、国・地方公共団体と、民間事業者である。個人が責務の対象となっていないのは、同法は、障害のある人に対する差別を解消することで共生社会を実現しようとするところに目的があるからである。特定の個人を追及したり罰したりしても、差別を解消していくことにはならないと考えられている。

同法に基づき（2024年改正法施行）、国・地方公共団体及び民間事業者は、障害のある人（子ども）に対する不当な差別的取扱いをしてはならないとともに、合理的配慮の提供義務を負う（法的義務）。

国・地方公共団体（法7条）	民間事業者（法8条）
不当な差別的取扱いの禁止	不当な差別的取扱いの禁止
合理的配慮の提供義務（法的義務）	合理的配慮の提供義務（法的義務）【2024年改正法施行】

そもそも、障害に対する差別・偏見・無理解は、「障害」を知らない・知ろうとしないことに由来する。知らないことは不安を呼び、そして、「隠す」「分ける」ことを思いつく。その結果が差別・排除・偏見である。たとえば、分離教育によって幼少期から障害のある人（子ども）を知らずに成人した大人は、社会に出て障害のある人と出会っても、その人を自分の

人生とは遠くの場所にあるものと捉えてしまいやすい。

　障害のある人（子ども）を分けず、同じ社会・組織の構成員として、互いに尊重しあいながら共生する社会が求められている。そのために必要な合理的配慮を提供するのは社会の側の義務である。

2　不当な差別的取扱い

　障害のある子どもが、通常学校に進学しようとするには、まだ高い障壁が存在する。地域によっても差があるが、とりわけ知的障害や発達障害、医療的ケアを要する子どもの場合、特別支援教育機関への進学を選択せざるをえない状況が多くある。就学時、教育委員会から保護者に対して、「特別な支援が必要であるから特別支援学校へ」という説明や助言が行われることがあるが、これは誤った対応と言わざるを得ない。障害を理由に「分ける」「分離する」ことは差別であり、教育段階から分けることは、子どものみならず社会の相互理解の機会を失わせるものであり、社会にとっても非生産的である。

　障害者権利条約もインクルーシブ教育を原則と捉えており、日本でも、普通学校に進学することが原則である。したがって、普通学校に進学することを前提に必要な合理的配慮の検討・提供がまずは前提にされなければならない。

　障害者権利条約 24 条に関して、権利委員会は総括所見において「すべての障害児の通常学校への就学を保障し、通常学校が拒否することを許さない「拒否禁止」条項の方針を打ち出すこと」（52b）を打ち出している。

　これに対し、文部科学省は「所管事業分野における障害を理由とする差別の解消の推進に関する対応指針」において、「障害のある幼児、児童及び生徒のため、通級による指導を実施する場合において、また特別支援学級及び特別支援学校において、特別の教育課程を編成すること」を「不当な差別的取扱いに当たらない具体例」として示しているが、本人及び保護者の意向にかかわらず、特別支援学級や特別支援学級に就学誘導されるようなことがあれば、障害者権利条約 24 条及び総括所見に違反するもので

あり、かつ、障害者差別解消法の解釈適用の誤りでもある。

　しかし、特別支援学校への進学率が近時顕著に高まっており、原則と例外が逆転した状況が起きている。障害のある子どもを持つ親が、いじめの心配や我が子の成長を願って「特別支援」という言葉に希望の光を見いだしている可能性があるが、教育システムが行うべきことは、そうした不安を煽ることではなく、社会や地域全体として共に育ち学ぶことを希望し歓迎していることを前面に出し、必要十分な支援と情報を提供していかなければならない。障害者権利条約、憲法、差別解消法から再度障害のある子どもの進学における差別や合理的配慮が検討されなければならない。

　そして、インクルーシブ教育とは単に普通学級に就学できれば良いというものではない。どの科目も障害のない子どもと同じように授業を受けられ、クラブ活動や課外活動においても排除されずに同じように機会を得られるための仕組み（合理的配慮を含む）が前提となる。そうした仕組みを欠く状況は、障害のある子どもに対する教育における差別である。

　また、義務教育課程では通常学校に進学することができても、高校進学時にはその機会が阻まれやすい。高校入学時の配慮を受けられなかったり、特別支援学校への進学を求められたりするケースが多くある。

　さらに、たとえ高校に進学できた場合であっても、自主退学勧告や退学処分を受けることもある。形式的には、出席日数や課程の履修状況のほか、日常的な問題行動などを理由とすることがあるが、それも配慮を欠くことによる場合が少なくない。障害を理由に自主退学勧告をし、あるいは、退学処分をすることは差別にあたると言わざるを得ない。まず、学校教育法施行規則26条、36条、54条などが、障害のある子どもの心身の状況に適合するように教科を課すことを求めている以上、高校においても、当該子どもの障害の内容・程度に応じて柔軟に各教科の履修方法が工夫されるべきであり、障害のために単位の認定が困難という理由で自主退学勧告などを行うことは許されない。また、障害の内容や程度によっては、学校における環境や人的関係が原因となり、問題行動が起こることもあり得る。しかし、問題行動には原因があるのであって、障害の特性を理解し、接し方を工夫することによって、問題行動の発生を避けることが可能であ

7

障害のある子どもの権利──学校生活をめぐって

る。このような努力なしに問題行動という現象面だけを強調し、障害のある子どもたちに責任を転嫁することも許されない。不合理な自主退学勧告がなされた場合は、学校側にその課題を認識させ、粘り強く説得することが必要となる。

　自主退学勧告に留まらず、退学処分が行われた場合には、退学処分自体の有効性を争うことはもちろん、地位保全の仮処分や行政事件訴訟法25条の執行停止を検討する必要がある。障害のある子どもたちにとっても、奪われた時間や学校生活を取り戻すことは著しく困難である。子どもたちの教育を受ける権利や学習権を保障するためにも、迅速な対応が求められる。

　この点、前記東京高裁2004年1月27日決定は、公立の定時制高校に通学する知的障害のある子どもが、問題行動をことさらとらえられて退学処分を受けた事案に関し、「一般に知的障害者は、健常者と比較した場合、状況の認識能力や判断能力・適応能力などが充分でないと考えられるから、抗告人の上記のような問題行動をもって、直ちに暴行行為やわがままと評価することには疑問がある。たとえば、抗告理由も指摘するように、抗告人がコミュニケーションの手段として生徒や職員を叩いたり、引っ張ったりする行動に出た場合、抗告人に加害の意思や行為の意味の認識が欠如しているとすれば、それをもって直ちに暴行行為やわがままと評価することはできない筋合いである」とし、「性行不良」という学校側の主張を否定した。また、「改善の見込みがない」との点についても、直ちに知的障害を有する子どもにあてはめることに疑問を提起し、「このような処分理由は、自己の行為の意味を理解することができる者に対し、自覚と反省を促しても（性行不良が）改善する見込みがないという場合に当てはまるものと考えられるが、知的障害者については、そのような自覚や反省を期待することは困難な場合が多いと思われるからである」とし、さらに「仮に抗告人にその（注：普通高校での教育への）適応能力がないとされるとしても、それが抗告人の有する知的障害に基づくものであるとすれば、そのこと自体は抗告人の責任というべきものではないから」、学校教育法施行規則13条3項1号の「性行不良で改善の見込みがない」ということはできない、とした。学校には、障害の内容・程度などによって、当該子ども

のニーズに合致した教育を提供する責任があり、問題行動を発生させた学校側の責任も看過することはできない。

3　合理的配慮の不提供による差別

障害者差別解消法は、「行政機関等は、その事務又は事業を行うに当たり、障害者から現に社会的障壁の除去を必要としている旨の意思の表明があった場合において、その実施に伴う負担が過重でないときは、障害者の権利利益を侵害することとならないよう、当該障害者の性別、年齢及び障害の状態に応じて、社会的障壁の除去の実施について必要かつ合理的な配慮をしなければならない。」としており、行政機関等に合理的配慮の提供を義務付けている（7条2項）。行政機関等の中には公立の小中高等学校、特別支援学校や、それらを所管する教育委員会も含まれる。なお、ここにいう意思の表明については、障害児者本人のみならず、自分で表明が困難な場合は、保護者などコミュニケーションを支援する者からの表明も含まれる。

2022年5月、障害者差別解消法の一部が改正され、事業者に対しても合理的配慮の提供が義務化され（8条2項）、私立学校や塾、放課後デイサービスなどもその対象となった。同改正法は、2024年4月1日施行となった。

合理的配慮とは、障害のある人が、障害があることで不利益を被っている場合に、それを回復させるためのいろいろな変更や調整のことをいう。障害があることでマイナスになっているものを、障害のない人と同じようになるように、ゼロに限りなく近づけるように、その溝を埋めるものが「合理的配慮」である。

また、障害のある人にとっては、社会生活を送るうえでいろいろなバリアがある。そのバリア（社会的障壁）を取り除くものが「合理的配慮」である。そして、障害者基本法では、そのバリア（社会的障壁）とは、「障害がある者にとって日常生活又は社会生活を営む上で障壁となるような社会における事物、制度、慣行、観念その他一切のもの」と定義している（2条2項）。

下肢に障害があり車いすを利用している児童にとっては教室の入口の段差が障壁となる事物である。よって、スロープを設置して段差をなくすることが合理的配慮となる。そのほかにも合理的配慮の具体例としては、嚥下障害がある児童に対して給食をとろみ食にする、聴覚障害のある生徒に対して授業の内容をノートテイクする、知的障害のある児童に対して授業の内容をわかりやすく言い換えるなどである。

　ただ、合理的配慮は個別性が高く、どのような合理的配慮が必要かは障害の種別によっても違うし、同じ障害でも個々人によって異なる。また、その実施に伴う負担が過重となるときまで、合理的配慮の提供を義務付けるものではない。したがって、個別具体的な例においては、どんな社会的障壁があるのか、どうすればその社会的障壁が除去できるのか、提供者に過度な負担とならない合理的配慮としてはどのようなものがあるのか、などお互いに協議を重ねる必要がある。また、社会的障壁を除去する方法は一つではない。よって、合理的配慮を提供するか、しないかの二者択一ではなく、双方向の建設的対話によって着地点を見つけていくことが肝要となる。

　合理的配慮は、新しい概念ではあるが、教育現場では以前から行われてきた。たとえば、大阪府箕面市では、脳性まひにより重度の障害がある生徒が、さまざまな合理的配慮の提供を受けながら、地域の中学校に親が付き添うことなく毎日楽しく通い、学級のみんなとともに授業を受けている実例が報告されている[6]。

　そのほか、聴覚過敏の児童生徒のために机・いすの脚に緩衝材をつけて雑音を軽減する、視覚情報の処理が苦手な児童生徒のために黒板周りの掲示物の情報量を減らす、支援員等の教室への入室や授業・試験でのパソコン入力支援、移動支援、待合室での待機を許可する、意思疎通のために絵や写真カード、ICT 機器（タブレット端末等）を活用する、入学試験において、別室受験、時間延長、読み上げ機能等の使用を許可するなどさまざ

5　児玉勇二編『障害をもつ子どもたち』（明石書店、1999）112 頁

6　「Q&A 障害のある人に役立つ法律知識」209 頁（日本法令）2021 年

まな例が報告されている[7]。

4　障害のある子どもの高校進学問題

　現在、国民の高校進学率は約97%である。2013年に制定され2016年4月より施行された差別解消法の規定や、2014年1月に国が障害者権利条約を批准したことを踏まえれば、今日においては、障害の有無にかかわらず、他の者との平等を基礎として高等教育を受ける権利が保障されなければならない。

　にもかかわらず、障害のある子どもが地域の学校への進学を希望した場合、定員割れを起こしていても不合格とされる事態が未だに生じている。

　障害のある子どもの多くは、友人たちと同じように高校へ進学したいと希望するだろう。その際、障壁となる理由の一つは「入学テストの点数が取れない」ことである。点数が取れない要因としては、①知的能力の問題と、②入学テストにおける配慮が十分に受けられないという二つの問題がある。

　まず、①については高等教育という将来へ向けてそれぞれの専門性を高めていく教育段階において、選抜制度を設け、学力を一つの指標とすることに一定の合理性があることからするとやむを得ないところであろう。もっとも、高等教育の意義は学力向上にとどまるものではない。97%の高進学率を前提とする社会においては、高等教育も、学習の機会として義務教育と同様に保障されるべきものであり、また、多くの子どもたちの「居場所」になっていることは明白である。東京・大阪・神奈川では、比較的早期に、公立高校において定員内不合格は出さないとの方針が示されていた。また、千葉県では、2021年に、公立高校においては定員遵守とすべきこと、及び、定員内であるにもかかわらず不合格とする場合に、「総合的判断」との説明では市民に説明責任を果たしたことにはならないとの通知を出した

7　「合理的配慮等具体例データ集（合理的配慮サーチ）教育」
　　https://www8.cao.go.jp/shougai/suishin/jirei/index.html

ところ、定員内不合格が激減し、二次募集段階ではゼロになった。

このように、各地で取り組みにばらつきがある状況で、2022年に文科省は定員内不合格の実態調査を行った。結果、東京・埼玉・神奈川・大阪は定員内不合格がゼロである一方、青森・山形・福島・群馬・佐賀・沖縄は実態把握すら十分に行われておらず、地域によって高校進学の可否に大きな格差があること、及び、2022年度定員内不合格数は1631人であったことが明らかになった。

定員内不合格を認めないとする都道府県の取り組みは、高等教育が子どもにとって重要な学びの場であり、居場所であることを受けて、定員を満たしていないにもかかわらずそのような居場所を子どもから奪うことは許されないとするものであろう。高等教育において学ぶ意欲を持っている子に対して、その場を提供できるキャパシティーがあるにもかかわらず、知的能力という本人が持って生まれた能力を理由に入学を認めない定員内不合格は、その子の学習権や発達する権利を侵害しており、校長の裁量の濫用であるといいうるものである。

中央教育審議会の1999年12月16日答申には「生徒の多様な能力、適性等を多面的に評価するとともに、一層各学校の特色を生かした選抜を行い得るように、調査書及び学力検査の成績のいずれを用いず、他の方法によって選抜を行うことを可能とする…」と規定されていることから、選抜の方法についても必ずしも学力テストに限らず、面接や自己推薦など、学ぶ意欲を示す方法によるなどの調整が可能である。

なお、古い判例であるが、神戸地裁1992年3月13日判決は、障害を理由として「単位認定が困難という理由で不合格の判断をするなど、障害者に対する不当な差別を招来することのないよう留意しなければならない」とし、校長による入学不許可処分を権限の濫用であると認定しているものは参考になる。

また、②配慮が十分に受けられないという点については、普段から支援に入っている介助者が入試の際に介助に入ることを認めてもらえないために、意思疎通が十分に図れないなどといった事例があがってきている。

前述の障害者権利条約や障害者差別解消法の要請から、各教育委員会や

学校は、障害を持つ受験生が、他の受験生との平等において試験を受けられるよう試験の受験方法や試験内容を工夫・調整すべき合理的配慮義務を負っている。差別解消法に基づいて作成された文部科学省の対応指針においては、受験時の合理的配慮の提供として、別室での受験、試験時間の延長、点字や拡大文字、音声読み上げ機能やタブレット端末等のICT機器の使用、筆記に代えて口頭試問による学習評価を行うなどの例示がなされている。また、2022年には高校入試について配慮の事例をまとめた資料も作成されており、実際に行われた配慮の統計や、実際の配慮事例が紹介されている。集団面接から個別面接への変更や、タブレットの利用、不登校の子に対して「中学校で頑張ったことは何か」という質問を面接時に行わない配慮や、面接官の質問の意図が伝わりにくい場合には、普段本人と接している中学校の担任教員が、質問の趣旨を変えない範囲で、本人に分かるような表現への言い直しを行うことを認めた配慮などがあがっており、教育委員会や学校に対して配慮を求めていく際には参考になる。

5　医療的ケアを要する子どもの就学問題

　たん吸引、経管栄養、人工呼吸器など、医療的なケアを必要とする子ども（以下、「医療的ケア児」という）の教育を受ける権利は、医療的な問題が関わることを理由に、より一層権利制約を受けやすい。しかし、誰もが地域から排除されることなく学び成長していく権利を有するのであり、そのことは医療的ケア児であっても異ならない。すなわち、医療的ケア児も、地域の学校において、必要な医療的ケアを合理的配慮として受けながら、医療的ケアのない子どもたちと共に学び育つ権利を有する。

　そのことを明確化するために、2016年に児童福祉法56条の6第2項が新設され、2021年には「医療的ケア児及びその家族に対する支援に関する法律」が制定・施行された。同法は、その基本理念に「医療的ケア児が医療的ケア児でない児童と共に教育を受けられるよう最大限に配慮する」

8　判時1487号83頁

こと（3条2項）、「医療的ケア児及びその保護者の意思を最大限に尊重しなければならない」こと（同4項）及び「医療的ケア児及びその家族がその居住する地域にかかわらず等しく適切な支援を受けられるようにすること」（同5項）等を掲げ、第10条において、学校が「医療的ケア児が保護者の付添いがなくても適切な医療的ケアその他の支援を受けられるようにするため、看護師等の配置」等の必要な措置を講じる責務があること等を明記した。さらに文科省は、「医療的ケア児が医療的ケアを必要としていることだけを理由に、あるいは、医療的ケアに対応した環境や体制が整っていないことを理由に、画一的に学校への入学や転入学が拒否されることがないようにする必要があること」[9][10]等の注意喚起も行っている。

2016年度から、小中学校等に看護師を配置するための予算措置も増強されている[11]。

もっとも、これらの規定にもかかわらず、現状においても医療的ケア児が地域の学校において医療的ケアを受けられないがために、訪問教育や特別支援学校を利用せざるを得なくなるケースが後をたたない。学校側で医療的ケアを実施してくれないために、保護者の付添いが必要となるケースも多い。かかる現状から、当事者自身が地域の学校に通うことをあきらめるしかないと思いこんでしまうケースも多い。

そのため、まずは、医療的ケア児が適切な合理的配慮を受けて地域の学校に通う権利があることを明確にし、上記の医療的ケア児に関わる制度や障害者差別解消法、障害者権利条約、子どもの権利条約、サラマンカ宣言などを根拠として、学校側に差別的取扱いの禁止を主張していく必要があ

9　「医療的ケア児及びその家族に対する支援に関する法律の施行について」（3文科初第1071号2021年9月17日通知）

10　その他、学校における医療的ケアを巡っては「小学校等における医療的ケア実施支援資料――医療的ケア児を安心・安全に受け入れるために」（2021年6月文部科学省初等中等教育局特別支援教育課）、「学校における医療的ケアの今後の対応について」（平成31年3月20日付け30文科初第1769号文部科学省初等中等教育局長通知）等がある。

11　2016年度文部科学省予算等

る。ここで留意すべきなのは、医療を要する障がいの場合、医学的根拠が
なくても、イメージや偏見、漠然とした不安感のために、安易に「生命身
体への影響」を正当な理由として主張されることがあるが、「生命身体へ
の影響」が単なる抽象的な可能性であって医学的根拠がない場合には、正
当な理由とは認められないことである。

　合理的配慮の内容は、たとえば教員や加配の補助教員が3号研修を受け
て医療的ケアを実施する、養護教諭を有看護師資格者とする、または看護
師を加配で付ける、などといったことが考えられ、医療的ケアの種類、頻
度、子どもの病状や意向などにより個別具体的に検討し実施していく必要
がある。

6　保護者の付添いが要請されていることの問題

　障害のある子どもへの合理的配慮の提供が不十分であるが故に、保護者
が学校に付き添わざるを得ないケースは以前から学校現場では当たり前の
ように存在している。2015年5月時点で、全国の公立小中学校において、
日常的に校舎内において障害のある児童生徒に付き添っている保護者等の
人数は、1897人おり、うち20%が医療的ケアのための付添い、残り80%
は医療的ケアを伴わない日常生活上の介助、学習支援、健康・安全確保等
のための付添いであるとされている。[12]これらの他にも、ケアの必要な時
に保護者が来校して行うことを要請されるケースや、遠足や修学旅行時に
付添いを求められるケースも多い。

　しかし、学校における教育は学校が責任をもって行わなければならず、
学校教育にあたり医療的ケアや日常生活上の介助等が必要な子どもには、
学校が責任をもって合理的配慮を提供して教育を受けられるようにしなけ
ればならない。

　学校が合理的配慮を怠り、保護者の付添いがなければ通えないとなる

12　文部科学省「障害のある児童生徒の学校生活における保護者等の付添いに関する実
　　態調査の結果について」

と、就労その他の事情により保護者が付き添うことのできない家庭の子どもは、その学校に通うことができなくなる。多くの場合、障害児が地域の小中学校に通うには保護者の付添いが求められ、付き添うことができないなら特別支援学校等に通うよう要請されることから、保護者付添いの要請は、実質的には、特別支援学校等への就学強制として作用している現状がある。すなわち、合理的配慮の欠如による差別の問題以前に、障害のない子には課せられない負担を課せられること自体が「障害を理由とする不当な差別的取扱い」による直接的差別である。

　加えて付添いの問題点を挙げると、付添いをすべき保護者が体調不良等で付き添うことができない日には子どもも学校を休まざるを得なくなるため、子どもの教育を受ける権利が不当に制約されることになること、また、保護者が常に付き添っていることで、子ども本来の自立に向けた成長発達が妨げられること等が挙げられる[13]。

　保護者の付添い要請には、以上のような問題があり、子どもの教育を受ける権利及び差別的取扱いを受けない権利等を侵害するものである。学校は、保護者が付き添わなくても障害のある子どもが学校生活を送ることが可能になるよう、加配の教員や看護師を配置するなど、個々の子どもに応じた合理的配慮を提供して、子どもの教育にあたらなければならない。

　なお、形式的には保護者が付添いを希望したかのように扱われているケースであっても、学校に合理的配慮が欠けているが故に保護者が付添いを申し出ざるを得なかったという事情があることにも留意すべきである。

　この点、医療的ケア児の通常学級で合理的配慮を受ける権利と保護者付添問題に関する「愛知医療的ケア児訴訟」の判例がある。

　一審が名古屋地判 2020 年 8 月 19 日（判時 2478 号 24 頁）、控訴審が名古屋高裁 2021 年 9 月 3 日判決である。結論として一審、控訴審とも原告障害児側が全面敗訴し、上告も棄却されている。

　事案は、痰吸引等の医療的ケアを必要とする子が公（市町村）立中学校

13　八木慎一「普通学校における医療的ケアの必要な子どもへの教育をめぐる問題の生成──当事者としての親の視点から」『立命館人間科学研究』第 29 号（2014 年 2 月）

に入学し、Ａ「保護者が喀痰吸引器具の配備を自治体に求めることの可否」、Ｂ「校外学習参加について学校が親の付添いを条件としたことが国賠法の違法か」等が主な争点となった。

判決は、Ａについて、差別解消法7条2項は個々の障害者に対して合理的配慮を求める請求権を付与する趣旨の規定ではない等として保護者の請求を棄却した。

Ｂについて、「保護者には子女に普通教育を受けさせる義務があること（憲法26条2項、教育基本法5条、学校教育法16条）からすれば、学校生活において医療的ケアが必要な児童生徒の保護者に対し、その医療的ケアの実施に必要な一定の助力を求めることも不合理ということはできない」として学校による保護者の付添い要求に違法性がないとした。

しかし、判示には疑問がある。

Ａの点は、「自治体は公法上の義務を負うに過ぎない」ことを理由としているが、自治体が公法上の義務を負うことが合理的配慮を求める権利を否定することを意味しない。

Ｂの点は、義務教育において、障害のない子の保護者にない条件を障害児の学習を受ける権利の条件としている点で、むしろ典型的な直接差別と考えるべきである。

少なくとも、2021年9月3日の上記高裁判決言い渡しの直後の同月18日から施行された「医療的ケア児及びその家族に対する支援に関する法律」（医療的ケア児支援法）が施行された現在、上記判決の結論は見直しが必要である。

VII　教育現場（学校）における虐待――虐待防止法

1　虐待防止法の規定

学校における暴行事件（体罰・いじめ）は、障害のない子ども達にとっ

ても、教育現場の閉鎖性などから公になりにくく、被害が深刻化しやすいという傾向がある。

　殊に、障害のある子どもたちにとってみれば、①知的障害など、そもそもの障害特性から声をあげにくい、②教師と子どもとの間は、教育のみならず福祉的な支援を行う関係にあり、より依存的になる、③子どもの保護者も「手のかかる子を預かってもらっている」という感覚から声をあげない、などの要因から、さらに深刻なものとなりやすい。

　もとより、障害者権利条約16条は、「締約国は、家庭の内外におけるあらゆる形態の搾取、暴力及び虐待（性別に基づくものを含む）から障害者を保護するための全ての適当な立法上、行政上、社会上、教育上その他の措置をとる。」（1項）と定め、障害者に対する虐待の禁止を明定している。日本においても、上記条約の規定を受け、障害者虐待防止法が2012年10月から施行されている。

　しかしながら、同法では養護者や福祉施設従事者、使用者による虐待には詳細な手続的規定があるものの、学校現場における虐待については、「学校…の長は、教職員、児童、生徒、学生その他の関係者に対する障害及び障害者に関する理解を深めるための研修の実施及び普及啓発、就学する障害者に対する虐待に関する相談に係る体制の整備、就学する障害者に対する虐待に対処するための措置その他の当該学校に就学する障害者に対する虐待を防止するため必要な措置を講ずるものとする。」（29条）との一般的な規定があるにすぎない。もっとも、訴訟において、上記規定が学校側における安全配慮義務を加重する理由となりうるので、十分に留意しておく必要がある。

　そして、今後、学校における障害のある生徒に関する障害特性の理解、支援が進むような体制の構築、いじめ予防、発見調査、中止措置等に関するいじめ防止のシステムが作られるような法制度の整備がなされることが、虐待の根絶、インクルーシブ教育の推進の鍵となる。

2 体　罰

　学校教育法 11 条は、懲戒における体罰を禁止するが、障害のある子どもたちにも当然適用される。障害のある子どもたちの学校生活における困難は、個別の支援によって解消されるべきであり、仮に、問題行動・逸脱行動などがあらわれたとしても、懲戒や体罰などによっては、問題は何ら解決されないどころか、単に子どもたちに苦痛を与えるだけである。

　しかし、日本においては、障害のある子どもたちに対する虐待・体罰が後を絶たない。その原因としては、上記にあげた①〜③の 3 つのほか、「知的障害児の場合には、考えさせるよりも体験させて体で覚えさせ、指示されたことを文句をいわせず取り組ませるなど、手っ取り早い強化によって子どもの行動の変容を求める体力訓練主義などが、障害児教育、福祉、治療現場に残っている。叩けば静かになるなどの一時的な効果が表れることなどから、一部の母親たちに支持されていることも、これを支えている原因である」などということも指摘されている[14]。

　法的責任は、損害賠償請求として追及されることが多いが、現場が学校という閉じられた空間であるため、目撃証言などの証拠を収集することが難しいことに加え、被害者である子どもたちの供述（証言）能力ないし信用性という問題を克服しなければならない。特に、知的障害のある子どもたちで問題とされる点であるが、障害についての十分な理解をもって代理人活動を行わなければならないことはもちろん、裁判所に対しても児童精神科医・心理学者などの鑑定意見書を提出することが必要である。

　知的障害のある養護学校高等部の生徒が教師から体罰を受けた事件で、名古屋地裁 1993 年 6 月 21 日判決[15]は、「X の記憶力自体は、Y が主張するように長期間記憶を保存することが困難な程度とはいえず、自己の体験に基づく具体的な事実は長期間にわたってその記憶を保存することも十分に可能である」とし、また、保護者などの事後的な教え込みによる供述の可

14　児玉勇二編『障害をもつ子どもたち』（明石書店、1999）112 頁

15　判時 1487 号 83 頁

能性を否定して、障害のある子どもの供述の信用性を認め、原告勝訴の判決を言い渡した（なお、同事件の控訴審である名古屋高裁 1995 年 11 月 27 日判決[16]は、供述の信用性を否定した[17]）。障害のある子どもたちの供述の聴取は、司法面接の手法で行うことも考えられる。

　千葉県浦安市の小学校で知的障害ある女児に対して男性教諭がわいせつ行為を含む虐待を行ったことに対する損害賠償を求めた民事訴訟において原審の千葉地裁 2008 年 12 月 24 日判決[18]及び同控訴審の東京高裁 2010 年 3 月 24 日判決[19]は、女児の被害供述の信用性を認めた。

　また、同じく知的障害を持つ県立特別支援学校の小学校 1 年生の生徒が教師から頬を叩かれたり日常的に暴言を吐かれたりしたことについて、さいたま地裁 2015 年 10 月 30 日判決[20]は、教師による暴行等が不法行為であることを認め、さらに学校による再発防止義務、保護義務、調査報告義務もこれを怠ったとして、県に対して国家賠償法 1 条に基づく損害賠償を認めた。もっとも、本件でも子ども本人の供述を得ることはできず、直接の暴行行為に関しては、IC レコーダーによる授業中の録音という客観的証拠があるものにつき認定がなされているにすぎず、立証活動の難しさを窺い知ることができる。

3　いじめ

　障害者権利条約においては、締約国に対し「障害者が障害に基づいて一般的な教育制度から排除されないこと」を確保するよう定められており（24 条 2 項（a））、障がいのあるなしにかかわらず、分け隔てなくともに学ぶ教育（インクルーシブな教育）制度の構築が急務となっている。

16　判例地方自治 147 号 46 頁

17　障害問題人権弁護団編、前掲書 41 頁

18　障がいと人権全国弁護士ネット編『障害者差別よ、さようなら！』（生活書院、2014）183 頁

19　同上。慰謝料 300 万円と弁護士費用 30 万円を認定。

20　判例集未登載

同じ教室で障害の有無にかかわらず子どもが学びを共にすることによって、障害に対する相互理解が深まっていく。このことによって共生社会実現のための理解が深く根付くのであろう。しかしながら、わが国における長年の分離教育により、子どもはおろか教員までもが障害の特性や共生の精神を十分に理解しないまま、いじめが起こり、それが深刻な状況に至るまで放置されてしまうという事例は多く存在するものと思われる。

　前述のとおり、「いじめ防止対策推進法」においては障害のある子どもへのいじめ防止対策が明文として定められているわけではないが、各学校の実情に合わせて、いじめ防止のための基本方針に障害のある生徒への対応を定めるなど、事前に措置を講じておくべきであろう。

　なお、いじめをなくすために、障害のある生徒を通常学級から分離したり、特別支援学校に行かせるという考えはあまりにも本末転倒であって、厳に採られるべきものではない。

　事例として、市立中学校の通常学級に進学した脳性麻痺による肢体不自由の障害を持つ生徒が、中学校1年後半より、「障害者学級に行け」などの言葉を浴びせられたり、物を隠されたりするなどのいじめを受けるようになり、さらに、中学校2年次になり、クラスの生徒が、キャンプ旅行の出し物について、本人の動作の特徴から「バイオハザード（ゾンビが人を襲う映画・ゲームの題名）」という出し物を提案し、担任を含め誰も止めなかったという出来事を契機に登校不能となり、急性ストレス障害（PTSD）と診断され、転校を余儀なくされたという事案がある。本事案は、被告を市および加害生徒らとして訴訟が提起されたところ、市が責任を認める形での和解によって終了した（2013年3月29日和解）[21]。

21　障がいと人権全国弁護士ネット編『障害者差別よ、さようなら！』（生活書院、2014）152頁

Ⅷ　子どもの意見表明権及び個別教育計画等について

1　子どもの意見表明権と障害児の権利

　子どもの権利条約においては、子どもの意見表明権（子どもの権利条約12条）が保障されている[22]。かかる権利は、障害を持つ子どもにも当然に保障されており、障害者権利条約は7条3項で、確認的に障害のある児童の意見表明権を規定している[23]。障害を持つ子どもが、自分に関する事柄について自分の意見を持ち、それを表明するためには、その事柄の説明、子どものとりうる選択肢についての説明、及び、その意見表明の方法等について、十分な合理的配慮がなされることが必要である。障害を持った子どもについては、以下に述べるとおり個別教育契約やカルテ管理という障害を持った子ども特有の支援計画の作成や、情報管理が問題となるため、特に教育の場での意見表明権の保障が重要となる。

　なお、いかなる合理的配慮が必要かについて、子ども側と学校との間で意見に一致が見られない場合の調整機関（障害者権利条約33条）としては、学校の上位機関である教育委員会は適切ではない。一案としてたとえば、自治体でオンブズパーソンなどの相談救済機関が設けられている場合には、合理的配慮の内容に関する問題も、子どもの人権に関するものとして同機関による調整を図ることが考えられる。実際に特別支援教育に関する相談は多く、名古屋市への相談の趣旨として合理的配慮を求めた事項について実現されない、学校内で共有されない、登校に家族の送迎や付き添

22　巻末資料参照：子どもの権利条約（1989）（507頁）

23　締約国は、障害のある児童が、自己に影響を及ぼす全ての事項について自由に自己の意見を表明する権利並びにこの権利を実現するための障害及び年齢に適した支援を提供される権利を有することを確保する。この場合において、障害のある児童の意見は、他の児童との平等を基礎として、その児童の年齢及び成熟度に従って相応に考慮されるものとする。

いを求めるなどの相談があり、障害のある子どもの支援のため、発達障害対応支援講師、発達障害対応支援員等の対応がなされている[24]。また、「発達障害についての教員の理解が十分でなかったり、担任一人での対応が困難だったりすること等が要因となって、子どもが安心して学校に行けなくなったり、教員が不適切な指導をしてしまった」などの相談がある。その背景には、合理的配慮について子どもの意見聴取がなされていないことなどもあり、子どもの権利救済機関が、子どもの気持ちを中心とした支援や合理的配慮の実施について学校との間の調整を行っている。

2　個別教育計画作成への関与

（1）発達障害者支援法 8 条において、発達障害児に対しては、個別教育支援計画及び個別指導計画[25]の作成が推進されている。また、現行の学習指導要領においても「障害のある児童など」に対し個別教育支援計画及び個別指導計画などの方法により、「個々の児童の障害の状態等に応じた指導内容や指導方法の工夫を計画的、組織的に行うこと」とされているところ、平成 29 年の要領改正後は、特別支援学級に在籍する児童や通級による指導を受ける児童については「個別の教育支援計画や個別の指導計画を作成し、効果的に活用するものとする」として、一律に計画を作成する方向性が示されている。

（2）しかしながら、このような計画の作成を障害を持つ子どもに限定して運用することは、障害を持つ子どもを特別視することにつながり、インクルーシブ教育の理念に反するものである。そもそも、個々人の学習スピードや理解を助けるための指導工夫の要否は障害の有無によって決まるものではなく、子どもの個々の特性に応じた指導の工夫についての情報の引き継ぎは全ての児童を対象とすべきである。また、子どもの意見表明権

24　2021 年度名古屋市子どもの権利相談室（なごもっか）活動報告書から

25　教育に関する業務を行う関係機関と医療、保健、福祉、労働等に関する業務を行う関係機関及び民間団体との連携の下に行う個別の長期的な支援に関する計画の作成をいう。

の観点が計画作成段階で保障されていない点も問題である。学校での生活
にあたり何を目標とし、どのように取り組むかについては、子ども自身の
意見を表明する機会が保障されなければならい。

IX　学校事故

1　逸失利益

　虐待・体罰のみならず、教科指導中の事故などに障害のある子どもた
ちが巻き込まれ、人的・物的損害が発生することも多い。このような場合
のうち、障害のある子どもが死亡し、事故によって障害が悪化し、あるい
は、別の種類・内容の障害を負ったような場合、逸失利益をどのように算
定するかという問題が生ずる。逸失利益については、得べかりし所得の喪
失（消極的損害）としてとらえるか、稼働能力ないし労働能力の喪失とし
てとらえるべきかという論理的争いがあるが、近時の下級審判決・学説は
後者と理解している[26]。確かに、稼働能力ないし労働能力の喪失ととらえ
たほうが柔軟な対応が可能であるといえようが、就労困難な障害のある人
たちの逸失利益を「労働」という尺度で評価すること自体に問題があると
いわざるを得ない。過去には、多くの裁判例において、労働ないし就労可
能性がないことから、障害のある子どもの逸失利益が否定されていたが、
このような考え方は今では採用されていない。

　県立養護学校高等部の生徒が、体育授業の水泳訓練において、学級担
任からマンツーマン方式で指導を受けている最中に大量の水を吸引して死
亡したという事案について、控訴審である東京高裁平成 6 年 11 月 29 日判
決は[27]、「死亡した未就労の年少者の逸失利益の算定にあたっては、平均的

26　判例・学説の状況については、四宮和夫『不法行為』（青林書院、1987）581 頁参
　　照

27　判時 1516 号 78 頁

な就労中の成人の死亡の場合に採られている、賃金を基礎とする算定方式により算定される死亡当時の現価としての逸失利益と比較して、その年齢とこれに伴う潜在的な不確実要因が往々あることからして、おのずから将来の発育の過程においてその能力が将来発展的に増大ないし減少する可能性があるから、なお、現時点で固定化して現価を算出するには不安定、不確実な要因等の存在も多分に予測され、これらを全く無視することができない場合がある」「それ故、年少者の死亡時点における人間の能力、価値を固定化し、この時点に明らかにされている要因だけを基礎として年少者の死亡による逸失利益を算出することが、必ずしも絶対的な方途ということができない場合がある」とし、「こと人間の尊厳を尊重する精神のもとで、一人の人間の生命が侵害された場合に一般化された損害の算式によりある程度抽象化、平均化された人間の生命の価値を算出する方法を採るなかで、これによる算定額によるのみならず、それが実損害の算定から掛け離れたものとならない限り不確実ながらも蓋然性の高い可能性をもつ諸般の事情をも充分に考慮されてもよいといえるからであって、このことは不確定要因の多い年少者の場合に往々いえることである」と基本的観点を明らかにした。そして、「こと人間の一人の生命の価値を金額ではかるには、この作業所による収入をもって基礎とするのでは余りにも人間一人（障害児であろうが健康児であろうが）の生命の価値をはかる基礎としては低き水準の基礎となり適切ではない（極言すれば、不法行為等により生命を失われても、その時点で働く能力のない重度の障害児や重病人であれば、その者の生命の価値を全く無価値と評価されてしまうことにもなりかねないからである）」との判断から、県の最低賃金、県立養護学校高等部卒業の自閉症男子生徒の平均初任給などによる算定金額を比較したうえ、逸失利益を1800万円とした（認容額の総額は4840万円）。

　知的障害のある男性（当時15歳）が施設を出て行方不明になった事案において、東京地裁2019年3月22日判決は、さらに一歩進んで、一般就労を前提とする平均賃金を前提としつつ、平均賃金よりも控え目に基礎収

28　労働判例1206号15頁

入を238万1,500円と認定した。上記裁判例は、障害者雇用促進法が「障害者の一般企業への就労を積極的に推進していく大きな要因となる」、「知的障害者雇用に関連する社会の情勢も漸進的にではあるが改善されていく兆しがうかがわれる」「障害者雇用施策は正に大きな転換期を迎え」ており、「知的障害者の一般就労がいまだ十分でない現状にある…現状のみに捕らわれて、知的障害者の一般企業における就労の蓋然性を直ちに否定することは相当ではなく、あくまでも個々の知的障害者の有する稼働能力（潜在的な稼働能力を含む）の有無、程度を具体的に検討した上で、その一般就労の蓋然性の有無、程度を判断するのが相当である」との規範を立て、「特定の物事に極端にこだわる……という自閉症の一般的な特性のほか」、男性には「特定の分野、範囲に限っては高い集中力をもって障害者でない者と同等の、場合によっては障害者でない者よりも優れた稼働能力を発揮する蓋然性があったことがうかがわれ」るとし、「…特性に配慮した職業リハビリテーションの措置等を講ずることにより、上記就労可能期間のいずれかの時点では、その有する潜在的な稼働能力が顕在化し、障害者でない者と同等の、場合によっては障害者でない者よりも優れた稼働能力を発揮した蓋然性は高いというべきである」として、「（その具体的な金額は別としても）一般就労を前提とした平均賃金を得る蓋然性それ自体はあったものとして、その逸失利益算定の基礎となる収入としては、福祉的就労を前提とした賃金や最低賃金によるのではなく、一般就労を前提とする平均賃金によるのが相当である」と示したものの、「障害者と障害者でない者との間に現に存する就労格差や賃金格差を余りにも無視する」ことは「損害の公平な分担という損害賠償制度の趣旨に反すること」、また、稼働能力が顕在化するのは「就労可能期間のいかなる時点（始期に近い時点であるか、終期に近い時点であるか）を的確に認めるに足りる証拠もない」などとして、「その就労可能期間を通じて平均すれば238万1,500円…の年収を得られたものと控え目に認定する」と判示した。

　交通事故の事例ではあるが、視覚障害者（全盲）の女性（当時17歳）が交通事故にあい後遺障害を負った事案で、第一審の山口地裁下関支部

2020 年 9 月 15 日判決は、逸失利益の基礎収入は全労働者の平均賃金の 7 割となるとし、控訴審の広島高裁 2021 年 9 月 10 日判決は、全労働者の平均賃金の 8 割となると判示した。控訴審は、「本件事故の前から抱えていた全盲の視覚障害が労働能力を制限し、又は労働能力の発揮を阻害する事情であることは否定し難」いとし、「身体障害の中でも、両眼の失明は、多くの損害賠償実務で用いられる自賠法施行令別表第 2 において、労働能力喪失率が最も大きい等級に位置付けられている」ことや、身体障害者の平均賃金は全労働者の平均賃金の約 7 割にとどまっていることを指摘し、就労格差や賃金格差について「このような差異が、社会の現状において、又は近い将来において、全面的かつ確実に解消されることを認定するに足りるまでの証拠はない」として、「近年の障害者の雇用状況や各行政機関等の対応、障害者に関する障害者雇用促進法等の関係法令の整備状況、企業における支援の実例、職業訓練の充実、…IT 技術を活用した就労支援機器の開発・整備、普及等」を踏まえ「今後は、今まで以上に、潜在的な稼働能力を発揮して健常者と同様の賃金条件で就労することのできる社会の実現が徐々に図られていくことが見込まれ」ること、被害女性は「潜在的な稼働能力を発揮して健常者と同様の賃金条件で就労する可能性が相当にあったと推測される」ことを考慮しても、逸失利益の基礎収入は「就労可能期間を通じ、…平均賃金…の 8 割である 391 万 8880 円を用いるのが相当である」と結論づけた。

聴覚障害のある女性（当時 11 歳）が交通事故で死亡した事案においても、第一審大阪地裁 2023 年 2 月 27 日判決（未確定）でも、聴覚障害があり、コミュニケーションに制限があるために労働能力が制限されることや賃金格差等を理由に、逸失利益の基礎収入は平均賃金の 85% と判断された。

障害者差別解消法等によって明確になった障害のある子どもたちの人間

---

29 判時 2516 号 71 頁

30 判時 2516 号 58 頁

31 判例秘書 L07850058

の尊厳や差別禁止・法の下の平等という基本的な視点に立つならば、これらの判決例は批判されなければならない[32]。障害のない人において保障される一般的平均賃金を基礎とした算定を原則とすべきである。

　かつて、西原道雄教授は、人間の生命・身体の価値は無限であり、本来換算することができないものであるのに、人損を財産的損害と非財産的損害に分けて前者を重視したため、平等と人間の尊重に反する結果となったことから、生命・身体の損害を死傷それ自体とし、人損をひとつの非財産的損害とみて全体として損害額を定めるべきであること、このような評価のため定型化が必要であることなどを主張して、判例・通説といわれている差額説ないし現実損害説を批判した。同教授の理論には多くの批判もあるものの、生命・身体の損害算定理論にも、平等と差別禁止の趣旨は考慮されるべきであり、さらに判例・学説が進展することが望まれる[33,34]。

2　障害特性への理解

　教諭らが児童の障害特性を理解し、適切な対応を取らなかったために、学校事故が発生する場合があり、個々の児童の特性を無視した対応について損害賠償責任が認められている裁判例がある。

　自閉症の児童が小学校 6 年生時に目に対する自傷行為により打撲性白内

32　障害問題人権弁護団編、前掲書 101 頁。なお、先天性角膜混濁という障害のある子どもが教師から左目付近を殴打され、左眼球摘出という傷害を負った事件に関して、障害のない子どもが一眼を失明した場合と同様の逸失利益額が裁判所から和解案として提示された例として、同書 68 頁以下参照。

33　四宮和夫『不法行為』（青林書院、1987）552 頁。なお、障害のある子どもたちに関する判例については、『教育判例ガイド』（有斐閣、2001）178 頁（吉岡睦子執筆部分）を参考にした。

34　児玉勇二『知的・発達障害児者の人権——差別・虐待・人権侵害事件の裁判から』（現代書館、2014）214 頁、最近の論考として、城内明「障害者の逸失利益算定方法に係る一考察」末川民事法研究 5 号（2019）、吉村良一「障害児死亡における損害賠償額の算定について」立命館法学 387・388 号（2020）、若林三奈「全盲の視覚障害をもつ未就労の交通事故被害者の後遺障害逸失利益」私法判例リマークス 66、46 頁（2023）

障となり、治療機会を見いだせないまま最終的には網膜剥離によって失明した事案において、大阪高裁 2007 年 6 月 21 日判決は、教諭が児童に対し個性や個別事情を無視して画一的かつ強制的な対応を続けた結果、自傷行為を招来させたとして教諭らに自傷行為誘発防止義務違反があるとし、約6,300 万円の損害賠償責任を認めた[35]。

言語によるコミュニケーションが苦手、初めての場所が苦手といった自閉症の児童の特性と教諭の経験・認識をもとに教諭の注意義務違反や予見可能性を認定した事案として東京地方裁判所八王子支部 2008 年 5 月 29 日判決がある[36]。

X 結 語

障害のある子に対して親の付き添いを求める学校や教育委員会の行為は障害を理由とする差別に他ならない。

それを平然と求める理由は、本来障害のある子は特別支援学校（学級）にいるべきだという学校側の考えが根底にある。

障害のある無しにかかわらず子どもは地域で共に学ぶのが本来の教育・学校の姿である。

その根底の意識が社会全体で変わらない以上、インクルーシブ教育は実現しないし、インクルーシブな社会は到来しないであろう。

35　賃金と社会保障 1460 号〜 1462 号。障害と人権全国弁護士ネット編『ケーススタディ障がいと人権』（生活書院、2009）95 頁

36　障害と人権全国弁護士ネット編『ケーススタディ障がいと人権』（生活書院、2009）101 頁

8

家庭と子どもの権利

I　はじめに

　子どもにとって家庭とは、もっとも安心できる場所であるとともに、発育・発達の場であり、愛情を注がれる場であり、また、生活習慣や他者（家族）とのコミュニケーションなどさまざまな力をつけていく場でもある。他方で、家族はさまざまな形で変化していくものであり、それに伴って家庭環境も大きく変化することもある。

　たとえば、現代社会において親の離婚は珍しいものではないが、子どもにとっては極めて大きな影響を及ぼすものである。離婚に際しては、父母のいずれが親権者となるのか、非監護親との交流の実施や頻度はどうするのかなどを決めなければならない。これらは、本来は子どもの最善の利益を第一次的に考慮して判断されるべきであるが（民法766条1項、子どもの権利条約3条1項、9条3項参照）、具体的にどのような子どもの利益（権利）に配慮し、これらについて決定されなければならないのか。

　さらに、これらについて父母の協議が調わなかった場合には、裁判所がこれを決定することになるが（民法776条2項、819条2項）、その手続において子どもが利害関係人として参加し、子どもの手続代理人を選任することが認められるようになったが、子どもの手続代理人は子どものために具体的にどのような活動を行うことが求められるのか。

　また、さまざまな事情によって出生後も出生届が出されずに無戸籍となっている子どもがいる。無戸籍となる原因やその解消方法は2022年の民法改正によってどのように変わったのか。

　本章では、家庭の中における子どもの権利に関して、主にこれらの事項について概観する。

II　親の別居・離婚時の子どもの利益

1　父母が別居、離婚するとき、子どもは自分が立っている大地が地割

れするかのような衝撃に見舞われることも多いだろう。これまでの日常生活がどのように変わるだろうか、引越しをしなければいけないのか、学校は転校しなければいけないのか、父母どちらと一緒に暮らすことになるのか、きょうだいとは一緒にいられるのか、習い事はどうなるのか等、多くの心配事を抱えることとなる。あるいは、毎日絶えることのなかった父母の諍いから解放されることを喜ぶ子どももいるであろうが、変化に対する心配事は同じであろう。

こうした場面に立たされた子どもに対し、父母はどのようなことに配慮しなければならないだろうか。民法766条1項は、監護者、親子交流、養育費などを決める場合、「子の利益」を最も優先して考慮すべきとする。そして、この規定は、裁判離婚にも準用され（民法771条）、裁判所の拠るべき規範ともなっている。また、離婚の際に親権者を指定するにあたっても、この趣旨は妥当するであろう。問題は「子の利益」の具体的内容であるが、子どもには次のような利益があると考えられる。

① 養育能力がある愛情深い親に養育され、安全、安心な日常生活が守られる利益

子どもは、父母の別居、離婚後も、養育能力がある愛情深い親に養育され、安全で安心した日常生活が守られるべきである。そのための親権者指定（民法819条1項）であり、監護者指定（民法766条1項）である。これらの指定にあたり、かつては母（性）が優先されると言われたこともあったが、現在では、子どもの出生から現在に至るまでの監護の継続性が重視されると言われている（主たる監護者基準）[1]。

② 別居親からの婚姻費用・養育費により、同居中の生活水準ができるだけ維持される利益

子どもは、別居親からも婚姻費用（民法760条）・養育費（同766条

---

1 山岸秀彬「子の監護者指定・引渡しをめぐる最近の裁判例について」『家庭の法と裁判』26号62頁参照

1項）という形式で経済的支援を受け、同居中の生活水準ができる
だけ維持されるべきである。特に、ひとり親家庭の相対的貧困率
が50％に近いという状況下においては、婚姻費用・養育費の確保
は重要であり、民事執行法上も特別の扱いを受けている。具体的
には、それら扶養義務等に係る金銭債権は、一度債務者の給与等
の継続的給付債権を差し押さえれば、将来にわたって支払いを受
けることができる（民執151条の2）。また、通常債権による債権執
行に比して差押禁止範囲も縮減されている（同152条3項）。

③ 可能な事案では親子交流を通じて別居親との有意義な関係が維
持、形成される利益

子どもは、別居親とも交流（民法766条1項）を通じた有意義な
関係を維持することで、別居親から捨てられたわけではない、別
居親からも愛されているという認識を持つことができ、その心身
の成長に有益であると言われる。そこで、同居親を含め、周囲の
支援を受けながら、別居親との親子交流を通じた有意義な関係が
維持、形成されるべきである。

もっとも、過去に虐待があるなど、交流を持つことが必ずしも子
どもの心身の成長にとって有益ではない場合もある。あくまで維
持、形成されるべきは別居親との有意義な関係なのである。この
点、家庭裁判所の調停においては、子の利益を最も優先し、親子
交流を実施することにより子の利益に反する事情があるかどうか
について、ニュートラル・フラットな立場で、安全、子の状況、
親の状況、親子関係、親同士の関係、環境その他一切の事情を丁
寧に聴き取り、慎重に検討するものとされている[2]。

④ 遅すぎることのない適切な時期に、父母の離婚の意味、離婚後の
親子関係などについて、年齢に応じた言葉で適切な説明を受ける
利益

2　細矢ほか「東京家庭裁判所における面会交流調停事件の運営方針の確認及び新たな
運営モデルについて」『家庭の法と裁判』26号129頁

父母は、子どもを諍いに巻き込まないようにという配慮から、別居・離婚にあたっても、子どもを蚊帳の外に置きがちである。その配慮の姿勢自体は大切であるが、別居・離婚という事態に立ち至ってしまった以上は、すでに子どもは「当事者」である。そこで必要な配慮は、子どもを巻き込まないことではなく、むしろ子どもに適切に情報を提供することである。遅すぎることのない適切な時期に、父母の離婚の意味、離婚後の親子関係などについて、年齢に応じた言葉で適切な説明を受けられるよう配慮すべきである。

⑤ 自分の今後の生活などについて、適切な援助や配慮のもと、自分の気持ちを述べる機会が保障され、かつ表明された気持ちが適切に考慮される利益

子どもは、父母の別居、離婚に際し、いろいろなことを感じ、考える。子どもには、そうした気持ちを聴いてもらう利益がある。この点、法務省のアンケート調査によれば、父母の離婚時に、誰かに相談することができたかとの問いに、「相談した」との回答はわずか8.9％しかなく、「相談したかったが適切な人がいなかった」は18.6％、「相談できる人はいたが自分で抱え込んだ」は9.7％、「人に言いたくなかった」は18.6％となっており[3]、子どもがもっと気軽に相談できる環境作りが望まれる。

また、子どもが示した気持ちが、父母間の何らかの決定に関するものであれば、その決定にあたり、適切に考慮される必要がある。これは子どもの権利条約第12条の要請でもある。

ここでの子どもの利益に関連の深い制度として、子どもの手続代理人制度がある（家事事件手続法第23条、第42条）。子どもの手続代理人は、父母間の離婚調停や子の監護に関する処分（養育費を除く）の調停や審判で、手続に参加した子どもの代理人として、その気持ちの整理、表明の支援を行い、それを通じて、⑤以外の

---

3 「未成年期に父母の離婚を経験した子の養育に関する実態についての調査・分析業務報告書」（公益社団法人商事法務研究会、2021年1月）21頁

利益にも寄与することもある（後記Ⅲ参照）。

⑥ 父母の葛藤にさらされ続けることのないように、合意による速やかな解決が目指される利益

子どもは、父母の別居、離婚そのものよりも、それに関する父母の葛藤にさらされることによる方が心理的負担が大きいと言われる。もちろん、父母双方が、子の利益を真剣に考えるがゆえに、いきおい紛争が長期化してしまうこともあるが、子どもの心理的負担を考えれば、できる限り早期に合意による解決が目指されるべきである。

2　以上、父母が別居、離婚する際に守られるべき子どもの利益について概観した。なお、この点に関連して、2024年5月、民法が改正され、離婚後も共同親権を選択できることとすること、養育費請求権等への先取特権付与、法定養育費の創設、親子交流の試行的実施の制度、祖父母等との交流の制度の導入等がなされた。施行は公布の日から2年以内である。

Ⅲ　子どもの手続代理人

1　制度の沿革

2013年1月1日から施行された家事事件手続法により、「子どもの手続代理人」の制度が新設され、子どもが父母の離婚や親権の問題に関する家事事件に関与することができるようになった。

特に両親の離婚問題に際して、親権や面会交流をめぐって紛争になるケースは多く、子どもの人生に関わる大きな影響のある事柄であるのに、子ども本人は手続の外に置かれ、家事の手続で何が行われているか、何が話し合われているかも分からないままに、自分に関することが決められていく、といった状態に置かれていた。そうした、子どもに対する手続保障を強化するために、家事事件に主体的に関与する機会を子どもに与え、弁護

士を子どもの代理人として選任する制度が、子どもの手続代理人制度である。子どもの手続代理人は、家事事件という限定的な場面ではあるが、司法手続の中で子どもの意見表明権を実質化する役割を担うものである。

　子どもの手続代理人の活動により、父母や裁判所が子の意思を正確に把握することで、関係者全員が子の意向を尊重した解決を目指すという効果が期待されている。

2　子どもが手続関与するために必要となる能力

　家事事件手続法は、子ども自身が手続に関与できる具体的事件類型を定め、子どもに手続行為能力（手続行為をすることができる一般的資格）を認めている。主な事件としては、離婚調停（同法第252第1項）、子の監護に関する処分（監護者指定、子の引渡し、面会交流。養育費は除かれている）の審判・調停（同法第152条、第252条第1項）、親権者指定又は変更の審判・調停（同法第168条第7項、第252条第1項）、親権喪失や親権停止等の審判（同法第168条第3項）、未成年後見関連（同法第177条各項）、ほかに、児童福祉法第28条に基づく審判などがある（家事事件手続法第235条）。

　もっとも、事件類型として手続行為能力が認められていても、とある事件のその子どもに手続への関与が認められるためには、「意思能力」があることが前提とされる。家事事件における子どもについては、おおよそ小学校高学年程度であれば意思能力があると認められる傾向にある。これまでの子どもの手続代理人選任事例を見ると、8歳や9歳の小学校中学年の子どもでも認められたケースがある（もっと低年齢の事例もあるが、これは、上のきょうだい児に付随して認められていると理解されている）。何歳なら大丈夫、という一律の線引きをすることはできず、その子どもそれぞれの発達度合いに応じて判断されているといえる。

3　手続関与の類型

　子どもが家事事件に関与する類型としては、①申立人となる、②参加す

る、という二つのパターンがあり、さらに②の参加には、ⅰ当事者参加と
ⅱ利害関係参加の二つのパターンがある。

　①の申立人となる事件類型は、民法等の実体法で申立権が規定されてい
る事件であり、親権喪失や親権停止、未成年後見関係の事件がこれにあた
る。②の参加する事件類型は、ⅰ「当事者となる資格を有する」場合と、
ⅱ「審判の結果により直接の影響を受ける者」である場合である。父母間
で親権や子の引渡し、面会交流について紛争があるときに、子ども自身が
利害関係参加する、または父母からの職権発動の申立てにより、裁判所が
子どもを利害関係参加させる、というのが典型例であり、この②ⅱのパタ
ーンが、割合としては多いといえる。

4　手続代理人の活動

　子どもの手続代理人は、子どもと面談して子どもの意向を聞き取り、報
告書という形で子どもの意思を事件に反映させることが最も大きな役割で
ある。共通して言えることとしては、どの事件の代理人も、子どもとのや
り取りにかなり多くの時間を割き、子どもの意向を汲み取ること、子ども
が意見を形成する過程を支援することに注力しているということである。
SNS 等のツールを利用する、初めて会うときには事件の話はせず、自分
がどんな人間であるかを子どもに理解してもらう機会とする、等、子ども
との信頼関係の形成のため、子どもの状況に合わせて、各手続代理人がさ
まざまな工夫をしている。

　子どものパーソナリティや意見は実に多様であり、これをすれば上手く
いく、というマニュアルはないに等しい。子ども一人ひとりに向き合い、
ケースごとに支援のあり方を見つけていかなければならない。

5　児童相談所が関わる家事事件と子どもの手続代理人

　近年、児童相談所長が申立人となる児童福祉法第28条に基づく申立て
事件や、親権停止・喪失等の事件において、子どもが手続参加することが

認められるケースが増加傾向にある。親子分離や法的な親子関係に関わる問題であるため、子どもの意見表明権保障の観点から、子どもの手続参加を積極的に検討すべきであろう。

Ⅳ　無戸籍

1　無戸籍者の存在

　本来であれば戸籍に登録されるはずであるのに何らかの理由により登録されることなく生活している無戸籍者は、2020 年 9 月末日時点で法務省が把握しているだけでも 3,235 人に及ぶ。この中には子どもも多数含まれており、中には、学校に行けていない、健康保険もなく病院にも通えない、各種手当がない、児童福祉の対象となりづらいなど深刻な問題に苦しんでいる者も少なくない。

2　無戸籍者・児の発生原因

　日本国籍を有し、すなわち戸籍に登録されるべきであるのに登録されないままとなる原因はいくつか存する。たとえば親の知的な問題や、貧困、犯罪等のため出生届を出さない、または出せない場合もある。また中には、親が戸籍制度自体に反対であるとか、事実婚の場合に子を非嫡出子と記載したくないことから出生届を拒むケースもある。

　しかし実際には大多数がいわゆる「300 日問題」を原因としている。すなわち、改正前民法 772 条により、婚姻成立の日から 200 日経過後又は婚姻の解消若しくは取消し（以下、「離婚等」という）の日から 300 日以内に生まれた子の父親は、婚姻中の場合は母親の夫と、また離婚等が成立して

4　法務省民事局民事第一課「無戸籍者に関する調査結果」
　https://www.moj.go.jp/content/001341379.pdf

いる場合は前夫（あわせて前夫等という）と推定される。このため出生届が出された場合、前夫等を父親とする戸籍が作成されるのである。

しかし、生物学的には別の男性が父親であり、子どもと前夫等との自然的血縁関係がないにもかかわらず、上記の要件を満たしてしまっている場合どうなるか。出生届を出すと、前夫等を父親とする戸籍が作成されてしまうが、これが母親にとって受け容れがたいことが多い。また前夫等を父親とする戸籍が作られた場合には、母親が前夫等以外の男性と性交渉を有したことが前夫等に知られてしまう。さらに、DV 等の事情により前夫等から逃げてきた母親にとっては、前夫等に自らの所在や消息がわかってしまうこともある。このような事態を避けるために子の出生届を出すことができず、その結果、子が無戸籍状態になってしまう。これがいわゆる 300日問題、すなわち「民法 772 条による無戸籍」の問題の典型例である。

なお、2022 年の民法改正（2024 年 4 月施行予定）により、離婚後 300日以内に出生した場合であったとしても、母が再婚をしていれば、出生した子は再婚後の夫の子と推定されることとなった（改正民法第 772 条 1 項後段、同条 2 項）。これによって、たとえば、婚姻中に夫以外の男性との子どもを懐胎し、その後、夫と離婚し、懐胎した血縁上の父と再婚した場合、子どもの出生が前夫との離婚後 300 日以内であったとしても、再婚後の夫（血縁上の父）の子と推定されることになる。

しかしながら、本規定は、母が再婚していることが要件となっているため、母が再婚していない場合には、従前どおり離婚後 300 日以内に出生した子どもは前夫の子どもと推定されることになる点に注意が必要である。

3 対　応

(1) 推定の及ばない子

改正前民法のもとでは、婚姻成立の日から 200 日経過後、又は離婚後300 日以内に生まれた子は、基本的には嫡出が推定されることとなっていた（なお、上記のとおり、離婚後 300 日以内に出生した場合であったとしても、母が再婚をしていれば、出生した子は再婚後の夫の子と推定されることとなっ

た（改正民法第 772 条 1 項後段、同条 2 項））。

　しかし、①離婚後に出生した場合、医師の作成した証明書により、離婚後に懐胎したことが直接証明できる場合には、嫡出推定を覆すことができる。また、②懐胎する時期に、前夫等が遠隔地に居住していたり収監されていたり、実質的に離婚状態にあるなど、外観上、母と性的関係を持っていないことが明らかな場合（「外観説」ともいわれる）にも、嫡出推定を覆すことができる。無戸籍者の問題に取り組んでみると、意外に多数の無戸籍者・児について「嫡出推定が及ばない」と言える場合があることがわかる。

　特に、①の場合には、裁判手続を経ずに、離婚後の懐胎であることの医師の証明書を添えて出生届を出すことによって、前夫の戸籍に入る形で就籍することを避けることができる。

　他方で、②の場合には、外観上、前夫と母とが性的関係を持つ機会がないことを前提に、裁判所が父子関係が存在しないことを認めた審判書又は判決書を提出する必要がある。そのための裁判手続としては、親子（父子）関係不存在確認又は強制認知が挙げられる。

　前夫等との父子関係不存在の確認は、無戸籍の子（適宜、母親が子の法定代理人として）がこれを申し立てる。この場合、調停を経て合意に相当する審判によることが可能な時もあり、またはそれが難しければ人事訴訟となる。父子関係不存在の場合には、前夫等を相手方としなければならない。DV の場合にはこれが大きなハードルとなる。

　そして、生物学上の父に対する強制認知は、無戸籍の子（適宜、母親が子の法定代理人として）、自然血縁上（生物学上）の父親を相手方として家庭裁判所に認知調停を申し立てるというところから始まる。同様に合意に相当する審判によることができない場合には、人事訴訟となる。強制認知の場合、生物学上の父は手続に協力的な場合も多く、この場合には手続がスムーズに行くことが期待される。事案により、または裁判所の方針により適切なものを選択することとなる。しかし、強制認知の手続を選択した場合であったとしても、前夫の手続保障のために、裁判所の手続の指揮として、前夫に照会を行う可能性があることに留意すべきである。

8

家庭と子どもの権利

なお前述のとおり、これらの手続の中では、外観上「嫡出推定が及ばない」ことを示すことが必要であり、DNA 鑑定等により、前夫等との間の自然的血縁関係の不存在を示すだけでは、「推定の及ばない子」であると認定する証拠として不十分であることに留意する必要がある。

ただこれらの手続を始める前には、まずは離婚が前提となる。前夫等と母が離婚せずに、いきなり生物学上の父の戸籍に入れる形の手続は困難と考えられる。

また無戸籍者の中には、いわゆる 300 日問題に端を発してはいるが、その後長期間を経て母子関係の有無すら、必ずしも明確でなくなってしまっているものもあり、この場合は母子関係の立証手段も考える必要がある。

(2) 推定される子

婚姻成立の日から 200 日経過後、又は離婚後 300 日以内に生まれた子は、嫡出が推定される（改正前民法 772 条）。

このとき、父子関係を否定する方法としては、嫡出否認の調停において合意に相当する審判を受けるか、嫡出否認の訴えにより判決を受けるしかない。しかし、改正前民法においては、嫡出否認の訴えは、嫡出関係を推定される父が、子又は親権を行う母に対してのみ、それも、父が子の出生を知ったときから 1 年間という短い出訴期間の間に行うことしか認められていなかった。そのため、嫡出否認の訴えは、実際には無戸籍者の事案で、実効的な手続ではなかった。

しかし、2022 年の民法改正により、嫡出否認の訴えは母及び子からも行うことができるようになり（改正民法 774 条 1 項、2 項、775 条 1 項 1 号）、出訴期間も 3 年に伸長された（改正民法 777 条）。これにより、母又は子がイニシアティブをとって手続きすることが可能となった。さらに、嫡出否認の訴えは、生物学上の父子関係を争点、すなわち前記(1)の外観説ではなく、DNA 鑑定等により生物学上の父子関係が否定されるか否かが争点となる点も大きく、今後、無戸籍問題解消のための手続として期待される。

なお、これらの規定は原則として施行日（2024 年 4 月）以後に出生した子どもに適用されるが、子及び母からの嫡出否認の訴えに関しては、施行

日より前に生まれた子についても、施行日から1年に限り、嫡出否認の訴えを提起することができる（令和4年12月民法等の一部を改正する法律附則第4条2項）。

　また、本人が日本国籍を有している場合で、かつ「本籍を有しない」（戸籍法第110条1項）場合には、就籍の許可申立を行うこともありうる。

4　無戸籍のままでも受けられる各種行政サービス

　親子関係不存在、認知、就籍許可について、家庭裁判所に調停を申し立てたことについて家庭裁判所の係属証明書があれば、総務省の通知により、住所地の市区町村において住民票の写しの発行を受けることができる。住民票の写しが発行されることで、さまざまな行政サービスを受けられることになり、無戸籍により生じる困難の相当部分が軽減される。

　このほか、学校、医療、各種手当等について、近時無戸籍問題への理解が広がってきており、無戸籍者であってもこれらのサービスを受けることができるので、法務局や市役所（具体的には戸籍窓口）等に相談すべきである。

5　結　語

　前記のとおり、法的手続きをとることにより、戸籍を取得することができる無戸籍者は相当数存在すると考えられる。弁護士・弁護士会が法的な支援を行う枠組を作って積極的にこれを提供していくことが必要である。

　また同時に、当面戸籍がなくとも各種の行政サービスを受けることができるような体制が整備されてきており、この点についても無戸籍者又は親権者である母にアドバイスを行うことも必要である。

9

児童虐待

I　はじめに

　児童相談所の児童虐待相談対応件数は、2021 年度では 207,660 件となり過去最多であった。また、同年度に発生または表面化した子ども虐待による死亡事例は 66 例（77 人）であり、依然として高い水準となっている。

　このような児童虐待に適切に対応するため、近年では毎年のように法改正が行われている。直近では令和 4 年 6 月には児童福祉法改正が行われ、子どもの意見聴取等の仕組みの整備がされ、一時保護時の司法審査が導入される等の大幅な改正となった。さらに、同年 12 月には民法の懲戒権規定が削除され、体罰が禁止されるなど、虐待や子どもの権利に対する意識改革が立法によってもなされている。

II　児童虐待とは

1　児童虐待の定義

　児童虐待とは、児童虐待防止法第 2 条において、保護者がその監護する児童（18 歳に満たないものをいう）に対し、次に掲げる行為をすることをいうと定義されている。[1]

種類	児童虐待防止法における定義	具体例
身体的虐待	児童の身体に外傷が生じ、または生じるおそれのある暴行を加えること（1 号）	蹴る、投げ落とす、首を絞める、熱湯をかける、布団蒸しにする、溺れさせる、逆さ吊りにする、異物を飲ませる等。

1　表については日本弁護士連合会子どもの権利委員会編『子どもの虐待防止・法的実務マニュアル第 7 版』（明石書店、2022）17 頁より引用。

種類	児童虐待防止法における定義	具体例
性的虐待	児童にわいせつな行為をすることまたは児童をしてわいせつな行為をさせること（2号）	性交、性的行為の強要、性器や性交を見せる、ポルノの被写体にする等。
ネグレクト	児童の心身の正常な発達を妨げるような著しい減食または長時間の放置、保護者以外の同居人による前2号または次号に掲げる行為と同様の行為の放置その他の保護者としての監護を著しく怠ること（3号）	食事を与えない、衣服や住居を極端に不潔・不衛生な状態にする、乳幼児を家や車のなかに放置する、子どもが望むのに登校させない（登校禁止）等。
心理的虐待	児童に対する著しい暴言または著しく拒絶的な対応、児童が同居する家庭における配偶者に対する暴力（配偶者（婚姻の届出をしていないが、事実上婚姻関係と同様の事情にある者を含む）の身体に対する不法な攻撃であって生命または身体に危害を及ぼすもの及びこれに準ずる心身に有害な影響を及ぼす言動をいう）その他の児童に著しい心理的外傷を与える言動を行うこと（4号）	無視、脅かし、他のきょうだいと著しく差別する、「お前なんか生まれてこなければよかった」などの子どもの心を傷つける言動、DV（配偶者からの暴力）を見せる等。

　しかし、いずれの類型にもあてはまらない中間的又は複合的なケースも多く、虐待を受けている子どもの援助や保護にあたっては、いずれの虐待類型にあてはまるかにこだわらず、必要に応じて適切な対応をしなければならない。また、特殊な虐待類型として、AHT（Abusive Head Trauma in infants and young children 臨床的に虐待が疑われる乳幼児の頭部外傷）、代理によるミュンヒハウゼン症候群（子どもの病気や症状をねつ造して医療機関を受診させるもの）、医療ネグレクト（子どもに必要かつ適切な医療を受けさせないこと）等が問題となることもある。特にAHTは、過去には乳幼児揺

さぶられ症候群（SBS: Shaken Baby Syndrome）と呼ばれていたが、揺さぶり以外の虐待によっても頭部外傷が生じることもありうることから、現在ではAHTと呼ぶことが推奨されている。AHTは乳幼児に大きな障害を残すことも多い重度の身体的虐待であるが、その受傷機序を明らかにすることが困難な場合がある。

2 原因および背景

　児童虐待は、身体的、精神的、社会的、経済的等のさまざまな要因が複雑に絡み合って起こると考えられている。リスク要因としては、以下の4つのリスク要因が考えられるが、必ずしもこれらのリスク要因が直接虐待につながるわけではない。虐待の可能性を適切に判断するためには、リスク要因とともに、虐待を発生させることを防ぐ家族のストレングス（強み）とのバランスを意識してアセスメントすることが重要である[2]。

1. 保護者側の要因
・妊娠そのものを受容することが困難（望まない妊娠）
・若年の妊娠
・子どもへの愛着形成が十分に行われていない（妊娠中に早産等何らかの問題が発生したことで胎児への受容に影響がある。子どもの長期入院等）
・マタニティーブルーズや産後うつ病等精神的に不安定な状況
・性格が攻撃的・衝動的、あるいはパーソナリティの障害
・精神障害、知的障害、慢性疾患、アルコール依存、薬物依存等
・保護者の被虐待経験
・育児に対する不安（保護者が未熟等）、育児の知識や技術の不足
・体罰容認などの暴力への親和性
・特異な育児観、脅迫的な育児、子どもの発達を無視した過度な要求等

2　表については日本弁護士連合会子どもの権利委員会編『子どもの虐待防止・法的実務マニュアル第7版』（明石書店、2021）24頁より引用。

2. 子ども側の要因
- ・乳児期の子ども
- ・未熟児
- ・障害児
- ・多胎児
- ・保護者にとって何らかの育てにくさを持っている子ども等

3. 養育環境の要因
- ・経済的に不安定な家庭
- ・親族や地域社会から孤立した家庭
- ・未婚を含むひとり親家庭
- ・内縁者や同居人がいる家庭
- ・子連れの再婚家庭
- ・転居を繰り返す家庭
- ・保護者の不安定な就労や転職の繰り返し
- ・夫婦間不和、配偶者からの暴力（DV）等不安定な状況にある家庭等

4. その他虐待のリスクが高いと想定される場合
- ・妊娠の届出が遅い、母子健康手帳未交付、妊婦健康診査未受診、乳幼児健康診査未受診
- ・飛び込み出産、医師や助産師の立ち合いがない自宅等での分娩
- ・きょうだいへの虐待歴
- ・関係機関からの支援の拒否等

3 児童虐待の影響

(1) 子どもへの影響

　児童虐待は、身体的虐待による受傷やネグレクトによる栄養障害等の直接的な影響以外にも、子どもに大きな悪影響を与える。子どもにとって最も安心を与えられる存在であるはずの保護者から虐待を受けたことにより、愛着対象である保護者との愛着関係を形成することが困難となって対人関係に悪影響を及ぼしたり、虐待を受けたのは自分が悪いのだと思い、自己肯定感が持てなくなるといった影響が挙げられる。その他にも、虐待の影響によって、行動コントロールに問題が出る子どもや、多動、心的外

傷後ストレス障害（PTSD）、偽成熟性、解離性同一性障害等の精神的症状が出る子どもも多い。

　また、近年の脳科学における研究により、虐待や体罰による心理的ストレスが子どもの脳の発達を阻害し、聴覚や知能、理解力の発達に悪影響を与えることが明らかになってきた[3]。

　このような影響を受けた結果、虐待を受けた子どもが次世代の虐待加害者となってしまう、世代間連鎖が存在することも指摘されている。

(2) 虐待親への影響

　子どもを虐待した親は、自己評価が下がり、ますます子どもや子育てに対して自信を持てなくなり、その結果力ずくで子どもの行動を抑制しようとしてさらに虐待を加えたり、子どもとの「虐待―被虐待関係」を固定化してとらえてしまい、子どもとの関係を改善する意欲が失われてしまう。また、虐待を行ってしまったことを周囲に言い出せず、子育ての困り感や経済的な困窮、DV 等についての SOS が出せなくなり、さらにストレスをためてしまう。

　その結果、虐待が繰り返され、深刻化してしまうことがある。このように、児童虐待は親にとっても深刻な影響を及ぼすのである。

(3) 支援者がとるべき立場

　したがって、虐待事件にかかわる場合、虐待を未然に予防し、仮に虐待が発生していた場合には子どもを虐待から保護し、被害を一刻も早く回復することを考えなければならない。これは、どのような立場で虐待事件にかかわる場合でも同様である。

3　友田明美「傷ついた子どもたちとその「後遺症」——脳科学の観点から」『家庭の法と裁判 18』（日本加除出版、2019）

Ⅲ　児童虐待等に対する援助の基本的な流れ

1　児童虐待等の発見・通告

　児童虐待防止法第6条は、「児童虐待を受けたと思われる」児童を発見した者すべてに児童相談所等への通告義務を課している。通告義務を負う者は個人だけでなく、学校、病院などの関係施設も通告義務を負う。さらに、児童虐待防止法5条は、学校および学校の教職員、児童福祉施設および施設の職員、病院および医師、弁護士等、児童の福祉に業務上関係のある団体や個人に児童虐待の早期発見に努める義務を課している。弁護士は特別に虐待の早期発見義務を負っているのである。

　なお、通告の方式に規定はなく、匿名でもよい。また、守秘義務の規定は「通告する義務の遵守を妨げるものと解釈してはならない」（児童虐待防止法第6条第3項）と規定し、職務上虐待を認知し通告した場合にも守秘義務違反とはならない。また、個人情報の保護に関する法律との関係においても、通告義務に基づく通告は、個人情報保護法第23条第1項第1号により、個人情報の第三者提供が許される「法令に基づく場合」に該当する。さらに、通告を受けた児童相談所等は、通告をした者を特定させるような事実を漏らしてはならないと定められており（同法第7条）、通告者を保護する配慮もなされている。

2　調　査

(1)　調査権限

　通告を受けた児童相談所の所長、市町村は、速やかに当該児童の安全確認を行うための措置を講じ（児童虐待防止法第8条）、児童相談所は、当該児童および家庭に対する援助（一時保護、児童福祉司指導の措置、施設入所・里親委託措置など）の方針決定を行う前提として、当該虐待の事実の有無・程度・状況などの調査にあたる（児童福祉法第11条第2号ハ）。

さらに、令和4年の児童福祉法改正により、児童相談所の所長は、関係機関に対して資料や情報の提供、意見の開陳その他必要な協力を求めることができるようになり、協力を求められた者はこれに応じる努力義務が課せられた（児童福祉法第33条の3の2）。

　児童相談所による調査は、具体的には、虐待の事実の有無、虐待の状況・程度・経過、虐待を受けているおそれのある児童の身体・心理的状況・生活環境、生育歴、虐待を行っている疑いのある保護者の年齢・職業、家族構成、協力してくれる親族や第三者の有無などを、通告者・児童・保護者等との面談、家庭訪問、学校や病院等の関係諸機関への照会等により調査する。

　しかし、たとえば保健所や医療機関から虐待のおそれがあるとの通報を受けた児童相談所が虐待の有無の調査を行う場合、これまで面識のない児童相談所のケースワーカーが保護者に面接をして、果たして十分な情報が聴き取れるかどうか疑問がある場合もある。一方で、子どもが小さい場合、保健師からの訪問であれば、「1歳児健診にこられていませんが、お子さんの様子はどうですか」「健診時に少し発達の遅れがみられますが、お母さんのほうで子育てでお困りのことはありませんか」などといったかたちでの聴き取り（援助活動）が可能になることもある。また、児童相談所のケースワーカーが調査する場合でも、事前に、主治医から「子どもさんのことでお悩みでしたら、一度児童相談所に行かれてはどうですか」などと話をしてもらうことでスムーズに行えることもある。子どもの年齢が上がれば、保育所・幼稚園の職員や学校の教員がこのような役割を果たすことができる。

　このように、調査の段階から関係機関が協議を行い、これまでどのような機関が保護者に接触をもってきたか、保護者が信頼を寄せている機関はあるか、誰が保護者に接触をもつことが最も適当かを検討する必要がある。

(2) 立入調査・質問権

　虐待通告を受けた場合、児童相談所は子どもの安全確認を速やかに行う

必要があるため、学校や住居を訪問する。子どもや保護者の住居を訪問し、住居に立ち入ることは、保護者の同意が得られれば可能であるが、同意が得られないこともある。そこで、児童福祉法第29条および児童虐待防止法第9条は児童相談所長等に立入調査権を認め、児童の住所または居所等への立ち入り、必要な調査または質問をすることができるとしている。児童虐待防止法第9条に基づく立入調査は、「児童虐待が行われているおそれがあると認めるとき」に立入調査権を行使できると規定している。

　児童虐待防止法第10条では、児童相談所長等は、児童の安全の確認、一時保護および立入調査にあたり、必要があれば管轄する警察署長に対し援助を求めることができ、援助の要請を受けた警察署長は、所属の警察官に警察官職務執行法等による措置を講じさせるようにするとされ、関係機関の円滑な連携が求められている。

　正当な理由がないにもかかわらず立ち入り調査を拒否した場合には、刑事罰（罰金刑）が課されることがある。（児童福祉法第61条の5）ただし、鍵を壊す等の物理的な破壊行為や、立ち入りを物理的に阻止しているにもかかわらずこれを排除して入室するといった行為はできない。この場合、後述する臨検・捜索が検討される。

(3) 出頭要求・再出頭要求・臨検又は捜索

　「児童虐待が行われているおそれがあると認めるとき」に、保護者に対し、当該児童を同伴して出頭することを求め、児童相談所の職員等に必要な調査又は質問をさせることができる（出頭要求。児童虐待防止法第8条の2）。また、保護者が正当な理由なく立入調査や出頭要求を拒否した場合において、児童虐待が行われているおそれがあると認めるときは、再出頭要求をすることができる（児童虐待防止法第9条の2）。

　保護者が立入調査を拒否した場合において、児童虐待が行われている疑いがあるときは、児童の安全の確認を行い又はその安全を確保するため、裁判官の発する許可状により、児童相談所職員等を児童の住居所に臨検させ（立ち入らせ）、児童を捜索させることができる（児童虐待防止法第9条の3）。

9 児童虐待

315

また、臨検・捜索にあたっては、解錠その他の必要な処分を行うことができる（児童虐待防止法第9条の7）。

3　一時保護

(1)　一時保護及び一時保護の延長

　都道府県知事（児童相談所長に権限移譲されている場合が多い）は、児童虐待が疑われ、児童の安全を迅速に確保する必要がある場合や、児童の心身の状況や養育環境の調査等をする必要がある場合など、必要性を認めたときに、短期間、親元から児童を分離させる一時保護を行うことができる（児童福祉法第33条）。一時保護された児童は、一時保護所で生活するが、病院や里親等に一時保護委託される場合もある。また、一時保護の期間は、原則として一時保護を開始した日より2か月を超えてはならないが、必要があると認めるときは延長することができる（児童福祉法第33条第4項、13項）。

　引き続き一時保護を行うことが、当該児童の親権者又は未成年後見人の意に反する場合には、児童相談所長又は都道府県知事は、家庭裁判所の承認を得なければならない。この場合には、児童相談所長等は、家庭裁判所に申し立てを行い、承認の審判を得ることとなる（児童福祉法第33条第5項。以下、本章において「33条審判」という）。

(2)　一時保護開始時の司法審査

　これまで一時保護開始時には司法審査がなされていなかったが、令和4年の児童福祉法改正が施行されると、一時保護時に原則として一時保護状の発付を受けることが必要となる。同改正は、令和7年6月から施行予定である。

　児童相談所長等は、一時保護を行うときは、原則として、一時保護開始日から7日以内又は一時保護前に、裁判所に一時保護状を請求しなければならない。但し、①当該一時保護を行うことについて当該児童の親権を行う者又は未成年後見人の同意がある場合、②当該児童に親権を行う者又は未成年後見人がない場合、③当該一時保護をその開始した日から7日以内

に解除した場合には、例外的に司法審査は不要となる（以上、改正児童福祉法第33条3項）。

　先述した33条審判や、児童福祉法28条の施設入所の際の承認審判と異なり、法は、一時保護状の例外①については、親権者等の意思表示として、当該一時保護を行うことについての積極的な「同意」を必要としていることに注意が必要である。一時保護状の場合は、親権者等が当該一時保護を行うことについて反対の意思表示をしない場合でも、同意がない以上、司法審査が必要となる。

　なお、一時保護の適法性について司法審査を行うにあたっては、一時保護の要件が明確に定められている必要があるが、令和4年の児童福祉法改正においては、一時保護の要件を「児童虐待のおそれがあるとき……その他の内閣府令で定める場合であって、必要があると認めるとき」（改正児童福祉法第33条1項）と、内閣府令に委譲することとした。これを受けて児童福祉法施行規則（昭和23年厚生省令11号）が改正される予定である。なお、現時点（2024年10月）においては、以下のような規定となることが検討されている。なお、内閣府令の趣旨は、一時保護の要件をより明確にするものであり、内閣府令によって今までの一時保護の要件が狭められるものではないとされている。

　法第三十三条第一項に規定する内閣府令で定める場合は、次に掲げる場合とし、この場合において、児童相談所長は、必要があると認めるときは、児童の安全を迅速に確保し適切な保護を図ること、又はアセスメント（児童の心身の状況、その置かれている環境その他の状況を把握することをいい、短期入所指導（法第十二条の四に規定する児童を一時保護する施設等に児童を短期間入所させ、心理療法、生活指導その他の援助を行うことをいう）を行うことを含む）を行うことを目的として児童の一時保護を行い、又は適当な者に委託して、当該一時保護を行わせることができるものとする。
　一　児童虐待防止法第二条に規定する児童虐待を受けた場合若しくはそのおそれがある場合又は児童虐待を受けるおそれがあ

る場合（児童虐待防止法第十二条の二第一項に定めるときを含む）

二　少年法（昭和二十三年法律第百六十八号）第六条の六第一項の規定による送致を受けた場合又は警察官から法第二十五条第一項若しくは児童虐待防止法第六条第一項の規定による通告を受けた場合

三　児童の行動が自己若しくは他人の生命、心身若しくは財産に危害を生じさせた場合若しくはそのおそれがある場合又は危害を生じさせるおそれがある場合

四　児童が自らの保護を求め、又はこれに相当する意見若しくは意向を表明した場合

五　児童の保護者が死亡、行方不明、拘禁、疾病による病院への入院等の状態となつたこと、児童が家出人であることその他の事由により、次のいずれかに該当する場合

　　イ　児童に保護者若しくは住居がない又はそのおそれがある場合

　　ロ　児童の住居が不明である又は不明となるおそれがある場合

六　児童の保護者がその監護する児童の保護を求め、又はこれに相当する意見を表明した場合

七　前各号に掲げるもののほか、一時保護を行わなければ児童の生命又は心身に重大な危害が生じるおそれがある場合

(3) 一時保護中の児童相談所長の権限

　親権を行う者又は未成年後見人のいない児童について、一時保護中は、児童相談所長が親権を行う（児童福祉法第33条の2第1項）。

　また、親権を行う者または未成年後見人のある児童についても、一時保護中は、その監護及び教育に関して、児童相談所長はその児童の福祉のため必要な措置をとることができ、これに対し、親権を行う者又は未成年後見人は児童相談所長の措置を不当に妨げてはならないとされている（児童福祉法33条の2第2項）。

4　施設入所等措置

(1) 児童福祉法第 27 条第 1 項第 3 号措置

　一時保護は、あくまでも緊急措置として認められたものであり、一時保護で親子を長期分離することは予定されていない。そこで、都道府県知事（児童相談所長）が、保護者・親権者のもとに子どもを返すことが適当でないと考える場合や、保護者・親権者が不在の場合には児童福祉施設に入所させたり、里親に子どもを委託措置する（児童福祉法第 27 条第 1 項 3 第 3号）。

　措置先としては、小規模住居型児童養育事業（ファミリーホーム）、里親、乳児院、児童養護施設、障害児入所施設、児童心理治療施設、児童自立支援施設がある。この措置は、親権者の意に反して行うことができず、（児童福祉法第 27 条第 4 項）、親権者が反対の意思を表明する場合には、後述する、28 条審判を経る必要がある。なお、施設入所中には、親権を行う者又は未成年者のいない児童について、施設長が親権を行う（里親委託中の場合は児童相談所長が行う。児童福祉法第 47 条第 3 項）。また、親権を行う者または未成年者のある児童について、施設入所中は施設長が、里親委託中は里親が、その監護及び教育に関して、児童相談所長はその児童の福祉のため必要な措置をとることができ、これに対し、親権を行う者又は未成年後見人は児童相談所長の措置を不当に妨げてはならない（児童福祉法第 47 条第 4 項）。

(2) 28 条審判

　前述のとおり、施設入所や里親委託等の措置は、親権者の意に反して行うことができない。児童福祉法 28 条は、親権者等が子どもを施設入所等させることに反対の意思表示をした場合は、「保護者が、その児童を虐待し、著しくその監護を怠り、その他保護者に監護させることが著しく当該児童の福祉を害する場合」に（児童福祉法第 28 条第 1 項）家庭裁判所の承認を経たうえで、施設入所等措置をとることができることとした。この審判のことを「28 条審判」と呼ぶことが多い。

28条審判の申立人は都道府県知事であるが、多くの自治体で児童相談所長に権限が委譲されている。28条審判は家事事件手続法別表第1の事件であるため、二当事者対立構造とはならないが、手続保障の観点から、措置対象の子ども、親権者、未成年後見人、児童を現に監護する者は、「審判の結果により直接の影響を受ける者」として利害関係参加することができる（家事事件手続法第42条第2項、第3項）。また、措置対象の子どもは未成年者であるが、意思能力を有する子どもは手続行為能力が認められ（家事事件手続法第235条、第118条）、利害関係参加の申立および参加後の手続きを法定代理人によらず自ら有効にすることができる。参加に際して、必要があると認めるときは、裁判長は、申立により弁護士を手続代理人に選任することができ、申立がされない場合でも代理人を選任すべき旨を命じ、または職権で選任することができる（家事事件手続法第23条第1項、第2項。子どもの手続代理人については第8章のⅢ（298頁以下）参照）。

5　一時保護・施設入所時の面会通信制限等

(1) 面会通信制限

一時保護中あるいは施設入所中であっても、子どもと保護者との面会通信は原則として認められる。しかしながら、子どもと保護者との面会通信により子どもの心身の健康や安全が脅かされ、面会通信をさせることが子の福祉に照らして不適切である場合もありうる。

児童福祉施設等への入所措置（28条審判による承認を得た者も含む）がなされた場合及び一時保護が行われた場合において、「児童虐待の防止及び児童虐待を受けた児童の保護のため必要があると認めるとき」は、児童相談所長等は、当該児童虐待を行った保護者について、当該児童との面会及び通信の全部または一部を制限することができる（児童虐待防止法第12条第1項）。

同処分は行政手続法上の不利益処分にあたるため、処分にあたっては、処分の名宛人に弁明の機会を付与し（行政手続法第13条第1項第2号、ただし、公益上、緊急に不利益処分をする必要がある場合には弁明の機会の付与

を省略することが可能（同条第2項第1号））、決定通知書に処分の理由を示すことが必要である（同法第14条第1項、第3項）。

なお、児童相談所長が行政指導の一環として面会や通信の制限を行う場合がある。しかし、その場合はあくまでも親権者等の任意の協力のもとで行われる必要がある。したがって、子どもや保護者が指導に従わない旨の意思を確定的に表明するなど、指導・支援を継続することが強制にわたる場合には、行政指導として制限を行うことは適当ではない。しかし、上述のとおり、一時保護中には児童相談所長が、施設入所等措置中には施設長等が、それぞれ児童の監護及び教育に関してその児童の福祉のため必要な措置を採ることができ、それに対して親権者は不当に妨げてはならない。そして、一時保護や施設入所等措置の結果、親権は当然に制限されるのであるから、一時保護や施設入所等措置の目的達成の観点から親子間の面会が制限されることも当然のことであると考えられる（大阪高裁令和5年12月15日判決）。このように解釈した場合、児童虐待防止法12条1項が面会通信制限の唯一の根拠規定であるということはできない。すなわち、行政指導や児童虐待防止法12条1項に基づかずとも、一時保護又は施設入所等措置による親権行使の制限として面会通信の制限が認められるとも考えられる。

(2) 接近禁止命令

都道府県知事または児童相談所長は、①施設入所等措置が取られ、または一時保護が行われ、かつ、②児童虐待防止法第12条第1項に基づく面会通信の全部が制限されている場合において、③児童虐待の防止及び児童虐待を受けた児童の保護のために特に必要があると認めるときは、6か月を超えない期間を定めて、保護者に対し、児童の住居所、学校その他の場所において児童の身辺に付きまとい、または児童の住居所、学校その他その通常所在する場所（通学路などの日常使用する経路を含む）の付近をはいかいしてはならないという命令を行うことができる（児童虐待防止法第12条の4第1項）。

本件命令を行う場合は聴聞を行わなければならず（児童虐待法第12条の

4第3項）、命令の理由となった事実の内容その他規則に定める必要な事項を記載した命令書の交付が義務付けられている（児童虐待防止法第14条の2第4項、児童虐待規則第4条）。また、接近禁止命令に違反した場合には、1年以下の懲役または100万円以下の罰金に処せられる（児童虐待防止法第18条）。

6 親権制限

(1) 親権について

子どもの権利条約には、親権は親の権利としてではなく、親の養育責任として規定されており、責任を果たすにあたっては「子どもの最善の利益」に関心をもつよう説かれている（同条約第18条）。そのうえで、子どもの立場からは権利の側面から規定されており、子どもには「父母によって養育される権利」があるとされている（同条約第7条）。児童虐待の問題を解決していくにあたっては、親権を親の権利としてではなく、子どもに対する義務だととらえる視点が重要である。平成23年親権法改正においては、このことを明らかにするために、民法第820条（身上監護権）に「子の利益のために」との文言が付加された。

親権の内容としては、身上監護権（民法第820条）と財産管理権（同法第824条）が挙げられる。身上監護の具体的内容としては、居所指定権・職業許可権などがある。また、財産管理権から、子の財産に関する法律行為を代表する権限（法定代理権）や同意権が派生する。

また令和4年の民法改正で、民法の懲戒権の規定が削除され、「親権者は、この人格を尊重するとともに、この年齢及び発達の程度に配慮しなければならず、かつ、体罰等の、子の心身の健全な発達に有害な影響を及ぼす行動をしてはならないものとする」（民法第821条）との条項が設けられた。

(2) 親権停止・喪失

親権者の親権行使が子どもにとって不適当な場合は、親権停止・喪失の

手続きをとることがある。子、その親族、未成年後見人、未成年後見監督人、検察官、児童相談所長（児童福祉法第33条の7）が申立権者となる。

親権停止制度は、家庭裁判所の審判によって、2年以内の期間に限って親権者の親権を停止させる制度である（民法第834条の2）。親権停止の要件は、「父又は母による親権の行使が困難又は不適当であることにより子の利益を害する」ことである。親権停止は、親権を終局的に喪失させるのではなく、期間を限定して親権行使を一時的に制限するものであり、親権喪失と比べ、家族へのダメージは抑えられる。

親権喪失制度は親権を期間の制限なく喪失させるものであり、父又は母による虐待又は悪意の遺棄があるときその他父又は母による親権の行使が著しく困難又は不適当であることにより子の利益を著しく害するときに認められる（民法第834条）。

親権停止や喪失によって親権を行使するものがいなくなった場合、未成年後見人を選任することもある。

(3) 管理権喪失

親権者の監護養育能力には問題がないものの、財産管理に問題がある場合には、管理権喪失を行うこともある。親権喪失が親権の全部を喪失させるのに対し、管理権喪失は、その一部である財産管理権に限って喪失を認める。

子、その親族、未成年後見人、未成年後見監督人、検察官、児童相談所長からの申立てが可能であり、父又は母による管理権の行使が困難又は不適当であることにより子の利益を害するときに管理権喪失が認められる（民法第835条、児童福祉法第33条の7）。

7　自立支援

虐待等で家庭生活を送ることが困難であった子どもが自立し、自分で生活することは並大抵のことではない。就職、住居の設定、必要な手続きを行うこと、すべてが大きなハードルとなる。成年年齢は18歳に引き下げ

られたが、18歳になった際に一律に社会に出ることは困難な場合もある。そこで、児童福祉法では満18歳に達した時点で一時保護がされているか、施設入所措置又は28条審判の申立てが行われている場合について、一定の要件の下で一時保護や施設入所措置が可能とされている（児童福祉法第31条、第33条第8項以下）。

　また、自立支援のための事業として以下のような事業が挙げられる。

　①　退所児童等アフターケア事業
　　　児童養護施設に措置された子どもが社会に出る準備及び社会に出た後の支援を図るためにさまざまなトレーニング等を行う事業。
　②　社会的養護自立支援事業
　　　児童養護施設等に入所措置を受けていた者で18歳（措置延長の場合は20歳）到達におり措置解除とされた者のうち、自立のための支援を継続して行うことが適当な場合について、原則22歳に達する日の属する年度の末日まで、個々の状況に応じて支援コーディネーターによる支援や相談を受けられる事業。
　③　身元保証人確保対策事業
　　　児童養護施設等に入所している子どもの就職やアパート等の賃借、大学への進学の際に施設長等が身元保証人となった場合の損害保険契約を締結し、身元保証人を確保する事業。
　④　児童養護施設退所者等に対する自立支援資金貸付事業
　　　児童養護施設等を退所したものであって就職や進学をした者について、家賃相当額や生活費その他の費用の貸し付けを行う事業。

　さらに、児童養護施設等を退所した子どもが進学や就労をしながら自立生活を送るにあたって、子どもの受け皿になる施設や機関として、自立援助ホーム、子どもシェルター、子どものためのステップハウス等の他、婦人（女性）相談所、更生保護施設、自立準備ホーム等があげられ、このような施設を利用することも考えられる。

Ⅳ　援助に関わる機関

　児童福祉法の規定からすれば、通告を受けた市町村や児童相談所は、その後の調査、判定、処遇を一手に引き受けて行うように読める。しかし、虐待のおそれの発見にはじまり、その後の調査から処遇に至るまで、子どもや家族の支援に関わる機関が互いに協力し合うことが、子どもや家庭を支援するために必要かつ効果的である。主な関係機関について述べる。

1　児童相談所

　児童相談所は虐待ケースの支援の中核機関である。虐待通告を受け、あるいは養護相談等を通じて自らケースを発見し、子どもや家庭環境等について調査を行い、調査に基づいて当該ケースの強みや課題をアセスメントし、支援計画を立て、実際に支援を行う。支援は、親権者及び子ども本人の同意のもとに行うケースワークが中心となるが、28条審判の申立てや、親権喪失・停止等審判の申立て（同法第33条の7）などを行うこともある。また、緊急の場合の子どもの一時保護も職権で行うことができる（同法第33条）。

2　社会的養護に関する施設等

　養育者がいない、養育者に監護させることが適切ではないなどの理由により、家庭での養育が十分に期待できない子どもについて、養育者に代わって生活の場所を確保し、社会全体でその心身の健やかな成長をはかることが必要である。このような保護を要する子どもに対する生活の場所（「社会的養護」）の主な担い手として以下のものがある。

　なお、従前、日本の社会的養護は児童養護施設を代表とする施設養護が中心であったが、子どもにとって良好な家庭環境・家庭的な環境で生活することは、重要なことであるとの認識が広がり（子どもの権利条約第20条

第3項、第18条、国連子どもの権利委員会第3回勧告等)、2016年改正児童福祉法において、家庭養育・家庭的養育の推進が明確化された。すなわち、同法第3条の2において、家庭養育の支援をうたいつつ、児童を家庭において養育することが困難であり又は不適当な場合には、児童が家庭における養育環境と同様の養育環境において継続的に養育されるよう、児童を家庭及び当該養育環境において養育することが適当でない場合には児童ができる限り良好な家庭的環境において養育されるよう、必要な措置を講じなければならないとし、施設養育よりも家庭養育(養子縁組、里親、ファミリーホーム)、家庭的養育(施設が実施する小規模グループケア、グループホーム)を優先することが明確にされた。

　今後は一層里親委託・ファミリーホーム委託の推進や施設の小規模化がされていくものと思われる。

(1) 児童養護施設

　原則として乳児(満1歳に満たない者をいう。児童福祉法4条1項1号)以外の、保護者のない児童、虐待されている児童その他環境上養護を要する児童を入所させて養護するとともに、退所者に対する相談その他の自立のための援助を行う施設である(児童福祉法第41条)。実情としては概ね2歳以上18歳未満の子どもが生活している。なお、以下で説明する里親やファミリーホーム等でも同様であるが、満20歳まで措置を延長することも可能である(同法第31条第2項、第4項参照)。

(2) 乳児院

　原則として乳児を入院させて養育するとともに、退院者について相談その他の援助を行う施設である(児童福祉法第37条)。

(3) 里親

　要保護児童の養育を家庭に委託する制度であり、養育里親、養子縁組里親、親族里親の種別がある(児童福祉法第6条の4)。また、養育里親の中に、障害のある子どもや被虐待経験がある等、一定の専門的ケアを必要と

する児童を養育する専門里親がある。なお、一度に委託を受けることができる人数は4人以下である（児童福祉法施行規則第1条の33）。

　前記のとおり、家庭的養護優先の原則により、社会的養護のもとで子どもを生活させる判断を行う際には里親や後記(4)のファミリーホームの積極的な検討及び活用が求められる。他方で、里親の質の向上や、委託児童と里親との関係調整等に対する支援体制などの課題もある。

(4) ファミリーホーム（小規模住居型児童養育事業）

　要保護児童について、この事業を行う住居（ファミリーホーム）において、児童5〜6人定員での養育を行う里親型のグループホームである（児童福祉法第6条の3第8項、児童福祉法施行規則第1条の19）。

(5) 児童自立支援施設

　不良行為をなし、又はなすおそれのある児童及び家庭環境その他の環境上の理由により生活指導等を要する児童を入所させ、又は保護者の下から通わせて、個々の児童の状況に応じて必要な指導を行い、その自立を支援し、あわせて退所した者について相談その他の援助を行うことを目的とする施設である（児童福祉法第44条）。

　国立（全国に二か所）や民間が設置するもののほか、自治体が設置するものがある。

(6) 児童心理治療施設

　家庭環境、学校における交友関係その他の環境上の理由により社会生活への適応が困難となった児童を、短期間、入所させ、又は保護者の下から通わせて、社会生活に適応するために必要な心理に関する治療及び生活指導を主として行い、あわせて退所した者について相談その他の援助を行うことを目的とする施設である（児童福祉法第43条の2）。情緒障害児短期治療施設の名称が2016年児童福祉法改正により改称されたものである。

(7) 自立援助ホーム

　主に満 20 歳未満の義務教育終了後の者について、生活の場所を提供するとともに、日常生活の援助、生活指導、就業支援を行い、あわせて退所者に対して相談その他の援助を行うものである。児童自立生活援助事業（児童福祉法第 6 条の 3 第 1 項、第 33 条の 6）として規定されている。2016 年児童福祉法改正により、従前から本児業を利用しているもので大学等に在学中の者については 22 歳に達した年の 3 月末まで利用可能とされ、さらに 2022 年児童福祉法改正により、大学等に在学している者でなくとも、都道府県知事が必要があると認めた者も本事業を利用することができるようになった。

(8) 子どもシェルター

　子どもシェルターは、虐待等により居場所を失った子どもや反社会的勢力等から避難する必要のある子どもに衣食住を提供し、自立生活に向けた次の一歩を踏み出せるまで生活を支援する。また、子どもの権利擁護のために、子どもの代弁者として、子どもが抱える問題に対応する子ども担当弁護士がつく点が特徴である。子どもシェルターは、2004 年のカリヨン子どもセンターによる開設以降、民間の取り組みにより全国的な広がりを見せている。

　子どもシェルターは、当初は全く公的支援がない中で運営されてきたが、2011 年に自立援助ホームの一類型として児童自立生活援助事業の対象となったことにより、公的な支援が行われることとなった。

3　その他の諸機関

(1) 学校・幼稚園・保育所

　学校等の子どもの所属は、子どもが日常生活を送る重要な場であり、虐待の発見や発見後の援助支援機関のひとつとしての役割を果たす（児童虐待防止法第 5 条参照）。また、保育所については、養育者が育児に悩んでいるような場合に入所させることによって育児の負担軽減にも繋がる。な

お、これらの機関は、児童相談所から資料や情報の提供を求められた場合にはこれに応じる努力義務が課せられている（児童福祉法 33 条の 3 の 2）。

(2) 市町村、福祉事務所（家庭児童相談室）

市町村は最も子どもに身近な基礎自治体として子どもの福祉に関する支援等を行う。特に、子どもや保護者に寄り添って地域のリソースや必要なサービスと有機的につないでいくソーシャルワークを中心とした市区町村子ども家庭総合支援拠点の設置も求められており、子どもや家庭に対する支援全般に係る業務を担うこととされている。また、児童相談所に権限である親子分離等を伴わない子育て支援で対応すべき事案については、児童相談所から市町村への送致もできるとされており（児童福祉法第 26 条第 1 項第 3 号）、児童相談所との連携も求められている。

(3) 医療機関

虐待は、医療機関で発見され、その後児童相談所に通告されることも多く、中には重大事案について虐待通告がなされることもある。また、子どもや保護者の支援方針を策定するために必要な医学診断を求めることもあり、さらには必要に応じて医療機関を一時保護委託先とすることもある。

なお、医療機関から児童相談所に対して行う情報提供に関しても上記(1)の学校等と同様児童相談所長からの求めに応じる努力義務がある（児童福祉法 33 条の 3 の 2）。

(4) 警察

要保護児童の発見・保護の面で関わる機関である。児童相談所が子どもの安全確認や一時保護をする場合に、児童相談所から援助を求められたときは、必要な措置を講じることとされている（児童虐待防止法第 10 条第 3 項）。また、虐待事案が刑事事件化するような場合には、児童相談所、検察及び警察による司法面接（代表者聴取面接）が行われることがある（司法面接については第 11 章のⅧ（433 頁以下）参照）。

(5) 家庭裁判所

児童相談所等の対応について司法判断を行う機関である。具体的には、臨検・捜索についての許可（児童虐待防止法第9条の3）、33条審判、28条審判、さらには親権喪失・親権停止等の審判を行う。また、少年事件の審判を行う機関でもある。

V 社会的養護における子どもの権利擁護

社会的養護のもとで生活する子どもに関して、虐待を受けた子どもの割合が増加している。すなわち、児童養護施設に入所している子どもの65.6%、里親委託されている子どもの38.4%、自立援助ホームの利用者の71.6%に被虐待体験があるとされている（厚生労働省子ども家庭局厚生労働省社会援護局障害保健福祉部「児童養護施設入所児童等調査の概要（平成30年2月1日現在)」2020年1月）。また児童養護施設においては36.7%、里親委託児の24.9%、自立援助ホーム利用者のうち46.3%が何らかの障害を有している（同調査の概要）。

そのため、子ども達のケアにあたる里親や施設職員などには専門的な対応能力が求められている状況にある。そのような中で、かつて、児童養護施設における非人道的な虐待事件が発覚し、訴訟などを通じて社会問題とされた。

そこで、以下では、社会的養護のもとで生活する子どもの権利擁護に関して、被措置児童虐待、第三者評価を中心に説明する（なお、昨今は、社会的養護の下で生活する子どもの意見表明権の保障のためのさまざまな制度が注目を集めている。この点については、本章のVI（337頁以下）参照）。

1 被措置児童等虐待

(1) 定義

ファミリーホーム事業に従事する者、里親もしくはその同居人、乳児

院・児童養護施設等の施設長や職員等、一時保護所設置の児童相談所長や職員等が委託児童・入所児童または一時保護児童について虐待行為を行うことをいう（児童福祉法第33条の10）。虐待行為の定義は児童虐待防止法第2条の児童虐待とほぼ同様であるが、生活を共にする他の児童による身体的暴行等の虐待行為を放置することも含まれる（児童福祉法第33条の10第3号）。

(2) 被措置児童等虐待への対応

被措置児童等虐待を受けたと思われる児童を発見した者は速やかに、児童相談所や児童福祉審議会等に対して通告する義務がある（児童福祉法第33条の12第1項）。被措置児童等虐待を受けた児童自身も通告をすることも可能である（同条第3項）。

通告を受けた都道府県は、速やかに被措置児童等虐待の状況の把握等の確認作業を行い（同第33条の14第1項）、必要があると認めるときは虐待の防止及び当該児童・生活を共にする児童の保護を図るため必要な措置を講ずる（同第2項）。

なお、被措置児童等虐待のうち里親に関しては、密室化しやすく発見が容易でないという点に注意が必要である。

(3) 課題

ア　通告件数が実態を十分に反映していないこと

70都道府県市（都道府県、20指定都市、3児童相談所設置市）及び3国立施設を対象とした2019年度の全国の被措置児童等虐待の届出・通告受理件数は290件であった（厚生労働省「令和元年度における被措置児童等虐待への各都道府県市等の対応状況について」）。もっとも、通告件数は自治体によりばらつきがあり、全く通告がない自治体も複数あった。

一方で児童養護施設関係の研修会では、児童間の性加害・被害事例などの被措置児童等虐待に該当すると思われるケースへの対応に苦慮する報告がなされているなどしており、実態としては相当程度の暗数があるものと

思われる。

イ　被措置児童等虐待発生後の対応の不十分さ

　被措置児童等虐待は絶対に許されない子どもへの人権侵害であり、子ども本人は当然のことながらその保護者に対しても迅速かつ丁寧な対応が求められる問題である。しかしながら、上記通知によれば、子ども本人に対して何らの対応をしていないものが 10 件、保護者に対して何らの対応をしていないものが 27 件あり、そのうち、いずれに対しても何らの対応をしていないものが 4 件あった。

　厚生労働省による「被措置児童等虐待対応ガイドライン」（2009 年 3 月）によれば、被措置児童等虐待の事実が明らかになった場合には、当該児童に対する必要な対応・支援を行うこととされているが、このような対応が十分に行われていない。

ウ　再発防止の仕組みの不備

　都道府県は、被措置児童等虐待が行われた施設等に改善策や再発防止策を求めるが、改善策が必ずしも十分に取り組まれていないことがある。前記ガイドラインによれば、口頭や文書による施設等に対する指導や命令等を一度だけ行って終わるのではなく、当該施設等へのケアの在り方、運営の在り方の見直しの進捗状況を継続して見守り、確認していく必要があると指摘されている。また、必要に応じて、告訴・告発等も行うべきであるとされているが、これらがどの程度実効的に行われているかは不透明である。

2　第三者評価の実施

　「児童福祉施設の設備及び運営に関する基準」（昭和 23 年厚生省令第 63 号）及び厚生労働省子ども家庭局長及び厚生労働省社会・援護局長「社会的養護関係施設における第三者評価及び自己評価の実施について」（2022 年 3 月 23 日）により、社会的養護関係施設（児童養護施設、乳児院、児童心

理治療施設、児童自立支援施設及び母子生活支援施設）は第三者評価を受審することが義務付けられている（ファミリーホーム及び自立援助ホームは努力義務である（児童福祉法施行規則第 1 条の 28 及び第 36 条の 23 参照））。

第三者評価は、児童福祉法に基づく措置によって入所する場合、子どもが施設を選ぶ仕組みではなく、また、施設長による親権代行等の規定があるほか、被虐待児が増加していること等により、施設運営の質の向上が必要であるために実施されるものである。すなわち、第三者評価は子どもの権利擁護の一環として行われるべきものである。

（1）実施方法等

第三者評価を 3 か年度に 1 回以上受審し、その結果は公表しなければならず、受審の間の年度においては、第三者評価基準の評価項目に沿って自己評価を行わなければならない。また、第三者評価の際は利用者調査も併せて実施しなければならない。

（2）自己評価

自己評価は、第三者評価基準の評価項目に沿って、毎年度、自己評価を行わなければならない。自己評価では、職員全体で施設運営を振り返り、できていること・できていないことを整理する。

（3）第三者評価の推進組織

全国推進組織としては、全国社会福祉協議会及び都道府県推進組織が挙げられる。

（4）第三者評価基準

ア　全国共通の評価基準

評価基準は社会的養護施設共通の項目と各施設固有の評価項目がある（前記「社会的養護関係施設における第三者評価及び自己評価の実施について」（2022 年 3 月 23 日）別添 1-1 ないし 6-4 参照）。

第三者評価基準の項目の中には「子どもを尊重した養育・支援の実施について共通の理解をもつための取組を行っている。」（第三者評価共通評価基準（児童養護施設版）28）、「子どもや保護者等に対して養育・支援の利用に必要な情報を積極的に提供している。」（同30）、「子どもが相談や意見を述べやすい環境を整備し、子ども等に周知している。」（同35）、「子どもからの相談や意見に対して、組織的かつ迅速に対応している。」（同36）、「子どもの権利擁護に関する取組が徹底されている。」（第三者評価内容評価基準（児童養護施設版）A①）、「子どもに対し、自他の権利について正しい理解を促す取組を実施している。」（同A②）、「親子関係の再構築等のために家族への支援に積極的に取り組んでいる。」（同A㉔）等、各評価基準に子どもの人権擁護に関する評価項目が設定されている。これらの評価項目が、自己評価や第三者評価において正しく活かされる必要がある。

イ　都道府県独自の第三者評価基準

　都道府県推進組織は、「都道府県推進組織に関するガイドライン」（前記「社会的養護関係施設における第三者評価及び自己評価の実施について」（2022年3月23日）別添1）に基づいて行う。都道府県推進組織による評価は、独自の評価基準を定めることができるが、社会的養護関係施設の施設運営指針に基づくとともに、上記アの全国共通の第三者評価基準に基づいて定めるものとされている。

(5) 第三者評価機関

　社会的養護関係施設第三者評価機関は、社会的養護関係施設の特質等を十分把握し、一定以上の評価実績を積むことが必要であるため、他の都道府県など広域で活動できることが適当である。このため、社会的養護関係施設第三者評価機関については、全国共通の「社会的養護関係施設第三者評価機関」の認証を受けなければならないとされている。

　他方で、都道府県推進組織は、当該都道府県内において有効な社会的養護関係施設第三者評価機関の認証を行うことができる。

334

(6) ファミリーホーム及び自立援助ホームの第三者評価

ファミリーホーム（小規模住居型児童養護事業）及び自立援助ホーム（児童自立生活援助事業）については、小規模であることに鑑み第三者評価は努力義務とされている。

(7) 第三者評価結果の公表

第三者評価機関は、評価結果を全国推進組織である全国社会福祉協議会及び都道府県推進組織に提出し、全国社会福祉協議会は結果を公表している（http://www.shakyo-hyouka.net/search/index.php）。都道府県推進組織においても公表ができることとなっている。

3　その他の方策

(1) 各施設の苦情解決システムの利用

施設での自浄作用がある程度期待できる場合には、各施設に設置されている苦情解決の仕組み（子ども自身が苦情を意見箱に入れたり、苦情解決担当の職員や外部連絡先に直接連絡を取ることができる仕組みなどがある）を利用することが考えられる（児童福祉施設の設備及び運営に関する規則（昭和23年厚生省令第63号）14条の3参照）。

(2) 児童福祉審議会による権利救済

児童福祉審議会は、被措置児童等虐待に関する通告先の一つであるとともに（児童福祉法第33条の12）、広く児童福祉に関する事項について調査審議をすることができ（児童福祉法第8条第2項）、また関係者等に対して必要な報告や資料の提出を求めることができるとともに、子ども本人や家族から意見を求めることができる（同条第6項）。さらに、令和4年改正児童福祉法において、児童養護施設等への入所の措置や一時保護の実施及びこれらの措置の実施中における処遇に対する児童の意見に関して、都道府県児童福祉審議会の調査審議及び意見の具申が行われるようにすることなどが都道府県の新たな業務として定められた（改正児童福祉法第11条第2号リ）。

そのため、被措置児童等虐待だけでなく、施設や里親等における日常生活に関する不安や不満等に関しても児童福祉審議会に相談等を行うことによって、改善を促すことが期待できる。しかし、子ども本人や保護者等にとっては児童福祉審議会にこのような相談等を行うことができるという認識はまだまだ十分でなく、より積極的な周知と活用が求められる。

(3) 自治体の子どもオンブズパーソンや子どもの権利擁護事業の利用

自治体の中には、子どものオンブズパーソンや総合型オンブズパーソン、あるいは子どもの権利擁護事業として、子どもの権利侵害に対応する仕組みを有しているところがある。そのような地域においては、これらの事業への相談、申立てを行い、調査調整活動を行ってもらうこと等が考えられる。

(4) 弁護士会への人権救済申立

被措置児童等虐待の通告等を行っても都道府県や当該施設等の改善が期待できない場合には、代替するものとして弁護士会に対して人権救済申立を行い、警告等の意見を出してもらい改善の動きにつなげることが考えられる。

(5) 損害賠償請求、刑事告訴

損害賠償請求は、被害児童が未成年であれば、親権者等が権利行使する形となる。しかし、社会的養護のもとで生活する子どもにとっては親権者の協力が得にくい、或いは得られる損害賠償金を子どものために用いることが期待できないこともあるため、留意が必要である。また、損害賠償請求先は、措置入所中の児童に関する事案では措置元の都道府県が国家賠償法上の責任を負い、施設設置運営者である社会福祉法人は民法第715条の損害賠償責任を負わないとした最高裁平成19年1月25日判決（最高裁判所民事判例集61巻1号1頁）がある。

刑事告訴に関しては、前記1（3）ウのとおり、特に被措置児童等虐待において検討すべき場合がある。

VI　子どもの意見表明支援

1　権利の客体から主体へ

　かつて、子どもは、社会や大人にとって、愛され、守られ、時には管理される存在であって、自分で物事を決める力を持たず、権利利益を与えられるだけの存在であると認識されていた。しかし、時代とともに社会が変容し、権利意識が高まるにつれ、子どもは主体的に権利を行使していく存在であると認識されるようになった。

　そして、子どもの基本的人権を保障するものとして、1989 年に国連において子どもの権利条約が採択された。その第 12 条に、子どもの意見表明権が明記されている。

2　子どもアドボカシー

　子どもアドボカシーとは、子どもの声を上げ、子どもをエンパワメントするという子どもの意見表明を支援するための概念であり、その中でも以下では、児童相談所や施設等の関係機関等から独立した立場で子どもの側について意見表明を支援する「独立アドボカシー」と、施設職員や児童相談所職員などの専門職による意見表明支援である「フォーマルアドボカシー」を取り上げる。

(1) 独立アドボカシー

　独立アドボカシーは、外部の第三者が "子ども主導" のもとで行うアドボカシーである。" 子ども主導 " とは徹底して子どもの側に立って子どもの声になるという趣旨である。子どもに対する守秘義務を負い、利害関係のない独立性のある第三者に自らの想いや考えを表明すること、そして、自分の意見を自ら表明できるようエンパワメントをしてもらう、又は、その第三者（アドボケイト）に代弁等をしてもらうという経験は子どもにと

って大きな経験となる。

　そして、後述するとおり、上記の改正児童福祉法によって、一時保護や同法第27条第1項第3号に基づく施設入所等の措置や解除などについての子どもの意見、さらには施設入所中等の処遇に関する子どもの意見を第三者が聴取等し、当該第三者が関係機関等にそれを伝えるといった意見表明等支援事業が新設された（同法第6条の3第17項）。これは限られた場面ではあるものの、独立アドボカシーを法定化したものといえる。子どもの意見表明権の保障のために積極的に活用されることが望まれる。

(2) フォーマルアドボカシー

　フォーマルアドボカシーは施設に措置されている子どもにとっては最も身近な存在である施設職員や児童相談所職員によって行われるアドボカシーである。そして、施設職員や児童相談所職員は、施設又は児童相談所の組織として、施設のルールや児童相談所による支援方針などの子どもの声に関して自ら決定する権限をも有する立場にある者によってなされるアドボカシーである。特に児童福祉法の改正によって児童相談所は、一時保護や児童福祉法第27条第1項第3号に基づく措置さらにはそれらの解除の際に子どもの意見聴取等を義務付けられたため（意見聴取等措置。同法第33条の3の3）、フォーマルアドボカシーとしての役割を十分に果たす必要がある。

　また、子どもの意見表明権は、子どもが意見を自由に表明するだけでなく、表明された意見について相応に考慮されることをも含んだ権利である（子どもの権利条約第12条）。そのため、施設や児童相談所は、フォーマルアドボカシーとして子どもの意見表明を支援するだけでなく、（自ら又は他者を通じて）聴き取った子どもの意見について相応に考慮することが求められる。

3　子どもアドボカシーの事業化

　2022年の児童福祉法改正では、社会的養護下にある子どもについて、

意見表明支援事業を実施することが、自治体の努力義務として定められ、2024 年度から施行される予定である（児童福祉法第 6 条の 3 第 17 項）。子どもが権利の主体として自ら意見を言うことの重要性が徐々に注目されるようになり、意見表明権を現実的に保障するものとして、「子どもアドボカシー」の活動が広まりつつある。

　全国的には、改正法施行以前から、先駆的な取組みとして、社会的養護下にある子どもの意見表明を支援する活動を始めている自治体が相当数見られる。児童相談所の一時保護所や、児童養護施設等の児童福祉施設にアドボケイト（意見表明支援をする者）が随時あるいは定期的に訪問し、子どもとの信頼関係を築きながら、日々の生活上の細かな事項から、今後の人生に関わる事項に至るまで、さまざまな子どもの思い、考え、意見を聴き、養育者である児童相談所や施設に伝えるという活動をしている。

　前述のように、意見表明支援において重要なことは、子どもの意見を単に伝えるだけではなく、表明された意見について、養育者である児相や施設がどのように対応し、子どもに還元していくか、ということである。今後始まる意見表明支援事業に関しては、子どもから意見を聞いただけにとどまらない、意見を実現するための支援をすることのできる制度設計が望まれるところである。

　2023 年 3 月、厚労省の委託事業に基づく権利擁護スタートアップマニュアル作成に関する調査研究報告書が公開された。今後、アドボカシー事業を展開する自治体は、この調査報告書を参考に進めていくことになろう。

4　子どもの最善の利益

　子どもの意見表明を支援するうえで、子どもが表明した意見が、子どもの「最善の利益」と合致しないことがあるという問題に直面することがある。前述のアドボケイトの役割は、子どもの意見の聞き役に徹し、たとえ子どもの意見が最善の利益と合致しない場合であっても、子どもの意見を否定せず、その意見の表明を支援することである。

子どもが意見を言う機会や環境が保障され、意見を言うにあたって大人の支援を受けられることの意義の一つとして、子どもが表明した意見に大人が誠実に対応することで、子どもが自らの意見に自信を持てるようになり、ひいては他者との関係性においても自信を持てるようになることが挙げられる。たとえ、最善の利益と合致しない結果、子どもの意見が実現できない場合であっても、大人が誠実に対応することで、結果に対する子どもの納得度は、大人が何の説明もせず結論を押し付けた場合と比べて、より高いものとなるであろう。

VII　弁護士の果たす役割

1　はじめに

児童虐待への対応に関しては、事案の推移に応じて、虐待防止や子どもの支援に関わる関係機関が連携・協力することが不可欠である。そして、連携・協力の過程において、関係機関が認識していなかった法的問題（児童福祉法、児童虐待防止法等のみならず、民法その他の諸法令に係る問題）が明らかになることもしばしばあり、諸機関と共に弁護士が児童虐待の対応に加わる意義は大きい。

弁護士が児童虐待事案に関与する態様は、さまざまである。典型的な関与の態様は、児童相談所あるいは虐待（を疑われた）親の代理人としての活動であるが、たとえば、児童虐待を受けたと思われる児童を発見した関係機関（学校、医療機関等）からの相談を受ける場合、虐待を受けた旨を主張する児童本人からの相談を受ける場合も想定し得る。また、児童虐待事案は、事案そのものの深刻さもさることながら、保護者を含む当事者が関係機関の担当者に対して協力的でないあるいは攻撃的な場合も多く、当該担当者にとって、精神的に大きな負担になる。そこで、弁護士を含めた関係機関が連携し、協議の場をもつことができるということ自体がかかる負担を軽減し、適切な措置・処遇へとつながっていく。

ここで、弁護士が児童虐待事案に関与する場合には、その関与の態様・立場にかかわらず、「児童の最善の利益」（子どもの権利条約第3条第1項）を念頭に置いた活動が必要となる。たとえば、児童相談所が親子分離を企図している場合、当該親子分離を肯定する関与態様（たとえば、親権停止審判申立てにおける児童相談所側の代理人）、否定する関与態様（たとえば、同申立てにおける親権者側の代理人）、いずれの態様において関与するとしても、当該親子分離の実施（あるいは不実施）が「子の利益」（民法第834条の2）にいかなる影響を及ぼすかの検討・立論が不可欠であろう。

もっとも、弁護士はあくまでも「法令及び法律事務」の専門家に過ぎず（弁護士法第2条）、弁護士個人の価値観のみに基づき「児童の最善の利益」を観念することは妥当でない。児童本人及び親権者ら親族の個性、児童を取り巻く環境等々の諸事情は事案に応じて千差万別であるところ、たとえば「虐待親の元で暮らすことは不幸である」あるいは「親と共に暮らすことこそが子どもにとっての幸せである」等の固定観念に縛られてはならない。そして、個別の事案における「児童の最善の利益」がいかなるものであるのかは、当該事案の具体的内容、児童相談所等の関係機関による検討・分析の内容、親権者・親族をはじめとする関係者の意向、そして何よりも、児童本人の意見（子どもの権利条約第12条）に基づき、客観的かつ総合的に検討・判断されるべき事項であろう。

2　具体的な関与の態様

(1) 児童相談所・児童本人側での関与

ア　裁判手続

児童虐待事案においては、28条審判事件、親権停止・喪失審判事件をはじめとする家庭裁判所管轄の事件のみならず、たとえば、児童虐待が不法行為あるいは犯罪に当たる場合の損害賠償請求事件、刑事事件への被害者参加等、多種多様な裁判手続への関与が想定される。いずれの裁判手続に関与するとしても、「児童の最善の利益」を念頭に置いた関与が必要と

なることは、前述のとおりである。

イ　児童相談所配置弁護士

児童相談所は、児童福祉に係る専門的行政機関であり、法令に基づき、一時保護（児童福祉法第33条）をはじめとする諸権限を有している。よって、その業務の遂行に際しては、児童福祉法その他の法律に関する専門的な知識・経験が必要となる。そこで、児童相談所においては、当該業務を適切かつ円滑に行うため、弁護士の配置又はこれに準ずる措置を行うものとされている（児童福祉法第12条第4項）。

児童相談所に配置された弁護士は、児童相談所の日常業務に関する法的助言のみならず、親子分離に係る家事事件の申立て等の裁判手続を行う場合もある。

ウ　児童の代理人としての関与

家事事件における子どもの手続代理人、あるいは、刑事事件における被害者参加代理人等、児童本人の代理人となって関与する場合がある（被害者参加代理人については第11章のⅢ（403頁以下）・Ⅵ（419頁以下）、子どもの手続代理人については第8章のⅢ（298頁以下）をそれぞれ参照）。

(2) 親権者側での関与

一般的な児童虐待事案において、児童本人に次ぐステークホルダーは、言うまでもなく親権者である。よって、28条審判事件、親権停止・喪失審判事件等においては、親権者が裁判手続に関与することとなる。その他にも一時保護に対する不服を申し立てる手続、児童相談所との交渉・協議等、関与の態様はさまざまであるが、上述のとおり、一般論としては、親権者の意向に沿った処遇が「児童の最善の利益」に資する（あるいは害するものではない）旨の主張を行うことになろう。

Ⅷ　具体的な相談における留意点

1　児童からの相談

（1）当該児童の年齢にもよるが、発達段階にある子どもから事実に関する聴き取りを行うに当たっては、成人からの聴取と比較して、諸々の困難を伴うものと思われる。また、聴き取りの過程において、児童に心理的な悪影響を与え得る危険性についても、否定はできない。

よって、児童本人による相談に対応する場合には、当該児童の年齢・発達段階に応じて簡明な文言を用いる、当該児童が話しやすい雰囲気を醸成するといった点もさることながら、虐待に関する言及がなされる場合には児童相談所等に通告して対応を依頼する、あるいは、少なくとも、聴取の方法・内容について児童相談所等と協議の上で実施する等の対応が必要となろう。

（2）その他、聴取に当たっての一般的な留意点は、以下に列挙するとおりである。

・児童に不安を与えるような言及・質問は避ける
・記憶の汚染に留意する
・二次被害の回避に留意する
・児童の意見・意向を否定するような言動は原則として回避する
・実施時間・実施場所に留意する
・聴取の状況・内容について、録音・録画等の方法で記録化する（但し、当該児童の意向確認が前提）
・オープンクエスチョンでの聴取を心がける

2　親権者からの相談

（1）上述のとおり、児童虐待事案において、親権者は児童本人に次ぐス

テークホルダーといえる。親権者は、児童の養育に関する責任等を第一次的に担う者である以上、その養育方針・意向等々について傾聴する必要があろう。

　他方で、親権者の意向如何にかかわらず、親権者による養育あるいは親権者の下での生活が「児童虐待」（児童虐待防止法第2条各号）に該当する場合には、児童相談所をはじめとする関係諸機関による介入は免れ得ない。この点につき、上記の「児童虐待」には、いわゆる身体的虐待（同条第1号）・性的虐待（同条第2号）のように、親権者による行為等が「児童虐待」に該当するか否かの判断が比較的容易な類型のみならず、いわゆるネグレクト（同条第3号）・心理的虐待（同条第4号）のように、「児童虐待」への該当性を検討・判断するに当たって、児童福祉・児童心理に関する専門的な知見を要する類型も存在する。

　以上より、親権者からの相談に対応する際には、親権者自身の見解、弁護士自身の価値観等々にのみ拠って立つのではなく、上述のとおり、「児童の最善の利益」という観点から客観的な対応を心がけ、徒に関係諸機関との対立構造を煽らぬよう、慎重な対応が要求される。

　(2) 一般的な聴取事項の類型は、以下のとおりである。
・家庭の状況
・疑われている虐待の具体的内容
・親権者の意向・認識
・親権者自身の生育歴・被虐待歴

10

少年事件

Ⅰ　少年事件と子どもの権利

1　最近の少年事件の動向と非行の背景

　司法統計年報によれば、少年保護事件の新受件数は、2000 年に 283,389 件を数えたが、その後は一貫して減少傾向にあり、2023 年には 52,642 件と、5 分の 1 以下に減少している。また、殺人の罪で家庭裁判所において終局決定がなされた人員は、2000 年には 57 人であるのに対し 2023 年には 25 人に減少している。巷間指摘されることのある、少年犯罪の「増加」や「凶悪化」という言説は事実に反することがわかる。

　一方、虐待、貧困、いじめ、体罰、落ちこぼれ体験等、成長過程での困難を抱えた子どもは依然として多く、これらの要因が非行の背景になっていることが多い。深刻な被虐経験（性虐待、ネグレクト等）や、知的障害や発達障害（自閉スペクトラム症、ADHD 等）等の資質上の問題が背景にあることもある（ただし、発達障害自体は直ちに非行に結び付かない。発達障害に対する適切な対応がなされない経験が非行の原因となることに注意すべきである）。また、原因が見えにくい非行が増加しているのも近時の少年事件の特徴と言われている。

2　少年司法制度の存在意義

　上記のとおり、非行の背景には成長過程でのさまざまな困難が存在する。子どもを取り巻く環境や子どもの資質に起因する困難は子どもの力だけではどうすることもできないことが多い。非行を犯した子どもは、事件を起こしたという点では加害者であるが、成長過程で困難を抱え自らの人権が侵害される状況に置かれている点では被害者であるといえる。

　一方で、子どもは成長発達の途上にあり、適切な支援を行うことで抱える困難を取り除くことができれば力強く成長することができる存在でもある。非行を犯した子どもに対しては、罰を与えて威嚇することにより非行

を防止しようとするのではなく、子ども自身が抱える困難や人権侵害の原因を科学的に究明し、子ども自身がそれを自ら乗り越え成長発達するために必要な援助を子どもの意見を聴きその納得を得ながら行うことが求められる。

　少年非行への特別な対応を行う仕組みである少年司法制度はこのような目的のもとで歴史的、世界的に形成され発展してきた。市民的および政治的権利に関する国際規約第14条第4項が「少年の場合には、手続は、その年齢及びその更生の促進が望ましいことを考慮したものとする」と規定し、また、少年法第1条が「少年の健全な育成を期し、非行のある少年に対して性格の矯正及び環境の調整に関する保護処分を行う」ことを目的とすると規定し、非行を犯した少年を処罰するのではなく、その立ち直りを目的とする「保護主義」の理念を掲げているのも、その表れである。「保護主義」の理念の意義と有効性は現在においても全く失われていない。

　しかし、2000年から現在までの間に少年法は5度にわたって「改正」された。これらの「改正」のうち国選付添人制度の実現は評価されるべきであるが、多くは厳罰化や刑事司法化を進め、少年司法の理念を変質させる内容の「改正」である。今こそ「保護主義」の理念に適合した少年司法制度を構築することが求められている。

3　少年司法と国際準則[1]

　少年司法に関する国際準則として、子どもの権利条約[2]（基本原則たる第2条、第3条、第6条、第12条のほか少年司法に直接かかわる条文として第37条、第40条）、「少年司法運営に関する国連最低基準規則」（北京ルールズ）[3]、「自由を奪われた少年の保護のための国連規則」（自由規則）[4]および

1　武内謙治『少年法講義』（日本評論社、2015）47頁～60頁参照。

2　巻末資料参照：子どもの権利条約（1989）（504頁）

3　巻末資料参照：少年司法運営に関する国連最低基準規則（北京ルールズ）（559頁）

4　巻末資料参照：自由を奪われた少年の保護のための国連規則（自由規則）（577頁）

「少年の非行予防のための国連ガイドライン」（リヤドガイドライン）[5]がある。子どもの権利条約はわが国が批准した国際条約であり国内法としての法的拘束力を有する。上記の国連準則はそれ自体は国内法としての法的拘束力を有しないが、少年司法制度の運営、少年の身体拘束、非行防止について子どもの権利条約第37条及び第40条の内容を敷衍し具体化し、これらの条文の解釈上の指針を示したり締約国の政策実施上の提言をしたりするものである。その意味で子どもの権利条約や少年法等の解釈適用にあたり重要な意義を有している[6]。

また、国連子どもの権利委員会（Committee on the Rights of the Child, CRC）による一般的意見制度もある。一般的意見[7]とは条約実施の促進や締約国による報告義務履行の援助などを目的として、CRC が締約国の報告審査などに基づいて採択した文書であり、子どもの権利条約の実施機関による有権的解釈指針となっている。少年司法にかかわるものとして、従来の一般的意見第10号「少年司法における子どもの権利」（2007年）を見直して策定された一般的意見第24号「子ども司法制度における子どもの権利」（2019年）がある。

少年事件の弁護人・付添人として活動するにあたっては、以上の国際準則の内容を理解したうえで、意見書等に引用するなどして、主張の根拠として活用することが求められる。

5　巻末資料参照：少年非行の予防のための国連ガイドライン（リヤド・ガイドライン）（592頁）

6　光市母子殺害事件第二次上告審判決（最高裁平成24年2月20日第1小法廷判決《判時2167号118頁／判タ1383号167頁》）の宮川光治裁判官の反対意見は、行為時少年であった被告人の死刑適用の可否に関して、「死刑は、少年が行ったどのような犯罪に対しても、これを科してはならない」とする北京ルールズ第17条2項に触れ、「我が国は、指導理念としてこれを尊重し、実現に向けて努力すべきものであり、少なくとも、少年法51条1項は死刑をできる限り回避する方向で適用されなければならない」と指摘し、少年法の解釈運用にあたり北京ルールズを援用している。

7　巻末資料参照：子どもの権利条約・条約機関の一般的意見一覧（520頁）

4 子どもの成長発達権の保障と少年司法における手続保障

　少年法を中心とする少年司法制度は、子どもの成長発達権を保障するための制度ととらえることができる。成長発達権とは一般に「子どもが健全に成長し発達を遂げる権利」と定義され、日本国憲法第 13 条、第 26 条、子どもの権利条約第 6 条等から読み取ることができる権利である。最高裁も旭川学テ事件判決（最高裁昭和 51 年 5 月 21 日大法廷判決《判時 814 号 33 頁／判タ 336 号 138 頁》）において「国民各自が、一個の人間として、また、一市民として、成長、発達し、自己の人格を完成、実現するために必要な学習をする固有の権利を有する」と指摘し、子どもの学習権の背後に成長発達権があることを明らかにしている。少年司法制度は子どもの成長発達権の保障に適合的に運用されなければならない。この点で少年法第 1 条の「健全な育成を期し」は「成長発達権を保障し」と読み替えられるべきである。[8]

　本庄武教授によれば、[9]子どもに成長発達権が保障されると言っても一歩間違えれば大人や国にとって都合の良い人格を作り上げることになりかねない。そうならないためには子どもが自ら成長発達していく主体である

8　名古屋高裁平成 12 年 6 月 29 日判決《判時 1736 号 35 頁／判タ 1060 号 197 頁》も「少年は、未来における可能性を秘めた存在で、人格が発達途上で、可逆性に富み、環境の影響を受けやすく教育可能性も大きいので、罪を問われた少年については、個別的処遇によって、その人間的成長を保障しようとする理念（少年法一条「健全育成の理念」）のもとに、将来の更生を援助促進するため、社会の偏見、差別から保護し、さらに、環境の不十分性やその他の条件の不充足等から誤った失敗に陥った状況から抜け出すため、自己の問題状況を克服し、新たに成長発達の道を進むことを保障し、さらに、少年が社会に復帰し及び社会において建設的な役割を担うことが促進されるように配慮した方法により取り扱われるべきものである。そして、このような考えに基づいて少年に施されるべき措置は、翻って言えば、少年にとっては基本的人権の一つとも観念できるものである」と判示している。

9　本庄武「少年刑事事件における、憲法上の権利としての手続的・実体的デュー・プロセス」（同『少年に対する刑事処分』《現代人文社、2014 年》15 頁以下所収）、本庄武「成長発達権の内実と少年法 61 条における推知報道規制の射程」（『一橋法学』10 巻 3 号、2011 年）。

ことを承認し、大人や国はそれを側面から支援することでなければならない。しかし、子どもは未成熟であるがゆえにしばしば不合理な決断をして自ら成長発達の芽を摘んでしまうおそれがある。そこで注目されるのが意見表明権（子どもの権利条約第12条）である。この権利は、子どもが自らの利害にかかわる決定がなされる際に成長発達の程度に応じて必要な情報を提供され、それをもとに自分自身がどうしたいのかについての見解を表明する機会を保障するものである。そして、大人は子どもの見解を踏まえたうえで子どもの成長発達にとって最善の支援は何かを検討し、その結果を子どもに伝え、できる限り納得を得たうえで支援を実施する義務を負う。このような過程により子どもの最善の利益（子どもの権利条約第3条）が確定されるとともに、この過程を繰り返していくことで子どもの人格は成長発展していくことになる。この点で、成長発達権はその実効性を担保するための手続的権利としての意見表明権が保障されることでその意義を十全に発揮するとされている。

　少年司法において要請される適正手続とは、上記の過程をたどることで子どもの意見表明の機会が確保され、成長発達が促進されるものでなければならない。北京ルールズが「手続は、少年にとっての最良の利益に導かれ、少年がそこに加わり、自らを自由に表現しうるような相互理解の雰囲気の中でおこなわれるべきである」（北京ルールズ第14条第2項）と規定するのもその趣旨と理解できる。この点で、当事者主義による審判の対審化や刑事裁判と同様の手続保障を採用することは審判を対立的、形式的なものとしてしまい、審判における意見表明を十分に保障し得なくなるおそれがある。少年法が職権主義的審問構造を採用し、「懇切を旨として和やかな」（少年法第22条第1項）審判運営を求めるとともに、審判の非公開（少年法第22条2項）、少年の審判退席（少年審判規則第31条第2項）、推知報道の禁止（少年法第61条）等の少年のプライバシーおよび情操を保護する規定を設けているのは、少年の意見表明および成長発達を確保しようとする、少年司法特有の適正手続保障の表れである。

5　意見表明権および成長発達権の保障と弁護人・付添人の役割

　上記のとおり、少年の意見表明権を保障するためには、徹底して少年の立場に立ち、意見表明に必要な情報を少年に提供し、表明された少年の意見を裁判所等の機関へ代弁する援助者が不可欠である。少年に弁護士が選任される意義はこの点にある。弁護人、付添人を自ら選任できない少年に対しては、意見表明権および成長発達権保障のために国が弁護人、付添人選任義務を負うべきである（北京ルールズ第7条第1項、第15条第1項参照）。

　2001年2月に福岡県弁護士会が付添人選任を希望する観護措置をとられた少年に付添人を付する「全件付添人制度」を始めたのを契機に、同様の取組みが「当番付添人制度」として全国に広がり付添人選任率は劇的な上昇を見せた。その中で観護措置をとられた少年に対する国選付添人制度が2007年に設けられ、2014年には選任範囲が死刑または無期もしくは長期3年を超える拘禁刑に当たる罪の事件に拡大された（少年法第22条の3第2項、第22条の2第1項。なお、2022年刑法改正により懲役刑と禁錮刑が廃止されて新たに拘禁刑が創設された。改正刑法施行日は2025年6月1日）。しかし、国選付添人の選任は少年に請求権がなく裁判所の裁量に委ねられていることもあり、2021年における国選付添人の選任率は対象事件の80%程度である。国選付添人が選任されなかった事件については、日弁連の少年保護事件付添援助制度により、弁護士費用の援助を受けることができる。

　付添人が少年と面接を繰り返して内省を促したり環境調整活動を行ったりすることは少年の立ち直りにとって大きな力となり得る。少なくとも観護措置をとられたすべての少年に国選付添人が選任されるよう法改正がなされるべきである。同時に、少年事件に取り組む弁護士は、付添人には子どもについての幅広い理解を踏まえた総合的な子どもの権利擁護活動が要求されることを意識しつつ常に研鑽を積まなければならない。[10]

10　子どもの権利条約を踏まえた付添人活動の実践については、『季刊刑事弁護』112、

II　少年事件の対象

1　少年事件の人的対象

　少年法は、20歳未満の者を「少年」と定義し（少年法第2条第1項）、以下に掲げる少年を少年審判の対象としている（少年法第3条）。なお、2021年の少年法「改正」により、18歳以上の少年を「特定少年」とし（少年法第62条第1項）、特定少年の事件について特例規定が設けられた（第5章・少年法第62条〜第68条）。これにより、特定少年には虞犯（ぐはん）の規定が適用されないこととなった（少年法第65条第1項、第3条第1項第3号）。

①　14歳以上の罪を犯した少年（犯罪少年）
②　14歳未満の刑罰法令に触れる行為をした少年（触法少年）
③　次の事由（虞犯事由）があって、その性格または環境に照らして、将来、罪を犯し、または刑罰法令に触れる行為をするおそれのある少年（虞犯少年）
　（ⅰ）保護者の正当な監督に服しない性癖のあること
　（ⅱ）正当な理由がなく家庭に寄りつかないこと
　（ⅲ）犯罪性のある人もしくは不道徳な人と交際し、またはいかがわしい場所に出入りすること
　（ⅳ）自己または他人の徳性を害する行為をする性癖のあること

2　少年事件の物的対象（審判対象論）

　「保護主義」の理念からすれば、少年司法制度は少年が非行を犯した原因を究明し、子ども自身がそれを自ら乗り越えて成長発達するために必要

　113号（現代人文社、2022）の座談会「子どもが主役の付添人活動の実践（前編・後編）」を参考にしてほしい。

な援助を行うことを目的とする。

　したがって、少年審判では非行事実のほかに要保護性も審判の対象とされている。要保護性は少年法上規定のない概念であるため、その内容についてはさまざまな考え方が提唱されているが、ここでは「非行の原因となる問題性のうち少年司法による保護（援助）が必要かつ相当なもの」としておく。

　少年事件では、少年の要保護性を正確に把握し少年に必要な保護（援助）が何かを見極めることが必要である。そのために医学、心理学、教育学、社会学等の科学的知見を活用しながら少年の個別のニーズに応じた適切な援助（個別処遇）を行うこととされている（科学主義、少年法第9条）。北京ルールズ第16条が社会調査の実施を規定するのも同じ趣旨にもとづく。少年鑑別所や家庭裁判所調査官は少年の要保護性の調査を行う機関として置かれている。なお、少年司法による保護（援助）は、最終的な処分（保護処分）のみによりなされるのではない。一連の少年司法手続そのものが教育的な援助のプロセスとして位置づけられる。家庭裁判所調査官によるケースワーク機能はその一環である。少年司法手続は警察による捜査や調査の過程を含め少年の成長発達の契機となるような援助のプロセスとして運用されなければならない。

III　捜査段階の手続と活動

1　少年に対する身体拘束

(1) 少年に対する身体拘束の抑制の必要性

　犯罪少年に対しては捜査段階では刑事訴訟法が適用される（少年法第40条）。したがって、捜査の手段として少年を逮捕・勾留することができる。

---

11 「要保護性」概念の詳細については、田宮裕他編『注釈少年法（第4版）』（有斐閣、2017）48頁以下、守屋克彦ほか編『コンメンタール少年法』（現代人文社、2012）66頁以下参照。

心身ともに未熟で発達途上にある少年にとって身体拘束は重大な悪影響を与えるおそれがある。長期間の身体拘束により職場を解雇されたり学校を退学に追い込まれたりするおそれもあり、少年の人生に大きな影響を及ぼすことになるばかりか更生に必要な社会資源を失うことにもなりかねない。子どもの権利条約第37条(b)、北京ルールズ第13条、自由規則第17条は、いずれも子どもの身体拘束の例外性と、身体拘束を避けるために可能な限りの努力をすべきこと、身体拘束が避けられない場合でも可能な限り短期間とすることを規定している。少年法も以下のとおり少年の身体拘束を抑制しようとしている。

(2) 少年を対象とする身体拘束の特則

ア　少年に対する勾留の要件、勾留場所、勾留の裁判をする裁判所

　少年を勾留するときには成人と同様の勾留の要件（刑事訴訟法第207条、第60条第1項）があることに加え、「やむを得ない場合」であることが必要である（少年法第48条第1項、第43条第3項）。犯罪捜査規範や「少年警察活動推進上の留意事項について（依命通達）」《2023年7月28日付警察庁乙生発第6号》もできる限り少年の逮捕、勾留を避ける旨規定している（犯罪捜査規範第208条、「少年警察活動推進上の留意事項について」第5、5)。

　少年を勾留する場合、少年鑑別所を勾留場所とすることができる（少年法第48条2項）。少年を刑事収容施設で勾留する場合でも成人と分離収容しなければならない（少年法第49条第3項）。成人と少年の分離収容は国際準則の要請でもある（子どもの権利条約第37条(c)後段、北京ルールズ第13条第4項）。少年鑑別所を勾留場所とする運用がなされているか否かは地域によってばらつきがあるが、年少少年（14、15歳）で被疑事実が比較的軽微な事案の場合は少年鑑別所を勾留場所とする運用が見られる。さらに、検察官が少年被疑者の勾留状などの令状を請求する場合、家庭裁判所の裁判官に請求することができる（刑事訴訟規則第299条第2項）。地域によっては検察官が家庭裁判所の裁判官に勾留請求する運用となっている。

「やむを得ない場合」とは、勾留が少年の心身に及ぼす悪影響と捜査遂行のために勾留を要する具体的事情とを比較衡量することにより判断されるとされている。しかし、実務上、検察官は勾留請求の際に「少年鑑別所では捜査官の往復に時間を要し、引き当たり等に際して身柄の借り受けができないなど捜査に支障を来す」などと記載された警察官作成の報告書を「やむを得ない場合」があることの疎明資料として提出し、裁判所もこれのみで「やむを得ない場合」があるとして少年の勾留を認める傾向にある。現在の裁判実務では「やむを得ない場合」は死文化していると言っても過言ではない。

イ 勾留に代わる観護措置

少年特有の身体拘束手段として、勾留に代わる観護措置の制度がある（少年法第43条第1項）。裁判官が少年鑑別所収容の措置をとる場合、令状を発付しなければならない（少年法第44条第2項、刑事訴訟規則第278条）。この令状を「観護状」と呼んでいる。勾留に代わる観護措置は以下の点が勾留と異なる。

① 身体拘束の方法（少年鑑別所収容の観護措置）だけでなく、家庭裁判所調査官による観護（少年法第17条第1項第1号）の方法をとることができる。
② 勾留に代わる観護措置の期間は検察官の請求の日から10日であり延長できず（少年法第44条第3項）、接見禁止決定を付すことも許されない。
③ 勾留に代わる観護措置として少年鑑別所収容の措置がとられた事件が家裁送致された場合、当然に家裁送致後の少年鑑別所収容の観護措置とみなされる（少年法第17条第7項）。

前述したとおり、少年にとって勾留が心身に及ぼす悪影響が大きいこと、少年法が勾留に代わる観護措置という制度を設けていることからすると、勾留の要件を満たすとしても、まず勾留に代わる観護措置を検討すべ

きである。しかし、勾留に代わる観護措置がなされているか否かは地域によるばらつきが大きい。この措置がとられる場合でも家庭裁判所調査官による観護の方法がとられることはほとんどない。

(3) 身体拘束に対する活動

前記の身体拘束を抑制する原則に従った運用を求め、不必要な身体拘束を防ぐことを目的とする活動をする。

捜査機関による逮捕状発付請求や勾留請求の前に、捜査機関に対して逮捕や勾留の要件を満たさない旨を指摘し請求をしないよう働きかける。その際は可能な限り警察官や検察官と面会し、身体拘束の要件を満たさない事情を記載した意見書を作成して提出する。検察官の態度等から勾留請求が避けられないと判断される場合でも、勾留に代わる観護措置や勾留場所を少年鑑別所として請求するよう働きかけることも考える。

検察官が勾留請求した場合は、勾留請求を却下するよう裁判官に働きかける。この場合も意見書を作成して提出するとともに可能な限り裁判官と面会し、勾留の必要性および「やむを得ない場合」を満たさないことや、勾留に伴う少年の具体的な不利益を主張する。

身体拘束がやむを得ない場合でも、勾留に代わる観護措置または勾留場所を少年鑑別所とするように求める。勾留自体は避けられなくても家庭裁判所送致後に余罪で再逮捕がなされ、観護措置を含めた身体拘束期間が長期にわたっている場合などは、裁判官が勾留期間を 10 日よりも短期間とする判断をすることもある。

勾留に伴い接見禁止決定がなされることがある。子どもの権利条約は子どもが家族との接触を維持する権利を保障しており（子どもの権利条約第 37 条 (c)）、保護者や家族との接見禁止は原則として許されない。少年の勾留の場合、少なくとも保護者は接見禁止の対象から除外されることが多いが、全面的な接見禁止が付されることもある。接見禁止が少年に与える苦痛や不利益は極めて大きい。また、親族以外にも少年の心情の安定や今後の更生のために面会の必要性が高い人は少なくない。したがって、接見禁止の可能性がある場合は、口裏合わせ等による罪証隠滅のおそれがない

ことを指摘し接見禁止を付すべきでないことも主張する。

　勾留されたら直ちに勾留状謄本の交付を請求し（刑事訴訟規則第154条）、準抗告（刑事訴訟法第429条第1項第2号）や勾留取消請求（刑事訴訟法第207条第1項、第87条）を積極的に行う。勾留場所に対する準抗告や勾留場所変更の職権発動を求める申立ても可能である。警察留置施設を勾留場所とする勾留に対する準抗告では予備的に勾留場所を少年鑑別所とする旨の申立てをすることも検討する。[12]準抗告がなされると決定に理由が付されるため、準抗告自体は棄却されても決定書の理由から事件の証拠構造等が推測できる場合がある。何より弁護人が準抗告を行うことで捜査に対する牽制となり、検察官が勾留期間延長請求を取りやめたり、勾留期間満了を待たずに家庭裁判所に送致したりすることもある。接見禁止決定に対しても準抗告や接見禁止一部解除の職権発動を求める申立てを行う。勾留期間の延長に対しても上記と同様の活動をする。勾留期間延長の裁判に対する準抗告により10日の延長期間が7日や5日等に短縮されることもある。

　身体拘束されている少年には可能な限り多数回の接見を行い、後述する取調べ等に対するアドバイスを行ったり、心情の安定に努めたりする必要がある。なお、低年齢の少年や、知的障害、発達障害が疑われる等の少年については、通常の口頭での説明だけでは十分に伝わらないことがあるし、そもそも接見に来た弁護士がどういう立場の者なのかを理解していない場合すらあるので、手続や権利等についてはできるだけ平易な言葉での説明を心がけ、場合によっては図表やメモ等を利用することも検討すべきである。

2　取調べに対する対応

(1) 少年に対する取調べの問題点
　少年に対する取調べについては刑事訴訟法や少年法に特別の規定はな

12　第一東京弁護士会少年法委員会編『少年事件ハンドブック』（青林書院、2016）356頁参照。

い。犯罪捜査規範や「少年警察活動推進上の留意事項について」に少年に対する取調べに際して配慮を求める規定はあるものの（犯罪捜査規範第204条、少年警察活動推進上の留意事項について第5、4）、現実には成人とほとんど変わらない運用がなされている。

少年は一般に被暗示性・迎合性が高く、取調べに対する抵抗力が成人以上に弱く、意に反する供述が強要される危険性が高い。事件によっては連日、長時間の取調べが行われることも少なくない。子どもには成長発達権および意見表明権が保障されていることに照らすと、少年に対する取調べも受容的な雰囲気の中で少年の言い分を傾聴する方法でなされるべきであるが、現実にはそのような方法からはほど遠い、捜査機関の見立てを押し付け、見立てに沿った供述を強要する威圧的、脅迫的、暴力的で、子どもの成長発達を阻害する取調べが横行している。したがって、捜査機関に違法不当な取調べをさせないこと、少年の意に反する供述をさせないことが重要となる。

(2) 黙秘権の行使、供述調書への署名指印拒否

少年にも黙秘権は保障される（憲法第38条第1項、少年法第40条、刑事訴訟法第198条第2項）。子どもの権利条約や北京ルールズも犯罪の嫌疑をかけられた子どもの黙秘権を保障している（子どもの権利条約第40条第2項（b）（iv）、北京ルールズ第7条）。

少年審判では捜査機関が作成した記録はすべて家庭裁判所に送付され（全記録送付主義、少年審判規則第8条第2項）、伝聞法則（刑事訴訟法第320条）も適用されない。少年に供述調書への署名指印拒否のアドバイスをしたとしても、署名指印のない供述調書が裁判所に送付され、裁判官の目に触れ、事実認定資料とすることが可能となってしまう。供述調書を作成しない場合でも捜査官が取調べにおける少年の供述内容をまとめた「取調べ状況報告書」と題する書面を作成して裁判所に送付することもある。また、取調べの録音録画がされることが増えているが、少年の供述の様子を録音録画した記録媒体（DVD、BD等）も裁判所に送付されて裁判官の目に触れ、実質証拠として用いられる可能性がある。このような供述が事実

認定の基礎とされれば冤罪を引き起こすことにもなりかねない。

　そこで、少年事件では取調べでの黙秘権行使が刑事裁判の場合以上に不当な事実認定を防ぐ有効な手段となり得る。取調べの現状を踏まえると、大人でさえ厳しい黙秘権行使を未熟で防御力が弱い少年が行使することは困難であるとも思える。しかし、少年だからといって黙秘権行使が困難というわけではない。連日、長時間の取調べに対し、完全黙秘を貫くことのできる少年も存在するし、取調べの録音録画の実施により脅迫的、暴力的な取り調べが抑制されていることも相対的には黙秘権行使を容易にしている。

　黙秘権は、捜査機関の見立てに沿った供述を強要する威圧的、脅迫的、暴力的で、子どもの成長発達を阻害する取調べを前にしたとき、このような取調べに対する防御権としての意義を有する。また、弁護人が、現在ある情報から捜査や取調べについての的確な見通しを持ったうえで、少年の資質や性格等から黙秘権行使に耐えうるか否かを見極めるとともに、黙秘権行使の目的や、取調べで供述することが後の審判においていかなる意味を持つか、さらに、黙秘権を行使した場合に予測される捜査官の反応や弁護人が行う支援等について少年にわかりやすく説明することで黙秘権行使の可能性は高まる。弁護人がこのような説明やアドバイスを少年にとって理解可能な表現で行い、少年が自ら主体的に方針を選択できるよう援助することにより、少年自身が取調べにおいて供述するか否かを決定することが可能となる。それにより取調べに対する少年の意見表明の機会が確保され成長発達を促す。子どもの権利条約が子どもの黙秘権を保障している意味は、以上の点にあると理解することができる。

　黙秘権行使の方針を取った場合、弁護人は、連日接見して、少年に取調べの際の状況や捜査官の態度、少年の心身の状況を確認するとともに、黙秘権行使の意味や目的等を繰り返し少年に説明し、励まし、取調べでの対応等についてアドバイスすることが必要である。違法不当な取調べがなされている場合は、捜査機関に対し抗議書を送付する等の方法により抗議の意思表示を行う。弁護人が毅然とした対応を取ること自体が少年を励ますことになる。少年が黙秘を貫くことができなかった場合でも少年を責めた

りせず激励する。少年がこれ以上黙秘権行使に耐えられないと判断した場合は、より容易な供述調書の署名指印拒否等の手段に切り替える等の柔軟な対応をとる。

黙秘権を行使しない方針をとる場合でも供述調書に対して署名指印を拒否させることを検討する。調書への署名指印の拒否も捜査官から少年に相当な圧力がかかるため弁護人によるサポートが不可欠となる。接見を連日繰り返し、署名指印拒否の意味を繰り返し説明し、少年を励ますことが必要である。

(3) 在宅事件の取調べへの対応

「少年警察活動推進上の留意事項について」は「少年の被疑者の取調べを行う場合においては、やむを得ない場合を除き、少年と同道した保護者その他適切な者を立ち会わせることに留意するものとする」としている（第5、4、(2)）。在宅事件の場合は、これを根拠に取調べへの立会を要求する。立会が拒否された場合は、捜査官に対し「少年警察活動推進上の留意事項について」の内容を説明するなどして立会を粘り強く要求する。それでも拒否される場合は抗議書を送付する。取調べに立会できない場合でも、取調べ室の外に待機し署名押印時に立会するといった方法を考える。ただし、弁護人が取調べに立会する、あるいは立会に近い方法をとるときは、供述調書の信用性を高めることになるので、調書の記載が供述内容を正確に反映していることを十分に確認したうえで署名押印させるか、事案によっては署名押印を拒否させる等の対応が必要である。

3　家庭裁判所送致に向けた活動

全件送致主義（少年法第41条、第42条第1項）により、検察官は捜査を遂げて嫌疑があると判断した場合、事件を家庭裁判所に送致しなければならない。したがって、成人の刑事事件のように起訴猶予となることはないが、嫌疑なしまたは嫌疑不十分の場合は、家庭裁判所へ送致しないことになるので、そのような場合は検察官に対し、家庭裁判所に送致すべきでな

い旨の意見を述べる。また、被疑事実の認定について捜査段階の被疑事実と異なると考える場合も検察官に対してその旨の意見を述べる。家庭裁判所送致の日も検察官に確認する。

また、家庭裁判所送致から審判までの期間が通常4週間以内と短いことから、捜査段階から家庭、学校、職場等に働きかける等、要保護性の低減に向けた活動を行う。被害者のいる事案では早期に被害弁償に向けた準備を進める。

Ⅳ　家庭裁判所送致段階の手続と活動

1　全件送致主義と簡易送致

犯罪の嫌疑のある少年事件はすべて家庭裁判所に送致される（全件送致主義、少年法第41条、第42条第1項）。全件送致主義は、捜査機関の事件処分に関する裁量を排し専門機関である家庭裁判所に少年事件の処分権限を集中させることで捜査機関による非保護的、非教育的な処分を防止するとともに、少年の要保護性に応じた適正な処遇を実現しようとするものであり、保護主義の理念を実現するための少年法上の基本原則の一つである。

すべての少年事件は家庭裁判所の判断を経ることになるが、一定の軽微な事件について少年や保護者に対し警察で訓戒等の措置を取ったうえで送致書のみを家庭裁判所に送付し、原則として審判不開始で終局させるという「簡易送致」という運用がなされている。簡易送致は家庭裁判所の関与が形式的となり全件送致主義の形骸化につながる問題がある。

2　観護措置

(1) 観護措置の意義、要件

観護措置とは、調査や審判を行うために少年の身体を保護しつつ心身の

鑑別を行うための措置である。観護措置には家庭裁判所調査官の観護に付する措置（在宅観護、少年法第17条第1項第1号）と少年鑑別所に送致する措置（収容観護、少年法第17条第1項第2号）とがあるが、実務上、前者はほとんど活用されておらず、単に「観護措置」というときは後者を指すのが通例である。少年鑑別所収容の観護措置は身体拘束という点では逮捕や勾留と同じ性質を有する。一方で、少年の要保護性を判断するための資料を得るために少年を普段の環境から切り離してその資質を調査することが必要な場合もあり、観護措置には逮捕や勾留とは異なる積極的な性質もある。

　観護措置の要件は「審判を行うため必要があるとき」としか規定されていないが（少年法第17条第1項柱書）、具体的には、①住居不定、証拠隠滅、逃亡のおそれ、②自傷他害、虐待等の緊急保護の必要性、③収容して心身鑑別をする必要性のいずれかが認められる場合とされている。観護措置の期間は原則として2週間を超えることができず、特に継続の必要があるときは1回に限り更新することができるとされている（通常更新、少年法第17条第3項ただし書、第4項本文）。実務上はほとんどの事件で更新がなされ、観護措置の期間は通常4週間として運用されている。非行事実の認定に関し証人尋問、鑑定、検証を行うことを決定したものまたはこれを行ったものについて、少年を収容しなければ審判に著しい支障が生じるおそれがあると認める場合は、さらに2回を限度に更新することができる（特別更新、少年法第17条第4項ただし書）。

　観護措置は家庭裁判所に事件が係属している間はいつでもとることができる。捜査段階で身体拘束されている少年については送致から24時間以内に観護措置をとらなければならないため（少年法第17条第2項）、送致された日に観護措置の判断を行う。捜査段階で身体拘束がされていなくても裁判所が観護措置の必要性があると判断したときは観護措置がとられることがあり、実務上これを「身柄引上げ」と呼んでいる。

(2) 観護措置を避けるための活動

　観護措置は身体拘束である以上、必要性がないと考えられる場合には観

護措置を避けるための活動を行う。前述のとおり、捜査段階で身体拘束されている場合、観護措置の判断は家庭裁判所送致当日になされるため、送致当日に付添人選任届とともに観護措置をとるべきでない旨の意見書を作成し裁判所に提出する。その上で観護措置の審問前に裁判官や家庭裁判所調査官との面会を申し入れて観護措置の必要性がないことを主張する。

観護措置がとられなかった場合は釈放され帰宅が許される。実務上これを「一時帰宅」と呼んでいる。観護措置がとられた場合、少年は少年鑑別所に収容される。違法不当な観護措置決定に対しては異議申立て（少年法第17条の2）や、観護措置取消申立て（少年法第17条第8項、少年審判規則第21条）を行う。観護措置取消申立ては、異議申立と異なり、付添人に申立権はなく裁判所の職権発動を促すにとどまるものであるが、たとえば高校生における定期テストや大学受験、親族の葬儀等、事後的な事情変更や調査結果を踏まえて柔軟に運用されているので、積極的に活用すべきである。

3 移送・回付

少年保護事件の管轄は「少年の行為地、住所、居所又は現在地による」と定められているが（少年法第5条第1項）、行為地と少年の住所地が異なる場合には、少年の住所地を管轄する家庭裁判所に移送されることが多い。なお、裁判所本庁と支部の間、または支部相互間で事件を移すことを回付という。

移送・回付が見込まれる事件を受任する際には、受任の段階で移送・回付後も活動することが可能かどうかを検討しておく必要がある。移送・回付後に活動を続けることができない場合は、あらかじめその旨を少年や保護者に説明して了解を得たうえで受任し、移送、回付先の弁護士や弁護士会につなぐ等の対応をする必要がある。

Ｖ　審判段階の手続と活動

1　家庭裁判所調査官による社会調査と少年鑑別所による資質鑑別

　少年に対する適切な処遇を決定するためには少年の要保護性を調査する必要があり、家庭裁判所調査官による社会調査や少年鑑別所による資質鑑別が行われる。

　家庭裁判所への送致により事件が受理されると、裁判官が調査命令を出し（少年法第8条第2項）、社会調査が開始される。家庭裁判所調査官は少年や保護者に面接したり家庭、学校、職場等を訪問したりする等して少年の家庭環境、学校や職場の状況等を調査し、科学的知見に基づいて非行原因や必要な処遇を分析検討し、処遇意見とともに少年調査票として裁判官に提出する（少年法第9条、少年審判規則第11条第1項、2項、第13条）。少年鑑別所では各種検査、少年の面接や行動観察等により少年の資質を調査（鑑別）する（少年鑑別所法第16条、少年法第9条、少年審判規則第11条第3項）。その結果は少年鑑別所の処遇意見とともに鑑別結果通知書にまとめられ裁判官に提出される。

2　審判開始と不開始、審判期日の指定

　裁判所は、調査の結果、審判を開始するのが相当であると認めるときは審判開始決定をしなければならない（少年法第21条）。一方、別件保護中により新たな保護処分の必要がない場合、社会調査や付添人の活動により要保護性が解消され審判を行う必要がない場合は審判不開始となることがある。審判不開始が相当と考える場合はその旨の意見書を提出する等の活動を行う。

　審判開始決定がなされると審判期日が指定される（少年審判規則第25条第1項）。多くの家庭裁判所では、観護措置がとられた事件では送致後ただちに審判開始決定の上で審判期日が指定され、社会調査が開始される。

観護措置期間が通常最大4週間である関係で、非行事実に争いがなく1回の審判で終局決定が見込まれる事件では家裁送致日から3週目の後半から4週目の前半の日に審判期日が指定されることが多い。付添人は審判期日までの短い期間に後述するさまざまな活動を行い、その成果を意見書にして裁判所に提出しておく必要があるため、早期に活動のためのスケジュールを組んでおく必要がある。

3　審判期日、裁定合議制、被害者等の審判傍聴

　審判は非公開で行われる（少年法第22条2項）。刑事裁判と異なり、裁判官は法服を着ておらず法廷よりも狭い審判廷で少年と同じ高さに位置して「懇切を旨として、和やかに」行うものとされている（少年法第22条第1項）。審判には裁判官、書記官、家庭裁判所調査官が出席する。少年の出席は必須であり欠席すると審判を開くことができない（少年審判規則第28条第3項）。保護者の出席も求められる。付添人は審判に出席し少年に発問したり意見を陳述したりする権利がある（少年審判規則第28条第4項、第29条の4、第30条）。そのほか、審判には裁判所の許可を得て少年の親族、雇用主、教師、保護観察官、保護司、児童福祉司等が在席することができる（少年審判規則第29条）。少年の更生を支援する人の審判在席が必要な場合は裁判所に在席許可申請をする。

　少年法や少年審判規則には審判の手続や進行に関する規定が少なく、裁判官の裁量に委ねられている点が多い。1回の審判で決定まで言い渡す場合、審判の時間は30分～60分程度であることが多い。審判は一人の裁判官により行われるのが通常であるが、三人の裁判官による合議体で審理することもできる（裁定合議制、裁判所法第31条の4第2項第1号）。合議体での審理は裁判官が一人で審判を行う場合と比べて少年に威圧感を与えるおそれがあるので、少年への配慮が必要である。

　審判非公開原則の例外として、一定の重大事件について被害者等の申出により審判傍聴が認められることがある（少年法第22条の4）。また、被害者等の意見聴取（少年法第9条の2）、審判状況の説明（少年法第22条の6）、

審判結果等の通知（少年法第31条の2）といった制度があることにも注意する。

4 審判段階の付添人活動

(1) 処遇に関するケースセオリー構築の必要性

　刑事弁護ではケースセオリー（当事者が求める結論が正しいことを説得する論拠）の重要性は常識となりつつある。少年事件の付添人活動でも、「付添人が求める処遇が正しいことを裁判所に対し説得する論拠」という意味でのケースセオリーの構築が必要である。

　少年審判手続における処遇選択は、まず、①非行原因の解明・評価（「原因論」と呼ぶことがある）、次に、②上記①を踏まえた処遇手段・内容の検討（「処遇論」と呼ぶことがある）というプロセスを経て具体的な処遇（保護処分）の決定に至る。上記①のプロセスでは非行事実の内容、少年の資質、環境等から再非行の危険性の程度やその危険性を高めている事情は何かを、上記②のプロセスでは再非行の危険性を低減させるために効果のある処遇プランは何かを検討することになる。上記の「原因論」、「処遇論」の検討は、少年鑑別所による心身鑑別と家庭裁判所調査官による社会調査により行われ、裁判官による処遇選択に影響を与える。

　付添人は、上記の少年鑑別所や家庭裁判所調査官による「見立て」が適切かどうかを少年の立場からチェックする役割を有する。家庭裁判所調査官や少年鑑別所は、処遇効果を重視するあまり施設内処遇に傾きがちである。少年の自由の保障の観点からは、施設内処遇は最後かつ必要最小限のものでなければならず（北京ルールズ第19条第1項参照）、可能な限り社会内処遇が模索されなければならない。また、子どもの意見表明権（子どもの権利条約第12条）の保障の観点からは、処遇選択の過程において少年の意見が考慮されなければならない。付添人は、少年の意見表明権及び成長発達権を保障するため、上記の処遇選択のプロセスに即しつつ、少年の意見を尊重しながら、少年の自由や権利をより制約しない形で、少年が要保護性を解消して成長発達していくための処遇プランを提示する。ここに付

添人が処遇に関するケースセオリーを構築する目的がある。

　付添人は、家庭裁判所調査官や少年鑑別所の「見立て」を把握・想定しつつ、以下に概説する少年との面会や環境調整活動の結果を踏まえ、ケースセオリーを構築していく。そして、このケースセオリーを家庭裁判所調査官及び裁判官との協議や意見書において明らかにしていくことになる。

(2) 記録の閲覧謄写

　付添人は審判開始決定があった後は少年審判の記録および証拠物の閲覧ができる（少年審判規則第7条第2項）。記録には捜査関係書類など非行事実の存否を認定するための資料がつづられている法律記録と、少年調査票、鑑別結果通知書、学校照会書、成績表、少年院、保護観察所、児童相談所等の関係機関が作成した記録がつづられている社会記録（「少年調査記録」と表紙に記載のある緑色のファイルにつづられている記録）がある。

　法律記録は、裁判所の許可を得て謄写することができる（少年審判規則第7条第1項）。非行事実の内容を把握するためにも法律記録は必ず閲覧し可能な限り謄写する。否認事件や重大事件の場合は全て謄写すべきである。共犯者の学校照会書や性犯罪の被害者に関する情報等は謄写不許可になることが多いので閲覧して確認しておく。2016年に少年審判規則が「改正」され、記録に人の身体や財産に害を加えたり人を畏怖させたり困惑させたりする行為や、人の名誉や社会生活の平穏を著しく害する行為がなされるおそれがある事項が記載されている場合、裁判所は、少年や保護者に知らせてはならない旨の条件等を付したり、付添人の閲覧自体を禁止する措置をとることが定められた（少年審判規則第7条第3項、第4項）。これは付添人の記録閲覧権にとっての重大な制約となるから安易な運用がなされないようにチェックが必要である[13]。捜査機関が家裁送致後に補充捜査をしたときは捜査書類が追送付されることがあり、その際は書記官から通知があるので（少年審判規則第29条の5）、速やかに閲覧謄写をする。

13　詳細は日本弁護士連合会「少年審判規則改正Q&A」（日本弁護士連合会HP）を参照。その後、いわゆる性犯罪関係の事件について、被害者の個人特定事項の閲覧の制限・禁止に関する「改正」が行われた（2024年2月施行）。

社会記録は、実務上謄写はできない取扱いとなっているので、閲覧の際にメモをとるなどする。前歴のある少年の場合には前件の社会調査の結果がファイルにつづられているので、家裁送致後できるだけ早く閲覧するべきである。鑑別結果通知書、少年調査票ともに審判期日の数日前に完成することが多いため社会記録の閲覧のための時間を確保しておく。家庭裁判所調査官の意見が付添人と異なるため、これに対する反論が必要な場合もあるので時間的余裕を持って閲覧する。

(3) 少年との面会

　要保護性解消のために少年に働きかけ内省を促すことは重要である。少年にさまざまな質問をしながら、非行事実や生活状況等を振り返り、非行の原因を探り、その原因を除去して再非行に至らず、新たな生活をしていくためにはどうすればよいかを、少年との対話を繰り返しながら一緒に考える。その際、付添人と少年との会話だけではなく少年に何らかの作業をしてもらうことも考えられる。一般的によく用いられる方法としては、テーマを設定した日記や作文を書かせる、目的に応じた本を差し入れてそれを題材に話し合うというものがある。

　少年に内省を促すためには面会を重ね信頼関係を築くことが不可欠である。信頼関係が形成されてこそ少年自身の問題点を率直に指摘することが可能となる。

　後述する環境調整活動の結果、たとえば少年が現在住んでいる場所と違う環境に移る等、少年が何らかの選択をしなければならない場面が生じることがあるが、そうした場面では、付添人から少年に必要な情報を丁寧に説明して十分に話し合い、その選択が少年の意見表明権を尊重した主体的なものとなるように援助することが必要である。

　また、少年は審判を控えて不安と緊張の中にいることが多い。少年の不安や緊張を払拭するために審判の手続、審判期日の対応、処分の見通し等について説明する。処分の見通しを伝えるにあたっては在宅処遇の見込みであることを確定的に話してしまい、少年院送致がないと知った少年の内省が不十分になるといった事態が生じないように伝え方に注意する。

(4) 環境調整活動

　たとえば、少年と家族との折り合いが悪く家庭に居場所がないことが非行の一因となっているケースでは家族との関係の修復を図ったり、修復が難しい場合に家庭に代わる居場所を探したりする必要がある。要保護性の解消のためには保護者を含めた家族と少年の関係の調整や就業先の開拓、帰住先の確保等、円滑な社会復帰のために少年をとりまく環境調整や社会資源を開拓する必要がある。このような活動を環境調整活動と呼んでいる。環境調整活動は多岐にわたるが、主要な活動を挙げる。

ア　家　庭

　非行の背景が保護者や家庭の問題にあることは多く、少年と家族の人間関係を修復して家庭にしっかりとした少年の居場所を作るために保護者自身に問題性に気付いてもらうべく働きかける。しかし、一方的に保護者を責め立てると保護者が頑なになってしまうおそれがあるから、まずは保護者の話に受容的に耳を傾け、信頼関係を築きつつ保護者と付添人がともに考える姿勢を形成することが大切である。少年の家を直に見ると、少年や家族の生活状況が具体的につかめたり、事務所での面接と比べて保護者が緊張を解いてさまざまな話をしてくれる場合もあるので、家庭訪問をすることも有益である。

イ　学　校

　学校・警察相互連絡制度による警察からの連絡により事件の情報が学校に伝わるほか、身体拘束により長期の欠席を余儀なくされることで少年の非行が学校に発覚し、学校が非行を理由に受け入れを拒否することがある。校長や担任等と面談し、少年の受け入れに向けた協力を得られるよう努力する。協力が確保できたら上申書の作成を要請し裁判所に提出する。また、校長や担任に家庭裁判所調査官と面談してもらったり、審判に出席してもらい、裁判官と少年の前で受入れの意思を明らかにしてもらうことも検討する。

ウ　職　場

　職に就いている少年についてはその就職先で仕事を続けられるよう雇用主に働きかける。雇用の継続について雇用主の協力が得られる場合には上申書を作成してもらい裁判所に提出する。家庭裁判所調査官と面談してもらったり、審判に出席して発言してもらうことも検討する。無職の少年の場合は就労先を探す活動を行う。直ちに見つからない場合でも試験観察に付した上でバックアップしながら少年に就職活動を促す。

エ　帰住先

　保護者がいない場合や虐待等により家庭に戻せない事情がある少年については帰住先を探すことが重要になる。親戚や知人宅、勤務先の寮や社宅、児童養護施設、自立援助ホーム等の施設をあたる。直ちに帰住先が見つからない場合は、試験観察を活用して一時的に子どものシェルターに入居させ、試験観察中に本格的な帰住先を探すことも検討する。

(5) 家庭裁判所調査官との協議

　家庭裁判所調査官の処遇意見は裁判所の処遇の判断にあたり重視されるため、家庭裁判所調査官と協議をすることは重要である。家庭裁判所調査官とは少年が抱える問題点やその問題点を解決するための処遇方針等について協議する。その際、付添人が持つ少年や家庭の情報や調査官が調査の結果で把握した情報の交換を行い、家庭裁判所調査官の「見立て」や意見の把握に努めるとともに、付添人の考える問題点や処遇方針を伝え、家庭裁判所調査官の処遇意見に付添人の意見が反映されるようにする。家庭裁判所調査官と付添人の意見が一致しない場合もあるが、少年の様子を見たうえで最終的な判断をするべく試験観察に付すことの提案も検討する。家庭裁判所調査官の意見が変わらなくても少年の変化や付添人の環境調整結果を適宜伝えることで少年調査票に記載してくれることもあり、裁判官を説得する材料にすることができる。家庭裁判所調査官との協議は、ケースによっては早期に行うことが必要である。特に、少年院送致が検討されるケースにおいて、引受先の住み込みの職場を見つけた等の社会内処遇の根

拠となる事情については、付添人にとって検討中の段階であっても情報提供しておくことを検討すべきである。審判直前になって、家庭裁判所調査官がほぼ調査票の内容を確定させた後に、付添人が調査票と大きく異なる方向の主張を初めて伝えた場合、調査の時間的余裕がないことを理由に採用されない場合があり得るからである。

(6) 鑑別技官等との協議

少年鑑別所で少年の心身鑑別等を担当するのが鑑別技官である。少年と面会をした際などに鑑別技官とも面会をして意見交換することが考えられる。特に、何らかの精神障害が非行に影響していることが疑われるなど、少年の資質面に問題のあるケースでは有益な示唆が受けられる場合がある。

(7) 裁判官との協議

少年の処遇に関する意見が家庭裁判所調査官と付添人とで異なる等の場合に裁判官との協議は重要な意味を持つ。少年の要保護性についての家庭裁判所調査官との評価の違いや、社会資源を利用した処遇の内容等について説得的に説明できれば、付添人の意見が採用されることは決して稀ではない。少年や保護者への質問の仕方等、審判期日の進行等について配慮を求めたい場合も事前に裁判官と面会して打合わせをしておく必要がある。家庭裁判所調査官も同席し三者でのカンファレンスを行うことも考えられる。このようなカンファレンスを積極的に行う裁判官もいる。

(8) 意見書および証拠の提出

付添人は、非行事実や要保護性に関する事項や少年の処遇について意見を述べることができる。審判が終局するまでの間いつでも裁判所に意見を述べることができるし、非行事実や要保護性の認定や少年の処遇選択に関する事項のほか審判の進行、証拠調べに関することなど何でも述べることができる。非行事実に争いがない場合は要保護性についての付添人の意見が意見書の内容の中心となる。この場合、意見書では、少年との面会や環

境調整活動等の成果をもとに構築した処遇に関するケースセオリーをわかりやすく記載し、付添人の処遇意見を述べる。裁判官は審判までに事実認定や処分に関する心証をある程度固めているため、意見書は遅くとも審判期日の前日までには裁判所に提出する必要がある。

少年審判では伝聞法則の適用がないため、いかなる証拠の提出も可能であり、かつ、審判期日前に随時行うことができる。むしろ、審判期日前に事実や処分についての心証をおおむね決定していることからすると審判期日までに必要な証拠の提出をしておかなければならない。

5　決定の種類

(1) 終局決定と中間決定

家庭裁判所が行う決定には終局決定と中間決定がある。終局決定には審判不開始（少年法第19条第1項）、不処分（少年法第23条第2項）、保護処分（少年法第24条第1項）、検察官送致（少年法第19条2項、第20条、第23条第1項、第3項）、都道府県知事または児童相談所長送致（少年法第18条、第23条第1項）がある。中間決定には試験観察（少年法第25条）等がある。

(2) 保護処分決定・試験観察決定

保護処分決定には、①保護観察（少年法第24条第1項第1号）、②児童自立支援施設または児童養護施設送致（少年法第24条第1項第2号）、③少年院送致（少年法第24条第1項第3号）がある。少年院は、少年の年齢、心身の状況、保護処分の執行か刑罰の執行か等を基準に、第1種から第5種までの五種類がある（少年院法第4条第1項）。裁判所は少年院送致決定をする場合は送致すべき少年院の種類を指定しなければならない（少年審判規則第37条第1項）。

保護処分決定に伴い、裁判所は環境調整命令（少年法第24条第2項）や処遇勧告（少年審判規則第38条第2項）をすることができる。処遇勧告は保護観察や少年院送致の期間や内容を決定するものであり重要である。保

護観察は、①一般保護観察、②一般短期保護観察、③交通保護観察、④交通短期保護観察という類型により運用されている。上記②および④の保護観察は裁判所の処遇勧告によりこれらの類型の保護観察に付するとされた少年に実施される。保護観察を継続する必要がなくなれば解除される（更生保護法第 69 条）。なお、保護観察中に少年に遵守事項違反がある場合、少年院に収容することができる（少年法第 26 条の 4 第 1 項、更生保護法第 67 条）。

少年院送致の場合、処遇勧告がない場合の標準処遇期間はおおむね 1 年であるが、短期教育課程での処遇期間とする旨の処遇勧告（旧来の「短期処遇勧告」）の場合は 6 か月以内の期間が標準となる。一方、「比較的長期」の場合は 1 年を超え 2 年以内、「相当長期」の場合は 2 年を超える収容期間となる。

試験観察には在宅のまま行う在宅試験観察と、少年を補導委託先に預けて行う補導委託がある。最近、家庭裁判所調査官の業務の効率化を図ろうとする最高裁の方針や補導委託先の減少等の要因から試験観察が活用されない傾向にあるが、試験観察はそれ自体が社会内での少年の立ち直りを促進する処遇プロセスとしての意義を有しており、積極的な活用が期待される。

(3) 特定少年の保護処分の特則

2021 年少年法「改正」により、処分時特定少年に対する保護処分について特則が設けられた（少年法第 64 条）。特定少年の保護処分は、①6 月の保護観察（少年法第 64 条第 1 項第 1 号）、②2 年の保護観察（少年法第 64 条第 1 項第 2 号）、③「3 年以下の範囲内」の期間の少年院送致（少年法第 64 条第 1 項第 3 号、第 3 項）となった。

これらの保護処分は、「犯情の軽重を考慮して相当な限度を超えない範囲内において」しなければならないとされている（少年法第 64 条第 1 項本文）。しかし、この規定は、行為責任に対応した保護処分を言い渡すべきとするのではなく、犯情により示される行為責任の上限を超える重い保護処分を言い渡すことができないことを意味するとされており、実際の保護

10

少年事件

373

処分の選択は、従来どおり少年の要保護性に応じてなされる。

　特定少年に対する保護観察は、上記のとおり2年と6か月の2種類が設けられ、決定主文においていずれかを明示して言い渡される。6月の保護観察は比較的軽微な非行を犯した少年が想定されており（罰金以下の刑に当たる罪の事件は6月の保護観察のみ言い渡すことができる。少年法第64条第1項ただし書き）、遵守事項違反の場合の少年院収容の制度の適用もない（更生保護法第67条、第66条）。一方、2年の保護観察は、遵守事項違反がある場合に「1年以下の範囲内」において少年院への収容が可能である（少年法第66条第1項、第64条第2項、更生保護法第68条の2）。この場合に特定少年を収容する少年院として第5種少年院が設けられた（少年院法第4条1項第5号）。上記の2年および6か月の期間はいずれも保護観察が許される上限であり、実際の処遇期間は従来どおり保護観察の処遇類型により決定されるし、保護観察継続の必要がなくなれば解除される（更生保護法第69条、第48条第1号）。また、裁判所は処遇勧告を行うこともできる。

　特定少年に対する少年院送致は、「3年以下の範囲内」において「犯情の軽重を考慮して」収容期間を定めなければならない（少年法第64条第3項）。この期間は決定主文において明示して言い渡されるが、あくまで少年院への収容が許される上限であり、実際の収容期間は通達等で定められた標準処遇期間に基づき処遇機関が決定することは従来と変わらない。したがって、仮退院も可能であるし（少年院法第135条、更生保護法第41条）、裁判所は処遇の期間に関し処遇勧告を行うこともできる。

VI　非行事実を争う事件の活動

1　検察官関与制度

（1）検察官関与制度の問題点および要件

　少年審判には通常検察官は出席しない（少年審判規則第28条）。しかし、少年が非行事実を争っている等「非行事実の認定のため」に必要な場合に

は検察官が審判に出席して活動することができる（少年法第22条の2第1項）。検察官関与制度の趣旨は、証拠の収集・吟味における多角的視点の確保、裁判官と少年との対峙状況を回避する必要性、事実認定を適正化する点にあるとされている。しかし、この制度は少年審判手続に当事者主義的な運用を持ち込み、「懇切を旨として、和やかに行う」（少年法第22条第1項）べき少年審判の変容をもたらすおそれがあり、問題の大きい制度である。

　裁判所は、①犯罪少年による（ⅰ）故意の犯罪行為により被害者を死亡させた罪、または（ⅱ）死刑、無期、長期3年を超える拘禁刑に当たる罪の事件であり、②「その非行事実を認定するための審判の手続に検察官が関与する必要があると認めるとき」、検察官から関与の申出があるか、申出がないときは検察官の意見を聴いたうえで職権で審判手続に検察官を関与させる決定を行うことができる（少年法第22条の2第1項、第2項）。

　検察官関与決定がなされた事件について、弁護士付添人がいない場合は、国選付添人を選任しなければならない（少年法第22条の3第1項）。

(2) 検察官関与への対応

　検察官関与決定は検察官からの関与の申し出（少年法第22条の2第2項）を受けて裁判所が関与の可否を検討することが多い。関与申し出は家庭裁判所送致の際に送致記録と一緒に関与申出書を送付してなされるのが通常である。

　前述した検察官関与制度の問題点を考えれば、検察官の審判関与はできる限り阻止すべきである。関与申し出があった場合は、関与の要件を満たしているかどうかを厳格にチェックし、関与が不相当と考える場合はその旨の意見書を提出する。必要があれば裁判官に面会を求め説得する。もっとも、検察官関与に関する判断をするにあたり付添人に意見を聴くことは法律上要求されていない。検察官関与についての判断は早ければ事件が家庭裁判所に送致された当日になされてしまうことがある。そのため、関与の申し出が予想される場合には、家庭裁判所送致前から検察官関与に対する意見書の作成を行い、送致日に意見書を提出するとともに直ちに裁判官と面会する必要がある。

2 非行事実を争う事件での活動

(1) ケースセオリーの構築

　非行事実を争う少年事件では、「非行事実に関し付添人が主張する事実が正しいことを説得する論拠」という意味でのケースセオリー構築の重要性は、公訴事実を争う刑事裁判と変わらない。刑事裁判との大きな違いは、職権主義的審問構造をとり予断排除原則と伝聞法則の適用がないことから、捜査機関から送付された証拠が裁判官の目に触れ審理前から裁判官の心証が形成されていることである。審判段階の非常に限られた時間の中で、少年にとって有利・不利を問わずすべての証拠を矛盾なく説明できるケースセオリーを構築することは容易ではないが、少年の言い分を確認しつつ証拠を十分に検討し必要な調査を行う等する必要がある[14]。

(2) 進行協議（打合せ）期日

　重大事件や非行事実を争う事件で証拠調べのために審判期日を複数回設ける必要がある場合、裁判所と審判の進行に関し協議や打合せをすることが多い。進行協議を行う前に記録を検討し、争点の所在や必要な証拠調べの内容や順序等を検討したうえで審理に関する具体的な意見を裁判所に提示できるよう準備して進行協議に臨む。必要に応じて事前に非行事実のどこを争うかを簡潔に記載した意見書や証拠調べ申出書を提出しておく。

　少年審判では当事者に証拠調べ請求権が認められず証拠調べの申出は裁判所の職権発動を促すに過ぎないとするのが実務であり、証拠の採否も裁判所の裁量に委ねられている。しかし、流山中央高校事件の再抗告審決定（最高裁昭和58年10月26日第1小法廷決定《判時1094号16頁／判タ510号89頁》）は、非行事実の認定に関する証拠調べの範囲、限度、方法の決定は裁判所の完全な自由裁量に属するものではなく合理的な裁量であるとしている。したがって、少年側の証拠調べの申出を採用しない裁判所の判断

14　非行事実を争う事件の付添人活動については、『季刊刑事弁護』103号（現代人文社、2020）の特集を参考にしてほしい

は裁量権の逸脱として違法となる場合があり、この点を指摘しつつ証拠採用の必要性を具体的に主張する。

進行協議期日では必要十分な証拠調べを裁判所に採用させるよう努力する。証人尋問や少年本人質問での発問を裁判官と付添人のどちらから行うのかや、被害者等からの審判傍聴の申し出に対し裁判所が傍聴を許可した場合は被害者や少年の座席位置や遮蔽措置の有無等についても協議する。

検察官関与決定がなされた場合、検察官も出席して進行協議が行われる（少年審判規則第30条の4）。この場合も進行協議の内容は前述と変わらないが、検察官から考えられる争点、検察官の主張事実、立証構造等を説明した刑事裁判における証明予定事実記載書面と同内容の意見書や、証拠調べ申出書が提出されることがある。必要があれば検察官にこれらの書面の提出を要求することも検討する。なお、検察官関与決定がなされていないにもかかわらず、検察官が進行協議期日に出席しようとしたり裁判所が出席させようとしたりすることがあるため注意する。

進行協議期日を経て事件の争点と証拠調べの範囲、順序が決定すれば、それに基づき審理に向けた準備を行う。少年審判ではいかなる段階でも証拠書類や証拠物の提出は自由にできるし、いかなる内容の書面の提出も随時することが可能である。

(3) 観護措置の特別更新への対応

非行事実の認定に関し証人尋問等を行う場合は観護措置の特別更新をすることができる（少年法第17条第4項ただし書き）。多くの証人尋問が必要であり多数回の審判期日を重ねなければならない事件では、付添人の審判準備や審判そのものに必要な時間を考えると、観護措置の特別更新はやむを得ない場合がある。一方で、少年鑑別所では必要な心身鑑別が終了すると少年への働きかけをしなくなってしまうことも多く、最大8週間も身体拘束が継続することは少年の情操に悪影響を与えることも否定できない。時間的な余裕がない中で難しい判断を迫られるが、証拠調べを可能な限り早期に終了させるような期日指定をするよう裁判所に働きかけることで不要な観護措置の特別更新をさせないようにすることや、証拠調べが終了し

ていない段階でも在宅としても審判に著しい支障が生じるおそれがあると
認めるに足りる相当の理由は存在しないとして、観護措置の取消しや期
間の変更の申立てや特別更新決定に対する異議申立てをすることも検討す
る。

(4) 審判期日での審理

ア　証人・鑑定人等の尋問、少年本人質問

　証人や鑑定人尋問での発問は、従前は職権主義的審問構造であることを
根拠に裁判官から行い、ついで付添人（検察官）が尋問することが多かっ
たが、最近は証人尋問の申し出をした付添人あるいは検察官から行い（主
尋問的尋問）、次いで尋問申出者でない者が尋問し（反対尋問的尋問）、最後
に裁判官が補充で尋問するという交互尋問的方式で行うことがある。少
年本人質問も従前は裁判官による質問が付添人に先行することが多かっ
たが、最近では付添人からの質問が先行することが多い（検察官関与事件
では交互尋問的方式をとる）。少年本人質問は付添人から質問をする必要が
大きいし、証人尋問は少年側に好意的な証人であれば信用性のある供述を
引き出すために、少年側に敵対的な証人であれば効果的な弾劾を行うため
に、付添人から（検察官関与事件であれば交互尋問的方式で）尋問するよう
進行協議で申し入れておく。

イ　意見書の提出

　非行事実に関する証拠調べが終了した段階（場合によっては証拠調べを実
施した審判期日ごとに）で事実認定について提出された証拠の内容をふま
えた意見書を提出する。

ウ　補充捜査に対する対応

　証人尋問や少年本人質問の結果、家庭裁判所に送付された証拠では有罪
の心証がとれない場合等に裁判所の指示により捜査機関による補充捜査が
行われることがある。このような補充捜査が許されるのかが問題となる

378

が、判例上、裁判所は事実調査のために捜査機関に対し捜査権限の発動を促し、または少年法16条に基づき補充捜査を求めることができるとされている（最高裁平成2年10月24日第1小法廷決定《判時1366号158頁／判夕743号135頁》）。しかし、家裁送致後は少年の反対尋問の機会を保障するためにも証人尋問の手続をとるべきである。また、送付された証拠では有罪の心証がとれない場合に補充捜査を促すことは、冤罪を防ぐことを目的とする適正手続の理念に反し裁判所の公正さや中立性に対する信頼を損なう。検察官関与対象事件の拡大に伴い、今後は非行事実に争いがあり補充捜査が必要と思われる事件では検察官関与決定がなされ、検察官が補充捜査を主導することが増加すると考えられるが、裁判所の指示による補充捜査が全くなくなるわけではないことに注意する。

エ　非行事実判断の告知

　非行事実に関する審理が終了すると裁判所は非行事実の有無についての判断を告知することが多いが、非行事実の有無を明らかにしないまま要保護性に関する審理を行う裁判官もいる。非行事実に関する判断を告知する場合、非行事実なしの判断の場合はそのまま不処分決定の告知となる（少年審判規則第3条第1項、第35条）。

　非行事実が存在するとの判断がなされると要保護性の審理に入る。検察官関与事件では検察官は要保護性審理には関与できないため、要保護性審理に入っても検察官が退席しない場合は裁判所に検察官を退席させるよう促す。

VII　抗告・再抗告の手続と活動

1　抗　告

(1) 抗告理由

　家庭裁判所の保護処分決定に不服がある場合、決定の告知の日の翌日か

ら14日以内に高等裁判所に抗告を申し立てることができる（少年法第32条）。

　抗告の理由は、①決定に影響を及ぼす法令違反があること、②重大な事実の誤認があること、③処分の著しい不当があることの三つである（少年法第32条）。

　処分の著しい不当は要保護性に関する家庭裁判所の合理的裁量を著しく逸脱した場合を言う。少年院の収容期間につき短期教育課程での処遇期間とする旨の処遇勧告（旧来の「短期処遇勧告」）がなされなかった等の処遇勧告に関する不当は処分の著しい不当にはあたらないとされている。もっとも、抗告裁判所は、短期教育課程での処遇期間が相当と判断した場合、主文で抗告を棄却しつつも理由においてその旨の処遇勧告を付しているので、抗告申立書で少年院送致決定に対する取消しを求めつつ、予備的に短期教育課程での処遇期間とする旨の処遇勧告を付すことを求める。

　刑事控訴審の量刑不当と同様、原決定後の事情も考慮できるとされているから、付添人は原決定後も引き続き示談活動や要保護性の低減に努めることにより原決定後の少年や保護者の変化等について積極的に主張立証すべきである。

(2) 抗告審の手続と活動

ア　抗告申立て

　抗告申立書には、具体的な理由（抗告の趣意）を記載しなければならず、刑事裁判の控訴申立てのように形式的な申立書を期限内に出し、追って理由を補充することはできない。抗告理由補充書等の提出により申立書の抗告理由を補充することは可能であるが、新たな抗告理由の追加はできないので申立書に抗告理由だけは最低限挙げておかなければならない。抗告申立期限内に決定書が交付されないこともあるので、抗告が見込まれる場合は決定告知の際に裁判官が口頭で述べた決定の理由をメモしそれをもとに申立書を作成することも必要である。抗告申立書は原審裁判所に提出する。抗告申立て自体は原審付添人の資格ですることができる。

イ　少年との面会と執行停止

　抗告申立ては原決定の執行停止の効力がない。抗告申立ての有無にかかわらず少年は保護処分決定の告知の日の翌日か翌々日には少年院へ収容されてしまうため、抗告申立ての意思確認や原決定後の変化を確認するために少年院に収容された少年と面会する必要がある。弁護人、付添人およびそれらになろうとする者との面会については時間及び回数の制限はなく（少年院法第95条で制限から除外）、少年院法第93条第1項ただし書きに基づき職員の立会対象から除外される運用がなされており、無立会面会ができる。

　保護処分の執行を停止する場合は執行停止の職権発動を促す必要がある（少年法第34条）。

ウ　抗告審の審理

　抗告審は基本的に書面審理であり審判期日が開かれないことが通常である。最近は、処分の著しい不当のみを理由とする抗告申立てでは申立てから1カ月前後で抗告棄却決定がなされることが多く刑事控訴審と比較して速い。原審裁判所から記録が送付されたことや、抗告審の決定が出る日を裁判所から付添人に事前に知らせることもないので、気が付いたらいつの間にか抗告棄却決定が出ていたなどということになりかねない。そこで、抗告申立時に原審裁判所の書記官に記録の送付時期を確認しておき、記録が送付されたら直ちに抗告裁判所に連絡するなど、付添人が主体的かつ迅速に活動する必要がある。

　抗告裁判所の係属後は、必要に応じて抗告理由補充書や意見書を提出して主張の補充を行う。事実取調べ（少年法第32条の3）が必要な場合は事実取調べ申請をし、裁判官と面会して必要性や抗告理由の補充説明を行う。ただ、抗告審での事実取調べは、抗告申立書や補充書とともに提出した資料（書証）の取調べがほとんどである。少年質問、証人尋問、鑑定等を実施することは稀であり刑事控訴審以上に難しい。事実取調べを粘り強く要求する一方で、原審の記録や提出した書証に現れた事実からいかに抗告理由の存在を主張できるかが勝負となる。

10

少年事件

エ 検察官による抗告受理申立て

　原審で検察官が関与した事件では、検察官は、保護処分に付さない決定または保護処分の決定に対し、非行事実の認定に関し決定に影響を及ぼす法令の違反または重大な事実の誤認があることを理由とするときに限り、2週間以内に抗告審として事件を受理すべきことを申し立てることができる（少年法第32条の4）。この申立てに対し受理決定があると抗告があったものとみなされる。抗告受理申立てがあった旨の通知は少年および保護者にしかなされず原審付添人には通知されないため（少年審判規則第46条の3第3項）、少年および保護者には抗告受理申立ての通知があったら直ちに連絡するよう説明しておく。

　抗告裁判所は、受理申立てから2週間以内に抗告審として事件を受理するかどうかを判断する（少年法第32条の4第3項、第5項）。抗告受理が不相当である旨の意見書の提出や裁判官との面接を行うなどして抗告受理決定がなされないよう働きかける。

　受理決定された場合は、検察官が指摘する法令違反や事実誤認がないこと等を主張した意見書および証拠の提出、裁判官との面接、検察官が提出する意見書および証拠を確認し、これらに対する反論等の活動を行う。

オ 抗告審の決定

　抗告裁判所は、抗告の手続がその規定に違反した場合または抗告に理由がないと判断した場合は抗告を棄却する（少年法第33条第1項）。一方、抗告に理由がある場合、抗告裁判所は自判が認められていないため原決定を取り消したうえで原審裁判所に差し戻すか、他の家庭裁判所に移送することになる（少年法第33条第2項）。

2　再抗告

　抗告審の決定に対して不服がある場合、抗告審の決定書謄本が送達された日の翌日から14日以内に最高裁判所に再抗告を申し立てることができる（少年法第35条第1項）。

再抗告の理由は、上告理由と同様、憲法違反および憲法解釈の誤り、判例違反である（少年法第35条第1項）。もっとも、刑事上告審と同様、職権破棄事由として少年法第32条所定の抗告理由があってこれを取り消さなければ著しく正義に反すると認められるときは、原決定を取り消すことができるので（最高裁昭和58年9月5日第3小法廷決定《判時1091号3頁／判タ508号90頁》、最高裁昭和62年3月24日第3小法廷決定《判時1232号150頁／判タ638号139頁》）、事実誤認等につき諦めずに主張することが大切である。

Ⅷ　検察官送致が見込まれる事件および少年の刑事裁判の活動

1　検察官送致が見込まれる事件の活動

（1）検察官送致決定

　裁判所は、刑事処分が相当と判断した場合に事件を検察官に送致する決定をすることができる。この決定を検察官送致決定（「逆送」、「検送」）と言う。検察官送致決定には、拘禁刑以上の刑にあたる罪の事件について、その罪質及び情状に照らして刑事処分を相当と認めるときになされる通常の逆送（少年法第20条第1項）と「原則」逆送（少年法第20条第2項）がある。なお、2021年少年法「改正」により、特定少年の検察官送致決定につき特則として第62条が設けられた。特定少年に対する逆送は、第20条第1項の場合と異なり逆送対象事件の制約がない（少年法第62条第1項）。

　重大事件に適用され問題となるのが「原則」逆送制度である。少年法第20条2項は、故意の犯罪行為により被害者を死亡させた罪の事件で非行時16歳以上の少年の場合に、同法第62条第2項は、以上の場合に加え、死刑または無期もしくは短期1年以上の拘禁刑に当たる罪の事件で、非行時に特定少年の場合に、逆送しなければならないと規定する。もっとも、

調査の結果、犯行の動機、態様（及び結果。少年法第62条第2項ただし書き）、犯行後の情況、少年の性格、年齢、行状及び環境その他の事情を考慮し、刑事処分以外の措置を相当と認めるときは保護処分に付すことができるとする（少年法第20条第2項ただし書き、第62条第2項ただし書き）。

逆送されると少年審判のような保護的な手続ではない刑事手続に付され、教育的処遇とは異質である刑罰が科されることになり、少年にとって多大な弊害がある。したがって、逆送が見込まれる事件では可能な限り逆送を避けることが重要である。そのためには、少年審判の段階から少年法第20条および第62条の解釈運用を踏まえ逆送を阻止するためのケースセオリーの構築が必要となる。

(2)「原則」逆送規定の解釈と付添人活動

裁判実務では、少年法第20条第2項本文に該当する場合は「保護不適」（保護有効性があるとしても刑事処分以外の措置に付すことが社会的に見て相当ではないこと）であることが推定され、刑事処分が原則であり保護処分が例外となるとされている。この考え方によれば、少年法第20条第2項ただし書きを適用して刑事処分以外の措置を相当と判断するためには、原則を破るに足る「特段の事情」が要求されることになる。この「特段の事情」の判断には複数の考え方があるが、いずれも保護許容性[15]（保護処分に付すことが社会的に許容されること）の判断にあたり非行事実における狭義の犯情要素（犯行の動機、犯行に至る経緯、計画性の有無、犯行態様、方法、結果）を重視する傾向にある。なお、裁判実務は、少年法第62条第2項の場合もほぼ同様の考え方に立つものと思われる。

このような考え方は「保護主義」の理念と相いれず大きな問題があるが、裁判実務を前提に逆送を阻止するためには、保護有効性（保護処分による少年の改善更生の見込みがあること）だけでなく保護許容性の議論に力

---

15 「犯情説」や「総合考慮説」といった考え方が提唱されている。北村和「検察官送致決定を巡る諸問題」（家月56巻7号《法曹会》）、加藤学「保護処分相当性と社会記録の取扱い―家裁移送が争われる事案を念頭に」（植村立郎判事退官記念論文集『現代刑事法の諸問題　第一巻』（立花書房、2011）所収）を参照。

を割かなくてはならない。単に虐待等の成育歴上の問題があると主張する
だけでは保護許容性判断に大きな影響を与えることはできず、これら成育
歴上の問題が犯行に至る経緯や動機の形成過程、犯罪行為の意思決定等に
影響を与えており、行為の悪質性が減じられる点についての十分な根拠を
伴う主張が必要である。その根拠が資質鑑別や社会調査から十分に得られ
ない場合は精神科医や臨床心理士等による鑑定（要保護性鑑定）を行うこ
とも検討する必要がある。

　なお、検察官送致後の証拠開示の範囲は刑事訴訟法に基づくため検察官
手持ち証拠すべての開示は困難であることから、法律記録は家裁段階です
べて謄写しておく必要がある。また、検察官は家庭裁判所送致の際などに
少年鑑別所から拘置所や警察留置施設への収容同意請求書を送付すること
により刑事収容施設への収容同意を請求することが多い（少年審判規則第
24条の3第1項）。検察官送致が見込まれる場合は収容同意すべきではな
い旨の意見書を決定前に裁判所に提出しておく必要がある。

2　検察官送致後の刑事裁判の活動

（1）検察官送致決定から公訴提起までの活動

　検察官送致決定がなされると少年は被疑者となる。審判段階で観護措置
が取られている場合は、検察官送致決定によりその観護措置は勾留とみな
される（みなし勾留、少年法第45条第4号前段）。検察官の収容同意請求に
同意する裁判がなされた場合は少年鑑別所から刑事収容施設に移送され
る。なお、特定少年に対する検察官送致決定後の勾留には「やむを得ない
場合」の適用はなく（少年法第67条第1項、第2項）、他の者との分離収容
の規定も適用されない（少年法第67条第2項）。

　また、刑事処分相当を理由とする検察官送致決定により私選（援助付添
人も含む）付添人は弁護人とみなされるが（少年法第45条第6号）、国選付
添人の場合は国選弁護人の選任手続が必要となる（少年法第45条第7号、
少年審判規則第24条の2第2項参照）。

　検察官送致後、検察官が補充捜査を行うことがあり、少年の取調べが行

われることもあるので注意する。犯罪の嫌疑がある場合は原則として公訴提起しなければならない（原則起訴強制、少年法第45条第5号本文）。もっとも、少年法第45条第5号ただし書きに該当する場合は例外的に公訴提起されないことがあるので、その検討をする必要がある。

（2）公訴提起後の活動

ア　ケースセオリーの構築

　公訴提起後は、求める判断との関係でいかなるケースセオリーを構築するのかを検討する必要がある。[16] 少年法第55条は、事実審理の結果、少年を保護処分に付するのが相当と認めるときは、決定をもって事件を家庭裁判所に移送しなければならないと規定する。そこで、少年法55条移送の主張が可能か、すなわち保護処分獲得のためのケースセオリーの構築が可能かを検討する。

　保護処分獲得のためのケースセオリー構築の検討にあたっては、立証の可能性を踏まえて保護許容性についての主張が組み立てられるか否かがポイントとなる。前述したとおり、保護許容性の判断には狭義の犯情要素が重視される。犯情を基礎づける事実がいかなるものかや、当該事実を基礎に社会記録や鑑定（家裁段階の鑑定、私的鑑定、逆送後の鑑定）の結果等を踏まえ、少年の資質、成熟度、精神状態、家庭環境、成育歴等の事情が犯罪行為の意思決定等に関連して影響を与えており責任非難を減少させたとの評価が可能か否かを検討する。その際には社会記録の内容や元家庭裁判所調査官、臨床心理士、児童精神科医等の専門家の見解を得ることが重要となる。

　保護処分獲得のためのケースセオリー構築が困難な場合、量刑に関するケースセオリーの構築を検討することになる。裁判員裁判では行為責任に

16　困難な分野ではあるが、武内謙治編著『少年事件の裁判員裁判』（現代人文社、2014年）や、『季刊刑事弁護』88号（現代人文社、2016年）の特集を参考にしてほしい。また、特定少年については、『季刊刑事弁護』110号（同、2022年）の特集が参考になる。

基づく量刑判断が主流となっている。[17]一方、少年法は少年の人格の未熟さからくる責任の減少や可塑性があり教育的な処遇の必要性・有効性があることを理由に刑の緩和や不定期刑を規定している（少年法第51条以下）。量刑に関するケースセオリーの構築にあたってはこれら刑の特別規定の趣旨や内容を正確に理解しておく必要がある（ただし、特定少年には不定期刑の規定の適用はない。少年法第67条第4項）。

　ケースセオリーに基づく主張の立証方法も検討する。裁判員裁判では公判中心主義の要請から人証中心の審理となっており、証拠書類を取り調べる場合でも全文朗読が原則であるため社会記録の取調べに工夫を要する。最近は社会記録の内容をまとめたものを弁護人の報告書として取り調べたり、元家庭裁判所調査官、臨床心理士、児童精神科医等の専門家の見解の中に社会記録の内容を織り込んで法廷で証言してもらったりすることが多い。

イ　少年のプライバシーおよび情操保護

　刑事公判は公開されるため少年のプライバシーや情操を保護するための措置を取る必要がある。法律上特に規定はないが、実務上、少年の氏名等の少年の特定につながる情報を公判廷や開廷表等で明らかにしない、少年の入退廷時や少年の着席位置に遮蔽の措置を取る、少年の入退廷を傍聴人がいない状態で行い公判廷での少年の着席位置から少年の容貌が傍聴人から見えないようにする等の措置が取られており、上記の措置を取るよう裁判所に働きかける。

　重大事件ではメディア対応も大きな課題となる。少年法は、少年のときに犯した事件について、当該少年を推知させる内容の報道を禁止している（少年法第61条）。しかし、最近ではインターネットによる少年特定情報の拡散が著しく、少年法第61条が少年の推知報道を禁止した趣旨が完全に没却される事態となっている。インターネットによる情報拡散への対応は難しい問題であるが、プロバイダに対し少年特定情報の削除要請等の粘り強い対応をしつつ、少年法第61条の趣旨を踏まえた立法的な対応が必要

17　司法研修所編『裁判員裁判における量刑評議の在り方について』（法曹会、2012）

とされている。

　特定少年のとき犯した事件については、検察官送致決定のうえ公判請求された場合、推知報道禁止規定の適用がなく（少年法第 68 条）[18]、実際に実名報道がなされているケースも見られる。ただし、事案の性質等を踏まえ、メディアが実名報道を控えるケースもあり、付添人としても実名報道を防ぐためにメディアへの適切な対応が必要となる場合がある。

IX　触法事件および虞犯事件の活動

1　触法事件

（1）触法事件と児童福祉機関先議原則

　14 歳未満の少年は刑事責任能力がないため（刑法第 41 条）、刑罰法令に触れる行為をしても犯罪とならず捜査機関が捜査をすることも許されない。一方、低年齢の子どもにはいっそう福祉的観点を有する専門機関による援助が必要である。そこで、触法少年についてはその調査や処遇を原則として児童福祉機関に委ね、児童福祉機関が相当と認めた場合にのみ家庭裁判所の審判に付する「児童福祉機関先議」の原則がとられている（児童福祉法第 25 条、第 27 条、少年法第 3 条第 2 項）。

（2）警察による触法調査と一時保護

　触法事件は捜査の対象とならないが、警察法第 2 条第 1 項を根拠とする行政警察活動の一環として警察による任意調査が行われてきた。2007 年の少年法「改正」により触法少年に対する調査規定が明文化され一定の強

18　犯罪捜査規範第 209 条ただし書きも参照。また、「少年法等の一部を改正する法律の施行に伴う事件広報について（事務連絡）」《2022 年 2 月 8 日付最高検察庁》は、「犯罪が重大で、地域社会に与える影響も深刻であるような事案」につき特定少年の氏名等の公表を検討すべきとし、裁判員裁判対象事件は「一般的・類型的に社会的関心が高いといえる」ことから公表を検討すべき事案の典型と考えられるとしている。

制調査が可能となった。

　警察官は少年を呼び出し質問することができる（少年法第6条の4第1項、少年警察活動規則第20条）。また、公務所または公私の団体に照会して必要な事項の報告を求めることができる（少年法第6条の4第3項）。さらに、強制処分として押収、捜索、検証、鑑定嘱託を行うことができる（少年法第6条の5第1項、第2項、少年警察活動規則第21条）。ただし、逮捕、勾留、鑑定留置を行うことは許されない。これらの調査は少年の情操の保護に配慮しつつ行われなければならない（少年法第6条の2第2項、少年警察活動規則第15条、第20条第3項、第4項、「少年警察活動推進上の留意事項について」第6、1）。

　前述したとおり触法少年を逮捕、勾留することは許されないが、警察は事件認知に伴い少年を要保護児童（児童福祉法第6条の3第8項）として児童相談所に通告し（児童福祉法第25条、少年警察活動規則第22条1項第2号、これを「身柄付通告」という）、通告を受けた児童相談所長が一時保護（児童福祉法第33条1項）することにより少年を事実上身体拘束して警察の調査が行われることがある。児童相談所がただちに少年を引き取ることが困難な場合は警察が児童相談所から委託を受けて一時保護をすることができる（一時保護委託）。警察での一時保護委託は真にやむを得ない事情がある場合のほかは原則24時間を超えることができない（「警察が行う児童の一時保護について」《昭和26年1月17日児発第12号厚生省児童局長通知》、「児童福祉法第33条第1項に基づき警察が行う児童の一時保護について」《平成13年3月8日警察庁丁少発第33号警察庁生活安全局少年課長通知》）。また、保護にふさわしい部屋を利用するものとし、鍵をかける場合は少年の行動範囲がなるべく広くなるよう配意すべきであり、留置施設を使用することはできない（「少年警察活動推進上の留意事項について」第6、14、(1)）。

(3) 付添人の活動

ア　触法調査における付添人の役割

　2007年の少年法「改正」では警察での調査に対応する弁護士付添人の

選任権が明文化された（少年法第6条の3、少年警察活動規則第19条）。少年が弁護士の援助を受けることが可能となった点でその重要性は大きく、東京三弁護士会など一時保護された触法少年に対する当番弁護士制度を運営している弁護士会もある。なお、触法少年の付添人活動に対しては、日弁連子どもに対する法律援助制度により弁護士費用の援助を受けることができる。

イ　少年との面会

　付添人として少年に面会する場合、少年が警察署にいれば出向いて面会を求める。質問は強制にわたってはならないから（少年法第6条の4第2項）、少年が希望すれば警察官による質問中であっても面会は自由にできる。少年が面会を望んでいないことを理由に警察が面会を拒否しても少年に直接意思確認する旨述べて面会を求めるべきである。

　少年が児童相談所の一時保護所にいる場合は担当児童福祉司に面会を申し込む。面会に際して児童相談所職員の立会を要求されることがあり、無立会面会を拒否されることもある。この点、児童自立支援施設送致決定を受けて施設入所中の14歳の少年と付添人との面会に児童相談所職員が立会した事案につき「少年保護手続係属中の児童自立支援施設の入所児童が、第三者との秘密交通を自由に行う機会が制約される内容の処遇を受けている場合には、憲法34条前段の趣旨に照らし、少年が身柄の拘束を受けている場合に準じて、付添人と立会人なくして面会できる利益が法律上保障されている」と判示して無立会面会を認めなかったことを違法とした裁判例がある（東京地裁平成27年2月19日判決《判例秘書登載》）。「第三者との秘密交通を自由に行う機会が制約される内容の処遇を受けている場合」は、警察が身柄付通告を行い一時保護されている場合にも当てはまる。したがって、職員の立会を求められた場合には上記裁判例を説明する等して無立会の面会を求める。

ウ　一時保護の適法性のチェック

　一時保護されている場合はその適法性、特に警察への一時保護委託が上

記各通達の要件を具備しているかもチェックする。もっぱら少年に対する質問を行う目的など違法不当な一時保護委託に対しては委託をやめさせ少年を一時保護所に移すよう申し入れる。一時保護所での受入れが可能であったのに児童相談所が警察における調査の継続の必要性に配慮して警察に一時保護委託した事案につき、当該委託は児童相談所長の裁量を逸脱し違法とした裁判例がある（福岡高裁那覇支部平成19年1月25日判決《裁判所HP下級裁判所裁判例速報》）。

エ　少年への質問の立会

　触法少年は年齢が低く、犯罪少年以上に未熟で被誘導性や迎合性が強く、理解力や表現力、コミュニケーション能力も十分でない。したがって、虚偽の申述書（供述調書にあたるもの）が作成され冤罪を生み出すおそれは大きい。そこで、少年への質問の場に立会を求め監視する必要がある。少年警察活動規則は少年の質問に際し少年の保護者や適切と認められる者の立会に配慮する旨規定しており（少年警察活動規則第20条第4項）、一般に一時保護されている場合は少年に対する質問の際に付添人が立会することができる。

　警察官による少年への質問については「少年警察活動推進上の留意事項について」第6、7、(1)において少年に対する配慮を求めている。この規定に従い不適切な質問が行われないよう付添人と担当児童福祉司とが協働して対応する。付添人が立会できない場合でも、担当児童福祉司に質問への立会を行うよう申し入れるとともに質問時間等も制限するよう求める。警察官が威圧的な姿勢で質問を続けるとか少年の資質や心身の状態等から警察官の質問が不適切と判断した場合は質問を打ち切るよう申し入れるとともに、児童福祉司にも警察官の質問を中止させるよう求める。付添人が取調べに立会すると警察官から立会人として申述書に署名捺印することを求められることがある。付添人の署名捺印があると申述書の信用性を高め後に争うことは非常に困難となるので原則として署名捺印はしない。

オ　強制処分に対する対応

　違法不当な捜索・押収等の強制処分に対しては準抗告（少年法第6条の5第2項、刑訴法第429条、第430条）を行う。

カ　警察から児童相談所への通告・送致後の活動

　警察官は触法調査を終えると事件を児童相談所に通告する（児童福祉法第25条）。また、故意の犯罪行為により被害者を死亡させた罪、死刑または無期もしくは短期2年以上の拘禁刑に当たる罪にかかる刑罰法令に触れるとき、あるいは、家庭裁判所の審判に付するのが相当と考えるときは、事件を児童相談所長に送致しなければならない（少年法第6条の6第1項）。児童相談所は、警察官から通告ないし送致を受けた事件について福祉的観点から調査を行い措置を決定する。家庭裁判所の審判に付するのを相当と認めるときは事件を送致する（児童福祉法第27条第1項第4号）。少年法第22条の2第1項各号に掲げる罪にかかる刑罰法令に触れる事件は原則として家裁に送致しなければならない（少年法第6条の7第1項）。

　付添人は、少年にふさわしい処遇を実現するために担当児童福祉司や児童心理司と意見交換を行い児童相談所の措置に関し意見を述べる。少年法第6条の3は警察の調査に関し付添人を選任するとしていることから児童相談所に対する活動ができるのか問題となるが、少年の立場に立って少年の意見を代弁し適切な処遇を行うよう児童相談所に働きかける必要性は大きいことから、可能であると解すべきである。

キ　家庭裁判所送致後の活動

　児童相談所から家庭裁判所に送致された場合の手続は犯罪少年の場合と同様である。観護措置がとられることもある。資質鑑別や社会調査が行われ審判を経て決定が言い渡される。付添人としての活動も犯罪少年の家庭裁判所送致後の活動とほぼ同じである。

2 虞犯事件

(1) 虞犯の特色と問題点

虞犯は、犯罪ではないが一定の要件を満たした要保護性が高い少年を保護（援助）の対象としようとするものであり、「保護主義」の理念を体現したものであるということができる。一方で、虞犯の要件は虞犯性、虞犯事由ともに規範的、抽象的であり、かつ将来の予測を含んでいる点で非常に曖昧な概念である。犯罪として立件できない場合に虞犯にいわば認定落ちの形で立件されることも多い。また、虞犯は観護措置が取られる割合も少年院送致等の施設収容処分となる割合も犯罪少年と比較して高い。そこで、虞犯の「冤罪」を防止するためにも虞犯の要件を満たしているのかを慎重に検討する必要がある。

なお、2021年少年法「改正」により、特定少年については虞犯の規定が適用されなくなったことに注意する（少年法第65条第1項、第3条第1項第3号）。

(2) 虞犯事件の活動

虞犯は犯罪でないため捜査をすることはできないが、触法調査と同じく行政警察活動として任意調査が行われている。警察は虞犯調査のために街頭補導や少年相談を行うほか（少年警察活動規則第7条第1項、第8条第1項）、少年、保護者、参考人を呼び出し質問することができる（少年警察活動規則第31条、第32条）。少年や保護者等から警察に呼び出されているとの相談を受けた場合は少年または保護者の代理人として違法不当な調査が行われないよう付き添い、質問への立会を求める。

虞犯少年は逮捕、勾留できないが、触法少年の場合と同様、児童相談所に身柄付通告した上で一時保護することがある（「少年警察活動推進上の留意事項について」第7、11）。また、同行状の発付を受けて執行した場合（少年法第12条、第13条第2項）、必要があるときは一時保護委託に準じて警察署に留め置くことができる（「少年警察活動推進上の留意事項について」第7、10）。これらの点についても触法事件と同様の問題がある。

虞犯調査の結果、少年の年齢等に応じて児童相談所への通告や家庭裁判所に送致する手続をとる。14歳以上18歳未満の虞犯少年は児童相談所と家庭裁判所の権限が競合しており、警察は家庭裁判所への送致も（少年法第41条後段、少年警察活動規則第33条第1項第1号）、児童相談所への通告も可能である（少年警察活動規則第33条第1項第2号）。

　家庭裁判所に送致された場合、観護措置が可能であること、審判開始決定を経たうえで社会調査がなされ、審判において保護処分が言い渡されることは犯罪少年の場合と同じである。虞犯少年は要保護性が高いと評価され少年院送致処分となることが多いことに注意を要する。試験観察も可能であり、付添人としては積極的に検討すべきであるが、特定少年については虞犯の規定が適用されなくなったことから、17歳の虞犯少年の場合は、18歳になるまでに試験観察が可能な期間があるかどうかを留意する必要がある。

　児童相談所へ通告された少年は調査の上で措置が決定され、家庭裁判所に送致された少年は調査、審判の上で処分が決定される。児童相談所への通告や家庭裁判所送致後の活動については基本的に触法事件の場合と同じである。

Ⅹ　少年の社会復帰支援のための活動[19]

1　弁護士による少年の社会復帰支援活動の意義

　非行を起こした少年は、少年院等から出ても就労先や就学先はおろか帰住先すら見つからないことがある。帰住先や就労先が確保できないと出院しても生活環境が安定しないため再非行に及ぶおそれが高い。帰住先や就労、就学先を確保する等の社会復帰支援は保護観察所や少年院の役割で

19　大阪弁護士会子どもの権利委員会「審判後の少年の支援」（日本弁護士連合会『第26回全国付添人経験交流集会報告集』69頁以下）が詳しい。

あるが（更生保護法第82条、少年院法第44条、第146条等）、受け入れ可能な施設が見つからないため少年の社会復帰に大きな困難を抱えることがある。そこで、弁護士が少年との信頼関係を基盤に少年の希望を尊重しながら少年院、保護観察所、児童相談所等の関係機関に働きかけることでこれらの機関を動かしたり、自ら帰住先や就労先を見つけたりする必要性は大きい。これらの活動に対しては、親権者や親族の協力が得られず、弁護士による環境調整の必要性・相当性が認められるときには、日弁連子どもに対する法律援助制度により弁護士費用の援助を受けることができる。

2　社会復帰支援活動の内容

　少年の社会復帰支援活動は審判段階の環境調整活動と同様、多岐にわたり事案により必要とされる活動は異なるが、以下の内容が考えられる（これに限られない）。

(1)　少年院等での面会・通信

　少年院等の施設で定期的に少年と面会し、少年院での生活、困りごとや心配なこと、出院後の生活等について話し合う。元付添人の面会は一般面会となり面会時間の制限や職員の立会があるのが原則であるが（少年院法第93条第1項本文）、少年院の裁量で無立会面会が可能であるので（少年院法第93条第1項ただし書き）、必要に応じて無立会面会を求める。

(2)　関係者会議への出席

　少年院や保護観察所は少年の在院中から担当者が連絡を取り合ったり会議を開いたりして帰住先や就労先の確保や調整に向けて情報や意見交換を行っている。少年の社会復帰を支援する関係者が一堂に会してそれぞれが有する情報を交換し少年の特性や希望に応じた社会復帰支援のあり方を考えることは有益であり、弁護士も関係者会議への参加を求める。弁護士が頻繁に少年院に面会に行き少年の担任の教官等と意見交換をする等して少年の社会復帰支援のために活動をしていることが理解されれば参加を要請

されることもある。

(3) 帰住先の確保・調整

少年の帰住先は更生保護施設、自立準備ホーム、自立援助ホーム、児童養護施設、子どものシェルターが考えられる。少年院や保護観察所が帰住先を探しても見つからない場合、弁護士が施設を探すことも考える。弁護士自身が少年の身元引受人となることもある。受け入れ可能な施設が見つかったら少年院や保護観察所との調整（自立援助ホームや児童養護施設への入居の場合は児童相談所との調整も）が必要となる。少年と施設とのマッチングも重要であり、出院前に少年が施設の見学や宿泊をするために少年の外出や外泊を許可するよう（少年院法第45条第1項）少年院に働きかけることも検討する。

(4) 就労先の確保・調整

出院後に少年と一緒にハローワーク等に手続に行ったりして就労先を見つける活動を行う。就労先確保に役立つ制度として、法務省が実施する「協力雇用主」制度や「受刑者等専用求人」制度や少年院在院中から就労先の確保のために法務省と厚生労働省が実施する「刑務所出所者等総合的就労支援対策」がある。

［参考文献］文中で引用したもののほか
『日弁連付添人活動のマニュアル』（日本弁護士連合会全面的国選付添人制度実現本部編、2023年改訂）

［資料］
少年事件全体の手続きの流れについて、本章末尾の少年保護事件処理概略図も参照

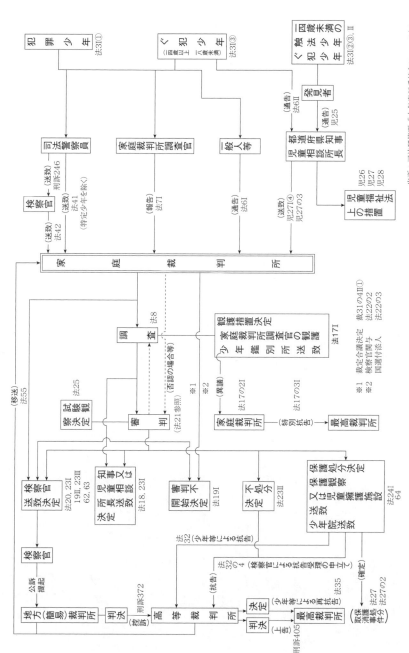

11 犯罪被害を受けた子ども

I　はじめに

1　犯罪被害者に対する国の取り組み

　犯罪被害者に対する国の政策は2000年以降大きく変化し、支援の動きが続いている。

　2004年12月に犯罪被害者等基本法が制定され、わが国は、犯罪被害者等の視点に立った施策に踏み出した。第1次基本計画（2004年）及び第2次基本計画（2011年）の下で、犯罪被害給付制度の拡充、損害賠償命令制度の創設、被害者参加制度の創設・拡充等が図られた。また、第3次基本計画（2016年）の下で、重傷病給付金の給付期間の延長、仮給付金の額の制限の見直し、幼い遺児がいる場合における遺族給付金の額の引上げ及び親族間犯罪における減額・不支給事由の見直しを内容とする犯罪被害給付制度の一層の拡充が行われたほか、2018年7月までに、カウンセリング費用の公費負担制度が全国で整備された。さらに、同年10月までに、性犯罪・性暴力被害者のためのワンストップ支援センター（被害直後からの医療的支援、法的支援、相談を通じた心理的支援等を総合的に行うために設置された組織）が全ての都道府県に設置された。加えて、2019年4月までに、犯罪被害者等に適切な情報提供等を行う総合的対応窓口が全ての地方公共団体に設置された。

　また、奇しくも本書改訂中の2023年、ジャニーズ事務所[1]の長期にわたる性被害問題が明るみに出たように、性犯罪・性暴力、児童虐待等が深刻な社会問題となる中、自ら被害を訴えることが困難で、支援の手が十分に行き届いていない犯罪被害者等の存在にも目を向け、犯罪被害者等が一日も早く被害から回復し、社会の中で再び平穏な生活を営めるように、きめ細かな支援の必要性を理解し、国、地方公共団体及びその他の関係機関並

1　多数の男性アイドルを擁する芸能プロダクション

びに民間の団体等が緊密に連携・協力し、取組の強化を図ることとしている。第3次基本計画が2021年3月末で終了することから、「第4次犯罪被害者等基本計画」（2021年3月）が策定された。ここでは4つの基本方針（①尊厳にふさわしい処遇を権利として保障すること。②個々の事情に応じて適切に行われること。③途切れることなく行われること。④国民の総意を形成しながら展開されること）が定められた。

　犯罪被害を受けた子どもに関わり、その支援や被害救済に取り組む際には、国が間断なく被害者対策に取り組んでいる方向性を、積極的に指摘し、活用することが有効である。

2　犯罪の被害者が子どもである場合（以下、「被害を受けた子ども」という）について

　以下は、特に被害者が成人と異なることに着目しながら説明する。

　　①　犯罪の発生とその発覚
　　②　刑事手続のなかでの被害を受けた子どもをめぐる問題
　　③　民事手続のなかでの被害を受けた子どもをめぐる問題
　　④　犯罪後の精神的被害の回復
　　⑤　被害を受けた子どもと関わるときの弁護士のあり方
　　⑥　今後改善されるべき制度・施策

II　犯罪の発生とその発覚

　子どもが加害者との人的関係において被害者になりやすい犯罪が考えられる。また、その人的関係の特殊性から事件発覚に特有の困難性が伴うことも多くみられるし、一見犯罪と理解しにくい場合もある。その特徴を理解したうえで被害の聴き取りを行う必要があるし、環境の調整をはかりながらでなければ真相が語れないこともあることに留意すべきである。

1　加害者が親や保護者の場合の特徴

　親や保護者からの被害は、関係が密接かつ閉鎖的なことが特徴であり、虐待、すなわち身体的な暴行、傷害、強制わいせつなど身体接触を伴う被害が多い。また育児放棄（ネグレクト）を受ける場合は保護責任者遺棄の被害者ということになる。緊密な人的関係ゆえに被害を受けた子どもが被害を訴えないことも多いし、加害者側が隠ぺいしようとすることも多く、犯罪が発覚しにくい。

2　加害者が友人や同年代の者の場合の特徴

　友人や同年代の者からの被害は、いじめやケンカによる暴行・傷害や暴行・傷害・脅迫を伴った金銭的な被害である恐喝が多くみられる。被害者と加害者の立場は固定的ではないことに留意すべきである。つまり、被害者になっていた者が反撃して加害者になったり、ほかの者から被害を受けていた者が別の者に、同じように加害を行うということもよくみられる。いじめによる場合には、「チクッた」ことによるいじめの激化を恐れて、被害を受けた子ども自身が被害を隠すことが多い。また、自己の別の非行が発覚することを恐れて自分の被害を語りたがらないこともある。いずれの場合も、ひとつひとつの事件や人間関係を解きほぐすことが根本的な問題の解決にとって必要であること、その関係を解消しないままにおくことが、さらなる被害や加害を生む恐れがあることを伝えるべきである。そして、気づいた今、解決することが大切であり、まだ決して人生にとって手遅れではないことを理解させながら解決への支援をすることが重要である。

3　加害者が第三者の場合の特徴

　第三者からの被害では、子どもを被害者に選ぶのは体力・知力の脆弱さにつけ込むことが特徴であり、性犯罪の被害は多くみられる。また、注意力・防御力の未成熟から交通事犯の被害者になることも多い。

4 犯罪の性質による事件発覚の困難性

　被害者が子どもである場合には、殺人、傷害、窃盗など法律の規定を待つまでもなく、その性質上、社会倫理に反することがわかりやすい犯罪については、年齢の低い子どもであっても被害を受けていると理解することが容易である。しかし、詐欺や加害者が優しく接する態様でのわいせつ行為など、子どもが被害を受けていると理解することが難しい場合もある。また、前述 1、2 のような特殊性から、被害を受けた子ども自身が事件を隠すことや、周囲の者が積極的に隠ぺいすることもある。そのため、子どもの態度の異変（たとえば持ち物がなくなる、金遣いが荒くなる、行動に秘密が多くなる、身体に傷を負っている、性的な行動をとるなど）を周囲が敏感に察知することが犯罪の発見のために重要となる。

Ⅲ　刑事手続における被害を受けた子どもをめぐる問題

　犯罪被害者一般についていうと、これまで刑事事件（刑事裁判、少年審判）の手続きのなかにおいて、被害者は被害届を出したり、告訴をしたりする捜査の端緒を与える存在としての役割と、犯罪事実の目撃者あるいは被害痕跡を残す証拠としての役割しか与えられてこなかった。そして、証拠となる事実を法廷に出すための供述調書をつくるために警察・検察で事情を聞かれて書面を作成するが、この調書の内容が特に被告人に争われることがなければ、その書面は法廷でそのまま被害者の供述として証拠とされるため、証人として法廷に呼ばれて被告人を前にして証言する機会も、被害者としての心情を伝える機会も与えられなかったが、2000 年以降いくつかの被害者配慮の規定が置かれた（少年法、刑事訴訟法）。

1　被害者が子どもである事件を訴えること

　捜査の端緒としては、告訴・告発（刑事訴訟法 230 条〜）・被害届提出が

ある。告訴とは、犯罪の被害者その他一定の者が捜査機関に対して犯罪事実を申告し、その訴追を求める意思表示である。告発は第三者（告訴権者および犯人以外の者）が捜査機関に対して犯罪事実を申告し、その訴追を求める意思表示である。これに対して、被害届は被害事実の申告である。告訴・告発は訴訟行為であるために訴訟行為能力が必要となるが、その意味を理解しうる能力であれば足りる。判例によれば、告訴当時 13 歳 11 か月の強姦被害者、13 歳 7 か月の強姦未遂の被害者について告訴の訴訟能力を認めている。ただし、このような場合、実務上は親権者等の告訴状も併せて提出を求めている。なお、法定代理人（多くは親権者）は、未成年被害者の意思にかかわらず固有の告訴権を有する（231 条 1 項）。（なお、性被害についての親告罪の削除については「性と子どもの権利」参照）ちなみに、従前、捜査機関は正式な告訴を受理することについては消極的であったことから、被害届として捜査が始まることが多かったが、警察庁は、2012年 12 月 6 日付で「告訴・告発の受理体制及び指導・管理の強化に係る具体的留意事項について」という通知を出し、警察署告訴・告発センター等を設置し進捗状況を管理するなどしたが、2019 年にも具体的留意事項を挙げ、丁寧な対応を押し進めてきている。告訴・告発についての対応が不十分な個々の警察に対しては、国の積極的な方針[2]を示し活用し、改善を求めていくべきである。

2　被害を受けた子どもに対する捜査上の配慮[3]

　被害事実の聴取に際して被害者は犯罪の被害にあったことで苦しい立場

2　警察庁の施策を示す通達（刑事局）2019 年 3 月 27 日「告訴・告発の受理体制及び指導・管理の強化に係る具体的留意事項について」
　https://www.npa.go.jp/laws/notification/keiji/keiki/010.pdf
　2019 年 3 月 27 日「告訴・告発の受理体制及び指導・管理の強化について」
　https://www.npa.go.jp/laws/notification/keiji/keiki/009.pdf
　なお、2024 年 3 月 26 日にも告訴・告発への適切な対応及び指導・管理の徹底について（通達）が出されている。
3　児童を被害者等とする事案への対応における検察及び児童相談所との連携について（通達）

に置かれている。加えて警察・検察に呼ばれて話をするという緊張感のもとで聴取されることになる。子どもの場合には特に人生経験も少ないことから警察に対する恐怖心は非常に大きい。警察の対応によっては被害を受けた子ども自身が悪者扱いされていると絶望感を感じ、捜査機関による事実の解明に信頼を失う場合もある。また、それ以前に何らかよくない行動をとったことがあると（それが非常に些細なことであっても）そのことが負い目になって、今回自分が被害を受けた事件であるのにその被害を隠したり、つじつまの合わないことを言い出したりすることもある。弁護士が関わっているのであれば、被害を受けた子どもが後ろめたいと感じるような事実についても聞き取るようにし、弁護士が了承していることの安心感を与え、捜査機関に対して被害の状況を正直に伝えられるようにすることが必要である。

　また、刑事手続のなかで、再度被害者に苦痛を与えることのないよう配慮されなければならない。そのためには、被害を受けた子どもの取り調べに保護者や代理人の立ち会いを求め、同席を拒まれるときにも別室で待つということも必要である。取り調べの可視化はこの意味でも進められるべきである。捜査の配慮に関しては、警察内部でも以下のような規定が置かれている。その規定の存在を頭に入れて警察官との交渉にあたることが有効である（「子どもからの被害聴取としての司法面接」参照）。

(1) 犯罪捜査規範

　犯罪捜査規範とは、1957年に制定された国家公安委員会規則のことであり、警察官が捜査活動の際に守るべき心構えや捜査方法、手続きなどを定めたものである。

　関係者に対する配慮を定め、被害者への配慮について規定をおいている。

第10条　捜査を行うに当たっては、常に言動を慎み、関係者の利便を考慮し、必要な限度をこえて迷惑を及ぼさないように注意しなければならない。

第10条の2（被害者等に対する配慮）　捜査を行うに当たっては、

被害者又はその親族（以下この節において「被害者等」という）の心情を理解し、その人格を尊重しなければならない。

2　捜査を行うに当たっては、被害者等の取調べにふさわしい場所の利用その他の被害者等にできる限り不安又は迷惑を覚えさせないようにするための措置を講じなければならない。

第10条の3（被害者等に対する通知）　捜査を行うに当たっては、被害者等に対し、刑事手続の概要を説明するとともに、当該事件の捜査の経過その他被害者等の救済又は不安の解消に資すると認められる事項を通知しなければならない。ただし、捜査その他の警察の事務若しくは公判に支障を及ぼし、又は関係者の名誉その他の権利を不当に侵害するおそれのある場合は、この限りでない。

第11条（被害者等の保護等）警察官は、犯罪の手口、動機及び組織的背景、被疑者と被害者等との関係、被疑者の言動その他の状況から被害者等に後難が及ぶおそれがあると認められるときは、被疑者その他の関係者に、当該被害者等の氏名又はこれらを推知させるような事項を告げないようにするほか、必要に応じ、当該被害者等の保護のための措置を講じなければならない。

2　前項の規定は、資料提供者に後難が及ぶおそれがあると認められる場合について準用する。

（2）犯罪捜査規範の少年の特性の考慮

　犯罪捜査規範は少年事件の（被疑者）少年に対して、以下のような配慮規定を置いているが、これは少年の健全な育成の理念（少年法1条）に基づくものである。とするならば、被害者が少年である場合にも同様の配慮は可能な限り及ぼされるべきである（203条〜209条参照）。

（3）犯罪被害者等基本計画

　2004年12月に犯罪被害者等基本法が制定され、以後犯罪基本計画が策定され、現在第4次基本計画が策定されたことは冒頭述べたとおりである。

　この中には、子どもが被害者である場合についても言及されている。

・自ら被害を訴えることが困難なため被害が潜在化しやすい被害者の類型であること
・自己が直接の犯罪被害者ではないものの、兄弟姉妹が被害に遭ったこと等により心身に悪影響を受けるおそれがある子ども等は、そのニーズを正確に把握し、適切に対処されるべきこと
・精神的・身体的被害の回復・防止への取組として子どもの被害者等に対応できる思春期精神保健の専門家の養成、厚生労働省において、医師、看護師、保健師、精神保健福祉士、公認心理師、臨床心理士、児童相談員等を対象に、家庭内暴力や児童虐待等の児童思春期におけるさまざまな精神保健に関する問題への対応を習得するための「思春期精神保健研修」を実施すること
・厚生労働省において、虐待を受けた子供の児童養護施設等への入所が増加していることを受け、2016年度には児童養護施設等に心理療法担当職員及び個別対応職員の配置を義務化し、引き続き適切な援助体制を確保すること
・児童虐待の防止及び早期発見・早期対応のための体制整備等
・配偶者等からの暴力事案がその子供にも悪影響を及ぼすことに鑑み、子供に対する精神的ケア等の支援の充実を図るとともに、配偶者暴力相談支援センター等の配偶者等からの暴力事案への対応機関と児童相談所等の児童虐待への対応機関との連携・協力を推進すること
・文部科学省において、学校教育関係者等の職務上虐待を受けている子供を発見しやすい立場にある者が児童虐待に適切に対応できるよう、学校・教育委員会等に対し、早期発見・早期対応のための体制整備や的確な対応を促す。
・支援等のための体制整備への取組
・相談及び情報の提供等として
性犯罪の被害に遭った児童生徒及びその保護者の相談等に対し、学級担任、生徒指導担当教員、養護教諭、スクールカウンセラー等が連携し、適切な対応ができるよう、学校内の教育相談体制の充実を図ること
関係機関との積極的な連携を促進する。また、24時間子供SOSダイ

ヤルやワンストップ支援センターについて、教育委員会等を通じて児童生徒や保護者に周知すること

・犯罪被害者である子ども人権が侵害されている疑いのある事案を認知した場合には、関係機関と連携して人権侵犯事件として調査を実施し、事案に応じた適切な措置を講ずること

・犯罪被害者等の子供への奨学金事業及び犯罪被害者等支援団体への助成事業を実施すること

警察や行政での支援を求める際のテコとして利用できるものと考える。

(4) 児童を被害者等とする事案への対応における検察及び児童相談所との連携について通達が出されている（2022 年 4 月 1 日）[4]

児童虐待を始めとする児童を被害者等とする事案への対応については、これまでも検察及び児童相談所と連携により児童の心情や特性に配意した事情聴取等が求められてきたが（「児童を被害者等とする事案への対応における検察及び児童相談所との連携について」(2019 年 3 月 25 日通達)）このような取組に関係する通達を統合したものである。

本通達の基本的な考え方は、児童からの事情聴取について繰り返しの聴取の弊害や誘導・暗示など詳述の信用性に影響を与える点に鑑みたものである（「司法面接」を参照）。

3 加害・被害の子どもに配慮した警察活動

少年警察活動規則（平成 14 年国家公安委員会規則第 20 号。以下、「規則」という）

少年の非行の防止及び保護を通じて少年の健全な育成を図るための犯罪捜査以外の少年警察活動についての活動基準が定められている。このなかには、「少年の保護のための活動」が挙げられ、「被害少年についての活

---

4 https://www.npa.go.jp/laws/notification/keiji/keiki/2204.01jidou.pdf
　これにより「児童を被害者等とする事案への対応における検察及び児童相談所との連携について」(2019 年 3 月 25 日通達) 及び「児童相談所との情報共有について」(2019 年 6 月 5 日通達) は廃止となった。

動」についても規定されている。

（被害少年についての活動）

第36条　被害少年については、適切な助言を行う等必要な支援を実施するものとする。

2　前項に定めるもののほか、被害少年について、その精神的打撃の軽減をはかるため特に必要と認められるときは、保護者の同意を得た上で、カウンセリングの実施、関係者への助言その他の継続的な支援を実施するものとする。

3　前項に規定する継続的な支援について、その適切な実施のため必要があるときは、保護者の同意を得た上で、これを学校関係者その他の適当な者と協力して実施するものとする。

（福祉犯の被害少年についての活動）

第37条　福祉犯（児童買春に係る犯罪、児童にその心身に有害な影響を与える行為をさせる犯罪その他の少年の福祉を害する犯罪であって警察庁長官が定めるものをいう。以下同じ）の被害少年については、当該福祉犯に係る捜査、前条に規定する支援のほか、当該少年が再び被害にあうことを防止するため保護者その他の関係者に配慮を求め、及び関係行政機関への連絡その他の同種の犯罪の発生を防止するため必要な措置をとるものとする。

なお、この規則の制定によってこれまでの警察庁次長通達である「少年警察活動要綱」（昭和35年3月18日）は廃止された。

4　関係機関に犯罪の特殊性を理解させる働きかけ

以上のように、被害者の配慮をはかろうとする現状の捜査理念をあらかじめ頭に入れたうえで、捜査機関の対応が不備となりがちな点については、代理人が申し入れして被害を受けた子どもの支援をすべきである。それは現場の捜査関係者すべてに被害者を配慮する教育が徹底しているとはいえない場合が多々みられるからである。

たとえば、被害者は被害を訴え、申告することが当然だと思われがちであるが、性犯罪やいじめ、家庭内での虐待などのように、事件の種類によっては被害が話されにくい事件があったり、後述するように被害者特有の自責の念がはたらくことがある。そのような場合に、事件については語りはじめても途中でやめたり、事実を抽象化したり、曖昧にしたりすることも多い。このように事件に応じた特徴について伝えることが必要となるのである。

(1) 捜査機関

以上のような、犯罪の特殊性や発覚のしづらさ、理解の困難さについて、まずそのことを捜査機関に対して理解をさせるように働きかけることが必要である。真実は子ども間での加害と被害であるにもかかわらず、「仲間内の遊び・じゃれ合い」ととらえられたら、被害を受けた子どもはどこにも救いを求めることはできなくなるのである。そのためには一見被害者とわかりにくい行動について、その特性を事例や文献などをもって説明すること、類似事例で話題になったような事件（虐待事件やいじめ事件など、被害者が訴えて当然と考えられそうな事実が隠ぺいされやすい点にみな共通性がある）を示すことなども有効である。

このとき、担当警察官・検察官には、直接、代理人が被害の実情を伝えること、被害を受けた子どもに接するときの配慮について伝えることも有効である。司法関係者は要点を押さえ、司法的解決の必要性について弁護士のスクリーニング（判断）をした事件に耳を貸しやすいのが現実だからである。

また、捜査機関から被害を受けた子どもが不当な扱いを受けた場合には、代理人はそのことに適切に抗議をし、是正をはかってもらうように努め、被害を受けた子どもの捜査機関に対する不信を払拭しておくことも重要である。

(2) 裁判所

次に、刑事・民事を問わず事件が裁判所に係属するようになったときに

も、犯罪事実、違法行為の認定や被害の認定のために、裁判官にその特殊性の理解を促す活動が重要なのはいうまでもない。類似事案に関する資料の提出のほか、代理人たる弁護士の粘り強い働きかけは裁判所を動かすことも多々ある。

5　マスコミに対して

　少年事件の場合に、加害者にあたる子どもは匿名で報道されるのに対して、被害者は実名で報道されることによって被害者側が傷つくことも多い。同じ子どもでありながら、被害者側が強い不公平感をもっていることのひとつである。特に死亡事件の場合に、「死者に口なし」的な報道（たとえば「被害者が事件の発端をつくった」「ケンカだった」というような加害者側の言い分が真実と異なっていた場合など）がなされたときの回復は困難であり、被害者や遺族の苦悩は計り知れないものとなる。報道に対する規制や抗議・訂正要求も必要に応じて行うことが必要である。

　しかし、事件がマスコミに取り上げられることで、被害救済の緊要性が明らかになることもある。

6　裁判・審判手続きの中での被害を受けた子ども

　（1）　刑事裁判のなかで被害者に対して以下のような配慮規定を置いている。

〈刑事訴訟法〉
第157条の2〔証人の付添人〕
第157条の3〔証人尋問の際の証人と被告人・傍聴人とのあいだの遮蔽措置〕
第157条の4〔ビデオリンク方式による証人尋問〕
第292条の2〔公判期日における被害者等の意見の陳述〕
第299条の2「証人等の安全配慮」

> 第 299 条の 3 「被害者等特定事項の秘匿措置」

　被害者の特定事項（名前や住所など）が明らかにされることにより、被害者の名誉もしくは社会生活の平穏が著しく害されるおそれがあると認められるときまたは身体や財産に害を加えるおそれがあると認めるときは、検察官は弁護人に対しその旨を告げて、被害者特定事項が被告人その他に知られないようにすることができる。

　ア　証人に関する規定（刑訴法 157 条の 2 ～ 4）は、裁判所の訴訟指揮として、必要を認めればそのような配慮をすることができるというものであるが、裁判所がそのような措置をとってくれるのを待つのではなく、被害を受けた子どもが確かな供述ができ、かつそれを希望する場合には、事前に各種配慮の必要性について、書面（上申書）にして裁判所に提出しておくべきである。

　イ　また、意見陳述（刑訴法 292 条の 2）は、検察官にあらかじめ連絡する必要があるが、近時、検察官は被害者に対して配慮をしてくれることが多い。検察官が意見陳述に留まらず証人として申請することもある。証人としての証言は犯罪事実の認定のための証拠となるが、被害者等の意見陳述はそうならない（同条 9 項）。しかし、証人となれば被告人側からの反対尋問を受けることになる。被害者が子どもの場合には、特にその長短を考えて被害を受けた子どもにアドバイスをしたうえで、検察官とはあらかじめ連絡をとっておくことがよい。

　ウ　なお、被害を受けた子どもが証人になる場合の証人適格・証言能力について触れておくと、証人適格（証人となり得る資格）は原則として誰でも認められ、その証言能力が個別に問題とされる。この証言能力はかなり低年齢でも認められている（満 4 歳ないし満 5 歳 9 カ月の幼児の供述であっても、供述事項によって一概に証言能力を否定すべきでないとされている（東京高裁昭和 46 年 10 月 20 日判決《判時 657 号 93 頁》））。

エ　配慮規定以外の配慮は個別に訴訟指揮を求めること

被告人のいる法廷で証言することが苦痛である場合がある。成人男性から性的被害を受けた事例で、当初出廷できるといっていた被害少女が、直前に恐怖で入廷できなかったケースで、ビデオリンク方式の準備ができなかった。被害を受けた子どもの代理人の働きかけで、裁判長が弁護人の同意を取り付け、被告人を退廷させて証人尋問を行ったことがある。代理人としては、被害を受けた子どもの健全育成を考えながら、真実を明らかにするような方法を提案して、訴訟指揮を求めるべきである。

オ　被害を受けた子どもの代理人となったときには、意見陳述を求めるか否かにかかわらず、検察官とも事前に連絡をとり、被害者の状況を伝えておくほか、法廷傍聴に行くなどについても伝えておくことで、検察官が被害者を適切に代弁し、裁判が被害を受けた子どもや保護者に配慮をもって遂行されるように、事前にはかっておくことが望ましい。

〈犯罪被害者等の保護をはかるための刑事手続に付随する措置に関する法律〉
第2条〔公判手続の傍聴〕
第3条〔公判記録の閲覧及び謄写〕

（2）　刑事事件が少年審判で行われる場合、被害者には以下のような配慮規定が置かれている。

〈少年法〉
第5条の2〔被害者等による記録の閲覧及び謄写〕
第9条の2〔被害者等の申出による意見の聴取〕
第22条の4〔被害者等による少年審判の傍聴〕
第22条の6〔被害者等に対する審判の状況の説明〕
第31条の2〔被害者等に対する審判結果の通知〕

記録の閲覧謄写は、被害を受けた子ども自身が希望することは少ないかもしれないが、保護者と一緒に閲覧する場合であっても、記録の説明は弁護士がする必要がある。

Ⅳ　民事手続における被害を受けた子ども

損害賠償請求の過程である。

交渉、あっせん・仲裁、調停、裁判という方法がある。

被害を受けた子どもに対しては、可能な限りわかりやすく事情を説明し、本人の意思を尊重することに心がける必要がある。保護者の意思と子どもの気持ちは必ずしも一致しているとは限らず、子ども自身の意見を尊重することが重要である。

1　法廷での証言

民事の裁判手続による場合にも、被害を受けた子どもが原告となる場合は「本人」として、原告とならない場合も「証人」として、法廷での証言が必要になることがある。

刑事裁判の場合には、被告人が被害者に反対尋問をする権利が保障されていることから、被害者が子どもの場合でも、その証言は強く求められる立場に立つが、民事の場合には、相手側から証言が求められることは少ない。ただ、被害の事実や程度などを証明する上では、被害者である子どもの証言が（原告の側の利益として）重要となる場合がある。

2　損害について

客観的な損害については、交通事故による損害の算定基準（赤本など）によって概算することはあるが、子どもの被害・損害については、被害を受けた子どもの心情や、成長期、学齢期という影響の大きな時期の被害で

あることを十分考慮すべきである。

3 加害者との関係修復等

　特に加害者も子どもであり、同級生であったり、生活の近くにいる者であったりする場合には、金銭的な解決だけでなく、相手方の反省や謝罪など、双方の関係の回復をはかっておくことが、その後の生活のなかで重要となる。それができていないと、被害を受けた子どもはその後も加害した子どもに接することができなかったり、その生活する領域に立ち入れなくなり、自分の生活に支障をきたしたり、萎縮したままになる。交渉、あっせん・仲裁、調停においては、双方が対面して話し合う場を設けることが本来的な手続きのなかで可能であるから、それを十分に活用すべきである。

　裁判は、本来損害を金銭に評価して算定する手続きであり、裁判官のなかにもそのこと以外の要素を容れないと明言する場合もある。しかし、最近では事実関係の主張立証がほぼつくされた段階で、希望すれば、和解を前提に被害者と加害者を裁判所のなかで対面させることを裁判所が認めるケースも増えてきている。また、子ども同士のいじめ事件で、被害を受けた子どもが、当初、被害の存在についてかたくなに否定し、（暴行などは）仲間内の遊びであり、（金銭の巻き上げによる被害については）了解のうえでの金銭の貸し借りであると言い続けた、被害を受けた子どもの当時の心境について、裁判長が1対1で話を聞く時間を何度もとってくれたケースもあった。このような過程を経ることのできた被害を受けた子どもは、徐々に心の回復を得、将来に向けての積極的な展望をもつことができた。このように現行の裁判所の紛争解決機能を限界まで活用すべきである。それには代理人が加害者側の子どもの付添を行う場合に匹敵する熱意を裁判所に伝えて裁判所の訴訟指揮を動かしていくことが必要である。

11

犯罪被害を受けた子ども

V　犯罪後の精神的被害の回復

1　被害を受けた子どもの望むものを見極めること

　被害者が何を望んでいるかを見極めることが何よりも重要である。そのためには個別の被害者との会話が必要である。また、犯罪の被害者は、時間の経過とともにその考え方も変わることが多い。最終的に、加害者が更生してくれることや謝罪してくれることを望む被害者や、加害者と会って話し合うことを望む被害者もある。しかし、事件直後に「加害者との対面」や「加害者の更生」ということを弁護士が口にして被害者に不信感をもたれることもある。被害者についてはまず同じ歩調で寄り添うことが必要である。

　犯罪の被害を受けた場合、年齢にかかわらず多くの場合、精神的被害を受けることは間違いない。特に被害者が子どもの場合には、それまでの人生経験の少なさもあり、抵抗力も弱いことからそのダメージは大きい。またすでに人格形成ができており、かつ生活の軌道ができている成人（年齢により異なるが）の場合とは違い、被害によって萎縮し消極的になった状態で、人格形成・人生形成を行っていかなければならないために、精神的被害の回復をはかることはとりわけ重要である。

2　紛争解決のなかでの回復

　民事裁判で戦うなどの方法で、被害をうやむやにせずに事実に向き合い、原因を突き止めて、その責任の所在を明らかにすることは、被害を受けた子どもにとって苦痛であることも多いが、その過程のなかで回復し、自信を付けていくことも多い。事件の大きさや種類、被害を受けた子どもの性格や保護者などの環境にもよるが、いわばそっとして回復を待つか、恐怖の体験を整理して理解し直し、違法な行動に対してはそれなりの判断と責任がもたらされることを確認するという作業を経るかである。

3　カウンセリング

　心に傷を受けている場合にカウンセリングを受けることが有効なこともある。被害を受けた子どもの多くは、被害のことについて語ることは辛く、カウンセリングを受けたがらないことが多いが、受けてみて、「（カウンセリングに）行って本当によかった」と語る子どもも多い。現在犯罪被害者については、無料でカウンセリングを行ってくれる機関もある。弁護士はそのような機関についてもアドバイスができるように情報をもつことが必要である。なお、カウンセリングはカウンセラーとの相性もあるから、無理に続けることはよくない場合もあるということも、アドバイスすべきである。カウンセリング費用の公費負担制度を活用すべきである[5]。

4　精神科医の受診

　心の傷が重いと思われる場合には、精神科、もしくは心療内科を受診することも有効である。PTSD の程度に至らない場合でも、強い不安や緊張を和らげるような治療（投薬も含む）もある。また、重い心的外傷を負っている場合には、それを治さないとその後の生活にも支障が生じることが多く、また、精神障害を合併しやすい。その影響は子どもであればより甚大である。特に性被害の場合の治療の実施は非常に困難であるがその必要性は高い[6]。公費負担制度は活用すべきである。

5　医療機関との連携

　小児に詳しい精神科医やカウンセラーの方が良い。弁護士は法的な処理にあたりながら、適宜に医療専門家を紹介できるように、日ごろからこの

5　警察庁「公費負担制度」

6　小西聖子「性被害を受けた子どもに関わる児童精神科医の役割──小西聖子医師に聞く」小木曽宏編『児童福祉施設における性的問題対応ハンドブック』（生活書院、2022）216 頁〜239 頁

分野について、情報をもつように心がけたい。また、子どもが精神科医や
カウンセラーにかかりはじめたら、子どもや保護者の同意を得たうえで、
弁護士からも連絡をとるようにしたい。被害を受けた子どもを中心に法的
な専門家と医療の専門家が連携をとることは、子どもにとっても安心であ
るし、裁判など精神面に大きな負担をかける動きをとる場合には、精神科
医らにその状況を伝えておくことは、医療的な支援や治療にも有益だから
である。

6　関係各機関の活用

(1) 各都道府県警察の少年相談窓口

(2) 被害者支援センター
　現在、全国に支援センターがいくつもできている。そこではおおむね無
料で相談やカウンセリングが受けられるので、負担が少なく利用できる。

(3) 被害者と加害者の関係修復
　特に、同年代の子ども同士の事件の修復については、被害を受けた子ど
もは「会いたくない」と考えることが多いが、加害者や被害の事実を避け
ては先に進めないと考え、加害者との対面をはかり、関係の修復をはかる
ということがよい場合もある。調停や「あっせん・仲裁センター」（日弁
連が運営している紛争解決センターのひとつ）、訴訟のなかでの工夫のほか、
被害者と加害者の対話を援助する民間団体もできてきている（千葉県「被
害者加害者対話の会」）。

(4) 子どもの相談窓口
　　①日弁連のホームページは各地の子どもの人権相談窓口が紹介されてい
　　　る（「弁護士会の子どもの人権に関する相談窓口一覧」）
　　②文部科学省のホームページにいくつかの相談窓口が紹介されている
　　　（子供の SOS の相談窓口 0120-0-78310）。

VI　被害を受けた子どもと関わるときの弁護士のあり方

1　被害を受けた子どもの声に耳を傾けること

　被害者が子どもである場合には、親がその事件解決に必死になり、被害を受けた子どもの声に耳が傾けられない場合が多い。確かに、被害を受けたことから子ども自身が声を上げられない場合もあるが、保護者が子どもの利益を最も適切に代弁しているという思い込みと保護者自身の被害感情が先行して、子どもの思いとは異なった方向へと動くことも多々みられる。また、保護者と子どもは理解し合えているようにみえて、逆に意思の疎通がはかれていない場合も多く、その軌道修正もはかりにくい。親と子どもとのあいだで事件に対する取り組みの姿勢が異なる場合には、子どもにとって、親も信じられない存在になってしまい、子どもの被害をさらに広げる場合がある。保護者の話を聞くことは重要だが、保護者とは別に必ず被害を受けた子どもの話を聞くことが重要である。

2　事実を聴き取りのヒントとして

　子どもは認知能力が発達途上にあるため、誘導や暗示にかかりやすく、簡単に記憶の混濁が生じ、虚偽の事実を真実と思いこんでしまうおそれ（被誘導性）がある。さらに、子どもはおとなとの関係性から、面接者による示唆や暗示、誘導、指示などを過度に受け入れ、迎合してしまう傾向がある（被暗示性）。このような被誘導性・被暗示性を踏まえ、子どもの発達段階に応じた誘導のない発問形式による構造化された実証的な質問手法が開発されて、「司法面接技法」や「司法面接プロトコル」と言われて各種研修も実施されている。

　なお、被害を受けた子どもは、繰り返し事実聴取を受けることで、被害の再体験をして、さらなるトラウマを負うといった深刻な二次被害に晒されるところ、検察・警察・児童相談所による協同面接（代表者聴取）が

予定されている場合には、子どもの代理人による聴取自体も子どもの負担となり、記憶の混濁等により供述の信用性を損なう恐れもあることに留意し、子どもの代理人としての初期面接を行う場合であっても「誰が」「どうした」という最小限の質問にとどめ、関係機関につなげることの検討も必要である（「子どもからの被害聴取としての司法面接」参照）。

3　周囲のおとなの反応が被害を受けた子どもに与える影響

　被害を受けた子どもの年齢にもよるが、保護者や周りのおとなの姿勢が被害を受けた子どもに大きな影響を与えることに留意すべきである。被害を受けたことが取り返しのつかないことのように扱ったり、加害者への憤りに固執したり、被害はよく起こるものであるようにとらえたりすることは、被害を受けた子どもにも漠然とした社会に対する不安や人間に対する強い警戒心をもたせることになりやすい。周囲のおとな、特に保護者は、なぜ犯罪が起こったか、加害者はどのような者なのかについて、努めて合理的な説明をすべきである。また、保護者が加害者の反省の態度や真摯な姿勢に対して適切な評価を加え子どもに伝えることは、子どもに安心感と勇気や希望を与えることになる。このようなことに照らし、代理人として関わる場合には、特に被害を受けた子どもとその保護者のそれぞれの思いを見極め、調整をはかることは重要である。

　被害者が子どもの場合には、保護者が過剰に被害者的になり、加害者への責任追及に傾きすぎて、被害を受けた子ども自身の思いと乖離してしまうことも多い。被害を受けた子どもは、保護者は自分のためにやっているのではないという反発を抱き、自己の被害の回復にも向き合わなくなってしまうこともある。あるいは、被害を受けた子どもはそれに引きずられて、いつまでも被害者でいることから抜け出せないこともある。また、被害が大きい場合に、父母のあいだの温度差が家庭のバランスを崩すこともあり、離婚に至ることもある。被害を受けた子どもの意思を確認し、その被害の回復をはかることの支援をするとともに、保護者と被害を受けた子どものあいだのバランスのとれた被害回復を心がける必要がある。

4 被害を受けた子ども自身の自責の念に対して

　被害を受けているにもかかわらず、自分に落ち度があったのではないか
と自分を責めるということも起こる。これは犯罪の性質（強姦被害、虐待
などによくみられる）や、被害者の性格による場合が多い。このような思
いが働くと、「もういいです」と口を閉ざしてしまったり、事実を正確に
伝えられなかったりすることが起こる。被害を受けた子どもに、落ち度な
どなかったことを理解させ、自分を責めなくてもいいということを丁寧に
教えることが重要である。そして、事実をはっきりさせて解決すること
が、これからの人生のなかで「正しいことは正しい」という生き方の指針
をもたせるためにも重要であることに留意し、伝えていくことがよい。

5 被害救済としての方法の選択

　救済方法の違いを丁寧に説明することは必要である。裁判を選択したと
きには、被害を受けた子どもが法廷に立つ必要もある。本人がそれに耐え
得る力があるかを確かめるとともに、重篤な被害の場合に精神科医に相談
することが必要な場合もある。

Ⅶ　性と子どもの権利

1 子どもの性をめぐる状況

　子どもの権利条約34条は、あらゆる形態の子どもの性的搾取と性的虐
待からの子どもの保護を訴える。これは洋の東西を問わず、子どもの性は
被害にさらされ易い存在であることを物語っている。児童の性的被害に関
する国際的な取り組みついては外務省 HP「人権・人道―児童」を参照。

2　子どもの性の権利の侵害態様

(1) 家族の中での子どもの性的虐待

　ア　子どもの虐待のなかでも家族による性的虐待は長期にわたり発覚しないことが多い。子どもの側は当初被害にあっているという自覚がなく、特に幼いうちは肉親に可愛がられているのではないかという錯覚に陥ってしまうこと、子どもが異常さに気づいたときには外部に助けを求めることに羞恥を覚えるような年齢になっていること、自分のガードが甘かったことが問題だったのだと自分を責めてしまうこと、家族のなかで気づく者があっても問題だと指摘することを恐れ内聞にすませておきたいという心理が働くことなどがその背景にある。

　そのため心身への影響は甚大になる。子どもは自分の性が穢れたもの、価値のないものと感じるようになっており、自暴自棄となって売春や AV 出演など自らを傷つけることも起こる。逆に他者への性加害となって現れることもある[7]。

　イ　しかし近年は、性的虐待が発覚する例も次第に増加している。児童虐待防止法（「児童虐待の防止等に関する法律」）の制定などを契機として、肉親や教師などによる子どもへの性交渉が虐待であるという認識は広まりつつあり、子どもが被害を訴えやすい土壌が少しずつは形成されつつあるといえるだろう。

　ウ　性的虐待を受けた子どもへの法的支援としては、加害者との分離をはかることは不可欠である。そのうえで、加害者が実親である場合の親権喪失、親権変更、養親である場合の離縁などの手続きをとることができる。

7　前掲小西聖子「性被害を受けた子どもに関わる児童精神科医の役割——小西聖子医師に聞く」小木曽宏編『児童福祉施設における性的問題対応ハンドブック』（生活書院、2022）216 頁〜 239 頁

また、子どもの状況によるが、被害を言語化できるようになってきたら刑事告訴も考えられる。12歳当時の義祖父による性的虐待について、時効成立間際に子どもの記憶がよみがえり、義祖父が逮捕され実刑判決がくだった例、15歳の子どもの実父による性的虐待について、被告人否認のまま子どもの尋問が行われ実刑判決が下った例などがある。

　さらに慰謝料請求の手続きをとることも考えられる。上述した12歳時の性的虐待については、訴訟提起の結果、数千万円の慰謝料を15年分割で支払うという和解が成立している。

　エ　こうした法的支援は、あくまで子どもの人間としての尊厳の回復を目的として行われなければならない。子どもが被害者であり、自分を責める必要はなく、加害者は犯罪行為、またはそれに匹敵する違法行為をなし責任を問われるのである。また、被害を恥じることはないということを子ども自身が確信できるようになるために行われるべきものである。こうした過程を通じて、子どもが深い傷からたちあがり、傷つけられた尊厳を取り戻し、過去にとらわれることなく歩み出していくことができるように、医療的、心理的支援と連携しながら行われる必要がある。

(2) 支配的地位を利用した子どもの性の侵害

　ア　家族以外の第三者が、子どもへの支配的地位を利用して、子どもにわいせつ行為を行ったり性行為を行わせるという事件もある。学校の教師、塾の教師、部活動の顧問など、子どもが日常的に指示命令に従うことを当然と考え、逆らうことを許されないと思わされているおとなたちが、その関係を利用して、子どもの性を侵害するのである。女子の場合だけでなく、男子が被害にあう事例もある。暴行脅迫が伴うとは限らず、子どもが従順に、時には積極的に性の侵害を受け入れているようにみえることもある。

　イ　こうした事件も発覚が遅れることが多い。子どもは行為を秘密にし

なければならないと思い込んでおり、親などに訴えることにより、どのような不利益をこうむることになるのか予測ができない。また逆に、自分が特別待遇を受けているかのような錯覚に陥らされていることもある。

　ウ　被害児童に知的障害がある場合には、さらにその被害のリスクが高くなる。被害の理解が十分でないことから抵抗ができない、発覚が遅れるということがある。また、被害を訴えても知覚や記憶や供述の能力が低い場合があったり、あるいは低いものと思われていることから、そもそも事件化されにくいのである。そのことが加害を容易にしている傾向がある。

(3) 児童間の性加害

　特に、施設など児童が多数で起居をともにする場所では、児童間での性加害は起こりやすい。同性間での性加害も起こりやすい。被虐待児がその体験を他の児童に行う場合や、力の誇示のために性的暴力を利用することも多い。同性間での性加害を些細なことと捉えることは危険で、個人が本来持っていた性指向のゆがみにつながることもある。

(4) JKビジネスなど児童の自発的選択を装った性的搾取

　女子高校生（JK）であることを売りにし、少女と密に接することができる点を付加価値とするサービスを行う客商売がある。いわゆる「JKリフレ」や「JKお散歩」などと呼ばれるサービスで、その実態は性産業に近いものである。当の女児は、自らの意思で行っていると考えているが本質は雇い主側の性的な搾取であることが多い（仁藤夢乃『女子高生の裏社会「関係性の貧困」に生きる少女たち』光文社新書）。

(5) AV出演被害

　アダルトビデオ（AV）やアダルト動画などに出演を強要される被害が問題となっている。街中などであたかも普通の芸能事務所であるかのように偽ってスカウトし、事務所に連れて行って契約をさせ（その際、宣伝用だとしてトップレスの写真を撮られる場合が多くある）、その後、アダルトビ

424

デオの撮影に持ち込むという手法で被害が起きている。撮影を拒否しようとすると、事務所側は、数百万円もの多額の違約金を請求したり、これまで宣伝やレッスンに掛けた費用（数十万円から数百万円）を全額弁済するよう脅したり、あるいは、トップレスの写真を親や周囲にばらまくと脅して、結局、アダルトビデオの撮影を強行するなど、児童の判断力のなさと自己責任を逆手にとる形での被害である。

　女子大生の被害が多いということは報告されているが、性的な被害の対象が低年齢へ拡大する傾向を考えると、今後、その危険性はある。

　2022年4月から成人年齢が18歳に引き下げられたことに伴い、強要やうそを交えた説明でアダルトビデオ（AV）への出演を契約させられる被害者の低年齢化が懸念されているところ、同年7月12日にAV出演被害防止・救済法（性をめぐる個人の尊厳が重んぜられる社会の形成に資するために性行為映像制作物への出演に係る被害の防止を図り及び出演者の救済に資するための出演契約等に関する特則等に関する法律）が施行となった。

　刑事罰を伴う法律であり、加害者側の行動抑制は期待したいが、被害を受けた者が法制定により救済されることを知らせることが必要であるから、広報が急務である。

3　性被害の被害としての特殊性

（1）人間の尊厳への侵害であること

　性は人間の尊厳に深く関わる。人間存在そのものと切り離すことができない。生殖のためにはもちろんであるが、人間の場合は特に他者との関わりのなかで非常に大切な役割を果たす。性のあり様は人それぞれであり、個人の高度なプライバシーに属し、その選択と自己決定に任されるべきものである。したがって、個人の意思に反して他者の性を支配するということは人間としての尊厳を揺るがす屈辱的な仕打ちであり、人権侵害として許されないのである。これはおとなについても子どもについても同様である。

(2) 性的弱者への侵害であること

　子どもの性は、肉体的にも精神的にも未だ発達途上にあり、知識としても技量としても子ども自身が自らを守りコントロールできる状態にはなく、対等な関係のなかで性交渉をもつわけではない。常に弱い立場に置かれ、暴力的、年齢的、地位的、金銭的に優位なおとなに支配され、蹂躙されるのである。そのために、被害の程度も重大になってしまう。

(3) 被害が極めて深刻であること

　性を侵害された子どもの被害の深刻さは想像を絶するものがある。自殺未遂、摂食障害、リストカット、人間不信、過剰な性的早熟、性的関心の強さ、異性への性的依存、売買春、チャイルドポルノへの関わり、さらに時には性的虐待の連鎖もあり得る。この被害は、大人が性を侵害された場合よりも遙かに深刻な影響を残す。

4　子どもの性を守るための予防

(1) 社会の抑制力の必要性

　子どもの性は発達途上にあり、被害の大きさを想像することもできず、自分を防御する能力にも欠けるのであるから、子どもの性については大人がそれを理解し、大人が子ども買春や子どもを利用するポルノの違法性について理解し、社会がそれを抑制することが本来必要である。しかしながら、子どもを性の対象とし、経済に搾取さえする現状に鑑みると子ども自身の防衛と取り締まりを強化していくほかない。

(2) 性についての教育の必要性

　子どもが自らの性について正しい知識をもち、その意味を知り、自他の性を尊重すべきことを学び、侵害から自己を守り、性的自己決定ができるようになるためには性を人権の問題として位置づけつつ行う性教育が必要である。
　子どもたちが同じ知識を持っていることを認識する安心感や必要以上の

羞恥心、隠微性を抱かせないためにも、学校での適切な性教育が行われることが望ましい。そして、自己の性を守り、性的搾取、性的虐待に拒否ができる力を付けさせることが必要である。この点、性教育バッシングは排除する必要がある。

5　子どもの性被害に適用される刑事法

（1）性犯罪についての刑法の改正
　性犯罪がもたらす被害の重大性、性被害の態様など、性に関する問題の実態が注視され明らかにされてきたことから、近年性犯罪に関して法改正が繰り返し行われている。

①　男性（児）が強制性交の客体とされるようになった（177条強制性交等罪）
　口腔性交、肛門性交（2017年改正では陰茎によることとされたが、2023年の改正では、陰茎に限定されないこととなった）、つまり膣以外への挿入によっても法益を侵害されるものとなった。

②　監護者わいせつ及び監護者性交等（179条）
　18歳未満の者は、一般に精神的に未熟である上に、生活全般にわたって自分を監督している監護者に精神的・経済的に依存せざるを得ない状態において、監護者が、監護者であることによる影響力を利用してわいせつ行為や性行等を行う場合には、不同意わいせつ罪や不同意性交等罪の場合と同じように、被害者の性的自由・自己決定権が侵害されていることから、2017年の刑法改正で新設された。

③　不同意わいせつ罪、不同意性交等罪（176、177条）
　これまで、加害者が「暴行や脅迫」して犯行に及んだことが要件とされていた。それは、被害者が拒むのなら抵抗することが当然だと考えられていたからである。しかし、暴行や脅迫を受けなくても、恐怖のあまり動けなかったり、相手との関係性で抵抗できなかったりするのが実態だとの声

により、抵抗しなくても不同意である場合には、強制わいせつ罪、強制性交罪等の犯罪が成立することとされたのである。

これにより、176条「強制わいせつ罪」、177条「強制性交等罪」各第1項は以下のように改正された。

次に掲げる行為又は事由その他これらに類する行為又は事由により、同意しない意思を形成し、表明し若しくは全うすることが困難な状態にさせ又はその状態にあることに乗じて、わいせつな行為（176条）性交等（177条）をした者は、婚姻関係の有無にかかわらず、六月以上十年以下の拘禁刑に処する。

　一　暴行若しくは脅迫を用いること又はそれらを受けたこと。
　二　心身の障害を生じさせること又はそれがあること。
　三　アルコール若しくは薬物を摂取させること又はそれらの影響があること。
　四　睡眠その他の意識が明瞭でない状態にさせること又はその状態にあること。
　五　同意しない意思を形成し、表明し又は全うするいとまがないこと。
　六　予想と異なる事態に直面させて恐怖させ、若しくは驚愕させること又はその事態に直面して恐怖し、若しくは驚愕していること。
　七　虐待に起因する心理的反応を生じさせること又はそれがあること。
　八　経済的又は社会的関係上の地位に基づく影響力によって受ける不利益を憂慮させること又はそれを憂慮していること。
2　行為がわいせつなものではないとの誤信をさせ、若しくは行為をする者について人違いをさせ、又はそれらの誤信若しくは人違いをしていることに乗じて、わいせつな行為をした者も、前項と同様とする。
3　十六歳未満の者に対し、わいせつな行為をした者（当該十六歳

未満の者が十三歳以上である場合については、その者が生まれた日
より五年以上前の日に生まれた者に限る）も、第一項と同様とす
る。

　これにより「強制わいせつ罪」「強制性交罪」と「準強制わいせつ罪」
「準強制性交罪」を統合して罪名を「不同意強制わいせつ罪」「不同意性交
罪」とし、同意がない性行為は犯罪になり得ることが明確になった（178
条の削除）。

　これまで親告罪であったため告訴するか否かの負担があったり、告訴し
たことへの逆恨みの恐怖がとりわけ子どもにとって抵抗感となっていた
が、「親告罪」規定は廃止された（2017 年改正）。

④　16 歳未満の者に対する面会要求等罪（182 条）が新設された。
　大人が性的な目的で子どもに近づき、親しくなるグルーミングという行
為態様によることから、「グルーミング罪」とも呼ばれる。

（十六歳未満の者に対する面会要求等）
第 182 条　わいせつの目的で、十六歳未満の者に対し、次の各号
に掲げるいずれかの行為をした者（当該十六歳未満の者が十三歳以
上である場合については、その者が生まれた日より五年以上前の日に
生まれた者に限る）は、一年以下の拘禁刑又は五十万円以下の罰金
に処する。
　一　威迫し、偽計を用い又は誘惑して面会を要求すること。
　二　拒まれたにもかかわらず、反復して面会を要求すること。
　三　金銭その他の利益を供与し、又はその申込み若しくは約束
　　　をして面会を要求すること。
2　前項の罪を犯し、よってわいせつの目的で当該十六歳未満の
　者と面会をした者は、二年以下の拘禁刑又は百万円以下の罰
　金に処する。
3　十六歳未満の者に対し、次の各号に掲げるいずれかの行為（第

11

犯罪被害を受けた子ども

二号に掲げる行為については、当該行為をさせることがわいせつな
ものであるものに限る）を要求した者（当該十六歳未満の者が十
三歳以上である場合については、その者が生まれた日より五年以上
前の日に生まれた者に限る）は、一年以下の拘禁刑又は五十万
円以下の罰金に処する。
一　性交、肛門性交又は口腔性交をする姿態をとってその映像
を送信すること。
二　前号に掲げるもののほか、膣又は肛門に身体の一部（陰茎
を除く）又は物を挿入し又は挿入される姿態、性的な部位
（性器若しくは肛門若しくはこれらの周辺部、臀でん部又は胸部
をいう。以下この号において同じ）を触り又は触られる姿態、
性的な部位を露出した姿態その他の姿態をとってその映像
を送信すること。

(2) 刑法以外の性犯罪

① 児童福祉法

子どもが 18 歳未満の場合は児童福祉法 34 条 1 項 6 号の「淫行をさせる
罪」に問うことができる場合がある。

② 淫行防止条例

各都道府県には青少年健全育成条例が定められており、18 歳未満の子
どもを相手方とする性的行為を処罰するものとしている。これまで唯一同
条例を持たなかった長野県も 2016 年 6 月に「子どもを性被害から守るた
めの条例」が成立した。

(3) 子ども買春

対償供与、または供与の約束として 18 歳未満の子どもと性交等を行っ
た場合は、子どもの側に性交への同意があると認められても児童買春禁止
法（「児童買春、児童ポルノの行為処罰・児童保護法」）に制定された児童買

春罪が適用されることになる。周旋、勧誘等についても処罰される。同法上の罪には国外犯処罰規定がある。

　管理売春などに該当すれば、売春防止法の適用が検討される場合もある。ただし、売春防止法5条により、子どもが街頭で売春勧誘行為（いわゆる袖引き行為）を行った場合、子どもが処罰の対象とされていることには注意を要する。性的な逸脱行動をする子どもが過去に性的虐待の被害者となった体験をもつことが多いといわれていることには留意すべきである。

(4) 児童ポルノ

　子どものポルノに関しては、刑法の猥褻物陳列、頒布、販売罪の適用があり得る。しかし児童買春禁止法に、児童ポルノの頒布、販売、業としての貸与、頒布販売等を目的とする製造、所持、運搬、輸入、輸出、電磁的記録による児童ポルノの不特定または多数の者に対する提供が処罰されている。また、2014年7月には、児童ポルノ法改正により単純所持も処罰の対象となった。

(5) 子どもの人身売買

　2005年、刑法が改正され、人身売買罪が新設された（刑法226条の2第2号）。

　ただし、性搾取（買春、児童ポルノ利用）を目的とする人身売買については、児童買春禁止法の児童買春等目的人身売買罪が適用される。それ以外の人身売買については改正児童福祉法が適用され、いずれも国外犯についても処罰される。

(6) JK ビジネスなどについて

　労働基準法62条（年少者の有害業務の就業制限）、児童福祉法違反（34条1項9号　有害支配の罪）などの規定を駆使して取り締まりを促すほか、子どもを性の対象として利益を得る活動を処罰する条項を児童福祉法に設け

る働きかけも必要である。警察も専用の相談窓口を設けている。[8]

(7) AV 出演強要

　刑法による強要罪、暴行・傷害罪など以外に、2022 年 7 月 12 日に AV
出演被害防止・救済法（性をめぐる個人の尊厳が重んぜられる社会の形成に
資するために性行為映像制作物への出演に係る被害の防止を図り及び出演者の
救済に資するための出演契約等に関する特則等に関する法律）が施行となった。
契約の厳格化と契約の解除の容易さ定めたもので、違反には罰則も定めて
いる。

(8) ネットをつかった性的被害

　インターネットを利用した児童ポルノの蔓延への対策として、児童ポル
ノの製作、頒布、販売罪の対象に、「電磁的記録（電子的方式、磁気的方式
その他、人の知覚によっては認識できない方式でつくられる記録であって、電
子計算機による情報処理用に供されるものをいう）」に関わる記録媒体による
児童ポルノが加えられている。売買春を目的としてコンピュータの出会い
系サイトへ書きこみを行った者については「出会い系サイト規制法」（2003
年）が制定され、リベンジポルノ、つまり一般的に、復讐目的で、（元）
配偶者や（元）恋人などの裸の写真や動画などをインターネット上に流出
させる行為について「私事性的画像記録の提供等による被害の防止に関す
る法律」（2014 年）が制定された。後者 2 つは児童の被害者に限るもので
はないが、未熟さゆえにネット上での情報発信に無防備な子どもの保護に
適用の可能性は考えられる。

6　性を侵害された子どもの権利を救済するその他の活動

　性虐待、性搾取の被害を受けた子どもたちは、外見からは計り知れない
ほどの深い打撃を受けている。恐怖、不安にとらわれ、心が傷つけられ、

8　https://www.npa.go.jp/bureau/safetylife/syonen/jk-business/jk_business.html

自殺念慮、摂食障害、抑うつ状態などの心的外傷の後遺症がみられる場合がある。人間不信に陥り、男女の交際についても悲観的な側面しかみられなくなり、異性との性的な関係が前面に押し出され、これに執着するような子どももある。また自らの性について、命について、価値を貶められたものと感じ、自傷行為や、被害の再現行為としての性的非行に走ることがよくみられる。

こうした状態にある被害者の回復を支援するためには、まず精神科医や臨床心理士などによる医療的サポートは欠かせない。

しかし当面の危機的状況を脱したのちには法的支援も重要である。被害者は、自らに責任があるかのように思い込み、自分の価値を否定して生きる希望を失い、おとなへの信頼を取り戻せずにいることが多い。こうした子どもたちが、悪かったのは加害者であるおとなたちであり、自分を責めることはないのだ、子どもは傷を回復させ生きていくことができるのだ、という希望と勇気を確信するために、刑事上、民事上可能な手段を用いて加害者の処罰や損害賠償を実現することは大きな力となる。

その支援の過程で、生活の保障や親子関係の調整などについて、福祉的支援が必要な場合もあり、また学校や職業訓練などの教育的支援が必要な場合もある。

虐待や搾取によって人間としての尊厳を傷つけられた子どもの権利救済のためには、子どもに関わるあらゆる領域においての支援が連携して行われることが必要である。

Ⅷ　子どもからの被害聴取としての司法面接

1　背景事情

（1）被害を受けた子どもが、被害事実確認のため、親、学校、医療機関、児童相談所、警察、検察等で繰り返し事情聴取を受け、その中で被害事実を再体験し、さらなるトラウマを負うといった深刻な二次被害に晒さ

れる問題は、繰り返し指摘されてきた。

　(2)　さらに、聴き手の思い込みや決めつけによる誘導や暗示といった不適切な事情聴取により、子どもの記憶が歪められたり、汚染されたりする問題が生じていた。特に刑事上の犯罪捜査においては、捜査機関の描いた構図に合致する供述が得られるまで何度も聴き取りが行われる中で、記憶の汚染により供述の信用性が失われて立件が断念され、「子どもは嘘をつく」といったレッテルを貼られた挙句に勇気を出して被害申告をした子どもの被害回復がなされない問題も指摘されてきた。

　(3)　また、家庭内での虐待事案など密室で行われる犯罪は客観的証拠に乏しいうえ、発覚まで長時間が経過していることも多く、被害者である子どもの供述に偏重し、子どもの認知発達能力（時、場所、状況、回数などの認知）を超えた証言を要求するあまり、誘導や暗示により供述の信用性を損なう事態も生じてきた。

　(4)　その中で、近年、専門的な訓練を受けた面接者が、関係機関と連携しつつ、誘導・暗示に陥りやすい子どもの特性や子どもの認知発達能力に配慮して司法手続における法的論争に耐えうる事実を聴取する、いわゆる「司法面接」が注目されている。

2　司法面接の定義・目的

　司法面接は、法的な判断のために使用することのできる精度の高い情報を、被面接者の心理的負担に配慮しつつ得るための面接と一般的に定義されており、特徴として、①記憶の変容や汚染、供述の変遷がないようにできるだけ早期に面接を行うこと、②誘導や暗示を与えたりすることのないよう自由報告、すなわち自発的な語り（free narrative）を求めること、③自由報告を最大限引き出すために面接が構造化されていること、④面接は録画・録音という客観的な方法で記録すること、⑤被面接者が何度も面接を

受けることを防ぐため、複数の機関が連携して多機関連携によるチームで面接を実施することが挙げられる。これらは、手法としての司法面接（②③④）と制度としての司法面接（①⑤）に大別される。

手法としての司法面接は、子どもに優しい環境下で、子どもの発達段階に応じた誘導のない聴取を行い、法的論争に耐えうる事実を聴取することを目的とする。子どもの被誘導性、被暗示性を踏まえ、中立的な発問形式等で聴取を行うことでより質の高い情報を得る手法として、アメリカ、イギリス、イスラエル等で開発がすすみ、子どもの被害者、目撃者から情報を得るための標準的な方法となっている。

制度としての司法面接は、福祉機関、捜査・訴追機関、医療機関といった関係機関と連携し、多機関連携チームとして面接を実施することで、子どもからの聴取回数を可能な限り低減し、子どもが繰り返し聴取を受けることによる二次的被害を回避することを目的としている。具体的には、各関係機関が事前ミーティングにより必要な情報を共有したうえで、司法面接当日は、専門の訓練を受けた面接者が面接を実施し、その模様を各関係機関の代表者がリアルタイムで別室（バックスタッフルーム）で傍聴し、必要な追加質問等は面接者に伝える方法で行うことである。面接は録音録画され、当該録音録画テープは、各関係機関におけるその後の措置や手続きに利用されることが想定されている。

3　アメリカにおける司法面接制度の発展

（1）アメリカでは、1985 年に州検察官（当時）の提唱によりアラバマ州に第 1 号の CAC（Children's Advocacy Center：子どもの権利擁護センター）が設立された。被害者である子どもの利益を中心に据え、当時別々に機能していた福祉機関、訴追機関、医療機関を多機関連携チームとしてまとめることで、子どもが数次のインタビューに晒されることを防ぐとともに、子どもの特性を踏まえた司法面接を実施することで、より効果的かつ多角的な対応を迅速に実施することを可能にしたのである。

（2）この CAC モデルによるチームアプローチは全米で高く評価され、

1988 年には各州の CAC を統括する National Network of Children's Advocacy Centers（その後「National Children's Alliance」と改称）が創設された。同組織には、2023 年時点で、950 か所の CAC が認証されている。

（3） National Children's Alliance では、全米の CAC におけるサービスの質を持続し、検証するために正式なメンバーとして認証するための基準を設けている。我が国における司法面接制度の構築及び権利擁護センターの設置において参考となるため、2023 年に改訂のうえ公開された基準の一部を簡潔に紹介する。

① 多機関連携チーム（Multidisciplinary Team）による対応
② 多様性・公正さ・サービスへのアクセス
③ 司法面接（Forensic Interview）による聴取
④ 被害者サポート・権利擁護
⑤ 医学的評価の実施
⑥ 心理的評価の実施
⑦ ケースレビューとコーディネート
⑧ ケース追跡
⑨ 組織としての実体（ただし、非営利団体でも政府の一機関でもよい）
⑩ 子どもの安全・保護

4　我が国における専門機関としての民間の取組

米国の司法面接制度を踏まえ、2011 年 6 月、社会福祉法人カリヨン子どもセンターでは「司法面接室」を開設し、専門の訓練を受けた面接者が、一定の手順に則って面接を実施している。開設以降、2023 年 6 月時点までに実施した面接は 64 件である。面接の状況は、ビデオカメラで音声及び映像を録音・録画し、DVD やブルーレイ等の記録媒体に保存して申込機関に交付されている。かかる司法面接の結果が利用され、加害者の逮捕、訴追、実刑判決に結びついた事例も複数報告されている。

2015 年 2 月には認定 NPO 法人チャイルドファーストジャパンが「子どもの権利擁護センターかながわ」を開所した。子どもの権利擁護センタ

ーかながわには、2台のビデオカメラを備えた「司法面接室」と「観察室（バックスタッフルーム）」のほかに、専用の診察台とコルポスコープを備えた「診察室」があり、調査・捜査のための司法面接と系統的全身診察を受けられるワンストップセンターの機能を有している。

5　我が国における司法面接──協同面接・代表者聴取

（1）2015年10月28日、子どもの被害事実の聴取に当たっては、子どもの心理的苦痛や恐怖、不安を理解して配慮するほか、話を聴くことが子どもにとって出来事の再体験となる二次的被害を回避又は緩和するなど、子どもに与える負担をできる限り少なくすることが必要との認識の下、厚生労働省、最高検察庁、警察庁が同日付でそれぞれ通知を発出し、刑事事件として立件が想定される重篤な虐待事例等について、検察・警察・児童相談所の3機関で情報共有及び協議を行い、適切な場合には3機関を代表するものによる「協同面接」を行うものとされた（注：法務省は、その後の通知で、協同面接を代表者聴取と表記しているので、以下、「協同面接（代表者聴取）」という）。

（2）協同面接（代表者聴取）は、2015年の通知以降、着実に実施件数を伸ばしており、法務省の発表資料によれば、2020年度の協同面接（代表者聴取）の実施件数は2124件となっている。このうち、検察・警察・児童相談所の3者が連携した件数は62.81%であり、聴取者は、検察が73.21%、警察が18.93%、児童相談所が7.85%である。

（3）このように協同面接（代表者聴取）が子どもの被害聴取方法として浸透しつつある一方、実施件数のうち、7割以上の聴取者は検察官が占めている現状がある。これは、刑事訴訟法の伝聞法則の例外として、検察官面前調書がそれ以外の供述調書よりも緩和された要件で証拠能力を認められていることが理由として挙げられてきた。しかしながら、司法面接については、検察官が聴取を行ったことにより類型的に供述の信用性が高まる

ものではなく、主に捜査機関は将来の公判廷での有罪立証に必要な事項を子どもから聴取するという動機を必然的に有するところ、立証のために必要な事項を聴取することと、誘導や暗示を回避して質問を最小限にして自由報告を得ることは緊張関係にあることから、検察官が司法面接の聴取者として本来的に馴染むかという根強い懸念も示されてきた。

（4）こうした状況も踏まえ、2023 年 6 月 16 日、改正刑事訴訟法が成立し、新たな伝聞法則の例外として、刑事訴訟法第 321 条の 3 が新設され、いわゆる司法面接的手法を用いて被害者から聴取した結果等を記録した録音、録画記録媒体について、一定の要件の下、反対尋問の機会を保障した上で、主尋問に代えて証拠とすることができるとする特則が設けられた。当該特則は聴取主体の別を定めておらず、改正刑事訴訟法についての国会審議においても司法面接的手法による聴取の結果を記録した録音、録画記録媒体の証拠能力の要件として、聴取主体が誰であれ、司法面接的手法において求められている措置が取られたことが重要であり、それで足りると説明されている。

（5）今後の展開としては、協同面接（代表者聴取）の 7 割について検察官が聴取主体となっていた運用が改められ、事案に応じて児童相談所職員の他、子どもの認知発達能力、心理、司法、福祉についての専門的知識を有する専門機関・専門家が聴取を行い、協同面接（代表者聴取）の結果が、刑事立件のみならず、子どもの児童福祉、医療、心理ケアに活用されて、真に「子どものための司法面接」が実現されることが期待される。

12

少年院・少年刑務所と
子どもの人権

I　はじめに

　少年（民法上は18歳で成年となるが、少年法上は20歳に満たない者を「少年」という）が非行を犯した場合、14歳以上の刑事適用年齢の少年は家庭裁判所に送致される（全件送致主義）。14歳未満の少年は、児童相談所が触法事件として関与するが、同所から家庭裁判所に送致されることもある。

　家庭裁判所に送致された事件については、審判を開くか否かの決定がされ、審判を開く場合に当該少年の心身鑑別の必要性等が認められる場合には、観護措置として少年鑑別所に収容されることもある。

　家庭裁判所では、少年の更生のためにどのような保護や措置が適切であるかを判断し、不処分、保護処分、刑事処分（検察官送致、いわゆる「逆送」）等の選択を審判にて行う。保護処分には、保護観察、児童自立支援施設送致、少年院送致があり、刑事処分（地方裁判所の判決で決まる）には、懲役刑（なお、法改正により、2025年6月1日以降懲役刑、禁錮刑は、「拘禁刑」に一本化される）があり、執行猶予が宣告されなければ少年は少年刑務所に収容されることになる。

　少年が非行を犯す原因や誘引はさまざまなものがあるが、多くの少年は、親等の大人から大切にされなかった経験や被虐待体験、いじめや犯罪の被害体験などを持つ。それゆえ、少年院や少年刑務所で、真剣に少年の更生を願う法務教官や刑務官に出会い、初めて信頼しうる大人に出会ったと述べる少年も少なくない。そのため、少年院や少年刑務所は非行にまで追い込まれてしまった少年にとって、人格の尊厳を回復しうる「最後の砦」とも言えるのである。

　一方で、少年院や少年刑務所は少年の身柄を拘束しながら矯正教育や刑務作業を課す場所であり、施設内の秩序の維持も大切であるため、強制力によって少年の人格をないがしろにする人権侵害が起こる危険性もある。

　本章においては、少年院や少年刑務所がどのような施設であり、少年の人格の尊厳を守りながら適正な処遇を展開するために、どのようなシステムとなっているのか等を概観してみたい（なお、少年鑑別所については、収

容期間が比較的短期間であり、少年の権利制限・保障という点については少年
院に類似した施設であるため、本章では説明を省略する)。

Ⅱ　少年院

　1　少年院とは、家庭裁判所で決められた保護処分の執行を受ける少年
等を収容し、矯正教育その他の必要な処遇を行う施設である。2024 年 4
月現在、全国に 41 の施設があり(分院を含む)、次の 5 つの種別が指定さ
れている(複数の種別が指定されている施設もある)。

　　①　第 1 種　保護処分の執行を受ける者であって、心身に著しい障害
　　　　がない概ね 12 歳以上 23 歳未満の者を収容
　　②　第 2 種　保護処分の執行を受ける者であって、心身に著しい障害
　　　　がない犯罪的傾向が進んだ概ね 16 歳以上 23 歳未満の者を収容
　　③　第 3 種　保護処分の執行を受ける者であって、心身に著しい障害
　　　　がある概ね 12 歳以上 26 歳未満の者を収容
　　④　第 4 種　少年院において刑の執行を受ける 16 歳未満の者を収容
　　⑤　第 5 種　保護観察中の遵守事項違反等により少年院送致決定を受
　　　　けた 18 歳以上の者を収容

　少年院における矯正教育は、非行少年の犯罪的傾向を矯正し、健全な心
身を培わせ、社会生活に適応するのに必要な知識・能力を習得させること
を目的に、生活指導・職業指導・教科指導・体育指導・特別活動指導を実
施している。

2　広島少年院事件と少年院法の改正

(1) 広島少年院事件
　2009 年 5 月 22 日、広島少年院における法務教官らの在院少年らに対す

る暴行事件等が広島矯正管区の発表によって明らかになった。この事件は、2007年3月から2009年4月までの間に、4名の法務教官が52名の少年に対し、顔面や腹部への暴行、トイレに行かせずに失禁させる等の虐待行為などを115件行なっていたというものである。

　これに対し、日本弁護士連合会（以下「日弁連」という）は、同日直ちに会長談話を発表し、この事件は重大な人権侵害であり、被害を受けた少年全員への速やかな被害回復措置を取るべきであるとするとともに、組織構造的に根深い問題があるとも考えられることから、外部の専門家を含めた調査チームによる原因分析、他の少年院の調査、刑事視察委員会と同様の第三者委員会の設置等により施設の透明化と少年の権利保障を図るべきであると指摘した。

　さらに、日弁連は、同年9月18日、「『子どもの人権を尊重する暴力のない少年院・少年鑑別所』への改革を求める日弁連提言」を公表し、各少年院・少年鑑別所ごとに視察委員を設置すべきである等の提言をした。

(2) 有識者会議の提言

　広島少年院事件を契機として、2009年12月、法務大臣は、法務省内に「少年矯正を考える有識者会議」を設置した。同会議は、翌10年1月26日から約1年をかけ、全15回の会議や現場視察、意見聴取（少年院の出院者等も含まれた）などを経て、2010年12月27日に提言をまとめた。

　この提言は、少年矯正の拠って立つ基本的理念が、「少年の最善の利益のために、個々の少年の人格の尊厳を尊重しつつ、再非行の防止を図るとともに、社会の健全な一員として円滑な社会生活を送ることが出来るよう成長発達を支援すること」であることを、まず確認している。その上で、五つの柱に沿って、それぞれの具体的な提言を行なっている。

　五つの柱とは、

① 少年の人格を守る適正な処遇の展開
② 少年の再非行を防止し、健全な成長発達を支えるための有効な処遇の展開

③　高度・多彩な職務能力を備えた意欲ある人材の確保・育成

④　適正かつ有効な処遇を支えるための物的基盤整備の促進

⑤　適正かつ有効な処遇を支えるための法的基盤整備の促進

である。

　その後、法務省は、この提言に基づき、少年矯正のあり方につき、大幅な改革を実施した。

(3) 少年院法の改正

　有権者会議の提言⑤の法的基盤整備の促進を受けて 2014 年に少年院法の大改正がなされた。

　新少年院法は、在院者の人権尊重を強調するものとなっている。すなわち、この法律の目的は、少年院の適正な管理運営を図るとともに、在院者の人権を尊重しつつ、その特性に応じた適切な矯正教育その他の在院者の健全な育成に資する処遇を行うことにより、在院者の改善更生及び円滑な社会復帰を図ることと定められた（少年院法第 1 条）（以下条文は全て少年院法）。

　また、処遇の原則として、在院者の処遇はその人権を尊重しつつ、その者の最善の利益を考慮してその特性に応じたものとなるようにしなければならないとされた（第 15 条）。

　また、職員の研修等において、在院者の人権に関する理解を深めさせるようにしなければならないともされている（第 14 条）。

　少年院においては、このような理念のもと、専門的・科学的な知識・技術を活用して有効・適切な処遇を実施し、少年の円滑な社会復帰をめざしている。そのため、施設の透明化を積極的に図り、社会の理解を得ようともしている。

3　少年院における処遇

(1) 少年院における矯正教育

　少年院における矯正教育は、①生活指導（第 24 条）、②職業指導（第 25

条）、③教科指導（第26条から27条）、④体育指導（第28条）、⑤特別活動指導（第29条）の5つの指導を、在院者の特性に合わせて実施する。在院者1人1人に個人別矯正教育計画が作成され、これは在院者及びその保護者に告知・通知される（第34条）。矯正教育の実施過程で、在院者は成績評価され、その内容は速やかに在院者に告知され、保護者にも通知される（第35条）。なお、施設長は、個人別矯正教育計画等が適切なものかどうか確認するため、その在院者に少年鑑別所の鑑別を受けさせることができる（原則7日以内、収容継続しても通じて14日以内）（第36条）。また、矯正教育の効果的な実施を図るため、必要な限度では、院外でこれを実施することもできるし、それを他に委嘱することもできる。

(2) 保健衛生・医療

在院者は、できるだけ戸外で、毎日運動をし、入浴は適切に認められ、健康診断は概ね6ヵ月に1回以上定期的になされ、健康上の問題があれば速やかに医療上の措置をとられることになっている（第49条～第55条）。

(3) 外部交通（面会・手紙の発受等）

ア　面会は、付添人・弁護人等の場合を除き、原則として職員が立ち会う。ただし、少年院の規律及び秩序を害する結果を生じ、又は在院者の矯正教育の適切な実施に支障を生ずるおそれがないと認められる場合には無立会とすることもできる（第93条）。有識者会議の提言では、「弁護士と在院者との面会については、（付添人・弁護人でなくても）その目的、当該弁護士の立場、在院者の心情・動静等を勘案し、可能な範囲で無立会とするべきである。」としている。

面会の人数、場所、日及び時間帯、回数、態様について制限されることもあるが、回数制限は1月について2回を下回ってはならない（第95条）。

イ　信書の発受は、一定の禁止事項に当たる場合を除いて、原則として許可される（第98条）。ただ、原則的に職員による検査は経る（第99条）。

通数については、1月について4通を下回って制限してはいけない（第102条2項）。そして、発受を禁止された信書等も、出院の際は原則として引き渡す（第104条3項）。

　ウ　施設長は、相当と認めるときは、保護者等、在院者の改善更生に資すると認められる者と、電話等による通信を許すことができる（第106条）。

(4) 書籍の閲覧

　少年院では、書籍等の整備に努めているので、書籍の貸与によりこれを閲覧することができる（第78条）。また自弁の書籍等も、一定のチェックを経た上で（このチェックに1週間以上かかることが多い）、許される。改善更生に支障を生ずるおそれがあるか否かの判断においては、法は書籍閲覧が一般的に健全育成に資するものであることに留意するべきであるとしている（第79条）。

(5) 身体検査、手錠の使用、保護室収容、実力行使

　必要がある場合は、在院者の身体検査がなされることがあるが、女子の在院者の場合は女性の職員によってなされる（第85条、第21条2項）。

　また、護送または止むを得ないときは、施設長の命令により手錠を使用することもある。この場合、在院者の名誉をいたずらに害しないよう配慮しなければならない（第87条）。

　在院者に自傷のおそれ等止むを得ない事情があるときには、施設長の命令により保護室に収容できる。期間は72時間以内であり、速やかに健康状態について医師の意見を聴かなければならない（第88条）。

(6) 懲戒

　少年院における在院者の懲戒は、①厳重な訓戒と②20日以内の謹慎の2種類である（第114条）。懲戒を行なう場合には、必ず弁明の機会を与え、あらかじめ、書面で原因となる事実の要旨を通知するとともに、在院者を

補佐すべき職員を指名することとなっている（第118条）。

(7) 社会復帰支援

　施設長は、社会復帰に困難を有する在院者に対して、その意向を尊重しつつ、次のような支援を行うとされている（第44条）。

①　適切な住居その他の宿泊場所を得て、そこに帰住することを助ける。
②　医療・療養を助ける。
③　修学・就業を助ける。
④　健全な社会生活を営むために必要な援助。

　また、円滑な社会復帰を図るため、在院者に対して、同行なしの外出や7日以内の外泊を許すこともできる（第45条）。
　退院後も、交友関係・進路選択その他の問題について、相当と認めるときは、職員が相談に応じる。
　これらの社会復帰支援が実効性あるものとして充実することが大いに期待されるところである。
　なお、元付添人の弁護士や弁護士会から派遣された弁護士が、少年と面会しつつ少年院や保護観察所とも連携して、家族関係の複雑な少年等の帰住先を確保する活動を行って円滑な社会復帰に繋げているケースもある。

4　在院者の不服申立制度

　(1) 身体を拘束しながら矯正教育を行う少年院の現場では、常に人権侵害の危険性と隣合わせと言っても過言ではない。そこで、不適切な事態をできるだけ早期に把握し、速やかに改善していくシステムが不可欠である。ところが、広島少年院の事件が発覚する以前、このシステムとしては、法律に根拠のない院長申立制度しかなかった。しかも、広島少年院では、長期にわたる多数の暴行があったにもかかわらず、在院者が院長に相

談することはなく、この制度のみでは不適切処遇の発見に不十分であることが明らかになった。

そこで、法務省は、事件後の緊急対策措置として、少年から法務大臣及び監査官に対する苦情申立制度を法務大臣訓令により創設した。この制度は、創設後13月で延べ約200件の申出が全国であり、うち4件が採択されたという。

（2）このような経緯を踏まえ、新少年院法では明文で不服申立制度が創設された。在院者は、自己が受けた処遇について苦情があるときは、書面で法務大臣に対して、あるいは口頭又は書面で監査官に対して、救済申出できる（第120条、第129条）。出院者も出院翌日から30日以内であれば同様の申出が可能である。これに対し、法務大臣は、できる限り60日以内あるいは90日以内に処理を終えようと努めるとされている。

また、在院者は、口頭又は書面で、少年院の長に対しても、同様の苦情申出ができる（第130条）。

これらの不服申立制度が想定している不服や苦情とは、①措置の取消しや変更を求める審査の申請、②職員から暴行を受けたなどの事実の申告、③処遇全般についての苦情の申出等である。

これらの申出については、秘密が守られ、申出したことで不利益な扱いがなされてはならない（第131条、第132条）。

5　少年院視察委員会

（1）施設運営において透明性を確保することは、広島少年院事件から得た重要な教訓の一つであった。それ以前の少年院は、警備上、あるいは少年のプライバシーへの配慮などから、かなり閉鎖的な施設運営をしてきた。しかし、極端な閉鎖性は、不適切処遇などの人権侵害を隠蔽したり、矯正教育の実態が知られないまま在院者に対する偏見や差別を助長し、在院者の社会復帰の障害ともなりかねない。

閉鎖性という点では、同様の問題を抱える刑事施設においては、2006年5月から刑事施設視察委員会という第三者機関が設置され、施設の視

察、被収容者との面接、施設長に対する運営に関する意見具申などを行い、刑事施設の運営の改善向上や地域社会の理解を広げる一定の成果が出ている。

そこで、有識者会議の提言を受け、新少年院法も各施設ごとに少年院視察委員会を設置することとし、2015 年 6 月からスタートしている。

(2) 少年院視察委員会は、施設を視察し、その運営に関し施設長に意見を述べるとされている（第 8 条）。委員は、7 人以内で（第 9 条）、必要があれば在院者と面接をしたり、検査なしに書面の提出を受けたりできる（第 10 条）。そして、法務大臣は毎年、各視察委員会がどのような意見を施設長に述べたのかの概要を公表する（第 11 条）。委員のうち、少なくとも 1 名は弁護士が任命されている。

(3) 少年院における視察委員会制度が開始されてから約 9 年が経過するが、この間、全国の少年院の視察委員会において、在院者の生活環境の改善を中心とした積極的な意見が出され、その結果として、少年の入浴回数の増加、冷暖房機器の設置が進むなどの成果を上げている。

III　少年刑務所

少年刑務所は、主として 26 歳までの受刑者を収容し、処遇を行う刑事施設である。刑事処分を受けた少年が収容されることもあるが、収容者の大部分は成人の受刑者である。2024 年 4 月現在、少年刑務所は全国に 6 施設ある。

受刑者の処遇は、2005 年 5 月に監獄法を全面的に改めて成立した「刑事収容施設及び被収容者等の処遇に関する法律」に定められており、その者の資質及び環境に応じ、その自覚に訴え、改善更生の意欲の喚起及び社会生活に適応する能力の育成を図ることを旨として行うものとされている。

そして、受刑者に対しては、刑務作業、改善指導、教科指導の3本柱で構成される矯正処遇が行われる。この点において、少年刑務所は、一般の刑務所に比べて収容者が若年であり、比較的可塑性に富むことに配慮したプログラムが工夫されている。また、法改正により、2025年6月1日以降懲役刑、禁錮刑が廃止され、拘禁刑に一本化されることとなり、少年刑務所においては、刑務作業よりも改善指導、教科指導等のより教育的なプログラムが重視されるようになると予想されるが、現時点においては詳細は不明である。

　なお、少年刑務所においても、施設ごとに刑事施設視察委員会が設置されている。

13

外国人の子どもの権利

I　日本における外国人の数

　2022 年末時点における中長期在留者は 278 万 6,233 人、特別永住者数は 28 万 8,980 人であり、これらを併せた在留外国人数は 307 万 5,213 人となっている。在留カード及び特別永住者証明書に表記された国籍として、最も多いのが中国 76 万 1,563 人、次でベトナム 48 万 9,312 人、以下韓国41 万 1,312 人、フィリピン 29 万 8,740 人、ブラジル 20 万 9,430 人、ネパール 13 万 9,393 人という順になっている[2]。

　また 2023 年 1 月 1 日時点における、不正規在留外国人数は、7 万 491 人となっている。

　中長期在留者及び特別永住者として登録されている 20 歳未満の者の数は、2022 年末時点で 36 万 3,471 人となっている[3]。他方、文部科学省が2021 年 5 月 1 日に実施した「外国人の子供の就学状況等調査（2021 年度）」によれば、住民基本台帳上の登録がある学齢相当の外国人の子どもの数は13 万 3,310 人、その内日本の義務教育諸学校に在籍している外国人の子どもの数は 11 万 2,148 人、外国人学校に在籍している子どもの数は 7,922 人、不就学 649 人、転居・出国（予定含む）3,194 人、就学状況把握できず 8,597 人となっている[4]。

1　中長期在留者とは、①3 か月以下の在留期間が決定された人、②「短期滞在」の在留資格が決定された人、③「外交」又は「公用」の在留資格が決定された人、④特別永住者、⑤これらの外国人に準ずるものとして法務省令で定める人（具体的には、台湾日本関係協会の本邦の事務所若しくは駐日パレスチナ総代表部の職員又はその家族の方）、⑥在留資格を有しない人、上記①から⑥の何れにも該当しない外国人を指す。

2　2023 年 3 月 24 日付出入国在留管理庁報道発表「令和 4 年末における在留外国人数について」

3　e-stat 政府統計の総合窓口統計表「国籍・地域別　年齢（5 歳階級）・性別　在留外国人」調査年月「2022 年 12 月」、公開（更新）日「2023 年 7 月 7 日」

4　2022 年 3 月 25 日付文部科学省報道発表「『外国人の子どもの就学状況等調査（令和 3 年度）』の結果について」

II　外国人の子どもの教育

1　外国人の子どもの教育を受ける権利

　憲法 26 条第 1 項は「すべて国民は、法律の定めるところにより、その能力に応じて、ひとしく教育を受ける権利を有する。」と規定し、教育を受ける権利を定めている。同条第 2 項は「すべて国民は、法律の定めるところにより、その保護する子女に普通教育を受けさせる義務を負ふ。」と規定し、教育基本法第 5 条 1 項は「国民は、その保護する子に、別に法律で定めるところにより、普通教育を受けさせる義務を負う。」と規定し、教育の義務を定めている。

　何れの規定も「国民」との文言が用いられていることから、従来、日本国籍を有しない外国人の子どもの就学について、「外国人子弟の就学義務について日本の法律による就学義務はなく、また外国人がその子弟を市町村立学校に入学させることを願い出た場合、無償で就学させる義務はない」（昭和 28 年 1 月 20 日文部省初等中等教育局財務課長回答）とされていた。

　1979 年、日本は自由権規約及び社会権規約を批准したが、社会権規約第 13 条第 1 項が「この規約の締約国は、教育についてのすべての者の権利を認める」、同条第 2 項（a）は「初等教育は、義務的なものとし、すべての者に対して無償のものとすること」と規定していることから、我が国に在留する外国人の子どもの保護者が子どもを公立の義務教育学校へ入学させることを希望した場合には、無償で教育を受ける機会を保障することが国に義務付けられたといえる。

　1991 年、文部省（当時）は各都道府県教育委員長あてに「日本人と同様の教育機会を確保するため、保護者に対し、就学案内を発給するよう」通知し（同年 1 月 30 日文部省初等中等教育局長通知）、各都道府県において外国人の子どもを持つ保護者に対し就学案内が行われるようになった。

　1994 年、日本は子どもの権利条約を批准したが、同条約第 28 条第 1 項は「締約国は、教育についての子どもの権利を認めるものとし」、同項（a）

13

外国人の子どもの権利

453

は「初等教育を義務的なものとし、すべての者に対して無償のものとする。」と社会権規約と同様の規定を置いている。また、子どもの権利条約第2条第2項は、「締約国は、子どもがその父母、法定保護者又は家族の構成員の地位、活動、表明した意見又は信念によるあらゆる形態の差別又は処罰から保護されることを確保するためのすべての適当な措置を取る。」と規定している。かかる子どもの権利条約の規定に鑑みれば、子どもの権利条約は、子どもの在留資格の有無に拘わらずすべての子どもに対し教育を受ける権利を保障しているといえる。

　この点、外国人の子どもの教育を受ける権利について、文部科学省は、「憲法及び教育基本法は、国民はその保護する子女に普通教育を受けさせる義務を負うものとしていることから、普通教育を受けさせる義務は、我が国の国籍を有する者に課せられたものであり、外国人には課せられないと解される。しかしながら国際人権規約等の規定を踏まえ、公立の小学校、中学校等では入学を希望する外国人の子どもを無償で受け入れる等の措置を講じており、これらの取り組みにより、外国人の子どもの教育を受ける権利を保障している。」[5]と説明している。また、文部科学省は、外国人の子どもの公立義務教育諸学校への受入れについて、「外国人の子どもには、我が国の義務教育への就学義務はないが、公立の義務教育諸学校へ就学する場合には、国際人権規約等も踏まえ、日本人児童生徒と同様に無償で受入れ」「教科書の無償配付及び就学援助を含め、日本人と同一の教育を受ける機会を保障」と説明している。[6]すなわち、日本政府は、憲法26条を根拠に外国人の子どもの教育を受ける権利を認めているわけではないが、少なくとも教育を受ける機会は保障しているといえる。

　しかしながら、社会権規約第13条第1項及び子どもの権利条約第2条・第28条に加え、憲法第98条第2項が「日本国が締結した条約及び確立さ

5　文部科学省「外国人児童生徒教育の充実方策について（報告）・Ⅲ外国人の子どもに対する就学支援について」（2008年6月）
　　https://www.mext.go.jp/b_menu/shingi/chousa/shotou/042/houkoku/08070301/004.htm
6　文部科学省「外国人の子どもの公立義務教育諸学校への受入について」
　　https://www.mext.go.jp/b_menu/shingi/chousa/shotou/042/houkoku/08070301/009/005.htm

れた国際法規は、これを誠実に遵守することを必要とする。」と規定をしていること、2015 年 9 月に国連サミットで全会一致にて採択された「持続可能な開発目標」（SDGs: Sustainable Development Goals）に「4　質の高い教育をみんなに」と定められていること、2017 年 2 月 14 日に施行された「義務教育の段階における普通教育に相当する教育の機会の確保等に関する法律」の第 3 条に「4　義務教育の段階における普通教育に相当する教育を十分に受けていない者の意思を十分に尊重しつつ、その年齢又は国籍その他の置かれている事情にかかわりなく、その能力に応じた教育を受ける機会が確保されるようにするとともに、その者が、その教育を通じて、社会において自立的に生きる基礎を培い、豊かな人生を送ることができるよう、その教育水準の維持向上が図られるようにすること。」と規定されていること等に鑑みれば、日本国籍を有していない子どもに対しても憲法第 26 条に基づき教育を受ける権利を保障すべきと考えられる。

2　「就学案内」の重要性

　上記 1 に述べた通り、1991 年から学齢期の子どもを育てている外国人に対し「就学案内」の通知が行われるようになったが、この「就学案内」の通知は外国人登録をしている外国人に対してのみ送付されていたことから、外国人登録を行っていない非正規滞在者に対する周知ができないとの問題が指摘されていた。

　文部科学省は、2006 年 6 月 22 日付「外国人児童生徒教育の充実について（通知）」と題する通知を各都道府県・指定都市教育委員会教育長等宛に発出し、外国人児童生徒の不就学等の課題に対応するため、外国人に対する教育関係の情報提供の充実の重要性及び就学手続き時の居住地確認方法の弾力化や関係行政機関との連携を図ることを求めた。[7]

　2009 年 7 月 15 日に公布された住民基本台帳法の一部を改正する法律

7　文部科学省初等中等教育局長銭谷眞美「外国人児童性等教育の充実について（通知）」
　（2006 年 6 月 22 日）
　https://www.mext.go.jp/a_menu/shotou/clarinet/004/002/001.pdf

（平成 21 年法律第 77 号）及び出入国管理及び難民認定法及び日本国との平和条約に基づき日本の国籍を離脱した者等の出入国管理に関する特例法の一部を改正する等の法律（平成 21 年法律第 79 号）は、同 24 年 7 月 9 日から施行されたが、同法の施行により外国人登録法が廃止され 3 月を超える在留資格を有する中長期在留者や特別永住者は住民基本台帳へ登録される一方で、非正規滞在者は外国人登録制度が廃止されたことにより自らの存在を公に市町村に登録することができなくなった。そのため、非正規滞在者の子どもに対しどのようにして就学の機会を確保していくかという点が懸念されていた。

　2012 年 7 月 5 日、文部科学省は、「外国人の子どもの就学機会の確保に当たっての留意点について」と題する通知を各都道府県・指定都市教育委員会教育長宛に発出し、[8] 住民基本台帳の情報に基づき公立義務教育諸学校への入学手続等を記載した就学案内を通知すること、市町村又は都道府県が発行している広報誌、市町村又は都道府県のホームページ等を利用し、外国人の子どもの就学について広報することにより、就学機会が適切に確保されるように努めること、外国人関係行政機関との連携を図り就学ガイドブックの備え付けの協力を福祉担当部署や公共職業安定所などに求めること、市長村に寄せられた被仮放免者の情報の中に就学年齢の外国人の子どもが含まれている場合には、各担当部局と連携の上、必要に応じて就学案内等を行うこと等を求めた。また、就学手続時の居住地等確認方法に関しては、基本的には外国人登録証明書に代わり、在留カード又は特別永住者証明書に基づく確認を行うよう求める一方で、非正規滞在者の子どもに対する配慮から在留カード等の提示がない場合においても、一定の信頼が得られると判断できる書類により、居住地等の確認を行うなど、柔軟な対応を行うことを求めており、非正規滞在者の子どもが就学の機会を失わないよう配慮すべきことを周知した。

　「特定技能 1 号」と「特定技能 2 号」の創設を規定した「出入国管理及

8　文部科学省初等中等教育局長布村幸彦「外国人の子どもの就学機会の確保に当たっての留意点について」（2012 年 7 月 5 日）

　　https://www.mext.go.jp/a_menu/shotou/clarinet/004/1323374.htm

び難民認定法及び法務省設置法の一部を改正する法律」（平成30年法律第102号）が2018年12月14日に公布され翌年4月1日から施行されることとなったことから、2019年3月15日、文部科学省は「外国人の子供の就学の促進及び就学状況の把握等について（通知）」と題する通知を各都道府県知事・各都道府県教育委員会教育長・各指定都市市長・各指定都市教育委員会教育長宛に発出した。上記通知では、外国人の子どもの就学の促進及び就学状況の把握、学校への円滑な受入れの観点からの対応を求めると共に、外国人の子どもの就学の促進の観点から、就学案内等の徹底、就学状況の把握及び地方出入国在留管理局等との連携の必要性等に言及した。

2019年度、文部科学省は初めて「外国人の子供の就学状況調査」を行ったが、その結果約2万人の外国人の子どもが就学していない可能性があることが明らかとなった。上記調査結果を受け、文部科学省は、2020年7月1日「外国人の子供の就学促進及び就学状況の把握等に関する指針」を公表し、地法公共団体に対し、就学案内等を徹底するための取組、外国人の子どもの就学状況の把握に際し、住民登録が行われている住所における居住の状況を確認するに当たり、必要に応じて東京出入国在留管理局に対する在留外国人出入国記録の照会等の手段を活用すること等を求めた。

3　外国人の子どもの公立学校への受け入れ状況及び日本語指導が必要な外国人児童・生徒数等

2022年3月25日に文部科学省が公表した「『外国人の子供の就学状況

9　文部科学省総合教育政策局長清水明・文部科学省初等中等教育局長永山賀久「外国人の子供の就学の促進及び就学状況の把握等について（通知）」（2019年3月15日）
　　https://www.mext.go.jp/a_menu/shotou/clarinet/004/1415154.htm

10　文部科学省「外国人の子供の就学促進及び就学状況の把握等に関する指針」（2020年7月1日）
　　https://www.mext.go.jp/a_menu/shotou/clarinet/004/1415154_00003.htm

調査（令和3年度）』について」[11]によれば、2021年5月1日時点の学齢相当の外国人の子どもの人数（住民基本台帳上の人数）は13万3,310人であり、前回（2019年度）の調査時より9,480人増加している。この内、公立学校に在籍している外国人児童生徒数は11万2,148人（小学生相当7万9,270人、中学生相当3万2,878人）、外国人学校に在籍している外国人児童生徒数は7,922人（小学生相当5,260人、中学生相当2,662人）、不就学の可能性があると考えられる外国人の子どもの数は1万46人となっている。また、2021年度に文部科学省が実施した学校基本調査によれば、高等学校を含む公立学校に在籍している外国籍の児童生徒数は11万4,853人となっている[12]。

2022年3月25日に文部科学省が公表した「日本語指導が必要な児童生徒の受入状況等に関する調査（令和3年度）」によると、公立小・中・高等学校等に在籍する児童生徒の内、日本語指導が必要な児童生徒は5万8,307人（前回調査時（2018年）5万1,126人）、内外国籍の児童生徒は4万7,619人（前回調査時（2018年）4万755人）、日本国籍の児童生徒は1万688人（前回調査時（2018年）1万371人）となっており[13]、日本語指導が必要な生徒数が増加している。

日本語指導が必要な外国人児童生徒の母語は、ポルトガル語が一番多く、次いで中国語、以下フィリピノ語、スペイン語、ベトナム語、英語、韓国語・朝鮮語、その他となっており、日本語指導が必要な外国人児童生徒の在籍数が多い都道府県は、愛知県、神奈川県、静岡県、東京都、大阪府、埼玉県、三重県、千葉県の順となっていた[14]。

11　文部科学省「『外国人の子供の就学状況調査（令和3年度）』について」（2022年3月25日）
　　https://www.mext.go.jp/content/20220324-mxt_kyokoku-m000021407_01.pdf

12　文部科学省総合教育政策局国際教育課「日本語指導が必要な児童生徒の受入状況等に関する調査結果について」（2022年10月18日公表2023年1月13日一部訂正）13頁
　　https://www.mext.go.jp/content/20230113-mxt_kyokoku-000007294_2.pdf

13　前掲9頁

14　前掲20頁〜21頁

4 日本語指導が必要な外国人児童・生徒に対する日本語教育について

　日本語指導が必要な児童生徒に対する日本語指導に関する施策は、日本語指導担当教員の配置等日本語指導体制の整備が中心となるが、2014年4月1日施行の学校教育法施行規則の一部改正により、日本語指導が必要な児童生徒を対象として「特別の教育課程」の編成・実施を行うことが可能となった。この制度により、小学校、中学校、中等教育学校の前期課程、特別支援学校の小学部及び中学部において、日本語指導が必要な日本国籍・外国籍の児童生徒に対し、年間10単位から280単位時間までを標準として、「特別の教育課程」を編成・実施することが可能となった。これにより、児童生徒が日本語で学校生活を営み学習に取り組めるようになるために、在籍校において「取り出し」指導を行うことができるようになり、在籍校において指導者確保が困難な場合には、他校における指導も認められるようになった。

　2019年6月21日、「日本語教育の推進に関する法律」が成立し、同月28日に施行された。この法律の第4条は、「国は、前条の基本理念（以下、「基本理念」という）にのっとり、日本語教育の推進に関する施策を総合的に策定し、及び実施する責務を有する」と規定し、第5条は、「地方公共団体は、基本理念にのっとり、日本語教育の推進に関し、国との適切な役割分担を踏まえて、その地方公共団体の地域の状況に応じた施策を策定し、及び実施する責務を有する。」と規定している。さらに第12条第1項は「国は、外国人等である幼児、児童、生徒等に対する生活に必要な日本語及び教科の指導等の充実その他の日本語教育の充実を図るため、これらの指導等の充実を可能とする教員等（教員及び学校において必要な支援を行う者をいう。以下この項において同じ）の配置に係る制度の整備、教員等の養成及び研修の充実、就学の支援その他の必要な施策を講ずるものとする。」と規定し、国に対し、外国人等の幼児・児童・生徒に対し、生活に必要な日本語及び教科の指導等の充実のために必要な整備等を行うことを求めている。

13

外国人の子どもの権利

459

2021 年度、日本語指導が必要な外国籍の児童生徒のうち学校において「特別の配慮に基づく指導」を受けている者の割合は91%、そのうち「特別の教育課程」による日本語指導を受けている者の割合は73.4%となっている[15]。「特別の教育課程」以外の「特別の配慮に基づく指導」とは、教科の補習等在籍学級や放課後を含む学校における何らかの日本語指導等のことを指している。

　リーマンショック後の経済情勢の悪化により多く日系人労働者が失業し、その学齢期にある子ども達が民族学校等に通学できなくなり、不就学の状態になっていたことが社会問題化したことから、2009 年から 2014 年までの 6 年間にわたり、文部科学省が拠出金を支出して国際移住機関に「子ども架け橋基金」が設置された。この基金により、外国人集住都市等において、不就学・自宅待機となっている義務教育段階の外国人の児童・生徒を一時的に（原則 6 月程度）受け入る「虹の架け橋教室」が設けられ、日本語指導・教科指導等が実施された。2009 年から 2014 年までの 6 年間で、8,751 名の児童・生徒が教室に通い、4,333 人が公立学校や外国人学校へ就学した[16]。2015 年度からは、「外国人の子供の就学促進事業」が実施されており、同事業では、不就学となっている外国人の児童・生徒を対象に、公立学校や外国人学校等への就学に必要な支援を学校外において実施する都道府県・市区町村に対し、総事業費の総額 3 分の 1 を上限とした補助が国から受けられるようになっている。

　2023 年度に「外国人の子供の就学促進事業」を実施している地域は、東京都、岐阜県、横浜市、川崎市、浜松市、名古屋市、福岡市、豊田市等33 か所（2 都道府県、5 指定都市、3 中核市、23 一般区市町村）となっている[17]。

15　前掲 55 頁

16　定住外国人の子どもの就学支援事業（虹の架け橋教室）成果報告書（IOM）
　　https://japan.iom.int/migrant_education_report

17　2023 年度帰国・外国人児童生徒等教育の推進支援事業「Ⅱ . 外国人の子供の就学促進事業」（補助事業）実施地域
　　https://www.mext.go.jp/content/20231025-mxt_kyokoku-000019771_01.pdf

5　外国人生徒の高等学校進学について

　2021 年 3 月に中学校を卒業した全中学生が高等学校・専修学校等の教育機関へ進学した割合は 99.2% であるが、日本語指導が必要な中学校を卒業した生徒が高等学校・専修学校等の教育機関に進学した割合は 89.7% と、全平均と比べると約 10% 低くなっている。

　外国人生徒の高校進学率に関する正確な統計はないが、日本人生徒の高校進学率と比較すると、格段に低くなっている。[18] 外国人生徒の高校進学率が日本人生徒と比較して低くなっている原因の一つには、言葉の問題がある。高校入試に外国人生徒に対する特別枠を設けた学校もあるが、その場合でも来日 3 年以内等の要件や、特別枠に人数が設けられていたりすることから、これらの要件等を満たさない場合には、一般の日本人生徒と同様の試験を受験することとなり、日本語指導を必要とする外国人生徒にとっては高校受験に対するハードルとなる。

　2019 年 6 月 28 日に公布・施行された「日本語教育の推進に関する法律」に基づき、同 2 年 6 月 23 日「日本語教育の推進に関する施策を総合的かつ効果的に推進するための基本的な方針」が閣議決定された。上記方針の第 2 章「日本語教育の推進の内容に関する事項」では、具体的施策例の一例として「中学校、高等学校において、将来を見通した進路指導が提供されるよう、外国人生徒等へのキャリア教育等の包括的な支援を進める。また全ての都道府県において、公立高等学校入学者選抜における帰国・外国人生徒等の特別定員枠の設定等、特別な配慮が図られるよう促す」ことが指摘された。これを受け、2020 年 7 月 1 日、文部科学省は「外国人の子供の就学促進及び就学状況の把握等に関する指針」を公表したが、上記指針では外国人の子どもが社会で自立していくためには、高等学校において適切な教育を受けることが重要である旨指摘されており、外国人の子どもの高等学校等への進学を促進する観点から、教育委員会に対し、公立高等

18　2020 年 8 月 11 日日本学術会議地域研究委員会多文化共生分科会「提言　外国人の子どもの教育を受ける権利と修学の保障――公立高校の『入口』から『出口』まで」
https://www.scj.go.jp/ja/info/kohyo/pdf/kohyo-24-t289-4.pdf

学校入学者選抜において、外国人生徒を対象とした特別定員枠の設定や受験に際しての配慮（例：試験科目の軽減、問題文の漢字へのルビ振り等）等の取組を推進するように求めている。

　上記指針に基づき、これまで公立高等学校入学者選抜において外国人生徒に対する特別枠や配慮が行われていなかった都道府県でも、制度が整備されていくものと思われる。

　高等学校進学後の外国人生徒の中途退学率は、高校生全体と比して高くなっており、高等学校入学後にも適切な配慮をする必要がある。

　この点、「高等学校学習指導要領」（平成30年3月告示）では、「特別な配慮を必要とする生徒への指導」の中で「日本語の習得に困難のある生徒については、個々の生徒の実態に応じた指導内容や指導方法の工夫を組織的かつ計画的に行うものとする」との指摘がされている。また、公立高等学校に在籍する日本語指導が必要な生徒が増加していることを受け、2022年3月31日、「学校教育法施行規則の一部を改正する省令（令和4年文部科学省令第15号）」、「学校教育法施行規則第百四十条の規定による特別の教育課程について定める件及び学校教育法施行規則第五十六条の二等の規定による特別の教育課程について定める件の一部を改正する告示（令和4年文部科学省告示第54号）」及び「高等学校学習指導要領及び特別支援学校高等部学習指導要領の一部を改正する告示（令和4年文部科学省告示第55号）」が公布され、同5年4月1日から施行された。上記改正により、高等学校において、日本語を理解し、使用する能力に応じた特別の指導を行う必要がある生徒に対し、特別の教育課程による教育を行うことが可能となった。

　もっとも、日常生活において友人らとスムーズにコミュニケーションが図れている生徒の中には、「学習言語」を十分に理解できていない生徒もいることから、「日本語の習得に困難のある生徒」「日本語指導が必要な生徒」の把握は適切になさなければならない。

6 外国人学校出身者の大学進学に関して

　インターナショナル・スクールや朝鮮学校等の外国人学校は、学校教育法1条の「学校」とは認められておらず、学校教育法第134条に規定されている各種学校として都道府県により認可されている学校、私立学校法第64条に基づき準学校法人として都道府県により認可されている学校、無認可校に分類できる。学校教育法は、学校の目的、教育の目的・年数、教員の資格、使用する教科用図書、教育内容、設備等について規定しているが、外国人学校では、教員の資格、教育内容、使用する教科用図書、教育年数等について各学校において自由に決定することができる。

　他方、学校教育法第90条第1項は、「大学に入学することのできる者は、高等学校若しくは中等教育学校を卒業した者若しくは通常の課程による十二年の学校教育を修了した者（通常の課程以外の課程によりこれに相当する学校教育を修了した者を含む）。又は文部科学大臣の定めるところにより、これと同等以上の学力があると認められた者とする。」と規定していることから、外国人学校を卒業しても日本の大学受験資格が認められるかが長年問題となっていた。公立学校や私立大学が、独自の基準に基づき外国人学校卒業者に対し大学入学資格を認めるようになっていったが、国立大学については、文部省の決定に従い外国人学校の卒業生に対し大学受験資格を認めていなかった。

　1998年6月、国連子どもの権利委員会は、外国人学校を卒業した生徒の大学受験資格の問題に関連して、第1回日本政府報告書審査の最終見解において「委員会は、韓国・朝鮮出身の児童の高等教育施設への不平等なアクセス、及び、児童一般が、社会の全ての部分、特に学校制度において、参加する権利（第12条）を行使する際に経験する困難について特に懸念する」（13項）との指摘をした。

　1998年以降は国立大学においても大学院に朝鮮大学校卒業生の入学資格を認めるところが出てくるようになり、平成11年（1999年）、文部省は大学院については各大学院の判断に任せるという方針変更を余儀なくされた。

2003 年 3 月、文部科学省は、外国人学校（高校段階）40 校（欧米系 23 校、アジア系 17 校。ブラジル人学校などは対象外）のうち、欧米系の 3 つの評価機関（WASC、ECIS、ACIS）の認定を受けた 16 校の卒業生に大学入学（受験）資格を認めるとの方針を発表した。これに対し、アジア系の朝鮮学校、韓国学校、華僑学校などを除外するのは差別だという大きな社会的反発が起きた。そこで文部科学省は、一旦その方針を凍結し、再検討したうえで、同年 9 月には省令改正により韓国学校 2 校、中華学校 2 校、ドイツ・フランス・ブラジル人学校等 19 校を追加したが、朝鮮学校は最後まで一般的な国立大学入学（受験）資格を認められず、各大学による個別認定に留まることになった。

2004 年 2 月、国連子どもの権利委員会は、第 2 回政府報告書審査の総括所見 49 項（d）において、日本国内の外国人学校の卒業生に対する大学受験資格が拡大されたものの、一部は高等教育へのアクセスが引き続き否定されていることに対する懸念を表明した。

外国人学校が高等学校相当として指定されているかについては、文部科学省のホームページ上で確認できるが、高等学校相当として指定された外国人学校一覧の中に朝鮮学校が含まれていない（2022 年 2 月 15 日現在）[19]。

III　国籍を取得する権利

1　日本国籍取得の要件

国籍取得に関する立法には、大きく分けて血統主義と生地主義がある。血統主義は、親の国籍をその血筋によって子が引き継ぐという制度であり、生地主義は、子どもが生まれた場所によってその国の国籍を取得するという制度である。日本の国籍法は、血統主義をとっており、「出生の時

19　文部科学省「我が国において、高等学校相当として指定した外国人学校一覧（2022 年 2 月 15 日現在）」

　　https://www.mext.go.jp/a_menu/koutou/shikaku/07111314/003.htm

に父又は母が日本国民であるとき」（国籍法2条1号）というのが国籍取得の原則的要件である。子の出生前に父が死亡していても、「出生前に死亡した父が死亡の時に日本国民であったとき」は、日本国籍となる（国籍法2条2号）。これも血統主義の結果である。ただし、血統主義をとる国も生地主義をとる国も、現在では純粋にその主義のみを貫いている国はなく、無国籍防止のための緩和策を講じている。日本の国籍法も、「日本で生まれた場合において、父母がともに知れないとき、又は国籍を有しないとき」（国籍法2条3号）も日本国籍になると規定している。前段については、子どもの父母が判らない場合には、父母の血統をたどって国籍を取得することができず、子どもが無国籍になってしまうため、後段については、子どもの父母が何れも無国籍である場合には、子どもが無国籍になってしまうため、例外的に日本で生まれたという生地主義的要件によって日本国籍を与える規定を置いたのである。

2　日本における無国籍児の実情

　子どもの権利条約7条1項は、子どもが国籍を取得する権利を保障している。国際社会が国家という区分けによって存在し、それぞれの国の国民の基本的人権が国家によって保障されている現状にあって、国籍を持つことは基本的人権が保障されるための第一歩ともいえるからである。

　2022年6月時点で住民登録されている外国人のうち無国籍者は486人おり、このうち20歳未満のものは119人となっている。[20]日本には正式な無国籍の認定手続がないこともあり、上記統計上は無国籍とされずに何らかの国籍を有するとされていても、実際には無国籍の状態に置かれている子ども等も相当数存在すると考えられる。また、住民登録されていない無国籍の子どもについて正確な数は把握できていないが、相当数の無国籍の子どもが存在していると推測される。

20　法務省　2023年12月15日公開　在留外国人統計「国籍・地域別　年齢（5歳階級）・性別　在留外国人」参照

子どもが無国籍になる理由はさまざまであるが、出生地主義を採っている国の国籍を持つ者を親として日本国内において出生した子ども、難民や本国の状況から在留許可を受けている者の子孫で国籍国に出生届出を行っていない場合等が考えられる。

　2019 年 3 月、国連子どもの権利委員会は、第 4 回第 5 回統合定期報告書に関する総括所見 23 項において、「(a) 両親の国籍を取得できない子どもに対しても出生時に自動的に国籍を付与する目的で国籍法第 2 条（3）の適用範囲を拡大することを検討するとともに、締約国に暮らしているすべての子ども（非正規移住者の子どもを含む）が適正に登録され、かつ法律上の無国籍から保護されることを確保する目的で国籍および市民権に関わるその他の法律を見直すこと」、「(c) 無国籍の子どもを適正に特定しかつ保護するための無国籍認定手続を定めること」、「(d) 無国籍者の地位に関する条約及び無国籍の削減に関する条約の批准を検討すること」等の勧告をした。

3　国籍法第 2 条第 1 号の問題点

(1) 父の認知と子の国籍取得

　国籍法第 2 条第 1 号にいう「出生の時に父又は母が日本国民であるとき」について、法務省は、子の出生の時に、子と法律上の親子関係がある父又は母をいうとする。法律上の親子関係は、母の場合には分娩の事実によって法律上も母子関係が発生するが、父の場合は母と婚姻していない限り、認知によってしか父子関係が生じない。それ故、国籍法第 2 条第 1 号によると、法律上の婚姻関係にある外国人と日本人との間に出生した子どもは、出生の時に当然に日本国籍を取得するが、他方、法律上の婚姻関係にない外国人と日本人との間に出生した子どもは、外国人親が父か母かにより出生の時に日本国籍を取得できるか否かが異なってくる。すなわち、国籍法第 2 条第 1 号によれば、法律上の婚姻関係にない日本人母と外国人父との間に出生した子どもは、分娩の事実によって日本人母との法律上の母子関係が当然に認められることから、「出生の時に母が日本国民である」

という国籍法第2条第1号の要件を満たし当然に日本国籍が認められるのに対し、法律上の婚姻関係にない外国人母と日本人父との間に出生した子どもは、日本人父から胎児認知を受けていない限り「出生の時に父が日本国民である」という国籍法第2条第1号の要件を満たさないことから、日本国籍が認められないこととなる。したがって、父が外国人であっても母が日本人である場合には、子は問題なく日本国籍になるが、母が外国人であって父が日本人である場合には、出生したその瞬間に、日本人である父との間に法律上の父子関係が生じていない限り、「出生の時に父が日本国民」とはいえず日本国籍を取得できない。すなわち、子の出生前に父が民法第783条第1項の「胎児認知」をしておかない限り、子は、生来的に日本国籍を取得できず、子の出生後に父から認知された場合には、子が18歳になるまでに法務大臣に届け出ることによって、届出時に日本国籍を取得することとなる（国籍法第3条の改正の経緯については、下記「(3) 国籍法第3条の改正経緯」に後述する）。

　また、法律上の婚姻をしている外国人女性が法律上の夫以外の日本人男性の子どもを懐胎した場合、その子どもの父である日本人男性がその子を胎児認知しようとしても、その届出は認知の要件を欠く不適法なものとして受理されない。それ故、「胎児認知」により子どもが生来的に日本国籍を取得することはできないのではないかという問題がある。

　このような取り扱いは婚外子に対する差別であり、子どもの権利条約第2条に反し、第7条第1項で保障された「出生の時から国籍を取得する権利」を害する扱いといえる。

(2) 国籍法第2条第1号をめぐる国籍確認訴訟

　2024年4月1日以前の民法722条の規定により日本人父から胎児認知を受けることができなかった子に対し、国籍法第2条第1号に基づき生来的な日本国籍取得を認めた判例として、①平成9年10月17日最高裁第2小法廷判決、②平成15年6月12日最高裁第1小法廷判決がある。①の判決後、平成10年1月30日付法務省民五第180号各法務局長、地方法務局長あて民事局長通達「外国人母の夫の嫡出推定を受ける子について、日本

人男から認知の届出があった場合の日本国籍の有無について」と平成11年11月11日民二・民五第2420号民事局第二課長、第五課長通知「渉外的胎児認知届の取扱い等について」が出され、外国人母の夫の嫡出推定を受ける子について、子の出生後3月以内に嫡出推定を排除する裁判が提起され、その裁判確定後14日以内に認知の届出等がされている場合には、原則として、子どもは出生により日本国籍を取得したものとして処理されることとなった。

　また②の判決後、平成15年7月18日民一第2030号民事局長通達「外国人母の非嫡出子が出生後に日本人男から認知された場合の日本国籍の取扱いについて」が出され、日本人男性から、外国人母の胎児を自分の子どもとして認知したいとの相談があった場合には、母が婚姻中であるか否かを問わず、胎児認知の届出の手続きを説明すること、胎児認知の届出があった場合には、その届出が適法か否かを問わず一旦胎児認知届及び添付書類を受領し、届出書に受付年月日を記載すること、胎児認知届受付後、当該胎児認知届が民法及び戸籍法等関連する法規に照らして適法か否かが審査され、適法である場合には認知届出が受理されること、外国人母が婚姻中である等当該認知届出が不適法である場合には当該認知届は不受理とされることとなった。もっとも、一旦適法であるとして胎児認知届が受理された場合であっても、その子が出生し外国人母の前夫の嫡出推定を受けることが明らかになった場合には、胎児認知届の受理処分が撤回され不受理処分がなされる。胎児認知届出が不受理とされた場合及び胎児認知届の受理処分が撤回された場合の何れの場合であっても、届出人である日本人父に認知届出書と添付書類が返却されるが、返却の際に届出人である日本人父に対し、外国人母の夫或いは前夫との嫡出推定を排除する裁判等が確定した旨の書面を添付して返却された届出書に基づき再度胎児認知の届出を行えば、不受理処分が撤回されて当初の届出書の受付日に届出の効力が生じる旨の説明がなされることとなった。

　尚、民法第772条の嫡出推定の規定の関係上出生届の提出に至らない子にあっても、入管法第22条の2第2項により出生後30日以内に在留資格の取得の申請を行わなければならないこととなっていることから、住所地

となる市区町村に対して、住民票の作成を書面で申出をする必要がある（平成24年7月25日総行住第74号）。

① 平成9年10月17日最高裁第2小法廷判決

　原告は、母である韓国人女性が、法律上の夫である日本人男性との別居中に別の日本人男性を父として出生したものであるが、出生の約3か月後に、母の法律上の夫に対し親子関係不存在確認の調停を申し立て、親子関係不存在を確認する審判確定の12日後に、日本人父から認知された。本件は原告が生来的に日本国籍を有することの確認を求めた事案であるが、最高裁判所は「戸籍の記載上嫡出の推定がされなければ日本人である父により胎児認知されたであろうと認めるべき特段の事情がある場合には、右胎児認知された場合に準じて、国籍法2条1号の適用を認め、子は生来的に日本国籍を取得すると解するのが相当である。そして生来的な日本国籍取得はできる限り子の出生時に確定的に決定されることが望ましいことに照らせば、特段の事情があるというためには、母の夫と子との間の親子関係不存在が確定されて認知の届出を適法にすることができるようになった後速やかに認知の届出がされることを要すると解すべきである」と判断して、原告が生来的に日本国籍を有することを認めた。

② 平成15年6月12日最高裁第1小法廷判決

　原告は、母である韓国人女性が、2年以上前から別居していた日本人夫との協議離婚届を提出した翌日に、母と法律上の婚姻関係にない別の日本人男性を父として出生した。出生後8か月余り経過した頃、原告は、出生1日前に母が協議離婚をした日本人男性に対し親子関係不存在確認の訴えを提起し、その判決確定後の4日後に父である日本人男性から認知された。本件は、原告が生来的に日本国籍を有していることの確認を求めた事案であるが、この事案において、最高裁判所は、「外国人の母の非嫡出子が戸籍の記載上母の夫の嫡出子と推定されるため、日本人である父による胎児認知の届出が不適法なものとして受理されない場合に、上記推定がされなければ父により胎児認知がされたであろうと認めるべき特段の事情が

13

外国人の子どもの権利

469

あるときは、上記胎児認知がされた場合に準じて、国籍法第2条第1号の適用を認め、子は生来的に日本国籍を取得すると解するのが相当である。そして上記特段の事情があるとして同号の適用が認められるためには、①戸籍の記載上嫡出推定がされ、胎児認知届が不適法なものとして受理されない場合に、②母の夫と子との間の親子関係の不存在を確定するための法的手続が子の出生後遅滞なく執られた上、③上記不存在が確定されて認知の届出を適法にすることができるようになった後速やかに認知の届出がされることを要するものと解すべきである」との基準を示し、本件の事情を詳細に分析し「特段の事情がある」として原告の生来的な日本国籍取得を認めた。

(3) 国籍法第3条第1項の改正経緯

　国籍法第2条の要件を満たさず出生のときに日本国籍が取得できない場合であっても、現行の国籍法第3条第1項が「父又は母が認知した子で18歳未満のもの（日本国民であった者を除く）は、認知をした父又は母が子の出生の時に日本国民であった場合において、その父又は母が現に日本国民であるとき、又はその死亡の時に日本国民であったときは、法務大臣に届け出ることによって、日本国籍を取得することができる」と、同条第2項が「前項の規定による届出をした者は、その届出の時に日本の国籍を取得する。」と規定していることから、上記要件を満たせば出生後に認知された者も日本国籍を取得することができる。現行の国籍法第3条第1項の規定は、成人年齢を20歳から18歳に引き下げる民法改正に併せて改正され令和4年4月1日から施行された規定であるが、令和4年4月1日以前の国籍法第3条第1項の規定は、平成20年12月に改正され同21年1月1日より施行されたものである。平成20年の国籍法改正により、出生後に日本国民から認知された子は、父母の婚姻の有無を問わず法務大臣へ届け出ることによって日本国籍を取得できるようになった（以下、平成20年12月改正前の国籍法第3条1項を「旧国籍法第3条第1項」という）。

　旧国籍法第3条第1項は、「父母の婚姻及びその認知により嫡出子たる身分を取得した子で20歳未満のもの（日本国民であった者を除く）は、認

知をした父又は母が子の出生の時に日本国民であった場合において、その父又は母が現に日本国民であるとき、又はその死亡の時に日本国民であったときは、法務大臣に届け出ることによって、日本国籍を取得することができる」（同条第1項）と規定していたことから、日本人父による出生後認知の場合において父母が婚姻して嫡出子たる身分を取得すれば届出によって日本国籍が取得できるが、父母が婚姻せず婚外子のままの場合には日本国籍が取得できなかったことから、旧国籍法第3条第1項が父母の婚姻を国籍取得の要件としている部分は、日本人父を持つ婚外子に対する不当な差別であり憲法第14条第1項に違反するのではないかとの議論があった。平成20年6月4日の最高裁大法廷判決は、旧国籍法第3条第1項が、日本人父と外国人母との間に出生した子が出生後に父から認知された場合について、父母の婚姻により嫡出子たる身分を取得した場合にのみ日本国籍の取得を認めている部分は婚外子に対する不当な区別的取扱いであり憲法第14条第1項に違反すると判断した。上記最高裁判決を受けて旧国籍法第3条第1項が改正され、出生後認知を受けた子は父母の婚姻の有無に拘わらず届出を行うことによって日本国籍を取得できることとなった。

4　国籍法第2条第3号の問題点

(1)『棄児』の場合の国籍取得

　国籍法第2条第3号前段「日本で生まれた場合において、父母がともに知れないとき」にあたる典型的な例は「棄児」である。

　「棄児」については、戸籍法第57条1項は、棄児発見者ないし発見の申告を受けた警察官に対し、24時間以内にその旨市町村長に申し出ることを義務づけており、同条2項は、前項の申し出があったときは、市町村長が氏名をつけ、本籍を定めて戸籍をつくることになっている。したがって、実際には外国人の生んだ子どもであっても、その子どもが『棄児』として発見され、父母がともに知れないときは、直ちに日本人として就籍され、日本国籍が与えられることとなる。

(2) 父母の無国籍・国籍不明

国籍法第2条第3号後段は、日本で生まれたが、父母がともに国籍を有しないか、父母の国籍が不明（東京法務局長照会に対する法務省民事局長回答昭和44年12月10日付民事甲第2644号）の場合に関する規定であるが、近時、日本で出生し法律上の父なし、母の国籍が不明の場合に就籍許可が認められる例も出てきている。

(3) 国籍法第2条第3号前段をめぐる国籍確認訴訟

長野県小諸市の病院で、東南アジアからの出稼ぎ女性と思われる外国人女性が男児を産んだ後、その男児を牧師夫妻に託して行方不明となった。実父については何もわからず、実母について知れていることは、本人が名乗った名前・生年月日と病院関係者らの「フィリピン人らしかった」という供述のみであったが、国は、「母が知れている」として国籍法第2条第3号の適用を認めず、他方、フィリピン大使館では、この程度の資料ではフィリピン国籍を与えることはできないとの対応で、結局この男児は無国籍になってしまった。

そこで、1992年3月、この男児は、国に対し、上記の程度の資料では「母が知れている」とはいえないと主張し、国籍法第2条第3号に基づく国籍存在確認訴訟を提起したが、1995年1月27日、最高裁判所第2小法廷は、「法2条3号にいう『父母がともに知れないとき』とは、父及び母のいずれもが特定されないときをいい、ある者が父又は母である可能性が高くても、これを特定するには至らないときも、右の要件に当たるものと解すべきである。」と判示しこの男児の日本国籍を認めた。[21]

無国籍の子どもが日本国籍を取得するための司法手続としては、地方裁判所における国籍確認請求事件を訴訟提起するほか、家庭裁判所に就籍許可審判を申し立てる方法がある。就籍許可審判は、本籍を有しない者が戸籍法第110条に基づいて申し立てる審判であるが、日本の戸籍への就籍の前提事実として、申立人の日本国籍の有無が判断されるわけである。両手

21　判時1520号32頁、判タ872号78頁

続きには、公開と非公開、当事者主義と職権主義などの差異があるから、
ケースバイケースで選択すべきである。

5　国籍法第 12 条の問題点

　国籍法第 12 条が「出生により外国の国籍を取得した日本国民で国外で
生まれたものは、戸籍法の定めるところにより日本の国籍を留保する意思
を表示しなければ、その出生の時にさかのぼって日本の国籍を失う。」と
規定していることから、外国において出生した子どもでかつ出生により外
国の国籍を取得した子どもは、日本国内で出生して重国籍となった子ども
と異なり、出生の日から 3 か月以内に戸籍法第 104 条の規定に基づく日本
国籍を留保する旨の届出を行わなければ、出生時から日本国籍を有しない
ものとして扱われる。具体的には、日本国籍の父母を両親として国籍につ
いて生地主義を採用している外国において出生した子どもや、日本国籍の
親と国籍について父母両系血統主義を採る外国籍の親を父母として外国に
おいて出生した子ども、及び日本国籍の親と外国籍の親を両親として生地
主義を採用している外国において出生した子どもは、出生時に外国籍を取
得することとなるため、国籍法第 12 条の規定に従い戸籍法第 104 条に基
づく国籍留保の届出を行わないと、生来的に日本国籍を取得することが認
められなくなるのである。

　もっとも、出生後 3 か月以内に国籍留保の届出を行わなかったことによ
り生来的な日本国籍の取得を認められなかった子どもについては、国籍法
第 17 条第 1 項及び第 3 条に基づき、18 歳未満かつ日本に住所があれば法
務大臣に対する届出をすることにより届出の日から日本国籍を取得するこ
とができる。

　この国籍法第 12 条の規定については、出生により外国の国籍を取得し
て日本国籍との重国籍となる子どものうち、外国で出生した子どもについ
てのみ、出生後 3 か月以内に戸籍法第 104 条に基づく届出をしない限り生
来的な日本国籍取得を認めないという点で、憲法第 14 条第 1 項に違反す
るのではないかが問題視されていた。この点、平成 27 年 3 月 10 日最高裁

判所第 3 小法廷判決は、国籍法第 12 条の目的を「国外で出生して日本国籍との重国籍となるべき子に関して、たとえば、その生活の基盤が永続的に外国に置かれることになるなど、必ずしも我が国との密接な結び付きがあるとはいえない場合があり得ることを踏まえ、実体を伴わない形骸化した日本国籍の発生をできる限り防止するとともに、内国秩序等の観点からの弊害が指摘されている重国籍の発生をできる限り回避すること」と解釈し、国籍留保の意思表示も「出生の日から 3 か月以内かつ出生の届出をする父母による国籍留保の意思表示で足りる」点及び国籍法第 17 条第 1 項及び第 3 項により日本に住所があれば 20 歳に達するまでに法務大臣に対する届出により日本国籍を取得できるとされている点を考慮し、「国籍法第 12 条において、出生により日本国籍との重国籍となるべき子のうち、国外で出生した者について日本で出生した者との間に設けられた上記の区別は、合理的な理由のない差別には当たらないというべきである」と判断した。

上記判決は、認知された子どもが法務大臣に届け出ることによって日本国籍を取得できるのと比較すると不均衡である。

6 帰化による国籍取得方法

国籍法第 4 条ないし第 8 条の要件があれば、『帰化』の申請ができるが、特に第 8 条各号に該当する場合には帰化の要件が緩和されており、同条 4 号は日本で生まれた無国籍者について規定している。

7 国籍法第 3 条第 3 項の新設の問題点

2022 年 12 月 10 日、民法の嫡出推定制度の見直し等を内容とする「民法等の一部を改正する法律」(令和 4 年法律第 102 号)が成立し、嫡出推定

---

22 国籍法第 17 条第 1 項の規定も、2022 年 3 月 31 日までは 20 歳であったのでここでは「20 歳に達するまでに」と記載したが、現行法に従えば、「18 歳に達するまで」となる。

制度に関する規定の改正、認知無効の訴えの規定の改正等が行われたが、この改正の中には、国籍法第3条第3号の新設も含まれていた。

新設された国籍法第3条第3号は、「前2項の規定は、認知について反対の事実があるときは、適用しない。」と規定しており、同条第1項に基づき一旦日本国籍を取得した者について、認知の反対事実が判明した場合には、無期限に日本国籍取得が否定されることとなった。

すなわち国籍法第3条第3項の規定により、一旦取得した日本国籍が遡及的に失われ、同項に基づき日本国籍を遡及的に失った場合には、非正規滞在者として扱われることとなり、結果として日本で在留できなくなる危険性も孕んでいる。子どもの法的安定性の観点から、国籍法3条3項の今後の運用には注視していく必要がある。

Ⅳ　出入国管理および難民認定法上の問題点

1　子どもの権利条約に対する政府の解釈宣言

(1) 子どもの権利条約第9条第1項及び第10条第1項の解釈宣言と問題点

政府は、子どもの権利条約の批准にあたり、2つの解釈宣言を行った。

ひとつは親子分離の禁止原則を定めた第9条第1項についての「我が国は、この規定は父母が児童を虐待する場合のような特定の場合について適用されるものであり、出入国管理法に基づく退去強制の結果として児童が父母から分離される場合については適用されるものではないと解する」との宣言であり、もうひとつは家族再統合について定めた第10条第1項についての「我が国は、この規定にいう『積極的、人道的かつ迅速な方法』で出入国の申請を取り扱うとの義務はそのような申請の結果に影響を与えるものではないと解する」との宣言である。

政府は、第9条第1項の適用範囲を、父母が児童を虐待するような特定の場合に限定し、出入国管理及び難民認定法に基づいて退去強制が命じら

れた結果として非正規滞在外国人家族の親子が分離された場合に対する適用を除外したのである。また第10条第1項については、子どもの最善の利益を規定した第3条第1項と、父母と異なる国に居住する子どもに対し定期的に父母との直接接触をする権利等を定めた第10条第2項の規定と併せて考慮すれば、第10条第1項が、締約国に対し、できる限り家族再統合の目的が達成される方向で申請を取り扱うべき義務を課していることは明らかであるにもかかわらず、政府は同項についての解釈宣言により、国境を越えて親子が分離されている事案における家族の再統合を積極的に支援する義務を免れたのである。

上記の解釈宣言もあり、一家全員在留資格のない外国人家族に対し、日本で一定年齢まで成長した子どもにのみ在留特別許可を付与し親に対して退去強制を命じる非人道的な事例や、両親共外国籍の子どもに対し、その両親が離婚し永住者等の安定的な在留資格を有していない親がその子どもの親権者或いは監護権者となった場合に、その親権者或いは監護権者となった親の在留資格変更許可申請を不許可とし、またその子どもに対しても在留期間更新許可申請を不許可とし、その結果安定的な在留資格に基づき本邦に在留している親権者或いは監護権者とならなかった親とその子どもを分離するような問題事例も生じている。

子どもの権利委員会は、第1回、第2回の政府報告書審査の最終所見において、上記解釈宣言に対する懸念を表明した。

(2) 子どもの最善の利益の考慮と家族生活の尊重

上記（1）において指摘した家族が分離されるような事例については、子どもの権利条約第3条第1項の「子どもの最善の利益」の観点から問題であるばかりか、自由権規約第17条及び第23条との関係からしても問題である。

なぜなら、自由権規約第17条第1項は、「何人も、その私生活、家族、住居若しくは通信に対して恣意的に若しくは不法に干渉され又は名誉及び信用を不法に攻撃されない」と規定し、家族に対する恣意的又は不法な干渉を禁止し、自由権規約第23条第1項は、「家族は、社会の自然かつ基礎

的な単位であり、社会及び国による保護を受ける権利を有する」と定め、社会及び国による家族に対する保護を保障しているからである。

自由権規約第 17 条第 1 項について、自由権規約委員会の一般的意見 16（昭和 63 年（1988 年 3 月 23 日採択））は、「『恣意的干渉』という語句は、法に規定された干渉をも含むものである。法によって規定された干渉であってさえも、本規約の規定、目的及び目標に合致しなければならないし、かつまた、どんなことがあろうとも、特定の状況の下で、合理的な干渉でなければならないということを保障しようとして、恣意的という概念を導入したものである」と述べ、比例原則が適用されることを明らかにしている。

したがって、日本政府による子どもの権利条約第 9 条第 1 項に対する解釈宣言があったとしても、上記（1）に指摘したような親子を分離させる結果を生じさせる退去強制は、自由権規約第 17 条第 1 項、第 23 条第 1 項違反、子どもの権利条約第 3 条第 1 項違反となる可能性がある。

2　日本人の実子と外国人親の親子分離

(1) 法務省の「730 通達」

「出入国管理及び難民認定法（以下「入管法」という）」では「日本人の子どもの親」という在留資格が規定されていないため、親が外国人で子が日本人である場合に、外国人の親が在留資格の変更を認められない或いは退去強制される等によって親子分離を余儀なくされる場合が生じていた。

この問題につき、法務省は、平成 8 年 7 月 30 日法務省入国管理局通達を発し（いわゆる 730 通達、以下、「730 通達」という）、「日本人の実子としての身分関係を有する未成年者が我が国で安定した生活を営めるようにするために、その扶養者たる外国人親の在留についても、なお一層の配慮が必要である」として、「未成年かつ未婚の実子を扶養するため本邦在留を希望する外国人親については、その親子関係、当該外国人が当該実子の親権者であること、現に当該実子を養育、監護していることが確認できれば、「定住者」（1 年）への在留資格の変更を許可する。なお、日本人の実

13

外国人の子どもの権利

477

子とは、嫡出、非嫡出を問わず、子の出生時点においてその父または母が日本国籍を有しているものをいう。実子の日本国籍の有無は問わないが、日本人父から認知されていることが必要である」として、一応の救済策を講じた。「定住者」としての1年の在留期間は、実子が「未だ養育、監護者を必要とする時期」にあり、現に養育、監護していれば更新が許可されていた。730通達は、親権者であってかつ現に養育・監護していることを条件としていたことから、行政実務において現に養育・監護している親権者でない者にはほとんど在留が許可されない点が問題であったが、近時は親権者でなくても離婚後定期的に実子と面会し養育費を支払っている場合や、親権者ではないが実子と同居し監護養育している場合には、在留が許可されるようになっている。

(2) 在留特別許可について

730通達は、直接には在留資格がない外国人親に対する在留特別許可に関して述べていない。しかし同通達は、子どもの利益の尊重の点から外国人親に定住者としての資格を認めることを趣旨としたので、オーバーステイ等の外国人親と日本人親が結婚していない場合にも同通達が準用され、現実にも、このような場面で外国人親に定住者としての在留資格が認められてきた。

2006年10月法務省入国管理局は、在留特別許可の運用の透明性及び公平性を諮るため、「在留特別許可に係るガイドライン」を公表し、在留特別許可の拒否の判断に当たって考慮される積極要素と消極要素を公表した。上記ガイドラインは平成21年7月に改訂されたが、同ガイドラインは、日本人の実子や特別永住者の実子を養育しているオーバーステイ等の外国人親に対し在留特別許可を付与するか否かに関する判断要素も記載しており、特に考慮する積極要素として「日本人又は特別永住者との間に出生した未成年で未婚の実子（嫡出子又は父から認知を受けた非嫡出子）の親権者として本邦において相当長期間その子と同居し監護・養育し扶養して

いる場合」を掲げている[23]。上記ガイドラインの公表により、「730 通達」以降のオーバーステイ等の外国人親に対する在留特別許可の取り扱いに対する一定の基準が明確化された。

令和 5 年 6 月 16 日に公布された入管法の改正（以下、「令和 5 年入管法改正」という）では、在留特別許可の申請手続が創設され、上記ガイドラインに記載されていた考慮事項が法律に明記された（法第 50 条第 5 項）。また、在留特別許可の申請があった場合に、不許可とする場合には、速やかに理由を付した書面で申請人である外国人に通知することを義務付ける規定も整備された（法第 50 条第 10 項）。上記の改正は、令和 6 年 6 月 10 日から施行される。尚、上記の改正を受け、「在留特別許可に係るガイドライン」も令和 6 年 3 月に改定された。

3　非正規滞在の子どもを含む外国人家族に対する退去強制・在留特別許可

オーバーステイ等の外国人を両親として本邦において出生し成長した外国人の子どもや、幼少期に本邦へ不法入国またはオーバーステイとなりその後本邦で成長した外国人の子どもに対し、在留特別許可が認められず退去強制が命じられる事例も散見されているが、子どもが相当期間日本で生活し日本の生活様式や文化に慣れ親しんでいる場合、その子どもに対し退去強制を命じることは子どもの最善の利益を害する結果となる。また子どもの最善の利益を考慮した結果、子どもを本邦から退去強制すべきでな

23　ガイドラインでは、上記以外に当該外国人が①日本人又は特別永住者の子どもである場合、②日本人又は特別永住者と法的に婚姻し相当期間同居しその間に子どもがいるなど婚姻関係が安定している場合、③日本の初等・中等教育機関（母国語による教育を行っている教育機関を除く）に在学し相当期間本邦に在住している実子と同居し監護及び養育している場合、④難病等の治療のため日本での治療が必要であるか難病の治療が必要な親族を看護することが必要と認められる場合が積極要素として掲げられている。法務省入国管理管理局 2006 年 10 月・2009 年 7 月改訂「在留特別許可に係るガイドライン」

https://www.moj.go.jp/isa/content/930002524.pdf

いという判断がなされる場合には、子どもとその家族を分離することとなるようなその家族に対する退去強制は行われるべきではない。

　この点、2023年8月4日、出入国在留管理庁は、「送還忌避者のうち本邦で出生した子どもの在留特別許可に関する対応方針について」を発表し、日本で出生し、小学校、中学校又は高校で教育を受けており、今後も引き続き真に日本で生活をしていくことを希望している外国人の子どもについては、家族一体として日本社会との結び付きを検討した上で、在留特別許可を付与する方針を明らかにした。上記対応方針は、子どもの最善の利益の観点から、在留資格のない子どもとその家族に在留資格を認め、日本で安定して生活が行えるようにしている点で評価できる。

　もっとも、上記対応方針では、日本で出生した子どもであっても「親に看過し難い消極事情がある場合」は対象外となり、また幼少期に来日した子どもとその家族は対象外とされている等、日本に定着している在留資格のない子どもについて、親の事情や「日本で出生したか」等子どもが自ら選択できない事情によって取扱いを異にしている点で問題である。

　2024年3月、出入国在留管理庁は、「在留特別許可に係るガイドライン」の改定を公表したが、ガイドラインの位置づけについて、「我が国に不法に在留している期間が長いことについては、出入国在留管理秩序を侵害しているという観点から消極的に評価されることを明確にしました。他方で、本邦で家族とともに生活をするという子の利益の保護の必要性を積極的に評価すること、また、その間の生活の中で構築された日本人の地域社会（学校、自治会等。以下「地域社会」といいます）との関係も積極的に評価することなどを明確にしました。」と記載されており、改正法下で在留特別許可の運用がどうなるかにつき注視していく必要がある。

　子どもに対し在留特別許可を付与しない判断が子どもの最善の利益を害しているか否かについては、子どもの年齢、どのような環境の中で成長してきたか、日本の学校に通い何ら日本人と変わりない生活を送っているか、日本語が母語となっているか等その子どもの本邦への定着性の分析、子どもが母国へ送還された場合に直面すべき問題などを緻密に検討することが不可欠である。

検討に際しては、「在留特別許可に係るガイドライン」、出入国在留管理庁のウエブサイト上で公表されている在留特別許可された事例及び在留特別許可されなかった事例、子どもを含む外国人家族の退去強制が問題となった同種事案の判例、自由権規約委員会に対する個人通報事例[24]及び欧州人権裁判所の判例[25]が参考になる。また、オーストラリアやカナダの連邦最高裁判所は、子どもの権利条約を援用しつつ行政府に対して、退去強制の手続きにおいて子どもの最善の利益を主たる、または重要な考慮事項とすべきことを求めていることから参考になる。

4　収容

入管法は、同法第24条の容疑者に対する同法39条の収容令書に基づく収容、および同法第52条第5項の退去強制令書に基づく収容という身体拘束の制度を設けている。令和5年入管法改正により、法第24条に該当する容疑者の通知を受けた場合（令和5年入管法改正後の第39条第2項、第39条の2）及び、退去強制を受ける者を直ちに本邦外に送還出来ない旨の通知を受けた場合（令和5年入管法改正後の第52条第8項第9項）には、主任審査官は、その者を収容するか、管理措置にするかを決定しなければならない。

24　Winata v Ausutralia No.930/2000. U.n.DOC. CCPR/C/72?D/930/2000）
　　この事案ではオーストラリア国籍を有する子どもの元インドネシア国籍の両親に対する退去強制決定が自由権規約違反となるかが問題となったが、自由権規約委員会は、両親に対する退去強制の決定により子どもが両親と共にオーストラリアから退去するか、一人オーストラリアに留まるかの選択を迫られる点が家族に対する不法な干渉になり得る等として自由権規約違反となると判断した。

25　3/1987/126/177 Berrehab v the Netherlands, 21/June/1988
　　この事案では、オランダ国籍の妻と離婚したモロッコ国籍の夫に対する在留資格更新拒絶及び退去強制が妻と暮らす子どもとの面接交渉を阻害することになり、家族生活の尊重を保障する欧州人権条約8条の違反となると判断された。

(1) 収容の問題点

子どもの権利条約 37 条（b）は、子どもの抑留、拘禁は、法律に従うものとし、最後の手段として、かつ最も短い適当な期間でのみ用いられると定める。

しかし、令和 5 年入管法改正以前は、入国管理局は、入管法 39 条および同法 52 条 5 項が、限定要件を定めていないことを根拠として、逃亡の恐れなどの必要性がなくとも、全件について対象となる外国人を収容するべきものという見解を示していた。身柄解放手段としての仮放免についても、法令上仮放免許可の基準は規定されておらず、仮放免許可を行うか否かの判断は、入国者収容所長又は主任審査官の自由裁量であるとされていた。

令和 5 年入管法改正により、入管法 24 条該当の容疑者や退去強制を受ける者を直ちに送還できない者に対し、管理措置に付するのか、収容するのかが判断されることとなった。収容された場合には、3 月ごとに収容の要否が必要的に見直されることなっている。

(2) 処遇

未成年者を身体拘束する場合には、原則として成人から分離されなければならず、自由を奪われたすべての子どもについて、年齢に基づくニーズを考慮した方法で取り扱われるべきである（子どもの権利条約第 37 条（c））。

しかし、入管法上の規定に基づく収容は、収容場所が各地方入国管理局にある収容場または長崎、茨城に所在する入国者収容所とされることがほとんどであるところ、これらの収容施設は、成人と別個の未成年者のための施設を有していない。

したがって、未成年者が入管施設に収容される場合には、年齢に基づくニーズを考慮した処遇がなされないばかりか、成人と分離されずに収容されることとなる。

未成年者が入管施設に収容される事例は殆どみられないが、在留資格がない外国人の子どもの入管法 24 条違反事件を受任した場合には、子どもが収容されないよう適宜活動することが重要であり、収容されている場合

には、早急に身柄の解放に向けた活動をすることが重要である。

V　外国人の子どもの医療・福祉

　平成 21 年の入管法改正に基づき同 24 年 7 月 9 日から、外国人住民も「住民基本台帳」に登録されることとなり、3 か月を超える在留資格がある外国人は、他の健康保険の被保険者・被扶養者でない限り、原則として国民健康保険に加入することとなった。

　非正規滞在の外国人や 3 か月以下の在留期間で本邦に滞在している外国人で医療費の全額負担ができないような場合、「無料低額診療事業」を行っている医療機関を受診すれば、医療費が無料または低額になる。「無料低額診療事業」を行っている医療機関において診療を希望する場合には、①市町村の社会福祉事業担当部署や社会福祉事務所、社会福祉協議会に予め相談して無料（低額）診療券の交付を受け、これをもって無料低額診療事業を行っている医療機関で受診する方法と、②無料低額診療事業を行っている医療機関に直接行き医療ソーシャルワーカーに相談して医療費の減免を決定してもらう方法がある。医療費の減免の程度は各医療機関によって異なっている。

　在留資格のない外国人の子どもであっても予防接種法に基づき各種予防接種を受けることができる（予防接種法第 5 条第 1 項、同法施行令第 1 条の 3）。

VI　外国人少年事件について

　外国人少年事件の付添人となった場合には、少年事件としての一般的留意点のほかに、通訳人を介してしかコミュニケーションがはかれないという言語上の障害や、国による文化や宗教・法制度・規範意識等の相違、外国人少年が日本という外国人に対して閉鎖的な社会のなかでもっていた疎

外感や孤立感、特に身体拘束による衝撃や極度の不安感などに十分留意する必要がある。

　一般的に、付添人が同行する通訳人が警察・検察での通訳人と同じというのは好ましくない。外国人少年からすれば、通訳人は捜査機関サイドの人間として認識されていると思われるからである。少年の言い分を、審判廷において、そのニュアンスまで含めて正確に伝えるためには、通訳人が事前に少年とコミュニケーションをとっておいたほうがよく、付添人が同行する通訳人が審判と同じ通訳人であることは少年人にとってはメリットがあると言える。ただ、その場合でも、外国人少年は、日本の司法制度を知らず不安感や警戒心を抱いている場合があるから、通訳人が同一であったとしても付添人と裁判所とは立場が違うということ、付添人は少年自身の味方だということを理解させ、付添人との信頼関係を確保することが必要である。

　通訳人は、必ずしも法律上の専門用語に精通していないから、平易な用語を用いること、できるだけ直訳・逐語訳を依頼すること（通訳人によっては意訳したり通訳人自身の説明を加えたりする場合がある）、通訳人と少年の対話ではなく付添人と少年の対話となるよう心がける必要がある。

　面会にあたっては、日本の少年審判手続や付添人の立場について十分に説明する。一見理解したようにみえても、実は大変な誤解をしている場合もあるので注意を要する。また付添人の費用を気にしていることも多いから、むしろ付添人側から積極的に説明すべきである。事件に関する打ち合わせとともに、警察・鑑別所における食事や宗教上・生活上の困難を抱えていないかどうかを確かめる。母国語で話せる親族等との面会や母国語の読み物の差し入れなども大切である。

　供述調書については、通訳人を介在しているための不正確さがないかという観点からもその任意性・信用性を十分に吟味する必要がある。

　審判の準備にあたっては、少年の家族・友人などから少年の成育歴や日本人とは異なる文化的背景や日本社会のなかで外国人としてどう扱われてきたのかを特に配慮して調査する必要がある。たとえば、ナイフをもっていたという事実ひとつ取り上げても、少年の母国ではそれが日常的な生活

道具や遊び道具であって、日本ではそれが銃刀法違反になることなど思いもよらないという場合もある。また、中国で育った少年が放置されている自転車をもったいないと思って持ち帰ったのが、占有離脱物横領に問われるなどという例もある。

　調査官、裁判官との面接や意見書の作成にあたっては、上記のような少年の外国人としての特殊性が当該事件にもたらしている意味を解明し、裁判所に十分理解させるよう努めることが重要である。

　処遇について特に注意を要するのは、外国人少年の場合、言語上文化上の問題から、少年院送致されても、その処遇が少年に対する保護処分として機能し得ないばかりか、逆に健全な成育を阻害する場合もあるという点である。

　審判終了後は、審判の結果について改めて丁寧に説明し、抗告の可能性を含め少年の理解と納得を得る必要がある。特に退去強制手続が取られることが予想されている場合には、審判と強制退去の手続きの相違やその後の見通しなどを説明し、また、日本での在留を希望する場合は、その後の退去強制手続についても準備・対応することが必要である。

13

外国人の子どもの権利

14

子どもの貧困

I　子どもの貧困を問題とすること

　貧困は、高度成長期以降「一億総中流」というフレーズに隠され、日本では例外的な問題だと考えられていたため、長い間大きな問題として取り上げられることはなかった。

　しかし、実際は、日本においても貧困問題はずっと存在していた。この隠された問題が報道等でも大きく取り上げられ、特に子どもの貧困が社会において知られるようになったのは、研究者らが中心となって子どもの貧困率などの調査結果を公表した 2008 年ごろからで、この年は「こどもの貧困元年」と呼ばれることがある。

　貧困という言葉から思い描く状況は人それぞれだろうが、「食べることもできない」状況、つまり、餓死してしまいそうな生活を貧困状態と考える人も多いかもしれない。このような「生きるために必要最低限の生活水準が保障されていない状態」のことを「絶対的貧困」という。この絶対的貧困に対する概念として、「その国・地域で暮らす大多数の人より貧しい状態にあること」を示す「相対的貧困」という基準がある。絶対的貧困は一日の生活費が一定の基準を下回っているかどうかを基準とし、相対的貧困の基準は国や時代によって変動する（厚生労働省においては、「等価可処分所得（世帯の可処分所得を世帯人員の平方根で割って調整した所得）の中央値の半分に満たない世帯員の割合」を相対的貧困率としている）。なお、厚生労働省の 2022 年国民生活基礎調査によれば、2021 年の貧困線（等価可処分所得の中央値の半分）は 127 万円となっており、相対的貧困率は 15.4%である。子どもの貧困率は 11.5%、すなわち 8 ～ 9 人に 1 人の子どもが相対的貧困の状態にある。

　子どもの権利条約 27 条が十分な生活水準への権利を子どもに認めていることからも、子どもの貧困を考えるに当たっては、まずは相対的貧困を指標とすることが当然であり、実際、今の日本において貧困問題を考える際は、多くの場合、相対的貧困が指標とされている。しかし、現在は、相対的貧困という指標だけでは十分ではなく、生活に必要な物やサービスを

経済的な理由で享受できない状態にあるかどうかを基準とする「剝奪指標」についても考える必要があると指摘されている。貧困問題を取り上げた報道で、子どもがスマートフォンを持っている、外食している等と言う理由で「贅沢している」などと非難されることがあるが、現在の日本においてスマートフォンは多くの子どもが持っており連絡手段のために必要なものとなっている。また、そもそも自炊すれば費用が安くすむとも限らないし、家族や友人との外食は楽しみだけでなく、成長に必要な経験でもある。子どもの権利条約は、子どもが生命に対する固有の権利を有することを認めるだけでなく、国に子どもの生存及び発達を可能な最大限の範囲で確保することを求めている（6条）。さらに、国に対して子どもにとって文化的及び芸術的な活動並びにレクリエーション及び余暇の活動のための機会を提供しなければならないと定めている（31条）。豊かな子ども時代はその子の成長発達を助け、貧困は子どもらしく遊ぶことのできる機会、学ぶ機会、健やかに成長する機会を奪ってしまう。子ども自身には責任のない子どもの貧困の問題は、大人の場合とは違った意味をもっていることを忘れてはならない。どのような状態を貧困と考え、どのような支援をしていくのか、わたしたちは、子どもが成長するために何が必要なのか、どんな経験が大切なのか、という観点から考えていく必要がある。

1 現 状

(1) 子どもの相対的貧困率の推移

　ア　厚生労働省は 2011 年に発表した 2010 年の国民生活基礎調査の結果発表の中で、初めて 18 歳未満の子どもの相対的貧困率を発表した。

　このとき、1985 年からの 3 年ごとの推移があわせて発表されたが、これからバブル景気が始まるという年であった 1985 年でも貧困率は 10.9%で、10 人に 1 人以上である。その後も子どもの貧困率は増加傾向を示し、2012 年の子どもの貧困率は 16.3%で全世帯の相対的貧困率 16.1%を上回り、データが公表された年度で過去最悪だった。子どもの約 6 人に 1 人が

貧困状態という調査結果は社会に大きな衝撃を与えた。その後、2015 年は 13.9%、2018 年は 13.5%、2021 年（新基準）は 11.5% と子どもの貧困率は少しずつ下がってきてはいるが、それでもなお 9 人に 1 人以上の子どもが貧困状態にある。特に、新型コロナウィルス感染症に起因する経済不況は、もともと経済的に厳しかったひとり親家庭、特にサービス業従事者が多かった母子家庭に深刻な経済的ダメージを与えており、その影響が心配される。

イ　就学援助の受給者の状況

　文部科学省では就学援助の受給者の状況を調査している。就学援助の対象者は、生活保護を必要とする状態にある者か、これに準ずる程度に困窮していると認める者で、そのデータは貧困を示す指標となりうる。この就学援助の受給者の割合も、先に述べた 18 歳未満の子どもの相対的貧困率とほぼ同じ推移を示している。なお、生活保護に準ずる程度の困窮とは言うが、実際には生活保護を利用できる状況であっても、生活保護利用者は原則として自動車を保有できないため、特に地方においては自動車を手放せないために生活保護の利用を諦める世帯も多く、これもまた子どもの貧困問題を深刻化する理由の一つとなっている。

(2) 国際比較

　ユニセフ（UNICEF／国際連合児童基金）の 2016 年の報告では、先進諸国の比較（データは概ね 2013 年）で、日本は所得格差が 41 か国中 8 番目に大きかった（イノチェンティレポートカード 13（2016 年））。日本は先進国と一般的に考えられているが、国際的に見ても、日本は子どもの貧困率が高い国である。

(3) ひとり親世帯（母子世帯）

　貧困率を世帯類型別に比較した場合、勤労者（20 ～ 64 歳）のいる世帯に比べ、高齢者（65 歳〜）の世帯の貧困率は高くなっている。しかし、母子世帯の貧困率はこれを上回る。日本は、母子世帯で 8 割を超える母親が

働いており、この就労率は国際的にみても極めて高いのに貧困率が高いという、国際的に類を見ないものとなっている。

その原因は、賃金の男女格差、結婚や出産を機に退職した女性が子どもを抱えて正規雇用につく困難さ、非正規雇用の拡大による低賃金など、日本社会の構造的問題が指摘されている。

なお、父子家庭も、母子家庭ほどではないが、ふたり親家庭より平均年収は低く、貧困率は高くなっている。

(4) 教育費

義務教育は無償といっても、それは主に授業料や教科書のことであり、ほかに教材、給食費、制服、修学旅行、そして課外活動の費用などの隠れた実費がある。

給食の無償化（一部自治体）、高校授業料の無償化や給付型奨学金など、少しずつ公的支援が拡充してはいるものの、日本では本人・保護者が負担しなければならない教育費は、特に高等教育においては高額である一方、公的支援はまだまだ不十分で、私費負担の割合が極めて高い。

日本では、その子の能力にかかわらず、保護者や本人に教育費を負担する能力がなければ、実質、その教育を受けられないのである。

2 影響

(1) 現状での不利益

もし、8人の友達がいたとして、自分の家庭では8人の友達の家庭が使えるお金の半分しかお金を使えないとしたら、どんな生活になるかイメージできるだろうか。友達と一緒に遊びに行けない、同じゲームを持てない、同じ本や参考書を持てない、これらは子どもにとってはとてもつらいことだ。だが、貧困の影響はそれだけではない。

貧困では不十分な衣食住の生活となる。お金がなければ食料品も買えない。服も買えない。夏休みに痩せる子どもの報道もなされている。夏休みは学校に行かないため、給食を食べることができず、食事が減るため痩せ

てしまうのだ。家賃も払えなければ、借りている住居は退去しなければならない。2014年には千葉県で、住宅の家賃を滞納したことにより退去を求められた母親が、明け渡しの日に娘を殺したという事件が起きてしまった。お金がなければ医療も受けられない。低所得世帯の子どもの虫歯の多さを歯科医師らが報告しており、具合が悪くても学校の保健室で治療等をすます子どもも報道されている。

　経済的に困難でゆとりがなければ、文化的な活動にお金をかける余裕もない。子ども時代に豊かな生活を築くことはできない。

　さらに、保護者の余裕のなさは、子どもと交流する時間・かかわり方に悪影響を及ぼすことが多く、その結果は子ども自身の低い自己評価や、不安感、孤立感などにつながりやすい。子どもがこれからの人生に夢や希望を抱けないことにもつながっている。

(2) 将来の不利益

　貧困は、現時点だけの問題に留まらない。貧困家庭に育つと、経済的困難から教育の機会が限定され低学歴となり、そして、低学歴のため職が限定されて低所得となる可能性が高いことは調査結果から明らかである。子どもの頃の貧困は、大人になっても影響を及ぼすのである。

　そうなると、その子が結婚して家庭を築いても貧困に陥る可能性が大きく、そこで育つ子どももまた、貧困の中で育つという貧困の世代間連鎖を作り出すことになる。もちろん、必ずしも全員がこの過程を踏むわけではない。しかし、貧困の世代間連鎖は実際には以前から知られていた問題であり、日本は目を背けてきただけである。経済的格差が広がり、貧困問題がより複雑に深刻化した今、わたしたちはこの問題から逃げることは許されない状況にいる。

II　現行の法制度

1　日本国憲法

　日本国憲法では、直接に子どものことを念頭に置いて規定された条文は2つある。1つは憲法第26条の教育を受ける権利である。

　同条は第1項では、「すべて国民は、法律の定めるところにより、その能力に応じて、ひとしく教育を受ける権利を有する。」と規定する。この条文自体の対象は子どもに限定されるものではなくすべての国民を対象とし、子どもを含むすべて国民は国に対してその能力に応じた教育を受けることを要求する権利があることになる。

　そして第2項では「すべて国民は、法律の定めるところにより、その保護する子女に普通教育を受けさせる義務を負ふ。義務教育は、これを無償とする。」と規定する。人間が成長していくには教育が不可欠であることから、子どもには特に教育を受ける権利があり、それは子どもを保護する者により充足されなければならないと規定する。さらに義務教育は、子どもの教育を受ける権利を充足するために、経済的に負担を掛けることなく、無償で無条件に子どもに提供されるのである。

　両方の条項を併せて読めば、子どもは特に教育を受ける権利を保障されなければならない。

　日本国憲法が子どものことを規定するもう一つの条文は憲法第27条3項で、「児童は、これを酷使してはならない。」と規定する。子どもは心身の発達のために学びが優先されるのであって、自分でお金を稼いで生活することを前提としないので、当然の規定である。

　その他にも、憲法は第25条で「すべて国民は、健康で文化的な最低限度の生活を営む権利を有する。2 国は、すべての生活部面について、社会福祉、社会保障及び公衆衛生の向上及び増進に努めなければならない。」と規定し、子どもも当然に健康で文化的な最低限度の生活を営むことを保障され、これに加え国は社会福祉等の向上等をさせなければならない責務

を負っている。

さらに、憲法は第13条で、「すべて国民は、個人として尊重される。生命、自由及び幸福追求に対する国民の権利については、公共の福祉に反しない限り、立法その他の国政の上で、最大の尊重を必要とする。」と規定しており、子どもの幸福追求権も最大に尊重されなければならない。

憲法第25条、第13条は、子どもを特に対象とした規定ではないが、子どもとの関係でも考えられなければならない規定である。

2　子どもの権利条約

（1）子どもの権利条約の第26条第1項では、「締約国は、すべての児童が社会保険その他の社会保障からの給付を受ける権利を認めるものとし、自国の国内法に従い、この権利の完全な実現を達成するための必要な措置をとる。」と規定する。子どもであっても国民であるから、前述した憲法25条に定める生存権を保障されるが、さらに条約により「社会保障からの給付を受ける権利」が認められている。

（2）教育費については同条約第28条1項において「(a) 初等教育を義務的なものとし、すべての者に対して無償のものとする。(b) 種々の形態の中等教育（一般教育及び職業教育を含む）の発展を奨励し、すべての児童に対し、これらの中等教育が利用可能であり、かつ、これらを利用する機会が与えられるものとし、たとえば、無償教育の導入、必要な場合における財政的援助の提供のような適当な措置をとる。」と規定する。日本の中学校と高等学校に相当する中等教育にも、財政的な措置を採ることを、同条約は加盟国に要求している。

3　子どもの貧困の解消に向けた対策の推進に関する法律

2014年1月17日に、「子どもの貧困対策の推進に関する法律」が施行され、これを踏まえ、「子供の貧困対策に関する大綱」が閣議決定された。

494

その後、施策の実施状況等を踏まえ、2019年6月に法改正が、同年11月には新たな子供の貧困対策に関する大綱が閣議決定された。さらに、2024年6月の法改正により、「子どもの貧困の解消に向けた対策の推進に関する法律」に名称が改められた。

これらは国や地方公共団体の責務などを定めたにとどまるが、これにより各都道府県の計画策定、実施、制度の整備が始まり、また法の改正に伴い、その内容はより充実してきて、まだ十分とは言えないが、同法の立法・施行には一定の意義があったと言えよう。

4　児童福祉6法

第二次世界大戦後、子どもの福祉に関する法律が順次制定された。そのうち「児童福祉法」「児童扶養手当法」「特別児童扶養手当等の支給に関する法律」「母子及び父子並びに寡婦福祉法」「母子保健法」そして「児童手当法」は児童福祉6法と呼ばれ、重要な法律となっている。

5　児童福祉法（1947年）

子どもの福祉に関係する法律としてまず上げられるのは児童福祉法である。同法は2016年6月3日の改正で、理念が明確にされた。それを示すのが第1条で、「全て児童は、児童の権利に関する条約の精神にのっとり、適切に養育されること、その生活を保障されること、愛され、保護されること、その心身の健やかな成長及び発達並びにその自立が図られることその他の福祉を等しく保障される権利を有する。」と詳細に規定し直されて、子どもの側から、子どもが権利を有することを明確に規定した。

さらに第2条で「全て国民は、児童が良好な環境において生まれ、かつ、社会のあらゆる分野において、児童の年齢及び発達の程度に応じて、その意見が尊重され、その最善の利益が優先して考慮され、心身ともに健やかに育成されるよう努めなければならない。」と規定して、児童の権利に関する条約に使われている「最善の利益」の言葉が用いられた。

6　児童扶養手当法（1961 年）

　母子・父子家庭の子どもが育成される家庭の生活の安定と自立の促進に寄与するため、現金給付（児童扶養手当）を定めた法律である。給付内容等については後ほど触れる。

7　特別児童扶養手当等の支給に関する法律（1964 年）

　精神または身体に障害を有する子どもについて現金給付（特別児童扶養手当）を定めた法律である。
　障害の程度により、さらに「障害児福祉手当」「特別障害者手当」が支給されることも規定している。

8　母子及び父子並びに寡婦福祉法（1964 年）

　母子・父子家庭及び寡婦（かつて母子家庭の母であって、現在再婚していない人）の、生活の安定と向上のために必要な措置を講じてその福祉を図ることを目的とした法律である。

9　母子保健法（1965 年）

　母子の健康の保持および増進を図ることを目的として定められた法律である。母子に身近なサービスを多く規定している。

10　児童手当法（1971 年）

　子どもを養育している家庭の生活の安定と、子どもの健やかな成長のため、子どもを養育している者に対する現金給付（児童手当）を定めた法律である。

Ⅲ　利用できる制度

1　金銭支援

（1）児童手当

　子育てにかかる経済的負担の軽減を目的に給付される金銭である。ここ数年でも支給対象児童の年齢拡大と支給金額の増額、さらに所得制限の導入がされている。

　欧州に比べると金額は低く、子育てにかかる費用に対し十分とはいえないので、今後も変更される可能性がある（そもそも、増額が必要である）。受給時の制度を確認する必要がある。

（2）特別児童扶養手当

　精神又は身体に障害を有する児童について給付される金銭である。年度ごとに支給額は見直されるほか、所得制限がある。

（3）就学援助

　学校教育法第 19 条の「経済的理由によって、就学困難と認められる学齢児童生徒の保護者に対しては、市町村は、必要な援助を与えなければならない。」との規定に基づき「就学困難な児童及び生徒に係る就学奨励についての国の援助に関する法律」が制定され、就学援助がなされている。

　対象となる児童は、生活保護を必要とする状態にある要保護児童生徒、およびこれに準ずる程度に困窮している準要保護児童生徒に対してなされる。準要保護児童生徒に対する就学援助は、各自治体が定めることになっている。そのため各自治体により差がある。

　補助の対象は、学用品費／体育実技用具費／新入学児童生徒学用品費等／通学用品費／通学費／修学旅行費／校外活動費／クラブ活動費／生徒会費／ PTA 会費である。

　また、学校給食法第 12 条により学校給食費が補助されている。さらに

学校保健安全法第 24 条により医療費が補助されている。

（4）生活保護

　子どもの貧困に限ったことではないが、最後のセーフティネットとして、貧困の場合は生活保護を活用すべきである。

（5）奨学金

　先に、教育の機会が限られることによる貧困の連鎖を述べた。ここから抜け出すには高等教育（日本では大学など以上に相当）を受けることが有用であるが、これも先に述べたように、日本では教育には高い費用がかかる。

　教育にかける費用がない場合、日本では一般的な国の制度としては日本学生支援機構を貸し主とする「奨学金制度」という借金で学費を準備することが多い。同機構でも 2018 年（一部は 2017 年）に給付型奨学金が創設されるなど公的支援の拡充がみられるが、まだ不十分であり、さらなる支援が必要である。

　また、過去の貸付型奨学金利用者について、返済困難者の救済制度が不十分であるため、奨学金の返済を滞納し、給料の差押えなどの強制執行を受け、さらには自己破産に追い込まれるケースが増加して社会問題となっており、奨学金の返済免除あるいは返済負担のさらなる軽減の制度が求められている。

2　支援制度

（1）母子保健制度

　母子保健法には、母と子を対象として、妊娠以降、出産した後も母子に対するサービスが規定されている。

　妊娠の届け出がなされると母子健康手帳が交付される。そして妊産婦は公費負担による健康診断が受けられる。また乳幼児の健康診断は市町村の義務としてなされる。

市町村は新生児等の訪問指導が行えるほか、妊娠・出産・子育てに関する相談窓口も各位自治体に設けられている。

(2) 子育て支援事業

　児童福祉法は、市町村が子育て支援事業を整備することを定めている。

　そこで規定されている事業は、放課後児童健全育成事業、子育て短期支援事業、乳児家庭全戸訪問事業、養育支援訪問事業、地域子育て支援拠点事業、一時預かり事業、病児保育事業及び子育て援助活動支援事業などがある。

(3) 子ども・子育て支援

　2012 年 8 月に「子ども・子育て支援法」が成立した。

　同法では、就学前の子どもの教育に対する給付や、市町村の事業実施について定めるが、制度設計は流動的で変わる可能性がある。

(4) 生活困窮者自立支援制度

　生活困窮者自立支援法により、2015 年 4 月から始まった制度である。

　相談窓口が全国の福祉事務所のある自治体に設置され、生活困窮者である親が、就労等に支援を受けられるほか、子どもに関して言えば、生活困窮世帯の子どもの学習支援が定められている。ただし、その支援の内容や質は自治体により格差があり、すべての自治体で一定の水準の支援が受けられるよう、改善が求められる。

3　ひとり親家庭への支援

(1) 遺族年金と養育費

　ひとり親家庭になる原因は、離別死別、未婚や別居があるが、その中で離婚の割合が圧倒的に多く 8 割近くを占めている。

ア　遺族年金

遺族年金には遺族基礎年金と遺族厚生年金の二つがある。

遺族基礎年金は、亡くなった被保険者が国民年金の場合で、厚生年金の場合はさらに遺族厚生年金を受けられる。

対象者は、亡くなった者に生計を維持されていた 18 歳になって 3 月 31 日を経過していない子を有する配偶者と、子である（遺族厚生年金は他にも対象者はいる）。親が離婚していたとしても、子どもに養育費が払われていたのならばその場合も対象になる。

イ　養育費

離婚の場合は遺族年金に対応するものはない。別れた相手から養育費を払ってもらえということなのだろう。日本の場合、離婚の手段は 9 割近くが協議離婚で裁判所が関与する離婚は 1 割少々しかない。日本にいるとこれが当たり前と思うかもしれないが、国際的には珍しく、殆どの国が離婚の時に裁判所が関与する。日本では親権者を決めれば養育費の取り決めがなくとも離婚ができてしまうので、養育費の取り決めがあるのは 4 割に満たない。諸外国では離婚時に公的機関が関与することが多く、また、養育費の取り立てに国が強力に関与する国も珍しくなく、不払いの場合に備えた立替制度がある国も少なくない。

日本では離婚時に養育費の取り決めを相手に求めても話がまとまらなければ、家庭裁判所に調停を求めることになる。調停が成立しない場合は家庭裁判所に判断を委ね、審判を待つことになる。調停や審判の結果は通常の裁判所における判決と同様の効力を持つが、不払いの場合の強制的な回収方法は未だ不十分である。2024 年現在、日本では養育費を含めた家族法制度の在り方について議論がなされているが、子どもの成長に対する親の責任を、子どもの権利という観点から制度設計をすることが極めて重要である。

(2) 児童扶養手当

父母の一方としか生計を同じくしない児童に支給される金銭である。か

つては母子家庭のみ対象だったが、現在は父子家庭も含まれるようになり、その他にも公的年金との併給条件の緩和、支払回数の細分化など制度全体に改善がみられるが、所得制限や申請の際にプライバシーの侵害に当たるような過剰な現況調査が行われているなどの問題が指摘されており、さらなる改善が望まれる。

(3) ひとり親家庭支援

　ひとり親家庭に対する支援は「母子及び父子並びに寡婦福祉法」に定められている。同法の柱は、「子育て・生活支援」「就業支援」「養育費確保支援」「経済的支援」の４つである。

　子育て・生活支援は、ひとり親家庭への保育所利用や公営住宅への特別の配慮や、相談支援、学習支援などを規定している。

　就業支援のほか、同法では母や父の自立への努力を規定するが、そもそも母子家庭や父子家庭の親の就労率は高く、問題は賃金の低さや長時間労働などの労働条件である。就業したら貧困から抜け出せるようになる支援、社会全体の労働条件の改善がより必要である。

　経済的支援としては、子どもの修学に必要な資金や、就職のための技能取得に必要な資金などを目的とした福祉資金の貸付けが規定されている。

4　結　語

　以上述べたように、色々な制度は規定されているものの、金銭的給付などは基準が低いほか、実効性ある制度についても乏しく、このことが国際的に見て高い子どもの貧困率、とりわけ母子家庭の高い貧困率に繋がっている。

　子どもの貧困問題がクローズアップされるようになって以降、民間団体による支援も広がっているが、憲法からも、子どもの権利条約の理念から考えても、子どもの貧困問題は国が解決すべき問題である。同条約は子どもに対する第一次的な養育責任はその保護者にあるが、国にはその保護者が子どもを適切に養育できるよう、家庭ごと支援することを求めている。

日本は、同条約の締約国として、子どものためにさらなる公的支援の拡充をすることが求められている。

資　料

子どもの権利条約（1989）

＊日弁連では、「子どもの権利条約」と訳していますが、日本政府は、「児童の権利に関する条約」と訳しています。

1994 年 5 月 22 日国内発効

前　文

この条約の締約国は、

国際連合憲章において宣明された原則によれば、人類社会のすべての構成員の固有の尊厳及び平等のかつ奪い得ない権利を認めることが世界における自由、正義及び平和の基礎を成すものであることを考慮し、

国際連合加盟国の国民が、国際連合憲章において、基本的人権並びに人間の尊厳及び価値に関する信念を改めて確認し、かつ、一層大きな自由の中で社会的進歩及び生活水準の向上を促進することを決意したことに留意し、

国際連合が、世界人権宣言及び人権に関する国際規約において、すべての人は人種、皮膚の色、性、言語、宗教、政治的意見その他の意見、国民的若しくは社会的出身、財産、出生又は他の地位等によるいかなる差別もなしに同宣言及び同規約に掲げるすべての権利及び自由を享有することができることを宣明し及び合意したことを認め、

国際連合が、世界人権宣言において、児童は特別な保護及び援助についての権利を享有することができることを宣明したことを想起し、家族が、社会の基礎的な集団として、並びに家族のすべての構成員、特に、児童の成長及び福祉のため

の自然な環境として、社会においてその責任を十分に引き受けることができるよう必要な保護及び援助を与えられるべきであることを確信し、

児童が、その人格の完全なかつ調和のとれた発達のため、家庭環境の下で幸福、愛情及び理解のある雰囲気の中で成長すべきであることを認め、

児童が、社会において個人として生活するため十分な準備が整えられるべきであり、かつ、国際連合憲章において宣明された理想の精神並びに特に平和、尊厳、寛容、自由、平等及び連帯の精神に従って育てられるべきであることを考慮し、

児童に対して特別な保護を与えることの必要性が、1924 年の児童の権利に関するジュネーヴ宣言及び 1959 年 11 月 20 日に国際連合総会で採択された児童の権利に関する宣言において述べられており、また、世界人権宣言、市民的及び政治的権利に関する国際規約（特に第 23 条及び第 24 条）、経済的、社会的及び文化的権利に関する国際規約（特に第 10 条）並びに児童の福祉に関係する専門機関及び国際機関の規程及び関係文書において認められていることに留意し、

児童の権利に関する宣言において示されているとおり「児童は、身体的及び精神的に未熟であるため、その出生の前後において、適当な法的保護を含む特別な保護及び世話を必要とする。」ことに留意し、

国内の又は国際的な里親委託及び養子縁組を特に考慮した児童の保護及び福祉についての社会的及び法的な原則に関する宣言、少年司法の運用のための国際連合最低基準規則（北京規則）及び緊急事態及び武力紛争における女子及び児童

子どもの権利条約（1989）

の保護に関する宣言の規定を想起し、

　極めて困難な条件の下で生活している児童が世界のすべての国に存在すること、また、このような児童が特別の配慮を必要としていることを認め、

　児童の保護及び調和のとれた発達のために各人民の伝統及び文化的価値が有する重要性を十分に考慮し、

　あらゆる国特に開発途上国における児童の生活条件を改善するために国際協力が重要であることを認めて、

　次のとおり協定した。

第1部

第1条　この条約の適用上、児童とは、18歳未満のすべての者をいう。ただし、当該児童で、その者に適用される法律によりより早く成年に達したものを除く。

第2条
1　締約国は、その管轄の下にある児童に対し、児童又はその父母若しくは法定保護者の人種、皮膚の色、性、言語、宗教、政治的意見その他の意見、国民的、種族的若しくは社会的出身、財産、心身障害、出生又は他の地位にかかわらず、いかなる差別もなしにこの条約に定める権利を尊重し、及び確保する。
2　締約国は、児童がその父母、法定保護者又は家族の構成員の地位、活動、表明した意見又は信念によるあらゆる形態の差別又は処罰から保護されることを確保するためのすべての適当な措置をとる。

第3条
1　児童に関するすべての措置をとるに

当たっては、公的若しくは私的な社会福祉施設、裁判所、行政当局又は立法機関のいずれによって行われるものであっても、児童の最善の利益が主として考慮されるものとする。
2　締約国は、児童の父母、法定保護者又は児童について法的に責任を有する他の者の権利及び義務を考慮に入れて、児童の福祉に必要な保護及び養護を確保することを約束し、このため、すべての適当な立法上及び行政上の措置をとる。
3　締約国は、児童の養護又は保護のための施設、役務の提供及び設備が、特に安全及び健康の分野に関し並びにこれらの職員の数及び適格性並びに適正な監督に関し権限のある当局の設定した基準に適合することを確保する。

第4条　締約国は、この条約において認められる権利の実現のため、すべての適当な立法措置、行政措置その他の措置を講ずる。締約国は、経済的、社会的及び文化的権利に関しては、自国における利用可能な手段の最大限の範囲内で、また、必要な場合には国際協力の枠内で、これらの措置を講ずる。

第5条　締約国は、児童がこの条約において認められる権利を行使するに当たり、父母若しくは場合により地方の慣習により定められている大家族若しくは共同体の構成員、法定保護者又は児童について法的に責任を有する他の者がその児童の発達しつつある能力に適合する方法で適当な指示及び指導を与える責任、権利及び義務を尊重する。

第6条

資料

1 締約国は、すべての児童が生命に対する固有の権利を有することを認める。

2 締約国は、児童の生存及び発達を可能な最大限の範囲において確保する。

第7条

1 児童は、出生の後直ちに登録される。児童は、出生の時から氏名を有する権利及び国籍を取得する権利を有するものとし、また、できる限りその父母を知りかつその父母によって養育される権利を有する。

2 締約国は、特に児童が無国籍となる場合を含めて、国内法及びこの分野における関連する国際文書に基づく自国の義務に従い、1の権利の実現を確保する。

第8条

1 締約国は、児童が法律によって認められた国籍、氏名及び家族関係を含むその身元関係事項について不法に干渉されることなく保持する権利を尊重することを約束する。

2 締約国は、児童がその身元関係事項の一部又は全部を不法に奪われた場合には、その身元関係事項を速やかに回復するため、適当な援助及び保護を与える。

第9条

1 締約国は、児童がその父母の意思に反してその父母から分離されないことを確保する。ただし、権限のある当局が司法の審査に従うことを条件として適用のある法律及び手続に従いその分離が児童の最善の利益のために必要であると決定する場合は、この限りでない。このような決定は、父母が児童を虐待し若しくは放置する場合又は父母が別居しており児童の居住地を決定しなければならない場合のような特定の場合において必要となることがある。

2 すべての関係当事者は、1の規定に基づくいかなる手続においても、その手続に参加しかつ自己の意見を述べる機会を有する。

3 締約国は、児童の最善の利益に反する場合を除くほか、父母の一方又は双方から分離されている児童が定期的に父母のいずれとも人的な関係及び直接の接触を維持する権利を尊重する。

4 3の分離が、締約国がとった父母の一方若しくは双方又は児童の抑留、拘禁、追放、退去強制、死亡（その者が当該締約国により身体を拘束されている間に何らかの理由により生じた死亡を含む。）等のいずれかの措置に基づく場合には、当該締約国は、要請に応じ、父母、児童又は適当な場合には家族の他の構成員に対し、家族のうち不在となっている者の所在に関する重要な情報を提供する。ただし、その情報の提供が児童の福祉を害する場合は、この限りでない。締約国は、更に、その要請の提出自体が関係者に悪影響を及ぼさないことを確保する。

第10条

1 前条1の規定に基づく締約国の義務に従い、家族の再統合を目的とする児童又はその父母による締約国への入国又は締約国からの出国の申請については、締約国が積極的、人道的かつ迅速な方法で取り扱う。締約国は、更に、その申請の提出が申請者及びその家族の構成員に悪影響を及ぼさないことを確保する。

子どもの権利条約（1989）

2　父母と異なる国に居住する児童は、例外的な事情がある場合を除くほか定期的に父母との人的な関係及び直接の接触を維持する権利を有する。このため、前条1の規定に基づく締約国の義務に従い、締約国は、児童及びその父母がいずれの国（自国を含む。）からも出国し、かつ、自国に入国する権利を尊重する。出国する権利は、法律で定められ、国の安全、公の秩序、公衆の健康若しくは道徳又は他の者の権利及び自由を保護するために必要であり、かつ、この条約において認められる他の権利と両立する制限にのみ従う。

第11条
1　締約国は、児童が不法に国外へ移送されることを防止し及び国外から帰還することができない事態を除去するための措置を講ずる。
2　このため、締約国は、二国間若しくは多数国間の協定の締結又は現行の協定への加入を促進する。

第12条
1　締約国は、自己の意見を形成する能力のある児童がその児童に影響を及ぼすすべての事項について自由に自己の意見を表明する権利を確保する。この場合において、児童の意見は、その児童の年齢及び成熟度に従って相応に考慮されるものとする。
2　このため、児童は、特に、自己に影響を及ぼすあらゆる司法上及び行政上の手続において、国内法の手続規則に合致する方法により直接に又は代理人若しくは適当な団体を通じて聴取される機会を与えられる。

第13条
1　児童は、表現の自由についての権利を有する。この権利には、口頭、手書き若しくは印刷、芸術の形態又は自ら選択する他の方法により、国境とのかかわりなく、あらゆる種類の情報及び考えを求め、受け及び伝える自由を含む。
2　1の権利の行使については、一定の制限を課することができる。ただし、その制限は、法律によって定められ、かつ、次の目的のために必要とされるものに限る。
　(a)　他の者の権利又は信用の尊重
　(b)　国の安全、公の秩序又は公衆の健康若しくは道徳の保護

第14条
1　締約国は、思想、良心及び宗教の自由についての児童の権利を尊重する。
2　締約国は、児童が1の権利を行使するに当たり、父母及び場合により法定保護者が児童に対しその発達しつつある能力に適合する方法で指示を与える権利及び義務を尊重する。
3　宗教又は信念を表明する自由については、法律で定める制限であって公共の安全、公の秩序、公衆の健康若しくは道徳又は他の者の基本的な権利及び自由を保護するために必要なもののみを課することができる。

第15条
1　締約国は、結社の自由及び平和的な集会の自由についての児童の権利を認める。
2　1の権利の行使については、法律で定める制限であって国の安全若しくは公共の安全、公の秩序、公衆の健康若

資料

しくは道徳の保護又は他の者の権利及び自由の保護のため民主的社会において必要なもの以外のいかなる制限も課することができない。

第16条
1 いかなる児童も、その私生活、家族、住居若しくは通信に対して恣意的に若しくは不法に干渉され又は名誉及び信用を不法に攻撃されない。
2 児童は、1の干渉又は攻撃に対する法律の保護を受ける権利を有する。

第17条
締約国は、大衆媒体（マス・メディア）の果たす重要な機能を認め、児童が国の内外の多様な情報源からの情報及び資料、特に児童の社会面、精神面及び道徳面の福祉並びに心身の健康の促進を目的とした情報及び資料を利用することができることを確保する。このため、締約国は、
(a) 児童にとって社会面及び文化面において有益であり、かつ、第29条の精神に沿う情報及び資料を大衆媒体（マス・メディア）が普及させるよう奨励する。
(b) 国の内外の多様な情報源（文化的にも多様な情報源を含む。）からの情報及び資料の作成、交換及び普及における国際協力を奨励する。
(c) 児童用書籍の作成及び普及を奨励する。
(d) 少数集団に属し又は原住民である児童の言語上の必要性について大衆媒体（マス・メディア）が特に考慮するよう奨励する。
(e) 第13条及び次条の規定に留意して、児童の福祉に有害な情報及び

資料から児童を保護するための適当な指針を発展させることを奨励する。

第18条
1 締約国は、児童の養育及び発達について父母が共同の責任を有するという原則についての認識を確保するために最善の努力を払う。父母又は場合により法定保護者は、児童の養育及び発達についての第一義的な責任を有する。児童の最善の利益は、これらの者の基本的な関心事項となるものとする。
2 締約国は、この条約に定める権利を保障し及び促進するため、父母及び法定保護者が児童の養育についての責任を遂行するに当たりこれらの者に対して適当な援助を与えるものとし、また、児童の養護のための施設、設備及び役務の提供の発展を確保する。
3 締約国は、父母が働いている児童が利用する資格を有する児童の養護のための役務の提供及び設備からその児童が便益を受ける権利を有することを確保するためのすべての適当な措置をとる。

第19条
1 締約国は、児童が父母、法定保護者又は児童を監護する他の者による監護を受けている間において、あらゆる形態の身体的若しくは精神的な暴力、傷害若しくは虐待、放置若しくは怠慢な取扱い、不当な取扱い又は搾取（性的虐待を含む。）からその児童を保護するためすべての適当な立法上、行政上、社会上及び教育上の措置をとる。
2 1の保護措置には、適当な場合には、児童及び児童を監護する者のために必

要な援助を与える社会的計画の作成その他の形態による防止のための効果的な手続並びに1に定める児童の不当な取扱いの事件の発見、報告、付託、調査、処置及び事後措置並びに適当な場合には司法の関与に関する効果的な手続を含むものとする。

第20条

1　一時的若しくは恒久的にその家庭環境を奪われた児童又は児童自身の最善の利益にかんがみその家庭環境にとどまることが認められない児童は、国が与える特別の保護及び援助を受ける権利を有する。

2　締約国は、自国の国内法に従い、1の児童のための代替的な監護を確保する。

3　2の監護には、特に、里親委託、イスラム法のカファーラ、養子縁組又は必要な場合には児童の監護のための適当な施設への収容を含むことができる。解決策の検討に当たっては、児童の養育において継続性が望ましいこと並びに児童の種族的、宗教的、文化的及び言語的な背景について、十分な考慮を払うものとする。

第21条　養子縁組の制度を認め又は許容している締約国は、児童の最善の利益について最大の考慮が払われることを確保するものとし、また、

（a）児童の養子縁組が権限のある当局によってのみ認められることを確保する。この場合において、当該権限のある当局は、適用のある法律及び手続に従い、かつ、信頼し得るすべての関連情報に基づき、養子縁組が父母、親族及び法定保

護者に関する児童の状況にかんがみ許容されること並びに必要な場合には、関係者が所要のカウンセリングに基づき養子縁組について事情を知らされた上での同意を与えていることを認定する。

（b）児童がその出身国内において里親若しくは養家に託され又は適切な方法で監護を受けることができない場合には、これに代わる児童の監護の手段として国際的な養子縁組を考慮することができることを認める。

（c）国際的な養子縁組が行われる児童が国内における養子縁組の場合における保護及び基準と同等のものを享受することを確保する。

（d）国際的な養子縁組において当該養子縁組が関係者に不当な金銭上の利得をもたらすことがないことを確保するためのすべての適当な措置をとる。

（e）適当な場合には、二国間又は多数国間の取極又は協定を締結することによりこの条の目的を促進し、及びこの枠組みの範囲内で他国における児童の養子縁組が権限のある当局又は機関によって行われることを確保するよう努める。

第22条

1　締約国は、難民の地位を求めている児童又は適用のある国際法及び国際的な手続若しくは国内法及び国内的な手続に基づき難民と認められている児童が、父母又は他の者に付き添われているかいないかを問わず、この条約及び自国が締約国となっている人権又は人道に関する他の国際文書に定める権利

であって適用のあるものの享受に当たり、適当な保護及び人道的援助を受けることを確保するための適当な措置をとる。

2 このため、締約国は、適当と認める場合には、1の児童を保護し及び援助するため、並びに難民の児童の家族との再統合に必要な情報を得ることを目的としてその難民の児童の父母又は家族の他の構成員を捜すため、国際連合及びこれと協力する他の権限のある政府間機関又は関係非政府機関による努力に協力する。その難民の児童は、父母又は家族の他の構成員が発見されない場合には、何らかの理由により恒久的又は一時的にその家庭環境を奪われた他の児童と同様にこの条約に定める保護が与えられる。

第23条

1 締約国は、精神的又は身体的な障害を有する児童が、その尊厳を確保し、自立を促進し及び社会への積極的な参加を容易にする条件の下で十分かつ相応な生活を享受すべきであることを認める。

2 締約国は、障害を有する児童が特別の養護についての権利を有することを認めるものとし、利用可能な手段の下で、申込みに応じた、かつ、当該児童の状況及び父母又は当該児童を養護している他の者の事情に適した援助を、これを受ける資格を有する児童及びこのような児童の養護について責任を有する者に与えることを奨励し、かつ、確保する。

3 障害を有する児童の特別な必要を認めて、2の規定に従って与えられる援助は、父母又は当該児童を養護してい

る他の者の資力を考慮して可能な限り無償で与えられるものとし、かつ、障害を有する児童が可能な限り社会への統合及び個人の発達(文化的及び精神的な発達を含む。)を達成することに資する方法で当該児童が教育、訓練、保健サービス、リハビリテーション・サービス、雇用のための準備及びレクリエーションの機会を実質的に利用し及び享受することができるように行われるものとする。

4 締約国は、国際協力の精神により、予防的な保健並びに障害を有する児童の医学的、心理学的及び機能的治療の分野における適当な情報の交換(リハビリテーション、教育及び職業サービスの方法に関する情報の普及及び利用を含む。)であってこれらの分野における自国の能力及び技術を向上させ並びに自国の経験を広げることができるようにすることを目的とするものを促進する。これに関しては、特に、開発途上国の必要を考慮する。

第24条

1 締約国は、到達可能な最高水準の健康を享受すること並びに病気の治療及び健康の回復のための便宜を与えられることについての児童の権利を認める。締約国は、いかなる児童もこのような保健サービスを利用する権利が奪われないことを確保するために努力する。

2 締約国は、1の権利の完全な実現を追求するものとし、特に、次のことのための適当な措置をとる。

 (a) 幼児及び児童の死亡率を低下させること。

 (b) 基礎的な保健の発展に重点を置いて必要な医療及び保健をすべて

子どもの権利条約（1989）

の児童に提供することを確保すること。

(c) 環境汚染の危険を考慮に入れて、基礎的な保健の枠組みの範囲内で行われることを含めて、特に容易に利用可能な技術の適用により並びに十分に栄養のある食物及び清潔な飲料水の供給を通じて、疾病及び栄養不良と闘うこと。

(d) 母親のための産前産後の適当な保健を確保すること。

(e) 社会のすべての構成員特に父母及び児童が、児童の健康及び栄養、母乳による育児の利点、衛生（環境衛生を含む。）並びに事故の防止についての基礎的な知識に関して、情報を提供され、教育を受ける機会を有し及びその知識の使用について支援されることを確保すること。

(f) 予防的な保健、父母のための指導並びに家族計画に関する教育及びサービスを発展させること。

3 締約国は、児童の健康を害するような伝統的な慣行を廃止するため、効果的かつ適当なすべての措置をとる。

4 締約国は、この条において認められる権利の完全な実現を漸進的に達成するため、国際協力を促進し及び奨励することを約束する。これに関しては、特に、開発途上国の必要を考慮する。

第25条　締約国は、児童の身体又は精神の養護、保護又は治療を目的として権限のある当局によって収容された児童に対する処遇及びその収容に関連する他のすべての状況に関する定期的な審査が行われることについての児童の権利を認める。

第26条

1 締約国は、すべての児童が社会保険その他の社会保障からの給付を受ける権利を認めるものとし、自国の国内法に従い、この権利の完全な実現を達成するための必要な措置をとる。

2 1の給付は、適当な場合には、児童及びその扶養について責任を有する者の資力及び事情並びに児童によって又は児童に代わって行われる給付の申請に関する他のすべての事項を考慮して、与えられるものとする。

第27条

1 締約国は、児童の身体的、精神的、道徳的及び社会的な発達のための相当な生活水準についてのすべての児童の権利を認める。

2 父母又は児童について責任を有する他の者は、自己の能力及び資力の範囲内で、児童の発達に必要な生活条件を確保することについての第一義的な責任を有する。

3 締約国は、国内事情に従い、かつ、その能力の範囲内で、1の権利の実現のため、父母及び児童について責任を有する他の者を援助するための適当な措置をとるものとし、また、必要な場合には、特に栄養、衣類及び住居に関して、物的援助及び支援計画を提供する。

4 締約国は、父母又は児童について金銭上の責任を有する他の者から、児童の扶養料を自国内で及び外国から、回収することを確保するためのすべての適当な措置をとる。特に、児童について金銭上の責任を有する者が児童と異なる国に居住している場合には、締約国は、国際協定への加入又は国際協定

資料

511

の締結及び他の適当な取決めの作成を
促進する。

第28条

1 締約国は、教育についての児童の権
利を認めるものとし、この権利を漸進
的にかつ機会の平等を基礎として達成
するため、特に、

(a) 初等教育を義務的なものとし、
すべての者に対して無償のものと
する。

(b) 種々の形態の中等教育（一般教
育及び職業教育を含む。）の発展を
奨励し、すべての児童に対し、こ
れらの中等教育が利用可能であり、
かつ、これらを利用する機会が与
えられるものとし、例えば、無償
教育の導入、必要な場合における
財政的援助の提供のような適当な
措置をとる。

(c) すべての適当な方法により、能
力に応じ、すべての者に対して高
等教育を利用する機会が与えられ
るものとする。

(d) すべての児童に対し、教育及び
職業に関する情報及び指導が利用
可能であり、かつ、これらを利用
する機会が与えられるものとする。

(e) 定期的な登校及び中途退学率の
減少を奨励するための措置をとる。

2 締約国は、学校の規律が児童の人間
の尊厳に適合する方法で及びこの条約
に従って運用されることを確保するた
めのすべての適当な措置をとる。

3 締約国は、特に全世界における無知
及び非識字の廃絶に寄与し並びに科学
上及び技術上の知識並びに最新の教育
方法の利用を容易にするため、教育に
関する事項についての国際協力を促進

し、及び奨励する。これに関しては、
特に、開発途上国の必要を考慮する。

第29条

1 締約国は、児童の教育が次のことを
指向すべきことに同意する。

(a) 児童の人格、才能並びに精神的
及び身体的な能力をその可能な最
大限度まで発達させること。

(b) 人権及び基本的自由並びに国際
連合憲章にうたう原則の尊重を育
成すること。

(c) 児童の父母、児童の文化的同一
性、言語及び価値観、児童の居住
国及び出身国の国民的価値観並び
に自己の文明と異なる文明に対す
る尊重を育成すること。

(d) すべての人民の間の、種族的、
国民的及び宗教的集団の間の並び
に原住民である者の理解、平和、
寛容、両性の平等及び友好の精神
に従い、自由な社会における責任
ある生活のために児童に準備させ
ること。

(e) 自然環境の尊重を育成すること。

2 この条又は前条のいかなる規定も、
個人及び団体が教育機関を設置し及び
管理する自由を妨げるものと解しては
ならない。ただし、常に、1に定める
原則が遵守されること及び当該教育機
関において行われる教育が国によって
定められる最低限度の基準に適合する
ことを条件とする。

第30条 種族的、宗教的若しくは言語
的少数民族又は先住民である者が存
在する国において、当該少数民族に
属し又は先住民である児童は、その
集団の他の構成員とともに自己の文

子どもの権利条約（1989）

化を享有し、自己の宗教を信仰しか
つ実践し又は自己の言語を使用する
権利を否定されない。

第31条
1　締約国は、休息及び余暇についての
　児童の権利並びに児童がその年齢に適
　した遊び及びレクリエーションの活動
　を行い並びに文化的な生活及び芸術に
　自由に参加する権利を認める。
2　締約国は、児童が文化的及び芸術的
　な生活に十分に参加する権利を尊重し
　かつ促進するものとし、文化的及び芸
　術的な活動並びにレクリエーション及
　び余暇の活動のための適当かつ平等な
　機会の提供を奨励する。

第32条
1　締約国は、児童が経済的な搾取から
　保護され及び危険となり若しくは児童
　の教育の妨げとなり又は児童の健康若
　しくは身体的、精神的、道徳的若しく
　は社会的な発達に有害となるおそれの
　ある労働への従事から保護される権利
　を認める。
2　締約国は、この条の規定の実施を確
　保するための立法上、行政上、社会上
　及び教育上の措置をとる。このため、
　締約国は、他の国際文書の関連規定を
　考慮して、特に、
　(a) 雇用が認められるための1又は2
　　以上の最低年齢を定める。
　(b) 労働時間及び労働条件について
　　の適当な規則を定める。
　(c) この条の規定の効果的な実施を
　　確保するための適当な罰則その他
　　の制裁を定める。

第33条　締約国は、関連する国際条約

に定義された麻薬及び向精神薬の不
正な使用から児童を保護し並びにこ
れらの物質の不正な生産及び取引に
おける児童の使用を防止するための
立法上、行政上、社会上及び教育上
の措置を含むすべての適当な措置を
とる。

第34条　締約国は、あらゆる形態の性
的搾取及び性的虐待から児童を保護
することを約束する。このため、締
約国は、特に、次のことを防止する
ためのすべての適当な国内、二国間
及び多数国間の措置をとる。
　(a) 不法な性的な行為を行うことを
　　児童に対して勧誘し又は強制する
　　こと。
　(b) 売春又は他の不法な性的な業務
　　において児童を搾取的に使用する
　　こと。
　(c) わいせつな演技及び物において
　　児童を搾取的に使用すること。

第35条　締約国は、あらゆる目的のた
めの又はあらゆる形態の児童の誘拐、
売買又は取引を防止するためのすべ
ての適当な国内、二国間及び多数国
間の措置をとる。

第36条　締約国は、いずれかの面にお
いて児童の福祉を害する他のすべて
の形態の搾取から児童を保護する。

第37条　締約国は、次のことを確保す
る。
　(a) いかなる児童も、拷問又は他の
　　残虐な、非人道的な若しくは品位
　　を傷つける取扱い若しくは刑罰を
　　受けないこと。死刑又は釈放の可

資料

513

能性がない終身刑は、十八歳未満の者が行った犯罪について科さないこと。

(b) いかなる児童も、不法に又は恣意的にその自由を奪われないこと。児童の逮捕、抑留又は拘禁は、法律に従って行うものとし、最後の解決手段として最も短い適当な期間のみ用いること。

(c) 自由を奪われたすべての児童は、人道的に、人間の固有の尊厳を尊重して、かつ、その年齢の者の必要を考慮した方法で取り扱われること。特に、自由を奪われたすべての児童は、成人とは分離されないことがその最善の利益であると認められない限り成人とは分離されるものとし、例外的な事情がある場合を除くほか、通信及び訪問を通じてその家族との接触を維持する権利を有すること。

(d) 自由を奪われたすべての児童は、弁護人その他適当な援助を行う者と速やかに接触する権利を有し、裁判所その他の権限のある、独立の、かつ、公平な当局においてその自由の剥奪の合法性を争い並びにこれについての決定を速やかに受ける権利を有すること。

第38条

1 締約国は、武力紛争において自国に適用される国際人道法の規定で児童に関係を有するものを尊重し及びこれらの規定の尊重を確保することを約束する。

2 締約国は、15歳未満の者が敵対行為に直接参加しないことを確保するためのすべての実行可能な措置をとる。

3 締約国は、15歳未満の者を自国の軍隊に採用することを差し控えるものとし、また、15歳以上18歳未満の者の中から採用するに当たっては、最年長者を優先させるよう努める。

4 締約国は、武力紛争において文民を保護するための国際人道法に基づく自国の義務に従い、武力紛争の影響を受ける児童の保護及び養護を確保するためのすべての実行可能な措置をとる。

第39条 締約国は、あらゆる形態の放置、搾取若しくは虐待、拷問若しくは他のあらゆる形態の残虐な、非人道的な若しくは品位を傷つける取扱い若しくは刑罰又は武力紛争による被害者である児童の身体的及び心理的な回復及び社会復帰を促進するためのすべての適当な措置をとる。このような回復及び復帰は、児童の健康、自尊心及び尊厳を育成する環境において行われる。

第40条

1 締約国は、刑法を犯したと申し立てられ、訴追され又は認定されたすべての児童が尊厳及び価値についての当該児童の意識を促進させるような方法であって、当該児童が他の者の人権及び基本的自由を尊重することを強化し、かつ、当該児童の年齢を考慮し、更に、当該児童が社会に復帰し及び社会において建設的な役割を担うことがなるべく促進されることを配慮した方法により取り扱われる権利を認める。

2 このため、締約国は、国際文書の関連する規定を考慮して、特に次のことを確保する。

(a) いかなる児童も、実行の時に国内法又は国際法により禁じられてい

なかった作為又は不作為を理由として刑法を犯したと申し立てられ、訴追され又は認定されないこと。

(b) 刑法を犯したと申し立てられ又は訴追されたすべての児童は、少なくとも次の保障を受けること。

(i) 法律に基づいて有罪とされるまでは無罪と推定されること。

(ii) 速やかにかつ直接に、また、適当な場合には当該児童の父母又は法定保護者を通じてその罪を告げられること並びに防御の準備及び申立てにおいて弁護人その他適当な援助を行う者を持つこと。

(iii) 事案が権限のある、独立の、かつ、公平な当局又は司法機関により法律に基づく公正な審理において、弁護人その他適当な援助を行う者の立会い及び、特に当該児童の年齢又は境遇を考慮して児童の最善の利益にならないと認められる場合を除くほか、当該児童の父母又は法定保護者の立会いの下に遅滞なく決定されること。

(iv) 供述又は有罪の自白を強要されないこと。不利な証人を尋問し又はこれに対し尋問させること並びに対等の条件で自己のための証人の出席及びこれに対する尋問を求めること。

(v) 刑法を犯したと認められた場合には、その認定及びその結果科せられた措置について、法律に基づき、上級の、権限のある、独立の、かつ、公平な当局又は司法機関によって再審理されること。

(vi) 使用される言語を理解すること又は話すことができない場合には、無料で通訳の援助を受けること。

(vii) 手続のすべての段階において当該児童の私生活が十分に尊重されること。

3　締約国は、刑法を犯したと申し立てられ、訴追され又は認定された児童に特別に適用される法律及び手続の制定並びに当局及び施設の設置を促進するよう努めるものとし、特に、次のことを行う。

(a) その年齢未満の児童は刑法を犯す能力を有しないと推定される最低年齢を設定すること。

(b) 適当なかつ望ましい場合には、人権及び法的保護が十分に尊重されていることを条件として、司法上の手続に訴えることなく当該児童を取り扱う措置をとること。

4　児童がその福祉に適合し、かつ、その事情及び犯罪の双方に応じた方法で取り扱われることを確保するため、保護、指導及び監督命令、カウンセリング、保護観察、里親委託、教育及び職業訓練計画、施設における養護に代わる他の措置等の種々の処置が利用し得るものとする。

第41条　この条約のいかなる規定も、次のものに含まれる規定であって児童の権利の実現に一層貢献するものに影響を及ぼすものではない。

(a) 締約国の法律

(b) 締約国について効力を有する国際法

第2部

第42条　締約国は、適当かつ積極的な方法でこの条約の原則及び規定を成人及び児童のいずれにも広く知らせることを約束する。

第43条

1　この条約において負う義務の履行の達成に関する締約国による進捗の状況を審査するため、児童の権利に関する委員会（以下「委員会」という。）を設置する。委員会は、この部に定める任務を行う。

2　委員会は、徳望が高く、かつ、この条約が対象とする分野において能力を認められた10人の専門家で構成する。委員会の委員は、締約国の国民の中から締約国により選出されるものとし、個人の資格で職務を遂行する。その選出に当たっては、衡平な地理的配分及び主要な法体系を考慮に入れる。

3　委員会の委員は、締約国により指名された者の名簿の中から秘密投票により選出される。各締約国は、自国民の中から一人を指名することができる。

4　委員会の委員の最初の選挙は、この条約の効力発生の日の後6箇月以内に行うものとし、その後の選挙は、2年ごとに行う。国際連合事務総長は、委員会の委員の選挙の日の遅くとも4箇月前までに、締約国に対し、自国が指名する者の氏名を2箇月以内に提出するよう書簡で要請する。その後、同事務総長は、指名された者のアルファベット順による名簿（これらの者を指名した締約国名を表示した名簿とする。）を作成し、この条約の締約国に送付する。

5　委員会の委員の選挙は、国際連合事務総長により国際連合本部に招集される締約国の会合において行う。これらの会合は、締約国の3分の2をもって定足数とする。これらの会合においては、出席しかつ投票する締約国の代表によって投じられた票の最多数で、かつ、過半数の票を得た者をもって委員会に選出された委員とする。

6　委員会の委員は、4年の任期で選出される。委員は、再指名された場合には、再選される資格を有する。最初の選挙において選出された委員のうち5人の委員の任期は、2年で終了するものとし、これらの5人の委員は、最初の選挙の後直ちに、最初の選挙が行われた締約国の会合の議長によりくじ引で選ばれる。

7　委員会の委員が死亡し、辞任し又は他の理由のため委員会の職務を遂行することができなくなったことを宣言した場合には、当該委員を指名した締約国は、委員会の承認を条件として自国民の中から残余の期間職務を遂行する他の専門家を任命する。

8　委員会は、手続規則を定める。

9　委員会は、役員を2年の任期で選出する。

10　委員会の会合は、原則として、国際連合本部又は委員会が決定する他の適当な場所において開催する。委員会は、原則として毎年1回会合する。委員会の会合の期間は、国際連合総会の承認を条件としてこの条約の締約国の会合において決定し、必要な場合には、再検討する。

11　国際連合事務総長は、委員会がこの条約に定める任務を効果的に遂行するために必要な職員及び便益を提供する。

子どもの権利条約（1989）

12　この条約に基づいて設置する委員会の委員は、国際連合総会が決定する条件に従い、同総会の承認を得て、国際連合の財源から報酬を受ける。

第44条
1　締約国は、(a) 当該締約国についてこの条約が効力を生ずる時から2年以内に、(b) その後は5年ごとに、この条約において認められる権利の実現のためにとった措置及びこれらの権利の享受についてもたらされた進歩に関する報告を国際連合事務総長を通じて委員会に提出することを約束する。
2　この条の規定により行われる報告には、この条約に基づく義務の履行の程度に影響を及ぼす要因及び障害が存在する場合には、これらの要因及び障害を記載する。当該報告には、また、委員会が当該国における条約の実施について包括的に理解するために十分な情報を含める。
3　委員会に対して包括的な最初の報告を提出した締約国は、1 (b) の規定に従って提出するその後の報告においては、既に提供した基本的な情報を繰り返す必要はない。
4　委員会は、この条約の実施に関連する追加の情報を締約国に要請することができる。
5　委員会は、その活動に関する報告を経済社会理事会を通じて2年ごとに国際連合総会に提出する。
6　締約国は、1の報告を自国において公衆が広く利用できるようにする。

第45条　この条約の効果的な実施を促進し及びこの条約が対象とする分野における国際協力を奨励するため、

(a) 専門機関及び国際連合児童基金その他の国際連合の機関は、その任務の範囲内にある事項に関するこの条約の規定の実施についての検討に際し、代表を出す権利を有する。委員会は、適当と認める場合には、専門機関及び国際連合児童基金その他の権限のある機関に対し、これらの機関の任務の範囲内にある事項に関するこの条約の実施について専門家の助言を提供するよう要請することができる。委員会は、専門機関及び国際連合児童基金その他の国際連合の機関に対し、これらの機関の任務の範囲内にある事項に関するこの条約の実施について報告を提出するよう要請することができる。
(b) 委員会は、適当と認める場合には、技術的な助言若しくは援助の要請を含んでおり又はこれらの必要性を記載している締約国からのすべての報告を、これらの要請又は必要性の記載に関する委員会の見解及び提案がある場合は当該見解及び提案とともに、専門機関及び国際連合児童基金その他の権限のある機関に送付する。
(c) 委員会は、国際連合総会に対し、国際連合事務総長が委員会のために児童の権利に関連する特定の事項に関する研究を行うよう同事務総長に要請することを勧告することができる。
(d) 委員会は、前条及びこの条の規定により得た情報に基づく提案及び一般的な性格を有する勧告を行うことができる。これらの提案及び一般的な性格を有する勧告は、

資料

517

関係締約国に送付し、締約国から意見がある場合にはその意見とともに国際連合総会に報告する。

第3部

第46条　この条約は、すべての国による署名のために開放しておく。

第47条　この条約は、批准されなければならない。批准書は、国際連合事務総長に寄託する。

第48条　この条約は、すべての国による加入のために開放しておく。加入書は、国際連合事務総長に寄託する。

第49条
1　この条約は、20番目の批准書又は加入書が国際連合事務総長に寄託された日の後30日目の日に効力を生ずる。
2　この条約は、20番目の批准書又は加入書が寄託された後に批准し又は加入する国については、その批准書又は加入書が寄託された日の後30日目に効力を生ずる。

第50条
1　いずれの締約国も、改正を提案し及び改正案を国際連合事務総長に提出することができる。同事務総長は、直ちに、締約国に対し、その改正案を送付するものとし、締約国による改正案の審議及び投票のための締約国の会議の開催についての賛否を示すよう要請する。その送付の日から4箇月以内に締約国の3分の1以上が会議の開催に賛成する場合には、同事務総長は、国際連合の主催の下に会議を招集する。会議において出席しかつ投票する締約国の過半数によって採択された改正案は、承認のため、国際連合総会に提出する。
2　1の規定により採択された改正は、国際連合総会が承認し、かつ、締約国の3分の2以上の多数が受諾した時に、効力を生ずる。
3　改正は、効力を生じたときは、改正を受諾した締約国を拘束するものとし、他の締約国は、改正前のこの条約の規定（受諾した従前の改正を含む。）により引き続き拘束される。

第51条
1　国際連合事務総長は、批准又は加入の際に行われた留保の書面を受領し、かつ、すべての国に送付する。
2　この条約の趣旨及び目的と両立しない留保は、認められない。
3　留保は、国際連合事務総長にあてた通告によりいつでも撤回することができるものとし、同事務総長は、その撤回をすべての国に通報する。このようにして通報された通告は、同事務総長により受領された日に効力を生ずる。

第52条
締約国は、国際連合事務総長に対して書面による通告を行うことにより、この条約を廃棄することができる。廃棄は、同事務総長がその通告を受領した日の後1年で効力を生ずる。

第53条
国際連合事務総長は、この条約の寄託者として指名される。

第54条
アラビア語、中国語、英語、フランス語、

子どもの権利条約（1989）

ロシア語及びスペイン語をひとしく正文と
するこの条約の原本は、国際連合事務総長
に寄託する。

以上の証拠として、下名の全権委員は、
各自の政府から正当に委任を受けてこの条約
に署名した。

資料

子どもの権利条約・条約機関の一般的意見一覧

　現在までに採択された『一般的意見』は以下のとおり。その本文・内容については日弁連ホームページ（国際人権ライブラリー、子どもの権利条約・条約機関の一般的意見、http://www.nichibenren.or.jp/activity/international/library/human_rights/child_general-comment.html）参照。

一般的意見　1：第29条1項：教育の目的（2001年）

一般的意見　2：子どもの権利の保護および促進における独立した国内人権機関の役割（2002年）

一般的意見　3：HIV / AIDS と子どもの権利（2003年）

一般的意見　4：子どもの権利条約の文脈における思春期の健康と発達（2003年）

一般的意見　5：子どもの権利条約の実施に関する一般的措置（2003年）

一般的意見　6：出身国外にあって保護者のいない子どもおよび養育者から分離された子どもの取扱い（2005年）

一般的意見　7：乳幼児期における子どもの権利の実施（2005年）

一般劇意見　8：体罰その他の残虐なまたは品位を傷つける形態の罰から保護される子どもの権利（2006年）

一般的意見　9：障害のある子どもの権利（2006年）

一般的意見 10：少年司法における子どもの権利（2007年）

一般的意見 11：先住民族の子どもとその条約上の権利（2009年）

一般的意見 12：意見を聴かれる子どもの権利（2009年）

一般的意見 13：あらゆる形態の暴力からの自由に対する子どもの権利（2011年）

一般的意見 14：自己の最善の利益を第一次的に考慮される子どもの権利（2013年）

一般的意見 15：到達可能な最高水準の健康を享受する子どもの権利（第24条）（2013年）

一般的意見 16：企業セクターが子どもの権利に与える影響に関わる国の義務（2013年）

一般的意見 17：休息、余暇、遊び、レクリエーション活動、文化的生活および芸術に対する子どもの権利（第31条）（2013年）

一般的意見 18：有害慣行（2014年；女性差別撤廃委員会との合同一般的勧告／一般的意見）

一般的意見 19：子どもの権利実現のための公共予算編成（第4条）（2016年）

一般的意見 20：思春期における子どもの権利の実施（2016年）

一般的意見 21：路上の状況にある子ども（2017年）

一般的意見 22：国際的移住の文脈における子どもの人権についての一般的原則（2017年）

一般的意見 23：出身国、通過国、目的地国および帰還国における、国際的移住の文脈にある子どもの人権についての国家の義務（2017年）

一般的意見 24：子ども司法制度における子どもの権利（2019年）

一般的意見 25：デジタル環境との関連における子どもの権利（2021年）

一般的意見 26：とくに気候変動に焦点を当てた子どもの権利と環境（2023年）

国連子どもの権利委員会・第3回政府報告書審査に基づく最終見解 (2010)

第1回・第2回については日弁連ホームページ（国際人権ライブラリー、子どもの権利条約・報告書審査、http://www.nichibenren.or.jp/activity/international/library/human_rights/child_report-1st.html）参照。

児童の権利委員会
第54回会期
2010年5月25日–6月11日

条約第44条に基づき締約国から提出された報告の審査
最終見解：日本
（訳注：本文中、特段の断りがない限り、条約は「児童の権利に関する条約」を、委員会は「児童の権利委員会」を指す）

1. 委員会は、日本の第3回定期報告（CRC/C/JPN/3）を、2010年5月27日の第1509回及び第1511回会合（CRC/C/SR.1509及び1511）において審査し、2010年6月11日の1541回会合において、以下の最終見解を採択した。

A. 序　論

2. 委員会は、第3回定期報告と委員会からの事前質問事項に対する書面による回答（CRC/C/JPN/Q/3/Add.1）を歓迎する。委員会は、分野横断的な代表団の参加と、有益かつ建設的な対話を歓迎する。

3. 委員会は、この最終勧告は、児童の売買、児童買春及び児童ポルノに関する児童の権利に関する条約の選択議定書（CRC/C/OPSC/JPN/CO/1）及び武力紛争における児童の関与に関する児童の権利に関する条約の選択議定書（CRC/C/OPAC/JPN/CO/1）に関する締約国の第1回報告に対する、2010年6月11日に採択された最終見解と併せて読まれるべきものであることを締約国に対し想起させる。

B. 締約国によるフォローアップとしてなされた政策と進展

4. 委員会は、締約国が、2004年8月2日に武力紛争における児童の関与に関する児童の権利に関する条約の選択議定書を、2005年1月24日に児童の売買、買春及び児童ポルノに関する児童の権利に関する条約の選択議定書を締結したことを歓迎する。

5. 委員会は、以下の法的措置の採択について評価をもって留意する：

   (a) 2004年及び2008年に児童虐待防止法が改正され、特に、児童虐待の定義が見直され、政府及び地方自治体の責任が明確化され、児童虐待の事案の通告義務が拡大されたこと、

   (b) 2004年及び2008年に児童福祉法が改正された結果、特に、地方自治体に対し、要保護児童対策地域協議会を設立する権限が与えられたこと、

   (c) 2005年の刑法の改正により、人身取引が犯罪化されたこと、

   (d) 2010年の子ども・若者育成支援推進法の施行、

資料

（e）2010 年の教育基本法の改正。

6. 委員会はまた、人身取引対策行動計画（2009 年 12 月）及び 2005 年 7 月に採択された、自殺率の削減に向けた取組の調整を円滑化するための「自殺に関する総合対策の緊急かつ効果的な推進を求める決議」を歓迎する。

C. 主要分野における懸念及び勧告

1　一般的実施措置（第 4 条、第 42 条及び第 44 条 6）

委員会の前回勧告

7. 委員会は、第 2 回報告（CRC/C/104/Add.2）の審査に基づき 2004 年 2 月に出された懸念及び勧告（CRC/C/15/Add.231）のいくつかに対処するためになされた締約国の努力を歓迎する。しかしながら、これらの懸念及び勧告の多くについて、完全には実施されてない、あるいは、全く対処がなされていないことを遺憾に思う。委員会は、本文書において、これらの懸念と勧告を繰り返す。

8. 委員会は、締約国に対し、第 2 回政府報告の審査に基づく最終見解の勧告のうち、未だ実施されていないもの（調整及び国内行動計画に関するパラ 12、独立した監視に関するパラ 14、児童の定義に関するパラ 22、非差別に関するパラ 24、氏名及び国籍に関するパラ 31、体罰に関するパラ 35、障害に関するパラ 43 及び若者の自殺に関するパラ 47 に含まれる勧告を含む）、本最終見解において指摘されている懸念に包括的に対処することを要請する。

留保

9. 委員会は、締約国が条約第 37 条（c）に付している留保を維持していることを遺憾に思う。

10. 委員会は、締約国が条約の完全な適用の障害となっている第 37 条（c）に付している留保を撤回することを検討するよう勧告する。

立法措置

11. 委員会は、児童の権利の分野において、いくつかの法制度が施行及び改正され、これにより、児童の生活環境の改善や発達に貢献していることに留意する。しかしながら、委員会は、子ども・若者育成支援推進法が、条約の全範囲に対応せず、又は、児童の権利を保障していないこと、また包括的な児童の権利法が存在しないことを引き続き懸念する。委員会はまた、少年司法を含む国内法の諸点については未だに条約の原則及び規定と適合していない点に留意する。

12. 委員会は、締約国が、児童の権利に関する包括的な法律を制定することを検討し、条約の原則及び規定と国内法制度の完全なる適合に向け対処するよう強く勧告する。

調整

13. 委員会は、子ども・若者育成支援推進本部、教育再生会議及び様々な政府審議会等児童の権利に関する政策の実施に関与するいくつかの国内機関が存在していることに留意する。しかしながら、委員会は、これらの機関相互間の、また、国・都道府県・市町村レベルの効果的な調整を確保するメカニズムが存在しないことを懸念する。

国連子どもの権利委員会・第 3 回政府報告書審査に基づく最終見解（2010）

14. 委員会は、締約国が、児童の権利の実現のために行われる全ての活動を、国・都道府県・市町村レベルにおいて効果的に調整するための、明確な権限と十分な人的・財政的資源を有する適切な国内メカニズムを構築すること、及び、児童の権利の実現に携わる市民社会組織との継続的な意見交換と調整を確立することを勧告する。

国内行動計画

15. 委員会は、子ども・若者育成支援推進法（2010 年 4 月）を含む複数の具体的な措置の採択を歓迎し、全ての児童の発達を支援し、完全に尊重することを目的として、政府諸機関をまとめることを目指した "子ども・子育てビジョン" 及び "子ども・若者ビジョン" の策定につき関心をもって留意する。しかしながら、委員会は、条約の全範囲を網羅し、特に、児童の間に存在する不平等や格差に対処する、権利をベースとした包括的な国内行動計画が欠如していることに、引き続き懸念を有する。

16. 委員会は、締約国に、地方自治体・市民社会・児童を含む関係者と協議・協力し、条約の全範囲をカバーする中長期目標を有する児童のための国内行動計画を採択・実施すること、さらに、成果を監督し、要すれば対策を修正する監視メカニズムとともに、適切な人的・財政的資源を提供するよう勧告する。特に、委員会は、行動計画が、所得・生活水準の不平等に加え、性別、障害、出身民族及び児童が発達し、学び、責任ある人生に向け準備する機会を形作っているその他要素による不均衡に対処するよう勧告する。委員会は、

締約国が、"児童にふさわしい世界を"（2002 年）及びその中期レビュー（2007 年）の成果文書を考慮するよう勧告する。

独立した監視

17. 委員会は、国家レベルで条約の実施を監視するための独立したメカニズムの欠如に懸念を表明する。この点において、委員会は、5 つの地方自治体が児童のためのオンブズパーソンを任命したとの締約国からの情報に留意する。しかしながら、委員会は、オンブズパーソンの権限、独立性、機能、有効性を確保するための財政的及びその他の資源並びに残念ながら 2002 年以降懸案となっている人権擁護法案のもとで創設されることになる人権委員会との想定される関係についての情報が欠如していることを遺憾に思う。

18. 委員会は、締約国に以下を勧告する：

（a）人権擁護法案の可決及び国内機構の地位に関する原則（パリ原則）に従った国内人権委員会の創設を促進し、また、国内人権委員会に対し、条約の実施を監視し、申立てを受理・フォローアップし、かつ、児童の権利の組織的な侵害を調査する権限を与えること、

（b）次回の報告において、国内人権委員会及びオンブズパーソンに割り当てられた権限、機能、及び資源についての情報を提供すること、

（c）独立した人権機関の役割についての委員会の一般的意見 No.2（2002年）を考慮すること。

資料

資源の配分

19. 委員会は、締約国の社会支出が OECD 平均より低いこと、貧困が最近の経済危機以前から既に増加しており、現在、貧困が人口の約 15％に達していること、また、児童のための補助金と、児童の福祉及び発達のための手当が一貫して整備されていないことに対する深い懸念を表明する。委員会は、新しい手当制度及び高校の無償化に関する法律を歓迎するが、国及び地方自治体予算における児童のための予算割当が明確でないため、児童の生活に与える影響という観点から支出を検証し評価することが不可能となっていることに引き続き懸念を有する。

20. 委員会は締約国に以下を強く勧告する：

　(a) 締約国は、予算割当が児童の権利を実現する締約国の義務を果たすことを確保するため、児童の権利の観点から国及び地方自治体における予算を徹底的に検証すること、

　(b) 児童の権利の優先性を反映した戦略的な予算額を定義すること、

　(c) 財源の変化に対しても、児童のための優先予算額を保護すること、

　(d) 指標に基づいた政策の成果をフォローアップする追跡システムを確立すること、

　(e) 市民社会及び児童が、全てのレベルにおいて協議できることを確保すること。

データ収集

21. 委員会は、児童及び児童の行動について相当量のデータが定期的に集積され公表されていることを認識している。

しかしながら、委員会は、貧困状態にある児童・障害のある児童・外国籍児童の就学率や、学校における暴力やいじめを含む、条約がカバーするいくつかの分野に関するデータの欠如に懸念を表明する。

22. 委員会は、締約国に、児童の権利が侵害される危険にさらされている児童についてのデータを収集する努力を強化することを勧告する。締約国はまた、条約の実施の進捗を効果的に監視し、評価する指標を作成し、児童の権利の分野における政策の効果を評価するべきである。

広報、研修、意識啓発

23. 委員会は、締約国が、児童と共に及び児童のために働いている職業従事者及び一般市民の間に、条約についての意識を啓発するために努力していることに留意する。しかしながら、こうした努力が十分ではなく、条約の原則及び規定を広報する計画が実施されていないことを引き続き懸念する。特に、児童及びその親に対するより効果的な広報は緊急に必要である。委員会はまた、児童と共に及び児童のために働いている職業従事者に対する研修が不十分なものであることを懸念する。

24. 委員会は、締約国が、児童と親の間に、条約に関する情報を幅広く周知することを慫慂する。委員会は、締約国が、児童の権利を含む人権について、児童と共に及び児童のために働くすべての人々（教師、裁判官、弁護士、法執行官、報道関係者、全てのレベルの国家及び地方公務員を含む）に対し、系統だった継続的な研修プログラムを作成することを要請する。

国連子どもの権利委員会・第3回政府報告書審査に基づく最終見解（2010）

市民社会との協力

25. 委員会は、締約国による、市民社会組織との数多くの会合についての情報に留意する。しかしながら、委員会は、児童の権利のための政策・プログラムの発展、実施、評価の全ての段階において重要である継続的な協力の実施が、今のところ確立されていないことを懸念する。委員会はまた、委員会の前回最終見解の実施に関して市民社会組織が関与していなかったこと、もしくは第3回定期報告の準備において彼らの見解を提示する十分な機会を与えられなかったことを懸念する。

26. 委員会は、締約国に対し、市民社会との協力の強化し、定期報告の準備を含む条約の実施における全ての段階を通じ、市民社会組織をより系統的に関与させることを慫慂する。

児童の権利及び企業部門

27. 委員会は、児童及びその家族の生活における民間部門の大きな影響について留意し、かつ、児童の幸福及び発展に関して企業部門が有する社会的・環境的責任についての締約国の規則が仮に存在するのであれば、それらについての情報が欠如していることを憂慮する。

28. 委員会は、地域社会、特に、企業活動から生まれるいかなる有害な影響からも特に児童をはじめとした地域社会を保護する目的で、企業セクターが企業の社会的・環境的責任についての国際及び国内基準に適合することを確保するために、締約国が規則を制定し、実施するための効果的な対策をとるよう慫慂する。

国際協力

29. 委員会は依然として相当な額に上る政府開発援助（ODA）に留意し、2003年の戦略的見直しの結果、貧困削減、持続可能性、安全保障及び平和維持への取組に高い優先順位が置かれた2003年の戦略的見直しを歓迎する。しかし、締約国が一貫してODA予算を削減し、対国内総生産（GDP）比の0.2％の水準であり、国際的に合意された対GDP比0.7％の目標をはるかに下回っていることを懸念する。特に、委員会は、開発途上国における気候変動対策のための措置を含む特別な目的への追加的な予算割当てや、アフリカ諸国への大幅な支援額の増加を除き、一般的な変化は計画されていないことを懸念する。

30. 委員会は、締約国が、特に、児童に資するプログラムや措置に向けた資源の増加を目標として国際的なODA目標達成へのコミットメントを再考するよう勧告する。委員会は、さらに、締約国が、関係の被援助国に対する委員会の最終見解と勧告を考慮するよう提案する。

2 児童の定義（条約第1条）

31. 委員会は前回の最終見解（CRC/C/15/Add.231, パラ22）において、婚姻適齢につき少年（18歳）と少女（16歳）の差異をなくすことを勧告したにもかかわらず、この不平等が残っていることに懸念を表明する。

32. 委員会は、締約国が現在の立場を変え、両性ともに婚姻適齢を18歳とすることを勧告する。

資料

3 一般原則（条約第2条、第3条、第6条、第12条）

差別の禁止

33. 委員会は、いくつかの法的措置にもかかわらず、今なお、嫡出でない子が、相続に関する法律において嫡出子と同様の権利を享受していないことを懸念する。委員会はまた、民族的少数者に属する児童、外国籍児童、移民労働者の児童、難民児童及び障害のある児童に対する社会的な差別が根強くあることを懸念する。委員会は、男女共同参画の推進に言及した教育基本法第5条の削除に対する女子に対する差別の撤廃に関する委員会の懸念（CEDAW/C/JPN/CO/6）を改めて表明する。

34. 委員会は締約国に以下を勧告する：
 (a) 包括的な差別禁止法を制定し、根拠にかかわらず児童を差別する法律を廃止すること、
 (b) 特に、少女や民族的少数者に属する児童、外国籍児童、障害のある児童への実質的な差別を削減し、予防するために、意識啓発キャンペーン及び人権教育を含めた必要な措置を講じること。

35. 委員会は、刑法が、強姦及び関連犯罪の潜在的被害者として女性や少女のみを認識し、それゆえ、これら規定により与えられる保護が少年に及ばないことに懸念をもって留意する。

36. 委員会は、締約国が、男児であれ女児であれ、強姦の被害者すべてに同様の保護が与えられるよう刑法改正を検討することを勧告する。

児童の最善の利益

37. 児童福祉法のもと、児童の最善の利益が考慮されているとの締約国による情報を認めつつ、委員会は、1974年に可決された同法が最善の利益の優先を十分に考慮していないことに懸念をもって留意する。特に、この権利が、難民や不法移民の児童を含む全ての児童の最善の利益を強制力をもって組み込む過程を通じて、全ての法律に正式かつ組織的に取り入れられてないことを懸念する。

38. 委員会は、締約国に、全ての法的規定及び児童に影響を与える司法・行政における決定・プロジェクト・計画・サービスにおいて、児童の最善の利益の理念が実現され、監視されることが確保されるよう、努力を継続・強化することを勧告する。

39. 委員会は、児童を監督・保護する責任にある多くの機関が、特に、職員数及びその適性並びに監督及びサービスの質において適切な基準を満たしていないことを懸念をもって留意する。

40. 委員会は以下を締約国に勧告する；
 (a) これらの機関によって提供されるサービスの質と量について、公的及び民間セクターいずれにも適用可能なサービスの基準を作成・定義するための効果的な措置を講じること、
 (b) 公的・民間セクターの双方において、継続的にこうした基準を遵守すること。

生命に対する権利並びに生存及び発達する権利

41. 児童、特に青少年の自殺案件に関する、「自殺に関する総合対策の緊急かつ効果的な推進を求める決議」等を通じた締約国の取組に留意するが、委員

会は、児童・青少年の自殺、及び自殺・自殺未遂のリスク要因についての調査が欠如していることに、依然として懸念を有する。委員会はまた、児童関連施設における事故がそれらの施設の安全最低基準が遵守されていないことと関連している可能性があるとの情報について懸念する。

42. 委員会は、締約国が児童による自殺のリスク要因を調査し、防止措置をとり、学校にソーシャルワーカー・心理相談サービスを備えさせ、かつ、児童への指導システムが困難な状況にある児童に追加的なストレスを与えることがないように確保するよう勧告する。委員会はまた、締約国が、公的・私的を問わず、児童のための施設を備えた機関が、適切な最低限の安全基準を遵守することを確保するよう勧告する。

児童の意見の尊重

43. 裁判及び行政手続、学校、児童関連施設、家庭において、児童の意見が考慮されているとの締約国からの情報に留意するが、委員会は、公的な規則が高い年齢制限を設定していること、児童相談所を含む児童福祉サービスが児童の意見にほとんど重きを置いていないこと、学校が児童の意見を尊重する分野を制限していること、政策立案過程において児童が有するあらゆる側面及び児童の意見が配慮されることがほとんどないことに対し、引き続き懸念を有する。委員会は、児童を、権利を有する人間として尊重しない伝統的な価値観により、児童の意見の尊重が著しく制限されていることを引き続き懸念する。

44. 条約第 12 条及び児童の意見の尊重

に関する委員会の一般的意見 No.12（2009 年）に照らし、委員会は、児童が、学校、その他の児童関連施設、家庭、地域社会、裁判所、行政組織、政策立案過程を含むあらゆる状況において自らに影響を与えるあらゆる事柄について意見を十分に表明する権利を促進するための取組を締約国が強化するよう勧告する。

4 市民的権利及び自由（条約第 7 条、第 8 条、第 13 条～第 17 条、第 19 条、第 37 条（c））

出生登録

45. 委員会は、前回の最終見解（CRC/C/15/Add.231）においても留意しているが、締約国の規則の多くが、登録されていない移民が彼らの児童の出生を登録できないことを含め、特定の状況下にある両親のもとに生まれた児童の出生登録の可能性を制限する効力を有していることに改めて懸念を表する。これらの規則の結果、多くの児童が登録されず、実質上無国籍の状態に至らしめている。

46. 委員会は、以下を締約国に勧告する。
   (a) 全ての児童を登録し、実質上無国籍状態から児童を保護することを確保するために、国籍法及び関係規則を条約第 7 条の規則と適合させるべく改正すること、
   (b) 無国籍者の地位に関する条約（1954 年）及び無国籍の削減に関する条約（1961 年）の締結を検討すること。

体罰

47. 学校における体罰が明示的に禁止さ

れていることに留意するが、委員会は、
体罰の禁止が効果的に履行されていな
いとの報告に懸念を表明する。委員会
は、全ての体罰を禁止することを差し
控えた1981年の東京高等裁判所によ
るあいまいな判決に懸念をもって留意
する。さらに、委員会は、家庭及びそ
の代替的監護環境において、体罰が法
律上明示的に禁止されておらず、特に
民法及び児童虐待防止法が、適切なし
つけの行使を許容し、体罰への許容性
について不明確であることを懸念する。

48. 委員会は、締約国に対し以下を強く
   勧告する；

   (a) 家庭及びその代替的監護環境を
      含む全ての環境における、体罰及
      び児童の品位を下げるあらゆる形
      態の扱いを法律により明示的に禁
      止すること、

   (b) 全ての環境において、体罰の禁
      止を効果的に行うこと、

   (c) 家族、教師、児童とともに又は
      児童のために働くその他の職業的
      従事者に対し、代替の非暴力的形
      態によるしつけについての教育を
      行うための、キャンペーンを含む
      広報プログラムを実施すること。

児童に対する暴力に関する国連調査の
フォローアップ

49. 国連事務総長による児童に対する
   暴力に関する調査（A/61/299）に関し、
   委員会は締約国に以下を勧告する；

   (a) 2005年6月14日から16日にバ
      ンコクで開催された東アジア太平
      洋地域コンサルテーションの成果
      及び勧告を考慮しつつ、児童に対
      する暴力に関する国連の調査の勧
      告を実施するために必要なあらゆ

る措置を講ずること、

   (b) 特に以下の勧告に注意を払いつ
      つ、児童に対するあらゆる形態の
      暴力を排除するための調査の勧告
      の実施を優先させること；

      (i) 児童に対するあらゆる形態の暴
         力を禁止すること、

      (ii) 児童とともにまたは児童のた
         めに働く全ての人のキャパシテ
         ィを強化すること、

      (iii) 復帰及び社会的再統合に向け
         たサービスを提供すること、

      (iv) 児童にとってアクセスしやす
         くかつ児童にやさしい通報シス
         テム及びサービスを創設するこ
         と、

      (v) 説明責任を確保し、不処罰を
         終結させること、

      (vi) 国内データの組織的な収集と
         調査を開発・実施すること。

   (c) 市民社会と連携し、特に児童の
      関与を得て、それぞれの児童が全
      ての形態の肉体的・性的・心理的
      な暴力から保護されることを確保
      し、また、そうした暴力と虐待を
      防止し、対処するために、具体的
      かつ要すれば期限を定めた行動へ
      の機運を得るために、これらの勧
      告を行動に向けた道具として利用
      すること、

   (d) 次回の報告において、締約国は
      調査の勧告の実施状況についての
      情報を提供すること、

   (e) 児童に対する暴力に関する国連
      事務総長特別報告者と協力し、支
      援すること。

国連子どもの権利委員会・第3回政府報告書審査に基づく最終見解（2010）

5 家庭環境及び代替的監護（条約第5条、第18条1及び2、第9条～第11条、第19条～第21条、第25条、第27条4及び第39条）

家庭環境

50. 日本社会における家族の価値が恒久的な重要性を有していることを認識しているが、委員会は、親子関係の悪化に伴って、児童の情緒的及び心理的な幸福に否定的な影響を及ぼし、その結果、児童の施設収容という事態まで生じているとの報告に懸念を有する。委員会は、これらの問題が、高齢者介護と若者との間に生じる緊張状態、学校における競争、仕事と家庭を両立できない状態、特に、ひとり親家庭に与える貧困の影響といった要因に起因している可能性がある問題であることに留意する。

51. 委員会は、締約国が、子育ての責任を果たす家族の能力を確保できるように男女双方にとっての仕事と家庭の間の適切な調和を促進すること、親子の関係を強化すること、及び、児童の権利に関する意識を啓発することなどにより、家族を支援し強化するための措置を導入することを勧告する。委員会はまた、児童の施設収容を防止するため、社会制度が不利な境遇にある児童や家族を優先し、適切な財政的、社会的及び心理的支援を提供するよう勧告する。

親の養護のない児童

52. 委員会は、親の養護のない児童を対象とする家族基盤型の代替的児童養護についての政策の不足、家族による養護から引き離された児童数の増加、小

規模で家族型の養護を提供する取組にかかわらず多くの施設の不十分な基準、代替児童養護施設において広く虐待が行われているとの報告に懸念を有する。この点に関し、委員会は、残念ながら広く実施されていない通報制度の確立に留意する。委員会は、里親が義務的研修を受けていることや引き上げられた里親手当を受けていることを歓迎するが、一部の里親が財政的に支援されていないことに懸念を有する。

53. 委員会は条約第18条に照らし、締約国に以下を勧告する：

（a）里親が小規模なグループ施設のような家族型環境において児童を養護すること、

（b）里親制度を含め、代替的監護環境の質を定期的に監視し、全ての監護環境が適切な最低基準を満たしていることを確保する手段を講じること、

（c）代替的監護環境下における児童虐待について責任ある者を捜査、訴追し、適当な場合には虐待の被害者が通報手続、カウンセリング、医療ケア及びその他の回復支援にアクセスできるよう確保すること、

（d）全ての里親に財政的支援がされるよう確保すること、

（e）2009年11月20日に採択された国連総会決議（A/RES/64/142）に含まれる児童の代替的監護に関する国連ガイドラインを考慮すること。

養子縁組

54. 養親となるべき者又はその配偶者の直系卑属である子との養子縁組が、司法の監視や家庭裁判所の許可なく行えることに懸念をもって留意する。さら

資料

529

に委員会は、国外の養子の登録を含む国際養子縁組に対する適切な監視の欠如を懸念する。

55. 委員会は、締約国に対し以下を勧告する；

（a）すべての養子縁組が裁判所の許可を必要とするとともに、児童の最善の利益に合致し、また、すべての養子の登録が維持されることを確保するための措置を講じ、効果的に実施すること、

（b）国際養子縁組に関する子の保護及び国際協力に関するハーグ条約（1993年）の締結を検討すること。

児童虐待とネグレクト

56. 委員会は、児童虐待を防止するメカニズムを規定し、強化する児童虐待防止法及び児童福祉法の改正をはじめとする取組を歓迎する。しかしながら、委員会は、民法において「包括的な支配」の実行の権利を与える「親権」の概念及び過剰な親の期待は、児童を家庭での暴力の危険にさらしているということに引き続き懸念を有している。委員会は、児童虐待の件数が増加し続けていることに懸念をもって留意する。

57. 委員会は、児童虐待の問題に対処する現在の取組を、以下を含めてさらに強化するよう締約国に勧告する；

（a）虐待とネグレクトのネガティブな影響についての公共教育プログラム及び積極的かつ非暴力的形態によるしつけの促進する家族開発計画などの防止プログラムを実施すること、

（b）家庭及び学校における虐待の被害児童に対し、適切な保護を提供すること。

6 基礎的保健及び福祉（条約第6条、第18条3、第23条、第24条、第26条、第27条1～3）

障害のある児童

58. 委員会は、締約国が障害のある児童を支援し、学校における共同学習を含む社会参加を促進し、自立を図ることを目的として、法律を採択しサービスと施設を設立したことに留意する。委員会は、深く根付いた差別が今なおあること、また、障害のある児童のための措置が注意深く監視されていないことに引き続き懸念を有する。委員会はまた、必要な機具と設備に対する政治的意思と財源が欠如していることにより、障害のある児童による教育へのアクセスが引き続き制約されていることに、懸念をもって留意する。

59. 委員会は、締約国に対し以下を勧告する；

（a）障害のある全ての児童を完全に保護するために法律を改正し、及び採択するとともに、進捗状況を注意深く記録し、実施における欠陥を特定する監視システムを確立すること、

（b）障害のある児童の生活の質を高め、彼らの基本的ニーズを満たし、かつ、彼らが包容され及び参加することを確保することに焦点を当てた、地域社会を基盤とするサービスを提供すること、

（c）存在する差別的な態度と闘うための意識啓発キャンペーンを実施し、障害のある児童の権利及び特別なニーズについて社会の感受性を高め、障害のある児童の社会への包容を慫慂し、また、聴取され

国連子どもの権利委員会・第3回政府報告書審査に基づく最終見解（2010）

る児童及び親の権利の尊重を促進すること、

(d) 障害のある児童に対して、十分な人的・財政的資源を伴ったプログラム及びサービスを提供するため、あらゆる努力を行うこと、

(e) 障害のある児童を包容する教育のための必要な設備を学校に設置し、児童が希望する学校を選択し又は彼らの最善の利益に従い通常の学校と特別支援学校との間を転校できることを確保すること、

(f) 障害のある児童のために、また障害のある児童とともに活動している非政府組織（NGO）に対し、支援を提供すること、

(g) 教師、ソーシャルワーカー、保健・医療・治療・養護従事者をはじめとした、障害のある児童とともに活動している職業従事者に対し研修を行うこと、

(h) この関連で、障害のある人の機会均等化に関する国連規則（国連総会会議48/96）及び障害のある児童の権利に関する委員会の一般的意見 No.9（2006年）を考慮すること、

(i) 締約国が署名済みの障害者の権利に関する条約、及びその選択議定書（2006年）を締結すること。

メンタルヘルス

60. 委員会は、著しい数の児童が情緒面での健康状態が低いとの報告をしていること、また両親や教師との関係の貧しさがその決定要因となっている可能性があることを示すデータに留意する。委員会はまた、発達障害者支援センターにおける注意欠陥多動性障害

（ADHD）の相談数が増加していることに留意する。委員会は、ADHDの治療に関する研究と医療従事者の研修が開始されたことを歓迎するが、この現象が主に薬物によって治療されるべき生理的障害とみなされ、社会的決定要因が適切に考慮されていないことを懸念する。

61. 委員会は、締約国が、全ての環境における効果的な支援を確保するための学際的アプローチを通じ、児童と青少年の情緒的・心理的な健康問題に対処するために効果的な措置を講じるよう勧告する。また、委員会は、締約国がADHDの診断数の推移を監視するとともに、この分野における研究が製薬産業とは独立した形で実施されることを確保するよう勧告する。

保健サービス

62. 委員会は、学校において行動面での期待を満たさない児童が、児童相談所に送致されていることを、懸念をもって注目する。委員会は、児童の意見が聴取されるという児童の権利の実現や、児童の最善の利益の実現を含む専門的対処の基準についての情報がないことを懸念し、成果についての組織的評価を入手できないことを遺憾に思う。

63. 委員会は、締約国が、児童相談所のシステム及びその作業方法に関し、リハビリテーションの成果に関する評価も含め独立した調査を委託し、次回の定期報告にこの調査結果についての情報を含めることを勧告する。

HIV/AIDS

64. 委員会は、HIV/AIDS及びその他の性感染症の感染率が上昇していること

資料

531

並びに青少年に対するこれらの健康問題についての教育が限定的であることへの懸念を表明する。

65. 委員会は、締約国が学校カリキュラムにリプロダクティブ・ヘルス教育を含めることを確保し、かつ、青少年に対して、10代の妊娠及びHIV/AIDS等の性感染症の予防を含む自己のリプロダクティブ・ヘルスに関する権利についての情報を十分に提供し、青少年の健康と発達に関する委員会の一般的意見No.4（2003）を考慮し、HIV/AIDS及び他の性感染症の全ての予防プログラムが青少年にとって容易にアクセスできるよう確保することを勧告する。

適切な生活水準に対する権利

66. 対話を通じて、委員会は、全ての子どもを対象とする子ども手当制度が2010年4月から施行された旨の情報を提供されたが、この新たな措置が、現行の生活保護法及びひとり親世帯、特に母親が世帯主であるひとり親世帯を対象とした支援等の措置と比較し、15%の貧困率を下げる上で、より有効であるかについて評価するデータがない。委員会は、財政経済政策（労働の規制緩和や民営化戦略等）が、賃金削減、女性と男性の賃金格差及び児童の養護・教育支出の増加により、親、特にシングルマザーに影響を与えていることを懸念する。

67. 委員会は、締約国が、貧困の複雑な決定要因、発達に対する児童の権利及びひとり親世帯を含む全ての世帯に対して確保されるべき生活水準を考慮しながら、貧困削減戦略の策定を含め、児童の貧困を根絶するために適切な資源を配分するよう勧告する。委員会はまた、締約国に対し、親は子育ての責任を負っているために労働の規制緩和及び柔軟化といった経済戦略に対処する能力が限られていることを考慮に入れるとともに、財政的及びその他の支援の提供によって、児童の福祉及び発達にとって必要な家族生活を保障できているかどうか、注意深く監視するよう要請する。

児童の養育費回収

68. 児童の養育費の回収の促進を目的とする2004年の民事執行法の改正に留意しつつ、委員会は、国を離れた親を含む多数の別居又は離婚した親、多くは父親、が自らの扶養義務を果たさないこと、及び未払い養育費を回収する現行の手続が十分でないことを懸念する。

69. 委員会は、締約国に対し、以下を勧告する；

(a) 婚姻の有無に関わらず、双方の親が子どもの養育費を等分に負担し、どちらかがその義務を果たさない場合、養育費を効果的に回収することを確保する現行法及び措置の実施を強化すること、

(b) 支払い不能の親の養育費支払い義務に応じ、適当な場合には、後から民事又は刑事法規を通じてその未払い分を回収する、いわば国家基金のような新たな機構を通じて養育費が回収されることを確保すること、

(c) 親責任及び子の保護措置についての管轄権、準拠法、承認、執行及び協力に関するハーグ条約（1996年）を締結すること。

国連子どもの権利委員会・第 3 回政府報告書審査に基づく最終見解（2010）

7 教育、余暇及び文化的活動（条約第 28 条、第 29 条、第 31 条）

職業訓練及び指導を含む教育

70. 委員会は、日本の教育制度において極めて質の高い教育が行われていることは認識するが、学校や大学への入学のために競争する児童の人数が減少しているにもかかわらず、過度の競争に関する苦情が増加し続けていることに懸念をもって留意する。委員会はまた、高度に競争的な学校環境が、就学年齢にある児童の間で、いじめ、精神障害、不登校、中途退学、自殺を助長している可能性があることを懸念する。

71. 委員会は、締約国が、質の高い教育と児童を中心に考えた能力の育成を組み合わせること、及び極端に競争的な環境による悪影響を回避することを目的とし、学校及び教育制度を見直すことを勧告する。この関連で締約国には教育の目的に関する委員会の一般的意見 No.1（2001）を考慮するよう慫慂する。委員会はまた、締約国が同級生の間でのいじめと闘う努力を強化し、及びそのような措置の策定に児童の視点を反映させるよう勧告する。

72. 委員会は、中華学校、韓国・朝鮮人学校及びその他の出身の児童のための学校が不十分な補助金しか受けていないことを懸念する。委員会はまた、これらの学校の卒業生が、日本の大学入学試験を受験する資格がない場合があることを懸念する。

73. 委員会は、締約国に対し、外国人学校に対する補助金を増額し、大学入学試験へのアクセスが差別的でないことを確保するよう慫慂する。締約国に対し、ユネスコの教育における差別待遇

の防止に関する条約への締結を検討するよう慫慂する。

74. 委員会は、日本の歴史教科書が、歴史的事件に関して日本の解釈のみを反映しているため、地域の他国の児童との相互理解を強化していないとの情報を懸念する。

75. 委員会は、締約国に対し、公的に検定されている教科書が、アジア太平洋地域の歴史的事件に関して、バランスのとれた視点を反映することを確保するよう勧告する。

遊び、余暇、文化的活動

76. 委員会は、締約国に対し、休息、余暇及び文化的活動に関する児童の権利を想起させるとともに、締約国が、公共の場所、学校、児童関連施設及び家庭における児童の遊びの時間及びその他の自主的活動を促進し、進展させる取組を支援するよう勧告する。

8 特別な保護措置（条約第 22 条、第 38 条、第 39 条、第 40 条、第 37 条 (b)、第 30 条、第 32 条～第 36 条）

同伴者のいない難民児童

77. 委員会は、犯罪行為の疑いがない場合でも庇護申請児童を収容する慣行が広く行われていること及び同伴者のいない庇護申請児童のケアのための確立されたメカニズムが欠如していることに懸念を表明する。

78. 委員会は、締約国に対し、以下を勧告する：

(a) 庇護申請児童の収容を防止し、入管収容施設からのすべての庇護申請児童の速やかな放免を確保し、彼らにシェルター、適切なケア及

資料

533

び教育へのアクセスを提供するため、公的なメカニズムの確立を含む速やかな措置を講じること、

（b）児童の最善の利益が最優先に考慮されることを確保しつつ、公平かつ児童に配慮した難民認定手続の下、同伴者のいない児童の難民申請手続を加速させ、後見人や法的代理人を指名し、親や他の親族の追跡を行うこと、

（c）国連難民高等弁務官（UNHCR）の「児童の最善の利益の公式な決定に関するガイドライン」及び「難民児童の保護及びケアに関するUNHCR ガイドライン」を考慮しつつ、難民保護分野における国際基準を尊重すること。

人身取引

79. 委員会は人身取引を犯罪化した2005 年 7 月施行の刑法改正及び人身取引対策行動計画（2009 年）を歓迎する。しかしながら、委員会は、調整と監視機関、及び特に児童に対する人身取引対策の効果について、同行動計画のために提供された資源についての情報の欠如に留意する。

80. 委員会は、以下を締約国に勧告する；

（a）特に児童に対する人身取引対策の効果的監視を確保すること、

（b）人身取引被害者が身体的、心理的回復のための支援が提供されることを確保すること、

（c）行動計画の実施に関する情報を提供すること、

（d）国際的な組織犯罪の防止に関する国際連合条約を補足する人（特に女性及び児童）の取引を防止し、

抑止し及び処罰するための議定書（2000 年）を締結すること。

性的搾取

81. 委員会は、締約国の第 2 回政府報告の審査後の買春を含む児童の性的搾取の件数の増加に改めて懸念を表明する。

82. 委員会は、締約国に対し、児童の性的搾取の事案を捜査し、加害者を訴追し、性的搾取の被害者にカウンセリングその他の回復の支援を提供する努力を強化するよう勧告する。

少年司法

83. 委員会は、2000 年の少年法改正が処罰的アプローチをとり、少年犯罪者の権利や司法上の保障を制限しているとの第 2 回政府報告（CRC/C/104/Add.2）に基づき 2004 年 2 月に表明した委員会の懸念（CRC/C/15/Add.231）を改めて表明する。特に、刑事責任年齢が 16 歳から 14 歳に引き下げられたことは、教育的措置の可能性を減らし、14 歳から 16 歳の間の多くの児童を矯正施設への収容にさらすことになる。重大な罪を犯した 16 歳以上の児童が刑事裁判所に送致されうる。観護措置期間が 4 週間から 8 週間に延長された。新たな裁判員制度は専門の少年裁判所による少年犯罪者の取扱いの支障となっている。

84. さらに、委員会は、成人刑事裁判所に送致される児童の顕著な増加を懸念するとともに、法令に違反する行為をした児童に対する、弁護士へのアクセス権を含む、手続の保障が制度的に実施されておらず、その結果、とりわけ自白の強要や違法な捜査実務を生む結果となっていることを遺憾に思う。委

員会はまた、少年矯正施設の収容者に対する暴力の水準、及び起訴前勾留において少年が成人と分離されない可能性を懸念する。

85. 委員会は、締約国に対し、少年司法制度を特に条約第37条、第40条、第39条や、少年司法運営に関する国連基準規則（北京ルールズ）、少年非行予防のための国連ガイドライン（リヤドガイドライン）、自由を奪われた少年の保護に関する国連規則（ハバナルールズ）や刑事司法制度の少年に対する行動のウィーンガイドラインを含むその他の少年司法分野における国連基準に完全に適合させるため、少年司法における児童の権利に関する委員会の一般的意見 No.10（2007年）を考慮しつつ、少年司法制度の機能を再検討するよう要請する。委員会は、特に、締約国に以下を勧告する；

(a) 刑事司法制度に児童が関わりを持ってしまう社会状況排除の一助とするため、家族やコミュニティの役割をサポートするような防止的措置をとるとともに、その後の烙印を回避するあらゆる手段を講じること、

(b) 刑事責任最低年齢に関する法令を従前の16歳へ引き上げることで、見直しを検討すること、

(c) 刑事責任年齢以下の児童が刑事犯罪者として扱われ矯正施設に送られることがないようにし、法令に違反する行為をした児童が常に少年司法制度において扱われ、成人のように専門性を有しない裁判所において審理されないよう確保すること、また、このため、裁判員制度の見直しを検討すること、

(d) 現行の法的扶助制度の拡大などの方法により、すべての児童が手続のあらゆる段階で法的及びその他の支援を受けられることを確保すること、

(e) 保護観察、調停、社会奉仕命令、自由を剥奪する判決の執行の猶予など、自由の剥奪に代わる措置を、可能な場合には、実施すること、

(f) 自由の剥奪（起訴前及び後）が最後の手段として可能な限り最短の期間で適用されること、それを取消すことを目的として定期的に見直しを行うことを確保すること、

(g) 自由を剥奪された児童は成人とともに収容されず、起訴前を含め教育へのアクセスがあることを確保すること、

(i) 少年司法制度に関わるすべての専門家が適切な国際基準において訓練されること。

マイノリティまたは先住民族の集団に属する児童

86. アイヌの人々の状況改善のために締約国が講じた措置に留意する一方、委員会は、アイヌ、韓国・朝鮮人、部落出身者やほかのマイノリティの児童が社会的・経済的周縁化を経験し続けていることを懸念する。

87. 委員会は、締約国に対し、生活のあらゆる面において民族的少数者に属する児童に対する差別が除去されるための必要な法令又はその他の措置を講じ、条約に規定されたすべてのサービスや支援に等しくアクセスできることを確保するよう要請する。

9 フォローアップ及び広報

フォローアップ

88. 委員会は、締約国に対し、適当な場合には、適切な検討とさらなる行動のため、これらの勧告を、特に、高等裁判所、内閣、国会及び地方自治体の関係者に対し伝達し、勧告が完全に実施されることを確保するためあらゆる適切な手段を講じることを勧告する。

最終見解の広報

89. 委員会は、条約並びにその実施及び監視に関する意識啓発を促進する目的で、第3回定期報告、締約国が提出した文書回答及びこの最終見解を、自国の言語で、インターネットを含め、広く公衆一般、市民社会組織、報道、若者グループ、専門家グループ及び児童に提供することを勧告する。

次回報告

90. 委員会は、締約国に対し、第4回・第5回をあわせた定期報告を2016年5月21日までに提出するよう求める。報告は120ページを超えないものとし（CRC/C/118参照）、この最終見解の実施に関する情報を含めること。

91. 委員会は、締約国に対し、2006年6月の第5回人権条約体委員会間会合で承認された統一報告ガイドライン（HRI/MC/2006/3）で定められたコア・ドキュメントについての記載要件に適合した形で、最新のコア・ドキュメントを提出するよう求める。

日本の第4回・第5回統合定期報告書に関する総括所見

2019年3月5日
原文：英語
日本語訳：子どもの権利条約NGOレポート連絡会議 https://www.26.atwiki.jp/childrights/pages/319.html
（注：〔〕内は訳者による補足）
子どもの権利委員会
※委員会により、第80会期（2019年1月14日〜2月1日）に採択。

I　はじめに

1. 委員会は、2019年1月16日および17日に開かれた第2346回および第2347回会合（CRC/C/SR.2346and2347参照）において日本の第4回・第5回統合定期報告書（CRC/C/JPN/4-5）を検討し、2019年2月1日に開かれた第2370回会合においてこの総括所見を採択した。

2. 委員会は、締約国における子どもの権利の状況についての理解を向上させてくれた、締約国の第4回・第5回統合定期報告書および事前質問事項に対する文書回答（CRC/C/JPN/Q/4-5/Add.1）の提出を歓迎する。委員会は、多部門から構成された締約国の代表団との間に持たれた建設的対話に評価の意を表するものである。

II　締約国によってとられたフォローアップ措置および達成された進展

3. 委員会は、締約国がさまざまな分野で達成した進展（女性および男性の双方について最低婚姻年齢を18歳と定めた2018年の民法改正、2017年の刑法改正、2016年の児童福祉法改正、および、児童ポルノの所持を犯罪化するに至った「児童買春、児童ポルノに係る行為等の規制及び処罰並びに児童の保護等に関する法律」の改正を含む）を歓迎する。委員会はまた、子供・若者育成支援推進大綱（2016年）、第4次「青少年が安全に安心してインターネットを利用できるようにするための施策に関する基本的な計画」（2018年）および子供の貧困対策に関する大綱（2014年）など、前回の審査以降に子どもの権利に関連してとられた制度上および政策上の措置も歓迎する。

III　主要な懸念領域および勧告

4. 委員会は、条約に掲げられたすべての権利の不可分性および相互依存性を締約国が想起するよう求めるとともに、この総括所見に掲げられたすべての勧告の重要性を強調する。委員会は、緊急の措置がとられなければならない以下の分野に関わる勧告に対し、締約国の注意を喚起したい。その分野とは、差別の禁止（パラ18）、子どもの意見の尊重（パラ22）、体罰（パラ26）、家庭環境を奪われた子ども（パラ29）、リプロダクティブヘルスおよび精神保健（パラ35）ならびに少年司法（パラ45）である。

5. 委員会は、締約国が、持続可能な開発のための2030アジェンダの実施プロセス全体を通じ、条約、武力紛争への子どもの関与に関する選択議定書および子どもの売買、児童買春および児

童ポルノに関する選択議定書にしたがって子どもの権利の実現を確保するよう勧告する。委員会はまた、締約国に対し、17の目標の達成を目的とする政策およびプログラムの立案および実施において、それが子どもに関わるかぎりにおいて子どもたちの意味のある参加を確保することも促すものである。

A. 実施に関する一般的措置（第4条、第42条および第44条（6））

留保

6. 委員会は、前回の勧告（CRC/C/JPN/CO/3、パラ10）にのっとり、締約国が、条約の全面的適用の妨げとなっている第37条（c）への留保の撤回を検討するよう勧告する。

立法

7. さまざまな法律の改正に関して締約国から提供された情報には留意しながらも、委員会は、締約国が、子どもの権利に関する包括的な法律を採択し、かつ国内法を条約の原則および規定と完全に調和させるための措置をとるよう、強く勧告する。

包括的な政策および戦略

8. 委員会は、締約国が、条約が対象とするすべての分野を包含し、かつ政府機関間の調整および相互補完性を確保する包括的な子ども保護政策を策定するとともに、十分な人的資源、技術的資源および財源に裏づけられた、当該政策のための包括的な実施戦略も策定するよう、勧告する。

調整

9. 委員会は、締約国が、部門横断的にならびに国、広域行政圏および地方のレベルで行なわれている条約の実施関連のすべての活動を調整するための明確な任務および十分な権限を有する適切な調整機関、ならびに、すべての子どもおよび条約のすべての分野を対象とする評価および監視のための機構を設置するべきである旨の、前回の勧告（前掲、パラ14）をあらためて繰り返す。締約国は、当該調整機関に対し、その効果的運用のために必要な人的資源、技術的資源および財源が提供されることを確保するべきである。

資源配分

10. 子どもの相対的貧困率がこの数年高いままであることに鑑み、かつ子どもの権利実現のための公共予算編成についての一般的意見19号（2016年）を想起しながら、委員会は、締約国が、子どもの権利の視点を含み、子どもに対する明確な配分額を定め、かつ条約の実施のために割り当てられる資源配分の十分性、有効性および公平性の監視および評価を行なうための具体的指標および追跡システムを包含した予算策定手続を確立するよう、強く勧告する。そのための手段には以下のものが含まれる。

（a）子どもに直接影響を与えるすべての支出の計画、確定、補正および実際の額について、詳細な予算科目および予算項目を定めること。

（b）子どもの権利に関連する支出の報告、追跡および分析を可能にする予算分類システムを活用すること。

日本の第 4 回・第 5 回統合定期報告書に関する総括所見

(c) サービス提供のための予算配分額の変動または削減によって、子どもの権利の享受に関する現在の水準が低下しないことを確保すること。

(d) 子供・若者育成支援推進大綱の実施のために十分な資源を配分すること。

データ収集

11. 締約国によるデータ収集の取り組みには留意しながらも、委員会はまた、いまなお欠落が存在することに留意する。条約の実施に関する一般的措置についての一般的意見 5 号（2003 年）を想起しながら、委員会は、締約国が、条約のすべての分野（とくに子どもの貧困、子どもに対する暴力ならびに乳幼児期のケアおよび発達の分野）で、データが年齢、性別、障害、地理的所在、民族的出身および社会経済的背景別に細分化されたデータ収集システムを改善するとともに、当該データを政策立案およびプログラム策定のために活用するよう、勧告する。

独立の監視

12. 地方レベルで 33 の子どものためのオンブズパーソンが設置されていることには留意しながらも、これらの機関は財政面および人事面の独立性ならびに救済機構を欠いているとされる。委員会は、締約国が以下の措置をとるよう勧告するものである。

(a) 子どもによる苦情を子どもにやさしいやり方で受理し、調査しかつこれに対応することのできる、子どもの権利を監視するための具体的機構を含んだ、人権を監視す

るための独立した機構を迅速に設置するための措置。

(b) 人権の促進および保護のための国内機関の地位に関する原則（パリ原則）の全面的遵守が確保されるよう、資金、任務および免責との関連も含めてこのような監視機関の独立を確保するための措置。

普及、意識啓発および研修

13. 意識啓発プログラムおよび子どもの権利キャンペーンを実施するために締約国が行なっている努力を認識しつつ、委員会は、締約国が以下の措置をとるよう勧告する。

(a) とくに子どもおよび親の間で、しかし立法手続および司法手続における条約の適用を確保する目的で立法府議員および裁判官も対象として、条約に関する情報の普及を拡大すること。

(b) 子どものためにおよび子どもとともに働くすべての者（教員、裁判官、弁護士、家庭裁判所調査官、ソーシャルワーカー、法執行官、メディア従事者、公務員およびあらゆるレベルの政府職員を含む）を対象として、条約およびその議定書に関する具体的な研修セッションを定期的に実施すること。

市民社会との協力

14. 締約国報告書の作成過程における市民社会との会合および意見交換は歓迎しながらも、委員会は、締約国が、市民社会との協力を強化し、かつ条約実施のあらゆる段階で市民社会組織の関与を組織的に得るよう勧告する。

資料

子どもの権利とビジネスセクター

15. ビジネスセクターが子どもの権利に与える影響に関わる国の義務についての一般的意見16号（2013年）および2011年に人権理事会が賛同した「ビジネスと人権に関する原則」を参照しつつ、委員会は、締約国が以下の措置をとるよう勧告する。

(a) ビジネスと人権に関する国別行動計画を策定するにあたり、子どもの権利が統合され、かつ、企業に対し、定期的な子どもの権利影響評価および協議を実施すること、ならびに、自社の事業活動が及ぼす環境面の影響、健康関連の影響および人権面の影響ならびにこれらの影響に対処するための計画を全面的かつ公的に開示することが要求されることを確保すること。

(b) 子どもの権利に関連する国際基準（労働および環境に関するものを含む）の遵守についてビジネスセクターに説明責任を果たさせるための規則を採択しかつ実施すること。

(c) 旅行および観光の文脈における子どもの性的搾取の防止について、観光業界、メディア企業および広告企業、エンターテインメント業界ならびに公衆一般と連携して意識啓発キャンペーンを実施すること。

(d) 旅行代理店および観光業界の間で世界観光機関の世界観光倫理規範を広く普及すること。

B. 子どもの定義（第1条）

16. 女性および男性の双方について最低婚姻年齢を18歳と定めた民法改正には留意しながらも、委員会は、2022年にならなければ同改正が施行されないことを遺憾に思い、締約国が、それまでの間、条約に基づく締約国の義務にのっとって児童婚を完全に解消するために必要な移行措置をとるよう勧告する。

C. 一般原則（条約第2条、第3条、第6条および第12条）

差別の禁止

17. 委員会は、非婚の両親から生まれた子どもに同一の相続分を認めた「民法の一部を改正する法律」の修正〔原文ママ〕（2013年）、本邦外出身者に対する不当な差別的言動の解消に向けた取組の推進に関する法律の採択（2016年）、および、対話の際に挙げられた意識啓発活動に留意する。委員会はまた、強姦罪の構成要件を見直し、男子にも保護を与えた刑法の修正（2017年）も歓迎するものである。しかしながら、委員会は以下のことを依然として懸念する。

(a) 包括的な反差別法が存在しないこと。

(b) 非婚の両親から生まれた子どもの非嫡出性に関する戸籍法の差別的規定（とくに出生届に関するもの）が部分的に維持されていること。

(c) 周縁化されたさまざまな集団の子どもに対する社会的差別が根強く残っていること。

18. 委員会は、締約国に対し、以下の措置をとるよう促す。

(a) 包括的な反差別法を制定するこ

と。

(b) 非婚の両親から生まれた子ども
の地位に関連する規定を含め、理
由の如何を問わず子どもを差別し
ているすべての規定を廃止するこ
と。

(c) とくに民族的マイノリティ（ア
イヌ民族を含む）、被差別部落出
身者の子ども、日本人以外の出自
の子ども（コリアンなど）、移住労
働者の子ども、レズビアン、ゲイ、
バイセクシュアル、トランスジェ
ンダーおよびインターセックスで
ある子ども、婚外子ならびに障害
のある子どもに対して現実に行な
われている差別を減少させかつ防
止するための措置（意識啓発プロ
グラム、キャンペーンおよび人権
教育を含む）を強化すること。

子どもの最善の利益

19. 委員会は、自己の最善の利益を第一
次的に考慮される子どもの権利が、と
くに教育、代替的養護、家族紛争およ
び少年司法において適切に統合されか
つ一貫して解釈されているわけではな
く、かつ、司法機関、行政機関および
立法機関が、子どもに関連するすべて
の決定において子どもの最善の利益を
考慮しているわけではないことに留意
する。自己の最善の利益を第一次的に
考慮される子どもの権利についての一
般的意見14号（2013年）を参照しな
がら、委員会は、締約国が、子どもに
関連するすべての法律および政策の影
響評価を事前および事後に実施するた
めの義務的手続を確立するよう勧告す
るものである。委員会はまた、子ども
に関わる個別の事案で、子どもの最善

の利益評価が、多職種チームによって、
子ども本人の義務的参加を得て必ず行
なわれるべきであることも勧告する。

生命、生存および発達に対する権利

20. 委員会は、前回の勧告（CRC/C/
JPN/CO/3、パラ42）を想起し、締約
国に対し、以下の措置をとるよう促す。

(a) 子どもが、社会の競争的性質に
よって子ども時代および発達を害
されることなく子ども時代を享受
できることを確保するための措置
をとること。

(b) 子どもの自殺の根本的原因に関
する調査研究を行ない、防止措置
を実施し、かつ、学校にソーシャ
ルワーカーおよび心理相談サービ
スを配置すること。

(c) 子ども施設が適切な最低安全基
準を遵守することを確保するとと
もに、子どもに関わる不慮の死亡
または重傷の事案が自動的に、独
立した立場から、かつ公的に検証
される制度を導入すること。

(d) 交通事故、学校事故および家庭
内の事故を防止するための的を絞
った措置を強化するとともに、道
路の安全、安全および応急手当の
提供ならびに小児緊急ケアの拡大
を確保するための措置を含む適切
な対応を確保すること。

子どもの意見の尊重

21. 2016年の児童福祉法改正規定が子
どもの意見の尊重に言及していること、
および、家事事件手続法が諸手続にお
ける子どもの参加に関わる規定を統合
していることには留意しながらも、委
員会は、自己に関わるあらゆる事柄に

資料

ついて自由に意見を表明する子どもの権利が尊重されていないことを依然として深刻に懸念する。

22. 意見を聴かれる子どもの権利についての一般的意見12号（2009年）を想起しながら、委員会は、締約国に対し、子どもの脅迫および処罰を防止するための保護措置をとりつつ、意見を形成することのできるいかなる子どもに対しても、年齢制限を設けることなく、その子どもに影響を与えるすべての事柄について自由に意見を表明する権利を保障し、かつ、子どもの意見が正当に重視されることを確保するよう、促す。委員会はさらに、締約国が、意見を聴かれる権利を子どもが行使できるようにする環境を提供するとともに、家庭、学校、代替的養護および保健医療の現場、子どもに関わる司法手続および行政手続ならびに地域コミュニティにおいて、かつ環境問題を含むあらゆる関連の問題に関して、すべての子どもが意味のある形でかつエンパワーされながら参加することを積極的に促進するよう、勧告するものである。

D. 市民的権利および自由（第7条、第8条および第13〜17条）

出生登録および国籍

23. 持続可能な開発目標のターゲット16.9に留意しつつ、委員会は、締約国が以下の措置をとるよう勧告する。

　（a）両親の国籍を取得できない子どもに対しても出生時に自動的に国籍を付与する目的で国籍法第2条（3）の適用範囲を拡大することを検討するとともに、締約国に暮らしているすべての子ども（非正規

移住者の子どもを含む）が適正に登録され、かつ法律上の無国籍から保護されることを確保する目的で国籍および市民権に関わるその他の法律を見直すこと。

　（b）登録されていないすべての子ども（庇護希望者である子どもなど）が教育、保健サービスその他の社会サービスを受けられることを確保するために必要な積極的措置をとること。

　（c）無国籍の子どもを適正に特定しかつ保護するための無国籍認定手続を定めること。

　（d）無国籍者の地位に関する条約および無国籍の削減に関する条約の批准を検討すること。

E. 子どもに対する暴力（第19条、第24条（3）、第28条（2）、第34条、第37条（a）および第39条）

虐待、ネグレクトおよび性的搾取

24. 委員会は、性的虐待の被害者のためのワンストップセンターが各都道府県に設置されたこと、および、自己の監護下にある18歳未満の者と性交しまたはこのような者をわいせつ行為の対象とした者に関わる罪名を新設する目的で刑法第179条が改正された〔原文ママ〕ことを歓迎する。しかしながら委員会は、あらゆる形態の暴力からの自由に対する子どもの権利についての委員会の一般的意見13号（2011年）を想起し、かつ持続可能な開発目標のターゲット16.2に留意しながら、子どもの暴力、性的な虐待および搾取が高い水準で発生していることを懸念し、締約国が、子どもに対するあらゆる形

態の暴力の撤廃に優先的に取り組み、かつ以下の措置をとるよう勧告するものである。

(a) 虐待（学校におけるものも含む）および性的搾取の被害を受けた子どもを対象とし、被害を受けた子どもの特有のニーズに関する訓練を受けたスタッフによって支えられる、通報、苦情申立ておよび付託のための子どもにやさしい機構の設置を速やかに進めること。

(b) このような事件を捜査し、かつ加害者を裁判にかけるための努力を強化すること。

(c) 性的な搾取および虐待の被害を受けた子どもにスティグマが付与されることと闘うための意識啓発活動を実施すること。

(d) 子どもの虐待を防止しかつこれと闘うための包括的な戦略ならびに被害を受けた子どもの回復および社会的再統合のための政策を策定する目的で、子どもたちの関与を得て教育プログラムを強化すること。

体罰

25. 委員会は、学校における体罰が法律で禁じられていることに留意する。しかしながら、委員会は以下のことを深刻に懸念するものである。

(a) 学校における禁止が効果的に実施されていないこと。

(b) 家庭および代替的養育の現場における体罰が法律で全面的に禁じられていないこと。

(c) とくに民法および児童虐待防止法が適切な懲戒の使用を認めており、かつ体罰の許容性について明確でないこと。

26. 委員会は、体罰その他の残虐なまたは品位を傷つける形態の罰から保護される子どもの権利についての一般的意見 8 号（2006 年）に留意しながら、委員会の前回の総括的勧告（CRC/C/JPN/CO/3、パラ 48）を想起するとともに、締約国に対し、以下の措置をとるよう促す。

(a) 家庭、代替的養護および保育の現場ならびに刑事施設を含むあらゆる場面におけるあらゆる体罰を、いかに軽いものであっても、法律（とくに児童虐待防止法および民法）において明示的かつ全面的に禁止すること。

(b) 意識啓発キャンペーンを強化し、かつ積極的な、非暴力的なかつ参加型の形態の子育てならびにしつけおよび規律を推進する等の手段により、あらゆる現場で実際に体罰を解消するための措置を強化すること。

F. 家庭環境および代替的養護（第 5 条、第 9 ～ 11 条、第 18 条 (1) および (2)、第 20 条、第 21 条、第 25 条ならびに第 27 条 (4)）

家庭環境

27. 委員会は、締約国が、以下のことを目的として、十分な人的資源、技術的資源および財源に裏づけられたあらゆる必要な措置をとるよう勧告する。

(a) 仕事と家庭生活との適切なバランスを促進すること等の手段によって家族の支援および強化を図るとともに、とくに子どもの遺棄および施設措置を防止する目的で、

資料

困窮している家族に対して十分な
社会的援助、心理社会的支援およ
び指導を提供すること。

(b) 子どもの最善の利益に合致する
場合には（外国籍の親も含めて）
子どもの共同親権を認める目的で、
離婚後の親子関係について定めた
法律を改正するとともに、非同居
親との個人的関係および直接の接
触を維持する子どもの権利が恒常
的に行使できることを確保するこ
と。

(c) 家事紛争（たとえば子どもの扶
養料に関するもの）における裁判
所の命令の法執行を強化すること。

(d) 子およびその他の親族の扶養料
の国際的回収に関するハーグ条約、
扶養義務の準拠法に関するハーグ
議定書、および、親責任および子
の保護措置に関する管轄権、準拠
法、承認、執行および協力に関す
るハーグ条約の批准を検討するこ
と。

家庭環境を奪われた子ども

28. 委員会は、家庭を基盤とする養育の
原則を導入した 2016 年の児童福祉法
改正、および、6 歳未満の子どもは施
設に措置されるべきではないとする
「新しい社会的養育ビジョン」（2017
年）の承認に留意する。しかしながら、
委員会は以下のことを深刻に懸念する
ものである。

(a) 家族から分離される子どもが多
数にのぼるとの報告があること、
および、子どもは裁判所の命令な
くして家族から分離される可能性
があり、かつ最高 2 か月、児童相
談所に措置されうること。

(b) いまなお多数の子どもが、水準
が不十分であり、子どもの虐待の
事件が報告されており、かつ外部
者による監視および評価の機構も
設けられていない施設に措置され
ていること。

(c) 児童相談所がより多くの子ども
を受け入れることに対する強力な
金銭的インセンティブが存在する
と主張されていること。

(d) 里親が包括的支援、十分な研修
および監視を受けていないこと。

(e) 施設に措置された子どもが、生
物学的親との接触を維持する権利
を剥奪されていること。

(f) 児童相談所に対し、生物学的親が
子どもの分離に反対する場合また
は子どもの措置に関する生物学的
親の決定が子どもの最善の利益に
反する場合には家庭裁判所に申立
てを行なうべきである旨の明確な
指示が与えられていないこと。

29. 子どもの代替的養護に関する指針に
対して締約国の注意を喚起しつつ、委
員会は、締約国に対し、以下の措置を
とるよう促す。

(a) 子どもを家族から分離するべき
か否かの決定に関して義務的な司法
審査を導入し、子どもの分離に関
する明確な基準を定め、かつ、親
からの子どもの分離が、最後の手
段としてのみ、それが子どもの保
護のために必要でありかつ子ども
の最善の利益に合致する場合に、
子どもおよびその親の意見を聴取
した後に行なわれることを確保す
ること。

(b) 明確なスケジュールに沿った「新
しい社会的養育ビジョン」の迅速

かつ効果的な執行、6歳未満の子ども
もを手始めとする子どもの速やか
な脱施設化およびフォスタリング
機関の設置を確保すること。

(c) 児童相談所における子どもの一
時保護の慣行を廃止すること。

(d) 代替的養護の現場における子ど
もの虐待を防止し、これらの虐待
について捜査を行ない、かつ虐待
を行なった者を訴追すること、里
親養育および施設的環境（児童相
談所など）への子どもの措置が独
立した外部者により定期的に再審
査されることを確保すること、なら
びに、子どもの不当な取扱いの
通報、監視および是正のためのア
クセスしやすく安全な回路を用意
する等の手段により、これらの環
境におけるケアの質を監視するこ
と。

(e) 財源を施設から家族的環境（里
親家族など）に振り向け直すとと
もに、すべての里親が包括的な支
援、十分な研修および監視を受け
ることを確保しながら、脱施設化
を実行に移す自治体の能力を強化
し、かつ同時に家庭を基盤とする
養育体制を強化すること。

(f) 子どもの措置に関する生物学的親
の決定が子どもの最善の利益に反
する場合には家庭裁判所に申立て
を行なうよう児童相談所に明確な
指示を与える目的で、里親委託ガ
イドラインを改正すること。

養子縁組

30. 委員会は、締約国が以下の措置をと
るよう勧告する。

(a) すべての養子縁組（養子となる

子どもまたは保護者の直系親族に
よるものを含む）が裁判所による
許可の対象とされ、かつ子どもの
最善の利益にしたがって行なわれ
ることを確保すること。

(b) 養子とされたすべての子どもの
登録情報を維持し、かつ国際養子
縁組に関する中央当局を設置する
こと。

(c) 国際養子縁組についての子の保
護および協力に関するハーグ条約
の批准を検討すること。

不法な移送および不返還

31. 委員会は、締約国が、子どもの不法
な移送および不返還を防止しかつこれ
と闘い、国内法を国際的な子の奪取の
民事上の側面に関するハーグ条約と調
和させ、かつ、子どもの返還および面
会交流権に関する司法決定の適正かつ
迅速な実施を確保するために、あらゆ
る必要な努力を行なうよう、勧告する。
委員会はさらに、締約国が、関連諸国、
とくに締約国が監護または面会権に関
する協定を締結している国々との対話
および協議を強化するよう、勧告する
ものである。

G. 障害、基礎保健および福祉（第6条、
第18条（3）、第23条、第24条、
第26条、第27条（1）〜（3）お
よび第33条）

障害のある子ども

32. 委員会は、合理的配慮の概念を導入
した2011年の障害者基本法改正およ
び障害者差別解消法の採択（2013年）
を歓迎する。障害のある子どもの権利
についての一般的意見9号（2006年）

資料

に留意しながら、委員会は、前回の勧告（CRC/C/JPN/CO/3、パラ59）を想起するとともに、締約国が、障害について人権を基盤とするアプローチをとり、障害のある子どものインクルージョンのための包括的戦略を確立し、かつ以下の措置をとるよう勧告するものである。

(a) 障害のある子どもに関するデータを恒常的に収集し、かつ効率的な障害診断システムを発展させること（このことは、障害のある子どものための適切な政策およびプログラムを整備するために必要である）。

(b) 統合された学級におけるインクルーシブ教育を発展させかつ実施すること、ならびに、専門教員および専門家を養成し、かつ学習障害のある子どもに個別支援およびあらゆる適正な配慮を提供する統合された学級に配置すること。

(c) 学童保育サービスの施設および人員に関する基準を厳格に適用し、かつその実施を監視するとともに、これらのサービスがインクルーシブであることを確保すること。

(d) 障害のある子どもが保健ケア（早期発見介入プログラムを含む）にアクセスできることを確保するための即時的措置をとること。

(e) 障害のある子どもとともに働く専門スタッフ（教員、ソーシャルワーカーならびに保健、医療、治療およびケアに従事する人材など）を養成しかつ増員すること。

(f) 障害のある子どもに対するスティグマおよび偏見と闘い、かつこのような子どもの積極的イメージを促進する目的で、政府職員、公衆および家族を対象とする意識啓発キャンペーンを実施すること。

健康および保健サービス

33. 到達可能な最高水準の健康を享受する子どもの権利についての一般的意見15号（2013年）および持続可能な開発目標のターゲット2.2を想起しながら、委員会は、締約国が以下の措置をとるよう勧告する。

(a) 高い低体重出生率の根本的原因を分析するとともに、「健やか親子21（第2次」キャンペーン等を通じ、乳児の出生体重ならびに乳児、子どもおよび母親の栄養状態を効果的に向上させるためのエビデンスに基づいた措置を導入すること。

(b) 柔軟な勤務形態および産後休暇期間の延長を奨励する等の手段によって少なくとも産後6か月間の完全母乳育児を促進し、母性保護に関する国際労働機関条約（2000年、第183号）の批准を検討し、「母乳代替品の販売促進に関する国際基準」を全面的に実施し、病院、診療所およびコミュニティにおける相談体制を通じて母親に適切な支援を提供し、かつ全国で「赤ちゃんにやさしい病院」イニシアティブを実施することを目的とする包括的キャンペーンを実施するため、あらゆる必要な措置をとること。

リプロダクティブヘルスおよび精神保健

34. 委員会は以下のことを深刻に懸念する。

(a) 思春期の子どもの間でHIV/AIDS

その他の性感染症の感染率が高まっており、かつ、セクシュアルヘルスおよびリプロダクティブヘルスならびに家族計画についての学校におけるサービスおよび教育が限られていること。

(b) 10代女子の妊娠中絶率が高く、かつ刑法で堕胎が違法とされていること。

(c) 思春期の子どもの精神保健に対する関心が不十分であること、精神保健上の問題に対する社会の態度が否定的であること、および、児童心理学者その他の専門的人材が不足していること。

(d) 子どもが注意欠陥・多動性障害をともなう行動上の問題を有している旨の診断および精神刺激薬によるその治療が増加している一方で、社会的決定要因および非医学的形態の処遇が等閑視されていること。

35. 条約の文脈における思春期の健康と発達についての一般的意見4号（2003年）および思春期における子どもの権利の実施についての一般的意見20号（2016年）を参照し、かつ持続可能な開発目標のターゲット5.6に留意しながら、委員会は、締約国に対し、以下の措置をとるよう促す。

(a) 思春期の子どものセクシュアルヘルスおよびリプロダクティブヘルスに関する包括的政策を採択するとともに、セクシュアルヘルスおよびリプロダクティブヘルスに関する教育が、早期妊娠および性感染症の防止にとくに注意を払いながら、学校の必須カリキュラムの一部として一貫して実施され、

かつ思春期の女子および男子がその明確な対象とされることを確保すること。

(b) 良質な、年齢にふさわしいHIV/AIDS関連サービスおよび学校における教育へのアクセスを向上させ、妊娠しているＨＩＶ陽性の女子を対象とする抗レトロウィルス治療および予防治療へのアクセスおよびその受療率を向上させ、かつ、エイズ治療・研究開発センターおよび14か所に設置されたそのブロック拠点病院に十分な支援を提供すること。

(c) あらゆる状況における中絶の非犯罪化を検討するとともに、思春期の女子を対象とする、安全な中絶および中絶後のケアのためのサービスへのアクセスを高めること。

(d) 根本的原因の分析、意識啓発および専門家の増員を含む学際的アプローチを通じ、子どもおよび思春期の青少年の情緒的および心理的ウェルビーイングへの対処を進めること。

(e) 注意欠陥・多動性障害を有する子どもの診断が徹底的に吟味されること、薬物の処方が最後の手段として、かつ個別アセスメントを経た後に初めて行なわれること、および、子どもおよびその親に対して薬物の副作用の可能性および非医療的な代替的手段について適正な情報提供が行なわれることを確保するとともに、注意欠陥・多動性障害の診断および精神刺激薬の処方が増加している根本的原因についての研究を実施すること。

環境保健

36. 委員会は、子ども被災者支援法、福島県民健康管理基金および「被災した子どもの健康・生活対策等総合支援事業」の存在に留意する。しかしながら委員会は、持続可能な開発目標のターゲット3.9を想起しつつ、締約国が以下の措置をとるよう勧告するものである。

　(a) 避難対象区域における放射線への曝露〔の基準〕が、子どもにとってのリスク要因に関する国際的に受け入れられた知見と合致することを再確認すること。

　(b) 帰還先に指定されていない地域出身の避難者（とくに子ども）に対し、金銭的支援、住居支援、医療支援その他の支援を引き続き提供すること。

　(c) 放射線の影響を受けている福島県在住の子どもへの、医療サービスその他のサービスの提供を強化すること。

　(d) 放射線量が年間1mSvを超える地域の子どもを対象として、包括的かつ長期的な健康診断を実施すること。

　(e) すべての避難者および住民（とくに子どものような脆弱な立場に置かれた集団）が精神保健に関わる施設、物資およびサービスを利用できることを確保すること。

　(f) 教科書および教材において、放射線への曝露のリスクについておよび子どもは放射線への曝露に対していっそう脆弱であることについての正確な情報を提供すること。

　(g) 到達可能な最高水準の身体的および精神的健康を享受するすべて

の人の権利に関する特別報告者が行なった勧告（A/HRC/23/41/Add.3参照）を実施すること。

気候変動が子どもの権利に及ぼす影響

37. 委員会は、持続可能な開発目標の目標13およびそのターゲットに対する注意を喚起する。とくに、委員会は、締約国が以下の措置をとるよう勧告するものである。

　(a) 気候変動および災害リスク管理の問題を扱う政策またはプログラムの策定にあたり、子どもの特別な脆弱性およびニーズならびに子どもたちの意見が考慮されることを確保すること。

　(b) 気候変動および自然災害に関する子どもの意識および備えを、学校カリキュラムおよび教員養成・研修プログラムにこの問題を編入することによって高めること。

　(c) 国際的、地域的および国内的な政策、枠組みおよび協定をしかるべく策定する目的で、さまざまな災害の発生に対して子どもが直面するリスクの諸態様の特定につながる細分化されたデータを収集すること。

　(d) 子どもの権利、とくに健康、食料および十分な生活水準に対する権利の享受を脅かすレベルの気候変動を回避するための国際的誓約にのっとって温室ガスの放出量を削減すること等により、気候〔変動〕緩和政策が条約と両立することを確保すること。

　(e) 他国の石炭火力発電所に対する締約国の資金拠出を再検討するとともに、これらの発電所が持続可

能なエネルギーを用いた発電所に
よって徐々にとって代わられるこ
とを確保すること。
(f) これらの勧告の実施にあたり、二
国間協力、多国間協力、地域的協
力および国際協力を求めること。

生活水準
38. 社会的移転および児童扶養手当のよ
うなさまざまな措置には留意しながら
も、委員会は、持続可能な開発目標の
ターゲット1.3に対する注意を喚起し、
締約国が以下の措置をとるよう勧告す
る。
(a) 家族給付および子ども手当の制
度を強化する等の手段により、親
に対して適切な社会的援助を与え
るための努力を強化すること。
(b) 子どもの貧困および社会的排除
を低減させるための戦略および措
置を強化する目的で、家族および
子どもとの的を絞った協議を実施
すること。
(c) 子供の貧困対策に関する大綱
(2014年)を実施するために必要な
あらゆる措置をとること。

H. 教育、余暇および文化的活動(第
28~31条)

教育(職業訓練および職業指導を含む)
39. 持続可能な開発目標のターゲット
4.a、とくにいじめを経験する生徒の
割合に関する指標4.a.2に留意しつつ、
委員会は、前回の勧告(CRC/C/JPN/
CO/3、パラ71、75および76)を想起
し、締約国が以下の措置をとるよう勧
告する。
(a) いじめ防止対策推進法に基づく

効果的ないじめ対策、ならびに、
学校におけるいじめを防止するた
めの反いじめプログラムおよびキ
ャンペーンを実施すること。
(b) ストレスの多い学校環境(過度
に競争的なシステムを含む)から
子どもを解放するための措置を強
化すること。
(c)「〔高校〕授業料無償化制度」の
朝鮮学校への適用を促進するため
に基準を見直すとともに、大学・
短期大学入試へのアクセスに関し
て差別が行なわれないことを確保
すること。

乳幼児期の発達
40. 委員会は、保育所等における保育の
質の確保・向上に関する検討会の設置
(2018年)および「子育て安心プラン」
(2017年)を歓迎する。持続可能な開
発目標のターゲット4.2に留意しつつ、
委員会は、前回の勧告(パラ71、73、
75および76)を想起し、締約国が以
下の措置をとるよう勧告する。
(a) 3~5歳の子どもを対象とする幼
稚園、保育所および認定こども園
の無償化計画を効果的に実施する
こと。
(b) 質の向上を図りつつ、2020年末
までに不足を減らし、かつ新たな
受入れの余地を設けて、大都市部
における保育施設受入れ可能人数
を拡大するための努力を継続する
こと。
(c) 保育を、負担可能で、アクセス
しやすく、かつ保育施設の設備お
よび運営に関する最低基準に合致
したものにすること。
(d) 保育の質を確保しかつ向上させ

るための具体的措置をとること。

(e) 前掲（a）〜（d）に掲げられた措置のために十分な予算を配分すること。

休息、余暇、レクリエーションならびに文化的および芸術的活動

41. 休息、余暇、遊び、レクリエーション活動、文化的生活および芸術に対する子どもの権利についての一般的意見17号（2013年）を参照しつつ、委員会は、締約国が、十分かつ持続可能な資源をともなった遊び・余暇政策の採択および実施を図り、かつ余暇および自由な遊びのために十分な時間を配分する等の手段により、休息および余暇に対する子どもの権利ならびに子どもの年齢にふさわしい遊びおよびレクリエーション活動に従事する子どもの権利を保障するための努力を強化するよう、勧告する。

I. 特別な保護措置（第22条、第30条、第32条、第33条、第35条、第36条、第37条（b）〜（d）および第38〜40条）

子どもの庇護希望者、移住者および難民

42. 国際移住の文脈にある子どもの人権についての合同一般的意見——すべての移住労働者およびその家族構成員の権利の保護に関する委員会の一般的意見3号および4号（2017年）／子どもの権利委員会の一般的意見22号および23号（2017年）を想起しつつ、委員会は、前回の総括所見（CRC/C/JPN/CO/3、パラ78）を想起し、締約国が以下の措置をとるよう勧告する。

(a) 子どもに関連するすべての決定において子どもの最善の利益が第一次的に考慮され、かつノンルフールマンの原則が維持されることを確保すること。

(b) 庇護希望者である親が収容されて子どもから分離されることを防止するための法的枠組みを確立すること。

(c) 庇護希望者または移住者であって保護者のいない子どもまたは養育者から分離された子どもの収容を防止し、このようなすべての子どもが入管収容施設から直ちに放免されることを確保し、かつこれらの子どもに居住場所、適切なケアおよび教育へのアクセスを提供するために、公式な機構の設置等も通じた即時的措置をとること。

(d) 庇護希望者および難民（とくに子ども）に対するヘイトスピーチに対抗するためのキャンペーンを発展させること。

売買、取引および誘拐

43. 委員会は、締約国が以下の措置をとるよう勧告する。

(a) 子どもの人身取引の加害者を裁判にかけるための努力を増強するとともに、子どもの人身取引の犯罪に対する処罰を強化し、かつこのような犯罪について罰金をもって刑に代えることを認めないこと。

(b) 人身取引の被害を受けた子どもが適正に特定され、かつサービスに付託されることを確保するため、被害者スクリーニングを増強すること。

(c) 人身取引の被害を受けた子どもに対する専門的ケアおよび援助（居

住場所ならびに身体的および心理的回復およびリハビリテーションのための子どもにやさしい包括的な援助を含む）のための資源を増加させること。

少年司法の運営

44. 委員会は、再犯防止推進計画（2017年）に留意する。しかしながら、委員会は以下のことを深刻に懸念するものである。

　(a)「刑事処罰に関する最低年齢」が16歳から14歳に引き下げられたこと。

　(b) 弁護人選任権が組織的に実施されていないこと。

　(c) 重罪を犯した16歳の子どもが成人刑事裁判所に送致されうること。

　(d) 14〜16歳の子どもが矯正施設に拘禁されうること。

　(e)「罪を犯すおそれがある」とされた子どもが自由を剥奪される場合があること。

　(f) 子どもが終身刑〔無期刑〕を科されており、かつ、仮釈放までに必要な最低期間よりも相当長く拘禁されるのが一般的であること。

45. 委員会は、締約国に対し、少年司法制度を条約その他の関連基準に全面的にのっとったものとするよう促す。とくに委員会は、前回の総括所見（CRC/C/JPN/CO/3、パラ85）を想起し、締約国に対し、以下の措置をとるよう促すものである。

　(a) 子どもの犯罪の根本的原因を研究し、かつ防止措置を緊急に実施すること。

　(b)「刑事処罰に関する最低年齢」をふたたび16歳とすることの再検討

の参考とするため、2000年以降の子どもの犯罪の傾向を研究すること。

　(c) 法律に抵触した子どもに対し、手続の早い段階で、かつ法的手続全体を通じて、有資格者による独立の立場からの法的援助が提供されることを確保すること。

　(d) いかなる子どもも成人刑事裁判所による審理の対象とされないことを確保するとともに、刑法上の罪に問われた子どもの事件における非司法的措置（ダイバージョン、保護観察、調停、カウンセリングまたは地域奉仕活動など）の利用を増やし、かつ可能な場合には常に拘禁をともなわない刑を用いること。

　(e) 審判前および審判後の自由の剥奪が最後の手段としてかつ可能なもっとも短い期間で用いられ、かつ、当該自由の剥奪がその取消しを目的として定期的に再審査されることを確保するとともに、とくに以下の措置をとること。

　　(i) 子どもが「罪を犯すおそれがある」旨の認定について再検討し、かつこのような子どもの拘禁を終了させること。

　　(ii) 子どもが行なった犯罪について終身刑〔無期刑〕および不定期刑を用いることを再検討し、かつ、拘禁がもっとも短い適切な期間で用いられることを確保するために特別な仮釈放制度を適用すること。

資料

子どもの売買、児童買春および児童ポル
ノに関する選択議定書の実施についての
委員会の前回の総括所見および勧告の
フォローアップ

46. 子どもの売買、児童買春および児童
ポルノに関する選択議定書に基づく
締約国報告書についての 2010 年の委
員会の勧告（CRC/C/OPSC/JPN/CO/1）
を実施するために締約国が行なった努
力には評価の意とともに留意しながら
も、委員会は、締約国が以下の措置を
とるよう勧告する。

　(a) あからさまな性的活動に従事す
る子ども（または主として子ども
として描かれている者）の画像お
よび表現または性的目的で子ども
の性的部位を描いたあらゆる表現
の製造、流通、配布、提供、販売、
これらの表現へのアクセス、その
閲覧および所持を犯罪化すること。

　(b)「女子高生サービス」〔JK ビジネ
ス〕および児童エロチカなど、児
童買春および子どもの性的搾取を
促進しまたはこれにつながる商業
的活動を禁止すること。

　(c) 加害者の責任および被害を受け
た子どもの救済を確保するため、
オンラインおよびオフラインにお
ける子どもの売買、児童買春およ
び児童ポルノに関連する犯罪を捜
査し、訴追しかつ処罰するための
努力を増進すること。

　(d) 性的な虐待および搾取の被害を
受けた子どもに焦点を当てた質の
高い統合的なケアおよび援助を提
供するため、ワンストップ・クラ
イシスセンターへの資金拠出およ
び支援を引き続き増進すること。

　(e) 生徒、親、教員およびケアに従

事する者を対象とした、新たな技
術に関連するリスクおよび安全な
インターネットの利用に関する意
識啓発プログラム（キャンペーン
を含む）を強化すること。

　(f) 子どもの売買、児童買春および児
童ポルノに関する特別報告者が行
なった勧告（A/HRC/31/58/Add.1、
パラ 74）を実施すること。

武力紛争への子どもの関与に関する選択
議定書の実施についての委員会の前回の
総括所見および勧告のフォローアップ

47. 武力紛争への子どもの関与に関する
選択議定書に基づく締約国報告書につ
いての 2010 年の委員会の勧告（CRC/
C/OPAC/JPN/CO/1 参照）を実施する
ために締約国が行なった努力には評価
の意とともに留意しながらも、委員会
は、締約国が、日本の自衛隊を対象と
する選択議定書の規定に関する研修を、
とくに自衛隊が国連平和維持活動に参
加する際に、引き続き強化するための
具体的措置をとるよう勧告する。

J. 通報手続に関する選択議定書の批准

48. 委員会は、締約国が、子どもの権利
の充足をさらに強化する目的で、通報
手続に関する選択議定書を批准するよ
う勧告する。

K. 国際人権文書の批准

49. 委員会は、締約国が、子どもの権利
の充足をさらに強化する目的で、締約
国がまだ加盟していない以下の中核的
人権文書の批准を検討するよう勧告す
る。

（a）市民的および政治的権利に関する国際規約の第 1 選択議定書。

（b）死刑の廃止を目指す、市民的および政治的権利に関する国際規約の第 2 選択議定書。

（c）経済的、社会的および文化的権利に関する国際規約の選択議定書。

（d）女性に対するあらゆる形態の差別の撤廃に関する条約の選択議定書。

（e）拷問および他の残虐な、非人道的なまたは品位を傷つける取扱いまたは刑罰に関する条約の選択議定書。

（f）すべての移住労働者およびその家族構成員の権利の保護に関する国際条約。

（g）障害のある人の権利に関する条約の選択議定書。

L．地域機関との協力

50．委員会は、締約国が、とくに東南アジア諸国連合・女性および子どもの権利の促進および保護に関する委員会と協力するよう勧告する。

IV　実施および報告

A．フォローアップおよび普及

51．委員会は、締約国が、この総括所見に掲げられた勧告が全面的に実施されることを確保するためにあらゆる適切な措置をとるよう勧告する。委員会はまた、第 4 回・第 5 回統合定期報告書、事前質問事項に対する文書回答およびこの総括所見を同国の言語で広く入手できるようにすることも勧告するものである。

B．報告およびフォローアップのための国内機構

52．委員会は、締約国が、国際的および地域的人権機構への報告書の調整および作成ならびにこれらの機構への関与、ならびに、条約上の義務ならびにこれらの機構から出された勧告および決定の国内におけるフォローアップおよび実施の調整および追跡を任務とする常設の政府機関として、報告およびフォローアップのための国内機構を設置するよう、勧告する。委員会は、このような機関は専任のスタッフによる十分かつ継続的な支援を受けるべきであり、かつ市民社会と組織的に協議する能力を持つべきであることを強調するものである。

C．次回報告書

53．委員会は、締約国に対し、第 6 回・第 7 回統合定期報告書を 2024 年 11 月 21 日までに提出し、かつ、この総括所見のフォローアップに関する情報を当該報告書に記載するよう慫慂する。報告書は、2014 年 1 月 31 日に採択された委員会の条約別調和化報告ガイドライン（CRC/C/58/Rev.3）にしたがうべきであり、かつ 21,200 語を超えるべきではない（総会決議 68/268、パラ 16 参照）。定められた語数制限を超えた報告書が提出された場合、締約国は、前掲決議にしたがって報告書を短縮するよう求められることになる。締約国が報告書を見直しかつ再提出する立場にないときは、条約機関による審

査のための報告書の翻訳は保障できない。

54. 委員会はまた、締約国に対し、国際人権条約に基づく報告についての調和化ガイドライン（共通コアドキュメントおよび条約別文書についてのガイドラインを含む）に掲げられた共通コアドキュメントについての要件（HRI/GEN/2/Rev.6,chap.I 参照）および総会決議 68/268 のパラ 16 にしたがい、最新のコアドキュメントを、42,400 語を超えない範囲で提出することも慫慂する。

サラマンカ宣言

「特別なニーズ教育に関する世界会議：アクセスと質」（1994年）

前書き

　1994年6月7日から10日にかけ、スペインのサラマンカに92か国の政府および25の国際組織を代表する300名以上の参加者が、インクルーシブ教育（inclusive education）のアプローチを促進するために必要な基本的政策の転換を検討することによって、「万人のための教育（Education for All）」の目的をさらに前進させるために、すなわち、学校がすべての子どもたち、とりわけ特別な教育的ニーズをもつ子どもたちに役立つことを可能にさせるため、ユネスコと協力しスペイン政府によって組織された会議には、国連および専門機関、他の国際的な政府組織、非政府組織、寄金提供機関の代表と同じく、ハイレベルの教育行政担当者、行政家、政策立案者や専門家が出席した。会議は、「特別なニーズ教育における原則、政策、実践に関するサラマンカ宣言ならびに行動の枠組み（Salamanca Statement on principles, Policy and Practice in Special Needs Education and a Framework for Action）」を採択した。これらの文書は、インクルージョン（inclusion）の原則、「万人のための学校」─すべての人を含み、個人主義を尊重し、学習を支援し、個別のニーズに対応する施設に向けた活動の必要性の認識を表明している。こうして、これら文書は、万人のための教育を達成するための、また、学校を教育的により効果的な

ものとするための課題にとって重要な貢献をおこなっている。

　特別なニーズ教育─北および南の諸国にとって等しく関心のある問題─は孤立しては進展させられない。それは、全体的な教育方略（ストラテジー）の一部を形成するものであり、実際、新しい社会的・経済的政策の一部を形成するものである。それは、通常の学校の重要な改革を要求するものである。

　これらの文書は、特別なニーズ教育に対する将来の方向性に関する世界的な合意を示している。ユネスコは、この会議およびその重要な結論に関わったことを誇りに思っている。いまや、関係するすべての者が、万人のための教育が実際にすべての人とりわけ、もっとも傷つきやすく（vulnerable）、もっとも必要としている人びとに対するものであることを保障することへの挑戦と活動に立ち上がらなければならない。未来というものは宿命的なものなどではなく、われわれの価値観、思考、行動によって形づくられるものである。

　この文書を読むすべての人びとが、それぞれ責任をもつ分野内で、サラマンカ会議の勧告内容を実践に移すことに努力することによって、勧告を実効あるものに助力してくださることを希望する。

　　　　フェデリコ・マヨール（Federico Mayor）

特別なニーズ教育における原則、政策、実践に関するサラマンカ宣言

　1948年の世界人権宣言に示された、あらゆる個人の教育を受ける権利を再確認し、また、個人差に関わりなく、万人のための教育を受ける権利を保障する

資料

555

ための、1990年の「万人のための教育に関する世界会議（World Conference on Education for All）」で世界の地域社会によってなされた誓約を繰り返し、

障害をもつ人びとの教育が、教育組織全体の不可欠な一部であることを保障するよう加盟各国に求めた、国連による1993年の「障害をもつ人びとの機会均等化に関する基準原則（Standard Rules on the Equalization of Opportunities for Presons with Disabilities）」にその到達点が示されたいくつかの国連諸宣言を想起し、

特別なニーズをもつ人びとの大多数にとって、いまだ到達していない教育へのアクセス改善を追求することへの各国政府、擁護グループ、地域社会や両親グループ、とりわけ障害をもつ人びとの団体の関与の増大を満足の念をもって留意し、また、この世界会議において数多くの政府、専門機関、政府間組織の高レベルの代表たちの積極的参加を、この関与の証拠として認識し、

1. 92か国の政府と25の国際組織を代表し、1994年6月7日から10日にかけ、ここスペインのサラマンカに集まった「特別なニーズ教育に関する世界会議」の代表者であるわれわれは、特別な教育的ニーズをもつ児童・青年・成人に対し通常の教育システム内での教育を提供する必要性と緊急性を認識し、さらに、各国政府や組織がその規定や勧告の精神によって導かれるであろう、「特別なニーズ教育に関する行動の枠組み」を承認し、万人のための教育へのわれわれのコミットメントを再確認する。

2. われわれは以下を信じ、かつ宣言する。

・すべての子どもは誰であれ、教育を受ける基本的権利をもち、また、受容できる学習レベルに到達し、かつ維持する機会が与えられなければならず、

・すべての子どもは、ユニークな特性、関心、能力および学習のニーズをもっており、

・教育システムはきわめて多様なこうした特性やニーズを考慮にいれて計画・立案され、教育計画が実施されなければならず、

・特別な教育的ニーズをもつ子どもたちは、彼らのニーズに合致できる児童中心の教育学の枠内で調整する、通常の学校にアクセスしなければならず、

・このインクルーシブ志向をもつ通常の学校こそ、差別的態度と戦い、すべての人を喜んで受け入れる地域社会をつくり上げ、インクルーシブ社会を築き上げ、万人のための教育を達成する最も効果的な手段であり、さらにそれらは、大多数の子どもたちに効果的な教育を提供し、全教育システムの効率を高め、ついには費用対効果の高いものとする。

3. われわれはすべての政府に以下を要求し、勧告する。

・個人差もしくは個別の困難さがあろうと、すべての子どもたちを含めることを可能にするよう教育システムを改善することに、高度の政治的・予算的優先性を与えること、

・別のようにおこなうといった競合する理由がないかぎり、通常の学校内にすべての子どもたちを受け入れるという、インクルーシブ教育

の原則を法的問題もしくは政治的問題として取り上げること、

・デモンストレーション・プロジェクトを開発し、また、インクルーシブ教育に関して経験をもっている国々との情報交換を奨励すること、

・特別な教育的ニーズをもつ児童・成人に対する教育設備を計画・立案し、モニターし、評価するための地方分権化された参加型の機構を確立すること、

・特別な教育的ニーズに対する準備に関する計画・立案や決定過程に、障害をもつ人びとの両親、地域社会、団体の参加を奨励し、促進すること、

・インクルーシブ教育の職業的側面におけると同じく、早期認定や教育的働きかけの方略に、より大きな努力を傾注すること、

・システムを変えるさい、就任前や就任後の研修を含め教師教育計画は、インクルーシブ校内における特別なニーズ教育の準備を取り扱うことを保障すること。

4. われわれはまた、国際社会にとりわけ以下のことを要求する。

・各国政府は、国際協力計画や国際的基金機関とりわけ万人のための教育に関する世界会議のスポンサーたちであるユネスコ、ユニセフ、国連開発計画ならびに世界銀行と共に、

――インクルーシブ教育のアプローチを承認し、すべての教育計画の不可欠な一部として特別なニーズ教育の開発を支援すること、

・国連およびその専門機関とりわけILO、WHO、ユネスコおよびユニセフは、

――特別なニーズ教育の拡大され統合された準備への、より効果的な支援のための協力とネットワークを強化するのと同じく、技術協力のための入力を強化すること、

・国の計画立案とサービス提供に関与する非政府組織は、

――公的国家機関との提携を強化することおよび、特別な教育的ニーズに対するインクルーシブ準備の立案・実施・評価への増大しつつある関与を強めること、

・国連の教育のための機関であるユネスコは、

――さまざまなフォーラムにおいて、特別なニーズ教育が万人のための教育を扱うあらゆる討議の一部となるよう保障すること、

――特別な教育的ニーズに対する準備に関し、教師教育を高めることに関連する問題に、教員組織の支持を取りつけること、

――研究とネットワークを強化し、情報や報告の地域センター――これはまた、こうした活動やこの宣言の履行にあたり国家レベルで達成された特定の結果や進歩を普及させるための情報センターとして役立つ――を確立するため、学術界を刺激すること、

――中間プラン第2段階（1996-2002年）の内に、情報普及のための新しいアプローチを示す試行プロジェクトの着手を可能にする、インクルーシブ校に対する拡大された計画および地域支援計画の創造を通しての基金の動員を図ること、ならびに、特別なニーズ教育の準

備必要性に関する指標を開発する
こと。

5. 最後にわれわれは、この会議を組織
したことに対しスペイン政府とユネス
コに心からの感謝の念を表明し、ま
た、この宣言と付随する行動のため
の枠組みを世界的に、とりわけ世界
社会開発サミット（World Summit for
Social Development）（コペンハーゲン、
1995 年）および世界女性会議（World
Conference on Woman）（北京、1995 年）
のような重要なフォーラムで関心を払
われるようにするあらゆる努力をおこ
なうことを要請する。

1994 年 6 月 10 日、スペイン、サラマ
ンカ市で喝采による採決で採択された。

＊中野善達編『国際連合と障害者問題――
重要関連決議・文書集』エンパワメント
研究所（1997 年）より抜粋。

少年司法運営に関する国連最低基準規則（北京ルールズ）

（第二東京弁護士会訳・注釈）

第1部 総則

1. 基本的な展望

1.1 加盟国は、各々がもつ関心に従って少年とその家庭の福利の増進を追求しなければならない。

1.2 加盟国は、地域社会内で少年に有意義な生活を保障する条件を発展させるよう努力しなければならない。

それが、少年が逸脱行動に最も影響されやすい時期に、可能なかぎり犯罪や非行からはなれて個人の発達と教育の過程をおくることを促すだろう。

1.3 十分な注意が、あらゆる可能な資源（学校や他の公共機関とともに家庭、ボランティア、それ以外の社会内のグループを含む）を最大限に用いた積極的な手段に払われねばならない。

その目的は、法の関与の必要を減らすために少年の福祉を増進することと、法をおかした少年を有効かつ公正で人間的に扱うことである。

1.4 少年司法は、すべての少年のための社会正義という広い枠組の中で、各国の発展過程の絶対必要な一部分であると考えられ、同時に少年の保護と社会の平和的秩序の維持に貢献しなければならない。

1.5 この規則の実施は、各加盟国各々の経済的、社会的、文化的条件の状況に応じて進められなければならない。

1.6 少年司法サービスは、手段・方法・態度を含めてサービスに関係する個人の能力を改善し、維持するために、組織的に発展かつ調整されなければならない。

（注釈）

これらの広範かつ基本的な展望は、大概、社会全体の政策に関係し、最大限に少年の福祉を増進することを目指している。それらは、少年司法システムによる関与の必要性を減少させ、次いで、関与によってひきおこされる害を少なくするだろう。

非行の徴候がみられる前の、少年に対するそのような保護の方法は、規則を適用する必要を未然に防ぐために計画される基本的政策に必要なものである。

規則 1.1 から 1.3 は、少年に対する建設的な社会政策が、少年犯罪と非行の防止のために果たすであろう重要な役割を示している。規則 1.4 は、少年司法を少年に対する社会正義の欠くべからざる部分と定義している。一方、規則 1.6 は、一般に、少年に対する進歩的な社会政策の発展に遅れずに、又スタッフのサービスの一貫した改善の必要に留意しながら、少年司法をたえず改善することの必要性を述べている。

規則 1.5 は、他の国で採用された方法と異なった方法で特定の規則が実施されることになるような各加盟国の現状を考慮するよう求めている。

2. 規則の範囲と用語の定義

2.1 以下の最低基準は、公平に何ら

資料

559

の区別なく、たとえば、人種、肌の色、性、言語、宗教、政治的もしくはそれ以外の意見、どこの国、社会で生まれたか、富、家柄もしくはそれ以外の地位によって区別されることなく、少年の犯罪者に適用されなければならない。

2.2 最低基準の目的上、以下の定義が、各国の法制度、法概念と矛盾しない仕方で、加盟国に用いられるだろう。

(a) 「少年」とは、各国の法制度の下で大人とは異なる仕方で、犯罪のために扱われる子供もしくは若者である。

(b) 「犯罪」とは、各国の法制度の下で法によって処罰せられる行為（作為ないし不作為）である。

(c) 「少年犯罪者」とは、犯罪をおかしたことを発見された若者である。

2.3 各国の司法において、特別に少年の犯罪者に適用される一連の法、規則、規定及び少年司法運営の機能をゆだねられ、以下の目的のために計画された機関組織を作るための努力がなされねばならない。

(a) 少年犯罪者の基本的権利を守りながら、かれらの多様な必要をみたすために

(b) 社会の必要をみたすために

(c) 徹底的かつ公平に以下の規則を実行するために

（注釈）

最低基準は、異なった法制度に適用できるように、同時にどんな少年の定義の下でも、又少年犯罪者に対してどんな扱いをする制度の下でも最低基準となる

ように慎重に作られている。規則は常に公平にかつ何らの差別なく適用される。

規則2.1は、従って常に公平かつ何らの差別なく適用される本規則の重要性を強調している。この規則は子どもの権利宣言の第2原理の公式に従っている。

規則2.2は、少年犯罪者という概念の要素として、「少年」と「犯罪」をそれぞれ定義している。少年犯罪者こそ、この最低基準の主題である（但し、規則3、4に注意）。年齢制限は、加盟国の経済・社会・政治・文化・法制度を十分に尊重している。このため、少年という定義の下に、7歳から18歳さらにそれ以上という、広い年齢の幅が生じる。その多様性は、異なった国の法制度からは避けられないように思われる。そしてこの最低基準のもつ意味を減じるものではない。

規則2.3は、この最低基準を法的及び実践的に最もよく実施するためには特別な立法が必要であることを述べている。

3. この規則の適用範囲

3.1 規則に関連する規定は少年犯罪者に対してばかりでなく、成人がおかしても処罰されない特殊な行為のゆえに訴えられた少年に対しても適用されなければならない。

3.2 福祉や保護のための処分を受けているすべての少年にこの規則で具体化されている原則を及ぼすための努力がなされねばならない。

3.3 若年成人の犯罪者にこの規則で具体化されている原則を及ぼすための努力がなされねばならない。

（注釈）

規則3は、以下の場合にも、少年司法運営に関する最低基準規則によって認

められた保護を及ぼしている。

  (a) 多様な各国の法制度に規定さ
    れたいわゆる「身分犯罪」、そこ
    では犯罪と考えられる行為が、
    成人の場合より少年の場合によ
    り広く定められている。（たとえ
    ば、ずる休み、学校・家庭での
    不服従、公共的な場所での酩酊
    など）（規則3.1）
  (b) 少年に対する福祉や保護の処
    分（規則3.2）
  (c) 各国で定められた年齢によっ
    て、若い成人の犯罪者を扱って
    いる手続

これら3つの領域を覆うために規則
を拡張することは、正当化されるように
思われる。規則3.1は、これらの領域で
の最低限の保障を与える。そして規則
3.2は、法をおかしたすべての少年のた
めのより公平、正当、かつ人間的な司法
の方向への望ましい一歩であると考えら
れている。

4. 刑事責任年齢

  4.1 少年の刑事責任年齢という概念
    を認めている法制度では、その年
    齢の開始は情緒、精神、知的成熟
    という事実に注目して、あまり低
    すぎる年齢には定められてはなら
    ない。

（注釈）

刑事責任を負う最も若い年齢は、各
国の歴史と文化により大きく異なる。現
代のアプローチは、子供が刑事責任の道
徳的心理的要素に従って行動できるかど
うか、すなわち、子供が自分自身で物事
を識別し、理解する力によって本質的に
反社会的な行為に責任を果たせるかどう

かを考えることである。

もし、刑責年齢が低過ぎて設定され
ているなら、又は下限がないなら、責任
の概念は、意味がないものとなる。一般
に、非行や犯罪行為に対する責任の概念
と他の社会的な権利や責任（たとえば、
徴兵資格、civil majority）との間には密
接な関係がある。

従って、国際的に通用する、合理的
な最下限の年齢についての合意ができる
よう努力がなされねばならない。

5. 少年司法の目的

  5.1 少年司法制度は、少年の福利を
    強調し、少年犯罪者に対する反応
    が常に犯罪者と犯罪の双方の事情
    に比例することを保障しなければ
    ならない。

（注釈）

規則5は、少年司法の最も重要な目
的のうち2つに関係している。最初の目
的は、少年の福利の増進である。これは
家裁や行政機関によって少年を扱ってい
る法制度の主要な関心である。しかし、
少年の福利は、また単に応報的にすぎな
い制裁を避けることに寄与している。刑
事裁判モデルに従っている法制度におい
ても強調されるべきである（又規則4を
みよ）。

2つめの目的は、比例の原則である。
この原則は、多くの場合、犯罪の重大性
に対して相応の罰というように表現され
る、応報的な制裁を抑えるための道具と
してよく知られている。若い犯罪者に対
する対応は、犯罪の重大性だけでなく、
その個人の状況についての配慮にもとづ
くべきである。犯罪者の個人的事情（た
とえば、社会的地位、家庭の状況、犯罪

によってひきおこされた害悪、個人的事情に影響する他の要素）は、対応の程度に影響すべきである（たとえば、犯罪者が被害者に償おうと努力することは大いに尊重すべきであるし、又犯罪者が健全で有益な生活をおくるように変わりたいと望むことも同様である）。

その上、少年犯罪者の福祉を保障しようとする対応は、必要をこえて、そのために個人の基本的権利を侵害するかもしれない。これは、いくつかの少年司法制度においてみられることである。ここでも又、被害者を含み、犯罪者と犯罪の双方の事情に対応の程度が比例することは、守られるべきである。

本質的に、規則5は、少年非行や犯罪のどんな場合においても公平な対応より、より少ないものもより多いものも求めてはいない。この規則で結びつけられた問題は、両方の関心の発展を刺激することを助けることである。

新しく革新的な対応の形式は、少年に対する公式的な社会統制の網が不当に広がることを警戒することと同様に望ましいものである。

6. 自由裁量の範囲

6.1 利用しうる手段の多様性と少年のさまざまな特別の必要性を考慮して、裁量に任される適当な範囲が、手続のあらゆる場面において、又少年司法運営の各段階において、——これには調査、訴追、審判、処遇の追跡調査を含む——認められねばならない。

6.2 しかし、そのような裁量がおこなわれるあらゆる場面や段階で十分な責任を保証するための努力がなされねばならない。

6.3 裁量する人々は、賢明に自己の役割と委任に従って裁量するために特別の資格を有するか、訓練されるだろう。

（注釈）

規則6.1、6.2、6.3は有効・公平かつ人道にかなった少年司法運営の重要な特徴を兼ね備えている。それは、決定を下す人々が個々の事案に最も適当であると思われる行動をとることができるように、手続の重要な各段階ごとに裁量権の行使を認める必要と、裁量権の濫用を防ぐための抑制と均衡を用意する必要と、若い犯罪者の権利を守る必要とである。責任と職業意識は、広い裁量を抑える最も適当な道具である。このように、職業的資格と専門的訓練は、ここでは少年犯罪者に関して裁量が賢明におこなわれることを保障する貴重な手段として強調されている（規則1.5を参照）。

裁量の行使についての特別の基準を作ること。決定と責任の吟味を許すために再調査、不服申立てなどの制度を準備しておくことが、ここで強調されている。そのような機構は、ここでは、細かく述べられてはいない。それらは、たやすく国際的な最低基準に結びつかないし、一方最低基準も、司法制度のすべての相違をおおうことはできないからである。

7. 少年の権利

7.1 基本的な手続的保護——たとえば、無罪の推定、犯罪の事実の告知を受けるべき権利、黙秘権、弁護人依頼権、親や保護者の立会いの権利、証人尋問権（証人と相対し反対尋問する権利）、より上級の

機関に不服申立てする権利――は、手続のあらゆる場面で保護されねばならない。

（注釈）

規則 7.1 は、公平かつ正当な裁判の本質的要素を代表し、人権を守るための道具として国際的に認められているいくつかの重要な点を強調している（規則 14 参照）。

たとえば、無罪の推定は、世界人権宣言（総会決議 217A）の第 2 章及び市民的及び政治的権利に関する国際規約（総会決議 2200A）の 14.2 章にみることができる。

規則 14 は、とりわけ少年の場合の手続にとって重要である事項を細かく述べている。一方規則 7.1 は、一般的に最も基本的な手続保障を確認している。

8. プライバシーの保護

8.1　少年のプライバシーの権利は、不適当な公表やラベリングによって少年が害されることを避けるために、あらゆる場面で尊重されねばならない。

8.2　原則として、少年犯罪者の特定に結びつくどんな情報も公表されるべきではない。

（注釈）

規則 8 は、少年のプライバシーの権利の保護の重要性を強調している。若者は、特に焼印を押されることに傷つきやすい。

ラベリングの過程についての犯罪学上の調査は、若者が、非行をおかした者もしくは犯罪者と一生みなされることから生ずる（さまざまな種類の）有害な影響の証拠をみつけている。

規則 8 は、また事案についての情報（たとえば、起訴され、もしくは有罪判決を受けた少年犯罪者の氏名）をマスメディアが公表することから生ずる逆効果から少年を守ることとの重要性も強調している。個人の利益は、原則として、少なくとも保護され、認められるべきである（規則 8 の一般的内容は、さらに規則 21 で詳細に述べられている）。

9. 但し書

9.1　この規則のどの条項も、被拘禁者処遇国連最低基準及び少年の治療と保護に関して国際社会で認められている他の人権に関する基準の適用を排除するように解釈されてはならない。

（注釈）

規則 9 は、関連して現存し、もしくは、これから現われてくる国際的な人権基準――たとえば、世界人権宣言、経済・社会・文化的権利に関する国際規約、市民的及び政治的権利に関する国際規約、子どもの権利宣言、子どもの権利に関する協定――に含まれている原則に従って現在の規則を解釈実施にあたって誤解が生じることを避けようとしている。

第 2 部　捜査及び訴追

10. 最初の接触

10.1　少年が逮捕された場合に、両親ないし保護者は直ちに、その逮捕を告げられねばならない。そして、すぐに通知することが可能でない場合には両親ないし保護者は、そ

の後できるだけ早く告げられねば
ならない。

10.2　裁判官や他の資格ある職員、機
関は、遅滞なく、身柄を釈放する
ことを考慮しなければならない。

10.3　法執行機関と少年犯罪者との接
触は、個々の事案の事情に応じて
少年の法的地位を尊重し、少年の
福利を増進し、少年を害さないよ
うな方法でおこなわれねばならな
い。

（注釈）

規則 10.1 は、原則として、被拘禁者
処遇最低基準規則の規則 92 に含まれる。

身柄釈放の問題（規則 10.2）は、裁
判官や他の資格ある職員によって遅滞な
く考慮されるだろう。後者は、逮捕し
た人を釈放する権限を有する community
board や警察機構を含む、最も広い意味
での人や機関を意味している（市民的及
び政治的権利に関する国際規約参照）。

規則 10.3 は、手続の基本的な諸側面
と少年犯罪事件での警察や他の法執行機
関の職員の行為を扱っている。

害を避けるということは、明らかに
いろんな意味をもつことば使いであり、
生じうる相互作用（たとえば、乱暴なこ
とばの使用、物理的暴力、社会にさらす
こと）の多くの特徴に及ぶ。

少年司法の過程に含まれているもの
は、本来、少年に有害でありうる。それ
ゆえに害を避けるということばは、付加
的な又は不当な害とともに、第1に少年
に生じる害をできるだけ少なくするとい
う意味に広く解されるべきである。これ
は、とりわけ法執行機関との最初の接触
において重要である。それは、社会や国
家に対する少年のその後の態度に大きく

影響するだろう。さらに、それ以降の関
与が成功するかどうかは、大いに最初の
接触にかかっている。同情と思いやりの
ある強固な意志がこの状況では重要であ
る。

11.　ダイバージョン

11.1　適当な場合には、以下の規則
14.1 に述べられている権限を有す
る機関（competent authority）によ
る正式の裁判によることなしに少
年の犯罪者を処理することに考慮
がはらわれねばならない。

11.2　警察・検察や少年事件を扱う他
の機関は、各国の法制度の目的の
下に定められた基準に従って、そ
して、この規則に含まれている原
則に従って、正式の審理をへるこ
となく、自らの裁量で事件を処理
する権限を与えられねばならない。

11.3　適当な地域社会や他の施設
（services）に委託することを含むど
んなダイバージョンも、その適用
にあたっては、事件に関する決定
が、権限を有する機関の再審理に
従うという条件で、少年もしくは
両親・保護者の同意を必要とすべ
きである。

11.4　少年事件の裁量による処遇を促
進するために、社会内でプログラ
ム（たとえば、一時的な監督・指
導、被害者に対する賠償や補償）
を供給するための努力がなされね
ばならない。

（注釈）

刑事司法手続から離れて、しばしば
社会内での支援を受けることに向きをか
えることを意味するダイバージョンは、

概して多くの法制度において、公式の又非公式の根拠にもとづいておこなわれている。ダイバージョンの実施は、少年司法運営の重要な手続のもつ否定的な効果（たとえば、有罪判決による汚名）を加える。多くの場合、何もしないことが、最もよい対処の仕方であろう。このように、最初にそして、他の機関にまかされることなしにおこなわれるダイバージョンは、最適の処遇である。これは、とりわけ犯罪者が重症でない場合、家庭・学校・その他の非公式の社会統制機関がすでに対処しはじめているか、適当かつ建設的な方法で対処しようとしている場合にあてはまる。

規則11.2で述べられているように、ダイバージョンは、警察・検察・その他の機関（たとえば、裁判所、評議会など）によって、決定が下されるどの場合にも使われうる。ダイバージョンは、各国の制度の規則や政策に従って又現存の規則と一致して、11つの機関もしくはいくつか又すべての機関によっておこなわれるだろう。ダイバージョンは、必ずしもダイバージョンを重要な手法とする軽微な事案に限定される必要はない。

規則11.2は、勧告されたダイバージョンの方法には、少年犯罪者（ないしは親・保護者）の同意を得るという重要な必要条件があることを強調している（そのような同意なしにおこなわれる地域社会への奉仕のダイバージョンは、強制労働の廃止協定と矛盾する）。しかし、この同意は、不変であるべきではない。というのは、同意は時には少年の方で全くやけになって与えるかもしれないからである。この規則は、ダイバージョンの過程のあらゆる段階で強制や脅迫の可能性を最小限にするための配慮がなされるべ

きであることを強調している。少年は（たとえば、法廷にでることを避けるために）圧力を感じるべきではないし、ダイバージョンの計画に同意するように圧力をかけられるべきでもない。こうして、能力を有する機関によって、少年犯罪者に対する処分の適切さを客観的に評価するための準備がなされるべきであることが唱えられている（能力ある機関とは、規則14に関するそれとは異なるかもしれない）。

規則11.4は、社会に基礎をおくダイバージョンの形式のうち、少年司法手続に関わる実行可能な案の用意をすすめている。被害弁償をすることにより身をおちつけることを意味する計画や一時的な監督・指導を通じて、将来法をおかすことを避けようとする計画がとりわけ勧告されている。個々の事案での長所はより深刻な犯罪がおかされた時（たとえば、最初の犯罪、圧力の下におかされた行為など）ですら、ダイバージョンを適当な手段とするだろう。

12. 警察内部の専門化

12.1 警察の機能を最大限に果たすためには、しばしば、もしくは独占的に少年を扱う警察官、又、主に少年犯罪の防止に従事する警察官は、特別に指導され、訓練されねばならない。大都市においては、特別な警察の部局が、この目的のために作られるべきである。

（注釈）

規則12は、少年司法運営に従事しているあらゆる法執行機関の職員に、専門的な訓練を実施する必要に注目している。警察は、少年司法制度と少年が接触

する最初の場所であるので、警察官が、良識ある適切な方法でふるまうことは、最も重要である。

都市化と犯罪の関係が、明らかに入りくんでいるとはいえ、少年犯罪の増加は、大都市の成長、特に急速かつ無計画な成長と関連している。専門化された警察機構はこのため現在の手段（たとえば規則1.5）に含まれている特別な原則を実施するためばかりでなく、少年犯罪の予防と統制を改善し、少年犯罪者を扱うための手段としてより一般的に、必要不可欠なものとなろう。

13. 審判前のための身柄拘束

13.1 審判のための身柄拘束は、最後の手段としてのみ、それも可能なかぎり短い期間にかぎって用いられねばならない。

13.2 可能な場合にはいつでも、審判のための身柄拘束は、他のとりうる方法に代替されねばならない。たとえば、親密な指導、徹底的な保護（care）、家庭や教育的な場所におくことなどである。

13.3 審判のために身柄を拘束されている少年は、被拘禁者処遇国連最低基準に定めるすべての権利と保障を与えられねばならない。

13.4 審判のために身柄を拘束されている少年は、成人とは別々に扱われ、成人とは別の機関（institution）で、又同じ機関の場合にはことなった場所に拘禁されるべきである。

13.5 拘留中とはいえ、少年は彼らが、その年齢、性別、個人的資質のゆえに必要とする世話、保護、必要なあらゆる個人的援助——社会的、教育的、職業的、心理的、医学的、肉体的——を与えられねばならない。

（注釈）

審判のための身柄拘束中に少年が犯罪に汚染される危険は低くみつもられてはならない。従って、他の手段の必要性を強調することが重要である。そうすることによって規則13.1は、少年の福利を考慮して身柄拘束を避けるために新しい革新的な手段がうみだされることを促進する。

審判のために身柄拘束されている少年には、市民的及び政治的権利に関する国際規約（covenant）、とりわけ第9条、第10条2（b）3項、とともに国連被拘禁者処遇最低基準規則に定める権利と保障が与えられるべきである。

規則13.4は、各国が、この規則に述べられている手段と少なくとも同程度に効果的な、成人の犯罪者の否定的な影響に対する他の手段を採用することを妨げるものではない。

必要となる可能性のあるさまざまな援助形態は、若い拘留者（たとえば、女性もしくは男性、薬物中毒者、アルコール中毒者、精神障害のある少年、外傷を負っている若い人）の広範囲にわたる特別の必要性に注意を向けるために列挙されている。

若い抑留者の多様な肉体的、心理的な特徴は、分類手段（classfication measures）を是認する余地がある。その手段によって、審判のための身柄拘束中に、一部の者は分離して扱われ、そのことは犠牲となることを避けることに役立つし、より適当な援助をもたらすことになる。

第6回国連犯罪防止会議は、少年司

法基準に関する第4決議において、規則は、「審判前の身柄拘束は、最後の手段としてのみ用いられるべきであり、未成年者は、成人の抑留も影響を受けやすい施設に収容されるべきではない。常に発展段階に特有の必要が考慮されねばならない」との基本的な原則を反映すべきであるということを詳細に述べていた。

第3部　審判と処遇

14. 審判権者〔Competent authority to adjudicate〕

14.1　少年犯罪者の事件が（規則11によって）他の機関によって処理されていない場合には、少年は公平かつ正当な審理の原則に従って、審判権者（裁判所・地方会議など──court, tribunal, board, council）によって扱われねばならない。

14.2　手続は、少年にとっての最良の利益に導かれ、少年がそこに加わり、自らを自由に表現しうるような相互理解の雰囲気の中でおこなわれるべきである。

（注釈）

一般に、判決を下す権限をもつ組織や人の定義を公式化することはむずかしい。権限を有する機関（たとえばスコットランドやスカンジナビアのシステム）や他のより非公式的な地域社会及び争いに判断を下す機関だけでなく、専門の行政官（magistrates）を含むべきである。

少年犯罪者を扱う手続は、どんな場合であっても適正手続の下に、すべての刑事被告人に対して一般的に適用される最低基準に従わねばならない。適正手続に従った、公平かつ正当な裁判は、無罪

の推定、承認の出廷と尋問、一般的な法律上の防禦権、供述拒否権、審理の最後に意見を述べる権利、不服申立ての権利（規則17.1を参照）といったような基本的な保護を有している。

15. 弁護士・親・保護者

15.1　手続を通して、少年は彼らの法律的助言者によって代理される権利をもしくは国がそのような援助の用意をしているところでは無料で法律扶助を求める権利を有しなければならない。

15.2　両親及び保護者は、手続に参加する資格を認められなければならない。そして場合によっては少年の利益のために手続に出席するよう審判権者から求められるかもしれない。

しかし、彼らは、少年の利益のためには、彼らを除外する必要があると考えられる理由がある場合には、審判権者によって参加を拒否されるかもしれない。

（注釈）

規則15.1は、被拘禁者処遇最低基準規則の規則93にみられる用語と同様の用語を使っている。弁護士及び無料で法律扶助を受けられることは、少年の法律的援助を保障するために必要とされているが、一方、規則16.2に述べられている両親や保護者の参加権は、少年にとって一般的な心理的感情的援助としてとらえられるべきである。この状態は、手続全体に及んでいる。

事例の不適切な処遇についての審判権をもつ機関の調査は、とりわけ少年の法律上の代理人（ないしは、そのことに

ついて少年が真に信頼でき又信頼している他の援助者）の協力によって利益を得る場合がある。

この点は、審判において両親や保護者の存在が否定的な役割を果たす場合、たとえば、彼らが少年に対して敵意のある態度を示すような場合には妨げられてしまう。従って彼らを除外する余地が与えられねばならない。

16. 社会調査報告

16.1　ささいな犯罪を除いて、すべての事件において、審判権者は、判決宣告に先立って最後の処遇をする以前に少年が生活している環境又は、犯罪がどういう状況の下におかされたかということを、審判権者が正しい審判を下すために、適正に調査しなければならない。

（注釈）

社会調査報告（社会報告もしくは判決報告）は、少年に関する法律上の手続を伴う多くの場合において、欠くことのできない役割を果たす。

審判権者は、少年にかかわる事実、たとえば社会的、家庭的背景、学歴、教育経験等を知らされるべきである。この目的のために裁判所に付属させられた特別の社会的施設や人員を裁判所は用いる。保護監察官を含む他の人員も、同様の機能を果たす場合がある。従ってこの規則は、適切な社会的施設が、特定の人に関して、社会調査報告をおこなうために利用できなければならないということを求めている。

17. 審判及び処遇を導く原則

17.1　審判権者による処遇は以下の原則によって導かれねばならない。

(a)　とられる処遇は、常に、犯罪がおかされた事情やその重大性とともに、社会の必要・少年の事情や必要にみあったものでなければならない。

(b)　少年の個人的自由の制限は、慎重な考慮の後にのみなされ、可能なかぎり最小限に限定されねばならない。

(c)　少年が、他人に対する暴力を伴う重大な行為もしくは他の重大な犯罪を持続的におかしたと認定された場合で他に適切な方法が存しない場合でなければ、少年から個人の自由を奪ってはならない。

(d)　少年の福利は、各事件を考慮するにあたって指導的な要素でなければならない。

17.2　死刑は、少年がたとえどんな犯罪をおかしたとしても科されてはならない。

17.3　少年が、体罰を受けることがあってはならない。

17.4　審判権者は、いつでも手続を打切る権限を有するべきである。

（注釈）

若者に対する判決をみちびく指針を公式化することの主な困難は、たとえば以下のような哲学的な本質についての解決できない矛盾が存在することから生じている。

(a)　更正と応報

(b)　援助と抑圧・刑罰

(c)　個々の事例に特有の長所にもとづく対応と一般社会を守るための対応

（d）一般的な防止と個人に対する
制止

　これらのアプローチの間の矛盾は、
成人の場合より少年の場合にとりわけ顕
著である。少年の事例を特徴づけている
理由と対応の多様さとともに以上のとり
うる手段は、複雑にからみあっている。

　どのアプローチがとられるべきかを
さし示すことは、少年司法運営に関する
最低基準規則の機能ではなく、それは、
むしろ国際的に認められた原則と一致し
て最も近いものを識別することである。
それゆえに、規則17.1、特に17.1（a）
（c）の中にある本質的な要素は、主に一
般的な出発点を保障する実践的なガイド
ラインとして理解されるべきである。そ
れらは、もし、関係諸機関によって留意
されるなら（規則5条参照）かなり少年
犯罪者の基本的権利、とりわけ個人的な
成長と教育を受ける権利が守られること
を保障することに寄与しうる。

　規則17.1（b）は、厳罰を加えるアプ
ローチが適切ではないことを示してい
る。成人の事件、あるいは少年による重
大な犯罪の場合には、まさに応報的な制
裁が長所を有するように思われるのに反
して、少年の場合には、そのような考え
は、若者の福祉と将来を守ることに、常
に優先されるべきである。

　第6回会議の第8決議に従って、若
者に特有な条件に対応する必要に留意し
ながら、施設収容に代わるべき方法の使
用を可能なかぎり最大限度に促進する。
かくして、現存する施設収容の他にとり
うるべき制裁が最大限に用いられねばな
らないし、また公共の安全に留意しなが
ら、新しい制裁方法が開発されねばなら
ない。執行猶予の判決、条件付きの判
決、委員会命令（board order）や他の処

遇の後に保護観察に付されることが最大
限に保障されるべきである。

　規則17.1（c）は少年の場合に公共の
安全を守る他の適当な対応が存しない場
合以外の施設収容を避けることを目ざし
ている第6回会議の第4決議の指導的原
則の1つに一致している。

　規則17.2死刑を禁ずる規定は、市民
的及び政治的権利に関する国際規約（総
会決議2200）の6条4項に従っている。

　体罰に関する規定は、市民的及び政
治的権利に関する国際規約第7章、拷問
及びその他の残虐や、他の残酷、非人道
的または屈辱的な取扱いまたは刑罰の禁
止条約（総会決議3542）同様に拷問や
他の残酷、非人道的、自尊心を傷つける
ような処遇や処罰に関する条約草案や子
どもの権利に関する条約草案にも従って
いる。

　いつでも手続を打ち切る権限（規則
17.4）は、成人に対して少年犯罪者の処
遇を特徴づける固有のものである。どん
なときでも個別の事案に最もよいと思わ
れる方法で関与の打切りをする審判権者
は事案の状況を知ることができる。

18. 多様な処遇方法

18.1　処遇の多様性は、審判権者にと
って有益であるにちがいない。審
判権者は、可能なかぎり最大限施
設収容を避けるために柔軟性を考
慮に入れなければならない。
そういった手段——そのうちのい
くつかは互に結びつくかもしれな
い——は、以下のものを含んでい
る。
（a）保護、指導、観察命令
（b）保護観察（Probation）
（c）社会奉仕命令

(d) 罰金、補償、損害賠償

(e) 中間的処遇と他の処遇命令

(f) グループカウンセリングや同様の活動に参加する命令

(g) 里親による保護、地域社会、他の教育的環境に関する命令

(h) 他の適当な命令

18.2　部分的か完全にかは別として、事件の事情が必要としないかぎり、少年は親の監督下からは離されてはならない。

（注釈）

規則18.1は、異なった法制度の下で、これまでに実践され、その有効性が判明している重要な対応や制裁のいくつかを列挙しようとしている。概してそれらは、そのまま使用したり、さらに発展するに値する有望で選択可能な手段を意味している。

規則は、いくつかの地域で適当な人員が不足しているために、職員配置の必要条件については列挙していない。それらの地域では、より少ない人員でまかなえる手段が試みられ、開発されるであろう。

規則18.1で挙げられた例に共通していることは、とりわけ、選択された処遇を有効に実施するために、地域社会を信頼し、地域社会に働きかけていこうとしている点である。地域社会に基礎をおいた矯正方法は、多くの側面をもっている伝統的な手法である。それゆえに、関係諸機関は地域社会に基礎をおくサービスを提供するよう助長されねばならない。

規則18.2は、そのゆえに、親から子供を引き離すことは、最後にとられる手段であることを要求している。その手段は、事案の事情が明らかに、この重大な

処置を正当とするときにかぎってたよられる（例：子供の虐待）。

19.　施設収容の可能なかぎり少ない使用

19.1　少年を施設に収容することは、常に最後にとりうる手段であり、それも必要最小限の期間だけでなければならない。

（注釈）

進歩的な犯罪学は、施設内処遇より施設外処遇を用いることを主張している。施設に収容しないことと比較して、施設収容の方が成功しているという点を見出すことは全くできない。施設内に収容することから避けられないように思われる、個人に対する多くの逆効果は、明らかに処遇上の努力によっては克服することができない。

これは、とりわけ少年の場合にしかりである。少年は否定的な影響に傷つきやすい。さらに否定的な効果は、単に自由を失うことからだけでなく、通常の社会環境から隔離されることから生じるのであり、それは人間の成長の早い段階にあるために大人よりも少年にとってまちがいなくより顕著である。

規則19は、2つの点から施設収容を制限することを目ざしている。それは量の点（最後の手段）と時間の点（最も少ない期間）である。

規則19は、第6回会議の第4決議の基本的指導原理の1つ（少年犯罪者は、他に適当な対応がとりえない場合でなければ、施設収容されるべきではない）を反映している。それゆえに、この規則は、もし少年が施設に収容されなければならないのなら、収容のために特別な施設の手配がなされ、犯罪率、犯罪、施設

の種類による相違を留意して、自由を失うことは、可能なかぎり少なく限定されねばならないと訴えている。実際、閉鎖施設より解放施設が優先されるべきである。さらに、どの施設も、刑務所型であるよりも矯正的もしくは教育的でなければならない。

20. 不必要な遅滞の回避

20.1　各事件は、当初から不必要な遅れなしに迅速に処理されねばならない。

（注釈）

少年事件において正式の手段が、迅速におこなわれることは、最高の関心事である。さもなければ、その手続や処遇によってどんなによいことがなされても何もならない。時間の経過につれて、少年は、理性的にもまた心理的にも手続と処遇を犯罪と関連づけることが、不可能ではないにしても、ますます困難となることに気づくであろう。

21. 記録

21.1　少年犯罪者の記録は、厳しく秘密を保たれ、第三者には公開されてはならない。記録に近づくことは、その事件の処遇に近い将来直接的に関係する人もしくは、他の正式に権限をもった人にかぎられるべきである。

21.2　少年犯罪者の記録は、その後に成人になった後におこした事件の手続には使われてはならない。

（注釈）

この規則は、記録に関係する相対立する諸利益――管理を強めようとする警察・検察、他の諸機関の利益と少年の利益――間の均衡をとろうとしている（規則8参照）。

「他の正式に権限をもった人」とは、一般的に他の人々の中で reserchers を含むだろう。

22. 専門家意識と訓練の必要

22.1　専門教育、現職教育、補習、他の適切な教育方法が、少年事件を扱うすべての人に、必要な専門家としての能力を身につけさせ、維持するために利用されなければならない。

22.2　少年司法に携わる人は、少年司法制度にかかわりをもつに至る少年の多様性を反映しなければならない。少年司法機関においては、女性や少数派が公平に代表されることを保障するための努力がなされねばならない。

（注釈）

処遇に関する権限を有する人は、非常に異なった背景をもっている人でありうる（イギリスやコモンローの法制度の影響を受けた地域での magistrates、ローマ法を用いている国々や、その影響を受けた地域での法律的に訓練された裁判官、それ以外の地域で選挙されあるいは指名された普通人、法律家、地域社会に基礎をおく委員会の構成員）。これらのあらゆる人について、法律、社会学、心理学、犯罪学、行動科学に関する最小限の訓練が必要とされる。これは審判権者の組織的な専門化と独立性と同じくらい重要であると考えられている。

社会事業家や保護監察官に対し、少年犯罪者を扱う役割を担うために予め必

要な条件として、職業的な専門化を要求することは不可能であるかもしれない。従って、仕事に従事しながら職業上での訓練を受けることが最低限の資格となろう。

職業上の資格は、少年司法の公平かつ効果的な運営を保障する本質的な要素である。従って人員の供給、昇進、専門的訓練を改善することと、彼らが正しく自己の役割を果たしうるために必要な手段を与えることが必要である。

少年司法に携わる人の選出・任命・昇進にあたって、あらゆる政治的、社会的、性的、人権上、宗教上、文化的、その他あらゆる種類の差別は、少年司法運営を公平に遂行するために避けられなければならない。

このことは第6回会議によって勧告された。さらに第6回会議は、加盟国が刑事司法にかかわる人の中で、女性が公平かつ平等に扱われることを保障するよう求め、さらに少年司法にかかわる女性の向上をうみだし、訓練し、促進するための特別な手段がとられるべきであることを勧告した。

第4部　施設外処遇

23.　効果的な処遇の実施

23.1　規則14.1に述べられているように、審判権者の命令を実行するために、その機関自らによって、もしくは何らかの事情によって必要とされる他の機関によって適切な規定が設けられるべきである。

23.2　修正がこれらの規則に含まれる原則に従って決定されるという条件で、規定は、審判権者が時どき必要と思うように命令を修正する権限を含まねば

ならない。

（注釈）

少年事件における処遇は、成人の場合以上に犯罪者の生活に、長期間にわたって影響する。従って独自に事案を処理する権限を有している審判権者や独立した組織（仮釈放庁 parole board、保護観察所、青少年福祉庁 youth welfare institution 等）が、それぞれ審判権者のそれに等しい制限をもちながら処遇の実施状況に常に関心を払うことが重要である。

いくつかの国では、judge dexecution despeines がこの目的のために作られている。

審判権者の権威、権限、役割は、柔軟でなければならない。それらは、広く受け入れられるように規則23で概括的なことばで述べられている。

24.　必要とされる援助の規定

24.1　手続のあらゆる段階において立ち直りを容易にするために少年に必要な援助——たとえば、住居、教育的もしくは職業補導の訓練、仕事もしくはその他の有用かつ実践的な援助——を与えるための努力がなされなければならない。

（注釈）

少年福利の増進は、最もよく考慮されねばならない。したがって、規則24は、更正のための過程を通して少年の最良の利益を促進するような必要な施設、サービス、その他必要な援助を供給することの重要さを強調している。

25. ボランティアや他の地域社会サービスの動員

25.1 ボランティア、任意団体、地方公共機関、その他の社会資源は、社会内での又可能なかぎり家庭内での少年の立ち直りに有効に寄与することを求められる。

（注釈）

この規則は、少年犯罪者に対するあらゆる行為が更正のために方向づけられる必要を表している。地域社会との協力は、審判権者の命令が有効に実行されることになっているなら、欠くことができない。特に、ボランティアや任意団体は貴重な資源であることが判明しているが、低くしか利用されていない。いくつかの例では、元犯罪者（元薬物常用者を含む）との協力は、相当の助けとなりうる。

規則25は、規則1.1から1.6までの中にある原則から派生しており、市民的政治的権利に関する国際規約の関連する規定に従っている。

第5部　施設内処遇

26. 施設内処遇の目的

26.1 施設に収容された少年の訓練と処遇の目的は、少年が社会にでて建設的かつ生産的な役割を担うことを援助するために、世話、保護、教育、職業的訓練を少年に与えることにある。

26.2 施設に収容された少年は、彼らの年齢、性別、性格により、健全な成長のために必要とされる世話、保護、必要なあらゆる援助を受けなければならない。

26.3 施設に収容された少年は、成人とは分離して扱われ、そして別の施設、成人をも収容している施設の場合には異なった場所に収容されねばならない。

26.4 施設に収容された若い女性の犯罪者は、個人的な必要と問題に関して特別の配慮を払われるに値する。

彼らは決して若い成人の犯罪者より不十分な世話、保護、援助、処遇、訓練を受けてはならないだろう。

公平な処遇が保障されねばならない。

26.5 収容された少年の利益と福利に関して、親ないし保護者は、アクセスする権利を有しなければならない。

26.6 施設に収容されている少年に対して、十分な理論的か、適切な職業訓練を与えるために、又、少年が教育上の不利益を被って施設からでることのないように保障するために、行政間のそして部門間の協力がすすめられねばならない。

（注釈）

規則26.1、26.2に規定された施設内処遇の目的は、どんな制度や文化の下でも受け入れられるだろう。しかし、それらは未だどこでも達成されておらず、そして、より多くのことがこの点に関してなされなければならない。とりわけ、医学、心理学の助けは、施設に収容された薬物中毒、暴力、精神的に問題のある若者にとって著しく重要である。

成人犯罪者の良くない影響を避けることと、施設に収容されている少年の福

利の保護は、規則26.3に規定されているように、本規則の基本的な指導原理の1つ（これは、第6回会議第4決議で述べられている）に従っている。

この規則は、各国が成人犯罪者の良くない影響に対して他の手段（それは少なくとも、この規則で述べられている手段と同程度に有効なものである）をとることを妨げるものではない。

規則26.4は、第6回会議で指摘されたように女性の犯罪者が、通常男性の犯罪者より配慮されていないという事実を述べている。とりわけ、第6回会議の第9決議は刑事司法手続の各段階における女性犯罪者の公正な取扱いと拘禁中の女性特有の問題と必要に対する配慮を述べている。さらに、この規則は、又第6回会議のカラカス宣言に照らして考慮されるべきである。カラカス宣言は女性に対する差別の撤廃に関する宣言やあらゆる女性差別の廃止に関する協約を背景として、特に刑事司法運営における平等の取扱いを求めている。

アクセス権（規則26.5）は、規則7.1、10.1、15.2、18.2の各規定によっている。

行政官のそして部門別の協力（規則26.6）は、施設内の処遇や訓練の質を一般的に高める点でとりわけ重要である。

27. 被拘禁者処遇国連最低基準規則の適用

27.1 被拘禁者処遇国連最低基準規則及び関連する勧告は、施設に収容された少年犯罪者（未決で拘禁中の者を含む）の処遇に、関連するかぎり適用されねばならない。

27.2 少年の年齢、性別、人格に特有な多様な必要をみたすために、被拘禁者処遇最低基準規則にある関

連する原則を、可能なかぎり最大限実施するための努力がなされなければならない。

（注釈）

被拘禁者処遇最低基準規則及び関連する勧告は、国連によって公布された最初のものであった。それらが世界的な衝撃を与えたことは、一般的に認められている。今なお、その規則の施行が事実というより抱負にとどまっている国々も存在するとはいえ、最低基準規則は、矯正施設の人道的正当な運営に重要な影響を与えつづけている。

施設に収容されている少年犯罪者に必須の保護が、刑罰や訓練に関する規定や危険な犯罪者の拘禁であるような最低基準規則の中に含まれている（たとえば、宿泊施設、建物、寝具、衣服、苦情と要求、外界との接触、食事、医療、宗教的サービス、年齢による分離、人員、労働など）。

少年司法運営に関する最低基準規則の範囲内で少年犯罪者の施設に特有の特質よりすれば、現在の被拘禁者処遇最低基準規則を修正することは適当ではないだろう。

規則27は、年齢、性別、性格からくる特別かつ多様な必要（規則27.2）とともに施設における少年に必要な条件（規則27.1）に焦点をあわせている。このように、この規則の目的と内容は、被拘禁者処遇最低基準規則の関連する諸規定と相互に関連している。

28. 仮釈放

28.1 施設よりの仮釈放は、できるかぎり適切な機関によって用いられねばならない。そして可能なかぎ

り早期に許可されねばならない。

28.2　施設から仮釈放された少年は、適当な機関によって援助、監督され、地域社会による十分な支援を得なければならない。

（注釈）

仮釈放を命ずる権限は、規則14.1で言及されているように審判権者か、他の機関にある。このゆえに、ここでは「審判権者」というより「適切な機関」という方が妥当である。

事情が許せば、仮釈放は、全判決機関を服役することにより好まれるだろう。更正への十分な進歩をとげている証拠にもとづいて、収容された時には危険性があると考えられていた犯罪者ですら、可能となればいつでも条件つきで釈放される。

保護観察のように、そのような釈放は、決定によって定められた期間、関連機関によって詳細に言われた必要条件——たとえば、犯罪者の善行の保持、地域社会のプログラムへの参加、ハーフウェイ・ハウスの居住など——を十分実行することを条件づけられるかもしれない。

犯罪者が施設から仮釈放される場合には、保護監察官や他の職員（とりわけ保護監察官がまだ援用されていないところでは）による援助と監督がなされるべきであるし、地域社会の支援が助長されねばならない。

29.　半収容のための施設（Semi-institutional arrangements）

29.1　少年が社会にうまく再復帰することを援助する半収容私設——たとえばハーフウェイ・ハウス、教育的家庭（educational homes）、昼間の指導センター（day-time training center）や他の適当な私設——を作るための努力がなされねばならない。

第6部　調査、計画、政策立案、評価

30.　計画、政策立案、評価の基礎としての調査

30.1　有効な計画や政策立案の基礎として、必要な調査を組織し促進するための努力がなされねばならない。

30.2　身柄拘束中の少年に必要とされるさまざまなものとともに少年非行の傾向、問題点、原因を定期的に見なおし、評価するための努力がなされねばならない。

30.3　少年司法運営の制度に組み入れられた定期的な評価調査の機構を作り上げるため、そして運営に対する適切な評価、将来に向けた改良と再編のために、関連するデータと情報を収集し分析するための努力がなされねばならない。

30.4　少年司法運営におけるサービスの供給は、国の発展のためになされる努力の必要不可欠な一部として組織的に計画され、実施されねばならない。

（注釈）

少年司法政策の基礎としての調査の活用は、知識の進歩に実践を遅れさせないために、又少年司法制度のたえまない発展と改良のために重要な仕組みであると広く認められている。

調査と政策の間の相互のフィードバックは、とりわけ少年司法において重要である。若者の生活様式や少年犯罪の形態・特質における急速でしばしば劇的な変化のために、少年犯罪・少年非行に対する社会や司法の対応は、あっというまに時代遅れで不適当なものになる。

　規則 30 は、調査を少年司法運営における政策形成や運用の過程に統合するための基準を確立している。規則は、とりわけ現存する計画をたてる必要に特別の注意を払っている。

　非行の傾向、問題とともに少年が求めているものをたえず見抜くことは、適当な政策を公式化し、又公式非公式双方のレベルで、適切なかかわり方を確立する方法を改善するための必要条件である。このような関係において、独立した個人もしくは組織による調査が責任ある機関によって促進されるべきである。そして、制度と接触をもつ少年にかぎらず、少年自身の考えを知り、考慮に入れることは価値があるかもしれない。

　計画の過程は、必要なサービスの供給にとってより有効で正当な制度を特に強調しなければならない。

　目的に向かって、広範囲にわたる包括的でかつ定期的な評価がなされなければならない。とりわけ、少年の必要と問題、明らかに優先すべき事項の識別についてそうである。その点について、また現存する資源――これは、確立したプログラムの実施とその監視のために計画された特別の手続を始めるにあたってふさわしい、他の手段や地域社会の支援を含んでいる――の使用にあたって調整がなされるべきである。

自由を奪われた少年の保護のための国連規則（自由規則）

(1990)

United Nations Rules for the Protection of Juveniles Deprived of their Liberty

国連総会は、

世界人権宣言、市民的および政治的権利に関する国際規約、拷問ならびにその他の残虐、非人道的なあるいは屈辱的な取扱いあるいは処罰を禁ずる条約、子どもの権利条約、ならびに青少年の権利の保護と福祉に関するその他の国際文書に留意し、

第1回犯罪予防と犯罪者処遇に関する国連会議が採択した非拘禁者の処遇に関する最低基準規則にも留意し、

国連総会が1988年12月9日の決議43／173において承認した、あらゆる形態の拘禁の下にあるすべての人々の保護のための諸原則にも留意し、

少年司法運営に関する国連最低基準規則を想起し、

第7回犯罪予防と犯罪者処遇に関する国連会議が、その決議21において、自由を奪われた少年の保護のための国連規則の制定を検討することを要請したことをも想起し、

経済社会理事会が、1986年5月21日の決議1986／10、第2項において、事務総長に対して規則作成の進捗状況について犯罪予防規制委員会の第10会期に報告することを求め、また、第8回犯罪予防と犯罪者処遇に関する国連会議に対して提案された規則の採択を検討することを求めたことをもさらに想起し、

全世界において自由を奪われた少年たちがおかれている状況に注意を払い、

自由を奪われた少年は、虐待、犠牲および権利侵害を受ける危険性が高いことを認識し、

多くの制度が司法運営の種々の段階において大人と少年を区別せず、また、それゆえに少年が大人と同じ監獄や施設に収容されていることを憂慮して、

1. 少年の施設収容が常に最後の手段であり、最も短い必要な期間にかぎって用いられなければならないことを確認し、

2. 自由を奪われた少年は非常に傷つき易いので彼らに対する特別の注意と保護が必要であること、ならびに、彼らが自由を奪われている間およびその後において彼らの権利と福祉が保障されなければならないことを了解し、

3. 国連事務局による貴重な作業、ならびに、国連事務局と専門家、実務家、政府間組織、非政府諸団体とりわけアムネスティインターナショナル、ディフェンス・フォー・チルドレン・インターナショナルとレダ・バーレン（スウェーデン児童救済運動）および子どもの権利と少年司法に関係する科学研究諸機関との間でなされた本規則の立案作業における協力関係を、感謝をこめてここに記し、

4. 本決議添付の付属書に記載された自由を奪われた少年の保護のための国連規則を採択し、

5. 犯罪予防・規制委員会に対し、犯罪予防と犯罪者処遇に関する国連機関の援助の下で本規則の効果的な実施のための措置を策定することを要請し、

6. 加盟国に対し、必要な場合にはいつでも、国内の法律、政策および実務、とりわけ少年司法にかかわるあらゆる

資料

577

種類の職員の教育に関するそれを、本
規則の精神に適合させ、ならびに本規
則が関係当局および一般公衆の注意を
惹くようにすることを奨励し、

7. 加盟国に対し、法、政策及び実務へ
の本規則の適用のためにおこなった試
みについて事務総長に通知し、本規則
の実施に関して達成された成果を犯罪
予防規制委員会に定期的に報告するこ
とをも奨励し、

8. 事務総長に対し、国連のすべての公
式言語による本規則の正文を出来るか
ぎり広範囲に普及すること確保するこ
とを要請し、加盟国にもこれを奨励し、

9. 事務総長に対し、深刻かつ取扱困難
な若年犯罪者を類型別に取り扱うため
に、比較調査をおこない、必要な協力
関係を追及し、その戦略を考案するこ
と、ならびにこの問題についての政策
本位の報告（policy-oriented report）を
第9回犯罪予防と犯罪者処遇に関する
国連会議に提出する準備をすることを
要請し、

10. 本規則の満足すべき適用と実施、と
りわけすべての範疇の少年司法職員の
採用、研修および交替に関するそれを
確保するために、必要な資源を配分す
ることを事務総長に要請し、かつ加盟
国にもこれを要求し、

11. 国連の機構におけるすべての関係諸
団体、とりわけ国連児童基金、地域委
員会および専門機関、犯罪予防と犯罪
者処遇に関する国連組織、ならびに関
連するすべての政府間組織および非政
府組織に対して、本規則の適用を促進
するためにそれぞれの技術的能力の及
ぶ分野における協調的で継続的な努力
を確保するために、事務総長と協力し、
必要な措置をとることを要求し、

12. 人権委員会内の差別防止および少数
者保護に関する小委員会に対し、この
新しい国際文書を、その諸条項の適用
を促進することを念頭において検討す
ることを奨励し、

13. 第9回会議に対し、その少年司法に
関する議題の下で、本規則の促進と適
用および本決議に含まれた勧告に関し
て達成された進歩を再検討することを
要請する。

付属書
自由を奪われた少年の保護のための
国連規則

I 基本的な視点

1. 少年司法制度は、少年の権利と安全
を支え、少年の身体的および精神的な
福祉を促進するものでなければならな
い。少年の拘禁は最後の手段として用
いられなければならない。

2. 少年は、本規則および少年司法運営
に関する国連最低基準規則に定められ
た諸原則と手続に従う場合にのみ、そ
の自由を奪われ得る。少年の自由のは
く奪は、最後の手段として必要な最も
短い期間にかぎられ、かつ例外的な場
合にかぎられなければならない。制裁
（sanction）の長さは、司法官憲によっ
て決定され、早期釈放の可能性を除外
してはならない。

3. 本規則は、人権と基本的自由の観念
に矛盾しないように、すべての種類の
拘禁による有害な影響を減少させ、社
会への統合を促進しようとの配慮の下
で、すべての形態において自由を奪わ
れた少年の保護のために国連が採用す

る最低基準を確立することを意図する
ものである。

4. 本規則は、人種、肌の色、性別、年
齢、言語、宗教、国籍、政治的その他
の意見、文化的信条や慣習、財産、出
生や家族的身分、民族的あるいは社会
的出身、ならびに障害に関するいかな
る種類の差別もなしに、公平に適用さ
れなければならない。

5. 本規則は、少年司法の運営にかかわ
る専門職に対する便利な参照基準とし
て奉仕し、また彼らに対して励ましと
ガイダンスを提供することを意図して
作成されたものである。

6. 本規則は、少年司法職員が彼らの国
語で容易にこれを利用出来るようにさ
れなければならない。拘禁施設の職員
の言語を十分に理解出来ない少年は、
必要なときには何時でも、とりわけ医
学的検査および懲戒手続の際には、無
料で通訳のサーヴィスを受ける権利を
与えられなければならない。

7. 適切な場合には、加盟国は、本規則
をその国内法に吸収しあるいは国内法
を本規則に従うように改定しなければ
ならず、少年が損害をこうむった場合
の補償を含む、規則違反に対する効果
的な救済措置をも設けなければならな
い。加盟国は、また、本規則の適用状
況を監視しなければならない。

8. 権限のある機関は、拘禁された少年
のケアと彼らの社会復帰の準備とがき
わめて重要な社会的サーヴィスである
ことについて公衆の理解を高める努力
を継続しておこなわなければならず、
この目的を達するために、少年と地域
社会との間の開かれた接触を促進すべ
く積極的な措置がとられなければなら
ない。

9. 本規則中のいかなる部分も、国際社
会において認知され、少年、子どもお
よびすべての青少年の権利、ケアおよ
び保護により多くの寄与をする、国連
および人権関係の諸文書および諸基準
の適用を排除するものとして解釈され
てはならない。

10. 本規則の第Ⅱ部ないし第Ⅴ部に含ま
れる規定を実際に適用することが第Ⅰ
部の規定と抵触する事態をまねく場合
は、後者に適合することが優先的な要
請であると見做されなければならない。

Ⅱ　規則の適用範囲

11. 本規則においては、以下の用語例が
適用される。
 （a）少年とは18歳未満のすべての人
である。子どもの自由を奪うこと
の許されない年齢制限は法律によ
って決定されなければならない。
 （b）自由のはく奪とは、司法的、行
政的その他の公的機関の命令によ
る、あらゆる形態による拘禁、収
容あるいは自らの意思で立ち去
ることの許されない公的あるい
は私的な身柄拘束環境（custodial
setting）への人の配置を意味する。

12. 自由のはく奪は、少年の人権に対す
る尊重を確保する条件と環境の下で実
施されなければならない。施設に収容
された少年は、彼らの健康と自尊心を
促進しこれを保持し、彼らの責任感を
助長し、かつ社会の一員としての能力
を開発するうえにおいて役立つ態度と
技能を奨励すべく機能する、意味のあ
る活動とプログラムによる利益を受け
られることが保障されなければならな
い。

13. 自由を奪われた少年は、その地位に関連するいかなる理由によっても、社会保障の権利と利益、結社の自由および法に定められた最低年齢に達したときは結婚する権利などのような、国内法あるいは国際法によって認められ、かつ自由はく奪と両立し得る市民的、経済的、政治的、社会的あるいは文化的権利を拒否されてはならない。

14. 少年の個人的権利、とりわけ拘禁措置の執行の合法性に関する少年の権利の保護が権限のある機関によって確保されなければならず、それと同時に、少年を訪問する資格がありかつ拘禁施設には所属していない適切に組織された団体が国際基準、国内法および規則に従って実施する定期検査を実施することその他の規制手段によって、社会への統合（social integration）の目的が確保されなければならない。

15. 本規則は少年の自由をはく奪しているすべての種類と形態による拘禁施に適用される。本規則の第Ⅰ、第Ⅱ、第Ⅳおよび第Ⅴ部は少年が収容されている全ての施設および収容施設的環境（institutional setting）に適用され、第Ⅲ部は逮捕されたあるいは審判前の（awaiting trial）少年に対して特別に適用される。

16. 本規則は、それぞれの加盟国に普及している経済的、社会的および文化的条件の下で実施されなければならない。

Ⅲ　逮捕された、あるいは審判前の少年

17. 逮捕されあるいは審判前の拘禁をされている「未決の（"untried"）」の少年は、無罪と推定されかつそのように取り扱われなければならない。審判前の拘禁は出来るかぎり避けられなければならず、例外的な場合にかぎられなければならない。したがって、それ以外の手段を採用するためにあらゆる努力がなされなければならない。それにもかかわらず、予防的な拘禁が用いられたときには、少年裁判所および捜査機関は、拘禁期間を出来るだけ短くするためにこのような事件を最も迅速に処理することに高度の優先順位を与えなければならない。未決の被拘禁者は有罪宣告を受けた少年と区別されなければならない。

18. 未決の少年が拘禁される条件は以下に定める規則に従うものでなければならないが、未決の少年の無罪推定の要請、拘禁の期間ならびに法的地位と状況に照らして、特別の条項を追加することが必要であり、かつ適切である。それらの条項には次のものが含まれるが、しかし必ずしもこれらにかぎられる訳ではない。

(a) 少年は弁護人の援助を受ける権利をもち、法律扶助制度のあるところでは、無償の法律扶助を申請することが出来、かつ、法的助言者と定期的に連絡をとることが出来なければならない。この連絡においては通信の秘密が確保されなければならない。

(b) 少年に対しては、可能な場合には、報酬を伴う作業をおこない、教育や訓練を続ける機会が与えられなければならない。しかし、これらは義務とされてはならない。作業、教育あるいは訓練は、拘禁を継続する理由とされてはならない。

（c）少年は、司法運営の利益に反し
ないかぎり、彼らの余暇とレクリ
エーションのための道具を支給さ
れ、これを保持出来るものとされ
なければならない。

IV　少年施設の運営

A　記　録

19. 法的な記録、医学的な記録および懲
戒手続の記録を含むすべての報告、な
らびに処遇の形式、内容および詳細に
関するその他すべての記録は、非公開
の個人別ファイルに保存され、最新の
情報を含み、権限のある者のみがこれ
にアクセス出来るものとされ、かつ、
容易にその内容が理解されるように分
類されなければならない。可能な場合
には、いずれの少年に対しても、不正
確な、根拠のないあるいは不公正な報
告の訂正を可能にするために、少年の
ファイルに含まれるいかなる事実や意
見をも争う権利が与えられなければな
らない。この権利を行使するために、
適切な第三者が申請に応じてファイル
にアクセスしてこれを参照することが
出来る手続が存在しなければならない。
少年が釈放される際には、当該少年の
記録は封印され、かつ、適当な時期に
廃棄されなければならない。

20. いかなる少年も、司法、行政その他
の公的機関による有効な送致命令によ
らなければ、いかなる拘禁施設にも送
致されてはならない。この送致命令の
詳細は直ちに記録に搭載されなければ
ならない。いかなる少年も、このよう
な記録の存しないいかなる施設にも拘
禁されてはならない。

B　入所、登録、移動および移送

21. 少年が拘禁されるいずれの場所にお
いても、受け入れたそれぞれの少年に
ついての以下の情報に関する完全かつ
信頼出来る記録が保管されていなけれ
ばならない。
（a）少年の身元に関する情報
（b）送致の事実および理由ならびに
送致を決定した機関
（c）入所、移送および釈放の日時
（d）送致の際に少年を保護していた
親および保護者に対してなされた、
少年についてのすべての入所、移
送あるいは釈放の通知の詳細
（e）薬物およびアルコール濫用を含
む、身体的および精神的健康上の
問題の詳細

22. 入所、配置、移送および釈放に関す
る前記の情報は、遅滞なく少年の親お
よび保護者または最も身近な親族に伝
えられなければならない。

23. 少年を受理した後出来るだけ速やか
に、各少年の身上および境遇に関する
十分な報告書およびこれらに関連する
情報が作成されかつ運営当局に提出さ
れなければならない。

24. 入所に際しては、すべての少年に対
して、当該拘禁施設に適用される規則
集および少年が理解し得ることばで記
載された少年の権利義務の説明書が与
えられなければならず、それとともに、
不服申立を受理する資格を有する官憲
の住所ならびに法的援助を受けられる
公的あるいは私的な機関および組織の
住所を知らされなければならない。読
み書きの出来ない少年あるいは文書を
理解出来ない少年のために、情報は少
年が十分理解出来るような方法で与え
られなければならない。

資料

581

25. すべての少年は、施設の内部機構に関する規則、与えられるケアの目的と方法、懲戒の基準とその手続、情報の入手および不服申立のための他の許された方法、その他拘禁中の権利義務を少年に十分理解させるのに必要な事項についての理解を助けられなければならない。

26. 少年の輸送は、当局の費用で、十分な換気と照明のある輸送手段によっておこなわれなければならず、少年に苦痛や屈辱を与えるような方法であってはならない。少年は、施設から施設へ恣意的に移送されてはならない。

C　分類および配置

27. 入所後出来るだけ速やかに、少年は面接を受け、かつ、その少年に必要なケアとプログラムの種類および程度に関連するいかなる事項をも明らかにした心理的および社会的報告書が準備されなければならない。この報告書は、入所時に少年を診察した医官（medical officer）の報告書とともに、その施設のなかで少年に最も相応しい配置を決定し、かつ、実施されるべきケアとプログラムの種類および程度を決定するために、所長あてに提出されなければならない。社会復帰のための特別の処遇が必要であり、かつ、収容期間が十分にあるときは、訓練を受けた施設の職員は、処遇目的と時間枠（time-frame）、ならびにその処遇目的達成のための手段、過程および猶予期間を定めた、文書による個別的な処遇計画を準備しなければならない。

28. 少年の拘禁は、少年の個別的なニーズ、地位ならびにその年齢、個性、性別および犯罪の種類に応じた特別の要求、さらに精神的および肉体的健康を十分に考慮に入れた条件の下でのみおこなわれ、かつ、有害な影響ならびに危険な状況から少年を確実に保護するものでなければならない。自由を奪われた少年をカテゴリー別に分離するための主要な基準は、それぞれの少年の個別的なニーズに最も相応しい種類のケアの提供、ならびに少年の身体的、精神的および道徳的尊厳と少年の福祉の保護におかれなければならない。

29. 少年は、家族の一員である場合を除いて、大人から分離されなければならない。当該少年にとって有益であることが明らかにされた特別のプログラムの一環として、統制された条件のもとにおいて、少年を慎重に選別された大人と一緒にすることが出来る。

30. 少年のための開放拘禁施設（open detention facilities）が設けられなければならない。開放拘禁施設とは、警備手段が全くないか最小限度の拘禁施設である。このような拘禁施設に収容される人員は出来るだけ少人数のものでなければならない。閉鎖施設に拘禁される少年の人員は、個別処遇が可能な程度に少人数でなければならない。少年の拘禁施設は、少年とその家族のアクセスおよび接触が容易なように各地に分散し、かつ、適切な規模のものでなければならない。小規模の拘禁施設が設けられ、かつ、地域の社会的、経済的および文化的環境に統合されなければならない。

D　物的環境および収容設備

31. 自由を奪われた少年は、健康と人間の尊厳の要求をすべて満たす施設とサーヴィスの提供を受ける権利を有す

る。

32. 少年の拘禁施設の設計およびその物的環境は、居住処遇（residential treatment）による社会復帰の目的に見合うものであり、少年のプライヴァシー、感覚刺激（sensory stimuli）、同輩との交際の機会ならびにスポーツ、運動および余暇活動への参加に関する少年の要求に対して適切な配慮をしたものでなければならない。少年拘禁施設の設計と構造は、火災の危険を最小限にするものであり、敷地内から安全に避難出来るようなものでなければならない。火災の場合の効果的な警報システムが存在し、それとともに、少年の安全を確保するための手続きを様式化しかつその訓練をおこなわなければならない。拘禁施設は健康等への障害や危険があると思われる区域に設けられてはならない。

33. 就寝施設は、地域の標準を考慮しながらも、少人数の雑居部屋あるいは個室が標準とされなければならない。就寝時間中には、個室および雑居部屋を含むすべての就寝区域について、定期的な、威圧的でない監視がおこなわれ、各少年の保護が図られなければならない。すべての少年は、地域のあるいは国内の標準に従って、それぞれ個別に十分な寝具を与えられ、与えられた寝具は清潔であり、適切に保管され、かつ、清潔を保つのに十分な頻度で交換されなければならない。

34. 衛生設備は、すべての少年がプライヴァシーを保ち清潔で穏当な方法によってその身体的な必要に応じられるような位置に設けられ、かつ、そのような水準を十分満たすものでなければならない。

35. 私物の所持は、プライヴァシーの権利の基本的要素であり、少年の心理的健康にとって必須のものである。すべての少年の私物を所持する権利および私物のための十分な保管施設をもつ権利は、十分に認識されかつ尊重されなければならない。少年が自己の身辺に置くことを選ばない、あるいは没収された私物は、安全な場所に保管されなければならない。その目録には少年の署名がなされなければならない。保管された私物を良好な状態に保つための手段が講じられなければならない。それらの物件や金銭は、少年が金銭を使いあるいは施設外に物件を送ることを許された場合をのぞいて、釈放の際に少年に返還されなければならない。少年が医薬品を受け取りあるいは所持していることが分かったときは、医官はそれをどのように使用するかを決定しなければならない。

36. 少年に対しては、可能なかぎり私服を着る権利が与えられなければならない。拘禁施設は、各少年が気候に適しかつ健康を保つのに十分な個人用の服を着用出来るようにしなければならず、かつ、その服はいかなる意味でも品位を汚しあるいは屈辱的なものであってはならない。いかなる目的であれ施設から移動しあるいは外出する少年に対しては、私服の着用が許されなければならない。

37. あらゆる拘禁施設は、正常な食事時間に適切に準備および提供され、かつ、栄養、衛生および健康の水準を満たし、可能なかぎり宗教的および文化的要求をも満たす質と量の食料を、あらゆる少年が受けられることを保障しなければならない。すべての少年がいつでも

清潔な飲料水を飲用出来なければならない。

E　教育、職業訓練および作業

38.　義務教育年齢にあるすべての少年は、その必要と能力に適合し、かつ、社会復帰の準備を目指した教育を受ける権利を有する。このような教育は、可能な場合にはいつも、地域における拘禁施設外の学校でおこなわれ、いずれの場合も、釈放後も引き続き少年が困難なく教育を受けられるように、資格のある教師により、国の教育制度と一貫性のあるプログラムを通じておこなわれなければならない。国外出身者または特殊な文化的あるいは民族的ニーズを有する少年に対して、拘禁施設当局は特別の注意を払わなければならない。非識字または知能あるいは学習能力に問題のある少年は、特別教育を受ける権利を認められなければならない。

39.　義務教育年齢を過ぎているが、引き続き教育を受けることを希望する少年にはそれが許され、かつ奨励されなければならず、彼らが適切な教育プログラムにアクセス出来るようにあらゆる努力がなされなければならない。

40.　拘禁施設中の少年に授与される卒業証書や履修証明書は、いかなる意味でも、少年が施設収容されたことを示唆するものであってはならない。

41.　すべての拘禁施設において、教育的および娯楽的な書物ならびに少年に適した期刊行物を十分に備えた図書館が設置され、少年がそれを十分利用することが奨励され、また可能でなければならない。

42.　すべての少年に対して、将来の就職の準備として役立つような職種について、職業訓練を受ける権利が与えられなければならない。

43.　適切な職業選択および施設運営上の要請に対する適正な配慮をしたうえで、少年は自らおこなうことを希望する作業の種類を選択することが出来なければならない。

44.　子どもの労働および若年労働者に適用されるすべての国内的および国際的保護基準は、自由を奪われた少年に対しても適用されなければならない。

45.　少年が社会に復帰する際に適切な就職先を見つけられる可能性を高めるために職業訓練を補完するものとして、可能な場合には必ず少年に対して報酬をともなう労働をする機会が与えられなければならず、出来るならば地域社会のなかでそのような労働をする機会が与えられなければならない。作業は、釈放後の少年に役立つ適切な訓練を与えるものでなければならない。拘禁施設における作業の構成と方法は、通常の職場環境に少年が適応するのに資するように、出来るかぎり地域社会内のそれに類似したものでなければならない。

46.　作業に従事するすべての少年には、公正な報酬を受ける権利が認められなければならない。少年およびその職業訓練の利益は、拘禁施設あるいは第三者の利益を得る目的より下位に位置付けられてはならない。少年の収入の一部は、釈放の際に少年に手渡されるべき貯金として、定期的に蓄えられなければならない。少年は、この収入の残余を用いて、自ら使用する物品を購入し、自己の犯罪により被害を被った被害者に弁償し、あるいは拘禁施設の外にいる家族その他の者に送金する権利

自由を奪われた少年の保護のための国連規則（自由規則）

を認められなければならない。

F　レクリエーション

47.　すべての少年は、毎日適度な時間の
自由運動（daily free exercise）をおこ
なう権利を認められなければならず、
それは天候が許す場合は必ず戸外でな
され、その間適切なレクリエーション
および身体訓練が規則的に実施されな
ければならない。これらの諸活動のた
めに十分な空間、設備および用具が供
給されなければならない。すべての
少年に対して、毎日の余暇活動（daily
leisure activities）のために特別の時間
が与えられ、少年が望むときには、そ
の時間の一部を芸術および工芸技能の
開発に用いなければならない。拘禁施
設は、利用可能な体育教育プログラム
に各少年が参加することが健康上可能
であることを確保しなければならない。
身体矯正に関する教育および治療を受
ける機会が、それを必要とする少年に
は与えられなければならない。

G　宗　教

48.　すべての少年は、その宗教的および
霊的生活の必要を満たすこと、とりわ
け、拘禁施設内で催される行事や集会
に参加し、または、少年自身が行事を
執りおこなうこと、および、少年の属
する宗派の戒律や指導に関して必要な
書物や物品を所持することによって、
その必要を満たすことを許されなけれ
ばならない。特定の宗教に属する少年
が拘禁施設内に相当数いる場合は、そ
の宗教の資格ある代表者が1名以上指
名あるいは承認され、定期的に宗教行
事をおこなうことを許され、ならびに
少年の求めに応じて立会なしに少年へ

の宗教上の訪問（pastral visit）をおこ
なうことが許されなければならない。
すべての少年は、いかなるものであれ
その選択した宗教の資格ある代表者の
訪問を受ける権利を認められ、それと
同時に、宗教行事に参加せず、宗教上
の教育、カウンセリングあるいは教化
を拒む権利を認められなければならな
い。

H　医療上のケア

49.　すべての少年は、歯科、眼科および
精神衛生上のケアを含む、予防的およ
び治療的な十分な医療上のケアを受け、
ならびに、医学的な処方にもとづく医
薬品および特別食を供給されなければ
ならない。すべてのこのような医療上
のケアは、少年に烙印を押すことを避
け、その自尊心と地域社会への統合を
促進するために、可能な場合には、そ
の拘禁施設が存在する地域における適
当な保健施設およびサーヴィスを通じ
て少年に供給されなければならない。

50.　入所前の不当な取扱いの証拠を記録
し、医療上の手当てを要する肉体的あ
るいは精神的状態を確認するために、
すべての少年は拘禁施設に入所した後
直ちに医師による診察を受ける権利を
有する。

51.　少年に提供される医療上のサーヴィ
スは、あらゆる肉体的あるいは精神的
疾病、薬物濫用その他少年の社会への
統合を阻害する原因となり得る状態を
発見し、治療するものでなければなら
ない。すべての少年拘禁施設は、その
入所者の数と要求に見合う十分な医療
施設および設備への迅速なアクセスを
有し、ならびに、予防保健上のケアお
よび救急医療の取扱いについて訓練を

資料

585

受けたスタッフを擁するものでなければならない。病気にかかっている少年、病気を訴える少年、または、肉体的あるいは精神的困難の兆候を示す少年は、直ちに医官による診察を受けなければならない。

52. 少年の肉体的あるいは精神的な健康状態が拘禁の継続、ハンガーストライキ、その他の拘禁の状況によって有害な影響を受け、あるいは受ける恐れがあると信ずる理由のある医官は、直ちにその事実を問題の拘禁施設の長ならびに少年の福祉の確保に責任を負う独立の官憲に対して報告しなければならない。

53. 精神的疾患のある少年は、独立の医学的管理の下で特別の施設において取り扱われなければならない。適当な機関との提携によって、釈放後においても必要な精神衛生上のケアを確実に継続するための方策がとられなければならない。

54. 少年拘禁施設は、資格を有する職員によって運営される、薬物濫用の予防およびリハビリテーションのための専門的なプログラムを採用しなければならない。このプログラムは、対象となる少年の年齢、性別その他の要請に適合するものでなければならない。薬物やアルコール依存のある少年に対しては、訓練された職員を擁する中毒性解消（detoxification）の施設とサーヴィスを利用する機会が与えられなければならない。

55. 医薬品の投与は、医療上の理由による必要な治療のためにのみなされ、かつ、可能な場合には、対象となる少年に説明を尽くしたうえでその承諾（informedconsent）を得た後におこな

われなければならない。とりわけ、情報や自白を得る目的で、処罰として、あるいは、抑制の手段として薬物を投与してはならない。少年は、いかなる場合にも、薬物の使用や治療方法の実験の被験者とされてはならない。いかなる薬物投与も、常に、資格を有する医療職員によって許可を受け、これらの医療職員によって実施されなければならない。

I 病気、傷害および死亡の告知

56. 少年の家族や保護者ならびに少年が指定したその他の者は、その申し出があるとき、および、少年の健康状態にいかなるものであれ重要な変化があったときは、少年の健康状態について知らされる権利を有する。拘禁施設の長は、少年が死亡したとき、外部の医療施設に移送することを要する病気にかかったとき、あるいは、拘禁施設内において48時間を超える臨床的ケアを要する状態のときは、その少年の家族や保護者あるいはその他の指定された者に直ちに連絡しなければならない。少年が外国人であるときは、この連絡はその少年の属する国の領事館当局者に対してもなされなければならない。

57. 自由をはく奪されている間に少年が死亡したときは、最も近い親族に対して、死亡証明書を点検し、遺体を観察し、かつ、遺体処置の方法を決定する権利が与えられなければならない。拘禁中に少年が死亡したときは、死亡の原因について独立の機関による調査がなされ、その調査報告書は最も近い親族によってアクセス出来るものでなければならない。この調査は、少年が拘禁施設から釈放されて6ヶ月以内に死

亡し、その死が拘禁期間に関連していると信ずる理由があるときにもおこなわれなければならない。

58. 少年は、直近の親族の死亡、重病あるいは傷害について、出来るだけ速やかに知らされ、故人の葬儀に参加し、危篤状態の親族の枕元に付き添う機会を与えられなければならない。

J 広範な地域社会との接触

59. 少年が外部の世界と十分なコミュニケーションを保つことが出来るようにあらゆる手段が講じられなければならない。それは、公正で人道的な処遇を受ける権利の不可欠の部分であり、また、少年が社会への復帰を準備するうえに必須のものである。少年は、家族、友人その他の者、あるいは、定評のある組織の代表者とコミュニケートすること、自宅および家族を訪問するために拘禁施設を離れること、ならびに、教育上、職業上その他の重大な理由によって拘禁施設を離れる特別許可を受けること、を許されなければならない。少年が刑期に服しているときは、拘禁施設の外で過ごした時間も刑期の一部として計算されなければならない。

60. すべての少年は、プライヴァシーへの要求を尊重するような態様で、定期的にかつ頻繁に、原則として週1回、少なくとも月1回、家族および弁護人の訪問を受ける権利を有し、かつ、これらの者との接触および無制限のコミュニケーションを保つ権利を認められなければならない。

61. すべての少年は、適法に制限されないかぎり、その選択した人物と書面あるいは電話で少なくとも週2回コミュニケートする権利を有し、この権利を

効果的に行使するために必要な援助を受けられなければならない。すべての少年は、信書を受け取る権利を認められなければならない。

62. 少年は、新聞、定期刊行物その他の出版物を読み、ラジオやテレビの番組および映画にアクセスし、いかなるものであれ少年が興味をもつ合法的なクラブや組織の代表者の訪問を受け、これらによって最近の出来事を定期的に知る機会を与えられなければならない。

K 身体の制圧および強制力の使用の限界

63. 規則64に定める場合を除いて、制圧器具の利用および強制力の使用は、いかなる目的であっても禁止されなければならない。

64. 制圧器具および強制力は、他のすべての規制手段を使用したが失敗に終わったという例外的な場合で、法と規則によって明確に許容されかつ特定されている場合においてのみ使用することが出来る。それは、辱めを与えあるいは品位を汚すようなものであってはならず、限定的に、かつ、出来るかぎり短い時間にかぎられなければならない。制圧器具は、施設当局の長の命令によって、少年が自らを傷つけ、他の者を害し、あるいは、財物に深刻な損害を及ぼすのを防止するために使用することが出来る。この場合、その施設の長は、直ちに、医官その他の適切な職員に助言を求め、上位の当局者に報告しなければならない。

65. 少年が拘禁されているいかなる施設においても、職員による武器の携帯ならびにその使用は禁止されなければならない。

L 懲戒手続

66. いかなる懲戒手段および懲戒手続も、安全と秩序ある社会生活の利益を保持するものであり、少年固有の尊厳の尊重ならびに施設におけるケアの基本的な目的、すなわち、正義の観念、自尊心およびすべての人の基本的権利の尊重を涵養することと適合するものでなければならない。

67. 体罰、暗室（dark cell）、密室または独房への収容、その他対象となった少年の身体的または精神的健康に害を及ぼす恐れのある処罰をはじめとする、残虐な非人道的なまたは品位を汚す取扱いに相当するすべての懲戒手段は厳しく禁止されなければならない。食事の削減および家族との接触の制限または拒否は、いかなる目的であっても禁止されなければならない。労働は、常に、教育手段および社会復帰を目指した少年の自尊心を助長する手段とみなされなければならず、懲戒上の制裁として課されてはならない。いかなる少年も、同一の規律違反のために重ねて制裁を科されてはならない。集団的制裁（collective sanctions）は禁止されなければならない。

68. 運営当局者が採用する法律または規則は、少年の基本的な特性、ニーズおよび権利を十分考慮したうえ、以下の事項に関する規範を確立するものでなければならない。
    (a) 規律違反に該当する行為
    (b) 科されるかも知れない懲戒上の制裁の種類と期間
    (c) 制裁を科す資格のある当局者
    (d) 不服申立を審査する資格のある当局者

69. 違反行為の報告は、資格ある当局者のもとに迅速に提出され、その当局者は不必要に遅滞することなく決定を下さなければならない。資格ある当局者は、その事件について徹底的な調査を実施しなければならない。

70. いかなる少年も、有効な法および規則の条項に厳格に従うものでないかぎり、懲戒上の制裁を科されてはならない。いかなる少年も、違反行為とされる事実を自ら十分理解出来るような方法で告げられ、資格ある公平な機関への不服申立ての権利を含む、防御を提出する適当な機会が与えられないかぎり、制裁を科されてはならない。すべての懲戒手続についての完全な記録が保管されなければならない。

71. いかなる少年も、特定の社会、教育またはスポーツ活動の監督に関する場合、あるいは、自律的プログラムに関する場合を除いて、規律を維持する責任を負わせられてはならない。

M 調査ならびに不服申立

72. 資格のある調査員または適切に組織され施設当局には所属しない機関に対して、定期的な調査を実施し、ならびに、自らの判断で事前告知なしに調査をおこなう権限が与えられ、この任務の遂行にあたってはその独立が完全に保障されなければならない。調査員は、少年の自由を拘束しまたは拘束する可能性のある施設に雇用されまたはそこで働くすべての者、すべての少年、ならびに、このような施設のすべての記録に対して無制限のアクセスを認められなければならない。

73. 調査機関に所属する資格ある医官あるいは公衆保健機関は、調査に参加し、物的環境、衛生、宿泊設備、食料、運

自由を奪われた少年の保護のための国連規則（自由規則）

動および医療サーヴィスに関する規則の遵守情況を審査し、さらに、少年の身体的および精神的健康に影響を及ぼす収容生活上のその他の側面および条件を審査しなければならない。すべての少年は、いかなる調査担当者とも立会なしに話をする権利を認められなければならない。

74. 調査終了後、調査員はその認定結果についての報告書を提出しなければならない。報告書には、拘禁施設による本規則および国内法上の関連条項の遵守情況についての評価、ならびに、それらを遵守するために必要と思われる方策に関する勧告を記載しなければならない。調査員が認知した事実で、少年の権利あるいは少年拘禁施設の運営に関する法規違反を示すものについてはいかなるものでも、捜査官憲または訴追機関に通知されなければならない。

75. すべての少年は、拘禁施設の長および認可された代表に対して、要望を提出しまたは不服申立をする権利を認められなければならない。

76. すべての少年は、その内容について検閲を受けることなく、相当な通信手段によって、中央監督機関、司法官憲あるいはその他の適当な機関に対して、要望を提出しまたは不服申立をする権利、ならびに、遅滞なくその応答を知らされる権利を与えられなければならない。

77. 自由を奪われた少年の不服申立を受理して調査をおこない、公正な解決を達成するための援助をおこなう独立の事務所（オンブズマン）を設立するために努力がなされなければならない。

78. すべての少年は、不服申立をおこなうにあたって、家族、弁護士、人道主義的グループまたは可能ならばその他の人々の援助を要請する権利を認められなければならない。読み書きの出来ない少年に対しては、必要な場合は、弁護士を提供しあるいは不服申立を受理する資格のある公的または私的な機関および組織のサーヴィスを利用することについて、援助が与えられなければならない。

N　地域社会への復帰

79. すべての少年に対して、釈放後の社会復帰、家族生活、教育または雇用について、彼らを援助するための配慮がなされなければならない。この目的のために、早期釈放を含む手続ならびに特別の課程が用意されなければならない。

80. 資格のある機関は、少年が社会内で自らを再建する際に彼らを援助するため、ならびに、このような少年に対する偏見を軽減するために、サーヴィスを提供しあるいはそれを確保しなければならない。このサーヴィスは、少年に対して適切な住居、雇用、衣類および社会への再統合を成功させるために釈放後自活するのに十分な手段を提供することを、出来るかぎり保障しなければならない。このサーヴィスを提供する機関の代表は、地域社会への復帰に際して少年を援助することを念頭において、まだ拘禁されている少年の相談を受け付け、かつ、彼らへのアクセスを認められなければならない。

V　職　員

81. 職員は、資格を有する者でなければならず、教員、職業指導員、カウンセ

資料

589

ラー、ソーシャルワーカー、精神科医および心理療法士など、十分な数の専門家を含むものでなければならない。これらおよびその他の専門家スタッフは、常勤の職員として正常に雇用されなければならない。ただし、パートタイムの職員やボランティアを、その補助ならびに訓練の程度が適切で有益である場合に、利用することを妨げるものではない。拘禁施設は、拘禁された少年の個別的な必要と問題に応じて、矯正、教育、道徳、宗教、その他、地域社会における適切で利用可能な援助の資源および形態をすべて利用しなければならない。

82. 拘禁施設の適切な管理運営は、職員の尊厳、人間性、能力、および少年を取り扱う専門家としての技量、さらには、この仕事への個人的適性にかかっているのであるから、施設当局は、あらゆる段階と種類の職員について慎重に人選し雇い入れなければならない。

83. 前記の目的を達成するため、職員は専門職として指名され、その職に相応しい男女を惹き付けかつ雇い入れるのに十分な報酬を支払われなければならない。少年拘禁施設の職員は、その職責を人道的、献身的、専門的、公正かつ有効な仕方で全うすること、常に少年の尊敬を獲得するような仕方で行動すること、ならびに、少年に対して肯定的な役割モデルおよび展望を与えることを絶えず奨励されなければならない。

84. 施設当局は、少年のケアに従事する様々なサーヴィス間の協力、ならびに、少年と直接接触する職員がその職責を効果的に果たすことが出来る環境の下で働けるようにするためのスタッフと施設当局の間の協力を促進するために、各拘禁施設における異なる職種のスタッフの間のコミュニケーションを促進すべく、施設の機構と管理運営の形態を紹介しなければならない。

85. 職員は、その任務を効果的に遂行することが出来るように、訓練を受けなければならず、この訓練には、特に、児童心理、児童福祉、および、本規則を含む人権と子どもの権利に関する国際的な基準および準則に関する訓練が含まれなければならない。職員は、その雇用期間を通じて適度の間隔をおいて実施される職務研修（in-service training）の課程に参加することによって、その知識および専門家としての技量を保持し向上することに努めなければならない。

86. 施設の長は、運営能力を有すること、相応しい訓練と経験を経ていることによって、十分その資格が認められる者でなければならず、その職務をフルタイムで遂行しなければならない。

87. 拘禁施設の職員は、その職務をおこなうにあたって、すべての少年の人としての尊厳ならびに基本的人権を尊重し、保護しなければならない。とりわけ、

(a) 拘禁施設に属するいかなる人員あるいは収容施設のいかなる職員も、いかなる口実や状況においても、いかなる方法による拷問、いかなる形態による過酷な、残酷な、非人道的なあるいは品位を汚す取扱い、処罰、矯正あるいは懲戒を、これをおこない、扇動し、黙認してはならない。

(b) すべての職員は、いかなる汚職行為に対しても、激しく抵抗し、

自由を奪われた少年の保護のための国連規則（自由規則）

対決しなければならず、その事実を遅滞なく資格ある機関に報告しなければならない。

(c) すべての職員は、この規則を尊重しなければならない。この規則に対する深刻な違反がすでに発生しあるいは発生しつつあると信ずべき理由のある職員は、審査あるいは改善の権限を有する上位の当局者あるいは機関に対して、その事実を報告しなければならない。

(d) すべての職員は、肉体的、性的および情緒的な虐待および搾取からの保護を含む、少年の身体的および精神的健康に対する十分な保護を確保しなければならず、必要な場合にはいつでも医療上の手当てを確保するために迅速な行動をとらなければならない。

(e) すべての職員は、少年のプライヴァシーの権利を尊重しなければならず、とりわけ、職務上知り得た少年あるいはその家族のすべての秘密を守らなければならない。

(f) すべての職員は、少年の人間としての尊厳に対する正当な尊重の念を減少させる恐れのある、拘禁施設の内外での生活上の相違を、出来るだけ小さくするように努力しなければならない。

＊訳者：高野隆（第二東京弁護士会）

資料

少年非行の予防のための国連ガイドライン（リヤド・ガイドライン）

(1990)

United Nations Guidelines for Prevention of Juveniele Delinquency（The Riyadh Guidelines）

国連総会は、

世界人権宣言、経済的社会的および文化的権利に関する国際規約、市民的および政治的権利に関する国際規約、ならびに国際労働機構が確立した基準を含む青少年の諸権利と福祉に関するその他の国際文書に留意し、

子どもの権利宣言、子どもの権利条約、ならびに少年司法運営に関する国連最低基準規則にも留意し、

第7回犯罪予防と犯罪者処遇に関する国連会議が勧告した少年司法運営に関する国連最低基準規則を採択した1985年11月29日の総会決議40／33を想起し、

国連総会が、1985年11月29日の総会決議40／35において、加盟国が援助とケアならびに地域社会の参加を強調した特別のプログラムと政策を作定し、それを実施するのを援助すべき少年非行の予防のため基準を開発することを要請し、さらに、これらの基準の作成に関する進展状況を検討し行動をとるために、経済社会理事会が第8回犯罪予防と犯罪者処遇に関する国連会議に報告することを求めたことをも想起し、

経済社会理事会が1986年5月21日の決議1986／10において、第8回会議に対し、少年の非行予防のための基準草案を採択するため審議することを要請し

たことを想起し、

少年非行の予防のための国内的、地域的、国際的アプローチと戦略を開発する必要があることを認識し、

すべての子どもが基本的人権、とりわけ無償教育へのアクセスを有することを認識し、

多数の青少年たちが法に違反したか否かにかかわらず、遺棄され、放任され、虐待され、薬物の濫用にさらされるという限界的な状況にあり、総じて社会的な危険に直面していることに注意し、

非行予防および地域社会の福祉のための先進的政策が有益であることを考慮にいれて、

1. 少年非行の予防のためのこのガイドラインを作成するにあたって、犯罪予防規制委員会および事務総長によって達成された実質的作業を満足をもって明記し、

2. 1988年2月28日から3月1日まで在ウィーン国連事務局の協力のもとでリヤドで開催された、少年非行の予防のための国連ガイドラインの起草に関する国際専門家会議をホストしたアラブ安全保障研究および研修センター（リヤド）の貴重な協力に対して感謝の意を表明し、

3. 本決議の付属書にあるリヤドガイドラインと名付けられた、少年非行の予防のための国連ガイドラインを採択し、

4. 加盟国が、その包括的な犯罪防止計画のなかで、本ガイドラインを国内法、政策および実務に適用し、また本ガイドラインを政策立案者、少年司法関係者、教育者、マスメディア、実務家および学者等の専門家に留意させるよう要請し、

5. 事務総長に対し、国連の全公式言語

で書かれた本ガイドラインの正文をできるかぎり広範囲に確実に普及させるよう要請し、加盟各国に対してもこれを奨励し、

6. さらに、事務総長に対し、本ガイドラインの適用を促進すべく協力するよう要請し、また国連児童基金をはじめとする関係国連事務局および関係機関、ならびに個人専門家に対してもこれを奨励し、

7. さらに、事務総長に対し、包括的な政策の開発および第9回犯罪予防と犯罪者処遇に関する国連会議への報告を念頭において、各種の社会的危険や子どもの犯罪手段としての利用の問題を含む子どもの搾取について一層研究を深めることを要請し、

8. 事務総長に対し、少年司法運営に関する国連最低基準規則（北京ルールズ）、少年非行の予防に関する国連ガイドライン（リヤド・ガイドライン）および自由を奪われた少年の保護のための国連規則を含む少年司法の基準についての手引書ならびにそれぞれの条項についての十分な解説を発行するよう要請し、

9. 国連機構のなかのあらゆる組織に対し、本決議の実施を確保するための適切な措置を講じるうえにおいて事務総長と協力することを求め、

10. 人権委員会内の差別防止および少数者保護小委員会に対し、各条項の適用の促進を念頭においてこの新しい国際文書を検討することを奨励し、

11. 加盟国が、技術的あるいは学問的な問題に関するワークショップや本ガイドラインの諸条項の適用ならびに青少年の特別のニーズ、問題関心に応えるべく考案された地域社会に根ざした

サーヴィスのための具体的な方策を確立することに関連する実務上、政策上の諸問題についての試験的あるいは実演的な催しを実施することを強力に支援することを奨励し、事務総長がこれらの試みに協力することを要請し、

12. さらに、加盟国が、本ガイドラインの実施状況について事務総長に通知し、その成果を犯罪予防規制委員会に定期的に報告することを奨励し、

13. 犯罪予防規制委員会および第9回犯罪予防と犯罪者処遇に関する国連会議が、リヤド・ガイドラインおよび本決議に含まれる勧告の普及と適用について達成された進歩を少年司法に関する個々の項目ごとに検討し、検討を継続的に続けることを勧告する。

付属書
少年非行の予防のための国連ガイドライン（リヤド・ガイドライン）

Ⅰ　基本原則

1. 少年非行の予防は、社会における犯罪予防にとって必要不可欠な部分である。合法的で社会的にも有益な行動をおこない、社会に対するヒューマニスティックな態度やヒューマニスティックな人生観を受け入れることによって、青少年は非犯罪的な態度を発達させることができる。

2. 少年非行の予防が成功するためには、幼児期から人格の尊重とその向上を念頭におき、調和のとれた成年期の発達を確保する努力を社会全体がおこなう必要がある。

3. このガイドラインの解釈にあたっては、子ども中心の態度が追求されなけ

資料

ればならない。青少年は、社会において積極的な役割とパートナーシップを認められなければならず、単に社会化と統制の目的物とみなされてはならない。

4. このガイドラインの実施にあたって、あらゆる非行予防計画は、国内法のシステムに従い、幼児期からの青少年の福祉に焦点を当てなければならない。

5. 進歩的な非行予防政策および非行対策の体系的な研究とその案出の必要性および重要性が認識されなければならない。これらは、子どもの発達に深刻な害悪を及ぼさず、他人を傷つけない行動のために子どもを犯罪者としあるいは刑罰を科することを避けるものでなければならない。そのような政策や対策は、以下のようなものを含まなければならない。

　（a）すべての青少年の、とりわけ危険にさらされまたは社会的な危険に直面している青少年あるいは特別のケアと保護の必要な青少年の、さまざまなニーズに応え、かつ、その発達を保障する援助の枠組みとして機能する機会の提供、とりわけ教育の機会の提供

　（b）違反行為をおかす動機、必要、機会あるいは条件を減少することを目指した、法律、手続、組織およびサービス提供ネットワーク（service delivery network）にもとづく、非行予防のための専門的な理念ならびにアプローチ

　（c）青少年の総合的な利益を第一に追求し、かつ、公正で平等な公的な介入

　（d）すべての青少年の福祉、発達、権利ならびに利益の保障

　（e）社会の標準や価値に全面的には適合しない青少年の行動というものは、しばしば成熟と成長の過程の一場面であり、大人になるに従って自然と消失するものであるという考慮

　（f）専門家の支配的な意見において、青少年を「逸脱者」、「非行少年」あるいは「類非行少年（predelinquent）」と烙印することは、かえって、青少年の好ましくない行動を持続させると言われていることの認識

6. 少年非行の予防のために、機関がまだ設立されていないときには特に、地域社会に根ざしたサーヴィスとプログラムが開発されなければならない。社会統制のための公式の機関は、最後の手段としてのみ利用されなければならない。

Ⅱ　ガイドラインの適用範囲

7. このガイドラインは、世界人権宣言、経済的、社会的および文化的権利に関する国際規約、市民的および政治的権利に関する国際規約、子どもの権利宣言ならびに子どもの権利条約による広範な枠組みのなかで、そして、少年司法運営に関する国連最低基準規則やその他のすべての子どもと青少年の権利、利益および福祉に関する文書や基準の文脈のなかで解釈され、実施されなければならない。

8. このガイドラインは、また、それぞれの加盟国において優勢な経済的、社会的および文化的諸条件に即して実施されなければならない。

少年非行の予防のための国連ガイドライン（リヤド・ガイドライン）

Ⅲ　予防一般

9.　政府の各レベルにおいて包括的な非行予防計画が制定されなければならず、それは以下のものを包含しなければならない。

(a)　問題点の掘り下げた分析と利用可能なプログラム、サーヴィス、施設および資源の目録

(b)　予防活動に関与する資格のある機関、施設および職員の明確に定められた責務

(c)　政府機関と非政府機関との予防活動における適切な共同のためのメカニズム

(d)　実施中に継続的に追跡調査され、かつ、注意深く評価され得る予測研究にもとづいた政策、プログラムおよび戦略

(e)　非行をおかす機会を効果的に減少させるための方策

(f)　広範なサーヴィスとプログラムによる地域社会の関与

(g)　少年非行と青少年犯罪を予防するための共同作業を推進するためになされる、民間組織、地域社会の市民代表、ならびに、労働、児童福祉、保健教育、社会福祉、法執行および司法の各機関の関与のもとでおこなわれる、国家、州、地域その他の地方政府の間の緊密な相互協力

(h)　地域社会の資源の利用、青年の自助組織（youth self-help）ならびに被害者への保障や被害者援助プログラムを含む非行予防政策や手続への青少年の参加

(i)　すべてのレベルにおける専門の職員

Ⅳ　社会化の過程

10.　すべての子どもや青少年の社会化と統合、とりわけ家族、地域社会、同輩グループ、学校、職業訓練や職場、さらに任意組織（voluntary organization）を通じての社会化と統合が成功することを促進すべき非行予防政策に重点がおかれなければならない。子どもや青少年の人格の適切な発達に十分な留意がなされなければならず、彼らは社会化と統合の過程において、完全かつ対等のパートナーとして受け入れられなければならない。

A　家　族

11.　いかなる社会も家族とそのメンバーのニーズと福祉に高度の優先順位をおかなければならない。

12.　家族は、子どもが社会化の第1歩を踏みだすうえにおいて責任を負う中心的な単位であるから、拡張家族（extended fmily）を含む家族の尊厳を保持するために政府や社会の努力がなされなければならない。社会は、ケアと保護の提供ならびに子どもの身体的および精神的な福祉の確保について、家族を援助する責任を負う。デイケアをはじめとする十分な措置が考案されなければならない。

13.　政府は、安定し落ち着きのある家庭環境のもとで子どもが成育されるように導く政策を確立しなければならない。不安定や葛藤の解消のために援助を必要としている家族のためには必要なサーヴィスが提供されなければならない。

14.　安定し落ち着きのある家庭環境がなく、この点について親を援助しよう

資料

595

とする地域社会の努力も失敗し、か
つ、拡張家族もこの役割を果たせない
ときは、里親や養子縁組などの代替的
な環境が考慮されるべきである。この
ような代替的環境は、安定し落ち着き
のある家庭環境にできるかぎり類似し
たものであり、それと同時に、子ども
にとって永続性の感じられるものでな
ければならず、したがって、「里親漂
流（foster drift）」といわれるような事
態を避けなければならない。

15. 急速で不均衡な社会的、文化的変動
によってもたらされた諸問題の影響を
被っている家庭の子ども、とりわけ先
住民、移民や難民の家庭における子ど
もに対して、特別の注意が向けられな
ければならない。そのような変動に
よって、しばしば、役割葛藤や文化的
葛藤の結果として、家族が伝統的な子
どもの養育方法を維持する社会的能力
を破壊された場合には、革新的で社会
的に建設的な子どもの社会化の方法が
考えられなければならない。

16. 好ましい親子関係を促進し、子ども
や青少年の問題についての親の理解を
深め、家族や地域に根差した活動への
彼らの参加を助けるために、子どもの
発達とケアについての親の役割と責務
を学ぶ機会を家族に提供するための方
策がとられ、また、そのようなプログ
ラムが開発されるべきである。

17. 政府は、家族の結束と調和を促進す
る方策をとらなければならず、子ども
の福祉と将来に影響する周囲の状況か
らみて他の手段が考えられない場合を
除いて、子どもをその親から引き離す
ことは避けなければなければならない。

18. 家族や拡張家族の社会化の機能を強
調することが重要である。それと同時

に、青少年の社会における将来の役割、
責任、参加やパートナーシップを理解
することも重要である。

19. 子どもの適切に社会化する権利を保
障するため、政府その他の機関は現存
する社会的および法的機関に拠るべき
であるが、伝統的な組織や方法が効力
を失ったときにはいつでも革新的な方
策をも提供し、かつ、受けいれるべき
である。

B 教 育

20. 政府は、すべての青少年に公教育を
受ける機会を与える義務を負う。

21. 教育制度は、その学術的活動および
職業訓練の他に、以下の事項について
も特別の注意を払わなければならない。

(a) 基本的な価値を教えること、なら
びに、子ども自身の文化的アイ
デンティティと文化様式、子ども
が居住する国の社会的価値、子ど
も自身のものと異なる文明、およ
び人権と基本的自由、に対する尊
敬の念を開発すること。

(b) 青少年の個性、才能ならびに精
神的・肉体的能力をできるかぎり
促進し、発達させること。

(c) 単なる対象物としてではなく、
積極的かつ有効な参加者として青
少年を教育過程に参加させること。

(d) 学校および地域社会に同化し所
属しているという意識を育てるよ
うな諸活動をおこなうこと。

(e) 文化的な相違やその他の相違な
ど、異なる立場や意見を青少年が
理解し尊重することを助長するこ
と。

(f) 職業訓練、雇用の機会や職能開発
に関する情報とガイダンスの提供。

少年非行の予防のための国連ガイドライン（リヤド・ガイドライン）

(g) 青少年を情緒的にも積極的に支え、心理的な虐待を避けること。

(h) 苛酷な懲戒手段、特に体罰を避けること。

22. 教育制度は、親、地域社会の組織ならびに青少年の諸活動に関係する機関と共同で作業をするように努めなければならない。

23. 青少年およびその家族は、国連の諸文書を含む普遍的な価値体系、ならびに、法および法の下での権利と責任を知らされなければならない。

24. 教育制度は、社会的な危険にさらされている青少年のために特別のケアを与え、注意を払わなければならない。そのための特別の予防プログラム、教材、カリキュラム、アプローチおよび手段が開発され、十分活用されなければならない。

25. 青少年によるアルコールや薬物などの濫用を予防するための包括的な政策と戦略について、特別の注意が払われなければならない。教師その他の専門家は、この問題を予防し、取り扱うための素養を身に付け、かつ訓練を受けなければならない。アルコールを含む薬物の使用と濫用に関する情報は、学生組織にも利用可能とされていなければならない。

26. 学校は、青少年、とりわけ特別の救済を必要とし、あるいは虐待され、放任され、被害を受け、搾取されている青少年に、医療、カウンセリングその他のサーヴィスを提供する資源および照会センター（referral centre）としての活動をしなければならない。

27. さまざまな教育プログラムを通じて、教師その他の大人および学生組織は、青少年、とりわけ、恵まれず、不利な

立場におかれている、民族的その他のマイノリティおよび低所得層に属する青少年の問題、ニーズおよび物の見方について敏感にならなければならない。

28. 学校制度は、カリキュラム、指導、学習の方法とアプローチならびに資格のある教員の採用と訓練に関して、最高の職業的および教育的水準を満たし、かつ、これを推進する努力をしなければならない。適切な職業組織および機関による、職務の遂行状況についての定期的な観察と評価が確実におこなわれなければならない。

29. 学校制度は、地域社会のグループと協力して、青少年のための課外活動を計画し、開発し、実施しなければならない。

30. 必要な出席日数を満たすことが困難な子どもや青少年および「ドロップ・アウト」に対しては、特別の援助が与えられなければならない。

31. 学校は、公正な方針や規則を定めるようにしなければならない。懲戒規則を含む学則（school policy）の制定や決定手続においては、生徒の代表が存在しなければならない。

C　地域社会

32. 青少年の特別のニーズ、問題、利益および関心に応え、青少年とその家族に適切なカウンセリングとガイダンスを提供する、地域社会に根差したサーヴィスとプログラムが開発され、あるいはすでに存在するところではそれが強化されなければならない。

33. 地域開発センター、レクリエーション施設および社会的な危険にさらされている子どもの特別の問題に対処するための各種サービスを含む、青少年の

ための広範囲の、地域社会に根差した支援措置（community-based support measures）が提供され、すでに存在するところではそれが強化されなければならない。これらの援助措置を提供するに際しては、個人の権利が確実に尊重されなければならない。

34. 家で生活することができず、あるいは住む家のない青少年のために十分な避難場所を提供するために特別の施設が設立されなければならない。

35. 大人への成長過程において青少年が経験する困難に対処するために、一定範囲のサーヴィスと援助手段が用意されなければならない。このようなサーヴィスは、若い薬物濫用者のためのケア、カウンセリング、援助ならびに治療本位の介入に重点をおいた特別のプログラムを含むものでなければならない。

36. 青少年のためにサーヴィスを提供する任意組織に対しては、政府その他の機関から財政的援助その他の援助が与えられなければならない。

37. 地域レベルにおいて青少年組織が作られ、あるいは強化され、かつ、これらの組織に対しては地域の諸事項の運営に関する十分な参加資格が与えられなければならない。これらの組織は、青少年に対して、集団による任意のプロジェクト、とりわけ援助を要する青少年を助けることを目的としたプロジェクトを組織することを奨励しなければならない。

38. 政府機関は、家のない子どもやストリート・チルドレンのために特別の責任を負い、彼らのために必要なサーヴィスを提供しなければならない。地域の施設、宿泊所、雇用ならびにその

他の形態と資源による援助に関する情報が青少年のためにあらかじめ用意されていなければならない。

39. 青少年の特殊な関心を満足するための広範囲にわたるレクリエーション施設およびサーヴィスが確立され、彼らが容易に利用できるようにしなければならない。

D　マス・メディア

40. マス・メディアは、青少年が多様な国内的および国際的なソースからの情報と資料にアクセスすることを保障することを奨励されなければならない。

41. マス・メディアは、青少年の社会への積極的な貢献を描くことを奨励されなければならない。

42. マス・メディアは、社会における青少年のためのサーヴィス、施設および機会の存在に関する情報を普及することを奨励されなければならない。

43. マス・メディア一般、とりわけテレビとフィルム・メディアは、ポルノグラフィ、薬物および暴力が描かれる頻度を最小限にし、暴力と搾取を好ましくないものとして表現し、同時に、品位を辱めるような演出、とりわけ子ども、婦人および対人関係に関するそのような演出を避け、平等の原則と役割を助長することを奨励されなければならない。

44. マス・メディアは、薬物とアルコールの濫用に関する情報の伝達について、広範な社会的役割と責任、ならびに影響力を有していることを自覚しなければならない。マス・メディアは、バランスのとれた仕方で一貫したメッセージを送り続けることによって、その力を薬物濫用の予防のために利用すべき

である。すべてのレベルにおける薬物に関する知識の効果的な普及キャンペーンが奨励されなければならない。

V 社会政策

45. 政府機関は、青少年のための計画とプログラムに対して高度の優先順位をおかなければならず、薬物およびアルコール濫用の予防と治療を含む、十分な医療および精神衛生上のケア、栄養、住居その他の関連するサーヴィス、施設およびスタッフの効果的な供給のための十分な基金およびその他の資源を提供し、このような資源が青少年に現実にもたらされ、彼らがそこから恩恵を受けることを確保しなければならない。

46. 青少年の施設収容は、最後の手段であり、最も短い必要な期間にかぎられ、青少年の最善の利益が最も重視されなければならない。この種の公式の介入を認め得る要件は、厳密に定義され以下の場合にかぎられなければならない。

    (a) 子どもや青少年が親や保護者によって惹起された害悪の影響を受けているとき。

    (b) 子どもや青少年が、親や保護者によって、性的、肉体的あるい情緒的に虐待を受けているとき。

    (c) 子どもや青少年が、親や保護者によって、放任され、遺棄されあるいは搾取されているとき。

    (d) 子どもや青少年が、親や保護者の行為によってもたらされた肉体的あるいは道徳的危険による脅威にさらされているとき。

    (e) その子どもや青少年に対する深刻な肉体的あるいは心理的危険

が、彼あるいは彼女自身の行動のなかに明らかに認められ、親、保護者あるいは少年自身によっても、さらに、施設収容以外の非居住の地域サーヴィス（non-residential community service）によってもその危険に対処することができないとき。

47. 政府機関は、青少年にフルタイムの教育を受け続ける機会を提供し、親や保護者が青少年を援助できない場合は国が財政的援助をしなければならず、また、政府機関は青少年に労働の経験をする機会を提供しなければならない。

48. 非行予防のプログラムは、信頼のおける科学的な調査による知見にもとづいて計画され、開発されなければならず、かつ、定期的に観察、評価され、その結果に従って改定されなければならない。

49. 青少年の肉体的、心理的な犠牲、危害、虐待ならびに搾取を示しあるいはその結果と思われる行動や状況の類型についての科学的な情報が、専門家集団および一般公衆に普及されなければならない。

50. 一般に、計画やプログラムへの参加は任意とされなければならない。これらの計画やプログラムの策定、開発および実施にあたっては、青少年自身の参加が認められなければならない。

51. 政府は、青少年に対してなされあるいは青少年に影響を及ぼす家庭内暴力を予防し、および家庭内暴力の犠牲者の公正な処遇を確保するために、刑事司法制度の内外における政策、措置および戦略を探究し、開発し、実施することに着手し、あるいはこれらを継続しなければならない。

資料

Ⅵ　立法および少年司法運営

52.　政府は、すべての青少年の権利と福祉を促進し保護するために、特別の法と手続を制定し、執行しなければならない。

53.　子どもと青少年の犠牲、虐待、搾取ならびに犯罪的行為のためにする子どもと青少年の利用を防止すべき法律が制定され、執行されなければなければならない。

54.　いかなる子どもや青少年も、家庭、学校その他いかなる施設においても苛酷で屈辱的な矯正あるいは処罰の対象とされてはならない。

55.　いかなる種類の武器をも子どもや青少年が入手する機会を制限し、規制することを目的とする法の制定とその執行が検討されなければならない。

56.　青少年に対する烙印、犠牲および犯罪化を避けるため、大人がおかしても罪にならずあるいは処罰されない行為を青少年がおかしても、罪とせず処罰もしないことを確実にするために法律が制定されるべきである。

57.　青少年の地位、権利および利益が擁護され、利用可能なサーヴィスへの適切な紹介がなされることを保障する機関として、オンブズマン事務所あるいは類似の独立機関の設立が考慮されなければならない。このオンブズマンその他の機関は、また、リヤド・ガイドライン、北京ルールズ、および自由を奪われた少年の保護のための規則の実施状況を監視するものとする。オンブズマンその他の機関は、定期的に、これらの文書の実施において達成された進歩および当面する困難についての報告を出版するものとする。子どもの弁護のためのサーヴィス（child advocacy service）もまた設立されなければならない。

58.　法執行機関および関連する機関の男女の職員は、青少年の特別のニーズに応えるべく訓練され、かつ、青少年の司法制度からのダイヴァージョンのために各種プログラムおよび委託の可能性を可能なかぎり最大限に活用することに習熟しなければならない。

59.　子どもと青少年を薬物と薬物密売人から保護するために、法が制定され厳格に執行されなければならない。

Ⅶ　調査研究、政策開発および協調

60.　経済、社会、教育および保健の各機関およびサーヴィス、司法制度、青少年、地域社会および開発の各機関その他関連組織の間の、組織間あるいは組織内を基礎に、これらの組織の相互提携および相互協調を促進するための努力がなされ、かつ、そのための適切な機構が確立されなければならない。

61.　青少年犯罪、非行予防および少年司法に関する計画、プログラム、実務および構想を通じて得られた情報、経験および専門的知見の交換が、国内的、地域的および国際的レベルにおいて促進強化されなければならない。

62.　実務家、専門家および政策決定者による、青少年犯罪、非行予防および少年司法に関する地域的、国内的および国際的協力がさらに開発され、強化されなければならない。

63.　実務的および政策関連の諸問題、特に研修、試験的および宣伝的プロジェクトに関する諸問題、ならびに、青少年犯罪および少年非行の予防に関する

少年非行の予防のための国連ガイドライン（リヤド・ガイドライン）

個別的諸問題についての技術的および科学的協力が、すべての政府、国連機構およびその他の関連機構によって強力に支援されなければならない。

64. 青少年犯罪および少年非行の予防のための効果的な方策をめぐる科学的な調査研究をおこなう際の共同作業が奨励され、かつ、調査研究の成果は広く普及され、検討されなければならない。

65. 国連における適切な団体、組織、機関および事務所は、子ども、少年司法ならびに青少年犯罪および少年非行の予防に関連するさまざまな問題について、緊密に協力し、協調しなければならない。

66. 本ガイドラインにもとづいて、国連事務局は、関係する組織の協力を得て、調査研究の実施、科学的共同作業、とり得る政策の立案および本ガイドラインの実施状況の検討と観察において、積極的な役割を果たし、かつ、非行予防のための効果的な方策に関する信頼できる情報の供給源として奉仕しなければならない。

　　＊訳者：高野隆（第二東京弁護士会）

資料

601

弁護士会の子どもの人権相談窓口一覧

弁護士会	専門窓口の有無	窓口名称	相談方法	電話について（詳細）	
旭川	ある	子どもの無料電話法律相談	電話	会代表電話	0166-51-9527
札幌	ある	子どもの権利110番	電話	専用	011-281-5110
釧路	ある	子どもの悩みごと相談	電話	法律相談センターと共通	0154-41-3444
函館	ある	子ども無料電話相談	電話	会代表電話	0138-41-0232
青森県	ない				
岩手	ある	子どもの無料法律相談	面談	法律相談センターと共通	019-623-5005
仙台	ある	子ども悩みごと電話相談	電話／面談	専用	022-263-7585
秋田	ある	子どもの人権無料法律相談	面談	法律相談センターと共通	018-896-5599
山形県	ある	子ども相談窓口	電話／面談	法律相談センターと共通	023-635-3648
福島県	ある	子ども相談窓口	電話／面談	専用	024-533-8080
茨城県	ある	子どもの権利110番	電話／面談	会代表電話	029-221-3501
栃木県	ある	子どもの権利相談	電話	専用	028-689-9001
群馬	ある	子ども人権110番	電話／面談	専用	027-234-9321
埼玉	ある	子ども弁護士ホットライン	電話	専用	048-837-8668
千葉県	ある	子どもの専門相談	面談	専用	043-306-3851

弁護士会の子どもの人権相談窓口一覧

北から順に掲載（2024年7月現在）

相談費用		相談実施日時	相談実施方法
無料		月〜金　9：00〜17：00	電話で「子どものための無料電話法律相談」を希望する旨お伝えいただき、追って担当弁護士から折り返す。
無料		平日9：30〜12：00、13：00〜16：00（木曜日16：00〜18：00は事前受付不要で、直接弁護士に繋がります）	事務局が受付をします。受付時に担当弁護士の事務所電話番号をお伝えしますので、相談者から担当弁護士に電話をおかけください。木曜日16：00〜18：00は事前受付不要で直接弁護士に繋がります。
無料		月〜金　9：00〜17：00	事務局が受付、担当弁護士に連絡し弁護士から折り返す。相談実施日時は相談者と担当者で打ち合わせの上、決定する。
無料	子ども対象原則1回	月〜金　9：00〜17：00（祝日・年末年始を除く）	事務局で受付後、担当弁護士から電話をかけます。
無料		相談希望の申出があった場合に担当者と申込者との間で打ち合わせる。	受付後、相談担当弁護士名簿に従い担当者を決定し、担当者から申込者へ電話をして面談日時を調整する。
無料	初回のみ	月〜金　9：30〜16：30	専用電話で弁護士会事務局が受付。その後当番の弁護士から電話をかけ直して相談を受ける。面接相談が必要な場合は、日時を調整して実施。
無料		相談希望の申出があった場合に、担当者との間で打ち合わせる。	事務局で受付後（受付時間平日9：30〜16：30）、担当弁護士と相談者が日程調整の上、弁護士の事務所にて相談実施。
無料	初回電話相談のみ無料。2回目以降は面談で有料の場合あり。	月〜金　9：30〜16：30	事務局が受付後に、担当弁護士に相談があったことを伝えて、担当弁護士が折り返す。
無料	初回無料（ただし、子ども本人が相談者の場合には2回目以降も無料）	月〜金　10：00〜17：00	事務局が受付後に、担当弁護士に相談があったことを伝えて、担当弁護士が折り返す。
無料	面談による相談は有料の場合があります。	平日　10：00〜12：00、13：00〜16：00	事務局で受付後、相談対応可能な弁護士に連絡し、弁護士から電話をかけ直して相談を実施します。
無料		平日　10：30〜12：00、13：00〜16：30	受付後、担当弁護士から相談者に折り返し連絡します。
無料		平日　10：00〜12：00、13：00〜17：00	法律相談センターが電話で受け付け、担当弁護士から相談者へ折り返し電話をします。
無料		毎週火、木曜日（祝祭日・年末年始を除く）15：00〜18：00	専用回線に架電いただき、担当者の事務所に転送します。
無料	子ども本人以外からの相談は有料の場合あり	随時（受付は平日10：00〜11：30、13：00〜16：00）	事務局で受付後、担当弁護士と日程調整の上、弁護士の事務所にて相談を実施します。

資料

弁護士会	専門窓口の有無	窓口名称	相談方法	電話について（詳細）	
東京	ある	子どもの人権 110 番	電話／面談	専用	電話相談： 03-3503-0110
第一東京	ある	子どものための法律相談	電話／面談	専用	03-3597-7867
第二東京	ある	キッズひまわりホットライン （子どもの悩みごと相談）	電話／面談	専用	03-3581-1885
		弁護士子ども SNS 相談	LINE		LINE アカウント @439hitrs
東京三会 多摩支部	ある	弁護士子どもの悩みごと相談	電話／ LINE ／ 面談	専用	042-548-0120 LINE アカウント： @923fdubm
神奈川県	ある	①子どもの人権相談（面談）	電話／面談	専用	045-211-7700
		②子どもお悩みダイヤル （電話相談）	電話	専用	045-211-7703
新潟県	ある	子どものなやみごと相談	電話／面談	電話：専用／面談 申込：会代表電話	電話相談： 0120-66-6310 （フリーダイヤル） 面談申込： 025-222-5533
富山県	ある	子どものなやみごと相談	電話／面談	会代表電話	076-421-4811
金沢	ある	子どものなやみごと相談	電話／面談	専用	076-221-0831
福井	ある	子どもの悩み相談窓口	電話	専用	0776-50-0502
山梨県	ある	子どもの人権常設相談	電話／面談	会代表電話	055-235-7202
長野県	ある	子どもの人権相談	電話／面談	会代表電話	026-232-2104

弁護士会の子どもの人権相談窓口一覧

相談費用		相談実施日時	相談実施方法
無料		電話相談：平日　13：30〜16：30、17：00〜20：00（受付時間 19：45 まで）土曜：13：00〜16：00（受付時間 15：45 まで） 面接相談：水曜　13：30〜16：30、土曜：13：00〜16：00	面接相談は予約制です。電話相談後に面接相談の予約をしてください。なお、水曜の面談相談は霞が関法律相談センターにて、土曜の面接相談は池袋法律相談センターにて行います。
無料	面談による相談は初回無料（二十歳以上は有料）	電話相談：毎週土曜（年末年始を除く）15：00〜18：00 面接相談：電話相談の上随時	電話相談：当番弁護士が専用回線にて待機しており、上記時間内は随時相談を実施しています。 面接相談：上記相談の中で、面談が必要と判断された場合、随時実施します。
無料		毎週火・木・金曜（祝日を除く）15：00〜19：00	面談による相談は前日 17 時までに予約が必要です（受付：03-3581-2257 人権課）。
無料		毎週月・木・日曜　19：00〜21：00（年末年始・GW を除く）	友達登録の上、メッセージを送っていただければ、弁護士にて相談を実施します。
無料	面談による相談は初回無料	電話相談、LINE 相談：毎週水曜　15：00〜19：00 面接相談：電話相談や LINE 相談の上随時	
無料		毎週木曜日　13：15〜16：15	事前予約の上、面談を実施します。（1 回 45 分以内）。面談が空いている時間で電話での相談も行っています。インターネット予約もできます。
無料		平日　9：30〜12：00、13：00〜16：30	事務局で受付後、翌日（土・日・祝日を除く）までに担当弁護士から折り返し連絡します（20 分以内）。
無料	面談は初回 30 分間無料	電話相談：毎週月・木（祝日 8／13〜8／15、年末年始を除く）16：00〜19：00 面談受付：平日 9：00〜17：00	・電話は当番の弁護士が転送用携帯電話を所持して待機する。・面談は弁護士紹介、お互いで日程調整、弁護士事務所で実施。
無料	初回 30 分程度	平日　9：00〜17：00	弁護士会事務局で受付後、担当弁護士から折り返す。
無料		毎週木曜日　12：30〜16：30	専用電話に当番の弁護士が待機（弁護士会に設置）
無料	（通話料はかかります。）	2023 年度の毎週水曜日　12：00〜14：00（祝祭日は除きます）	相談担当弁護士が対応します。
無料	初回のみ無料	平日　午前 9：30〜午後 5：00	事務局で受付後、担当弁護士を紹介します。相談日程や相談方法については弁護士と決めていただきます。
無料		平日　9：00〜16：30	事務局で受付後、担当弁護士から折り返し連絡します。

資料

弁護士会	専門窓口の有無	窓口名称	相談方法	電話について（詳細）	
岐阜県	ある	子どもの悩みごと相談	電話	専用	058-265-2850
静岡県	ある	子どもの権利相談	電話／面談	静岡会代表電話	054-252-0008
				浜松支部代表電話	053-455-3009
				沼津支部代表電話	055-931-1848
愛知県	ある	子どもの人権相談	電話30分程度	専用	電話相談：052-586-7831
		子どもの人権相談	面談30分程度（要予約）		面談申込：052-565-6110
三重	ある	こども弁護士ダイヤル	電話	専用	059-224-7950（泣く子ゼロ）
滋賀	ある	こどもの悩みごと110番	電話	専用	0120-783-998（なやみグッバイ）
京都	ある	子どもの権利110番	電話／面談	専用	075-231-2344
大阪	ある	子ども何でも相談	電話	専用	06-6364-6251
兵庫県	ある	子どもの悩みごと相談	面談	相談課代表電話	078-341-8227
奈良	ある	子どもの悩みごと相談	電話	専用	0742-81-3784
和歌山	ある	こども電話相談（電話）	電話	専用	073-488-3366
鳥取県	ない				
島根県	ある	子どもの権利相談	面談	法律相談センターと共通	0852-21-3450
岡山	ある	子どもの味方弁護士相談	電話／面談	会代表電話	086-223-4401
広島	ある	子ども電話相談	電話	専用	090-5262-0874
山口県	ある	窓口名称なし	面談	会代表電話	083-922-0087

弁護士会の子どもの人権相談窓口一覧

	相談費用	相談実施日時	相談実施方法
無料		平日　9：00〜17：00	当番の弁護士にかけ直していただき、相談
無料	面談は初回のみ無料	平日　9：00〜12：00、13：00〜17：00	事務局で受付後、担当弁護士から相談者に折り返し連絡します。
無料	通話料はかかります	毎週土曜日　9：20〜16：00（祝日・年末年始を除く）	
無料		9：10〜16：30（土日祝日含む）	相談時間毎週土曜日9時20分〜16時25分（祝日・年末年始を除く）
無料		平日　9：00〜12：00、13：00〜15：00	当番の弁護士にかけ直していただき、相談
無料		毎週水曜日　15：00〜17：00	
無料		毎週金曜日　15：00〜17：00（受付は16：30まで）※面談は前日までに要予約	弁護士会に相談担当弁護士が待機
無料		毎週水曜日　15：00〜17：00、第2木曜日　18：00〜20：00	相談担当弁護士が待機（子どもの権利委員会委員3名）
無料		平日　9：00〜17：00	電話、FAX（078-341-1779）または郵便で予約のこと。郵送先：〒650-0016 兵庫県神戸市中央区橘通1-4-3 兵庫県弁護士会子どもの権利委員会宛て
無料		平日　9：30〜17：00	事務局にて受付後、弁護士より相談者に電話して相談を実施。相談は受付より2日以内に実施（ただし土日祝、年末年始を除く）
無料		毎週水曜日　16：00〜19：00（弁護士が電話を受けます）平日　10：00〜12：00、13：00〜16：00（事務局で受付後、担当弁護士から折り返し連絡します。）※いずれも祝日・年末年始を除く。	
無料	初回のみ	申し込みがある都度	弁護士会事務局で受け付けをし、子どもの権利委員会委員へ繋ぐ。
無料		平日　9：00〜17：00	弁護士会事務局で受付後、担当弁護士から折り返す。
無料		平日　16：00〜19：00（土日祝日、年末年始、ゴールデンウィーク、お盆を除く）	専用電話に相談担当弁護士が待機
有料	・弁護士会では指定していない・法テラス利用可	平日　9：00〜17：00	・弁護士会事務局が受けた上で、子どもの事件を取り扱う会員の名簿登録者に配点・配点を受けた会員が相談者に連絡を取り、日程調整の上、相談を実施。

資料

弁護士会	専門窓口の有無	窓口名称	相談方法	電話について（詳細）	
徳島	ある	子どもの人権法律相談	電話／面談	会代表電話	088-652-5768
香川県	ある	子どもの権利110番	電話	会代表電話	087-822-3693
愛媛	ある	子ども電話相談	電話	会代表電話	089-941-6279
高知	ある	子どもの権利110番	電話／面談	会代表電話	088-872-0324
福岡県	ある	子どもの人権110番	電話	専用	092-752-1331
		べんごしLINE相談	LINE	専用LINEアカウント	LINEID @463gkpoz
佐賀県	ない				
長崎県	ある	子ども担当弁護士制度	面談	会代表電話	095-824-3903
熊本県	ある	子どもの人権相談	電話／面談	会代表電話	096-325-0913
大分県	ある	子どもの権利110番	電話	専用	097-536-2227
		ふくろん先生のなやみ相談	LINE		LINEID@fcl0219t
宮崎県	ある	子どもの権利ホットライン	電話	専用	0985-23-6112
		子ども担当弁護士制度	面談	会代表電話	0985-22-2466
鹿児島県	ない				
沖縄	ある	子どもの悩み事110番	電話	専用	098-866-6725

※電話相談は無料です。ただし、フリーダイヤルの場合を除き、通話料がかかります。
※「相談窓口なし」と記載がある弁護士会では、会が設置している法律相談センターで通常の法律相談として、子どもに関する相談を承っています。
「子どもに関する法律相談ができない」というわけではありませんので、ご利用になりやすい相談窓口を、ぜひご活用ください。

弁護士会の子どもの人権相談窓口一覧

	相談費用	相談実施日時	相談実施方法
無料	面談相談は3回までを無料とする。	平日のみ（月〜金）　9：30〜17：00	事務局で受付後、相談者名簿に従って担当弁護士をあたり、弁護士から電話をかけ直して相談。電話相談の結果、必要と認められた場合は面談相談を行う。
無料		月〜金　9：00〜12：00、13：00〜17：00（祝日・年末年始除く）	事務局で受付後、相談対応可能な弁護士に連絡し、弁護士から電話をかけ直して相談
無料		平日　9：00〜12：00、13：00〜17：00（祝日・年末年始を除く）	弁護士会事務局にて受付後、担当弁護士から折り返し連絡します。
無料	子どもからの相談は無料。大人からの相談は有料の場合あり。	平日　9：00〜12：00、13：00〜17：00	事務局で受付後、相談担当弁護士の事務所の電話番号を教示。
無料		毎週土曜日　12：30〜15：30	専用の電話番号に、相談担当弁護士が待機
無料		第2月曜日　16：00〜19：00	友達登録の上、メッセージを送っていただければ、相談時間にて弁護士が相談を実施します。
無料		随時（平日9：00〜17：00）・弁護士会事務局で法律相談申込を受付	担当弁護士が相談申込者に直接電話して、相談日を調整後、法律事務所で面談を実施
無料		毎月第3土曜日　14：00〜16：00	相談担当弁護士が待機時間内であれば、面接相談も予約不要
無料		毎週水曜日　16：30〜19：30	当番の弁護士が電話に出て相談に応じる。
無料	（通信料はかかります。）	毎月第2、第4水曜日　16：30〜19：30（祝日、正月、お盆時期を除く）	当番の弁護士がLINEで相談に応じる。
無料		毎月第1、第3月曜日　16：00〜17：30（祝日、正月、お盆時期を除く）	弁護士が待機し、電話での相談に応じる。
無料			事務局で受付後、担当弁護士が折り返し電話して、日程調整後、面談を実施します。
無料		毎週月曜日　16：00〜19：00（祝日を除く）	相談担当弁護士が待機し、電話での相談に応じる。

資料

子どもの相談・救済機関（公的第三者機関）一覧

・子どもの権利に関する条例と子ども相談・救済機関

制定自治体	公布日	条例名称	子どもの相談・救済機関 （窓口）
北海道札幌市	2008 年 11 月 7 日	札幌市子どもの最善の利益を実現するための権利条例	札幌市子どもの権利救済委員（2 人、任期 3 年）、札幌市子どもの権利救済機関（子どもアシストセンター）
北海道士別市	2013 年 2 月 22 日	士別市子どもの権利に関する条例	子どもの権利救済委員会、委員（3 人、任期 3 年）
北海道北広島市	2012 年 6 月 28 日	北広島市子どもの権利条例	北広島市子どもの権利救済委員会、委員（3 人、任期 3 年）
北海道奈井江町	2002 年 3 月	子どもの権利に関する条例	救済委員会
北海道芽室町	2006 年 3 月 6 日 2016 年 3 月 28 日改正	芽室町子どもの権利に関する条例	芽室町子どもの権利委員会、委員（3 人、任期 3 年）
青森県青森市	2012 年 12 月 25 日	青森市子どもの権利条例	青森市子どもの権利擁護委員（3 人以内、任期 3 年）、青森市子どもの権利相談センター
青森県むつ市	2024 年 3 月 15 日	むつ市こどもの笑顔まんなか条例	むつ市こどもオンブズパーソン（3 人以内、任期 3 年）、こどもの権利相談窓口
秋田県	2006 年 9 月 29 日	秋田県子ども・子育て支援条例	秋田県子どもの権利擁護委員会、委員（3 人以内、任期 2 年）
栃木県那須塩原市	2014 年 3 月 26 日	那須塩原市子どもの権利条例	那須塩原市子どもの権利救済委員会（3 人以内、任期 2 年）
栃木県市貝町	2013 年 12 月 26 日	市貝町こども権利条例	市貝町こどもの権利擁護委員会（5 人以内、任期 2 年）
埼玉県	2002 年 3 月 29 日	埼玉県子どもの権利擁護委員会条例	埼玉県子どもの権利擁護委員会（子どもスマイルネット）、委員（3 人、任期 2 年）
埼玉県北本市	2022 年 3 月 31 日	北本市子どもの権利に関する条例	北本市子どもの権利擁護委員（3 人以内、任期 2 年）
東京都目黒区	2005 年 12 月 1 日	目黒区子ども条例	目黒区子どもの権利擁護委員（3 人以内、任期 2 年）、めぐろはあとねっと（子どもの悩み相談室）
東京都世田谷区	2001 年 12 月 10 日 2012 年 12 月 6 日改正	世田谷区子ども条例	世田谷区子ども人権擁護委員（3 人以内、任期 3 年）、せたがやホッと子どもサポート（せたホッと）
東京都中野区	2022 年 3 月 28 日	中野区子どもの権利に関する条例	中野区子どもの権利救済委員（5 人以内、任期 2 年）、中野区子ども相談室「ポカコロ」（2022 年 9 月開設）

子どもの相談・救済機関（公的第三者機関）一覧

※特定非営利活動法人子どもの権利条約総合研究所による調査に基づき作成
都道府県行政順（2024 年 5 月現在）

所在地	問い合わせ
〒 060-0051　札幌市中央区南 1 条東 1-5 大通バスセンタービル 1 号館 6 階	電話（子ども専用フリーダイヤル）0120-66-3783 （大人用）011-211-3783）
〒 095-8686　士別市東 6 条 4-1 市役所こども・子育て応援課	電話（児童家庭相談直通）0165-23-3984
〒 061-1192　北広島市中央 4-2-1 市役所子ども家庭課	電話（子どもの権利相談窓口直通）011-372-6200
〒 079-3131　空知郡奈井江町字奈井江 152 教育委員会教育支援係	電話　0125-65-5381
〒 082-8651　芽室町東 2 条 2-14 町役場子育て支援課	電話　0155-62-9733
〒 030-0801　青森市新町 1-3-7 市役所駅前庁舎 3 階	電話　0120-370-642
〒 035-8686　むつ市中央 1-8-1 市役所子育て支援課	電話　0175-22-1126
〒 010-8570　秋田市山王 4-1-1 県庁地域・家庭福祉課	電話（子どもの権利擁護委員会事務局）018-860-1344
〒 329-2792　那須塩原市あたご町 2-3 （西那須野庁舎 1 階）子育て支援課	電話　0287-46-5532
〒 321-3493　芳賀郡市貝町大字市塙 1280 こども未来課こども育成係	電話　0285-68-1119
〒 330-0074　さいたま市浦和区北浦和 5-6-5 浦和合同庁舎別館 2 階	電話　048-822-7007（毎日 10：30 ～ 18：00）
〒 364-8633　北本市本町 1-111 市役所人権推進課	電話（子ども専用フリーダイヤル）048-590-5011、 0120-0874-56
〒 153-8573　目黒区上目黒 2-19-15 子育て支援課	電話　0120-324-810
〒 156-0051　世田谷区宮坂 3-15-15 子ども・子育て総合センター	電話　0120-810-293
〒 165-0027　中野区野方 1-35-3 教育センター分室 3 階	電話　0120-463-931

資料

制定自治体	公布日	条例名称	子どもの相談・救済機関 （窓口）
東京都豊島区	2006年3月29日	豊島区子どもの権利に関する条例	豊島区子どもの権利擁護委員（3人以内、任期2年）、としま子どもの権利相談室（2023年9月6日開設）
東京都北区	2024年3月27日	東京都北区子どもの権利と幸せに関する条例	東京都北区子どもの権利擁護委員（3人以内、任期2年）
東京都江戸川区	2021年6月30日	江戸川区子どもの権利擁護委員設置条例	江戸川区子どもの権利擁護委員（9人以内、任期2年）、えどがわ子どもの権利ほっとライン
東京都武蔵野市	2023年3月22日	武蔵野市子どもの権利条例	武蔵野市子どもの権利擁護委員（3人以内、任期3年）
東京都小金井市	2022年3月31日	小金井市子どもオンブズパーソン設置条例	小金井市子どもオンブズパーソン（3人以内、任期3年）、子どもオンブズパーソン相談室（2022年9月開設）
東京都日野市	2024年3月29日	日野市子どもオンブズパーソン条例	日野市子どもオンブズパーソン（2人以内、任期3年）、相談窓口「子どもなんでも相談」
東京都国立市	2016年12月8日	国立市総合オンブズマン条例	国立市総合オンブズマン（2人、任期3年）、※国立市総合オンブズマンは、国立市子どもの人権オンブズマンの職務を行うと規定。
東京都西東京市	2018年9月19日	西東京市子ども条例	西東京市子どもの権利擁護委員（3人以内、任期3年）、西東京市子ども相談室（ほっとルーム）
神奈川県川崎市	2001年6月29日	川崎市人権オンブズパーソン条例	川崎市人権オンブズパーソン（2人、任期3年）、（子ども専用電話：子どもあんしんダイヤル）
神奈川県相模原市	2015年3月20日	相模原市子どもの権利条例	相模原市子どもの権利救済委員（3人以内、任期2年）、さがみはら子どもの権利相談室（さがみみ）
新潟県新潟市	2021年12月27日 2023年12月27日改正	新潟市子ども条例	新潟市子どもの権利救済委員（3人以内、任期3年）、新潟市子どもの権利相談室「こころのレスキュー隊」
石川県白山市	2006年12月21日	白山市子どもの権利に関する条例	白山市子ども相談室ほっとルーム
山梨県	2022年3月29日	やまなし子ども条例	山梨県子ども支援委員会（5人以内、任期2年）、子どもの権利相談室やまなしスマイル（2023年6月1日開設）
山梨県甲府市	2020年3月30日	甲府市子ども未来応援条例	甲府市子どもの権利擁護委員（3人以内、任期3年）
長野県	2014年7月10日	長野県の未来を担う子どもの支援に関する条例	長野県子ども支援委員会（5人以内、任期2年）

子どもの相談・救済機関（公的第三者機関）一覧

所在地	問い合わせ
〒 171-0032　豊島区雑司が谷 3-1-7 （千登世橋教育文化センター 1 階）	電話　03-5985-9580 （子ども専用）0120-618-471
〒 114-8508　北区王子本町 1-15-22	電話　03-5948-6882
〒 132-8501　江戸川区中央 1-4-1 子育て支援課	電話　0120-301-123
〒 180-8777　武蔵野市緑町 2-2-28 市役所西棟 7 階	電話（子ども専用フリーダイヤル）0120-634-331 （おとな用）0422-60-1951
〒 184-0012　小金井市中町 3-9-10 Costa4 階	電話（子ども専用フリーダイヤル）0120-770-977 （おとな用）042-388-4370
〒 191-8686　日野市神明 1-12-1 子ども包括支援センター 1 階	電話　042-514-8579
〒 186-8501　国立市富士見台 2-47-1 市役所北庁舎 1 階（27 番窓口）	電話　0120-70-7830
〒 202-0005　西東京市住吉町 6-15-6 住吉会館ルピナス 2 階	電話　0120-9109-77
〒 210-8577　川崎市川崎区宮本町 1 市役所第 3 庁舎 17 階（2024 年 7 月 22 日移転）	電話（子ども専用フリーダイヤル）0120-813-887 （おとな用）044-200-1460
〒 252-0207　相模原市中央区矢部新町 3-15 青少年学習センター内	電話（子ども専用相談）0120-786-108 （おとな）042-786-1894
〒 950-0082　新潟市中央区東万代町 9-1 万代市民会館 4 階	電話（子ども専用）0120-175-255 電話（おとな専用）025-288-1752
〒 924-0865　白山市倉光 8-16-1 福祉ふれあいセンター内	電話　0762-276-1792
〒 400-8501　甲府市丸の内 1-6-1 県庁本館 5 階	電話　055-225-3958
〒 400-8585　甲府市丸の内 1-18-1 市役所本庁舎 3 階	電話（子ども・青少年専用ダイヤル）0120-743-011
〒 380-8570　長野市大字南長野字幅下 692-2 県庁本館 4 階	電話（子ども専用ダイヤル、無料）0800-800-8035 （おとな用）026-225-9330

資料

制定自治体	公布日	条例名称	子どもの相談・救済機関（窓口）
長野県松本市	2013 年 3 月 15 日	松本市子どもの権利に関する条例	松本市子どもの権利擁護委員（3 人以内、任期 2 年）、松本市子どもの権利相談室（こころの鈴）
岐阜県多治見市	2003 年 9 月 25 日	多治見市子どもの権利に関する条例	多治見市子どもの権利擁護委員（3 人以内、任期 3 年）、多治見市子どもの権利相談室（たじみ子どもサポート）
静岡県富士市	2022 年 4 月 1 日	富士市子どもの権利条例	富士市子どもの権利救済委員（3 人以内、任期 3 年）、相談窓口「子どもなんでも相談」
愛知県名古屋市	2019 年 3 月 27 日	名古屋市子どもの権利擁護委員条例	名古屋市子どもの権利擁護委員（5 人以内、任期 2 年）、名古屋市子どもの権利相談室「なごもっか」
愛知県瀬戸市	2022 年 9 月 22 日	瀬戸市子どもの権利条例	子どもの権利擁護委員（3 人以内、任期 3 年）
愛知県豊田市	2007 年 10 月 9 日	豊田市子ども条例	豊田市子どもの権利擁護委員（3 人以内、任期 2 年）、とよた子どもの権利相談室（こことよ）
愛知県知立市	2012 年 9 月 28 日	知立市子ども条例	知立市子どもの権利擁護委員会（5 人以内、任期 2 年）
愛知県岩倉市	2008 年 12 月 18 日	岩倉市子ども条例	岩倉市子どもの権利救済委員（3 人以内、任期 2 年）
愛知県日進市	2009 年 9 月 29 日	日進市未来をつくる子ども条例	日進市子どもの権利擁護委員（3 人以内、任期 3 年）、子どもの相談窓口（もしもしニッシーダイヤル）
愛知県幸田町	2010 年 12 月 22 日	幸田町子どもの権利に関する条例	幸田町子どもの権利擁護委員会（3 人以内、任期 2 年）
三重県名張市	2006 年 3 月 16 日	名張市子ども条例	名張市子どもの権利救済委員会、委員（3 人以内、任期 2 年）、名張市子ども相談室
三重県東員町	2015 年 6 月 19 日	みんなと一歩ずつ未来に向かっていく東員町子どもの権利条例	東員町子どもの権利擁護委員（6 人以内、任期 3 年）
兵庫県尼崎市	2009 年 12 月 18 日 2021 年 3 月 8 日改正	尼崎市子どもの育ち支援条例	尼崎市子どものための権利擁護委員会委員（5 人以内、任期 2 年）
兵庫県宝塚市	2014 年 6 月 30 日	宝塚市子どもの権利サポート委員会条例	宝塚市子どもの権利サポート委員（5 人以内、任期 2 年）
兵庫県川西市	1998 年 12 月 22 日	川西市子どもの人権オンブズパーソン条例	川西市子どもの人権オンブズパーソン（3 人以上 5 人以下、任期 2 年）
福岡県田川市	2022 年 3 月 24 日	田川市子どもの権利条例	田川市子どもの権利救済委員会（3 人以内、任期 2 年）
福岡県筑紫野市	2010 年 3 月 30 日	筑紫野市子ども条例	筑紫野市子どもの権利救済委員（3 人以内、任期 2 年）

子どもの相談・救済機関（公的第三者機関）一覧

所在地	問い合わせ
〒 390-0874 松本市大手 3-8-13 市役所大手事務所 2 階	電話　0120-200-195
〒 507-0034 多治見市豊岡町 1-55 ヤマカまなびパーク 4 階	電話（子ども専用フリーダイヤル）0120-967-866 （おとな用）0572-23-8666
〒 417-8601　富士市永田町 1-100 市役所 4 階	電話　0545-55-2764
〒 461-0005　名古屋市東区東桜 1-13-3 NHK 名古屋放送センタービル 6 階	電話（子ども）0120-874-994 （おとな）052-211-8640
〒 489-0044　瀬戸市栄町 45 パルティせと 3 階 子ども・若者センター（子どもの権利担当）	電話　0561-88-2636
〒 471-0034　豊田市小坂本町 1-25 （産業文化センター 4 階）	電話　0120-797-931
〒 472-8666　知立市広見 3-1 市家庭児童相談室	電話　0566-95-0162 （子ども専用）0120-481872
〒 482-8686　岩倉市栄町 1-66 市役所子育て支援課	電話　0587-38-5810
〒 470-0192　日進市蟹甲町池下 268	電話　0561-73-1402
〒 444-0192　額田郡幸田町大字菱池字元林 1-1 町役場　子ども課	電話　0564-63-5116
〒 518-0295　名張市丸之内 79 名張市総合福祉センターふれあい 2 階	電話（子ども専用電話「ばりっ子ほっとライン」）0595- 63-3118、0800-200-3218（通話料無料）
〒 511-0295　員弁郡東員町大字山田 1600 町役場子ども家庭課	電話　0594-86-2806
〒 661-0974　尼崎市若王寺 2-18-5 あまがさき・ひと咲きプラザ　アマブラリ 2 階	電話　0120-968-622
〒 665-0867　宝塚市売布東の町 12-8 フレミラ宝塚 2 階	電話　0120-931-170
〒 666-8501　川西市中央町 12-1 市役所 5 階	電話　0120-197-505
〒 825-8501　田川市中央町 1-1 田川市役所子育て支援課子ども家庭支援室	電話　0947-85-7179
〒 818-8686　筑紫野市石崎 1-1-1 筑紫野市こども政策課	電話　092-923-1111

資料

制定自治体	公布日	条例名称	子どもの相談・救済機関（窓口）
福岡県宗像市	2012 年 3 月 31 日	宗像市子ども基本条例	宗像市子どもの権利救済委員（3 人以内、任期 2 年）、宗像市子ども相談センター（ハッピークローバー）
福岡県那珂川市	2021 年 3 月 3 日	那珂川市子どもの権利条例	那珂川市子どもの権利救済委員会、委員（3 人以内、任期 2 年）
福岡県志免町	2006 年 12 月 20 日	志免町子どもの権利条例	志免町子どもの権利救済委員（3 人、任期 3 年）、子どもの権利相談室「スキッズ（SK2S）」
福岡県筑前町	2008 年 12 月 15 日	筑前町子どもの権利条例	筑前町子どもの権利救済委員会、救済委員（3 人以内、任期 3 年）、こども未来センター
福岡県川崎町	2017 年 12 月 14 日	川崎町子どもの権利条例	川崎町子どもの権利救済委員（3 人以内、任期 2 年）

・要綱により設置

東京都	（要綱により設置）	子供の権利擁護専門相談事業	子供の権利擁護専門員

子どもの相談・救済機関（公的第三者機関）一覧

所在地	問い合わせ
〒 811-3492　宗像市東郷 1-1-1 市役所西館 1 階	電話　0940-36-9094 （子ども専用フリーダイヤル）0120-968-487
〒 811-1292　那珂川市西隈 1-1-1 那珂川市役所　こども総合相談窓口	電話　092-408-1036
〒 811-2202　糟屋郡志免町大字志免 451-1 総合福祉施設（シーメイト）内　1 階	電話　0120-928-379
〒 838-0298　朝倉郡筑前町篠隈 373 こども未来センター 相談室	電話　0120-24-7874
〒 827-0004　川崎町大字田原 804 川崎町子育て支援センター	電話　0947-72-5800

〒 169-0074　新宿区北新宿 4-6-1 東京都子供家庭総合センター内　児童相談センター	電話　0120-874-374

資料

子どもシェルターへの相談窓口一覧

都道府県	名称	設立年
札幌	NPO 法人子どもシェルターレラピリカ	2013 年 2 月
旭川	NPO 法人子どもセンター　ビ・リーヴ	2018 年 9 月
宮城	認定 NPO 法人ロージーベル	2008 年 10 月
新潟	NPO 法人子どもセンターぽると	2014 年 6 月
群馬	NPO 法人子どもシェルターぐんま	2021 年 5 月
埼玉	NPO 法人子どもセンター・ピッピ	2016 年 8 月
東京	社会福祉法人カリヨン子どもセンター	2004 年 6 月
東京	NPO 法人子ども・若者センターこだま	2022 年 9 月 6 日
千葉	NPO 法人子どもセンター帆希	2014 年 1 月
神奈川	NPO 法人子どもセンターてんぽ	2007 年 2 月
愛知	NPO 法人子どもセンター「パオ」	2006 年 12 月
石川	NPO 法人シェきらり	2017 年 5 月
福井	一般社団法人ラシーヌ	2022 年 8 月
大阪	NPO 法人子どもセンターぬっく	2016 年 4 月
兵庫	NPO 法人つなご	2017 年 5 月
京都	NPO 法人子どもセンターののさん	2011 年 10 月
和歌山	NPO 法人子どもセンターるーも	2013 年 2 月
広島	NPO 法人ピピオ子どもセンター	2011 年 1 月
岡山	NPO 法人子どもシェルターモモ	2008 年 9 月
高知	NPO 法人子どもシェルターおるき	2024 年 3 月
福岡	NPO 法人そだちの樹	2012 年 1 月
佐賀	NPO 法人佐賀子ども支援の輪	2021 年 4 月
大分	NPO 法人おおいた子ども支援ネット	2014 年 1 月
宮崎	NPO 法人子どもシェルターみやざき	2018 年 7 月
沖縄	NPO 法人子どもシェルターおきなわ	2016 年 3 月

子どもシェルターへの相談窓口一覧

子どもシェルター全国ネットワーク会議　加盟：25 法人
シェルター：20 地域　21 シェルター（他 3 シェルター休止中）

シェルターへの相談窓口	
子どもシェルターレラピリカ事務局	TEL：011-272-3125　平日 9：00 ～ 17：30
NPO 法人子どもセンター　ビ・リーヴ	TEL：090-1641-1089 E-mail：be.live0523@gmail.com
ロージーベル事務局	TEL：080-1695-4032
理事長　水内基成 ＊子どもシェルター休止中	TEL：025-225-3143　平日 10：00 ～ 17：00
子どもシェルターぐんま事務局	TEL：027-212-6080　平日 9：00-17：00
NPO 法人子どもセンター・ピッピ	TEL：048-862-1853 平日 9：00 ～ 18：00　土曜 9：00 ～ 12：30
東京弁護士会子どもの人権 110 番	TEL：03-3503-0110 月～金 13：30 ～ 16：30、17：00 ～ 20：00 土 13：00 ～ 16：00
コダタン	TEL：050-1809-4329　9：00 ～ 18：00 E-mail：info@kodama-kodomo.org
子どもセンター帆希事務局	E-mail：info@chiba-homare.org TEL：043-209-2965　平日 9：00 ～ 17：00
居場所のない子どもの電話相談	TEL：050-1323-3089　平日：13：00 ～ 17：00
NPO 法人子どもセンター「パオ」事務局 ＊子どもシェルター休止中	平日 10 時～ 16 時 E-mail：info@pao.or.jp
NPO 法人シェきらり事務局	E-mail：jimukyoku@chezkirari.org TEL：076（204）9380 ／ 090-1390-8195
ラシーヌ事務局	TEL：080-2727-1218 メール相談：fukuiracine@gmail.com
居場所のない子ども 110 番 NPO 法人子どもセンターぬっく事務局	TEL：0120-528-184　平日 10：30 ～ 17：30 TEL：06-6355-4648　平日 10：30 ～ 17：30
NPO 法人つなご事務局	TEL：06-6415-6750　平日 10 時～ 16 時 メール相談は随時：tsunagohp@gmail.com
子どもセンターののさん事務局	TEL：075-254-8331　平日 9：00 ～ 17：00
るーも事務局	TEL：073-425-6060
ピピオ子どもセンター事務局	TEL：082-221-9563　平日 10：00 ～ 18：00
子どもシェルターモモ事務局	TEL：086-206-2423　平日 9：00 ～ 18：00
NPO 法人子どもシェルターおるき	TEL：080-6233-7974　平日 10：00 ～ 18：00
ここライン	TEL：092-791-1673　平日 10：00 ～ 18：00 メール相談：http://sodachinoki.org/kokoline
佐賀子ども支援の輪事務局	TEL：0952-37-5963　平日 9：00-17：00
NPO 法人おおいた子ども支援ネット事務局 大分県弁護士会「子どもの権利 110 番」	TEL：097-507-5417 TEL：097-536-2227 水 16：30 ～ 19：30（休日除く）
＊子どもシェルター休止中 NPO 法人子どもシェルターみやざき事務局	TEL：0985-65-5087　平日 9：00 ～ 17：30
ＮＰＯ法人子どもシェルターおきなわ事務局	TEL：098-836-6363　平日 9：00 ～ 18：00 E-mail：kodomo@shelter.okinawa

資料

第2版「はじめに」

　2006年6月に『子どもの権利ガイドブック』を発刊してから、すでに11年が経過しました。この間、教育基本法、少年法、児童福祉法、児童虐待の防止等に関する法律（以下、「児童虐待防止法」とする）の子どもの権利の根幹に関わる法改正がなされ、あるいは、いじめ防止対策推進法等の新たな法律も制定されました。また、子どもの権利条約に基づく政府報告書審査も実施され、国連子どもの権利委員会は、わが国の条約実施状況について、3回目の最終見解を発表しています。

　幸い本書は、弁護士のみならず、子どもに関わる専門家や関心をもつ多くの市民の方にもご利用いただいており、上記の法改正に対応した改訂版の出版を求める声も多数いただいておりました。日弁連子どもの権利委員会は、この間の法改正などに対応する取組み等に時間を割かれ、なかなか本書の改訂作業に着手できておりませんでしたが、今般、委員会内の子どもの人権救済小委員会において改訂作業に取り組み、ようやくこの改訂版をお届けできることとなりました。

　ふりかえりますと、本書の前身は、1995年に発刊した『子どもの権利マニュアル』ですが、さらにその前身は、1987年に発刊した『子どもの人権救済の手引』です。この『手引』『マニュアル』『ガイドブック』への歴史は、私ども弁護士が、子どもの権利に関わる問題への関与を強めていった歴史に重なっています。

　1980年代前半までは、弁護士が直接子どもに関わるのは、少年事件の弁護人・付添人としての活動が中心であり、しかも、その数も決して多くはありませんでした。当委員会の前身は、1970年代に提起された少年法「改正」に対応するための対策本部でした。

　そのような中で、日弁連は、この対策本部が中心になり、1985年10月の人権擁護大会で、「学校生活と子どもの人権」と題するシンポジウムを開催し、当時問題になっていた管理教育の中で子どもの人権が侵害されていることに着目し、弁護士が子どもの人権救済活動に携わる必要性を提起しました。この提起を受け、各地の弁護士会においては、具体的に子どもの人権相談に対応できる窓口を設置していきました。そして、その活動に携わる弁護士にとっての実践的マニュアルとして1987年に『子どもの人権救済の手引』を発行いたしました。

　その後、日弁連は、1989年に国連で採択された子どもの権利条約の批准を求める取組みを進め、学校生活のみならず、家族・福祉問題における子どもの人権侵害にも関わるようになりました。1991年に開催された人権擁護大会では、「子どもの権利条約と家族・福祉・少年法—子どもたちの笑顔が見えますか」と題するシンポジウムを開催しました。そして、その間の子どもの人権救済に関わる活動の成果や子どもの権利条約の視点を踏まえ、『手引』の大幅な改訂を行い、1995年に『子どもの権利マニュアル』を発

第 2 版「はじめに」

刊しました。

　その後の 10 年間には、戦後初の少年法「改正」が行われるとともに、児童虐待問題がクローズアップされて、児童虐待防止法が制定され、弁護士も児童相談所と連携して、この問題に本格的に関与するようになりました。わが国は、1994 年に子どもの権利条約を批准し、国連子どもの権利委員会では、1998 年、2004 年と政府報告書の審査が行われ、わが国の子どもの権利状況を条約に照らして厳しく指摘する最終見解が発表されました。これらを踏まえて、『マニュアル』を大幅に増補・改訂し、新たな書名で発行したのが、2006 年の『子どもの権利ガイドブック』でした。

　その後、冒頭に述べたようなさらなる変化がありましたが、この間、弁護士が関わる領域が拡大しただけではなく、弁護士人口の増加も手伝って、子どもの権利問題に携わる弁護士の数も増えています。多くの弁護士が、子どもの権利に関する専門的な知識をもって、人権救済・擁護活動に関わることは、いじめや体罰、児童虐待など、未だ深刻な問題を抱えるわが国の子どものために有益であると考えます。それとともに、子どもの権利に関わる問題は、弁護士だけでは解決できない問題がほとんどといっても過言ではなく、子どもの権利に関わる多くの専門家や市民の方々と連携して取り組むことが不可欠となっています。本書が、そのような活動や連携の一助となることができれば、幸いです。

　なお、当委員会では、特にいじめ問題及び児童虐待問題については、さらに詳細なマニュアルが必要であると考え、1995 年に『いじめ問題ハンドブック』（その後、2015 年に全面改訂して『子どものいじめ問題ハンドブック』）、1998 年に『子どもの虐待防止・法的実務マニュアル』（その後、随時改訂し、2012 年に第 5 版）を発行しておりますので、併せてご参照いただきますよう、お願いいたします。

　2017 年 5 月

日本弁護士連合会

子どもの権利委員会

委員長　須納瀬　学

資料

索　引

28 条審判　319
300 日問題　301, 302, 304
3 号研修　277
730 通達　477-479

AHT　309, 310
CAC（Children's Advocacy Center）　435
COCOLO プラン　83
DV（配偶者に対する暴力）　309
ICF　244
JK ビジネス　424, 431, 553
LINE　33
PTSD　417
SBS　310

【ア】
アフターケア事業　324
アルバイト　114
安全管理　186, 187, 189, 190, 192
安全教育　170, 186-191
安全配慮義務　64, 66, 175, 204, 205, 207-209,
　　　281
医学モデル　244, 252, 265, 266
異議申立て　363
意見表明権　17, 41, 95, 96, 104, 242, 284, 286,
　　　299, 301, 330, 337-339, 350
意思能力　299, 320
意思の表明　271, 272
いじめ　30, 71, 192, 197-200, 229-233, 283
いじめの定義　30
いじめ防止対策推進法　31, 53, 82, 199, 229
移送　363
一時帰宅　363
一時保護　316, 320, 331, 339, 388-391
一時保護委託　316, 389
一時保護状　316, 317
逸失利益　286-290
一般短期保護観察　372
一般的意見　22
一般保護観察　372
医療的ケア　260, 268, 276-280

医療的ケア児　276
医療的ケア児支援法　280
医療ネグレクト　309
医療費　195, 197, 201
医療モデル　244, 246
インクルーシブ教育　242, 248, 249, 251, 252,
　　　254, 256, 262-265, 268, 269
インクルージョン　243, 244, 248, 249, 255
淫行をさせる罪　430
飲酒　111
インターナショナル・スクール　463
インテグレーション　244
運転免許　110
運動部　183
営造物設置管理責任　204
エスカレート　37
オーバーステイ　480
親子分離　341, 477
オンブズパーソン　49, 285

【カ】
戒告　176
外国人学校　463
外国人児童生徒　455, 458
外国人生徒　461
外国人登録　455
外国人登録証明書　456
外国人の子ども　458
開示請求（または公開請求）　214, 216, 217
解釈宣言　475
回付　363
街頭補導　393
外部交通　444
カウンセリング　417
加害生徒　42
科学主義　353
学習権　77, 118, 242
学習指導要領　137, 183, 185, 190, 206, 207,
　　　286, 462
学習障害児　257
各種学校　463

学則　88
学齢簿　253
陰口　36
過失相殺　204, 205
学区制　79
学校安全　186-190
学校安全計画　189
学校安全の推進に関する計画　187
学校いじめ基本方針　53
学校外の生活　117
学校環境衛生基準　188
学校給食　185, 196, 207
学校給食実施基準　185
学校教育　77
学校教育情報　214, 220
学校教育法　37, 118, 156, 463
学校教育法施行規則　88, 118
学校・警察相互連絡制度　369
学校警察連絡協議会　235
学校事故対応に関する指針　191,193
学校事故等報告書　229
学校における虐待　280
学校の管理下　180, 196-199, 202
学校の体罰等　161
学校保健安全法　186-189, 191, 250
家庭謹慎　130
家庭裁判所　330, 440
家庭児童相談室　329
家庭等の体罰等　156
稼働能力　287
仮の義務付け申立　258
川西市子どもの人権オンブズパーソン　194
簡易送致　361
環境調整活動　368
環境調整命令　372
関係者会議　395
監護権　476
観護状　355
観護措置　361
観護措置取消申立て　363
観衆　32
間接適用説　101
監督義務　48

カンファレンス　371
鑑別技官　371
鑑別結果通知書　364
管理権喪失　323
管理措置　482
帰化　475
危機管理　185, 189-192
危機管理マニュアル　65, 66, 185, 189, 191
危険管理　189-191
棄児　471, 472
喫煙　111, 112, 121
基本調査　193
君が代　116
義務教育　68, 131, 133, 254, 453, 491
義務付け訴訟　258
逆送　383, 440
給食の無償化　491
教育機会確保法　82
教育行政情報　214, 220, 234
教育支援センター　80
教育情報の提供　221, 224
教育職員免許法　176
教育的裁量　123, 140-142
教育を受ける権利　77, 181, 242, 453, 493
教科指導　444
行政機関個人情報保護法　219
行政機関情報公開法　234
矯正教育　441, 443
行政事件訴訟法　258, 260, 270
強制認知　303
行政不服審査法　258
協同面接　419, 437, 438
教務内規　137, 225
協力雇用主制度　396
拒否禁止　263, 264, 269
苦情解決システム　335
虞犯　392
虞犯少年　352
グルーミング　429
訓告　119, 120, 176
経管栄養　276
刑事告訴　46, 336, 423
刑事適用年齢　440

索引

623

継続性　34
刑務所出所者等総合的就労支援対策　396
ケースセオリー　365, 375, 386, 387
ケースワーク機能　353
血統主義　465
減給　176
原級留置　120, 132
検察官関与制度　374
検察官送致　372, 383
検察官送致決定　383
検察官送致決定「逆送」　383
検察官送致決定「検送」　383
原則起訴強制　385
「原則」逆送　383
現代的プライバシーの権利　216, 217
権利擁護機関　24
高校授業料の無償化　491
抗告　379
抗告受理申立て　382
抗告の理由　379
更生保護施設　324, 395
校則　88, 166
交通安全　186
交通短期保護観察　372
交通保護観察　372
公判記録の閲覧及び謄写　413
公判手続の傍聴　413
公文書（または行政文書）　221, 223, 232
公文書管理法　222, 231
合理的配慮　243, 247, 254, 255, 262, 263, 265,
　　　267-273, 275-280, 285
合理的配慮の不提供による差別　271
勾留取消請求　356
勾留に代わる観護措置　355
国際障害者年　244
国籍取得　465
国籍法　465, 471, 473
国籍留保　474
国選付添人制度　396
告訴　403
告訴権　404
告訴の訴訟能力　404
告発　404

国連子どもの権利委員会　20, 98, 148, 348,
　　　463
国連子どもの権利委員会（CRC）　84
国連障害者権利委員会　249
個人情報　214- 229, 233, 238
個人情報保護　235
個人情報保護条例　235
個人情報保護法　214, 217-220, 226, 231-233,
　　　235, 237-239
個人別矯正教育計画　444
国家賠償法　175, 201, 203, 204
国旗・国歌法　116
子どもアドボカシー　337, 339
子どもシェルター　324, 328, 620
子ども買春　430
こども家庭庁　12, 167, 168
こども基本法　12, 21, 78, 94, 96, 104
子どもに対する暴力　148-153, 167
子どもの意見表明権　17, 95, 96, 104, 284,
　　　299, 337, 366
子どもの意見表明支援　337
子どもの権利アプローチ　151, 153, 154
子どもの権利条約　17, 148, 180, 182, 216,
　　　242, 453, 475, 488, 494, 504
子どもの権利擁護　23, 330, 351
子どもの最善の利益　95, 153, 218, 259, 294,
　　　322, 339, 479
子どもの人身売買　431
子どものスポーツ　182
子どものためのステップハウス　324
子どもの手続代理人　299
子どもの不当な取扱い　153
個別教育計画　285
個別処遇　353
個別的配慮　255
コミッショナー　27
コミュニケーション型いじめ　32

【サ】
災害安全　186
災害共済給付　180, 183, 194-196, 199-201
災害共済給付制度　180, 194, 195, 200
在学契約説　92

再抗告　382
財産管理権　322
再出頭要求　315
在宅観護　361
在宅試験観察　373
裁定合議制　365
在留カード　452, 456
在留資格　476
在留特別許可　476
作成文書　215
サッカー膝　184, 195
里親　319, 326, 330
参加権　95
三ない運動　110
試験観察　372
自己情報開示請求　222, 232
自己情報コントロール権　216, 217
自己情報の開示等請求権　217
事実確認　54
資質鑑別　363
事実上の懲戒　90, 119, 130
事実取調べ　381
自主退学　126
自主退学勧告　126-130
私人間効力　101
思想・良心の自由　116
執行停止　380
児童買春禁止法　430, 431
児童虐待　73, 156, 165, 170, 171, 236, 308,
　　　407, 422
児童虐待防止法　156-159, 170, 236, 308
児童自立支援施設　319, 327
児童自立支援施設または児童養護施設送致
　　　372
児童自立生活援助事業　328
児童心理治療施設　319, 327
児童相談所　300, 313, 325, 389, 392, 440
児童相談所配置弁護士　342
「児童福祉機関先議」の原則　388
児童福祉施設　168, 319
児童福祉施設の設備及び運営に関する基準
　　　332
児童福祉審議会　331, 335

児童福祉法　158, 237, 260, 276, 430, 495
児童福祉法28条　319
児童ポルノ　430, 431
児童養護施設　319, 324-326, 395
児童養護施設退所者等に対する自立支援資金
　　　貸付事業　324
指導要録　81, 225-228
支配的地位　423
死亡見舞金　180, 196-199
司法面接　282, 329, 433
社会記録　367, 384
社会権規約　93, 168, 453
社会調査　363
社会的障壁　248, 252, 265, 266, 271-273
社会的養護　325, 330
社会の養護自立支援事業　324
社会復帰支援　394
就学案内　455
就学援助　490
就学時健診　250
就学相談　257
就学通知　257
就学免除　249
就学猶予　135, 249, 250
宗教二世　171
自由権規約　22, 166, 453, 477, 481
収集目的　218
就籍　472
就籍許可　305, 472, 473
就籍の許可申立　305
重大事態　55, 82
重大事態の調査報告書　222
重大な過失　198
住民基本台帳　456, 483
住民登録　457, 465
収容　482
収容観護　361
受刑者等専用求人制度　396
出席扱い　81
出席停止　103, 131
出席日数　81
出頭要求　315
出入国管理及び難民認定法　476

索引

625

出入国管理法　476
取得文書　230
守秘義務　216, 237, 238, 313
準抗告　356
障害児の教育を受ける権利　243
障害者基本法　252, 253, 266, 272
障害者虐待防止法　281
障害者権利条約　242-244, 246-249, 262, 266,
　　268, 281, 283-285
障害者差別解消法　253, 266, 271
障がい者制度改革推進会議　252
障害者の機会均等に関する基準規則　245
障害特性　280, 291
障害の社会モデル　244
障害の定義　244, 246, 247, 252
障害見舞金　195, 197, 198, 201
小規模住居型児童養育事業　327
詳細調査　193
小児期逆境体験　153
使用者責任　175, 203
常設の第三者機関　192, 193
少年　352, 440
少年院　395, 441
少年院視察委員会　448
少年院送致　372, 441
少年院法　441
少年鑑別所　363
少年鑑別所法　364
少年矯正を考える有識者会議　442
少年警察活動規則　389
少年刑務所　448
少年相談　393
少年調査票　364
少年の社会復帰支援活動　395
少年法 55 条移送　386
情報開示請求　232
情報共有　235
情報公開　221
情報公開・個人情報保護審査会　224
情報公開条例　214, 221, 223, 225, 233
情報公開請求　222
情報提供　225, 232
情報の共有　236

情報連携　235
情報連携に関する協定　235
職員会議議事録　233
処遇勧告　372
職業指導　443
触法事件　388, 440
触法少年　388
食物アレルギー　185
所持品検査　113
職権主義的審問構造　350
自立援助ホーム　328
自立支援事業　324
自立準備ホーム　324, 395
親権　322
人権　13
人権オンブズパーソン　26
人権救済申立　26, 144, 174, 336
親権喪失　323
親権停止　323
人権モデル　246, 247, 265
進行協議（打合せ）期日　376
人工呼吸器　276
親告罪　429
審査請求　258
申述書　391
身上監護権　322
身体的虐待　308
審判期日　364, 378
審判対象論　352
審判不開始　361, 364, 372
心理的虐待　157, 309
推知報道の禁止　350
スクールカウンセラー　57, 230, 407
スクールロイヤー　58
スポーツ障害　184
スポーツにおける暴力　169
生活安全　186
生活指導　441
政治活動　115
政治的活動　115
青少年健全育成条例　430
精神的被害の回復　401, 416
製造物責任　204, 210

生地主義　465

成長発達権　77, 104, 118, 348, 350

性的虐待　309, 422

性的搾取　148, 421, 424

生徒指導　88

生徒指導提要　94, 100, 166

性犯罪の被害　402

制服　97

性暴力　170

責任能力　48

全記録送付主義　358

全件送致主義　360, 361, 440

総括所見　20, 149-151, 262

組織活動　187

組織供用文書　223

損害賠償責任　48

【タ】

体育指導　444

第一次的な養育責任　118

退学　119

大学受験資格　463

退学処分　103, 121

退去強制　480

第三者委員会　58, 172, 442

第三者機関　192

第三者調査委員会　192, 193, 199, 200, 230-233

第三者提供　219, 226, 313

第三者評価　332-335

第三者評価機関　334, 335

第三者評価基準　333, 334

胎児認知　467-470

退所児童等アフターケア事業　324

体罰　37, 118, 148, 156, 161, 165, 172, 281

体罰禁止　37, 152, 156, 160

体罰等の定義　156

代表者聴取　437

代理請求　219, 220

多機関連携チーム　435, 436

立入調査　314, 315

立入調査権　315

たん吸引　276

地方公務員法　176, 237

嫡出推定　468

注意欠陥・多動性障害児　257

中学卒業程度認定試験制度　135

仲裁者　32

中長期在留者　452

懲戒　89, 118, 161, 281

懲戒権　118, 158, 159, 308

懲戒処分　87-90, 120, 176

懲戒手続　113, 121

懲戒内規　225

調査報告書　231

朝鮮学校　464, 550

直接適用説　101

通級による指導　257, 269, 286

通告　313, 392

通告義務　313

通常更新　362

通報等の義務　53

付添人　348, 365, 389, 395, 444, 484

出会い系サイト規制法　432

定員内不合格　274

停学　119, 130

定住者　478

停職　176

訂正請求　217

適応指導教室　80

適正手続保障　120

適正な手続き　120

手続行為能力　299, 320

手続代理人　298

伝聞法則　358

統合教育　246

登校拒否　68, 132

登校督促　81

当事者参加　300

同調圧力　36

頭髪　107

特殊教育　251

特段の事情　384

特定少年　352, 373, 374, 383, 385, 393

特別永住者　452

特別永住者証明書　452

627

特別活動　190, 206

特別活動指導　444

特別権力関係論　91

特別更新　377

特別支援学級　209, 256

特別支援学校　209, 251, 255, 256, 258, 261,
　　　264, 266, 268, 277, 278, 284, 292

特別支援教育　243

独立アドボカシー　337

土地工作物責任　204

都道府県知事または児童相談所長送致　372

トラウマ　419

取消訴訟　258

取り調べの可視化　405

【ナ】

内申書　225-228

内申書裁判　115

仲間はずれ　32

日弁連子どもに対する法律援助制度　390

日本国籍　465

日本語指導　458

日本スポーツ振興センター　180, 194, 201

入管法　477, 479, 482

乳児院　319, 326, 331

乳幼児揺さぶられ症候群　309

認知件数　38

ネグレクト　73, 157, 309, 402

ノーマライゼーション　243

【ハ】

パターナリズム　102

バックスタッフルーム　435, 437

発達障害　252, 268, 285, 346, 357

発達障害者支援法　285

犯罪少年　352

犯罪捜査規範　354

被暗示性　358, 419, 435

被害者加害者対話の会　418

被害者等に対する審判結果の通知　413

被害者等による記録の閲覧及び謄写　413

被害者等の申出による意見の聴取　413

被害少年　409

被害生徒　40

被害届　404

非行　440

非行事実　352

非正規滞在者　455

被措置児童等虐待　168, 331

ビデオリンク方式　411

日の丸　116

被誘導性　391, 419, 434

表現の自由　115

広島少年院事件　441

ファミリーホーム　327

フォーマルアドボカシー　338

不開示規定　217

不可視性　34

部活動　162, 169, 180, 182-184, 207, 208

福祉事務所　329

福祉犯　409

服装　105

服装指導　106

服装の自由　105-107

附合契約説　92

父子関係不存在の確認　303

不処分　372, 440

不定期刑　387

不登校　68, 132-135

不登校重大事態　82

不服審査　200

不法入国　480

プライバシー　215

プライバシーの権利　215

ブラック校則　99

フリースクール　80

文書の作成義務　223

文書不存在　223

分離された特別教育　264

分離別学　250, 251, 253, 254, 264

弁護士会　25, 144, 174, 336

傍観者　32

法務局　174

法律記録　367, 385

法律上の懲戒　119

ホーム・ベイスト・エデュケーション　80

保健所　314
保護観察　372, 440
保護許容性　384
保護者の付添い　278
保護主義　347
保護処分　372
保護不適　384
保護有効性　384
母子生活支援施設　333
ポジティブ行動支援　167
補充捜査　378
没収　112
補導委託　373
本人外収集　218, 235, 239

【マ】

丸刈り　107
マルトリートメント　153
身柄付通告　389
みなし勾留　385
身元保証人確保対策事業　324
民事裁判　52
民事調停　52
無国籍　465
無戸籍　301-305
無視　36
面会通信制限　320
免職　176
盲聾養護学校　249, 251
目的外利用・提供　218, 219, 231
目的拘束　218, 238
黙秘権　358, 359

【ヤ】

野球肘　184, 195
ヤングケアラー　74
有形力の行使　165
養護学校義務化　249
養子縁組　326
要保護児童　237, 326, 327, 329, 389, 497
要保護児童対策地域協議会　236
要保護性　352
要保護性鑑定　385

四層構造論　32

【ラ】

落第　132
リービングケア→退所児童等アフターケア事
　　　　業
利害関係参加　300, 320
離断性骨軟骨炎　184
リヤド・ガイドライン　93, 348
流動性　33
利用停止　217
臨検・捜索　315
労働能力　287

【ワ】

ワンストップセンター　437

索引

629

執 筆 者 一 覧

第3版執筆者

東　奈央	◎安保　千秋	池田　清貴	石田　真美
一場　順子	浦　弘文	大谷　恭子	奥野　哲也
木田　秋津	木下　裕一	栗山　博史	河邉　優子
○澤田　稔	杉浦ひとみ	須納瀬　学	辻川　圭乃
中山　良平	西村　武彦	丹羽　聡子	野村　武司
樋口　裕子	飛彈野　理	藤岡　毅	藤田　香織
松田　峻	間宮　静香	宮島　繁成	向川　純平
村中　貴之	森　保道	柳原　由以	吉田　要介

太字＝編集委員　　◎＝編集委員長　　○＝副編集委員長

第2版までの執筆者 (第3版執筆者は除く)

相川　裕	安西　敦	磯谷　文明	伊東　達也
猪原　健	岩佐　嘉彦	岩本　憲武	岩本　朗
大橋　毅	掛川　亜季	影山　秀人	川村　百合
國府　朋江	迫田登紀子	鈴木　雅子	津田　玄児
坪井　節子	登坂　真人	中川　明	中村　正彦
西田　美樹	濱田　雄久	平尾　潔	平谷　優子
藤井　美江	松ヶ瀬雄太	三坂　彰彦	村山　裕
森本　周子	八島　淳	安田　壽朗	栁　優香
山田　恵太	山田由紀子		

(注) 掲載は、五十音順です。

子どもの権利ガイドブック【第3版】

2006 年 6 月 1 日　初　版　第 1 刷発行
2017 年 6 月 1 日　第 2 版　第 1 刷発行
2024 年 11 月 30 日　第 3 版　第 1 刷発行

編著者　　日本弁護士連合会
　　　　　子どもの権利委員会

発行者　　大　江　道　雅

発行所　　株式会社　明　石　書　店

〒101-0021 東京都千代田区外神田 6-9-5
電　話　03 (5818) 1171
FAX　03 (5818) 1174
振　替　00100-7-24505
https://www.akashi.co.jp

装丁／組版　　　明石書店デザイン室
印刷／製本　　　モリモト印刷株式会社

Ⓒ 日本弁護士連合会子どもの権利委員会 2024　　ISBN 978-4-7503-5827-7
(定価はカバーに表示してあります)

JCOPY 〈出版者著作権管理機構　委託出版物〉
本書の無断複製は著作権法上での例外を除き禁じられています。複製される場
合は、そのつど事前に、出版者著作権管理機構 (電話 03-5244-5088、FAX 03-
5244-5089、e-mail: info@jcopy.or.jp) の許諾を得てください。

子ども コミッショナーは なぜ必要か

子どものSOSに応える人権機関

日本弁護士連合会子どもの権利委員会 編

■B5判／並製／232頁 ◎2600円

子どもの権利を守るために世界に広まる子どもコミッショナー。日本では地方自治体には設置されているものの、国レベルの独立した機関はまだ存在しない。自治体の相談・救済機関のグッド・プラクティスから、国における子どもコミッショナーの制度化について考える。

―――● 内容構成 ●―――

第1章　こども基本法、こども家庭庁、子どもコミッショナー
第2章　世界に広まる子どもオンブズパーソン／コミッショナー
第3章　自治体で広まる子どもの相談・救済機関
第4章　子どものSOSからの救済
　　　　――子どもの相談・救済機関における子どもオンブズワーク
第5章　自治体の子どもの相談・救済機関のグッド・プラクティス
第6章　日弁連の提言から見える課題
第7章　子どもの声を聴く

子どもの虐待防止・法的実務マニュアル【第7版】

日本弁護士連合会子どもの権利委員会 編

■B5判／並製／440頁 ◎3200円

子どもの虐待対応に取り組むすべての実務家の必携書。特別養子縁組、親権者等による体罰禁止、子どもの意見表明権に関する解説を新たに加え、最新の指針等も反映した待望の第7版。2018年の民法改正、2019年児童福祉法改正に完全対応。

―――● 内容構成 ●―――

はじめに～第7版刊行にあたって～
（日本弁護士連合会子どもの権利委員会委員長：安保千秋）

第1章　児童虐待アウトライン
第2章　虐待防止と民事上の対応
第3章　児童福祉行政機関による法的手続
第4章　ケースから学ぶ法的対応
第5章　児童虐待と機関連携
第6章　児童虐待と刑事事件
第7章　その他の諸問題
書式集

〈価格は本体価格です〉